Emmanuel Waegemans
Geschichte der russischen Literatur
von Peter dem Großen bis zur Gegenwart

Zum Geleit

In diesem Überblick über die russische Literatur, den ich im Jahre 1700 – zu einem Zeitpunkt, da Peter der Große das Moskowitische Reich einer gründlichen Reform unterzog – beginnen lasse, habe ich all jene Phänomene – literarische, kulturelle, historische, politische, ideologische – zusammengetragen, die für das Verständnis der russischen Literatur, wie wir sie heute kennen, von Bedeutung sind. Bei der Auswahl der einzubeziehenden Autoren und Werke habe ich mich von dem für Russland Wichtigen leiten lassen: Häufig haben in literarischer Hinsicht minderwertige Werke eine Rolle im kulturellen und ideologischen Leben Russlands gespielt. Im vorliegenden Buch wird die russische Literatur bis zum Fall des Kommunismus (Herbst 1991) behandelt. Ich habe die Entwicklung bis 1997 aufmerksam verfolgt und im letzten Kapitel (14. Epilog: Die russische Literatur nach dem Kommunismus) kurz zusammengefasst.

Die enormen Veränderungen, die sich seit 1985 im kulturellen Leben in der Sowjetunion vollzogen haben, stellen den Literaturhistoriker vor große methodologische Probleme. Die Literatur der ehemaligen Dissidenten und Emigranten ist mittlerweile vollständig akzeptiert und veröffentlicht worden. Bedeutet dies nun, dass wir die gesamte russische Literatur ab 1917 als eine Einheit betrachten können?[1] Können wir die Geschichte der russischen Literatur des 20. Jahrhunderts bereits jetzt neu schreiben? Das erscheint mir zu voreilig: Die totale Verwirrung, die dem Russland der Glasnost anzumerken war, verdeutlicht, dass vieles noch nicht verarbeitet worden ist – die Erfahrung von 70 Jahren (drei Generationen) Emigranten und 20 Jahren Dissidenten, einem ganzen Jahrhundert westlichen Denkens in einigen wenigen Jahren nachzuvollziehen ist eine Sache der Unmöglichkeit. Vielleicht werden wir erst im 21. Jahrhundert beurteilen können, welchen Einfluss dies alles auf die russische, postkommunistische Welt gehabt hat.

Bei der Transliteration des russischen (kyrillischen) Alphabets habe ich die internationale Umschrift herangezogen, die die diakritischen Zeichen (č, ž, š, ė, ') verwendet. Da die Betonung in der russischen Sprache (auch für diejenigen, die des Russischen mächtig sind) einen sehr komplexen Sachverhalt darstellt, habe ich alle russischen Personennamen, Realien und Titel mit dem Betonungszeichen versehen.

---

1   Professor Dr. Wolfgang Kasack, bei dem zu studieren ich 1973/1974 das Glück hatte, war damals der einzige westliche Slawist, der die gesamte russischsprachige Literatur behandelte, ohne Ansehen des Ortes, an dem sie geschrieben und veröffentlicht wurde (*Lexikon der russischen Literatur ab 1917*, Stuttgart, 1976; inzwischen in 2. neu bearbeiteter und wesentlich erweiterter Auflage: *Lexikon der russischen Literatur des 20. Jahrhunderts. Vom Beginn bis zum Ende der Sowjetära*, München 1992).

Unterschiede zwischen dem russischen und dem deutschen Alphabet:

Internationale Umschrift	Deutsch
c	z (zwischen)
č	tsch (rutschen)
ch	ch (rauchen)
ë	jo
ė	e
š	sch (schön)
šč	schtsch
v	w
y	keine Entsprechung; hartes, mit dem Zungenrük-ken gebildetes i
ž	wie französisches j in Journal

Dieses auf den ersten Blick vielleicht nicht so sympathisch anmutende, in deutschen wissenschaftlichen Bibliotheken aber übliche System ist das einzige, das konsequent und zuverlässig ist und das die Rekonstruktion des kyrillischen Alphabets fehlerlos ermöglicht. Traditionelle oder eingebürgerte Schreibweisen (beispielsweise Tschechow, Herzen) sind mit einem Querverweis auf die internationale Umschrift ins Register aufgenommen worden. Eingedeutschte Begriffe (wie Kolchos) sowie geografische und sprachliche Bezeichnungen (Twer, Rjasan) werden phonetisch wiedergegeben, es sei denn, sie sind Bestandteil eines Titels – dann werden sie transliteriert. Bei der Wiedergabe der Originaltitel habe ich auf größtmögliche Wortgenauigkeit geachtet; daraus ergeben sich Unterschiede zu den bereits bestehenden Titeln deutscher Übersetzungen russischer Werke.

Die Jahreszahl in der Klammer hinter dem Titel bezieht sich auf das Jahr der Erstveröffentlichung des betreffenden Werkes (meistens in Zeitschriften).

Mein aufrichtiger Dank gilt Herrn Prof. Dr. Wolfgang Kasack (Slavisches Institut, Köln), dessen Gelehrsamkeit und Einblick in die russische Literatur ich so oft in Anspruch nehmen durfte; Herrn Prof. Dr. Raymond Van den Broeck, Herrn Prof. Dr. Hans-Werner am Zehnhoff und Herrn Marcel De Herdt (Katholieke Vlaamse Hogeschool Antwerpen), Herrn Joeri Eskin (Den Haag) und meiner Frau Magda Wouters, die so freundlich gewesen sind, das Manuskript kritisch durchzugehen, sowie all jenen – Kollegen, Freunden und Studenten –, die mir wertvolle Tips gegeben haben, welche ich in meine Geschichte der russischen Literatur habe einfließen lassen. Danken möchte ich auch Herrn Thomas Hauth, der meine Geschichte der russischen Literatur einschließlich der längeren russischsprachigen Zitate und Gedichte aus dem Original ins Deutsche übertragen hat.

Emmanuel Waegemans   Leuven, im Januar 1998

Inhalt

Teil II: 1917 – 1997

11

Für ein Volk, das der politischen Freiheit beraubt ist,
stellt die Literatur die einzige Tribüne dar,
von der aus es den Aufschrei seiner Empörung
und die Stimme seines Gewissens erklingen lassen kann.

Aleksandr Herzen

Man kann nämlich unsere neueste deutsche Literatur
nicht besprechen,
ohne ins tiefste Gebiet der Politik zu geraten.

Heinrich Heine (1833)

TEIL I: 1700 – 1917

1. Das Zeitalter der Aufklärung

A. DIE REFORMEN PETERS DES GROSSEN (1700 – 1725)

1.1. Hintergrund

Erst im 18. Jahrhundert wurde Russland zu einer »Großmacht« mit beachtlichem militärischem Potential, die von den großen Feldherren dieser Epoche gefürchtet wurde, sowie zu einem zivilisierten, »aufgeklärten« Land. Diese tiefgreifenden Veränderungen waren das Werk zweier Herrscher: Peter I. und Katharina II. In nur 100 Jahren hatte Russland geschafft, wozu andere Länder mehrere Jahrhunderte gebraucht hatten. Die Verwestlichung Russlands konnte nur auf eine einzige Weise erreicht werden: mit dem Alten brechen und das Neue einführen – wenn es sein musste, mit Gewalt. Am deutlichsten trat Peters Intention in der Stadt zutage, die er 1703 in einem Gebiet errichten ließ, das er gerade erst den Schweden abgenommen hatte, weit von Moskau entfernt, in größerer Nähe zu Europa, und der er den Namen Piterburg verlieh (nach dem Schutzheiligen der Stadt). Schon nach kurzer Zeit wurde der Name in St. Petersburg eingedeutscht. Aus dem Reisebericht (*Viaggi di Russia*) des bekannten Italieners Francesco Algarotti, der 1739 die Stadt besuchte, stammt die berühmt gewordene Äußerung »Petersburg ist Russlands Fenster zum Westen«.

Westlicher Einfluss gelangte über zwei Kanäle nach Russland. Gegen Ende des 17. Jahrhunderts waren in Moskau zahlreiche Nationalitäten in der »deutsche Vorstadt« (nemęckaja slobodạ) genannten Ausländersiedlung vereinigt. Diese Vorstadt war infolge der Regierungsverordnung von 1652 entstanden, in der verfügt worden war, dass Ausländer nur dann das Recht hatten, sich in Moskau niederzulassen, wenn sie sich taufen ließen. Andere mussten sich in der Vorstadt niederlassen. Es war dieses Ausländergetto, in dem Peter I. seine Jugendjahre verbrachte. Die Ungezwungenheit des geselligen Kontaktes, den er hier vorfand, stand in krassem Gegensatz zum strengen Zeremoniell des Kremls; die Toleranz und die kosmopolitische Einstellung, die bei den Ausländern herrschten, stellten ein Gegengewicht zu den religiösen Vorurteilen Moskaus dar. Ein weiterer wichtiger Vermittler war SIMEQN PQLOCKIJ (1629 – 1680), einer von Patriarch Nikons leidenschaftlichen Mitstreitern bei dessen Reform der orthodoxen Kirche Russlands. Im Jahre 1665 gründete er in Moskau die Lateinschule, und unter seinem Einfluss wurde 1687, dem Vorbild der Kiewer Akademie folgend, die Slawisch-griechisch-lateinische Akademie eröffnet. Die Gründung dieser Schulen war ein außerordentlich wichtiger Schritt, da den Russen über den Lateinunterricht der

Zugang zur westlichen Kultur, allen voran zu Renaissance, Klassizismus und Rationalismus, aber auch zur Scholastik, ermöglicht wurde. In der Folge entflammte ein Streit zwischen den Latinophilen und den Graecophilen: Manche dachten, durch die Einführung des Griechischen einen Damm gegen die Ideen des Westens aufwerfen zu können. Połockij ist außerdem für eine weltliche Ausbildung eingetreten und hat dazu beigetragen, dem Theater in Russland den Weg zu bahnen. Dies ist von großer Bedeutung, weil im alten Russland ein Theaterstück als Gegensatz zur Religion und zur Würde der Kultur, die überwiegend religiös war, betrachtet wurde.

Peter I. war der erste russische Zar, der eine Auslandsreise unternahm: 1697/1698 besuchte er die Niederlande und England. In seiner Abwesenheit erhoben sich die Strelitzen. Nach Russland zurückgekehrt, rechnete Peter auf grausame Weise mit den Aufständischen ab; anschließend machte er sich über die Bärte als Symbol der moskowitischen Kultur her. Mitglieder des Adels und des Hofs sowie Soldaten wurden dazu verpflichtet, ungarische oder deutsche Kleidung zu tragen. Das politische Ziel der Reise nach Europa – eine Allianz gegen die Türken – wurde nicht erreicht, Peter gelang es jedoch, ausländische Techniker nach Russland zu locken, um Schifffahrt und Armee zu entwickeln. Um aber eine starke Flotte und ein gut ausgerüstetes Heer aufbauen zu können, musste die Finanzpolitik und demnach auch die gesamte Verwaltung neu organisiert werden. Auch das Unterrichtswesen musste Einschnitte hinnehmen – mit anderen Worten: Das Leben in Russland musste in all seinen Aspekten von Grund auf umstrukturiert werden. Peter ersetzte den Erbadel (bojarstvo) durch den Dienstadel. Alle Adelsprivilegien auf militärischem und administrativem Gebiet wurden abgeschafft: Die traditionellen Vorrechte der Bojaren mussten gleichen Rechten *und* Pflichten der Höflinge (dvorjane) und der Gutsbesitzer (pomeščiki) weichen. Jeder konnte in den Adelsstand aufsteigen, wenn er in Armee oder Verwaltung eine entsprechende Stellung bekleidete (festgelegt in der »Tabel' o rangach«, der Rangtabelle aus dem Jahr 1722). Von 1705 an bestand Dienstpflicht für alle Klassen; Adlige mussten ab diesem Zeitpunkt unten an der Karriereleiter beginnen.

Peter war sich bewußt, dass seine Modernisierung ohne gründliche Bildung langfristig zum Scheitern verdammt wäre. Im Jahre 1701 gab es in Russland allerdings noch keine einzige Grundschule. Peter ließ Schulen für Schifffahrt, Arithmetik, Artillerie, Medizin und Bergbau einrichten. Nicht anwendbare Wissenschaften, Altertumsstudien oder Literatur interessierten ihn nicht. Im ganzen Land gründete er »cifirnye školy« (Rechenschulen), zu der alle Stände (außer den Leibeigenen) Zugang hatten. Im Jahre 1724 verfasste er das Statut der Akademie der Wissenschaften, die kurz nach seinem Tod 1725 gegründet wurde. Die Akademie musste jedoch auch für den Bildungsbereich (Universität und Gymnasium) einstehen. Anfänglich arbeiteten und dozierten hier nur Ausländer. Peter ließ Hunderte von Werken aus dem Niederländischen, Deutschen, Französischen,

Englischen, Italienischen und Polnischen übersetzen, aber ausschließlich solche, von denen er sich praktischen Nutzen versprach. Das zeitgenössische Russisch wurde mit Fremdwörtern überschwemmt. Neue Wörter ersetzten alte: krępost' (Festung) wurde von fortęcija verdrängt, čestoljubie (Ehrgeiz) musste den Platz räumen für ambịcija, das moskowitisch anmutende upravlęnie (Leitung) wurde durch das modernere dirękcija ersetzt; aus dem Niederländischen wurden mehrere Dutzend Lehnwörter aus dem Bereich der Schifffahrt übernommen: gạvan', farvạter, škịper, rul', kajụta, brandspọjt. Auf Peters Befehl wurde die erste russische Zeitung herausgegeben, die *Sanktpeterbụrgskie vędomosti* (St. Petersburger Mitteilungen), in der kurz über die wichtigsten Ereignisse in Russland und den führenden Ländern Europas berichtet wurde. Die Kultur der petrinischen Epoche war ausgesprochen weltlich. Er führte den Julianischen Kalender ein, wodurch aus dem 1. Januar 7208 der 1. Januar 1700 wurde, er vereinfachte das kyrillische Alphabet zur »graždạnskij šrift« (bürgerliches Alphabet) und ersetzte das Patriarchat durch den Heiligen Synod. Dadurch wurde die Kirche der weltlichen Macht unterworfen.

Als Peter seine Blicke gen Westen richtete, fand er zwei Europas: einerseits das mediterrane, mit seiner verfeinerten Kultur, seinen guten Manieren und seinen Salons, römisch-katholisch; andererseits die germanische Welt, puritanischer und protestantisch, aber mit rauheren Sitten und einer derberen Mentalität. Es war dieses zweite Europa, bei dem Russland in die Lehre ging. Peter war ein Repräsentant der deutschen, auf fachliches Können orientierten Mentalität; für die südeuropäische Etikette empfand er nur Geringschätzung.

1.2. Literatur unter Peter dem Großen

Zu Peters Lebzeiten erschienen so gut wie keine belletristischen Werke. Die petrinische Epoche wurde aus diesem Grund gelegentlich die unliterarischste der Geschichte Russlands genannt. Äsops Fabeln wurden wiederholt herausgegeben, jedoch eher als Erbauungslektüre denn als literarisches Werk. 1708 erschienen die *Priklạdy, kạko pišutsja komplimęnty rạznye* (Muster zum Schreiben von allerlei Komplimenten) mit Beispielen höflicher Briefe, und im Jahre 1717 kam *Jụnosti čęstnoe zęrcalo* (Der artige Jugendspiegel) heraus. Beide Bücher übten großen Einfluss aus: Sie entzogen die jungen und »neuen« Menschen dem Einfluss der Kirche und vermittelten ihnen weltliche, adlige Umgangsformen.

Zu den Hauptbefürwortern der petrinischen Reformen gehörte der ukrainische Geistliche FEOFẠN PROKOPỌVIČ (1681 – 1736). Er hatte in Polen und Rom studiert, war aber nie vom papistischen Geist »infiziert« worden, im Gegenteil: Er blieb sein Leben lang ein Feind von Obskurantismus und ein überzeugter Antikatholik. 1716 wurde er von Peter in die Hauptstadt gerufen. Mit seiner Tragikomödie *Vladịmir* (Wladimir) aus dem Jahre 1705 hatte er bereits gezeigt, auf welcher Seite er stand: In diesem Stück über die Christianisierung Russlands verherrlichte Prokopọvič die Reformen Peters I. Die Verteidiger des Heidentums wurden lächerlich gemacht oder satirisch dargestellt. Priester wurden als »düstere Menschen«, »Verfechter der Unwissenheit«, »habsüchtige Profiteure« und »Narren« beschrieben. In seinen Predigten, die auch gedruckt wurden, trat er als Advokat Peters auf: Er sprach sich für die Notwendigkeit der autokratischen Herrschaftsform Peters I. aus, die er als nützlich für Russland betrachtete, und demzufolge musste sich jeder dem weisen Monarchen unterwerfen. Mit seinen Argumenten stützte er sich auf das Naturrecht. Die wichtigsten Veröffentlichungen Prokopọvičs sind *Prạvda vọli monạršej* und *Duchọvnyj reglạment*. In *Das Recht des monarchischen Willens* aus dem Jahre 1722 rechtfertigt er das Vorgehen Peters I. gegen dessen Sohn Aleksẹj, der der Verschwörung beschuldigt und verurteilt wurde. Prokopọvič fordert hier, dass der Monarch das Recht haben müsse, ein ihm genehmes Mitglied seiner Familie zu seinem Nachfolger zu bestimmen. Diese Schrift stellte, mit anderen Worten, eine theoretische Begründung für Peters Einsetzung seiner Frau Katharina als Herrscherin Russlands und für den Ausschluss seines gesetzlichen Nachfolgers Aleksẹj von der Thronfolge dar. Im *Geistlichen Reglement* aus dem Jahre 1720, das die Grundlage der Tätigkeit und der Stellung der russisch-orthodoxen Kirche bis zur Oktoberrevolution bildete, definiert Prokopọvič die Kirche als eine weltliche Organisation, die dem Staat, d.h. dem Kaiser als Oberhaupt der Kirche, zu dienen hat. Die Kirche war fortan Teil des russischen Staates, der Heilige Synod eine staatliche Institution.

Ein erklärter Gegner Prokopọvičs war STEFẠN JAVỌRSKIJ (1658 – 1722), der seine Ausbildung bei den Jesuiten in Polen und Wilna durchlaufen hatte. Er hielt an der Scholastik fest und attackierte in seinem Werk *Kạmen' vẹry* (Der Felsen des Glaubens) mit heftigen Worten die Toleranz gegenüber Protestanten, die seiner Meinung zufolge die schlimmsten Ketzer waren und die Orthodoxie bedrohten. Javọrskij, der anfänglich die Reformen Peters unterstützt hatte, aber um 1710 vor deren Umfang zurückgeschreckt war, muß wohl bewußt geworden sein, dass es in erster Linie Protestanten waren, die Peter bei der Modernisierung Russlands behilflich waren! Sein Werk konnte unter Peters Herrschaft nicht erscheinen, zirkulierte aber in handgeschriebener Form unter der (hauptsächlich höheren) Geistlichkeit. Es konnte erst 1728, nach Peters Tod, veröffentlicht werden, als die Reformgegner den Versuch unternahmen, das Rad der Geschichte zurückzudrehen.

Ein typischer Repräsentant der petrinischen Epoche war der Kaufmann IVẠN POSOŠKỌV (1652 – 1726). In seinem im Jahre 1724 beendeten Hauptwerk *Knịga o skụdosti i bogạtstve* (Buch über die Armut und den Reichtum) entwarf er ein Bild des gesellschaftlichen Lebens seiner Zeit. Er trat für die Entwicklung von Handel und Industrie in Russland ein, wobei er sich auf die Theorie des Merkantilismus stützte. Obwohl er in religiöser Hinsicht noch ein Produkt des alten Russlands war, verurteilte er die moskowitische Realität aus praktischen Erwägungen. Er befürwortete Schulen: Erziehung sollte die Gewalt und die Willkür der Grundbesitzer und Beamten mildern helfen. Er verurteilte die Unwissenheit und Sittenlosigkeit der Geistlichen. Er verlangte Rechtsgleichheit für alle und schlug vor, eine neue Verfassung auszuarbeiten (die die von 1649 ersetzen sollte), woran sich das gesamte Volk (obščesovętie) beteiligen sollte (auch die Bauern). Die Regierung müsse Handel und Industrie fördern. Er sah ein, dass Bedarf an Ausländern bestand, warnte jedoch vor allzu übertriebener Untertänigkeit. Posoškǫvs Ideal ist der soziale Frieden: Wenn jeder Stand seinen spezifischen Funktionen nachkäme, wenn nur fähige Amtsinhaber staatliche Dienstposten bekleiden und sich alle für die Interessen des Staates einsetzen würden, dann könnten alle in Frieden miteinander leben. Die Geschichte der Gesellschaft sah Posoškov als den Kampf zwischen Gut und Böse, Wahrheit und Lüge. Es seien die Zaren, die Geschichte schreiben, die Rolle des Volkes aber dürfe nicht übersehen werden. Er begriff, dass sogar ein Alleinherrscher von Peters Format nicht in der Lage war, alleine »Geschichte zu machen«.

Das Hoftheater, wie es im 17. Jahrhundert bestand, konnte Peter nicht zufriedenstellen. Was er benötigte, war ein Instrument, mit dem er seine Ideen und seine Politik propagieren konnte. Weil es in Russland keine Theater gab, lud er den Deutschen Johann Kunst ein, um eines zu gründen. Dessen Theater führte aus westlichen Sprachen übersetzte Stücke in deutscher Sprache auf; z.B. Molière – in holprigen Übersetzungen. Aber auch dieses Theater konnte den Ansprüchen nicht genügen: Es sprach keine aktuellen Themen an. Peters Vorstellungen ließen sich durch das Schultheater besser verwirklichen. So führte die Slawisch-griechisch-lateinische Akademie seit 1702 außer religiösen Stücken auch Stücke mit aktuellem Zeitbezug auf. Außerdem wurden Volkserzählungen inszeniert.

Das für das petrinische Zeitalter charakteristischste Genre war zweifellos die pǫvest' (Prosaform, die zwischen Roman und Erzählung steht). Ausländische Abenteuerromane wurden übersetzt und/oder bearbeitet – wie im 17. Jahrhundert; aber unter Peter wurden sie allmählich russifiziert. Im Mittelpunkt steht der homo novus, der russische Adlige, der im neuen Russland Karriere machen will und (folglich) dazu bereit ist, ins Ausland zu gehen. Ein gutes Beispiel ist die Abenteuergeschichte *Gistǫrija o rossijskom matrǫse Vasịlii Koriǫtskom i o prekrạsnoj korolẹve Irạklii Florẹnskoj zemlị* (Die Geschichte vom russischen Matrosen Vasilij Koriotskij und der schönen Königin Iraklija von Florenz). Der Held ist der junge Adlige Vasịlij, der seinen Dienst bei Peters Flotte antritt (das beste Mittel, um Karriere zu machen) und nach Holland geht, um dort zu studieren. Er landet bei einem reichen Kaufmann, der ihm seine geschäftlichen Angelegenheiten anvertraut. Auf der Rückreise nach Russland erleidet er Schiffbruch und findet sich auf einer Insel wieder. Dort entdeckt er, dass die Räuber Irạklija, die Königstochter von Florenz, gefangenhalten. Gemeinsam gelingt es ihnen, von der Insel zu flüchten und nach vielen Abenteuern in ihre Heimat zurückzukehren. Vasịlijs Eifer, Mut und Liebe werden letztlich belohnt: Der arme russische Edelmann erhält Irạklija zur Frau und wird König von Florenz.

B. RUSSLAND NACH DEN REFORMEN (1725 – 1762)

1.3. Hintergrund

In der Periode zwischen dem Tod Peters I. und der Thronbesteigung Katharinas II. saßen nacheinander die folgenden sechs Herrscher auf dem russischen Zarenthron: Katharina I. (1725 – 1727), Peter II. (1727 – 1730), Anna (1730 – 1740), Iwan VI. (1740 – 1741), Elisabeth (1741 – 1761) und Peter III. (1761 – 1762). Diese Periode war grausam und chaotisch, zeichnete sich durch eine Vielzahl innenpolitischer Machtkämpfe und Verschwörungen aus und bot ausländischen Abenteurern, machtbesessenen Personen, Intriganten und Liebhabern unerhörte Chancen.

Die Atmosphäre am Hofe von Katharina I. war von Trinksucht und Liederlichkeit geprägt. Nach Peters Tod war ein Vakuum entstanden; es gab keine Disziplin mehr, und die richtige Einstellung zur Arbeit fehlte. Die Regenten waren Mittelmaß. Peters Nachfolger hatten auch keine Ideen. Unter Peter II. versuchte der Oberste Geheime Rat (OGR), die Reaktion der Geistlichen und der Bojaren gegen die Reformen Peters des Großen, die alten Adelsgeschlechter an die Macht zu bringen. Im Jahre 1730 bot der OGR Anna von Kurland den Thron an, unter der Voraussetzung, dass sie gewisse Einschränkungen ihrer Macht hinnehmen würde (wichtige Entscheidungen durften nur im Benehmen mit dem OGR und mit dessen Zustimmung getroffen werden). Die Thronprätendentin akzeptierte die »Bedingungen« (kondicii), bei ihrem Einzug in Moskau rief sie sich jedoch zur Alleinherrscherin aus. Dieser Schritt stellte die Niederlage der Restaurationsbemühungen der aristokratischen oligarchischen Clique (der sogenannten verchovniki) dar, war aber zugleich auch das Ende jeder verfassungsmäßigen Regierungsform in Russland. Annas Freunde erhielten jetzt die guten Posten: Ihr baltischer Liebhaber Bühren führte von nun an das Zepter. Außerdem bekleideten Ausländer, vor allem Deutsche aus den baltischen Provinzen, hohe Posten: Löwenholde, Hesse-Homburg, Mengden, Münnich usw. Die Periode 1730 – 1740 ist unter der Bezeichnung »Bironovščina« (abgeleitet von Biron, der russifizierten Schreibweise von Bührens Namen) in die Geschichte eingegangen, im Bewußtsein der Russen ein Synonym für Fremdherrschaft und Unterdrückung: Deutsche bekleideten die interessanten Posten, der Hof führte ein unerhört prunkvolles Leben, die »Geheime Kanzlei« setzte Denunzianten ein. Neuere Untersuchungen haben ergeben, dass die Autokratie unter Anna und Biron trotz alledem nicht schlimmer war als davor oder danach.

Die Periode von Anna Iwanownas Regentschaft war weder kreativ noch eigenständig, obwohl die Künste zur Blüte gelangten. Die geistige Atmosphäre war gedämpft. Anna führte Geheimprozesse gegen respektable Elemente in der russischen Aristokratie, mischte sich schamlos ins Privatleben jener Menschen ein, gegen die sie eine Abneigung empfand, ging hart gegen Nichtchristen und Schismatiker vor und terrorisierte die Altgläubigen. Anna hegte weder die geringste Sympathie noch ein Gefühl der Sorge für ihr Volk, und ihr Günstling Bühren ließ seiner Aversion gegen die Russen öffentlich freien Lauf. Das einzige, was an diesem barbarischen Hof gedeihen konnte, waren Ballett, Tanz, Innenarchitektur, Wein und Kartenspiel. Anna spielte sich als Förderin der Künste auf, allen voran Oper und Ballett (was ihrem flatterhaften Naturell entsprach). Allmählich machte der ungehobelte deutsche Geschmack dem verfeinerten französischen Platz.

Obwohl sich nach 1725 eine kirchlich-orthodoxe Front, die gegen die Aufklärung gerichtet war, entwickeln konnte, wurde Feofan Prokopovič, der erklärte Verfechter der petrinischen Reformen, einer der mächigsten Männer im Land. Von Bedeutung war auch die Gründung der Russischen Akademie der Wissenschaften im Jahre 1727, an der zu Beginn hauptsächlich deutsche Wissenschaftler lehrten.

Die allgemeine Unzufriedenheit fand in der Tochter Peters I., Elisabeth, ihren Kristallationspunkt. Mit einem Staatsstreich wurden Iwan VI. und seine Familie des Thrones enthoben und alle führenden Deutschen nach Sibirien verbannt. In militärischer Hinsicht führte sie eine glorreiche Politik: Im Siebenjährigen Krieg konnte Russland Preußen in die Knie zwingen (russische Truppen besetzten Berlin); der Preis, den Russland auf sozialem und wirtschaftlichen Gebiet zahlen musste, war allerdings sehr hoch. Die Zarin fand nicht überall gleichwertige russische Persönlichkeiten, die die Deutschen, die geblieben waren, hätten ersetzen können – auch nicht im Hochschulbereich. Der französische Einfluss übertrumpfte nun definitiv den deutschen. Gustav Welter sagt zutreffend: »Die erste Generation der neuen Russen war holländisch gewesen, die zweite deutsch, die dritte war französisch.« Die großen Günstlinge des elisabethanischen Zeitalters waren die Brüder Šuvalov. Der sympathischere war Ivan, der vollendete Repräsentant eines kultivierten Russen dieser Zeit. Seine Verdienste lagen auf dem Gebiet der Künste und der Wissenschaft: Er unterstützte Lomonosov, mit dem zusammen er die Moskauer Universität gründete (1755); er rief 1758 in St. Petersburg die Akademie der Schönen Künste ins Leben und war der Schirmherr des russischen Theaters. Die Regierungsperiode Elisabeths hatte jedoch auch ihre unsympathischen Persönlichkeiten. Die Großgrundbesitzerin Saltykova wird in der Erinnerung als besonders verabscheuungswürdig fortleben. Zwischen 1756 und 1762 fielen ihr 138 Menschen zum Opfer: misshandelte, gefolterte Bauern, sexuell missbrauchte Leibeigene. Unter Katharina II. wurde sie zum Tod auf dem Schafott verurteilt, im letzten Moment aber begnadigt und in ein Kloster verbannt. Von moralischem oder intellektuellem Raffinement war in Elisabeths direkter Umgebung wenig zu merken. Bezeichnend ist die folgende Episode: Im Jahre 1743 hatte sich die schöne Aristokratin Dar'ja Lopuchina den Zorn der Regentin zugezogen, da sie auf einem Hofball genau die gleiche Frisur hatte wie die Zarin und eine rote Rose trug. Elisabeth riss ihr die Rose vom Kleid und gab ihr eine Ohrfeige. Unter dem

Vorwand, er habe eine Verschwörung geplant, wurde ihr Gemahl, General Lopuchin, vor den Augen seiner Frau gefoltert. Sie selbst wurde, nachdem man sie öffentlich mit der Rute gezüchtigt und ihr die Zunge herausgerissen hatte, letztlich deportiert.

Unter Elisabeth ging es dem Adel immer besser; die High Society nahm immer gepflegtere und gesittetere Umgangsformen an. Den Preis dafür mussten die Bauern zahlen. Aber wie erbärmlich es dem Volk auch erging, es hat die Tochter Peters des Großen immer verehrt und sie als warmherzige und sympathische Kaiserin betrachtet. Elisabeth liebte ihr Volk gleichfalls und identifizierte sich mit ihm, im Gegensatz zu ihrem Nachfolger Peter III., einem Enkel Peters I., der mit der deutschen Prinzessin Sophie Friederike Auguste von Anhalt-Zerbst vermählt worden war. Das einzige, wofür Peter III. Interesse zeigte, war sein Herzogtum Holstein, für dessen territoriale Ansprüche auf Dänemark er bereit war, die Russen in einen neuen Krieg zu stürzen. Seine erste Maßnahme war der Friedensschluss mit Preußen, das erst vor kurzem eine derart schmachvolle Niederlage gegen Russland hatte hinnehmen müssen. Peters Preußophilie ging mit einer unverhohlenen Russophobie einher . Er verkündete in aller Öffentlichkeit seine Ablehnung der orthodoxen Riten und ließ die Besitztümer der Kirche beschlagnahmen. Während seiner kurzen Regentschaft hat er eine einzige Maßnahme ergriffen, die für Russland weitreichende Folgen haben sollte: Im Jahre 1762 schaffte er die Dienstpflicht des Adels ab. Dieser brauchte von nun an keinen Dienst mehr in der Verwaltung oder bei der Armee zu leisten.

1.4. Kantemir

ANTIOCH KANTEMIR (1709 – 1744) wurde als Sohn des berühmten moldawischen Hospodars Demetrius Cantemir geboren, der während des russisch-türkischen Krieges die Bekanntschaft Peters I. gemacht hatte. Demetrius war ein Befürworter der Loslösung Moldawiens von der Türkei und der Vereinigung mit Russland. Nach dem Misserfolg des Prut-Feldzuges zog die Familie Kantemir nach Russland. Dort wurde Antioch in Russisch und Kirchenslawisch unterrichtet, und die Familie war bald russifiziert, obwohl zu Hause Italienisch und Neugriechisch gesprochen wurde. Durch seinen Lehrer lernte Antioch die Tradition der syllabischen Versschule kennen. An der Petersburger Akademie hörte er naturwissenschaftliche Vorlesungen. Im Jahre 1729 gehörte er bereits der *Gelehrten Gefolgschaft* (Učënaja družina) um Feofan Prokopovič und Vasilij Tatiščev (den künftigen Verfasser der *Istorija rossijskaja s samych drevnejšich vremën*, Russische Geschichte von den ältesten Zeiten an, 1768 – 1848) an. Sie unterstützten Anna Iwanownas Kandidatur und wandten sich gegen die verchovniki, unter Biron konnten sie sich aber nicht durchsetzen: Der aufsässige Kantemir wurde zum russischen Gesandten in London

(1732 – 1738) und Paris (1738 – 1744) ernannt, wo er auch starb. Seine diplomatische Mission ist wahrscheinlich als ehrenvolle Verbannung zu betrachten. In England sympathisierte er mit der konstitutionellen Monarchie.

Kantemįrs Schaffen ist – die *Simfonija na psaltyr'* (Symphonie auf das Buch der Psalmen), ein thematisch geordnetes Verzeichnis gleichlautender Passagen in den Psalmen aus dem Jahre 1727 ausgenommen – weltlich. Er war mit der westeuropäischen Literatur der Aufklärung gut vertraut. So hat er Montesquieus berühmte *Lettres persanes* übersetzt; diese Übersetzung ist leider nicht erhalten geblieben. Im Jahre 1730 übersetzte er *De la pluralité des mondes* von Fontenelle, wodurch er sich viele Unannehmlichkeiten seitens der Geistlichkeit einhandelte. Dieses Werk konnte erst 1740 gedruckt werden; 16 Jahre später wurde es vom Synod verboten.

Kantemįr hat in seinem Traktat *Pis'mo Charitona Makęntina k prijątelju o složęnii stichov russkich* (Brief des Chariton Makentin [= Anagramm von Antioch Kantemir] an seinen Freund über die Verfertigung russischer Verse) den syllabischen Vers verteidigt. Trediakovskij zufolge war dies seiner nichtrussischen Abstammung und seiner Vertrautheit mit der französischen und italienischen Poesie zuzuschreiben. Außerdem beteiligte sich Kantemįr in den Jahren 1730 – 1740 nicht mehr an den literarischen Diskussionen in St. Petersburg um die Versreform. Dessen ungeachtet brachte er nach dem Studium von Trediakovskijs Traktat über den tonischen Vers aus dem Jahre 1735 eine Neuerung an: In seinem dreizehnsilbigen Vers führte er eine obligatorische Zäsur ein, wobei die fünfte oder die siebte Silbe betont wurde; er kam also, mit anderen Worten, dem neuen, tonischen Prinzip entgegen. Eigentlich war Kantemįrs Stil in den Augen seiner Zeitgenossen bereits veraltet. Die Lektüre seiner Satiren wird durch die zahlreichen Enjambements und Inversionen erschwert. Der Dichter sah sich genötigt, seine Versen mit Prosakommentaren und »Übersetzungen« zu versehen. Andererseits verwendete er die alltägliche Umgangssprache in reichem Maße.

Kantemįrs Satiren sind immer zweiteilig. Die erste Satire (1729) trägt den Titel *Na chuljaščich učenija. K umų svoemų* (Gegen die Verächter der Wissenschaft. An meinen Verstand) und umfasst 196 Verszeilen. Hier treten einige Personen auf, die ihre Meinung über Studium, Bildung und Wissenschaft (»naųka« ist hier im weitesten Sinne zu verstehen) zum Besten geben. Krįton beschuldigt die neue Garde der Ketzerei und der Gottlosigkeit. In seinen Augen hat die Wissenschaft großen Schaden verursacht: Die Jugendlichen lesen die Bibel nicht mehr, wollen Grund und Ursache aller Dinge wissen, glauben dem Klerus nicht mehr, sind der »guten Sitten« verlustig gegangen, vergessen, Kwass (das erfrischende, russische Nationalgetränk) zu trinken, fasten oder beten nicht mehr, sagen, dass die Geistlichen keine Ländereien besitzen sollten … Silvąn ist ebensowenig vom Nutzen der Wissenschaft überzeugt (»Wie viele Kopeken auf einen Rubel gehen, wissen wir auch ohne die Algebra«), und der Zechbruder und Faulpelz Luką rundet das Bild ab: Wissenschaft sei der Freundschaft abträglich (»Was nutzt es denn, wenn ich mich zurückziehen muß und lebende Freunde gegen tote eintausche?«). Nachdem er die Reformgegner ans Wort gelassen hat, richtet sich der Dichter wieder »an seinen Verstand«; die Satire schließt mit dem Rat, sich stillschweigend am Nutzen von Wissen und Wissenschaft zu erfreuen.

Die zweite Satire trägt den provozierenden Titel *Na zavist' i gordost' dvorjan zlonravnych. Filaret i Evgenij* (Über Neid und Stolz übelgesinnter Adliger. Filaret und Evgenij, 1730, 376 Verszeilen) und stellt ein Gespräch zwischen zwei Edelmännern dar. Filaret fragt den in Gedanken versunkenen und trübselig gestimmten Evgenij nach dem Grund für dessen Traurigkeit. Evgenij beklagt sich darüber, dass er von seiner adligen Herkunft überhaupt keinen Nutzen habe, obwohl sein Geschlecht doch aus der Zeit der ersten russischen Fürsten stamme. Kantemir beginnt seinen Kommentar zu der Satire mit den Worten, die Absicht dieser Satire sei es, »jene Adligen zu entlarven (obličit'), die, allen Moralvorstellungen abhold, ausschließlich mit ihrer adligen Geburt prahlen und auf den einfachen Mann böse sind (podlost'), der durch Arbeit in den Adelsstand aufgestiegen ist«. Filaret antwortet, dass sich der Mensch selbst Adel erwerben müsse, indem er sich für den Staat einsetzt. Neben einer ausführlichen satirischen Beschreibung der Aktivitäten Evgenijs – schmarotzen, die Nase pudern, geckenhaft seine Zeit vertrödeln – enthält dieses Gedicht auch den Gedanken der Gleichheit aller Menschen, ungeachtet ihrer sozialen Abstammung (»Adam ist nicht als Edelmann geboren«).

Darüber hinaus werden in Kantemirs Satiren thematisiert: Gutsbesitzer, die ihre Bauern grausam behandeln, ein Porträt des idealen Staatsmannes, betrügerische Kaufleute, aufdringliche Klatschmäuler, betrunkene Geistliche usw. Wenn auch die meisten Satiren Kantemirs allgemein-menschliche Untugenden und Schwächen anprangerten (Habsucht, Verschwendungssucht, Hass und Misstrauen) und positive Eigenschaften über die Maßen lobten, so waren einige doch aktualitätsbezogen. Mit seiner ersten Satire *Gegen die Verächter der Wissenschaft* reagierte Kantemir unmittelbar auf die Veröffentlichung von Stefan Javorskijs *Der Felsen des Glaubens*, ein für »Peters Sache« sehr schädliches und gefährliches Buch. Kantemirs Satire konnte nicht veröffentlicht werden, sondern kursierte in Handschrift (dies wird zur Tradition werden!). Die zweite Satire behandelte ebenfalls einen brennend aktuellen Streitpunkt, und zwar zu einem Zeitpunkt, an dem die alten Adels- und Bojarenfamilien alles daransetzten, um die Macht an sich zu reißen. Kantemir stellte sich auf die Seite der jungen, aktiven Generation, der Peter der Große die Möglichkeit geboten hatte, in den Adelsstand aufzusteigen, wenn sie sich für das Land einsetzen würde.

Interessant ist auch Kantemirs vierte Satire *O opasnosti satiričeskich sočinenij. K Muze svoej* (Über die von satirischen Werken ausgehende Gefahr. An meine Muse), in der der Dichter bedauert, früher gerne Liebeslyrik verfasst zu haben. Dieses Gedicht ist als Reaktion auf seinen fehlgeschlagenen Versuch zu verstehen, ein Epos auf Peter den Großen zu schreiben, dem seine uneingeschränkte Bewunderung galt; weiter als bis zum ersten Gesang dieses Epos (poẹma), *Petrịda* (1730), war er nicht gekommen. Kantemịr war sich der Ursache des Misslingens wohl bewußt: Sein Geist war zu satirisch eingestellt. Gemeinsam mit Prokopọvič hat er die Grundlage für das später aus der russischen Literatur nicht mehr wegzudenkende »petrinische Thema« (petrọvskaja tẹma) geschaffen.

Zwei seiner Satiren hat Kantemịr im Ausland verfasst. In seiner sechsten Satire *O ịstinnom blažẹnstve* (Über das wahre Glück) beschreibt er das Ideal eines ruhigen Lebens am Rande oder außerhalb des gesellschaftlichen Lebens; es ist das horazische Ideal von der goldenen Mitte, vom Glück im persönlichen Leben. Das Bild, das Kantemịr hier entwirft, ist das des Weisen und Gelehrten, der nicht länger für die Verbesserung der Welt kämpft, sondern an seiner eigenen intellektuellen Entfaltung arbeitet. Im Westen nahm sich Kantemịr auch seine früheren Satiren noch einmal vor und strich Passagen heraus, die er jetzt, zehn Jahre danach, als unpassend empfand. In seiner neunten Satire *K sọlncu. Na sostojạnie svẹta segọ* (An die Sonne. Über die Lage dieser Welt) ist von einem Dialog oder einer Diskussion keine Rede mehr: Der Dichter richtet sich ohne Hoffnung auf Antwort an die Sonne. Er nennt »das Auslachen die beste Art, verdorbene Sitten zu verändern«. Und ganz im Sinne Gọgol's sagt er: »Ich lache in meinen Versen, in meinem Herzen aber weine ich um die Bösartigen.«

Diese Wende in Kantemịrs literarischem Werk steht ohne Zweifel in Zusammenhang mit seinem Diplomatenamt im Ausland, in dessen Folge er von Russland und den dortigen sozialen und politischen Auseinandersetzungen isoliert war. Er hat den Versuch unternommen, seine Verse in Russland herauszugeben, aber sie wurden zu seinen Lebzeiten und selbst unter Elisabeth nicht veröffentlicht. Die erste russische Ausgabe von Kantemịrs Werken konnte erst 1762 publiziert werden. 13 Jahre zuvor waren sie bereits in Frankreich erschienen – auf Montesquieus Vermittlung. Bald darauf folgte eine zweite französische Ausgabe. 1752 erschien in Berlin eine deutsche Übersetzung, die von Gottsched besorgt worden war. Dadurch wurde Kantemịr als erster russischer Dichter im Westen bekannt. Selbst im 19. Jahrhundert konnte Kantemịrs Werk in Russland nicht ohne weiteres herausgegeben werden.

1.5. Trediakovskij

VASILIJ TREDIAKOVSKIJ (1703 – 1769) war der Sohn eines Geistlichen aus Astrachan, der in ärmlichen Verhältnissen lebte. Er besuchte eine katholische Schule, wo er Latein lernte. Im Jahre 1722 wohnte er dem Besuch Peters I. in Astrachan bei, wobei er Kantemirs Vater kennenlernte. Ein Jahr später flüchtete er nach Moskau, wo er zwei Jahre lang an der Slawisch-griechisch-lateinischen Akademie studierte, bis er 1725 aus dem Land floh: erst in die Niederlande, dann nach Paris, wo er an der Sorbonne drei Jahre lang studierte. In Den Haag verfasste er *Opisanie grozy, byvšija v Gage* (Beschreibung eines Sturmes in Den Haag), das jedoch nichts über die Niederlande aussagt. 1728 schrieb er *Stichi pochval'nye Parižu* (Lobgedicht auf Paris) und *Stichi pochval'nye Rossii* (Lobgedicht auf Russland). Im Jahre 1730 kehrte er nach Russland zurück. Er wurde Übersetzer und 1733 Sekretär an der Akademie der Wissenschaften. Im Jahre 1745 waren er und Lomonosov die ersten Russen, denen die Professorenwürde verliehen wurde. In den fünfziger Jahren wurde seine Position unhaltbar, und zwar infolge der literarischen Auseinandersetzungen über die neue Verslehre zwischen ihm, Lomonosov und dessen Anhängern. Seine archaische, scholastische Sprache und sein barocker Stil machten ihn zur Zielscheibe der Reformer. Aber ungeachtet seiner literarischen Einsamkeit hat er sich in zweifacher Hinsicht Verdienste erworben: Ihm sind die Reform des russischen Verses und die Einführung des Hexameters zu verdanken.

1735 veröffentlichte Trediakovskij sein poetisches Traktat *Novyj i kratkij sposob k složeniju rossijskich stichov* (Neue und kurze Anleitung zur Verfertigung russischer Verse), in dem er eine Reform der russischen Verskunst vorschlug. Trediakovskij suchte eine angemessenere Versform für den alternierenden Akzent im Russischen. Den syllabischen Vers, der von polnischen und ukrainischen Gelehrten importiert worden war, gab es in Russland schon mehr als 100 Jahre. Für Sprachen mit einem festen Akzent (im Französischen auf der letzten Silbe, im Polnischen auf der vorletzten) war der syllabische Vers geeignet, für das Russische allerdings schlug Trediakovskij das tonische Prinzip vor, das er im Volkslied entdeckt hatte. Er setzte seine Erkenntnisse jedoch nicht konsequent um, und die echte Revolution wurde ein paar Jahre danach von Lomonosov vollzogen, der ihn schon bald überflügeln sollte. Dadurch ist Trediakovskijs Verdienst in Vergessenheit geraten, und erst im 20. Jahrhundert kann Trediakovskijs historische Bedeutung richtig gewürdigt werden.

Seine Suche nach neuen Formen des langen Versfußes führte zur Schöpfung des Hexameters, wobei dieser, im Gegensatz zu seinem antiken Vorläufer, sich nicht auf die langen und kurzen Silben, sondern auf den Akzent stützte, mit anderen Worten tonisch war.

Während Trediakovskijs Poesie eher als bescheiden zu bezeichnen ist, besteht sein Hauptbeitrag zur russischen Kultur des 18. Jahrhunderts in der Übertragung bekannter westeuropäischer literarischer Werke. 1730 veröffentlichte er, gerade aus Frankreich zurückgekehrt, seine Übersetzung und Bearbeitung des allegorischen Romans *Voyage à l'île d'amour* des Abbé Paul Tallemant (1663). Im Westen war dieser Roman schon lange in Vergessenheit geraten, für den russischen Zeitgenossen aber war er eine Entdeckung: *Ezdǎ v ǫstrov ljubvi* (Reise auf die Insel der Liebe) war gleichsam die Bibel der galanten Liebe für den jungen adligen Leser. Der Klerus war nicht gut auf dieses »verderbliche« Buch zu sprechen. Im Jahre 1751 übersetzte Trediakǫvskij den politischen Schlüsselroman *Argenis* (1621, im Original lateinisch, *Argenida*) des englischen Schriftstellers John Barclay, ein Werk, das zahllose Neuauflagen und Übertragungen erlebte und dessen Handlung sich im Altertum zuträgt, aber auf Missstände im Frankreich Henris IV. und in Westeuropa anspielt. Es wurde von mehreren aufeinanderfolgenden Generationen wieder und wieder zur Hand genommen und verschlungen; es war ein Plädoyer gegen die Tyrannei und für den königlichen Absolutismus als einzigen Garanten der Einheit des Reiches. Im 18. Jahrhundert wurde dieser erfolgreiche Staatsroman von dem pädagogischen und politischen Roman *Les aventures de Télémaque* (1699) von Fénelon verdrängt. Der Autor übt Kritik an der absoluten Monarchie und prangert die Missstände am Hof des Königs (Ludwig XIV.) an. Dessen »L'état c'est moi« stellte er den Monarchen als Diener seines Volkes gegenüber. Das Werk hatte im 18. Jahrhundert großen Erfolg und war Bestandteil des intellektuellen Kanons der Aufklärung. Trediakǫvskij veröffentlichte eine Nachdichtung dieses Romans unter dem Titel *Pochožděnija Telemaka* (Die Abenteuer des Telemach, 1766) in daktylisch-trochäischen Hexametern, womit er diesen Versfuß in die russische Literatur einführte. Seine Zeitgenossen hatten für seine gewichtige *Tilemachida*, die nicht weniger als 16.000 Verse umfasste, nur Spott übrig; und es ist bekannt, dass zu den Spöttern auch Katharina II. gehörte: In der Lektüre von Trediakǫvskijs Übersetzung sah sie das beste Mittel gegen Schlaflosigkeit, und am russischen Hof war es eine der Lieblingsstrafen, einige Zeilen der *Tilemachida* auswendig lernen zu müssen. Es könnte auch sein, dass Katharinas Spott eine Reaktion auf den kritischen Tonfall des Autors (Übersetzers) der Abenteuer des Telemach darstellte. Fénelons politischer Abenteuerroman lag im 18. Jahrhundert in sechs russischen Ausgaben vor.

Von Bedeutung war auch Trediakǫvskijs Übersetzung der Schriften des französischen Pädagogen und Historiografen Charles Rollin (1661 – 1741), *Histoire Ancienne* (1730 – 1738) und *Histoire Romaine* (1738 – 1741, nach seinem Tod von seinem Schüler weitergeführt). Der Übertragung dieser 30 Bände widmete Trediakǫvskij 30 Jahre seines Lebens. Seine Übersetzungen stellten für viele Generationen die Quelle ihres Wissens über die Welt der Antike dar. Rollins Werk war nicht originell, aber es war stark durchdrungen von republikanischem Pathos und Widerwillen gegen den zeitgenössischen Sittenverfall.

1.6. Lomonosov

Lomonosov ist ohne Zweifel die beeindruckendste Persönlichkeit des 18. Jahrhunderts, das letzte Universalgenie der russischen Kultur. Puškin nannte ihn zu Recht »unsere erste Universität«, und Belinskij behauptete, mit Lomonosov setze die russische Literatur ein, und nannte ihn »den Peter den Großen der russischen Literatur«. In den Augen von Amerikanern ist Lomonosov der »russische Benjamin Franklin«.

MICHAIL VASIL'EVIČ LOMONOSOV (1711 – 1765) wurde im Verwaltungsbezirk Cholmogory im Norden Russlands als Sohn eines Fischers und Seemanns geboren, der ihn mit den Ausländern von Archangelsk in Kontakt brachte, das vor der Gründung St. Petersburgs Russlands Fenster nach Europa war. In der Dorfschule lernte er Latein. Mit 19 Jahren verließ er sein Elternhaus, um an der Slawisch-griechisch-lateinischen Akademie in Moskau zu studieren, wo er sich als Edelmann ausgeben musste, da Nichtadlige nicht zugelassen wurden. 1736 wurde er von der Petersburger Akademie an die Universität von Marburg entsandt, um Bergbau zu studieren. Lomonosovs Mentor war das deutsche Universalgenie Christian Wolff. Außerdem lernte er dort das Werk des führenden Kopfes des deutschen Klassizismus, Gottsched, kennen. Noch in Deutschland nahm er seine Arbeiten an der Reform des russischen Verses auf. In den Jahren 1740 – 1741 zog er durch Deutschland und die Niederlande. Nach seiner Rückkehr wurde er in Russland – gemeinsam mit Trediakovskij – zum Professor ernannt, wahrscheinlich als Gegengewicht zu den deutschen Professoren, die in der wissenschaftlichen Welt den Ton angaben. Lomonosov sollte zahlreiche Dispute und Auseinandersetzungen mit seinen deutschen Kollegen führen, aus denen er meistens als Sieger hervorging; er hatte einflussreiche Gönner, unter denen Ivan Šuvalov, Elisabeths Favorit, der wichtigste war. Mit der Thronbesteigung Katharinas II. war es mit den Gunstbezeigungen getan: Die neue Zarin sah in Lomonosov einen Protegé Šuvalovs und entzog ihm die Leitung der Akademie der Wissenschaften. Im Jahre 1755 wurde auf seine Initiative die erste russische Universität errichtet, der im 20. Jahrhundert sein Name verliehen wurde (Moskovskij gosudarstvennyj universitet im. M.V. Lomonosova).

Während der Reise nach Deutschland unterzog Lomonosov Trediakovskijs Traktat über den russischen Vers einem gründlichen Studium. Er stimmte dessen Ablehnung des syllabischen Prinzips und der Einführung des tonischen Verses zu, ging aber selbst noch viel weiter. Er bestritt Trediakovskijs Auffassung, dass für »seriöse« Gattungen nur weibliche Reime akzeptabel seien (und das, obwohl das Russische so häufig auf der letzten Silbe betont wird). Lomonosov schlug vor, männliche und weibliche Reime im Wechsel aufeinander folgen zu lassen. Er führte zudem den Jambus ein, während Trediakovskij den Choreus als den für das Russische einzig akzeptablen Versfuß bezeichnete. Als Beispiel verfasste Lomonǫsov die *Ǫda na vzjątie chotịna* (Ode auf die Eroberung Hotins), 280 Verse in Jamben mit männlichen und weiblichen Reimen im freien Wechsel. Seine theoretischen Auffassungen legte er in seinem Traktat *Pis'mǫ o prąvilach rossịjskogo stichotvǫrstva* (Brief über die Regeln der russischen Dichtkunst) dar, das er, zusammen mit dem Gedicht über Hotin, 1739 der Akademie schickte. In dieser Abhandlung wird Trediakǫvskijs Auffassung vollkommen lächerlich gemacht; möglicherweise war dies der Grund, warum die Akademie weder die Ode noch das Traktat in Druck geben wollte. Die Ode kursierte jedoch als Manuskript und bedeutete den Sieg von Lomonǫsovs poetischer Reform.

Lomonǫsovs Poesie kann als Staatspoesie bezeichnet werden. In seinem zwischen 1756 und 1761 entstandenen Gedicht *Razgovǫr s Anakreǫnom* (Gespräch mit Anakreon) fasst er prägnant seine Vorliebe in Worte: Er zog »der Helden ewigen Ruhm« »der Zärtlichkeit des Herzens« vor. Lomonǫsovs bevorzugte Gattung war die Lobrede in Odenform, von denen er rund 20 verfasst hat. In der bereits erwähnten *Ode auf die Eroberung Hotins* verherrlicht er in erhabenem Stil den aufgeklärten Absolutismus und den Monarchen als weisen Gesetzgeber. Als ideale Monarchin sieht er Elisabeth, der er nicht nur Komplimente macht, sondern auch eine Lehre erteilt. Lomonǫsovs großer Held ist Peter der Große, dem er die – unvollendet gebliebene – epische Versdichtung *Pëtr Velịkij* (Peter der Große) gewidmet hat. In seiner Poesie besingt Lomonǫsov Russlands Ruhm und unterstreicht den Nutzen der Wissenschaft (*Pis'mǫ o pǫl'ze stekłą*, Epistel über den Nutzen von Glas) für die Zukunft des Landes. Obgleich Lomonǫsov dem Klassizismus verpflichtet war, zeichnet sich der erhabene Stil (vysprennij štil') seiner Oden durch viele Kirchenslawismen, biblische Formulierungen und eine würdevolle, archaische Ausdrucksweise aus. Seine lyrischen Gedichte sowie seine Bearbeitungen von Psalmen sind viel einfacher geschrieben. Prachtvoll ist seine Beschreibung der Größe der Natur und des Schöpfers in *Večęrnee razmyšlęnie o Bǫžiem velịčestve* (Abendbetrachtungen über die Größe Gottes, 1743).

Lomonǫsov hat bei der Festlegung der Regeln der russischen Literatursprache eine entscheidende Rolle gespielt: Seine 1757 herausgegebene *Rossịjskaja grammątika* (Russische Grammatik) war das Buch, mit dem alle gebildeten Menschen des 18. Jahrhunderts Russisch lernten. Bekannt geworden ist seine Lobrede auf das Russische im Vorwort zur ersten Ausgabe seiner Grammatik: »Karl V., Kaiser des Heiligen Römischen Reiches, pflegte zu sagen, es zieme sich, Spanisch mit Gott zu sprechen, Französisch mit Freunden, Deutsch mit Feinden, Italienisch mit dem weiblichen Geschlecht. Wenn er aber des Russischen mächtig gewesen wäre, hätte er sicherlich hinzugefügt, dass man in dieser Sprache mit ihnen allen reden könne, da das Russische über die Pracht des Spanischen, die Lebhaftigkeit des Französischen, die Kraft des Deutschen, die Feinheit des Italienischen und darüber hinaus über den Reichtum und die bilderreiche Knappheit des Griechischen und Lateinischen verfügt.«

In *Predislovie o pol'ze knig cerkovnych v rossijskom jazyke* (Vorrede über den Nutzen der kirchlichen Bücher in der russischen Sprache, 1757) hat Lomonosov seine »Theorie von den drei Stilen« dargelegt. Im Russischen unterschied er drei Kategorien von Wörtern: Wörter, die nur im Kirchenslawischen vorkommen (und zu meiden sind), Wörter, die im Kirchenslawischen und im Russischen vorkommen, und rein russische Wörter. Entsprechend dieser Einteilung unterschied er drei Stile. Den hohen Stil (vysokij štil') behält er für »heroische Gedichte, Oden, Reden in Prosa über wichtige Angelegenheiten«, den srednij štil' (mittlerer Stil) für Theaterstücke (außer wenn »Heldentum« und »erhabene Gedanken« besungen werden) und »freundschaftliche Epistel in Versen, Satiren, Eklogen und Elegien« vor; der nizkij štil' (niedriger Stil) schließlich bleibt »Komödien, leichten Epigrammen, Liedern, freundschaftlichen Episteln in Prosa, der Beschreibung alltäglicher Angelegenheiten« vorbehalten. Ganz neu waren diese Auffassungen natürlich nicht; Lomonosovs Verdienst ist es aber, dass er sie auf die russische Sprache seiner Zeit angewandt hat. Die Norm für die neue Literatur war fortan das Russische, das Kirchenslawische diente lediglich dazu, die Literatursprache zu bereichern.

1.7. Sumarokov und Cheraskov

Während die erste Hälfte des 18. Jahrhunderts eher Barockliteratur hervorbrachte (Kantemir, Trediakovskij, Lomonosov), war die Periode 1740 – 1770 die des Klassizismus. Die herausragende Persönlichkeit in der Mitte des 18. Jahrhunderts war Aleksandr Sumarokov, der zuweilen »der Racine des Nordens« genannt wird.

ALEKSANDR SUMAROKOV (1718 – 1777) studierte am Adligen Kadettenkorps, das keine petrinische Schule war, an der Technik und Wissenschaft überwogen, sondern eine Schule mit den Schwerpunkten Kunst und Literatur. Es war eine Art Universität für adlige Jugendliche, im Jahre 1732 gegründet von der Zarin Anna. Sumarokovs hochgespanntes politisches Ideal brachte ihn in Konflikt mit seinen Zeitgenossen. Er sah sich selbst als den Poeten und den Ideologen seiner Klasse (= Adel). Sein Werk betrachtete er als einen Dienst am Adel, es sollte den Adelsstand (die führende Klasse der Gesellschaft) erziehen. Darum verfasste er zahllose Angriffe und Anklagen gegen unwürdige Vertreter des Adelsstandes, Profiteure, Schmarotzer usw. Obwohl er ein Fürsprecher der Leibeigenschaft war, hielt er sich mit seiner Kritik am Adel nicht zurück, so zum Beispiel in seiner beißenden Satire O *blagorodstve* (Über den Adel, 1771). Seine ersten Werke hatten Erfolg, aber schon bald wurde sein Werk mit Gleichgültigkeit aufgenommen. Sein literarisches Leben stellte sich als eine Aneinanderreihung von Streitigkeiten, Klatschgeschichten und Schmähschriften dar, und in seinem persönlichen Leben hatte er unter einer Scheidung und unter Geldsorgen zu leiden. Er starb einsam und verarmt.

Im Jahre 1759 gründete er die erste Privatzeitschrift in Russland, die *Trudo-ljubivaja pčela* (Die fleißige Biene), die jedoch nur ein Jahr lang bestehen sollte. Von 1756 bis 1761 war er Direktor des ersten russischen Theaters, an dem als wichtigster Schauspieler der bekannte Autodidakt Fëdor Volkov ein Engagement hatte. Beim Regierungsantritt von Katharina II. schrieb er eine Krönungsrede und hoffte, auf die neue Politik einwirken zu können. Aber auch Katharina empfand den aufdringlichen politischen Moralisten als lästig; und um das Jahr 1770 war er definitiv in Ungnade gefallen. In der Literatur forderte Sumarokov Schlichtheit und Natürlichkeit der Sprache und war aus diesem Grund ein erklärter Gegner Lomonosovs. Er wollte nüchterne, sachliche Poesie, um das Ziel, das er anstrebte, zu erreichen: das Gewissen des Adels zu werden. Er wollte also keinen Stilreichtum und keine Sprachgewalt (»Ein unnötig hochtrabender Ton ist der Natur ärgster Feind«), sondern er wollte durch innere Logik überzeugen. Darum lehnte er auch die Verwendung des Kirchenslawischen ab.

Sumarokov ist in erster Linie als Tragödiendichter bekannt. Insgesamt verfasste er neun Tragödien, von denen sich sieben in Russland zutragen (im Gegensatz zu westeuropäischen klassizistischen Trauerspielen, deren Handlung zumeist in der Antike angesiedelt ist). Sumarokov stand deutlich unter dem Einfluss des französischen klassizistischen Dramas (Racine und Voltaire); seine Tragödien verfügen jedoch auch über eigene Züge. Sie sind statisch (er war gegen das bürgerliche Drama und die Comédie larmoyante), in politischer Hinsicht didaktisch, ein Räsoneur schwingt lange politische Reden, die sich an das Publikum wenden; es gibt überwiegend ein Happy-End, die dramatis personae sind Könige, Prinzen und Würdenträger; der Kern des Trauerspiels ist der Kampf zwischen dem Verstand und den Leidenschaften, der erhabenen Ratio und den destruktiven, niederen Instinkten, mit anderen Worten der Zweikampf zwischen Liebe, Passion und Pflicht (Ehre). Das bekannteste Stück Sumarokovs ist *Dmitrij Samozvanec* (Der falsche Demetrius), das eine bekannte Episode aus der russischen Geschichte behandelt: das Chaos der Zeit der Wirren. Der falsche Demetrius ist ein Monster, das sich gegen das russische Volk richtet und propolnisch und prokatholisch eingestellt ist. Sumarokov rechtfertigt den Aufstand, weil der Monarch nicht im Namen des Volkes regiert und sich nicht den Wünschen des Volkes unterordnet. Demetrius sieht ein, dass sein Untergang unabwendbar ist; das Volk erhebt sich. Die Sprache der in Alexandrinern verfassten Tragödie ist einfach, klar und emotional. Im Gegensatz zu seinen Tragödien schrieb Sumarokov seine Komödien, zwölf an der Zahl, in Prosa. Von den klassizistischen Regeln ist hier kaum noch etwas zu verspüren. Es handelt sich eher um groteske Szenen mit polemischem und/oder satirischem Einschlag. Die Figuren sind Inkarnationen von Untugenden, die lächerlich gemacht werden. Der Einfluss der italienischen Commedia dell' Arte ist offensichtlich. Seine beste Komödie ist *Rogonosec po voobraženiju* (Der eingebildete Hahnrei), eine in bilderreichem Russisch verfasste Komödie über zwei altmodische Grundbesitzer.

Die Verwendung lebendiger Sprache ist auch das herausragende Kennzeichen der Fabeln Sumarokovs, die er selbst pritči nennt und von denen er 374 geschrieben hat. Es ist Sumarokovs Verdienst, dass er diese Gattung für die russische Literatur entdeckt hat. Er machte Anleihen bei La Fontaine, den er – frei – übersetzte, entwickelte daraus aber eine komische Gattung, häufig mit Alltagsszenen, komischen Details und satirisch-bissigen Anspielungen auf russische Realitäten. Sumarokov hat sich in sehr vielen Gattungen geübt, und zwar – wie sich aus seiner Biografie ergibt – mit großer Leichtigkeit und in einem hohen Tempo: Er schrieb nicht nur Tragödien und Komödien, sondern auch feierliche und geistige (duchovnye) Oden, eine epische Verserzählung, Episteln (von denen zwei poetologischer Art sind), Eklogen, Idyllen, Elegien, Sonette und Balladen, Rundreime, Stanzen, Madrigale, Satiren und Fabeln, Märchen und Epigramme sowie zahlreiche Lieder (die in seiner Zeit sehr beliebt waren), Parodien und Übersetzungen (u.a. von Pierre Corneille und Fénelon).

Nach Sumarokov war MICHAIL CHERASKOV (1733 – 1807) die führende Persönlichkeit in der russischen Literatur. Er hat sich in nahezu allen Gattungen des Klassizismus geübt, genießt jetzt aber lediglich wegen seiner *Rossiada. Iroičeskaja poęma* (Die Rossiade. Ein heroisches Epos), des Nationalepos' der Russen des 18. Jahrhunderts, aus dem Jahre 1779 Bekanntheit. Seine Zeitgenossen reagierten begeistert auf Cheraskovs Epos, das viele als Höhepunkt der russischen Literatur bezeichneten. Die Griechen hatten ihre *Iliade*, die Römer ihre *Aeneis*, die Italiener ihre *Gerusulemme Liberata*, die Franzosen Voltaires *Henriade*, und sogar die Portugiesen konnten sich eines Nationalepos rühmen (*Os Lusíadas* von Luis de Camões, 1572), die Russen aber hatten vor Cheraskov kein wirkliches Nationalepos aufzuweisen, das eine entscheidende Episode aus der russischen Geschichte behandelt hätte.

Kantemir und Lomonosov hatten sich an eine »Petriade« gewagt, Sumarokov an eine »Dmitriade«, aber keine dieser ambitiösen Bemühungen war von Erfolg gekrönt gewesen. Cheraskovs Versuch basiert stofflich auf der Eroberung Kasans im Jahre 1555 durch Iwan den Schrecklichen. Er wurde zum »russischen Homer« erklärt, nach seinem Tod aber verblasste sein Ruhm schnell; im 20. Jahrhundert wird er nur noch von Philologen gelesen. Gegen Ende des 18. Jahrhunderts sollte Karamzin ihm an Ruhm gleichkommen.

Ein im 18. Jahrhundert populärer Literat war IPPOLIT BOGDANOVIČ (1744 – 1803), der ein in der russischen Literatur unerreicht gebliebenes Werk geschaffen hat: *Dušen'ka* (Die kleine Psyche, 1783), die Bearbeitung einer Episode aus *Asinus Aureus* (Der goldene Esel) von Apuleius, dem Märchen von Amor und Psyche. Den griechischen Namen »Psyche« hat Bogdanovič hier mit »dušen'ka« (= Diminutiv von duša) übersetzt, was soviel bedeutet wie »Schätzchen«, »Herzchen«, »Liebling«. Bogdanovič hat außerdem die französische Bearbeitung von Jean de la Fontaine, *Les Amours de Psyché et de Cupidon* (1669), herangezogen. Die umfangreiche Erzählung ist in freien Versen verfasst, aber mit einer Leichtfüßigkeit, Grazie, Einfachheit und Eleganz, die im 18. Jahrhundert nicht ihresgleichen fanden und erst wieder von Puškin erreicht werden sollten. Sie enthielt zur Abwechslung keine heroischen Taten von antiken oder mittelalterlichen Herrschern, keine Staatspoesie, keine didaktischen Lektionen, keine allegorische Botschaft, sondern ein Märchen, reine Schönheit und Erotik, und all dies machte diese Erzählung zu einer der beliebtesten Verserzählungen des ausgehenden 18. Jahrhunderts.

C. DIE REGIERUNGSZEIT KATHARINAS II. (1762 – 1796): DIE ERSTE HÄLFTE

1.8. Hintergrund

Im Sommer 1762 putschte die Frau Peters III.; der Preußophile auf dem russischen Thron wurde zum Rücktritt gezwungen. Kurz darauf wurde er von einem der Verschwörer – Aleksej Orlov – ermordet. Die neue Zarin – Ekaterina Alekseevna (Katharina II., 1762 – 1796) – ist ohne Zweifel die beeindruckendste, vielseitigste und erfolgreichste Herrscherin Russlands gewesen. Auf militärischem Gebiet und in außenpolitischer Hinsicht war ihre Regierungszeit von Erfolgen gekrönt: Polen wurde geteilt (zwischen Österreich, Preußen und Russland), die Krim erobert (und damit den Türken abgenommen). Sie hatte den Traum Peters I., das Gebiet von der Ostsee bis zum Schwarzen Meer zu beherrschen, verwirklicht. Auf sozialem und wirtschaftlichem Gebiet bestätigte sie mit der Adelscharta aus dem Jahre 1785 die Rechte der Grundbesitzer auf ihre Bauern. Der Zar sollte von nun an im Zentrum regieren, der Adel in der Provinz.

Über den liberalen Charakter ihrer Regierungszeit rümpften die Sowjets die Nase. 1767 berief Katharina eine Gesetzeskommission ein, um von den Volksvertretern ein Gesetzbuch erarbeiten zu lassen. Als »Arbeitsgrundlage« legte sie ihr *Nakaz* (Instruktion) vor, in dem sie die Ideen der Aufklärung als Richtschnur für die Reform Russlands empfahl. Das Werk wurde in Frankreich verboten! Voltaire rief triumphierend aus: »C'est du Nord aujourd'hui que nous vient la Lumière.« Und Minister Nikita Panin fand: »Ce sont des axiomes à renverser des murailles.« Den fortschrittlichen Ideen der Zarin wurde von den Repräsentanten des Adels in der Kommission die Schärfe genommen. 1768 wurden die Arbeiten – angeblich wegen des Krieges gegen die Türkei – eingestellt und nie wieder aufgenommen. Ein schwerer Gegenschlag für Katharina war der Volksaufstand Pugačëvs, der zwischen 1773 und 1775 einen großen Teil Russlands in helle Aufregung versetzte. In religiöser Hinsicht war Katharinas Regierungszeit mild und tolerant. Auch für den Bildungssektor hat sie viel getan. Unter ihrer Herrschaft erblühte das künstlerische und intellektuelle Leben wie nie zuvor, so dass die zweite Hälfte des 18. Jahrhunderts ohne Zweifel die reichste und fesselndste Periode der russischen Aufklärung ist. Die Hauptwerke der großen westeuropäischen Aufklärer (Voltaire, Rousseau, Diderot, Helvétius, Montesquieu) wurden übersetzt und gehörten zum Bildungsgut der russischen Intellektuellen des 18. Jahrhunderts. Die Aufklärung drang bis in die Provinz vor. Überall wurden literarische und wissenschaftliche Gesellschaften gegründet; die offizielle *Freie Ökonomische Gesellschaft* propagierte neue Theorien auf landwirtschaftlichem Gebiet. Die Bücherproduktion in der zweiten Jahrhunderthälfte war dreimal so hoch wie in der ersten.

Nicht nur für ihre liberale Haltung und ihre Toleranz war Katharina II. bekannt, sondern auch für ihren Luxus und ihre Sittenlosigkeit. Sie wurde von ihren Zeitgenossen »Semiramis des Norden« genannt – nach der mythischen Königin von Assyrien und Babylonien, der Alleinherrscherin, die prachtvolle Paläste mit hängenden Gärten errichten ließ (eines der Weltwunder). Aber ihr wurde auch der Spitzname »Messalina des Norden« verliehen – nach der Gemahlin von Kaiser Claudius, die wegen ihrer Exzesse berüchtigt war und als Inbegriff unersättlichen Geschlechtstriebes galt. An ihrem Hof herrschte eine sinnliche Atmosphäre, und ihre Liebeskabinette waren mit plastischen erotischen Abbildungen verziert, so dass Aleksandr Gercen (Herzen) von einem »Bordell« sprach. Fürst Ščerbatov nannte sein gegen Katharina II. gerichtetes Pamphlet O *povreždenii nravov v Rossii* (Über den Sittenverfall in Russland).

Die letzten Jahre ihrer Regierungszeit wurden von den Ereignissen in Frankreich überschattet. In Abgrenzung von »der Kneipe voller Betrunkener«, die Frankreich ihr zufolge war, bezeichnete sie sich selbst als »l' impératrice la plus aristocratique de l'Europe«. Was sie tief kränkte, war, dass die Prinzipien der französischen »philosophes« als Deckmantel für die Verbrechen dienten, die von den Revolutionären begangen wurden. Ihre letzten Jahre standen denn auch im Zeichen der Unterdrückung des »Jakobinertums« (Radiščev) und des von ihr gefürchteten Freimaurertums, die sie der Verschwörung verdächtigte. Katharina, die in ihrer ersten Amtsperiode als liberal und als Wohltäterin ihrer Untertanen galt, wurde im Westen als »Philosophin auf dem Thron« große Sympathie entgegengebracht. Aber mit der Französischen Revolution war die philosophische Rolle Russlands auf der europäischen Bühne ausgespielt.

1.9. Aufklärung und Freimaurertum

Peter der Große hatte sich nur für Wissenschaften und anwendbare Fertigkeiten interessiert, Elisabeth für Musik; Katharina II. hingegen entfaltete vielseitige intellektuelle Aktivitäten. Unter ihrer Herrschaft wurden Wissenschaft, Kunst, Architektur und Literatur in starkem Maße gefördert. Sie ließ viele Arbeiten der westeuropäischen Aufklärung übersetzen: Marmontels *Bélisaire* und die in Frankreich verbotene *Encyclopédie*. Im Jahre 1768 gründete sie die Gesellschaft zur Übersetzung fremdsprachiger Bücher, die *Gulliver's Travels*, *Robinson Crusoe* und Rousseau herausgab. Vasilij Petrov wurde Hofdichter. In Michail Cheraskovs Haus bildete sich eine Art literarischer Salon, und es wurden Staatsromane nach westeuropäischem Vorbild verfasst (Ėmin). Die Gesetzeskommission des Jahres 1767 arbeitete an einem neuen Gesetzbuch, und in satirischen Zeitschriften wurde eine ganze Reihe von Missständen an den Pranger gestellt. Novikov tat für Russland Bedeutungsvolles, indem er historische Dokumente veröffentlichte, die er aus offiziellen Archiven hatte: Seine *Drevnjaja Rossijskaja Vivliofika* (Altrussische Bibliothek) markierte den Beginn der russischen Geschichtsforschung. Um diese Zeit nahm auch der adlige Publizist und Historiker Ščerbatov die Arbeiten an seiner umfangreichen *Istorija rossijskaja ot drevnejšich vremën* (Russische Geschichte von den ältesten Zeiten an, 1770 –1791) auf. Im Jahre 1783 wurde die Russische Akademie gegründet, deren Kuratorin eine der tatkräftigsten Frauen des 18. Jahrhunderts war: Fürstin Ekaterina Daškova, die die regierungsnahe literarische Zeitschrift *Sobesednik ljubitelej rossijskogo slova* (Der Gesprächspartner der Liebhaber des russischen Wortes) herausgab. Die Akademie legte gegen Ende des Jahrhunderts das erste Bedeutungswörterbuch der russischen Sprache vor, das – normative und puristische – sechsbändige *Slovar' Akademii Rossijskoj* (Wörterbuch der Russischen Akademie). Bei alledem war die Zensur sehr zurückhaltend.

Mit den führenden Intellektuellen des Westens unterhielt Katharina ausgezeichnete Kontakte. Sie ersuchte d'Alembert, Erzieher des Großfürsten Paul zu werden. Sie korrespondierte mit Voltaire, der sich sehr lobend über sie äußerte und ihr Sprachrohr in Angelegenheiten wurde, die ihnen beiden am Herzen lagen (der Kampf gegen die katholische Kirche und den Klerikalismus, den Fanatismus und die Türken). Katharina wollte die in Frankreich verbotene *Encyclopédie* in Russland (Riga) drucken lassen und lud Diderot nach Russland ein. Diderot legte den Kontakt zu dem Bildhauer Falconet, der in St. Petersburg das berühmte Standbild Peters I. bauen sollte (der »eherne Reiter«). Auch Rousseau wurde in Russland viel gelesen und herausgegeben, sein *Contrat social* aber wurde als zu gefährlich betrachtet und nicht übersetzt. Einen lebenslangen Bewunderer und Freund fand Katharina in Baron Grimm, der den russischen Hof in seiner literarischen Zeitschrift *Correspondance littéraire* mit den jüngsten kulturellen, literarischen und politischen Neuigkeiten versorgte. Grimm wurde außerdem ihr offizieller Agent im Westen. Katharina ermunterte darüber hinaus ihre Landsleute, den Westen zu besuchen. Zahllose Russen nahmen – manchmal für einige Jahre – ein Studium im Ausland auf (Frankreich, Deutschland, Italien, England, den Niederlanden). Jakov Kozel'skij nannte in seinen *Filosofičeskie predloženija* (Philosophische Ansichten, 1768) die Republik der Niederlande »das glücklichste Land der Welt«, und Semën Desnickij wurde nach seinem Studium in England ein Schüler Adam Smiths.

Katharina machte ihren Hof zum Zentrum der Kultur; das Hoftheater und die Oper gedeihten. Sie ließ Theaterstücke in französischer und russischer Sprache aufführen. Das Hoftheater stand Höflingen und Adligen offen. Direktor war der Russe Ivan Elagin. Auch der Klassizist Sumarokov stand eine Zeitlang in ihrer Gunst. Der Satiriker und Bühnendichter Fonvizin wurde Sekretär von Nikita Panin im Außenministerium. Die komische Oper gewann durch Ablesimovs in Umgangssprache verfasste Stücke allmählich Lokalkolorit. Opernaufführungen fanden in Französisch, Italienisch und Russisch statt. In Privattheatern, die auf Landgütern unterhalten wurden und an denen häufig Leibeigene als Schauspieler auftraten, wurden volkstümliche Stücke gegeben, in die Volkslieder eingearbeitet waren. Obwohl Katharina unmusikalisch war, unterstützte sie an ihrem Hof nach Kräften die Musik. Kurz, in ihrer Regierungszeit erlebte die Kultur im weitesten Sinne eine Blütezeit. Der russische Historiker Kamęnskij nennt in seiner Studie *Pod sęniju Ekatęriny* (Im Schatten Katharinas, St. Petersburg 1992) Katharinas Epoche »Absolutismus mit menschlichem Antlitz«.

Obwohl das Freimaurertum bereits zu Beginn des 18. Jahrhunderts in Russland existierte, kam es erst während Elisabeths Regierungszeit zur Blüte. Um die Jahrhundertmitte gab es sowohl in den Hauptstädten St. Petersburg und Moskau als auch in der Provinz Freimaurerlogen. Nicht nur Höflinge und Politiker waren Mitglieder, sondern auch Generäle, Professoren, Schriftsteller und Beamte. Der Einfluss der Bewegung auf das intellektuelle Leben war enorm. In der ersten Periode (1760 – rund 1775) war das Freimaurertum gemäßigt: Sein Ideal war die innere Vervollkommnung des Menschen, sein Vorbild Voltaire (Deismus). Nach 1775 strebte es eher nach geheimer Erkenntnis, nach mystischer Offenbarung. Ein bedeutender Zweig waren die Rosenkreuzer unter der Leitung von Ivạn Švạrc (Schwarz). Die Rosenkreuzer waren antirationalistisch und gegen die französischen Philosophen, die sie bekämpften. Sie lehnten den Verstand als Quelle der Erkenntnis ab und akzeptierten lediglich das Gefühl und die Offenbarung (die göttliche Wahrheit). Sie lasen und propagierten die Bibel, religiöse Werke (Thomas à Kempis) und die Arbeiten von Mystikern (Arndt, Böhme, Eckertshausen). Außerdem widersetzten sie sich liberalen Auffassungen in der Politik. Ein populärer Denker war Saint-Martin, dessen Buch *Des erreurs et de la vérité* (1775) im Jahre 1785 in russischer Übersetzung erschien und dem eine Richtung innerhalb des Freimaurertums, die Martinisten, ihren Namen verdankte. Die bedeutendste Persönlichkeit der Freimaurerbewegung war der Verleger und Philanthrop Ivạn Novikọv, der zwischen 1777 und 1785 vier Zeitschriften herausgab, in denen sich die Freimaurer frei äußern konnten.

Es gab jedoch nicht nur eine umfangreiche Freimaurerliteratur, sondern auch Schriften, die sich gegen die Freimaurer richteten. Die russische Herrscherin war eine entschiedene Gegnerin dieser Bewegung in ihrem Land, in der sie eine Geheimorganisation sah, die viele ihrer Höflinge zu ihren Mitgliedern zählte und die sie im Verdacht hatte, in Kontakt mit ihrem Sohn Paul, dem gesetzlichen Thronfolger, zu stehen. Katharina hat in den Jahren 1785 – 1786 drei Komödien verfasst, die sich gegen Scharlatane und Betrüger à la Cagliostro richten.

Obwohl es schwierig ist, die Freimaurerliteratur von der übrigen Literatur abzugrenzen, können wir doch eine gewisse Zahl literarischer Werke anführen, die ausgesprochen freimaurerisch inspiriert sind. Michaịl Cherạskov bezieht die Eingebung zu seinem Roman *Kadm i Garmọnija* (Kadmos und Harmonia) aus Ovids *Metamorphosen*: Er läßt Kadmos (Kadm) auf eine allegorische Reise auf der Suche nach innerem Frieden (Garmonija) gehen. Die Erzählung steckt voller offensichtlich freimaurerischer Symbole und Motive. VASILIJ LEVŠIN erzählt in seiner Utopie *Novejšee putešestvie* (Meine jüngste Reise) aus dem Jahre 1784 von einem Erdbewohner, der eine Reise zum Mond macht, wo er das Volk der Lunatisten kennenlernt, die er meint zivilisieren zu müssen. Der Utopie, die er auf dem Mond entdeckt, stellt Levšin die satirische Erzählung über einen Lunatisten gegenüber, der die Erde besucht. Eine weitere von freimaurerischen Symbolen durchdrungene Erzählung ist *Putešestvie v zemlju Ofirskuju* (Reise in das Land Ofirs) des adligen Publizisten MICHAIL ŠČERBATOV, eines der leidenschaftlichsten und heftigsten Kritiker Katharinas II. In seiner Reisebeschreibung entwickelt er eine fesselnde Utopie über einen perfekten Polizeistaat als Gegengewicht zu der von ihm verabscheuten russischen Gesellschaft gegen Ende des 18. Jahrhunderts. Ščerbatovs 1784 geschriebene Utopie ist ein *1984* avant la lettre.

1.10. Satirische Zeitschriften

In den Jahren 1769 bis 1774 wurde Russland vom satirischen und polemischen Feuer erfasst. Katharina II. selbst gab eine satirische Zeitschrift heraus, *Vsjakaja vsjačina* (Allerlei), die die Richtung der Diskussion angeben sollte. Andere folgten diesem Beispiel. Meistens bestanden sie nur kurze Zeit, und in vielen Fällen ist nicht bekannt, warum sie ihr Erscheinen einstellten bzw. eingestellt wurden. Der offizielle Charakter der anonym herausgegebenen Zeitschrift wurde kaum verhehlt; sie fand für die Zarin ausschließlich Worte des Lobs. Das Blatt sah seine Aufgabe in gemäßigter und moralisierender Satire, die die negativen Elemente des Adelsstandes anprangern und Beispiele wohlwollender Journalistik anführen sollte. Die Fragestellung war nicht politisch oder sozial, sondern abstrakt. Die Zeitschrift verteidigte die herrschende Situation und unterzog Kleinigkeiten einer geistlosen Kritik (z.B. Frauen, die einen Salon führten). Sie stützte sich dabei auf ausländische Vorbilder, u.a. auf die englische Zeitschrift *The Spectator* (1711 – 1714), aus der viele Artikel übersetzt wurden.

Inspiriert von diesem Beispiel von oben erschienen einige Zeitschriften von NIKOLAJ NOVIKOV (1744 – 1818), dem rührigsten Verleger und Aufklärer im Russland des 18. Jahrhunderts. Schon sein erstes Blatt – *Truten'* (Die Drohne, 1769) – gab gleich die Richtung an mit dem Motto »Sie arbeiten, ihr aber esst ihre Arbeit auf«, einem Zitat aus einer Fabel Sumarokovs. Die Drohne ist der Faulpelz, als welcher sich der Redakteur in einem langen Vorwort selbst bezeichnet (das hier und da bereits Anklänge an vergleichbare Betrachtungen in Gončarovs Roman *Oblomov* enthält). Die Gesellschaftssatire in dieser Zeitschrift ist zuweilen beißend und richtet sich vor allem gegen die herzlose Leibeigenschaft. In anderen Skizzen wird gegen Günstlinge, Schmeichler und stutzerhafte Gecken polemisiert. Die meisten Artikel sind anonym erschienen. Besonders fesselnd ist die Zeitschrift auch

40

wegen der Korrespondenz und der Polemik mit der offiziösen *Vsjakaja vsjačina*. Die Zarin, der der scharfe Ton von Novikovs Blatt offensichtlich nicht gefiel, ließ es an ausfallenden Worten nicht fehlen. Die Polemik lief darauf hinaus, dass die Kaiserin eine gemäßigte, wohlwollende Satire befürwortete, die sich nicht gegen eine bestimmte Person (na lico) richtete, sondern gegen menschliche Untugenden im allgemeinen, mit viel Verständnis für die menschlichen Schwächen (»Jede Familie hat ihr Scheusal«). *Die Drohne* versuchte vorsichtig, die Grenzen des Zulässigen zu verlegen. Im Jahre 1770 setzte Novikov seine Satire in der Zeitschrift *Pustomelja* (Der Phrasendrescher) fort, die in nur zwei Ausgaben erscheinen konnte. 1772 – 1773 kam *Živopisec* (Der Maler) heraus, das radikalste der Novikov'schen Journale, in dem das berühmt gewordene *Otryvok putešestvija v ... I.T.* (Fragment einer Reise nach ... von I.T.) erschien, ein deprimierender Bericht über die Armut und die Verzweiflung der Bauern. Diese Kurzgeschichte wurde anonym veröffentlicht, und viele Literaturhistoriker sehen in ihr eine Fingerübung bzw. einen Entwurf des mindestens genauso sozialkritischen Verfassers der *Reise von Petersburg nach Moskau*, Aleksandr Radiščev. Im Kommentar des Verlegers hieß es, die Skizze sei »sehr gesalzen und bissig«. Das Blatt richtete sich nicht nur gegen die Leibeigenschaft, sondern auch und vor allem gegen die mondänen Laffen und Gallomanen. Gelungen sind auch die satirischen Briefe des Provinzadligen an seinen Sohn Falalej, die in einer ansteckenden volkstümlichen Sprache verfasst sind und vom primitiven, durch Aberglaube geprägten und hartherzigen Leben in der Provinz Zeugnis ablegen. Diese Briefe könnten, so wird vermutet, von Denis Fonvizin geschrieben worden sein.

Novikovs letzte Zeitschrift hieß *Košelëk* (Das Haarnetz, 1774); ihre Zielscheibe waren hauptsächlich die Gallomanie der Russen und die französischen Philosophen, die seiner Meinung nach für die verdorbenen Sitten der russischen Zeitgenossen verantwortlich waren. Sie enthält Gespräche zwischen einem Russen und einem Franzosen bzw. zwischen einem Deutschen und einem Franzosen. Ohne zu zögern beschreibt der Franzose dem Deutschen seine Haltung gegenüber den leichtgläubigen Russen: »Meine Philosophie lautet: Betrüge den Dummkopf, das ist keine Sünde und keine Schande.« Es ist nicht bekannt, warum die Zeitschrift ihr Erscheinen einstellte.

1.11. Volkstümliche Literatur

Der Klassizismus war die Literatur des Adels. Dem nichtadligen Leser war die erhabene und abstrakte Problematik klassizistischer Schriftsteller wie Sumarokov und Lomonosov zuwider. Der Mittelstand hatte wohl aber Interesse an Lustspiel und Roman. Der Roman wurde von den Klassizisten eigentlich nicht anerkannt – und wenn, dann nur als didaktische Gattung (z.B. Fénelons *Télémaque*) oder als philosophischer Roman (z.B. Voltaires *Candide*). Allmählich kam der Schelmenroman auf (Lesages *Gil Blas*), mit Richardsons *Pamela* erlebte der psychologische, mit Rousseaus *La Nouvelle Héloïse* der empfindsame Roman seinen Durchbruch. All diese Werke fanden in russischer Übersetzung aufmerksame und interessierte Leser. Bis weit ins 18. Jahrhundert hinein waren außerdem russische Abenteuergeschichten aus dem 17. Jahrhundert beliebt.

Eine wichtige Persönlichkeit war FËDOR ĖMIN (1735 – 1770), dessen Werk genauso zweifelhaft war wie sein persönliches Leben. Er diente wahrscheinlich bei der türkischen Armee, wodurch er sich gezwungen sah, sich zum Islam zu bekehren. Nachdem er eine Weile durch Europa gestreift war, ersuchte er den russischen Gesandten in London, ihn wieder in die Orthodoxie aufzunehmen. Nach Russland zurückgekehrt, betätigte er sich als Übersetzer aus dem Italienischen und verfasste in rascher Folge einige schludrige Bücher. Sein Hauptwerk ist *Pis'ma Ernęsta i Dorạvry* (Ernestes und Dorauras Briefe) aus dem Jahr 1766, eine Sammlung von 126 Briefen in vier Bänden. Dieser erste Briefroman der russischen Literatur ist ein fader Abguß von Rousseaus *La Nouvelle Héloïse*, das Ėmin kannte und das 1769 in russischer Übersetzung erschien. Es ist der (missglückte) Versuch eines psychologischen Romans, in dem die Helden ihre eigenen Gefühle in holpriger, ungelenker Sprache analysieren. Im Gegensatz zu Rousseaus Roman gibt es hier keine gesellschaftlichen Hürden für die beiden, die einer Hochzeit im Wege stehen könnten: Sie sind beide von Adel (Erneste arm, Doraura reich); hier aber ist es Ernestes tot gewähnte Frau, die ihnen die Suppe versalzt. Russisches Lokalkolorit fehlt. Nach Karamzịns Erfolg geriet Ėmins empfindsamer Roman in Vergessenheit.

Erwähnenswert ist MICHAỊL ČULKỌV (1734? – 1792), der Autor des ersten Sittenromans (= bytovaja prọza) in der russischen Literatur. Čulkọv war ein raznočịnec, der später wegen seiner jahrelangen Tätigkeit im Senat geadelt wurde. Sein Roman *Prigọžaja povarịcha, ili pochoždẹnie razvrạtnoj žẹnščiny* (Die hübsche Köchin oder Abenteuer eines lasterhaften Frauenzimmers, 1770) erzählt die Geschichte einer liederlichen jungen Frau, die ihren Zauber ohne mit der Wimper zu zucken zu Geld macht, sich aber letztendlich doch in einen ihrer Liebhaber verliebt. Der Roman, eine Art russischer *Moll Flanders*, stellte eine neue Erscheinung in der russischen Literatur dar; in ihm finden sich in reichem Maße volkstümliche Sprachelemente und markige Sprüche (mit denen die »zügellose« Martona zumeist ihr Verhalten beschönigt). Von diesem Roman erschien nur der erste Teil. Čulkọv stellte außerdem eine umfangreiche Sammlung mit Hunderten von russischen Volksliedern und Gedichten unter dem Titel *Sobrạnie rụsskich pẹsen* (1770 – 1774) zusammen und veröffentlichte auf diese Weise das erste gedruckte Liederbuch in Russland.

Sehr großer Beliebtheit erfreute sich die Sammlung mit dem Titel *Rụsskie skạzki* (Russische Märchen, 1780 – 1783, in zehn Bänden) von VASỊLỊJ LEVŠỊN (anderen Angaben zufolge Lëvšin, 1746 – 1826), dem vielleicht produktivsten Schriftsteller des 18. Jahrhunderts (90 Bände mit eigenen Werken und Übersetzungen). In seinen Märchen führte Levšin westeuropäische Gestalten und Motive ein (den fahrenden Ritter), denen er slawische Namen gab (Dobrynja Nikitič, Alëša Popovič), womit sie ihre russische Authentizität verloren. Levšin nahm auch selbstverfasste russische Märchen in diese Sammlung auf, die satirisch und komisch sind. Seine Märchen haben großen Einfluss auf andere Schriftsteller ausgeübt, die sich durch die volkstümliche russische Folklore inspirieren ließen (u.a. Puškin).

Ebenfalls große Beliebtheit genoss im 18. Jahrhundert der ungezählte Male neu aufgelegte Schelmenroman MATVEJ KOMAROVS (ca. 1735 – 1812?) über den Dieb und Betrüger Van'ka Kain, *Obstojatel'noe i vernoe opisanie mošennika, vora i razbojnika Van'ki Kaina* (Ausführliche und wahrheitsgetreue Beschreibung des Gauners, Diebes und Räubers Van'ka Kain, 1779), der sich dem Vorwort des Autors zufolge auf die Autobiografie dieses Betrügers stützte und von den Memoiren des französischen Hochstaplers Cartouche inspiriert worden sei, die 1771 in russischer Übersetzung erschienen waren. Die Lebensgeschichte dieses russischen Cartouche war das am häufigsten herausgegebene Prosawerk des russischen 18. Jahrhunderts! Der Name Van'ka Kain ist in Russland noch immer ein Begriff.

Ein weiteres bis in die Mitte des 19. Jahrhunderts hinein immer wieder in die Hand genommenes Buch war *Pis'movnik* (Blütenlese) von NIKOLAJ KURGANOV (1725 – 1796), dessen erste Ausgabe 1769 erschien. Es ist nicht nur eine russische Grammatik, sondern auch eine Art Enzyklopädie, eine Anthologie und ein Lesebuch für den wenig gebildeten Leser. Dieses sehr bunt gemischte Buch enthält außerdem Hunderte von Witzen, die aus westlichen Quellen stammen. In manchen dieser Witze wird der Russe gegen einen Ausländer ausgespielt.

Von marginaler Bedeutung ist der lange totgeschwiegene Dichter IVAN BARKOV (1732 – 1768), der einige schlüpfrige Gedichte verfasst hat, die erst 1991 in Russland publiziert wurden, die viele aber auswendig kannten. Seine pornografischen Gedichte konnten nur im Westen erscheinen – und auch dann häufig nur in obskuren Emigrantenverlagen. So erschien in Israel der schmale Band *Utechi imperatricy* (Die Freuden der Kaiserin, o.J.), der eine Reihe frecher Verse über die Husarentechtelmechtel von Katharina der Großen enthielt. Das berühmteste (ihm zugeschriebene) Gedicht ist jedoch *Luka Mudiščev* (Lukas Hodenmann), ein Sexualepos mit tragischem Ende über eine unersättliche Kaufmannswitwe, das Puškin zu dem ihm zugeschriebenen *Ten' Barkova* (Barkovs Schatten, erst 1991 veröffentlicht) inspiriert hat, einer parodistischen Ballade, die auf humorvolle Weise die russische literarische Tradition verspottet (die braven Balladen Žukovskijs). Im Jahre 1992 erschien in St. Petersburg der Band *Devič'ja igruška* (Mädchenspielzeug) mit den bekannten, aber zuvor in Russland noch nicht veröffentlichten *Oda pizde* (Ode an die Möse) und *Oda chuju* (Ode an den Schwanz). 1994 ließ derselbe Verlag die Bände *Pod imenem Barkova. Erotičeskaja poėzija XVIII – načala XX veka* (Nach Barkovs Beispiel. Erotische Poesie vom 18. – Beginn des 20. Jahrhunderts) und *Stichi ne dlja dam. Russkaja necenzurnaja poęzija vtoroj poloviny XIX vęka* (Verse nicht für Damen. Russische unzensierte Poesie aus der zweiten Hälfte des 19. Jahrhunderts) folgen. Als die Monatsschrift *Literaturnoe obozręnie* (Literarische Umschau) im November 1991 eine thematische Ausgabe der »erotischen Tradition in der russischen Literatur« widmete, bedeutete dies eine kleine intellektuelle Revolution; es war kein Zufall, dass sie der großen politischen Revolution vom August 1991 folgte. Da es nun überhaupt keine Zensur mehr gab, konnte 1991 in Russland außerdem der Band *Russkie zavętnye skazki* (Verbotene russische Märchen) erscheinen, eine Sammlung frecher, erotischer Märchen des bekannten Volkskundlers ALEKSANDR AFANAS'EV (1826 – 1871), der im 19. Jahrhundert eine beeindruckende Sammlung von Volksmärchen zusammengetragen und herausgegeben hat. Da auch im 19. Jahrhundert anzügliche, unanständige oder erotische Literatur nicht die zaristische Zensur passieren konnte, gab Afanas'ev seine frechen Märchen im Ausland heraus (Genf 1872).

1.12. Theater und Oper

1.12.1. Komische Oper

Die erste komische Oper Russlands stammt von MICHAIL POPOV (1742 – 1790) und wurde in Zarskoje Selo uraufgeführt. Anfänglich wurden die Opern nicht gesungen, sondern gesprochen; lediglich die eingeschobenen Arien wurden gesungen. Die komische Oper war eine zum Teil importierte Gattung, konnte aber auch auf ein in den Jahren um 1760 zunehmendes Interesse an volkstümlicher Literatur und Folklore (Sprichwörtern, Volksliedern, Bräuchen, Spielen und Märchen) zurückgreifen. Popovs Oper in einem Aufzug, *Anjuta* (1772), stellt das Bauernleben dar. Der Bauer Miron sähe gern, dass sein Landarbeiter Filat seine Pflegetochter Anjuta zur Frau nehmen würde; diese aber hat ein Auge auf den Edelmann Viktor geworfen. Letztendlich stellt sich heraus, dass das Findelkind Anjuta von adliger Herkunft ist, so dass ihrer Hochzeit mit Viktor nichts mehr im Wege steht. Dieses Dialektstück enthält viele Worte der Anklage über das bittere Los des Bauern, und auch der Adel muss sich Kritik gefallen lassen. Dessen ungeachtet endet die Oper mit einer optimistischen Note: Anjuta kann ihren Geliebten heiraten, Viktor gibt ihrem Vater und dem gekränkten Bauern Geld, und alle sind zufrieden.

Die beliebteste komische Oper des 18. Jahrhunderts wurde von ALEKSANDR ABLĘSIMOV (1742 – 1783) geschrieben, sie war gleichzeitig sein einziges gelungenes Stück: *Męl'nik – koldun, obmanščik i svat* (Der Müller – Zauberer, Betrüger und Brautwerber), das 1779 uraufgeführt und ein sensationeller Erfolg wurde. Bis Mitte des 19. Jahrhunderts war sie im russischen Repertoire. Die Handlung ist recht einfach: Der Bauer Ankudin will seine Tochter Anjuta mit einem Bauern vermählen, seine Frau Fetįn'ja aber, die selbst von adliger Abstammung ist, jedoch gegen ihren Willen einem Bauern zur Frau gegeben wurde, will nur etwas von einem adligen Schwiegersohn hören. Anjųtas Verehrer Filimǫn bittet den Müller Fadęj um Hilfe, der sich zudem als Zauberer und Brautwerber erweist. Dem Zauberer gelingt es, alle Parteien zu versöhnen: Filimǫn ist weder Bauer noch Edelmann; er ist od-nodvǫrec (ein kleiner Grundbesitzer). Ablęsimovs Stück hat seinen Erfolg zweifellos der Darstellung des Volkslebens zu verdanken, die wahrheitsgetreuer war, als dies in den Schäferromanen dieser Zeit der Fall war. Seine Personen sprechen auch keine stilisierte Literatursprache, sondern Umgangssprache und Dialekt. Dies traf jedoch nicht den Geschmack aller Zeitgenossen. Vielleicht empfanden viele auch den Überfluss an folkloristischen Elementen in diesem Vaudeville-Stück als störend (u.a. Volkslieder oder volkstümliche Szenen wie die posidęlki, die abendlichen Zusammenkünfte auf dem Lande, bei denen Hochzeitslieder gesungen werden).

1.12.2. Das Werk Katharinas II.

Katharina II. tat nicht nur viel für Kunst und Wissenschaft, sondern leistete selbst auch einen Beitrag zur russischen Literatur. Sie hat sich in vielen Gattungen geübt: Sie verfasste Gesetzestexte und -entwürfe (*Nakąz*), Briefe (an Voltaire, Diderot, Grimm, Zimmermann, Fürst von Ligne u.v.a.), publizistische Schriften und historische Untersuchungen, Lustspiele, Dramen und Märchen – ein umfangreiches literarisches Erbe. Ihr bekanntestes Werk sind ihre Memoiren, die in Französisch geschrieben wurden und nicht zur Veröffentlichung gedacht waren. Sie entwerfen ein lebendiges Bild vom Leben an Elisabeths Hof. Ihre *Zapįski kasątel'no rossįjskoj istǫrii* (Aufzeichnungen zur russischen Geschichte) sind eine – bedeutungslose – Ansammlung von Tatsachen aus mittelalterlichen russischen Chroniken. Eine interessante Veröffentlichung ist *Antidote*, eine ausführliche Gegendarstellung zum Buch *Voyage en Sibérie* (1768) des französischen Abbé Chappe d'Auteroche, der 1761 eine Reise nach Russland gemacht hatte, das er als barbarisches Land beschrieb. Punkt für Punkt werden die Behauptungen des französischen Reisenden widerlegt – und das mit einer Empörung, die von der großen Liebe und dem großen Respekt der Kaiserin zeugt, welche diese für ihr neues Vaterland empfand: »Il n'y a point de nation, de laquelle l'on ait débité plus de faussetés, d'absurdités, d'impertinences, que de la Russie. Cependant si l'on vouloit se donner la peine d'examiner scrupuleusement et sans passion les choses, et les comparer avec un coup d'œil philosophique à ce que nous voyons du reste du genre humain, l'on verroit qu'elle est à-peu-pres de niveau avec toutes les autres nations de l'Europe.«

In den Jahren 1772 – 1774 erschienen vier Lustspiele der Kaiserin, in denen sie allgemein-menschliche Schwächen darstellt und Untugenden wie Habsucht, Geschwätzigkeit, Dummheit und Aberglaube anprangert. Die beste Sittenkomödie ist ihr erstes Theaterstück *O, vręmja!* (O diese Zeiten!) aus dem Jahre 1772 über geschwätzige alte Frauen in Moskau, die die ganze Zeit über die untätige Regierung herziehen: Die Regierung solle für die Aussteuer mittelloser Mädchen sorgen, und die Polizei müsse die Straßen reinigen. Die Frauen tratschen immer weiter; angeblich herrsche in Petersburg sogar eine Hungersnot, und die Regierung tue rein gar nichts. Was Katharina hier aufs Korn nimmt, ist Moskau als Zentrum der adligen Opposition und als Brutstätte der Unzufriedenen aus der alten petrinischen Garde. Ihre Helden heißen Chanžąchina, Čudįchina, Vęstnikova und personifizieren jeweils eine Untugend, auf die in ihrem Namen bereits angespielt wird : Heuchelei und Geiz (chanžą = der Scheinheilige), Aberglaube (čųdo = Wunder) und Geschwätzigkeit (vest' = Neuigkeiten). Auch die positiven Helden haben sprechende Namen: Nepųstov (wörtlich: Nichtleerkopfmann) und Molokosǫsov (Milchbart). Literaturhistoriker haben die Quelle ausfindig gemacht, die Katharina zu dieser Komödie inspiriert hat: das Lustspiel *Die Betschwester* (1745) des damals populären deutschen Dichters C.F. Gellert. Neben eindeutigen textuellen Übereinstimmungen finden wir in Katharinas Komödie die für Gellerts Lustspiel typischen Merkmale: Die Personen haben keine Individualität, es sind Typen; sie durchlaufen keine Entwicklung; menschliche Schwächen werden lächerlich gemacht, aber nicht dargestellt, sie werden vor allem in langen Monologen oder in Kommentaren anderer Personen angesprochen.

In *Imenįny gospoži Vorčąlkinoj* (Der Namenstag der Frau Griesgram, 1774) meckert die Titelheldin, eine alte Nörglerin, an allem und jedem herum (vorčąt' = knurren, brummen). Allerlei Unzufriedene setzen der Regierung mit idiotischen Projekten zu. Die sich aus dieser Komödie ergebende Lektion ist deutlich: Nur Dummköpfe, Schwätzer und Taugenichtse können mit der weisen Art des Regierens der Kaiserin unzufrieden sein. Möglicherweise spielte Katharina damit auf konkrete Personen an. Über die Art und die Grenzen des Zulässigen in der Satire sagt Katharina in diesem Stück über ihre erste Komödie folgendes: »Die Komödie stellt Unsitten dar und lacht über alles, was es verdient, verspottet zu werden; sie fügt aber niemandem persönlichen Schaden zu.« Auffallend in beiden Komödien ist, dass die positiven Figuren aus dem einfachen Volk kommen (die Knechte und Mägde), während ihre Herren ungebildete Profiteure sind. Der Einakter *Perędnjaja znątnogo bojąrina* (Das Vorzimmer des vornehmen Bojaren, 1772 uraufgeführt) handelt von einer Handvoll Bittsteller, die anstehen, um dem allmächtigen Gönner ein Gesuch vorzulegen. Dieser adlige Gönner, der natürlich nur an die nationalen Interessen denkt, erscheint selbst nicht auf der Bühne; die Bittsteller aber sind Schmarotzer, Lügner und Betrüger.

Viel schwächer sind ihre Komödien *Gospožą Vęstnikova s sem' ęju* (Frau Vęstnikovas Familie, 1774), die von Menschen handelt, die sehnsüchtig an die Zeit unter Elisabeth zurückdenken, und *Rasstroennaja sem'ją ostorǫžkami i podozręnijami* (Die durch übertriebene Vorsicht und Verdächtigungen zerrüttete Familie, 1788),

46

in der eine glückliche Familie im Mittelpunkt steht, die durch ein Lästermaul, das vorsätzlich Verleumdungen über sie verbreitet, gespalten wird.

In den Jahren 1785 – 1786 erschienen drei Lustspiele von Katharina, die gegen die Freimaurer, Theosophen und Magnetiseure gerichtet waren. Die Kaiserin hielt überhaupt nichts von den Freimaurern, da sie sie verdächtigte, eine Verschwörung angezettelt zu haben, an der nicht nur ihr Sohn Pavel Petrovič (der Thronfolger und spätere Zar Paul I.), sondern auch Friedrich II. beteiligt waren. Das Stück *Obmanščik* (Der Betrüger, 1785) hat den sizilianischen Scharlatan und Pseudoalchimisten Cagliostro zum Mittelpunkt, der im Jahre 1779 Moskau mit einem Besuch beehrt hatte. Der hier unter dem Namen Kalifalkžerston auftretende Cagliostro spricht mit Geistern und behauptet, er könne Gold machen, wozu er das echte Gold seines Gastgebers entwendet und damit verschwindet. In *Obol'ščënnyj* (Hinters Licht geführt, 1786) sind es die Moskauer Freimaurer, die eine Abreibung verpasst kriegen. Nicht nur die Scharlatane, sondern auch die Leichtgläubigen, die auf ihr kabbalistisches Geschwätz und ihre alchimistischen Zaubertricks hereinfallen, werden hier lächerlich gemacht. In *Šaman sibirskij* (Der sibirische Schamane, 1786) betrügt ein sibirischer Zauberpriester eine gutgläubige Witwe, indem er behauptet, er könne ihren verstorbenen Gatten wieder hervorzaubern. In all diesen Komödien wird die Untugend bestraft: Das Gericht bereitet dem Betrug und dem Schwindel ein Ende. Katharinas antifreimaurerische Lustspiele, in denen alle möglichen Formen des damaligen Interesses an Exotischem über einen Kamm geschoren werden, sind im Gegensatz zu ihren ersten Komödien bitter und humorlos. Sie dienen einem rein politischen Zweck: die Freimaurer und ihre Konsorten in ein schiefes Licht zu stellen. Über ihre literarischen Freunde sorgte die Zarin dafür, dass ihre Theaterstücke im Westen bekannt wurden. Von ihren Komödien erschienen französische und deutsche Übersetzungen.

Erwähnenswert sind die Shakespeare-Adaptationen von Katharinas Hand. Im 18. Jahrhundert hielt man Shakespeare für nicht aufführbar, und von seinen Stücken erschienen neoklassizistische Adaptationen in französischer Sprache. Katharina lernte Shakespeares Werk über deutsche Prosaübersetzungen kennen – und das kam ihr sehr entgegen, da sie nicht dichten konnte. Als 1787 die erste vollständige Übersetzung von Shakespeares *Julius Caesar* erschien – von der Hand des jungen Übersetzers Nikolaj Karamzin –, wurde dies als ein gewagtes Experiment betrachtet. Katharina verfasste eine Adaptation von *The Merry Wives of Windsor* (unter dem Titel *Vot kakovo imet' korzinu i bel'ë*, 1786) und von *Timon of Athens* (*Rastočitel'*), bei denen sie Charaktere und Plot nach Russland transponierte. Sie schrieb auch eigene, von Shakespeare inspirierte Stücke, so z.B. *Načal'noe upravlenie Olega* (Die Anfangszeit von Olegs Regierung, 1787), eine Episode aus der russischen Geschichte mit fragwürdigen historischen Details, ohne die drei klassischen Einheiten und nicht aufführbar. Das Stück wurde dennoch aufgeführt, und zwar in ihrem Hoftheater. Außerdem schrieb Katharina Opernlibretti, wobei sie sich auf die russische Folklore und auf Bylinen stützte (z.B. *Ivan Carevič*, Iwan der Zarensohn; *Novgorodskij bogatyr' Boeslaevič*, Boeslaevič, der Held von Nowgorod), was zu jener Zeit noch ziemlich neu war. In der Oper *Fedul s det'mi* (Fedul und seine Kinder, 1790) verwendete sie russische Bauernlieder. Für ihre Enkel Aleksandr und Konstantin schrieb sie Märchen (u.a. *O careviče Chlore*, Das Märchen von Prinz Chlor, 1781), und gemeinsam mit einigen herausragenden ausländischen Freunden verfasste sie kleine dramatische Szenen, u.a. *L'amant ridicule* (mit Fürst von Ligne).

Das Schaffen der russischen Zarin Katharina II. ist in literarischer Hinsicht nicht besonders verdienstvoll, es ist eher dilettantisch und nicht sehr originell, aber es ist literaturgeschichtlich interessant. Es ist nicht besser oder schlechter als viele literarische Arbeiten ihrer Zeitgenossen. Der amerikanisch-russische Literaturhistoriker Karlinsky sagt zu Recht: »Catherine the Great (...) was in fact head and shoulders above any of her Romanov descendants in culture, intellectual independence and imagination.« In sowjetischen Untersuchungen wurde ihr literarisches Schaffen ständig unterbewertet. Erst in dem 1988 erschienenen *Slovar' russkich pisatelej XVIII veka* (Lexikon der russischen Schriftsteller des 18. Jahrhunderts) wird es nuancierter und gerechter beurteilt.

1.12.3. Fonvizin

DEMIS FONVIZIN (1744 – 1792) studierte am Adelsgymnasium der Moskauer Universität. Bereits 1761 brachte er eine russische Übersetzung (aus dem Deutschen) von Holbergs Fabeln auf den Markt. Im Jahre 1762 wurde er, dank seiner Latein-, Französisch- und Deutschkenntnisse, Übersetzer im Kabinett des Außenministeriums. Aus dieser Periode stammen die Satire *Poslanie k slugam moim Šumilovu, Van'ke i Petruške* (Epistel für meine Diener Šumilov, Van'ka und Petruška), die Verse *K umu svoemu* (An meinen Verstand) und die Fabel *Lisica-kaznodej* (Der umsichtige Fuchs). Bemerkenswert ist, dass der Autor in *An meinen Verstand* den erzieherischen Wert der Satire gänzlich in Frage stellt: »Kann solch ein Vorhaben überhaupt von Erfolg gekrönt sein? Ein Dummkopf bleibt schließlich immer ein Dummkopf.«

Im Jahre 1769 wurde Fonvizin zum Sekretär Nikita Panins ernannt, des Außenministers und Erziehers von Pavel Petrovič (Paul I.), dem gesetzlichen Thronfolger Peters III. Panin trat dafür ein, dass Katharina bis zu Pauls Volljährigkeit die Regierungsgeschäfte übernahm. Im Jahr 1769 vollendete Fonvizin seine Komödie *Brigadir* (Der Brigadier), die von allen Kreisen gut aufgenommen und gelobt wurde, auch von der Kaiserin. 1777/78 besuchte er Frankreich und schrieb über diese Reise humorvolle Briefe an seine Familie und an Pëtr Panin. Es sind fesselnde, provozierende Briefe über ein seiner Meinung zufolge in den letzten Zügen liegendes Frankreich. Fonvizin war sehr von den Franzosen enttäuscht, über die er ein vernichtendes Urteil fällt: »Verstand hat der Franzose nicht, und er würde es als das größte Unglück seines Lebens betrachten, wenn er welchen hätte.« Am 5. Februar 1778 schrieb Fonvizin seinem früheren Studienkollegen Jakov Bulgakov: »Ich werde Euch nicht mit einer Beschreibung unserer Reise langweilen, sondern lediglich sagen, dass diese mir die Wahrheit des Sprichworts ›Hinter den Bergen klingen die Trommeln am besten‹ bewiesen hat. Es stimmt, dass kluge Leute überall selten sind. Wenn sie hier vor uns zu leben begonnen haben, dann können wir, die wir am Anfang unseres Lebens stehen, zumindest die Form annehmen, die wir wollen, und die Fehlentwicklungen und Missstände vermeiden, die hier eingewurzelt sind. *Nous commençons et ils finissent.* Ich denke, dass der gerade erst Geborene glücklicher ist als der im Sterben Begriffene.« Der änigmatische Satz »Nous commençons et ils finissent« ist meines Wissens die erste explizit slawophile Stellungnahme in der russischen Kultur (1778), mehr als ein halbes Jahrhundert vor dem Aufkommen dieser Strömung in Russland.

Um das Jahr 1781 vollendete Fonvizin die Komödie *Nedorosl'* (Der Landjunker), den Höhepunkt seines Schaffens. Auch dieses Werk wurde stürmisch begrüßt. Fonvizins wichtigste Arbeit in seinen letzten Jahren ist ohne Zweifel das von der Zensur verbotene *Drug čestnych ljudej, ili Starodum* (Der Freund der ehrlichen Menschen oder Starodum, seit 1788), das erst nach 1820 erscheinen konnte. Sein letztes Werk ist *Čistoserdečnoe priznanie v delach moich i pomyšlenijach* (Offenherzige Beichte über meine Taten und Gedanken), seine unvollendeten Memoiren nach dem Beispiel der *Confessions* Rousseaus, die er sehr schätzte. In diesen Erinnerungen versucht der Autor, sein religiöses und politisches Freidenkertum als Jugendsünde und als Folge des unheilvollen Einflusses von Freunden (deren Namen er jedoch nicht nennt) zu deuten. Sein Vorbild sind aber wohl eher die *Confesssiones* von Augustinus gewesen. Fonvizin starb am 1. Dezember 1792.

Neben den klassizistischen Stücken Sumarokovs wurden an den russischen Theatern hauptsächlich Stücke fremdsprachiger Autoren (Molière) in übersetzter oder bearbeiteter Form aufgeführt. So legte IVAN ELAGIN eine Bearbeitung von dem Stück *Jean de France* des dänischen Bühnendichters Ludvig Holberg vor, das er unter dem Titel *Francuz-russkij* (Der russische Franzose, 1764) aufführen ließ; der Text dieser Bearbeitung ist nicht erhalten. Das Theater litt großen Mangel an russischen Stücken mit nationaler Thematik. Fonvizin war der erste, der diesem Bedürfnis entsprechen sollte. In der Komödie *Der Brigadier* (1769) bringt er einen bornierten Soldaten, dessen dumme, knauserige Frau aus dem Volk und ihren gemeinsamen Sohn, den Luftikus Ivanuška, auf die Bühne. Eigentlich dreht sich das Stück um ein im 18. Jahrhundert beliebtes Thema: das Verheiraten der Kinder. Der Brigadier und der Ratsherr (sovetnik) wollen Ivanuška mit Sof'ja verheiraten, die jedoch in Dobroljubov verliebt ist. Das Stück hat Vaudeville-Charakter: Die Frau des Ratsherrn ist verliebt in Ivan, ihr Mann in die Frau des Brigadiers und der Brigadier in die Frau des Ratsherrn. Alle Liebeserklärungen werden mitgehört und am Ende öffentlich verkündet. Dies führt zu einem Bruch zwischen der Familie des Ratsherrn und der des Brigadiers; Sǫf'ja heiratet nun nicht Ivạn, sondern ihren Geliebten, der aufgrund eines Gerichtsverfahrens 2000 Seelen reicher geworden ist. Mit diesem Stück steht Fonvịzin noch ganz in der Tradition des Klassizismus. Die positiven Charaktere Sǫf'ja und Dobroljụbov sind Abstraktionen und unrussisch, die anderen Figuren hingegen sind soziale Typen. Ivạnuška ist der Gallomane, der Ratsherr der Kritikaster, der Brigadier der Soldat par excellence. Es sind keine Individuen, sondern statische Typen, die nicht psychologisch gezeichnet werden.

In seiner Komödie *Nẹdorosl'* (wörtlich: Minderjähriger, junger Adliger, Junker, Muttersöhnchen; um 1780 verfasst, 1782 uraufgeführt) weicht Fonvịzin von den Regeln der klassizistischen Komödie ab, obwohl die drei Einheiten respektiert werden. Auch hier geht es wieder um den Versuch einer Familie (Prostakǫv), den minderjährigen, hohlköpfigen Analphabeten Mitrofạnuška mit ihrer Pflegetochter Sǫf'ja zu verehelichen. Aber auch Skotịnin hat ein Auge auf die tugendsame Sǫf'ja geworfen. Da erscheint auf einmal Starodụm, der Sǫf'ja zu seiner Erbin erkoren hat. Frau Prostakǫva heckt nun folgenden Plan aus: Sǫf'ja soll entführt und zur Hochzeit mit Mitrofạn gezwungen werden. Der Plan wird von Milǫn, einem würdevollen jungen Herrn, vereitelt, der von Starodụm als Sǫf'jas Verlobter akzeptiert wird. Ein Erlass des Zaren wird bekannt, demzufolge der Besitz der Prostakǫvs unter Kuratel gestellt wird, um die Bauern vor Frau Prostakǫvas unmenschlicher Grausamkeit zu schützen. Dieser Schluss stimmt natürlich nicht mit der Realität anno 1780 überein: Die Macht des Grundbesitzers über seine Bauern war nahezu unbegrenzt.

Fonvịzin reiht in diesem Stück Alltagsszenen auf: Die handelnden Personen spielen Karten oder Schach und trinken Tee. Auch die idealen Helden sind einfache Menschen. Fonvịzin war in den siebziger Jahren des 18. Jahrhunderts durch Frankreich gereist und hatte dabei häufig das Theater besucht. Wir vermuten in seinem Werk den Einfluss der bürgerlichen Dramen Diderots (*Le père de famille*, 1761), Beaumarchais' und Michel Jean Sedaines (*Le philosophe sans le savoir*, 1765): Sedaines Stück ist eine ungekünstelte, lebendige »comédie sérieuse« mit moralisierender Tendenz. Die moralische Botschaft des Stücks wird von den »Räsoneuren« Prạvdin und Starodụm verkündet. Vielleicht hat Fonvịzin bei Sedaine die realistische Darstellung der für das 18. Jahrhundert typischen Familienszenen gelernt. *Nẹdorosl'* spielt sich nämlich auf dem Landgut der Familie Prostakǫv ab und besteht aus Alltagsszenen: Kleider anprobieren, Mitrofạns Hausunterricht, ein Mittagsmahl. Fonvịzins großes Verdienst ist es, dass er hier zum erstenmal auf der russischen Bühne Menschen aus Fleisch und Blut auftreten läßt. Die Frau des Brigadiers ist eine negative Figur, sie ist dumm, habgierig, ungebildet und knauserig, aber sie ist auch eine unglückliche, ihrem Manne (dem Rohling) treu ergebene Frau und zartfühlende Mutter. Rührend ist die zweite Szene des vierten Aufzugs, in der die Frau des Brigadiers ihrem Kummer unter Tränen freien Lauf läßt. Obwohl die

Person Prostakǫva in *Nędorosl'* durch und durch negativ gezeichnet wird, bleibt sie doch Mensch, mit warmherzigen Gefühlen für ihren Sohn. Vielleicht will Fonvịzin hier die Frage aufwerfen, wer die Schuld an diesen Monstern trägt: die Erziehung, die Umgebung, das System (Leibeigenschaft)? Dies alles bringt der Autor in Umgangssprache, mit stark individualisierter Charakterisierung. So spricht der Ratsherr in *Der Brigadier* eine Mischung aus Kirchenslawisch und Kanzleisprache, seine Frau und der Luftikus Ivanuška sprechen das modische französische Russisch des stutzerhaften Gecken, der Brigadier poltert in der ungehobelten Sprache der Soldaten, und nur Sọf'ja und Dobroljubov bedienen sich der Literatursprache. Dies alles machte aus Fonvịzin den besten Bühnendichter des 18. Jahrhunderts, der bis weit ins 19. Jahrhundert hinein gespielt und z.B. von Pụškin sehr geschätzt wurde.

D. DIE REGIERUNGSZEIT KATHARINAS II.: DIE ZWEITE HÄLFTE

1.13. Das Drama

Der wichtigste Tragödiendichter des späten 18. Jahrhunderts ist JAKOV KNJAŽNIN (1740 – 1791). Er schrieb nicht nur Tragödien, sondern auch Komödien in Versen und komische Opern. Im 18. Jahrhundert beruhte sein Ruhm auf der Tragödie *Dido* (eine Bearbeitung von *Didone Abbandonata* des italienischen Bühnendichters Pietro Metastasio, Uraufführung 1724), jetzt ist er fast nur noch wegen seines historischen Trauerspiels *Vadim Novgorodskij* (Vadim von Nowgorod) bekannt. Diese Tragödie entstand 1789, wurde aber erst 1793 – postum – veröffentlicht. Zu diesem Zeitpunkt erreichte die Französische Revolution ihren Höhepunkt: Die Hinrichtung Ludwigs XVI. versetzte die russische Zarin Katharina in Angst und Schrecken. Das Theaterstück, das die Zustimmung des Zensors erhalten hatte, wurde öffentlich verbrannt und konnte erst im späten 19. Jahrhundert wiederveröffentlicht werden. Knjažnin greift hier auf eine Episode aus den Chroniken Nowgorods zurück, in der von einem Aufstand gegen den skandinavischen Fürsten Rjurik erzählt wird, der auf Ansuchen der Russen selbst für Ordnung gesorgt haben soll. Vadim von Nowgorod ist enttäuscht, dass das Volk seine »republikanische« Art zu regieren zugusten des »absoluten« Monarchen aufgegeben hat, und versucht, es zu einem Aufstand anzustacheln. Typisch klassizistisch ist der innere Konflikt von Vadims Tochter: Sie liebt Rjurik und wird von der Treue und Gehorsamkeit gegenüber ihrem Vater einerseits und der Liebe, die sie für ihren Verlobten empfindet, andererseits zerrissen. In einer Volksbefragung spricht sich das Volk für Rjurik aus, und Vadim zieht den Kürzeren.

Interessant ist, dass sich auch Katharina II. von diesem Thema angesprochen fühlte: In ihrem Geschichtsdrama über Rjurik (*Istoričeskoe predstavlenie ... iz žizni Rjurika*, Historische Vorstellung ... aus dem Leben Rjuriks, 1786) stellt sie einen egoistischen Vadim auf die Bühne, der sich aus persönlichem Ehrgeiz gegen den gesetzlichen Regenten stellt. Knjažnins Vorbilder waren Corneille, den er ins Russische übersetzte, und Voltaire (*Brutus* und *Mort de César*, 1730 bzw. 1735). Der Autor wirft ein unlösbares Dilemma auf: In seiner Tragödie kommen keine schlechten Charaktere vor, alle Helden sind positiv und nobel; aus diesem Grund muß das Stück tragisch enden.

Einen wichtigeren Beitrag zur Literatur leistete Knjažnin mit zwei Komödien in Versen. In *Chvastun* (Der Aufschneider) gibt sich der verarmte Adlige Vercholët für einen einflussreichen hohen Würdenträger aus und hofft, auf diese Weise eine reiche Braut zu finden. Frau Čvankina will ihre Tochter mit ihm vermählen, der ehrliche Česton aber entlarvt diesen Usurpator. Ein weiteres sauberes Früchtchen ist Prostodųm, der ungebildete Idiot, der mit der Hilfe seines Neffen Vercholët Senator werden will. Knjažnins Stück ist weniger ein Charakterdrama denn eine Gesellschaftskomödie über die Günstlingswirtschaft. In dem Stück Čudakį (Sonderlinge) treten nur negative Figuren auf. Der Held ist Lentjagin, der Sohn eines Schmieds, der reich geworden ist und auf den Dünkel des Adels pfeift. Er tritt für soziale Gleichheit ein. Der Konflikt spielt sich zwischen ihm und seiner eingebildeten Frau ab, die für ihre Tochter eine gute Partie machen will. Aus dieser im Prinzip »fortschrittlichen« Figur macht Knjažnin einen Sonderling (čudąk) und Faulpelz (lentjaj). Auch für dieses Stück hat Knjažnin sich von französischen und italienischen Quellen inspirieren lassen. Das große Verdienst des Autors ist, dass er seine handelnden Personen in einer leichten und lustigen Sprache sprechen lässt. Hier und da fühlt man bereits Griboędovs *Gǫre ot umą* (Verstand schafft Leiden). Knjažnins Komödien waren beliebt und wurden bis in die dreißiger Jahre des 19. Jahrhunderts gespielt.

Beliebt waren auch seine komischen Opern. In *Nesčąstie ot karęty* (Unglück wegen einer Kutsche, 1779) stellt er die Firjųlins – Gallomane und grausame Grundbesitzer – auf die Bühne. Der Konflikt behandelt ein bekanntes Thema: die amouröse Rivalität zwischen dem Verwalter und dem einfachen Mann (dem Bauern). Der Gutsherr Firjųlin will unbedingt das neuste Modell einer Kutsche kaufen und sieht nur einen Ausweg: Er muß einen seiner Bauern an die Armee verkaufen. Der durch das Los Ermittelte ist der junge Bauer Luk'jąn, der in Anjųta verliebt ist, auf die auch der Verwalter ein Auge geworfen hat. Die Gattung fordert ein Happy-End: Die beiden jungen Leute können doch noch heiraten. Die ziemlich karikaturistisch wirkende Oper traf genau Katharinas Geschmack. In *Sbįtenščik* (Der Getränkeverkäufer, 1783; sbįten' war ein beliebtes nichtalkoholisches Getränk auf der Grundlage von Honig und Kräutern) unternimmt Knjažnin den Versuch, Beaumarchais (*Der Barbier von Sevilla*) in russische Verhältnisse zu übertragen. Die Rolle des Figaro wird hier vom Getränkeverkäufer Stepąn übernommen. Die politische Botschaft von Beaumarchais ist ganz und gar verschwunden. Knjažnins Zeitgenossen fanden, dass seine Oper »für die Trampelloge« (d.h. für das Volk) geschrieben worden sei.

Im ausgehenden 18. Jahrhundert genoss auch NIKOLĄJ NĮKOLEV (1758 – 1815) Popularität, der sich in vielen Gattungen übte, aber vor allem als Bühnendichter bekannt war. Seine komische Oper *Roząna i Ljubįm* (Rozana und Ljubim, 1776) war ein großer Erfolg. Der Gutsherr Ščędrov hat ein Auge auf das Bauernmädchen Roząna geworfen, aber die bleibt ihrem Geliebten Ljubim treu. Daraufhin entführt sie der Gutsherr. Doch auch jetzt gibt sich das stolze Bauernmädchen ihm nicht hin. Sie wird von ihrem Vater und ihrem Verlobten befreit. Der Gutsherr ist angesichts ihres Mutes und Roząnas Treue gerührt und schenkt ihr die Freiheit sowie 100 Rubel »für das zugefügte Leid«. Die Moral dieses Happy-Ends wird vom Gutsherrn selbst in Worte gefasst: »Tugend kennt keine Ungleichheit.« Ščędrov wird als »ehrlicher und lobenswerter« Herr gezeichnet, der der Sklave seiner Leidenschaft ist und nicht auf seinen Verstand hört. Ljubims Vater ist über das Verhalten des Gutsherrn empört, ist sich aber der Rechtschaffenheit der Kaiserin sicher, an die er sich zu wenden gedenkt. In der Oper, die vom Autoren ein »Drama mit Stimmen« genannt wird, werden auch kritische Töne angeschlagen, denen zufolge das Glück der Herren auf dem Unglück der einfachen Menschen aufgebaut ist. Ein großer Erfolg wurde außerdem Nikolevs Tragödie *Sorena i Zamir* (Sorena und Zamir, 1784), die teilweise von Voltaires *Alzire* (1736) inspiriert ist. Während Voltaires Tragödie sich im Peru nach der Eroberung durch die Spanier abspielt, überträgt Nikolev die Handlung ins mittelalterliche Russland. Der russische Zar Mstislav besiegt die Polowzen und verliebt sich in Sorena, die Frau des Polowzenherrschers Zamir. Sorena aber sieht in dem russischen Eindringling einen Tyrannen, bleibt ihrem Mann treu und versucht, den russischen Tyrannen zu ermorden. Irrtümlich tötet sie jedoch ihren Mann und verübt daraufhin Selbstmord. Diese Tragödie enthält eine Reihe von Attacken gegen die Tyrannei, so dass manche Zeitgenossen schockiert waren. Die Kaiserin aber hatte mit dem Inhalt dieser gegen die Tyrannei gerichteten Tragödie keine Probleme und gab ihre Zustimmung. In der Tat behandelt dieses Stück nicht die Folgen unbegrenzter politischer Macht, sondern die unkontrollierbarer Leidenschaft.

Eine gewagte Satire schrieb der ukrainische Schriftsteller VASILIJ KAPNIST (1758 – 1823) im Jahre 1783: die von heftiger Empörung zeugende *Oda na rabstvo* (Ode an die Knechtschaft). Als Katharina II. im selben Jahr die Freiheit der ukrainischen Bauern aufhob, rief Kapnist wutentbrannt aus: »Ich werde die Knechtschaft meines geliebten Vaterlandes besingen.« Seine Komödie in Versen *Jabeda* (Prozessintrige) verfasste er 1791; uraufgeführt und veröffentlicht wurde sie jedoch erst 1798, unter Paul I. Der Autor konnte sich hierbei auf seine eigenen Erfahrungen stützen: Er war selbst in einen Rechtsstreit verwickelt, der sich 30 Jahre lang hinzog. Weder entlehnt das Stück Elemente westeuropäischer Vorbilder, noch ist es durch diese inspiriert – es treten rein russische Charaktere auf, die nicht abstrahiert, sondern individualisiert werden. Die Komödie hat ein soziales Manko der russischen Gesellschaft zum Thema: die Käuflichkeit der Gerichtsbarkeit und die sich zuweilen jahrzehntelang hinziehenden Rechtsangelegenheiten. Pravolov strengt gegen Prjamikov einen Prozess an. Er hat dessen kriegsbedingte Abwesenheit dazu genutzt, ihm den Anspruch auf ein Landgut streitig zu machen (es geht um 100.000 Rubel). Prjamikov ist sich sicher, im Recht zu sein, der Kanzleiangestellte des Gerichts aber klärt ihn über die sauberen Herren auf, die bei Gericht den Ton angeben. Zu allem Überfluss ist der rechtschaffene Prjamikov auch noch in die Tochter Krivosudovs, des käuflichen Richters, verliebt. Im selben Augenblick, als die Angelegenheit – nach einem ausschweifenden Saufgelage – zugunsten des Betrügers (jabednik = Angeber, Verleumder) Pravolov entschieden werden soll, erscheint der deus ex machina auf der Bildfläche: eine Verordnung des Senats, der zufolge Pravolov zu verhaften und das gesamte Gericht einer gründlichen Überprüfung zu unterziehen ist. Dieses nicht sehr humoristische Stück enthält praktisch keine Moral; die handelnden Personen sind zwar übertrieben, aber doch wahrheitsgetreu gezeichnet. Das Stück ist wegen der zahlreichen juristischen Realien, die uns entgehen, nicht einfach zu lesen; es enthält aber auch genießbare Szenen. Es wurde nach vier Aufführungen von Paul I. verboten; Alexander I. ließ es dann wieder zu. Das Stück blieb bis in die Mitte des 19. Jahrhunderts hinein populär.

1.14. Der Sentimentalismus und Karamzin

In den siebziger Jahren des 18. Jahrhunderts musste der Klassizismus in Russland teilweise dem Sentimentalismus weichen. Diese Strömung kam aus dem Westen und fand im Freimaurertum ein begeistertes Sprachrohr. Die Vorbilder waren die Romane von Samuel Richardson, Laurence Sterne und Jean-Jacques Rousseau, das bürgerliche Drama von Diderot und Lessing sowie die Poesie von Edward Young und Salomon Geßner. Den Abstraktionen des Klassizismus stellte der Sentimentalismus die individuelle Seele (der empfindsame, leidende Mensch), die persönlichen Gefühle, den Kult der Rührung und die psychologische Analyse gegenüber. Die Sentimentalisten wandten sich von der Staatspoesie ab und der intimen Lyrik zu. Sie schrieben nicht mehr über die politischen Dilemmata von Monarchen, sondern über das Leiden, die Liebe, die Freundschaft, das Familienleben und die Tugendhaftigkeit des einfachen Menschen. Merkwürdig ist, dass eine ansehnliche Zahl der Jünger Sumarokovs zum Sentimentalismus hinüberwechselte; ein sprechendes Vorbild ist Cheraskov. Der vielseitigste Repräsentant des Sentimentalismus in Russland ist der in Simbirsk geborene NIKOLAJ MICHAJLOVIČ KARAMZIN (1766–1826). 1783 ging er nach Petersburg, wo Ivan Dmitriev sein Mentor wurde, der ihn mit der französischen Literatur vertraut machte. 1784 zog er nach Moskau um, wo er zu dem Kreis um Nikolaj Novikov stieß, für den er Übersetzungen anfertigte. Gemeinsam mit Aleksandr Petrov führte er redaktionelle Arbeiten für *Detskoe čtenie dlja serdca i razuma* (Kinderlektüre für Herz und Verstand), die erste russische Zeitschrift für Kinder, aus. Dies zwang ihn dazu, den hohen Stil, die Kirchenslawismen und den komplexen, schwerfälligen Satzbau aufzugeben. Er freundete sich mit dem Freimaurer Aleksej Kutuzov, dem Freund Radiščevs, an. Im Jahre 1787 übersetzte er Shakespeares Tragödie *Julius Caesar*, eine Wahl, die nicht den Geschmack der Freimaurer traf.

Im Jahre 1789 trat Karamzin eine Reise in den Westen an: Er besuchte Preußen und Sachsen, hielt sich längere Zeit in der Schweiz auf, fuhr anschließend nach Paris und machte dann von Frankreich aus einen Abstecher nach London. Insgesamt war er 16 Monate lang unterwegs gewesen. Nach dieser Reise brach er mit seinen früheren Freimaurerfreunden.

Kurz nach seiner Rückkehr gab er die Zeitschrift *Moskovskij žurnal* (Moskauer Zeitschrift) heraus, die sich ausschließlich der Literatur widmete und keine politischen, religiösen oder freimaurerischen Themen enthielt. Karamzin veröffentlichte in dieser Zeitschrift die Briefe über seine Reise in den Westen, und das Blatt wurde zum Sprachrohr des russischen Sentimentalismus. Es enthielt keine Satiren.

In der Zwischenzeit stimmten die Ereignisse in Russland und der Welt nachdenklich. Im Jahre 1790 waren Radiščev verurteilt und Knjažnins Tragödie *Vadim von Nowgorod* öffentlich verbrannt worden. 1792 wurde Novikov verhaftet. Karamzin wandte sich mit *K milosti* (An die Gnade) an die Kaiserin – vergebens. 1793 führten die Jakobiner die Diktatur ein; Karamzin schrieb Dmitriev, dass »die schrecklichen Ereignisse in Europa meine ganze Seele in Unruhe versetzen« und dass er in den Hamburger Zeitungen vom »schrecklichen Wahnsinn unserer aufgeklärten Zeitgenossen« lese.

Karamzin betätigte sich auf literarischem und redaktionellem Gebiet. In den Jahren 1794 – 1795 gab er die Zeitschrift *Aglaja* heraus. In dem Artikel »Was braucht ein Autor?« behauptete Karamzin, dass er »ein gutes, empfindsames Herz besitzen und das Porträt seiner Seele und seines Herzens zeichnen muß«. Das Blatt veröffentlichte Artikel, in denen von unterschiedlichen Blickwinkeln aus die Französische Revolution, die Aufklärung und die Entwicklung der Kultur behandelt wurden. In seiner Poesie tritt er für das Gefühl, die Naturliebe und die Zärtlichkeit im Gefühlsleben ein.

Nach dem Tode Katharinas II. setzte Karamzin seine Hoffnung auf den neuen Monarchen. Paul I. verschärfte jedoch die Zensur und ließ alle Neuerungen streng kontrollieren. Als er 1801 ermordet wurde, atmete das ganze Land erleichtert auf. Alexander I. schaffte die Geheime Expedition ab, erließ eine Amnestie für politische Gefangene (Radiščev wurde rehabilitiert) und setzte eine Kodifizierungskommission ein. Karamzin nannte den liberalen Zaren »Sonne der Aufklärung« und »Monarch des Herzens«. Daneben verfasste er *Istoričeskoe pochval'noe slovo Ekaterine vtoroj* (Historische Lobrede auf Katharina II.) und gab ab 1802 eine neue Zeitschrift heraus, den *Vestnik Evropy* (Der Bote Europas), deren Name programmatisch war: Sie wollte nicht nur ein Bote all dessen sein, was die europäische Kultur an Gutem aufweisen konnte, sondern auch ein Bote für Europa, in dem Karamzin dem Westen zeigen wollte, dass Russland Wertvolles zu bieten hatte. Er publizierte auch eigene Arbeiten in dieser Zeitschrift.

Ab 1803 nahm Karamzin in den Staatsarchiven eine Tätigkeit als Hofhistoriograf auf. Im Jahre 1811 widmete er seine *Zapiska o drevnej i novoj Rossii* (Memorandum über das alte und neue Russland) Alexander I. Die ersten Bände seiner umfangreichen *Istorija gosudarstva rossijskogo* (Geschichte des russischen Staates), eine konsequent durchgeführte und eloquent verteidigte Lobrede auf die Monarchie und die Autokratie in Russland, erschienen ab 1818. Karamzin starb 1826, als er am zwölften Band seiner Geschichte, in dem die Zeit der Wirren behandelt wird, arbeitete.

1792 veröffentlichte Karamzin seine Novelle *Bednaja Liza* (Die arme Liza), eine sentimentale Erzählung über einen reichen Aristokraten aus der Stadt, der ein vor den Toren Moskaus lebendes Mädchen verführt und dann im Stich läßt. Die Zeitgenossen waren über die psychologische Darstellung von Gefühlen und über Karamzins These, dass »auch Bauernmädchen zur Liebe imstande sind«, gerührt. Der Ort, an dem das arme Mädchen Selbstmord verübt (der kleine Teich am Simonov monastyr'), war eine Zeitlang Wallfahrtsort für sentimentale Seelen.

Karamzins wichtigster Beitrag zur russischen Literatur ist das Werk *Pis'ma russkogo putešestvennika* (Briefe eines russischen Reisenden), das er in unterschiedlichen Ausgaben auf den Markt brachte (1791 – 1792, 1793 und 1797 – 1801). Bei einem Vergleich zeigt sich, dass der Autor die Briefe seinen sich stets ändernden Auffassungen zu sozialen und politischen Fragen anpasste. Mit seinen Briefen verschaffte Karamzin – zum erstenmal in der russischen Literatur – seinen Lesern zuverlässige und vielseitige Informationen über Westeuropa und die westliche Zivilisation, und das in einem konsequent sentimentalischen Stil. Sie verdanken ihren Erfolg der geschickten Verflechtung von Faktenmaterial mit persönlichen Gefühlen: einerseits eine Unzahl von Fakten über das Leben und die Kultur in Westeuropa (Straßen, Gasthöfe, Galerien und Museen, historische Gebäude, Theater, Kaffeehäuser und literarische Salons, Gelehrtenkreise, neue literarische Werke, die soziale und politische Lage usw.), andererseits die persönlichen Erfahrungen und Gefühle des jungen Reisenden. Aus dieser Zweiteilung ergibt sich nicht zwingenderweise, dass Karamzin einen hybriden Reisebericht verfasst hat: Das Buch ist nicht nur eine Enzyklopädie des Westens zu jener Zeit, sondern auch der zeitgenössischen sentimentalistischen Bewegung. Es enthält Aussagen von Philosophen und Literaten, die den Sentimentalismus repräsentieren, Zitate aus literarischen Werken und Resümees, zahlreiche lyrische Abschweifungen und eingeschobene Novellen. Karamzins Reisender (der nicht mit Karamzin selbst gleichgesetzt werden darf) tritt anfänglich als Personifizierung des Mythos des Goldenen Zeitalters auf, als der Held, der an den Fortschritt und die Philosophie der Aufklärung glaubt, unter dem Einfluss der Konfrontation mit Zerfall (Ruinen) und tragischen Situationen (die Französische Revolution) allmählich aber eine kritische Haltung einzunehmen beginnt.

Ausführlich beschreibt Karamzin in den »Briefen« die soziale, wirtschaftliche und politische Lage der von ihm besuchten Länder. Er beneidet die Schweizer, weil sie in einer prächtigen Natur leben, von mildtätigen Gesetzen beschützt werden und in sittlicher Schlichtheit einem einzigen Gott dienen: »Friede und Stille herrschen im glücklichen Helvetien.« Begeistert äußert er sich über England: »Hier ist alles anders: andere Häuser, andere Straßen, andere Menschen, andere Speisen – mit einem Wort, es hat den Anschein, als wäre ich auf einem anderen Kontinent.« In England drängt sich gleichsam von selbst der Vergleich mit Paris auf: Karamzin ist von der größeren Schlichtheit und der allgemeinen Wohlfahrt Londons angenehm überrascht. Die Engländer seien ein »vernünftiges und reiches Volk«, und darum »müssen sie ja wohl ihr Vaterland lieben«.

Viel Aufmerksamkeit widmet Karamzin den Sitten und dem Nationalcharakter. Die Deutschen seien schwarzseherisch, die Schweizer ernsthaft und gewichtig, die Franzosen unbesonnen, die Pariser Plaudertaschen. Die Engländer seien kühle Phlegmatiker, hätten schwer an ihrem Spleen zu tragen und besäßen »mehr Verstand als Herz«. Bei der Ausreise aus England wird das positive Porträt abgeschwächt: »England zu sehen ist sehr angenehm. Die Nationalsitten und Gewohnheiten, die Fortschritte der Kultur, der Wissenschaften und Künste sind würdige Gegenstände der Aufmerksamkeit für den Reisenden. Aber in England zu leben, um die Freuden des gesellschaftlichen Umgangs zu genießen, hieße, Blumen in einer Sandwüste suchen. Darin stimmen alle Ausländer mit mir überein, die ich in London kennengelernt habe. Gerne würde ich dereinst eine zweite Reise nach England machen, aber jetzt verlasse ich es ohne Bedauern.«

Im Mittelpunkt der Briefe Karamzins steht natürlich die Beschreibung Frankreichs, wo der russische Reisende Zeuge der Revolution war (er verließ im Mai 1789 seine Heimat und kehrte im Sommer 1790 nach Moskau zurück). Es ist hervorzuheben, dass die erste Ausgabe der Briefe mit der Ankunft des Reisenden in Paris endete. In die zweite Ausgabe sind einige Fragmente über Paris und London aufgenommen worden; erst die Ausgabe der Jahre 1797 – 1801 enthält die vollständigen Briefe über Frankreich. Zu dieser Zeit aber hatten sich in Frankreich bereits derartige Veränderungen vollzogen, dass sich Karamzins Meinung über das Land der *philosophes* von Grund auf geändert haben musste.

Noch vor seiner Ankunft in Frankreich war der Reisende in politischer und emotioneller Hinsicht darauf vorbereitet gewesen, was ihn an seinem Ziel erwarten würde – eine Folge der Erzählungen, die er in den Schweizer Salons von geflüchteten Aristokraten vernommen hatte (»das wahnsinnige Volk«). Groß war seine Erwartung bei der Ankunft in der Stadt: »Da ist sie, die Königin der Städte, dachte ich, die so viele Jahrhunderte hindurch Europa zum Muster diente und die Quelle des Geschmacks und der Moden für so viele Nationen war, deren Name Gebildete und Ungelehrte, Philosophen und Stutzer, Künstler und Barbaren in allen Weltteilen mit Ehrfurcht aussprechen und den ich fast zu gleicher Zeit mit meinem eigenen Namen schon kennenlernte; Paris, von dem ich so vieles gelesen und gehört, über das ich so manchmal geschwärmt und gelacht habe – da liegt es vor mir, ich nähere mich seinen Toren. Ja, meine Freunde, dieser Augenblick war einer der angenehmsten meiner Reise! Keiner Stadt habe ich mich noch mit solch regen Gefühlen, mit solcher Neugierde, mit solcher Ungeduld genähert!« Überall merkt der Reisende, dass sich Frankreich im Würgegriff der Revolution befindet: In Lyon sucht er vergeblich das Grab von Amandus und Amanda (Laurence Sternes *Tristram Shandy*) und ruft seufzend aus: »Die Franzosen denken zur Zeit an ihre Revolution und nicht an die Momumente der Liebe und der Zärtlichkeit!« Möglicherweise distanziert sich Karamzin hier von der Welt, die er besucht: Seine sentimentalische Bildungsreise scheint infolge der Französischen Revolution in Frage gestellt worden zu sein. Das Volk ist »der schrecklichste aller Despoten« im »Zeitalter der sogenannten französischen Freiheit«. Der Reisende bezieht das Zerfallsmotiv direkt auf die Ereignisse in Frankreich: Er fürchtet, dass mit der Revolution einem großen Zeitalter, einer großen Kultur ein Ende bereitet worden ist, einer Kultur, die infolge der Revolution verschwinden wird (und eigentlich bereits verschwunden ist). Aus diesem Grund verurteilt Karamzin die Französische Revolution, die er eine Tragödie nennt. Er fragt sich, ob die Franzosen wohl die griechische und römische Geschichte kennen, denn die zeigten doch, dass »das Volk ein scharfes Eisen ist, und es ist ein wenig gefährlich, mit ihm zu spielen; Revolutionen sind offene Schlünde, welche die Tugend ebenso verschlingen wie das Laster«. Er verkündet außerdem sein antirevolutionäres Credo: »Eine jede durch eine Reihe von Jahrhunderten befestigte bürgerliche Gesellschaft ist ein Heiligtum für gute Bürger, und auch in der unvollkommensten hat man oft Gelegenheit, eine seltene Übereinstimmung und Ordnung zu bewundern« und »Jede außerordentliche Erschütterung ist verderblich, und jeder Rebell bereitet sich das Schafott«.

Als er Paris verläßt, zieht der Reisende gleichsam Bilanz. Ihm ist klar geworden, dass der Franzose äußerst empfindsam sein kann, leidenschaftlich verliebt in Wahrheit, Ruhm und große Taten, aber auch, dass dessen Feuer, Leidenschaft und Hass schreckliche Folgen nach sich ziehen können, wovon seiner Meinung nach die Revolution Zeugnis ablegt. Karamzin verläßt Frankreich, ein Land, das die Empfindsamkeit gegen die Revolution eingetauscht hat, desillusioniert.

Nach Karamzins Rückkehr nach Russland im Jahre 1790 und der Veröffentlichung seiner *Briefe eines russischen Reisenden* gab es heftige Diskussionen um die Haltung des Autors bezüglich der Ereignisse in Frankreich. Von 1789, der Eroberung der Bastille, bis 1812, Napoleons Russlandfeldzug, war die Französische Revolution das wichtigste Ereignis in Westeuropa, das auch in Russland genauestens verfolgt wurde und Mittelpunkt leidenschaftlicher Polemiken war. Karamzin war einer der wenigen Russen, die das Glück hatten, Zeuge dieser Revolution gewesen zu sein (in ihrem Beginnstadium, Frühjahr/Sommer 1790). Die Meinungen stehen sich diametral gegenüber und sind somit unversöhnlich: Den einen zufolge war Karamzin ein Liberaler, der für die Geschehnisse in Frankreich Sympathie empfand, in den Augen der anderen war er anfänglich ein ausgesprochener Gegner gewaltsamer Versuche, die Gesellschaft zu verändern. Wie dem auch sei, Karamzin hat sich im Laufe der Jahre zu einem Befürworter der Autokratie entwickelt, die er in seiner *Geschichte des russischen Staates* so eloquent besungen hat.

1.15. Radiščev

ALEKSANDR NIKOLAEVIČ RADIŠČEV (1749 – 1802) wurde 1749 in Moskau geboren. 1762 wurde er auserwählt, um Page an Katharinas Hof zu werden, zwei Jahre danach begleitete er die Kaiserin nach Petersburg. Im Jahre 1766 wurde er mit rund zehn weiteren jungen Männern zum Studium der Rechtswissenschaften nach Leipzig geschickt – Katharina brauchte fähige Juristen zum Aufbau einer russischen Gesetzgebung. Obwohl Radiščevs Zeitgenosse Johann Wolfgang von Goethe, der zu jener Zeit ebenfalls in Leipzig studierte, von der geisttötenden Pedanterie, die an der Leipziger Universität herrschte, sprach (vgl. *Dichtung und Wahrheit*), dozierten hier dennoch hervorragende Professoren. Radiščev studierte hier nicht nur Jura (Naturrecht, Völker- und Staatsrecht), sondern auch Sprachen, Literatur, Naturwissenschaften, Medizin; er nahm Musikunterricht und hörte Vorlesungen über Geschichte, Metaphysik und Psychologie. Seine Leidenschaft galt der Philosophie. 1771 kehrte Radiščev nach Petersburg zurück, doch die Studenten erhielten nicht die hohen Posten im Staatsapparat, auf die sie sich in Leipzig vorbereitet hatten. Radiščev wurde zum Protokollführer im Senat ernannt. 14 Monate lang konnte er sich mit den Berichten über den Stand der Dinge in den Gouvernements, über die Ernte und den Handel, über Bauern, die weggelaufen waren, Aufstände, Krankheiten, Sterblichkeitsraten, Korruption, Missstände usw. vertraut machen. Im Jahre 1773 verließ er den Senat und wurde Oberauditor in der Finnland-Division der russischen Armee. Hier wurde er mit der rechtlosen Position des leibeigenen Bauern konfrontiert: Die Zahl entlaufener oder sich auf der Flucht befindlicher Rekruten war enorm groß. Ende 1773 brach der Pugačëv-Aufstand aus. Ein wilder Haufen von Tausenden leibeigenen Bauern, Kosaken, Arbeitern und Angehörigen nichtrussischer Steppenvölker stürzte Russland ins Chaos. Am 10. Januar 1775 wurde Pugačëv hingerichtet; möglicherweise war Radiščev Zeuge der Exekution. Unmittelbar nach diesem Ereignis quittierte er seinen Dienst – aus unbekannten Gründen. 1778 nahm er eine Tätigkeit im Kommerzkollegium auf, 1780 in der Zollbehörde, wo er Anfang 1790 zum Direktor ernannt wurde. 1783 hatte Katharina einen Ukas erlassen, demzufolge jeder das Recht hatte, selbst Bücher herauszugeben. Radiščev machte von dieser Freiheit des Wortes Gebrauch und stellte in seiner Wohnung eine kleine Druckerpresse auf. Im Mai war seine *Putešestvie iz Peterburga v Moskvu* (Reise von Petersburg nach Moskau) fertig; 650 Exemplare wurden gedruckt. Ein Zeitgenosse schrieb: »In der Stadt kursierte das Gerücht, dass auf dem Newskij Prospekt eine gewisse *Reise* zum Kauf angeboten wurde, in der dem Zaren mit dem Galgen gedroht wird.« Der Staatssekretär der Kaiserin notierte in seinem Tagebuch: »Es wurde über die *Reise von Petersburg nach Moskau* gesprochen. In dieser wird die französische Pest ausgesät. Widerwille der Führung. Der Autor ist ein Martinist.« Die Martinisten waren ein Zweig der Freimaurerbewegung, der die Lehre des Marquis de Saint-Martin (1743 – 1803) vertrat und der von Katharina verabscheut wurde. Berühmtheit hat folgender Ausruf von ihr erlangt: »Radiščev ist als Aufständischer schlimmer als Pugačëv!« Radiščev wurde von Freunden vor seiner bevorstehenden Verhaftung gewarnt. Er vernichtete seine gesamten Unterlagen, verbrannte den Rest der Auflage (wahrscheinlich waren lediglich rund 50 Exemplare in Umlauf gekommen) und wartete in aller Ruhe auf seine Verhaftung. Nach einem langen Verhör in der Peter-und-Pauls-Festung gab er seinen Widerstand auf und gestand, dass er das Verhängnisvolle seiner *Reise* einsähe. Radiščev wurde von Katharina zum Tode verurteilt, infolge des Friedens-schlusses zwischen Russland und Schweden aber begnadigt; seine Strafe wurde in zehn Jahre Verbannung nach Sibirien umgewandelt. Radiščev hat sich stets gewei-gert, der Kaiserin einen Brief zu schreiben, in dem er seine Reue bekundet hätte. In Sibirien widmete er sich der Erziehung seiner Kinder und dem Wohl der örtlichen Bevölkerung. Seine Frau war bereits vor seiner Verbannung gestorben; ihre Schwe-ster folgte ihm und seinen Kindern in die Verbannung. Er wurde einer der ersten Volksärzte in Sibirien und erforschte Sitten, Gewohnheiten, Sprache und Religion der Ortsansässigen.

Ende 1796 starb Katharina; ihr Nachfolger war ihr Sohn Paul I., der seine Mutter so hasste, dass er all ihre Beschlüsse aufheben wollte. Radiščev konnte aus der Verbannung zurückkehren. Die Jahre 1797 – 1801 durfte er auf seinem Landgut im Gouvernement Kaluga verbringen. Die örtlichen Polizei- und Postbeamten behielten ihn und seine Korrespondenz im Auge. Diese erzwungene Ruhe nutzte er zur Niederschrift der von *Opisanie moego vladenija* (Beschreibung meines Landguts), in der wieder das Problem der Abschaffung der Leibeigenschaft zur Sprache kommt. Radiščev war durch den Aufenthalt in Sibirien offensichtlich nicht gebrochen. In der umfangreichen Sekundärliteratur, die in der Sowjetunion über Radiščev publiziert wurde, wirbelte Georgij Štorms These ziemlichen Staub auf. Dieser hatte in seinem Buch *Potaënnyj Radiščev. Vtoraja žizn' »Putešestvija iz Peterburga v Moskvu«* (Der verborgene Radiščev. Das zweite Leben der *Reise von Peterburg nach Moskau*, 1965) behauptet, dass Radiščev nach der Rückkehr aus der Verbannung an seinem Hauptwerk weitergearbeitet habe.

Am 11. März 1801 wurde Paul I. ermordet. Der neue Zar – Alexander I. – schenkte Radiščev am 15. März die Freiheit. Der Senat setzte eine Kodifizierungs-kommission ein, und Radiščev wurde ins Geheimkomitee aufgenommen, dem die Vorbereitung der Reform oblag. Ein Kollege schrieb über ihn, dass er alles kritisch prüfte und zu allen Fragen seine Meinung äußerte, die »ausschließlich auf philo-sophischem Freidenkertum« basiert gewesen sei. »Nichts schien ihm der Aufmerk-samkeit wert, alle Riten, Gewohnheiten, Rechte, Beschlüsse, alles fand er dumm und schwer für das Volk.« Derselbe Kollege zog aus Gesprächen mit Radiščev die Schlussfolgerung, dass dieser bis zu seinem Lebensende »den radikalen, freiden-kerischen Prinzipien, die er in seinem verhängnisvollen Buch erörtert hatte«, treu geblieben sei. Radiščevs früherer Protektor Aleksandr Voroncov wurde Kanzleivorsteher im Außenministerium und konnte seinen Radikalismus nicht länger akzeptieren. Seine Vorgesetzten gaben ihm zu verstehen, dass er seinem Idealismus nicht länger nachhängen sollte. Radịščev sah keinen anderen Ausweg als den Freitod.

Am 22. September 1918 enthüllte der sowjetrussische Volkskommissar für das Bildungswesen Lunačạrskij in Moskau ein Standbild für Aleksạndr Radịščev. Der Funktionär der jungen Sowjetrepublik nannte ihn »den ersten Propheten und Märtyrer der Revolution« (pẹrvyj prorọk i mụčenik revoljụcii). Damit war die Richtung abgesteckt: Im Laufe der Jahre sollte in der Sowjetunion eine sehr große Zahl von Arbeiten und Studien über den größten Gesellschaftskritiker des 18. Jahrhunderts verfasst werden, der vor allem unter Stạlin zum Propheten des Bauernaufstandes und zum Kirchenvater des Bolschewismus erhoben wurde. Viel mehr als Hagiografie kam dabei nicht heraus. Nikolạj Berdjạev nennt Radịščev in seinem Buch über die Geschichte des politischen Denkens in Russland (1943) »den Stammvater der russischen Intelligenzija«: »Als er in seiner *Reise von Petersburg nach Moskau* die Worte schrieb: ›Ich schaute mich um – meine Seele wurde vom Leiden der Menschheit gequält‹, war die russische Intelligenzija geboren. Radịščev ist das bedeutungsvollste Phänomen des Russlands des 18. Jahrhunderts.«

Radịščev hat sein Buch *Reise von Petersburg nach Moskau* der Zensur zur Genehmigung vorgelegt. Der Zensor las eine oder zwei Seiten, muß gedacht haben: »Wieder so ein langweiliger Reisebericht« und genehmigte das Buch. Nach Hause zurückgekehrt, fügte der Autor noch einige Fragmente hinzu, die einen deutlich kritischeren Ton anschlugen. Trotz der Genehmigung des Zensors kam das Buch nur anonym auf den Markt. Es umfasst 25 unterschiedlich lange Kapitel und beginnt mit einer Widmung. Die Kapitel sind nach den Stationen zwischen den beiden Hauptstädten benannt, an denen die Reisenden frische Pferde übernehmen konnten. In jedem Dorf steigt der Reisende aus, um sich – in der Schenke, dem Postamt oder auf der Straße – mit den jeweiligen Bewohnern zu unterhalten. Die Geschichten, die er in seinem Reisebericht erzählt, hat er alle von zufälligen Gesprächspartnern vernommen. Auf diese Weise werden uns ein Bild des damaligen Russlands und eine Vorstellung von den Problemen, mit denen das Volk tagaus, tagein zu kämpfen hatte, vermittelt. Dieses Bild ist nicht sehr erfreulich. Bereits bei der ersten Station stellt sich heraus, dass der Postmeister keine Pferde bereitstellen will, weil er angeblich keine hat, obwohl der Reisende rund 20 im Stall hat stehen sehen. Erst nach Zahlung eines Trinkgelds werden die Pferde eingespannt. Während ein normaler Reisender warten muß, erhält ein Würdenträger sofort frische Pferde. Ein anderer Beamter rührt keinen Finger, um den Insassen eines gekenterten Bootes zu helfen, weil er gerade ein Nickerchen hält. Ein lokaler Würdenträger stopft sich mit Austern voll, die er sich von einem Kurier über 1000 km weit hat holen lassen – natürlich auf Staatskosten. Dafür wird der Kurier für seine Eildienste befördert. Jemand ist von einem Gericht ungerecht behandelt worden, woraufhin seine Frau zu früh niederkam.

Der Adelsstand kommt ebenfalls nicht gut weg. Die Adligen prahlen mit ihrem Stammbaum und sind der Meinung, durch die Reformen Peters des Großen Nachteile erlitten zu haben. Ist es nicht beklagenswert, dass junge Adlige in der Armee dienen müssen? Dafür seien sie doch viel zu jung; bei der Armee gewöhnten sie sich nur schlechte Sitten an und gäben ihr Geld unnütz aus. Irgendwo im Land begegnet der Reisende einem Vater, der seinen Sohn bestattet und denkt, selbst die Schuld an dessen Tod zu tragen, da er in seiner Jugend wiederholt Bordelle aufgesucht habe. Der Reisende hält ein Plädoyer gegen die Toleranz, mit der in manchen Ländern auf Prostitution reagiert werde.

Auch das geistliche Leben des Landes läßt viel zu wünschen übrig. Ein Seminarist beklagt sich bei unserem Reisenden, dass man in Russland kaum Latein lernen könne; sei dies doch einmal der Fall, dann nicht in der Umgangssprache. Das Land trage noch immer die Bürde volkstümlichen Aberglaubens. In Bronnicy besucht der Reisende die Stelle, an der im Altertum ein Tempel stand, und beginnt über die »Vielheit« der Götter zu meditieren. In Torschok hält er ein Plädoyer gegen die Beschränkung der Freiheit des Wortes und flechtet eine ausführliche Abhandlung über die Geschichte der Zensur ein (für die er Anleihen bei J.G. Herder macht).

Das deprimierendste Bild jedoch, das uns vor Augen gehalten wird, ist das von den Bauern. Der russische Muschik wird von seinem Grundherrn ausgebeutet und bis aufs Blut gepeinigt. Ein solcher Grundherr hat in den Augen des Reisenden die Bezeichnung »Bürger« nicht verdient. Die Gutsbesitzer können sich mit ihren Leibeigenen alles erlauben. Der Reisende vernimmt die Geschichte des Sohnes eines Grundherrn, der die Braut seines leibeigenen Bauern am Vorabend ihrer Hochzeit vergewaltigt hatte, worauf die aufgebrachten Dorfbewohner ihre Grundherren totschlugen. Ein fortschrittlicher Richter entschied zugunsten der Bauern, musste aber seinen Dienst quittieren. Ein Bauernmädchen kann den jungen Mann, den sie gerne heiraten möchte, nicht bekommen, weil sie den Brautschatz nicht aufbringen kann. Der Reisende schenkt ihr großmütig 100 Rubel. Er ist Zeuge einer öffentlichen Versteigerung, bei der auch Menschen zum Kauf angeboten werden. Für herzzerreißende Szenen sorgen auch die Rekruten, die unterwegs sind, um ihren Waffendienst anzutreten. Der eine unterstützt die Familie einer Witwe, der zweite wird zur Armee geschickt, weil er nicht die von einem Adligen geschwängerte Dienstmagd heiraten will. Menschen werden gegen ihren Willen miteinander verheiratet. In Waldai bieten Bauernmädchen den Reisenden, die in Badehäusern verwöhnt werden, ihre Dienste an. In Klin weigert sich ein blinder Sänger, ein Almosen in Höhe eines Rubels von dem Reisenden anzunehmen, akzeptiert aber einen Schal als Schutz gegen die Kälte. Deprimierend ist auch die Beschreibung einer Bauernhütte (izbạ): Während die Herren Kaffee trinken (»die Frucht des Schweißes unglücklicher afrikanischer Sklaven«) und Zucker essen, wohnt das einfache Volk in kleinen, schmutzigen, armseligen Hütten. Dies veranlasst den Reisenden zu einem Wutausbruch gegen »den gefühllosen Grundherrn«.

Obwohl Radiščevs Buch in erster Linie ein satirischer Reisebericht ist, in dem alle möglichen Aspekte des Russlands unter Katharina II. einer Kritik unterzogen werden, enthält es doch auch einige ausgesprochen utopische Elemente. Die erste Utopie kommt im Kapitel »Spasskaja Polęst'« vor, wo der Reisende einen Traum hat. Er träumt, er sei ein König, der von kriecherischen Untertanen umgeben ist. Sein Thron ist aus Gold, seine Gewänder glänzen, er trägt einen Lorbeerkranz auf der Krone, seine militärischen Siege werden gepriesen, seinem Ruhm wird Ewigkeit beschieden sein. Die Würdenträger und das gemeine Volk sind untertänig, und alle bezeugen ihre Freude. In der Menge befindet sich jedoch auch eine Frau mit strengem Gesichtsausdruck und »voller Verachtung und Empörung«. Vom König zur Verantwortung gezogen, erklärt sie, sie sei die Wahrheit, »der Augenarzt«, der vom Allerhöchsten gesandt worden sei, um den König von seiner Blindheit, der Dunkelheit, die seinen Blick trübt, zu befreien. Sie gibt ihm einen Ring, der ihn erkennen läßt, wenn jemand die Wahrheit spricht. Jetzt bekommt der König das wahre Antlitz seines Königreichs zu sehen – und was er da erblickt, ist nicht besonders schön. Seine Kleider sind blutverschmiert und tränendurchtränkt. Die Menschen lassen sich von Missgunst, Hass und List leiten. Bei der Armee herrscht keine Disziplin, die Soldaten werden schlechter behandelt als Vieh. Geld wird verschwendet, die Verantwortlichen kommen ihren Verpflichtungen nicht nach; die Schiffe laufen nicht aus, weil sich die Kapitäne amüsieren. Wohltätige Maßnahmen des Königs erreichen nicht den Adressaten, der Städtebau ist eine einzige Verschwendung, weil die Architekten in ihre eigenen Taschen arbeiten. Zuwendungen aus der Staatskasse kommen nicht den Bedürftigen, sondern den Reichen und den Schmeichlern zugute. Ehrungen werden denen zuteil, die sie nicht verdient haben. Kurz: Der König regt sich, als er das alles sieht, so sehr auf, dass er aufwacht. Der Traum ist vorüber.

Die Wahrheit erteilt dem König einen guten Rat: Wer Kritik an seiner Art zu regieren äußere, sei sein wahrer Freund, denn der liebe nicht seinen Herrscher, sondern sein Vaterland (dies war ein Steckenpferd Radiščevs). Darum rät die Wahrheit, gerade die Kritiker als Freunde zu betrachten. Ein Beispiel unmissverständlicher Satire ist folgendes Zitat: »Der Feldherr, dem ich aufgetragen hatte, Eroberungen zu machen, ertrank in Luxus und Vergnügen.« Es enthält eine deutliche Anspielung auf Fürst Potëmkin, der im russisch-türkischen Krieg (1787–1791) den Befehl über die russische Armee führte und der mit einem ganzen Stab aus Lakaien, Musikanten und Liebhaberinnen im Kielwasser in den Krieg zog. Katharina war sehr stolz auf die militärischen Erfolge ihres ehemaligen Geliebten Potëmkin, der für sie einen wahren Triumphzug über die gerade den Tataren abgenommene Krim organisierte. Während dieser Reise entstand der Mythos der »potëmkinschen Dörfer«.

Die zweite Utopie finden wir im Kapitel »Chotilow«, das vom Autor selbst ein Zukunftsprojekt genannt wird. In diesem Projekt erzählt ein gewisser »Bürger der

Zukunft« davon, wie Russland in der Zukunft, d.h. im 19. Jahrhundert, aussehen wird. Das Vaterland steht in voller Blüte, Wissenschaft, Kunst und Handwerk verfügen über ein hohes Maß an Vollendung. Die Ratio gewährleistet die Beachtung der sozialen Regeln. Das Vaterland ist gottgefällig. Es hegt keine Vorurteile, es ist nicht abergläubisch und gegenüber anderen Konfessionen, die keinerlei Druck ausgesetzt werden, nicht feindlich eingestellt. Die Menschen leben zusammen wie Brüder. Die Teilung der Gewalten ist eine Tatsache, und das Gleichgewicht wird respektiert; es herrscht Parität des Besitzes, so dass es für soziale Zwietracht keinen Grund gibt. Die Strafen sind mild, Familienstreitigkeiten um Besitztümer kommen nicht vor. Probleme werden gütlich beigelegt. Das Ziel der Erziehung sind sanfte, friedliebende Bürger und in erster Linie Menschen. Im Inland herrscht Ruhe, mit dem Ausland ist man befreundet. Den Erbadel gibt es nicht mehr, er wird jetzt »verachtet«, man hat eingesehen, dass dieser dem Herzen und dem Verstand widerspricht.

Neben diesem utopischen Zukunftsprojekt einer harmonischen Gesellschaft enthält dieses Kapitel auch viel Kritik, die sich direkt auf die aktuelle Lage im damaligen Russland bezieht. Radiščev war hauptsächlich Gesellschaftskritiker und lediglich in geringem Maße ein utopischer Denker.

Der Schwerpunkt in seinem Zukunftstraum ist jedoch die Abschaffung der Sklaverei, die er als die größte soziale Geißel betrachtet: »Oh, meine geliebten Mitbürger! Oh, wahre Söhne des Vaterlandes! Schaut euch um und seht euren Irrtum ein!« Die *Reise von Petersburg nach Moskau* steckt voller pathetischer Ausrufe wie diesem. In einem kurzen Kapitel (»Vydropusk«) malt der Autor sein Zukunftsbild weiter aus: Hier widmet er sich seinem Lieblingsthema, und zwar der Schädlichkeit der sozialen Ränge. In der Zukunft ist die strikte soziale Hierarchie natürlich abgeschafft. Katharina erblickte in diesem revolutionären Vorschlag (Einführung der Gleichheit der Bürger) den Einfluss der »zügellosen« Französischen Revolution und erklärte, dass der Autor »jede Gelegenheit ergriff, den Zar und die Behörden zu kritisieren«.

Radiščev warnte in diesem Buch davor, dass es in Russland zu einem Bauernaufstand kommen würde, wenn behördlicherseits nichts gegen die Leibeigenschaft unternommen werden würde. In der Ode *Vol'nost'* (Freiheit), die er in das Kapitel »Twer« eingefügt hat, schreibt er, dass Cromwell infolge der Rache, die er als ein »Naturrecht« betrachtet, aufs Schafott gebracht worden sei: »Und je träger und nachlässiger wir beim Lösen ihrer Ketten sein werden, desto eifriger werden sie in ihrer Rache sein.« Interessanterweise hatte auch Kaiserin Katharina ähnliche Ideen verkündet. Nach dem schrecklichen Aufstand unter der Führung Pugačëvs schrieb sie in einem Brief: »Wenn wir einer Verringerung der Grausamkeit der Gutsherren und einer Verbesserung der Lage, die für menschliche Wesen unerträglich ist, nicht zustimmen, dann werden sie sich früher oder später gegen uns erheben.« Radiščev ist der festen Überzeugung, dass die Köpfe und das Blut der »unmenschlichen

Herren« die Äcker rot färben, wenn die Sklaven einen Aufstand anzetteln würden. Prophetisch endet er: »Dies ist kein Traum, mein Blick durchdringt den dichten Vorhang der Zeit, der die Zukunft vor uns verbirgt; ich sehe ein ganzes Jahrhundert vor mir« und »Ihr, werte Mitbürger, wisst nicht, welcher Untergang uns erwartet«. Mit diesen wenig hoffnungsvollen Worten beschließt Radiščev sein Zukunftsbild. Die Geschichte Russlands hat ihm recht gegeben. Kurz vor seinem Tod soll er noch gesagt haben: »La postérité me vengera ...«

1.16. Deržavin

GAVRILA ROMANOVIČ DERŽAVIN (1743 – 1816) ist der größte Dichter des 18. Jahrhunderts. Er stammte aus einem literarisch ungebildeten, verarmten Adelsgeschlecht in Kasan und verfügte nur über eine lückenhafte Ausbildung. Er konnte keine klassischen Sprachen, noch nicht einmal Französisch, und las nur Russisch und Deutsch. Er machte zuerst Karriere bei der Armee: Er war an der Niederschlagung des Pugačëv-Aufstandes beteiligt, wofür er eine Belohnung forderte und darauf von der Kaiserin ein Landgut in Weißrussland mit 300 Leibeigenen erhielt. Im Staatsdienst machte er eine glänzende Karriere: erst im Senat, dann als Gouverneur in Karelien und anschließend in Tambow, als Sekretär von Katharina II., als Senator, Vorsitzender der Handelskammer und sogar als Justizminister (unter Alexander I.). Mit allen Vorgesetzten überwarf er sich. Im Jahre 1803 zog er sich als reicher Landherr (mit 1300 Leibeigenen) aus dem Staatsdienst in die Provinz Nowgorod zurück. Deržavin hatte es weit gebracht: Ohne gründliche Ausbildung, ohne Beziehungen oder adlige Verwandte machte er eine für das 18. Jahrhundert ungewöhnliche Karriere. Seine letzten Lebensjahre verbrachte er in Wohlstand, genoss hohes Ansehen, wurde mit Titeln überhäuft und galt als graue Eminenz der russischen Literatur. Im Jahre 1815 gab er bei einer Examensprüfung am Lyzeum in Zarskoje Selo noch dem jungen Puškin seinen Segen.

Das erste bemerkenswerte Gedicht Deržavins ist *Na smert' knjazja Meščerskogo* (Auf den Tod des Fürsten Meščerskij, 1779), in dem das klassische Thema der Unvermeidlichkeit des Todes behandelt wird:

> Das Leben ist des Himmels Gift
> Für einen Nu – führ es in Frieden,
> Und segne reiner Seel' hinieden
> Des Schicksals Schlag, wann er dich trifft.

(Deutsch von R.-D. Keil)

Aus den Strophen

> Du Sohn von Pracht, Genuß und Glück,
> Wo bist, Meschtscherski, du geblieben?
> Du ließt des Lebens Strand zurück,
> Gingst zu den Totenstränden drüben:
>
> (...)
> Wo Tafeln barsten, ragt ein Sarg,
> Wo lärmten jauchzende Gelage,
> Da jammert jetzt die Totenklage,
> Und blasser Tod auf alle starrt ...
>
> (Deutsch von R.-D. Keil)

ist die Zeile »Gde stol byl jastv, tam grob stoit« (Wo Tafeln barsten, ragt ein Sarg) ein geflügeltes Wort geworden. Bekannt ist auch die Anfangszeile dieses Gedichtes (glagol vremën! metalla zvon!):

> Der Zeiten Sang! Metallner Klang!
> Dein Schreckensruf verwirrt mein Denken;
> Er ruft auch mich, er ruft so bang,
> Er ruft ... und will zum Grab mich lenken.
>
> (Deutsch von R.-D. Keil)

Das bekannte Gedicht *Bog* (Gott, 1784) ist ein beeindruckendes Glaubensbekenntnis eines nichtigen Wesens und enthält die bemerkenswerte Schlussfolgerung »Ich bin, und also bist auch Du!«. Es stellt Deržavins Beitrag zu den in der zweiten Hälfte des 18. Jahrhunderts beliebten Hymnen an Gott dar (in der deutschen Literatur z.B. Gellert, Klopstock, Mendelssohn, in der russischen Lomonosov, Sumarokov, Cheraskov, Knjažnin). Doch im Gegensatz zu der grandiosen Hymne eines Lomonosov ist Deržavins Werk eine sanfte, persönliche Verherrlichung des allweisen und allgütigen Gottes in einem intimen Gespräch. In seinem Gottes- und Weltbild spielt der Mensch eine große Rolle: »Ich bin Herrscher, ich bin Sklave, ich bin Wurm, ich bin Gott (Ja car', ja rab, ja červ, ja bog)!« Berühmtheit erlangte Deržavin nicht nur mit diesem Gedicht, das in viele Sprachen übersetzt wurde, sondern auch mit dem Gedicht *Felica* (Felize, 1782), das in Daškovas halbamtlicher Zeitschrift *Sobesednik ljubitelej rossijskogo slova* (Der Gesprächspartner der Liebhaber des russischen Wortes) aufgenommen wurde. In diesem Gedicht spielt Deržavin auf das Märchen Katharinas II. (»O careviče Chlore«) über den Prinzen an, der sich auf die Suche nach der Rose ohne Dornen (= die Tugend) machen muß. Es gelingt ihm dank der Hilfe der Königin Felica (= die Vernunft bzw. Katharina selbst). Deržavin benutzt also Katharinas eigenen Text, um sie zu verherrlichen – eine raffinierte captatio benevolentiae –, und kleidet dies alles in ein orientalisches Gewand. Felicas Tugenden werden gegen die Schwächen der Mirzas ihrer adligen Umgebung – Günstlinge, Faulpelze, die im Luxus leben – ausgespielt. Zeitgenossen erkannten in den Mirzas Potëmkin, Aleksej Orlov, Pëtr Panin und andere Würdenträger. Katharinas »Mirzas« waren denn auch empört über den Schneid des Dichters, der von der Kaiserin reichlich belohnt wurde. Der Dichter stellt sich als einer der Mirzas dar und zeichnet ein nicht allzu schmeichelhaftes Selbstporträt. Diese ihrer Form nach klassische Ode ist eine ungewöhnliche Kombination aus einem Loblied (auf die Kaiserin) und einer humoristischen Satire – und das alles in einem leichten Ton und einer lebendigen Sprache. Im Jahre 1787 nahm Deržavin dieses Thema noch einmal auf, als er mit *Vlastiteljam i sud'jam* (Den Herrschern und Richtern) eine Bearbeitung von Psalm 82 vorlegte:

> Ihr sollt dem Recht Genüge leisten,
> Nicht auf der Mächt'gen Größe sehn,
> Ihr sollt die Witwen und Verwaisten
> Nicht lassen hilflos untergehen!

(Deutsch von W. Wolfsohn)

Der klassizistischen Tradition folgend, widmete Deržavin viele Gedichte wichtigen Ereignissen aus der russischen Geschichte, hauptsächlich militärischen Siegen. *Na vzjatie Izmaila* (Auf die Eroberung Ismails, 1790/91) besingt eine Episode aus dem zweiten russisch-türkischen Krieg, allerdings nicht als Verherrlichung des Befehlshabers, sondern des einfachen russischen Soldaten. Dies wiederholt sich in *Osen' vo vremja osady Očakova* (Herbst während der Belagerung Očakovs, 1788), das weder von Potëmkin noch von dem eigentlichen Befehlshaber in Očakov handelt, sondern von dem gemeinen russischen Soldaten (»Der unbezwingbare Russe / die reußischen Achillese / Söhne der nordischen Göttin«). Neben traditionellen mythologischen Details stoßen wir auf realistische Szenen aus dem russischen Leben. Die Belagerung selbst steht im Gedicht nicht im Mittelpunkt.

Beeindruckend ist das Gedicht, das Deržavin anläßlich des Todes des allmächtigen Günstlings Grigorij Potëmkin verfasst hat: *Vodopad* (Der Wasserfall, 1791 – 1794). Potëmkin wird mit einem Wasserfall verglichen: mächtig, groß, beeindruckend usw., aber Deržavin stellt dieser Gewalt Fragen: »Ist es nicht besser, weniger bekannt zu sein, dafür aber nützlicher?« In diesen Zeilen ist Deržavins politisches Credo enthalten: Der Politiker, der Beamte, der Staatsmann muss sich seinem Land und der Gesellschaft nützlich erweisen. Dieselben Ideen werden auch in *Vel'moža*

(Der Würdenträger, 1794) vertreten: Der Würdenträger muss Diener der Gesellschaft sein, seine Richtschnur muss das Wohlbefinden der Menschen sein.

Außer dieser erhabenen Poesie (die »graždanskaja poęzija«) verfasste Deržavin noch viele Liebesgedichte – in der Hauptsache anakreontische Lyrik. Im Vorwort zu seinem Gedichtband *Anakreontičeskie pęsni* (Anakreontische Gesänge, 1804) schrieb er: »Aus Liebe zum vaterländischen Wort wollte ich seinen Reichtum, seine Geschmeidigkeit und Leichtfüßigkeit und seine Fähigkeit, die allerzartesten Gefühle zum Ausdruck zu bringen, zeigen, die sich in anderen Sprachen kaum finden lassen.« Im Jahre 1795 fasste er sich ein Herz und versuchte sich an einer Bearbeitung des Horazischen *Exegi monumentum*, bei dem Puškin später starke Anleihen machen sollte. Deržavin zeichnet hier ein Selbstporträt:

> Da ich zuerst in schlichter russischen Gedichten
> Felizens Tugend zu besingen hab gewagt,
> Auch Gott zu rühmen, und in Versen und Berichten
> Den Zaren lächelnd stets die Wahrheit hab gesagt.

Zart und rührend ist das Gedicht *Na smert' Kateriny Jakovlevny* (Auf den Tod von Katerina Jakovlevna), geschrieben anläßlich des Todes seiner Frau im Jahre 1794. Von Deržavins epikureischer Lebensphilosophie zeugt *Priglašęnie k obędu* (Einladung zum Mittagessen, 1795), eine Ode auf die Freuden von Essen und Trinken. Das Leben auf dem Land genoss Deržavin in vollen Zügen. Dies kommt in dem 1807 verfassten *Evgęniju. Žizn' Zvąnskaja* (Für Evgenij. Das Leben auf Zvanka) über das Leben auf seinem Landgut in der Provinz Nowgorod zum Ausdruck, wo der die Ruhe schätzende große alte Mann seit 1803 die Stille und Schönheit der Natur genoss und »das Landleben auf der Lyra besingt«.

Deržavins gesamtes poetisches Schaffen steht in schrillem Kontrast zur Literatur seiner Vorgänger und Lehrmeister (Lomonosov und Sumarokov). Was am meisten auffällt, ist die Mischung aus gehobener Sprache (Kirchenslawismen, mythologische Namen, Kanzleisprache) und einfacher, volkstümlicher Umgangssprache, selbst regional geprägten Ausdrücken. Deržavins Poesie ist sehr konkret (z.B. die Beschreibung des gedeckten Tisches in *Einladung zum Mittagessen* oder die bukolischen Szenen in *Für Evgenij. Das Leben auf Zvanka*). Deržavin hat in der russischen Literatur die konkrete Natur und die konkrete Landschaft entdeckt: Er sieht, hört und riecht die Natur. Er wird zu Recht der »Dichter der Sinne« genannt. Die von ihm verwendete Sprache enthält einige grammatikalische Abweichungen von der literarischen Norm (z.B. syn vręmja statt syn vręmeni), die belegen, dass er sich stark durch die vom Volk gesprochene Sprache inspirieren ließ.

Deržavin ist einerseits der klassische Dichter, der in hohem Maße rhetorische und didaktische Verse schrieb, die dem Zeitgeist entsprechend in ein mythologisches Gewand gehüllt waren, der aber im Gegensatz zum Klassizismus realistische

Beschreibungen verwendet, die Gattungsgrenzen überschreitet und volkstümliche Versformen einführt. Neu ist auch, dass seine Poesie von ihm selbst handelt: Wir finden in seinen Gedichten viele konkrete Einzelheiten über Deržavin als Würdenträger oder Ehemann, über seine erste bzw. zweite Frau etc. In seiner Lobpreisung von Zeitgenossen (Katharina II., Potëmkin) war Deržavin aufrichtig. In seinen autobiografischen *Zapiski* (Aufzeichnungen) bezeichnet er sich als »warmes, reines Herz«, das ehrlich und unabhängig seine politische Überzeugung verkündet. Ein ausgewogenes Selbstporträt zeichnet Deržavin in *Priznan'e* (Bekenntnis, 1807): Er konnte Heuchelei, Wichtigtuerei und Philosophiererei nicht ausstehen, schätzte aber Offenherzigkeit, »der Verstand und ein menschliches Herz waren mein Genie«; er scheute sich nicht, den Machthabern die Wahrheit ins Gesicht zu sagen, und war aus diesem Grund »ein Freund von Zar und Vaterland«. Zu Recht nannte der im 19. Jahrhundert lebende Kritiker Belinskij Deržavin den »Vater der russischen Dichter« (otec russkich poėtov).

2. Von der Aufklärung zur Romantik

Im Jahre 1801 wurde – unter der Mitwisserschaft von Alexander I. – Paul I. ermordet. Ganz Russland atmete nach dem Tod des Tyrannen (1796 – 1801) auf. Die Hoffnungen richteten sich auf den neuen Regenten, der liberal und aufgeklärt war. Die Erwartungen erwiesen sich als gerechtfertigt: Alexander schaffte die Geheime Expedition (= Geheimpolizei) ab, erließ eine Amnestie für politische Gefangene (so wurde Radiščev aus der Verbannung auf seinem Landgut entlassen und rehabilitiert) und setzte eine Gesetzeskommission ein. Karamzin verfasste zwei Oden auf den neuen Zaren, den er »die Sonne der Aufklärung« und »den Monarchen des Herzens« nannte. In den Jahren 1802 – 1803 gab er eine neue Zeitschrift, *Vestnik Evropy* (Der Bote Europas), heraus, in der sein wiedererwachtes Interesse an politischen Fragen hervortrat. Der Name war programmatisch: Die Zeitschrift wollte zeigen, dass auch Russland etwas von bleibendem Wert zu bieten hatte. Der *Bote* wurde zum Organ der neuen Zeit. Von 1803 – 1818 arbeitete Karamzin in seiner Eigenschaft als Hofhistoriograf ziemlich zurückgezogen an einer Geschichte Russlands. 1818 erschienen die ersten acht Bände seiner *Geschichte des russischen Staates*. Dieses Werk wurde ein enormer Erfolg, und eine Zeitlang wurde nur noch von Karamzins historiografischem Schaffen geredet. Es erhielt allerdings nicht nur Zustimmung; die Progressiven unterzogen Karamzins Geschichtskonzeption, die in seinem umfangreichen Werk deutlich zutage trat, einer scharfen Kritik, nämlich seine Apologie der Monarchie und der Autokratie. Unter dem Einfluss dieser Kritik setzte der Historiograf in den Bänden 9 und 10 seiner *Geschichte* die Akzente ein wenig anders. Hierin wurden die Jahre der Herrschaft der russischen Zaren Iwan der Schreckliche und Boris Godunov behandelt, deren Tyrannei Karamzin verurteilte. Der neunte Band (1821) wurde mit noch stürmischerem Beifall aufgenommen und mit noch größerer Begeisterung gelesen, als dies bei den ersten acht Bänden der Fall gewesen war. Die Kritik des Historikers an den Schrecken der unbegrenzten Autokratie war Wasser auf die Mühlen der Dekabristen. Puškin schrieb über Karamzin, dass dieser das alte Russland entdeckt habe, so wie Kolumbus Amerika entdeckte. Karamzins *Geschichte* war – vielleicht wegen seines konsequent pro-monarchistischen Standpunkts – eines der Bücher, die während der Perestrojka wiederentdeckt wurden.

Nicht jeder war jedoch glücklich darüber, was und wie Karamzin schrieb. So veröffentlichte der klassizistische Admiral ALEKSANDR ŠIŠKOV (1754 – 1841) ein *Rassuždenie o starom i novom sloge rossijskogo jazyka* (Traktat über den alten und den neuen Stil der russischen Sprache), in dem er die gekünstelte Sprache und die zahlreichen Gallizismen der Karamzinisten anprangerte. Šiškov rief die russischen

Schriftsteller dazu auf, zum Kirchenslawischen und zum Altrussischen zurückzu-kehren, im Grunde genommen aber war seine Konzeption der Sprache ideologisch bestimmt: Er bekämpfte neue, fortschrittliche Ideen, die mit der Französischen Revolution zusammenhingen. Die Literatur musste in Šiškovs Augen im Dienst der Autokratie, der Leibeigenschaft und der Orthodoxie stehen. Die Anhänger des Klassizismus trafen sich bei den literarischen Abenden des *Beseda ljubitelej russkogo slova* (Gesellschaft der Liebhaber des russischen Wortes, 1807 – 1816), die seitens der Behörden auf Zustimmung stießen. Letztendlich aber konnte sich die neue Sprache durchsetzen, die von deutschen und französischen Wörtern und Ausdrü-cken sowie der deutschen und französischen Syntax inspiriert war. Eine wichtige Rolle in diesem Streit spielte außerdem die literarische Gesellschaft *Arzamas* – das Gegenstück zu *Beseda* –, der die zwei einflussreichsten Dichter der Jahre 1810 – 1820, Žukovskij und Batjuškov, angehörten. In literarischer Hinsicht hat die Polemik (die zumeist sehr bissig und persönlich war) zwischen den beiden Gesell-schaften dem »goldenen Zeitalter« der russischen Literatur, das mit Puškin einsetzt, den Weg geebnet.

VASILIJ ŽUKOVSKIJ (1783 – 1852) verfasste seine ersten Verse in rein klassizis-tischem Geist und wechselte dann allmählich zum Sentimentalismus über. Ve-selovskij nannte ihn »den Sänger des Gefühls und der Einbildungskraft des Her-zens«. Bei Žukovskij stehen hauptsächlich die Launen des Glücks und die Vergäng-lichkeit des irdischen Lebens im Mittelpunkt. Seine besten Elegien sind *Sel'skoe kladbišče* (Landfriedhof, 1801), eine Nachdichtung von Thomas Grays *Elegy written on a Country Churchyard*, und *Večer* (Der Abend). Žukovskij ist aber vor allem bekannt als der Dichter von 39 Balladen (u.a. »Ljudmila« und »Svetlana«). Bekannt wurde er auf einen Schlag in ganz Russland mit *Pevec vo stane russkich voinov* (Der Sänger im Lager der russischen Krieger, 1812), das seine Inspiration aus dem Sieg über Napoleon bezog. Diese Hymne verherrlicht die Vaterlandsliebe und den Mut des heldenhaften russischen Volkes und ist, in Übereinstimmung mit dem Pathos des patriotischen Themas, in einer feierlichen, erhabenen und in hohem Maße ansprechenden Sprache geschrieben. Žukovskijs Verdienst um die russische Literatur ist nicht zu unterschätzen. Er schenkte ihr »die Poesie von Herz und Seele« und wurde so zum Stammvater der russischen psychologischen Lyrik. Belinskij zufolge hätte es ohne Žukovskij keinen Puškin gegeben. Zudem machte er den Russen viele Meisterwerke der Weltliteratur in prächtigen Übersetzungen zugäng-lich: Goldsmith, Scott, Byron, Goethe, Schiller, Fontaine, Parny, Homer, Vergil.

KONSTANTIN BATJUŠKOV (1787 – 1855) wurde weniger von der westlichen Romantik beeinflusst als vielmehr von der russischen klassizistischen Tradition, der antiken Literatur und der italienischen Renaissance. Während Žukovskij sich deut-lich an der germanischen Kultur orientierte, repräsentierte Batjuškov das romani-sche Element. Batjuškovs Leben war unruhig und endete tragisch (er litt an Verfolgungswahn); dennoch widmete er seine ganze Kraft der Literatur, anfänglich

2. Von der Aufklärung zur Romantik

in anakreontischen Gedichten, später in Elegien. 1809 nahm er mit seiner berühmten Satire *Vidęnie na beregąch Lęty* (Vision an den Ufern der Lethe) den Kampf gegen den konservativen Šiškǫv auf. Bątjuškov beschreibt hier, wie die talentlosen Epigonen des Klassizismus unter der Leitung des Admirals gemeinsam mit den süßlichen Sentimentalisten in der Lethe ertrinken. In *Sovęt druz'jąm* (Ein Rat für meine Freunde, 1806) besingt er die Freundschaft, die Liebe und den Wein und ruft seinen Freunden »carpe diem« zu. Das anakreontische Gedicht *Vakchąnka* (Die Bacchantin, 1814/1815) ist ein Loblied auf die sinnliche Liebe und ein bewusstes Leben. Sehr individuell und persönlich ist die Wiedergabe der Frage des Krieges in *Ten' drųga* (Der Schatten meines Freundes, 1814). In seinem dem »Vaterländischen Krieg« des Jahres 1812 gewidmeten *K Dąškovu* (Für Daškov, 1813) verkündet Bątjuškov die Ideen von Dienst und Aufopferung im Namen des Vaterlandes; solange das Vaterland nicht gerächt war, konnte der Dichter »die Liebe und die lautstarke Jugend« nicht besingen. Nach der Periode des anakreontischen Hedonismus und des aufgeklärten Liberalismus bricht in Bątjuškovs Leben die zweite kreative Periode an, in der er vor allem Elegien über sein verfahrenes Leben und die daraus resultierende Desillusion verfasst, da er weder in seinem Beruf noch in der Liebe – und auch nicht in der Poesie – die volle Genugtuung erlebt hat. Wie Žukǫvskij übersetzte Bątjuškov herausragende ausländische Schriftsteller (Tasso, Petrarca u.a.). Pųškin zufolge hat Bątjuškov für das Russische getan, was Petrarca für das Italienische getan hat.

Ein sympathisches Mitglied der Gesellschaft *Arzamąs* war der Dichter DENĮS DAVYDOV (1784 – 1839), der sich als Soldatendichter großer Beliebtheit erfreute und dessen Husarenverse seine Zeitgenossen auswendig konnten. In Soldatenliedern besingt er die Tolldreistigkeit und den jugendlichen Enthusiasmus der Husaren (*Gusąrskaja įspoved'*, Die Beichte eines Husaren, verfasst 1832). Er kannte die Dekabristen, war aber entschieden gegen einen Aufstand.

Ein wichtiger Zeitgenosse und Vorläufer Pųškins war IVĄN KRYLǪV (1769 – 1844), der berühmte russische Fabeldichter. Bevor sich Krylǫv 1806 entschied, sich ganz der Gattung der Fabel zu widmen, hatte er im 18. Jahrhundert literarische Erfahrungen gesammelt, die ihm als Fabeldichter zugute kamen. Er begann als Bühnendichter, der nach Wahrhaftigkeit strebte und nicht moralisieren wollte. Seine Burleske *Podščipa* (1800) ist eine bissige Satire auf den tyrannischen Zaren Paul I. (sie konnte erst 1871 veröffentlicht werden). In seiner eigenen satirischen Zeitschrift *Pǫčta dųchov* (Die Geisterpost), der nur ein kurzes Leben beschert war (1789), führte er einen in ein orientalisches Gewand gekleideten fiktiven Briefwechsel zwischen Wasser-, Luft- und Erdgeistern und dem arabischen Philosophen und Zauberer Malikulmulk über die unterschiedlichsten Fragen aus den Bereichen Politik, Kultur, Philosophie und Gesellschaft.

All diese Versuche finden ihre Synthese in Krylǫvs Fabeln, in denen wir das Russland der ersten Hälfte des 19. Jahrhunderts wiederfinden. Alle Aspekte der

73

russischen Gesellschaft und die wichtigsten Ereignisse sowie alle Schichten und Stände, vom Zaren bis zum Bauern, werden hier – häufig in einem äsopischen Gewand – behandelt. Die Menschen in den Krylov'schen Fabeln sind keine leblosen Skizzen, keine personifizierten Tugenden und Untugenden (wie im Klassizismus), sondern lebensechte Personen, die in ihrem historischen Milieu realistisch dargestellt werden, mit individuellen, nationalen und sozialen Zügen. Krylov betrachtet alles durch die Augen des Volkes und spricht dessen Sprache, was zu der außerordentlich großen Beliebtheit seiner Fabeln beigetragen hat. Sein Sprachgebrauch ist ungewöhnlich expressiv, bilderreich und künstlerisch vollendet. Belinskijs Worten zufolge findet man in diesen Fabeln den Verstand des russischen Muschiks, etwas träge, zuweilen aber auch bissig, erfinderisch, scharfsinnig und auf gutmütige Weise sarkastisch, nüchtern und treffsicher – und das in einer komprimierten, blumenreichen Sprache, voller idiomatischer Wendungen, die den natürlichen Reichtum der russischen Volkssprache offenbaren. Für 70 der insgesamt 200 Fabeln hat Krylov Anleihen bei Fontaine und Äsop gemacht; die anderen stammen von ihm selbst. Inhaltlich lassen sie sich in drei Gruppen aufteilen. Erstens Fabeln, die allgemeinmenschliche Schwächen wie Dummheit, Aufschneiderei, Lügen, Schmeicheleien, Eitelkeit, Kriecherei, Egoismus, Gleichgültigkeit gegenüber dem Leid der anderen usw. anprangern; die berühmteste Fabel dieser Gruppe ist *Vorona i lisica* (Der Rabe und der Fuchs). Zweitens Fabeln, in denen Kritik an gesellschaftlichen Missständen wie Käuflichkeit, Rechtlosigkeit oder Erziehung der Kinder geäußert wird. Gnadenlos ist Krylovs Kritik an der Rechtsprechung in *Ščuka* (Der Hecht). Und drittens schließlich historische Fabeln, von denen beispielsweise *Volk na psarne* (Der Wolf im Hundestall) aus dem Jahre 1812 bekannt ist, in der Napoleon als Wolf auftaucht, der hofft, auf sanfte, brave Lämmer zu stoßen, stattdessen aber von beißenden Hunden erwartet wird. Der russische Feldherr Kutuzov, der Napoleon-Bezwinger, las diese Fabel seinen Offizieren vor. Krylovs Verdienst für die russische Sprache und Literatur war enorm. Dank Krylov lernten seine Zeitgenossen die Sprache des einfachen Volkes kennen; er war außerdem der erste russische Schriftsteller, der einem sehr großen Leserpublikum zugänglich war.

Ebenfalls in Umgangssprache verfasst ist Griboedovs Theaterstück *Gore ot uma* (Verstand schafft Leiden). ALEKSANDR GRIBOEDOV (1795 – 1829) wurde in Moskau als Nachkomme eines reichen Adelsgeschlechts geboren. 1812 ging er als Freiwilliger zur Armee, und 1816 trat er ins Außenministerium ein. In Petersburg lernte er Šachovskoj, Chmel'nickij (den Übersetzer Molières) und Katenin (den Übersetzer Corneilles und Racines) kennen. Im Jahre 1819 wurde er Sekretär an der Russischen Botschaft in Persien. Währenddessen arbeitete er an dem einzigen Werk, mit dem sein Name weiterleben sollte: an der »Komödie« *Verstand schafft Leiden*, die bereits in unzähligen Abschriften kursierte, bevor sie in gedruckter Form vorlag. Ihre Gegner nannten das Stück eine Karikatur Moskaus: Die Komödie durfte weder aufgeführt noch gedruckt werden. Als Belohnung für den für Russland günstigen Friedensschluss mit Persien ernannte Nikolaus I. Griboẹdov zum Gesandten in Persien. Der Schriftsteller selbst betrachtete diese Ernennung als eine »ehrenvolle Verbannung«. Die Perser aber waren mit dem Frieden, den Griboẹdov vermittelt hatte, nicht zufrieden: Als er in der russischen Gesandtschaft auch Christen in seine Obhut nahm, erstürmte eine fanatische Masse am 30. Januar 1829 das Gesandtschaftsgebäude und tötete alle Anwesenden.

Schon als junger Mann aber hatte Griboẹdov eine unsterbliche Komödie geschaffen. Der Plot in *Verstand schafft Leiden* ist relativ einfach. Čạckij hat drei Jahre im Ausland studiert und kehrt jetzt nach Moskau zurück. Inzwischen hat sich jedoch seine Jugendliebe Sofija in Molčạlin, den Sekretär ihres Vaters Fạmusov, verliebt. Außerdem teilt Sofija Čạckijs neue Ideen nicht. Der ansonsten intelligente Čạckij merkt nicht, dass Sofija sich ihm gegenüber völlig gleichgültig verhält. Das konservative Moskau der Fạmusovs (»Die Häuser neu, die Vorurteile alt«) fügt ihm immer neue Enttäuschungen zu. Sofija verbreitet das Gerücht, Čạckij sei verrückt geworden; dieser ist außer sich und spuckt Gift und Galle über das rückständige Moskau (»Und so was nennt sich öffentliche Meinung!« und »Was ist schlimmer: Herz oder Mund?«). Berühmt geworden ist der Dialog zwischen ihm und Sofija: Auf seine satirische Attacke gegen Moskau reagiert Sofija mit der Frage: »Wo ist's denn besser?«, worauf Čạckij antwortet: »Wo wir nicht sind.« Mit seinem Latein am Ende, verlässt er die Stadt.

Griboẹdovs Komödie konnte erst im Jahre 1833 veröffentlicht werden, und selbst dann lediglich in einer von der Zensur entstellten Bühnenfassung. Die vollständige Ausgabe erschien erst 1862. Diese Komödie ist eine brillante Satire auf das Moskau der zwanziger Jahre, mit realistisch gezeichneten dramatis personae, die keine Typen sind, sondern in hohem Maße individualisiert werden; so spricht jeder seine eigene Sprache. Die einzige Konzession, die der Autor an den Klassizismus macht, ist die Einheit von Zeit und Ort. Viele der Griboẹdov'schen Ausdrücke sind zu Sprichwörtern geworden (wie das oben erwähnte »domạ nọvy, no predrassụdki stạry« – »Die Häuser neu, die Vorurteile alt«), und Kritiker haben häufig auf die Verwandtschaft zwischen Griboẹdovs Theaterstück und Molières *Le Misanthrope* hingewiesen. Sicherlich zeigen beide Stücke eine gewisse Ähnlichkeit, aber Čạckij ist kein Misanthrop; Apollọn Grigọr'ev nannte ihn sogar »die einzige heldenhafte Gestalt in der russischen Literatur«, und der Literaturhistoriker Piksạnov bezeichnet ihn als »mizočin« (jemand, der »činy« = Ränge verabscheut). Čạckij ist der Repräsentant der jungen Generation. Er wurde gemeinsam mit Sofija von französischen Lehrern in Fạmusovs Haus erzogen. Er ist ins Ausland gegangen, um seine Ausbildung abzuschließen, wodurch er bei der konservativen Moskauer High-Society Schiffbruch erleidet. Je größer die Gallomanie der gehobenen Kreise, desto russophiler wird Čạckij (»ist einem selbst der Rauch der Heimat lieb und wert«); seiner Meinung zufolge kennt der Adel die wahre Situation des Volkes nicht (Leibeigenschaft), die »Großkopfeten« sind progressiven Ideen gegenüber nicht aufgeschlossen. Kurz: Die gesamte öffentliche Meinung Moskaus ist gegen ihn. Čackij macht »mil'on terzanij« (»eine Million Qualen«) durch wegen seiner glühenden Liebe für sein Vaterland, dem er zwar helfen will, aber nicht helfen kann (darum ist das Stück in unseren Augen eher eine Tragödie). Ein anderes Leiden wird durch Sofijas Betrug verursacht. Umso schlimmer ist es, dass Sofijas Gedanken nur um Molčalin kreisen, den untertänigen Karrieristen (der sogar vor dem Hund der Hausmeisterin katzbuckelt), der keine eigene Meinung hat (darum wird er auch »der Schweiger« genannt) und der darüber hinaus feige und gemein ist: Er tut so, als ob er Sofija liebt, obwohl er mit Liza anbändelt. Ein weiterer Fiesling ist Skalozub, der Offizier, für den nur das Äußere zählt (die Zahl der Knöpfe an der Uniform) und der geistreich sein will, aber nur gemein sein kann. Und diesem »Helden« will Famusov seine Tochter zur Frau geben. Famusov selbst bekleidet einen hohen Posten im Staatsdienst, den er als Möglichkeit sieht, um schnell reich zu werden. Lesen ist in seinen Augen die Ursache von Freidenkertum und Unordnung, und den Unterschied zwischen einem *Buch*laden und einem *Tuch*laden kennt er nicht. Antifranzösisch ist er einzig aus dem Grund, weil die Franzosen »eine Pest für Herz und Taschen sind«. Seine Worte und Taten stimmt er alle darauf ab, was die Menschen sagen werden. Aber Famusov ist nicht grotesk gezeichnet: Griboedov schrieb, dass er Karikaturen hasste und dass in seinem Werk keine zu finden seien. Das stimmt: Famusov ist sympathisch, lebendig, mit positiven Zügen wie Gastfreundschaft und Schlichtheit. Sofija überragt diese Moskauer Kreaturen allesamt, ihre Erziehung aber war zu oberflächlich, um die Empörung des Idealisten Čackij zu begreifen. Zeitgenossen erblickten in *Verstand schafft Leiden* ein beeindruckendes nationales Werk, vielumfassend, sozialpolitisch inspiriert, zeitbezogen, tiefschürfend, realistisch in der Darstellung, in sprachlicher Hinsicht prachtvoll (Ogarëv). Mit dieser echt russischen (Tragi-)Komödie war der Weg für Gogol' gebahnt.

3. Von der Romantik zum Realismus

3.1. Hintergrund

Im Sog der Napoleonischen Feldzüge waren viele russische Adlige (Offiziere) zum ersten Mal in direkten Kontakt mit den Verhältnissen in Westeuropa gekommen. Der Vergleich mit der Lage in Russland fiel zum Nachteil des Zarenreiches aus. Aufgrund dieser Inspiration und ermutigt durch die patriotische Erfahrung des Jahres 1812 (»otęčestvennaja vojnạ«, der Vaterländische Krieg gegen Napoleon) wagten rebellische Offiziere im Dezember 1825 einen Aufstand, als der neue Zar, Nikolaj Pạvlovič (Nikolaus I., 1825 – 1855) den Treueeid schwören musste. Aber der Aufstand scheiterte: Verrat, Desertion, Angst. Nikolaus ließ Hunderte von Menschen verhaften und verhören. Auch Griboẹdov musste sich verantworten, aber wegen Mangels an Beweisen wurde er freigelassen. Fünf Personen wurden letztendlich zum Tod durch den Strang verurteilt: Pẹstel', Rylẹev, Kachọvskij, Murav'ẹv-Apọstol' und Bestụžev-Rjụmin. Über 100 wurden nach Sibirien verbannt.

Der Dekabrist NIKOLẠJ BESTỤŽEV (1791 – 1855) hatte als Marineoffizier die Niederlande besucht und darüber 1821 ein interessantes Buch geschrieben: *Zapịski o Gollạndii 1815 gọda* (Über die Niederlande im Jahre 1815). Es enthält viel Wissenswertes über Wohnkultur, Ess- und Lebensgewohnheiten, Gegenwart und Vergangenheit der Niederländer. Außerdem unterzieht der Autor die Alleinherrschaft sowie die Wechselbeziehung und das Verhältnis zwischen Herrscher und Volk einer fesselnden Analyse. Er nennt die Niederlande »ein Land absoluter Originale« und die Niederländer »ein Phänomen unter den europäischen Völkern«, und zwar wegen »ihrer Rauheit und Trägheit sowie ihrem Misstrauen und Geiz, die mit Treue, Ehrlichkeit und Rechtschaffenheit einhergehen«. Als Bestụžev während seines Prozesses nach den Motiven befragt wurde, die ihn zur Teilnahme am Dekabristenaufstand veranlasst hatten, brachte er seinen Aufenthalt in Holland zur Sprache; dort habe er zum ersten Mal den Sinn von Gesetzen und Bürgerrechten eingesehen.

Der Dekabristenaufstand stellte für den ohnehin nicht besonders liberalen Nikolaus I. eine traumatische Erfahrung dar, die ihn von der Notwendigkeit überzeugte, mit harter Hand regieren zu müssen. Die Aufstände im Westen (Belgien, Frankreich und Polen) und die Revolutionen der Jahre 1848 – 1849 durften in Russland keinen Widerhall finden. Sein Minister für Volksaufklärung, Uvạrov, bedachte eine Formel, die als ideologischer Schutzdamm gegen alle Kritik an den russischen Verhältnissen gedacht war: »Orthodoxie, Autokratie und volksverbundener Patriotismus« (pravoslạvie, samoderžạvie i narọdnost'). In seinem ersten Rundschreiben als neuer Minister für Volksaufklärung schrieb er an alle mit Bildungsaufgaben betrauten Personen des russischen Reiches: »Unsere gemeinsame

Pflicht besteht darin, uns die Erziehung der Menschen in Übereinstimmung mit den Zielen unseres durchlauchten Herrschers im Geiste von Orthodoxie, Autokratie und volksverbundenem Patriotismus zu Herzen zu nehmen« (1833). Der sogenannten Dritten Abteilung (tret'e otdelenie) oblagen die Gewährleistung der inneren Sicherheit und die Kontrolle der Bevölkerung. Ihr Leiter, Benckendorff, überwachte Ausländer, Andersdenkende, Sektierer und selbstverständlich auch Schriftsteller. Der Dienst arbeitete mit Spitzeln. Den Universitäten und Schulen wurden Zügel angelegt, Auslandsreisen verboten und die Zensur bis hin zum Absurden ausgeübt. Turgenev schreibt diesbezüglich in seinen *Erinnerungen*: »Blühende Korruption allenthalben, die Leibeigenschaft bleibt unerschütterlich bestehen, die Kaserne gibt den Ton an, es gibt keine Rechtspflege, es heißt, dass die Universitäten möglicherweise geschlossen werden … Auslandsreisen werden unmöglich, man kann kein anständiges Buch mehr bestellen.« Der Dichter Tjutčev hatte aber auch für die letzten Regierungsjahre Alexanders I. (und besonders für dessen allmächtigen Günstling Aleksandr Arakčeev) kein gutes Wort übrig: »In Russland herrschen die Kanzlei und die Kaserne« und »Alles dreht sich um Knute und Dienstgrad«. Sogar der konservative Pogodin musste zugeben, dass die Regierung Schul daran war, dass im Land »Friedhofsruhe« herrschte.

Von diesem Russland unter Nikolaus mit seiner erstickenden, aber wenig effizienten Bürokratie, seiner sklavischen Untertänigkeit, seinem Misstrauen gegen Andersdenkende und Ausländer, seiner Isolation von der Außenwelt hat der französische Reisende Marquis Astolphe de Custine in seinem Aufmerksamkeit erregenden Buch *La Russie en 1839* (1843) ein beeindruckendes Porträt gezeichnet. Das Buch war für den russischen Zaren und seinen Hof so peinlich und deckte so viele Missstände auf, dass allerlei Versuche unternommen wurden, um den Autor zu diskreditieren und sein Buch zu zerreißen (Greč verfasste eine Gegendarstellung auf französisch). Das Buch enthält so viele traurige Wahrheiten und Einblicke in die russische Natur, dass es bis ins späte 20. Jahrhundert hinein lesenswert geblieben ist. Es war zugleich aber auch so explosiv, dass es in Russland erst im 20. Jahrhundert (1930) erscheinen konnte, und zwar ausgerechnet in der Stalinzeit, einer Periode, die der unter Nikolaus so ähnlich ist. 1990, in der Spätphase der Perestrojka, wurde es, nachdem es lange ruhig um das Buch geblieben war, unter dem Titel *Nikolaevskaja Rossija* (Russland unter Nikolaus I.) wiederveröffentlicht.

Den Höhepunkt an Auseinandersetzungen und Verleumdungen, Abgunst und Neid zwischen unterschiedlichen literarischen Strömungen und Schriftstellern finden wir in der Zeitschrift *Severnaja Pčela* (Die nordische Biene) von Nikolaj Greč und Faddej Bulgarin, und zwar in ihren Attacken gegen Gogol', Belinskij und die gesamte »natural'naja škola« (Natürliche Schule). Das Blatt genoss das persönliche Vertrauen von Nikolaus I., aber der Zensor duldete nicht immer, dass Bulgarin mit seinen allzu grobschlächtigen, zumeist persönlichen Angriffen gegen Zeitgenossen zu weit ging. Diese Umstände haben dazu geführt, dass sich die russischen

Schriftsteller vorsichtig auszudrücken begannen und häufig mehr andeuteten, als sie wirklich schrieben. Dieses Phänomen wird in der russischen Literatur als meždustročnost' (bzw. meždustroč'e) bezeichnet, also als das Schreiben und Lesen zwischen den Zeilen. Vjazemskij schrieb: »Unsere Literatur steckt voller Andeutungen, die für intelligente Leser offensichtlich sind.« Dieses Phänomen hatte in der russischen Literatur bis zum Zusammenbruch des Kommunismus im Jahre 1991 Bestand. Infolge der daraufhin herrschenden Freiheit des Wortes mussten sich die Schriftsteller nicht länger vorsichtig ausdrücken. Mit dem Verschwinden des autoritären Regimes verschwand auch die äsopische Sprache.

Der größte Skandal jener Zeit war die Affäre um Čaadaev. PËTR ČAADAEV (1793 – 1856) veröffentlichte 1836 eine *Lettre Philosophique*, in dem er die ganze russische Geschichte als steril und bedeutungslos verwarf, da sie der westlichen Kultur nicht teilhaftig gewesen sei: »C'est que nous n'avons jamais marché avec les autres peuples; nous n'appartenons à aucune des grandes familles du genre humain; nous ne sommes ni de l'Occident ni de l'Orient, et nous n'avons les traditions ni de l'un ni de l'autre.« Nur in einer Annäherung an den Katholizismus sah Čaadaev die Möglichkeit, Russland wieder zu einem Teil der westlichen Zivilisation zu machen. Diese Schrift verursachte großen Wirbel, und Nikolaus erklärte den Autor für geistesgestört. Er wurde unter Hausarrest gestellt und regelmäßig von einem Arzt untersucht. Die Zeitschrift, die den Brief veröffentlicht hatte (*Teleskop*), musste mit sofortiger Wirkung ihr Erscheinen einstellen, der Verleger (Nadeždin) wurde verhaftet und in die Verbannung geschickt, der Zensor gefeuert. Wegen seiner kritischen Äußerungen über die russische Geschichte ist Čaadaev in der Sowjetunion immer argwöhnisch betrachtet worden; während der Perestrojka jedoch erfreute er sich großer Beliebtheit. In einem Rechtfertigungsversuch (*Apologie d'un fou*) schrieb er: »C'est une fort belle chose que l'amour de la patrie, mais il existe quelque chose de mieux, l'amour de la vérité.«

Ein Paradoxon ist die Tatsache, dass während der repressiven Regierungszeit von Nikolaus I. (1825 – 1855) Literatur und intellektuelles Leben in Russland erblühten wie nie zuvor. Die dreißiger und vierziger Jahre des 19. Jahrhunderts, die als »goldenes Zeitalter« (zolotoj vek) in die russische Literatur eingehen sollten, haben Schriftsteller hervorgebracht, die die Grundlage der klassischen russischen Literatur bilden und weltweit Bekanntheit genießen: Puškin, Lermontov und Gogol'. In dieser Zeit entwickelte sich zudem die Literatur zu einer sozialen Waffe. Herzen schrieb: »Für ein Volk, das der politischen Freiheit beraubt ist, stellt die Literatur die einzige Tribüne dar, von der aus es den Aufschrei seiner Empörung und die Stimme seines Gewissens erklingen lassen kann.« Und Belinskij fügte hinzu: »Und das Publikum erblickt in den russischen Schriftstellern seine einzigen Führer, seine Verteidiger und Retter aus der Düsternis der Autokratie, der Orthodoxie und des volksverbundenen Patriotismus.« Als die düstere Amtsperiode von Nikolaj »Palkin« (Nikolaus »Stecken«) im Jahre 1855 zu Ende ging, hatte die russische Literatur Weltniveau erlangt.

3.2. Der Beginn des russischen Romans

Nach dem großen Erfolg der Karamzin'schen *Briefe eines russischen Reisenden* sollte es ungefähr ein Vierteljahrhundert dauern, bis der Roman festen Fuß auf russischem Boden fasste. An dieser Stelle sind einige Schriftsteller zu nennen, die, obwohl sie im Schatten ihrer großen Zeitgenossen Puškin, Gogol' und Lermontov stehen, dennoch einen bedeutenden Beitrag zur Entstehung des Romans und zum Übergang von der Romantik zum Realismus geleistet haben.

Noch ganz in Karamzins Kielwasser schrieb PĚTR ŠALIKOV (1767 – 1852), der als schwacher Epigone den Sentimentalismus in Diskredit brachte (er erhielt die Beinamen Vzdychalov, d.h. Seufzender, und »der Zuckerbäcker der Literatur«). In *Putešestvie v Malorossiju* (Reise nach Kleinrussland, 1803/1804) unternimmt er den Versuch, Karamzin als Reisenden zu imitieren. Anstelle echter Beobachtungen und Erfahrungen teilt eine sentimentalische »schöne Seele« subjektive Eindrücke mit; von der Ukraine wird ein idyllisches Bild gezeichnet. Ein wertloses Buch, aber ein Musterbeispiel süßlichen Epigonentums.

Von größerer Bedeutung ist die Entstehung des Sittenromans in Russland, der mit VASILIJ NAREŽNYJ (1780 – 1825) einen erfolgreichen Repräsentanten hat. Narežnyj wurde durch seinen *Rossijskij Žil'blas ili Pochoždenija Knjazja Gavrily Simonoviča Čistjakova* (Ein russischer Gil Blas oder Die Abenteuer des Fürsten Gavrila Simonovič Čistjakov; die ersten drei Teile erschienen 1814, die vollständige Ausgabe erst 1938) berühmt, den er unter dem Einfluss von Lesage und Fielding verfasste. Der Held ist der verarmte Fürst Čistjakov, Besitzer von nur zwei leibeigenen Bauern, der sich quer durch das unermesslich große Russland auf die Suche nach seiner entführten Frau macht und dabei auf alle möglichen Missstände im russischen Reich stößt. Dies bietet Narežnyj die Möglichkeit, ein Porträt der unterschiedlichsten Gruppen der russischen Bevölkerung zu zeichnen, wobei alles und jeder durch die satirischen Augen des bemitleidenswerten Čistjakov gesehen wird. Narežnyj, den Belinskij »den ersten russischen Romancier« nannte, stand zwar noch in der Tradition von Sentimentalismus und Aufklärung, beschrieb aber das alltägliche Leben bereits ziemlich wahrheitsgetreu. In dieser Hinsicht kann er als ein Vorläufer der *Natürlichen Schule* bezeichnet werden. Dieser erste Schelmenroman hatte unter der Zensur zu leiden und konnte erst 1938 vollständig veröffentlicht werden. Ungeachtet dieser Probleme wurde er gelesen, u.a. von den Dekabristen und von Gogol', dessen *Tote Seelen* er beeinflusst hat.

Ein weiterer Vorläufer Gogol's lässt sich in der Person des MICHAIL POGODIN (1800 – 1875) finden, der in der Regel eher wegen seiner gelehrten Studien über Geschichte und Literatur Russlands Bekanntheit genießt. Pogodin schrieb realistische Erzählungen – beispielsweise *Niščij* (Der Bettler, 1826) –, in denen er ein psychologisches Porträt der Mittelklasse (das einfache Volk, Kaufleute, der kleine Landadel) und des Bauernstandes zeichnet.

Die Gestalt des Gil Blas wurde auch von anderen Schriftstellern in die russischen Verhältnisse übertragen, beispielsweise von FADDEJ BULGARIN (1789 – 1859) in *Ivan Vyžigin* (1829) und von GENNADIJ SIMONOVSKIJ in *Russkij Žil Blas ili pochoždenija Aleksandra Sibirjakova ili Škola žizni* (Der russische Gil Blas oder Die Abenteuer des Aleksandr Sibirjakov oder Die Schule des Lebens, 1832). Der echte russische Gil Blas sollte jedoch ganze zehn Jahre später in der Gestalt des Helden der *Toten Seelen* Gogol's, Čičikov, in Erscheinung treten.

Eine ebenso begeisterte Leserschaft fanden in jenen Jahren die historischen Romane. MICHAIL ZAGOSKIN (1789 – 1852) war der erste, der 1829 in Russland mit *Jurij Miloslavskij ili Russkie v 1612 godu* (Jurij Miloslavskij oder Die Russen im Jahre 1612) einen Roman dieser Gattung vorlegte, der im ganzen 19. Jahrhundert beliebt blieb und der dem Autor den Beinamen »der russische Walter Scott« eintrug. Der Roman thematisiert die heroischen Ereignisse des Jahres 1612, als Moskau von den Polen besetzt wurde. Das patriotische Thema fand die Zustimmung Puškins und Žukovskijs, obwohl Zagoskins Nationalismus recht primitiv ist (er verurteilt den westlichen Einfluss in Russland, »Die Russen im Jahre 1612« sind den jahrhundertealten Bräuchen und der orthodoxen Kirche treu geblieben), die Psychologie der Charaktere schwach ist und die historischen Details unzuverlässig sind. Doch die alten Bräuche, der traditionelle Glaube und das patriarchalische Leben des Volkes werden so gelungen beschrieben, die Volkslieder und Sprichwörter so treffend integriert, dass der Roman ein großer Erfolg wurde.

Weniger berühmt war der andere zur Schule Walter Scotts gehörende russische Schriftsteller IVAN LAŽEČNIKOV (1792 – 1869), dessen Romane historisch besser dokumentiert sind; seine psychologische Analyse ist gründlicher und seine Vaterlandsliebe ausgeglichener als die Zagoskins.

Von gänzlich anderer Art war der Einfluss Hoffmanns auf die Großen jener Zeit, so z.B. auf Puškins *Pique Dame* oder auf Gogol's *Porträt*, aber auch auf zweitrangige Schriftsteller wie Odoevskij und Vel'tman.

VLADIMIR ODOEVSKIJ (1804 – 1869) wurde von der deutschen Romantik und besonders von Schellings Philosophie stark beeinflusst. In seinem 1844 veröffentlichten Sammelband *Russkie noči* (Russische Nächte), einem durch die Hauptfigur Faust zusammengehaltenen Novellenzyklus, werden philosophische und sozialpolitische Fragen aufgeworfen und eine universelle Wissenschaft gesucht (daher Odoevskijs Ruhm als »russischer Faust«). Odoevskijs Werk ist interessant als Illustration der Kombination, der Auseinandersetzung zwischen Romantik und Realismus, des Übergangs zu einer realistischen Art zu schreiben. Er ist außerdem bekannt als Autor von *4338 god. Peterburgskie pis'ma* (Das Jahr 4338. Briefe aus Petersburg; in Fragmenten 1835, eine vollständige Ausgabe erschien erst 1926), eine der ersten sozialen Utopien in Russland. Dieser war im 18. Jahrhundert *Putešestvie v zemlju Ofirskuju* (Reise in das Land Ofirs, 1784) von Fürst MICHAIL ŠČERBATOV vorangegangen (erst gegen Ende des 19. Jahrhunderts veröffentlicht).

81

Der Aristokrat Ščerbạtov, der in Opposition zur Regierungspolitik Katharinas stand, zeichnet hier das Porträt eines perfekten Polizeistaates, ein vorweggenommenes *1984*. In Odọevskijs Satire dominiert Russland die restliche Welt (die angelsächsische Welt zählt nicht mehr mit), Petersburg ist das Zentrum der neuen Zivilisation. In der Stadt an der kühlen Newa herrscht ein angenehmes Klima, hier wachsen tropische Pflanzen, die Menschen kennen neue Errungenschaften ähnlich wie Telefon, Kopierer, Luftschiffe, E-Züge und können zum Mond reisen.

Originell ist auch *Strạnnik* (Der Pilger, 1831/1832) von ALEKSẠNDR VẸL'TMAN (1800 – 1870), dem Schöpfer der russischen Groteske (die wir später bei Gọgol' und Dostoẹvskij antreffen). Unter dem Einfluss von Hoffmann und Xavier de Maistre (*Voyage autour de ma chambre*, 1794) unternimmt Vẹl'tmans »Reisender« Pilgerfahrten, ohne sich von der Stelle zu rühren, unter Zuhilfenahme von Landkarten, und gerät auf diese Weise in absurde Situationen in der Grauzone zwischen Wirklichkeit und Traum. Vielleicht wollte Vẹl'tman mit seinem Werk epigonistische Reisebeschreibungen à la Šạlikov parodieren.

3.3. Pụškin

Leben

ALEKSẠNDR SERGẸEVIČ PỤŠKIN (1799 – 1837) entstammte einem alten Adelsgeschlecht; seine Mutter war die Enkelin des Abessiniers Abraham Hannibal, der Peter dem Großen vom türkischen Sultan als Geschenk überbracht worden war. Über seine gebildeten Eltern kam der junge Aleksạndr in Kontakt mit Karamzịn und Žukọvskij. Von 1811 bis 1817 studierte er am Lyzeum von Zarskoje Selo (der Eliteschule Russlands), an dem die adlige Jugend auf den Staatsdienst vorbereitet wurde. In diesem Milieu erlebten Literatur (französische und russische) und freiheitsliebende Ideen eine Blüte. Im literarischen Zirkel *Arzamạs* beteiligte er sich an den Polemiken gegen die »Konservativen« in der Literatur. In den Jahren 1819/1820 gehörte er dem literarisch-politischen Gesprächskreis Zelёnaja Lạmpa (Grüne Lampe) an. Er verfasste mehrere Dutzend Epigramme auf Zeitgenossen, u.a. auf Deržạvin und Karamzịn, doch das auf Arakčẹev, des Zaren Günstling, wurde ihm zum Schicksal: Alexander I. fand, dass Pụškin »Russland mit aufrührerischen Versen überschwemmt hatte«. Dank der Fürbitte von Freunden wurde er nur nach Jekaterinoslaw und nicht nach Sibirien verbannt. Als offizieller Anlass wurde Pụškins Ode *Vọl'nost'* (Freiheit) angeführt. Pụškins Exil und Ungnade sollten sechs Jahre lang dauern: Von 1820 bis 1826 blieb er auf der Krim und im Kaukasus, in Kischinew (hier wurde er en passant Mitglied einer Freimaurerloge), in Odessa und auf dem Landgut seiner Eltern, Michajlowskoje. Seinem Freund Vjạzemskij schrieb er am 27. Mai 1826: »Ich verachte natürlich mein Vaterland vom Kopf bis zum Zeh, aber ich ärgere mich, wenn ein Ausländer dieses Gefühl mit mir teilt.« Diese Periode (»Mein verlassenes Michajlowskoje erfüllt mich mit Langeweile und Raserei«) erwies sich für Puškins literarisches Schaffen als fruchtbar: Die Reisen auf die Krim und zum Kaukasus resultierten in *Kavkazskij plennik* (Der Gefangene im Kaukasus), *Bachčisarajskij fontan* (Die Fontäne von Bachčisaraj) und *Cygany* (Die Zigeuner). In Kischinew begann er an der Niederschrift von *Evgenij Onegin* (Eugen Onegin). Auf dem abgelegenen Landgut lebte er zwei Jahre in Gesellschaft seiner njanja (Kinderfrau) Arina Rodionovna, die ihm Volksmärchen erzählte, was ihn dazu veranlasste, seine *Skazki* (Märchen) zu Papier zu bringen. Er verfasste dort nicht nur Gedichte, sondern arbeitete auch weiter an *Onegin* und *Graf Nulin* (Graf Nulin, 1826). Viele von Puškins Freunden waren am Dekabristenaufstand beteiligt, ihn selbst jedoch ließ man in Ruhe. Der neue Zar Nikolaus I. hob 1826 – unter der Voraussetzung, dass er sich entsprechend verhalten werde – seine Verbannung auf; ein Gespräch unter vier Augen zwischen dem Autokraten und dem Dichter hatte zur Folge, dass sich Nikolaus I. selbst zum »ersten Kritiker und Zensor« Puškins erklärte. Der Kompromiss bedeutete, dass der Dichter bis zum allerletzten Tag seines Lebens von der Dritten Abteilung und von dem eifrigen Benckendorff persönlich im Auge behalten werden sollte. Ständig hatte Puškin Probleme mit der Zensur, u.a. wegen *Gavriiliada*, einem schelmisch blasphemischen Gedicht, dessen Autor zu sein er mit Nachdruck leugnete. In der *Literaturnaja gazeta* (Literaturzeitung, 1830/1831) nahm er Bulgarin unter Feuer. Den Herbst des Jahres 1830, vor seiner Eheschließung, verbrachte er auf seinem Landgut Boldino; dies wurde eine besonders kreative Periode: Er schloss die Arbeit an *Onegin* ab und schrieb die fünf Erzählungen Belkins, die komische Erzählung *Domik v Kolomne* (Das Häuschen in Kolomna) und die vier *Malen'kie tragedii* (Kleinen Tragödien). Im Jahre 1831 heiratete er Natalija Gončarova, eine frivole und oberflächliche Schönheit, die Puškin noch viele Schwierigkeiten bereiten sollte. Um seiner Frau willen und wegen seiner Berufung an den Zarenhof musste Puškin viel Zeit auf Festen und Bällen verbringen, die ihn immer mehr anekelten. In diesen Jahren verfasste er die *Istorija Pugačëvskogo bunta* (Geschichte des Pugačëv-Aufstandes), sein berühmtes Gedicht *Der eherne Reiter* und ein Werk über Peter den Großen. Puškin geriet beim Zaren in die Kreide, und es wurde ihm verboten, sich auf sein Landgut zurückzuziehen oder eine Auslandsreise zu unternehmen. Im Jahre 1836 konnte er eine eigene Zeitschrift gründen, den *Sovremennik* (Der Zeitgenosse), in der er seinen historischen Roman *Kapitanskaja dočka* (Die Hauptmannstochter) veröffentlichte. Im Januar 1837 wurde Puškin, der größte Don Juan aus der Geschichte der russischen Literatur, in ein Duell mit Georges d'Anthès verwickelt, einem französischen Emigranten und Adoptivsohn des niederländischen Gesandten Heeckeren, bei dem es um die Ehre seiner Frau Natalija ging, der d'Anthès den Hof machte. Zwei Tage danach starb Puškin an den Folgen der Verwundungen. Es gibt Puschkinisten, die der Meinung sind, dass Puškin den Tod gesucht habe (er hatte enorme Schulden). Alles andere

(die vermeintliche feindliche Einstellung des Hofes gegen den Dichter) wäre
demzufolge nur Legendenbildung.

Jugendgedichte

Als Puškin im Jahre 1815 bei einer öffentlichen Prüfung am Lyzeum in Anwesenheit
Deržavins seine *Vospominanija v Carskom Sele* (Erinnerungen in Zarskoje Selo)
vorlas, waren alle von Bewunderung für dieses junge Talent erfüllt. In seinen von
Lebensfreude durchdrungenen epikureischen Lyzeumsgedichten pflegte er den
Kult der Freundschaft und des Weines, freiheitsliebender Ideale, der Poesie und
des Vaterlandes. Die offizielle Erklärung für die Verbannung Puškins in den Süden
bezog sich auf das Gedicht *Vol'nost'* (1817), das in zahlreichen Abschriften kursierte. Im Grunde fasste Puškin hier dekabristische Ideen in Worte, nämlich den
Triumph des Gesetzes, demzufolge ein Plädoyer für eine konstitutionelle Monarchie. In *Derevnja* (Das Dorf, 1819) verlieh der Dichter seiner Hoffnung Ausdruck,
sein Volk dereinst »nicht unterdrückt« zu sehen, und über seinem Vaterland würde
er gerne die Morgenröte der »aufgeklärten Freiheit« aufsteigen sehen. Der definitive
Durchbruch gelang ihm mit dem epischen Gedicht *Ruslan i Ljudmila* (Ruslan und
Ljudmila, 1820), der im Stile eines Märchens gehaltenen Erzählung von der Braut,
die entführt wird, und dem Helden, der sich – zu Zeiten des Fürsten Vladimir –
nach ihr auf die Suche macht. Das Werk, das recht viele erotische Anspielungen
enthält, stieß bei den Konservativen auf Ablehnung (»amoralisch!«), wurde aber von
den Neuerern mit Begeisterung aufgenommen. Der Autor äußert sich ziemlich
ironisch über die für diese Gattung typische naive Mannhaftigkeit und Zauberei,
läßt die beiden Geliebten aber dennoch einander finden. Žukovskij gab zu, dass
Puškin ihn hier übertroffen hatte. Mit *Ruslan und Ljudmila* hatte Puškin den Weg
zur Romantik eingeschlagen. Im Jahre 1842 legte Michail Glinka eine Opernbear-
beitung dieses Werkes vor.

Während seiner Verbannung schrieb Puškin weniger frivol-erotische und
bacchantische Gedichte; in ernsthaften Betrachtungen über das Leben stoßen wir
auf Motive wie Unerfülltheit, Einsamkeit, Nostalgie, Trübsal. Puškin macht sich
Sorgen um sich selbst als verbannten Dichter, aber auch um die Gesellschaft, die
er lediglich teilweise erreicht (*Poslanie cenzoru*, Schreiben an den Zensor, 1822).
In *Del'vigu* (An Del'vig, 1821) nennt er die Freiheit seinen »Abgott«, und in *Kinžal*
(Der Dolch, 1821) ruft er regelrecht zum Kampf gegen die Aristokratie auf.

Puškins Verbannung« haben wir die »südlichen Gedichte« zu verdanken, die
wichtigsten Ergebnisse der romantischen Periode Puškins: *Der Gefangene im
Kaukasus, Die Fontäne von Bachčisaraj* und *Die Zigeuner*. Ungewöhnlich und
exotisch sind die Umgebung und die Helden: der russische Offizier, der in einem
kaukasischen Bergdorf gefangen gehalten, jedoch von einem Tscherkessenmädchen,
das ihn liebt, befreit wird; die schöne und stolze polnische Prinzessin Maria, die im

Harem des brutalen und despotischen Khans Girẹj der blinden Eifersucht ihrer Rivalin zum Opfer fällt; Alẹko, der, der Stadt überdrüssig, in der patriarchalischen Gemeinschaft der Zigeuner seine Zuflucht findet. Hier werden ihm zwei glückliche Jahre mit dem Zigeunermädchen Zemfịra zuteil. Alẹko ist jedoch nicht in der Lage, ihre Freiheit zu akzeptieren, als sie ihn wegen eines anderen Mannes verlässt. In all diesen »südlichen« Gedichten findet der romantische Protest gegen eine ungerechte Gesellschaft in der Antithese Zivilisation – Natur seinen Ausdruck (vor allem in *Die Zigeuner*). Puškin lässt aber auch anklingen, dass eine Flucht in die Natur keinen Ausweg aus den sozialen Problemen darstellt.

Evgẹnij Onẹgin (Roman in Versen)

Der Held dieses Romans in Versen ist ein typischer Repräsentant der russischen Gesellschaft jener Zeit. Oberflächlich gebildet und Besitzer leibeigener Bauern, stürzt er sich in das mondäne Leben der Petersburger Hautevolee. Auf Bällen spielt er den desillusionierten jungen Mann, der unter der Last des Lebens gebückt geht. Auf seinem Landgut lernt er den jungen Dichter Lẹnskij kennen, der in Deutschland eine solide Ausbildung erhalten hat. Sie machen die Bekanntschaft der Töchter eines benachbarten Grundbesitzers, Tat'jạna und Ọl'ga. Ọl'ga ist das ungekünstelte, aufgeweckte Mädchen, das sich um nichts Sorgen macht; Tat'jạna hingegen ist die poetische Frau, die im Geiste der moralistischen und sentimentalischen Literatur des 18. Jahrhunderts erzogen worden ist. Sie verliebt sich sofort in Onẹgin. Als sie ihm in einem pathetischen Brief aufrichtig ihre Liebe gesteht, weist sie der eingebildete Dandy ab und fängt an, Ọl'ga den Hof zu machen. Daraufhin wird er von Lẹnskij zum Duell gefordert. Bei diesem Schusswechsel tötet Onẹgin seinen Freund. Für Tat'jạna hat das Leben jetzt jeden Sinn verloren; sie gibt dem Drängen ihrer Mutter nach und heiratet einen älteren (wie es damals hieß) General. Aufgrund ihrer Vermählung verkehrt sie nun in den Petersburger Hofkreisen, wo sie von neuem Onẹgin begegnet. In dieser Dame von Welt erkennt Onẹgin kaum das frühere einfache Mädchen vom Lande, und er verliebt sich in sie. Jetzt ist es Tat'jạna, die Onẹgins Liebesbeteuerungen kein Gehör schenkt.

Evgẹnij Onẹgin, an dem er acht Jahre gearbeitet hat (1823 – 1830, erste vollständige Ausgabe 1833), ist Puškins Hauptwerk; er selbst nannte seinen Roman »das Lieblingskind meiner Phantasie«. Onẹgin wird als Stammvater jenes Typs bezeichnet, der später »der überflüssige Mensch« (lịšnij čelovẹk) genannt werden sollte: Trotz seiner Begabung sieht Onẹgin keine Möglichkeit, ein sinnvolles Leben zu führen, so dass er sich langweilt und die Welt verachtet (dies ist als passiver Protest aufzufassen). Onẹgin ist durch seine Erziehung und sein aristokratisches Milieu verdorben und findet keine echte Bestimmung; zudem ist er nicht stark genug, sich diesem Einfluss zu entziehen. Der Held ist einsam. Doch Onẹgin wird nicht nur negativ beschrieben (gefühllose Ironie, Weltschmerz, Individualist und

Egoist) – Puškin lässt ihn eine Evolution durchlaufen, lässt ihn heranreifen. Dies geschieht in drei Phasen: Der Tod seines Freundes Lenskij regt ihn zum Nachdenken an; auf seiner Reise durch Russland lernt er die Probleme seiner Zeit kennen (Puškin hat um der Zensur willen das 8. Kapitel, »Onegins Reise«, stark gekürzt und dann als Anhang hinzugefügt); und schliesslich infolge der Weigerung Tat'janas. Das weitere Schicksal des Helden ist uns nicht bekannt, und das hat zwischen 1950 und 1960 zu heftigen Diskussionen um die Frage geführt, was aus Onegin hätte werden können: ein überflüssiger Mensch oder ein Dekabrist, ein Freiheitskämpfer? Tat'jana Larina ist Onegins Gegenpol: Sie ist das »echt russische« Element in dem Roman und Trägerin eines Namens, der damals nur bei den niedrigen Ständen üblich war. Sie möchte ihr persönliches Glück nicht auf einem Ehebruch oder einem Seitensprung aufbauen; durch ihre Prinzipientreue hat sie sich einen Platz in der Galerie außergewöhnlicher russischer Heldinnen erworben, die wir auch bei Turgenev und Nekrasov finden, und sie hat viel zu Puškins Weltbedeutung beigetragen. Nicht alle hielten *Evgenij Onegin* für ein Meisterwerk, und wie alle großen Werke der russischen Literatur führte auch dieses zu heftigen Polemiken. Manche störten sich an den Allgemeinplätzen in dem Werk, während aus historischer Sicht gerade die realistische Detailschilderung des Lebens in der Hauptstadt und in der Provinz ein großes Verdienst Puškins war. Wir lernen eine ganze Menge über das Leben zu Puškins Lebzeiten kennen, so dass Belinskij den Roman eine »Enzyklopädie des russischen Lebens« nannte, was stark übertrieben ist. Derselbe Kritiker nannte Puškin außerdem »den Repräsentanten des zum ersten Mal erwachten gesellschaftlichen Selbstbewusstseins«. Der Roman ist in Versform verfasst, verfügt jedoch über einen besonders natürlichen Rhythmus und sehr abwechslungsreiche sogenannte Onegin-Strophen. Recht oft wird die Bedeutung dieser künstlerischen Leistung unterschätzt: Seinem Freund Vjazemskij schickte der Autor 1823 folgende Zeilen: »Ich sitze nicht an einem Roman, sondern an einem Roman in Versen – ein teuflischer Unterschied.« Belinskijs soziologische Betrachtung hat im 19. Jahrhundert und in der Sowjetzeit vielen Puškin-Studien die Richtung vorgegeben. Die Aufmerksamkeit richtete sich in viel geringerem Maße auf die Spezifität der Gattung und auf die Ironie, die so reichlich in dem Werk vorhanden ist. Mit *Evgenij Onegin* schaffte die russische Literatur definitiv im Westen ihren Durchbruch. Das Werk enthält zahllose Anspielungen auf die westliche Literatur (Byron, Sterne, die französische und die deutsche Literatur) und trägt eine Polemik mit den literarischen Zeitgenossen aus.

Theater

Im Sommer 1825 schrieb Puškin die in der Tradition Shakespeares stehende Tragödie *Boris Godunov*, das Ergebnis einer intensiven Erforschung der russischen Geschichte und eine Niederlage der zähen klassizistischen Tradition im russischen

Theater. Die drei klassischen Einheiten werden über Bord geworfen: einzelne Szenen folgen aufeinander, die Handlung erstreckt sich über viele Jahre und spielt sich an verschiedenen Orten ab. In stofflicher Hinsicht machte der Dichter Anleihen bei Karamzįns *Geschichte des russischen Staates*. Neu war außerdem, dass Pųškin hier das Volk als die große treibende Kraft vorstellt (u.a. der alte Chronist Pimen). Borįs Godunǫv gelingt es nicht, das Vertrauen seines Volkes zu gewinnen, und das bedeutet seinen Untergang. Im Herbst 1830 verfasste Pųškin innerhalb von zwei Wochen vier sogenannte kleine Tragödien (die jedoch besser als dramatische Szenen bezeichnet werden können), in denen er sich als Meister der genauen psychologischen Analyse der menschlichen Seele erweist, die von einer alles beherrschenden, destruktiven Kraft besessen ist: Geiz, Neid, Sinnlichkeit. *Skupǫj rycar'* (Der geizige Ritter) zeigt die entmenschende Macht des Goldes. *Mǫcart i Sal'eri* (Mozart und Salieri) hat das Gerücht, Salieri habe den genialen Mozart ermordet, zum Ausgangspunkt. In *Kąmennyj gost'* (Der steinerne Gast) kommt Pųškins Don-Juan-Bild zum Ausdruck: Dieser ist nicht nur Verführer, sondern auch Rebell. *Pir vo vręmja čumy* (Das Gelage während der Pest; der Titel ist im Laufe der nicht von Elend verschont gebliebenen russischen Geschichte ein geflügeltes Wort geworden) ist eine freie Übersetzung von John Wilsons *The City of the Plague* (1816): die Apotheose des Lebensoptimismus auch angesichts des Todes.

Prosa

Im Jahre 1830 vollendete Pųškin die *Pǫvesti pokǫjnogo Ivąna Petrǫviča Bęlkina* (Die Erzählungen des verstorbenen Ivan Petrovič Belkin) – ein Meilenstein in der Geschichte der russischen Prosa, um die es vor Pųškin traurig bestellt gewesen war. Diese Erzählungen stellen im Grunde Pųškins erste vollendete Prosawerke dar, in denen er die Anforderungen, die er an Prosa stellt, erfüllt: Eine Erzählung muss kurz, genau und einfach sein (*Arąp Petrą Velįkogo*, Der Mohr Peters des Großen, blieb unvollendet). Pųškin kann hier die ungezwungene Umgangssprache verwenden, weil er Bęlkin als fiktiven Erzähler dieses Novellenzyklus auftreten lässt. An diese Erzählungen – deren gelungenste *Vystrel* (Der Schuss) und *Stancįonnyj smotrįtel'* (Der Postmeister) sind – schließt sich außerdem die *Istǫrija selą Gorjųchina* (Die Geschichte des Gutes Gorjuchino) an, in der das Leben leibeigener Bauern beschrieben wird. Dies ist auch der Fall in *Dubrǫvskij* (Dubrovskij, 1833), einem kleinen, unvollendeten Abenteuerroman, in dem ein junger Adliger das seinem Vater zugefügte Unrecht rächen will und zu diesem Zweck »edler Räuber« wird. Pųškins letztes Prosawerk ist (Die Hauptmannstochter, 1836), eine Familienchronik, die von dem jungen Offizier Grinëv verfasst wurde, der Zeuge aller Ereignisse war. Die Intrige ist auf einer Liebesgeschichte mit zwei Rivalen aufgebaut. Die Chronik ist in den historischen Roman über den Führer des Bauernaufstandes im 18. Jahrhundert, Pugačëv, eingeflochten. Obwohl Pųškin den

Aufstand für »sinnlos und gnadenlos« hielt (eine Meinung, die unter den Sowjets jedem russischen Kind eingetrichtert wurde), verleiht er Pugačëv dennoch ein menschliches Antlitz: Der Usurpator ist nicht mehr, wie in früheren Darstellungen, eine Ausgeburt der Hölle, ein »toller Hund« oder ein »Monster«, sondern gerecht (gegenüber den Unterdrückten), mutig und vernünftig. Als historische Persönlichkeit tritt auch dessen Gegenspielerin Katharina II. auf. *Die Hauptmannstochter* stellte das Ergebnis von drei Jahren intensiver Arbeit dar und kann als Roman als ebenso gelungen und vollendet bezeichnet werden wie *Evgenij Onegin*.

Besonders fesselnd ist die Geschichte des jungen Offiziers Germann in *Pikovaja dama* (Pique Dame, 1833). Dieser ist besessen vom Kartenspielen und dringt in das Schlafgemach der alten Gräfin, die angeblich das Geheimnis der Karten kennt, ein, um ihr dieses Geheimnis zu entlocken; er überrascht sie jedoch so sehr, dass sie vor Schreck stirbt. Als sie ihm in der folgenden Nacht erscheint, ist dies eine Halluzination von Germanns zerrütteter Psyche. Einigen Slawisten zufolge ist *Pique Dame* eine kodierte Erzählung über die Aufnahme in eine Freimaurerloge.

Rolle des Dichters

Nach dem Putschversuch der Dekabristen im Jahre 1825, zu denen viele Freunde Puškins gehörten, begann sich der Dichter Fragen über die Rolle des Dichters in Bezug auf die aktuellen Ereignisse zu stellen. Diese Unruhe findet ihren Ausdruck in den Gedichten *Prorok* (Der Prophet, 1826), *Poet* (Der Dichter, 1827), *Poetu* (An den Dichter, 1830) und *Čern'* (Der Pöbel, 1828, später umbenannt in *Poet i tolpa*, Der Dichter und die Masse). *Der Prophet* gehört zu den wichtigsten Schöpfungen in Puškins lyrischem Schaffen. Puškins Antwort auf die sich selbst gestellten Fragen besteht aus drei Teilen: Der Dichter ist nicht nur Auserwählter und Lehrer, sondern auch Prophet. Seine zukunftsorientierte Wahrheit muss die Herzen der Menschen in Glut versetzen. In *Der Dichter* und *An den Dichter* widersetzt sich Puškin dem Versuch der höchsten Kreise, aus ihm einen untertänigen Hofdichter zu machen; der Schöpfungsprozess muss eine göttliche Offenbarung bleiben, und die Poesie darf sich nicht mit allzu konkreten Alltäglichkeiten abgeben und nicht utilitaristisch sein (*Der Pöbel*). Seinen Zeitgenossen und späteren Exegeten war nicht klar, was Puškin unter »Pöbel« verstand; manche erblickten darin das einfache Volk und leiteten daraus Puškins Prinzip des *L'art pour l'art* ab, andere hielten »Pöbel« eher für die borniert, engstirnige russische Oberschicht, die Puškin das Leben sauer machte. »Verachtung für das Volk« würde sich demzufolge auf diejenigen beziehen, die wahre, inspirierte, göttliche Poesie unmöglich machen. Ebenfalls im Mittelpunkt steht dieses Thema in *Pamjatnik* (Denkmal, 1836), eine Variation des Horazischen *Exegi monumentum*. Dieses Gedicht entstand kurz vor des Dichters Tod und kann als Puškins Testament betrachtet werden, eine Bilanz seines poetischen Schaffens. Dem Empfinden des Dichters zufolge überragt er die

Säule Alexanders I. bei weitem; er ist außerdem davon überzeugt, dass ihm in seinen Gedichten ein ewiges Leben beschert sein wird, ihn alle Völker Russlands ehren werden und er dem Volke dadurch teuer sein wird, »dass ich in meinem grausamen Zeitalter die Freiheit gerühmt und zur Barmherzigkeit gegenüber den Gefallenen aufgerufen habe«. Beli̧nskij nannte das Gedicht »die Apotheose des stolzen, edlen, selbstbewussten Genies«.

Liebes- und Naturlyrik

Die Liebes- und Naturlyrik nimmt in Pu̧škins umfangreichem Œuvre eine sehr bedeutende Stellung ein. Seine Ehe mit Nata̧lija Gončaro̧va stellt einen Wendepunkt dar: In den Gedichten aus den Jahren vor 1830 überwiegt das Elegische, die traurig stimmenden Erinnerungen an frühere Romanzen (Pu̧škins »Don-Juan-Liste« war lang). Eine schöne Liebeserklärung – und zugleich ein poetisches Credo – enthält *Ja po̧mnju ču̧dnoe mgnovȩnie* (Ich erinnere mich des wunderbaren Augenblicks, 1825), das Anna Kern gewidmet ist. Wiederholt vertont wurde *Ja vas ljubi̧l* (Ich liebte Sie, 1829), ein kleines Meisterwerk intimer Lyrik. Berühmt und anthologisch ist auch das zarte *Zi̧mnij vȩčer* (Winterabend, 1825), in dem sich Pu̧škin an sein früheres Kindermädchen richtet. Nach 1830 spielen Leidenschaft und auch Bewunderung für die Frau die beherrschende Rolle. In prachtvoller Weise wird die Schönheit der russischen Natur in Gedichten wie *Zi̧mnee u̧tro* (Wintermorgen, 1829) und *O̧sen'* (Herbst, 1833) verewigt. Während und nach dem besonders fruchtbaren »Herbst in Boldino« (1830), wo Pu̧škin seine letzten Junggesellenmonate verbrachte, wird seine Lyrik philosophischer – eigentlich nimmt er hier Abscheid von der Vergangenheit.

Politische und patriotische Poesie

Das Thema der Freiheitsliebe stellt in Aleksa̧ndr Pu̧škins gesamtem Œuvre eine feste Größe dar. Bereits im Jahre 1818 schreibt er in *K Ča̧ada̧evu* (An Ča̧ada̧ev) über den Wunsch, dem Ruf des Vaterlandes zu folgen, das »unter dem Joch der verhängnisvollen Macht« gebückt geht; gemeinsam werden sie den »Augenblick der heiligen Freiheit« erwarten und »die schönen Aufschwünge der Seele dem Vaterland weihen«. Der Dichter ist davon überzeugt, dass Russland einmal aus seinem Schlaf erwachen wird und dass »auf den Trümmern der Selbstherrschaft unsere Namen geschrieben stehen werden«. Auch nach dem missglückten Putschversuch des Jahres 1825 blieb Pu̧škin seinen Idealen und Freunden treu. 1827 schickte er das Gedicht *V Sibi̧r'* (Nach Sibirien) seinen Dekabristenfreunden, die in Sibirien Zwangsarbeit verrichten mussten. In Versen, die wörtlich an Gedichte aus ihrer Zeit am Lyzeum erinnern, beschwört Pu̧škin sie, stolz und geduldig in der Überzeugung zu verharren, dass ihr Einsatz (ihre Ideen) nicht verloren gehen wird; der ersehnte Tag wird kommen, an dem die Ketten fallen werden, die Gefängnistüren sich öffnen werden und Freiheit herrschen wird. In seiner Antwort auf Puškins Gedicht verwendete der Dekabrist Aleksandr Odoevskij die Worte: »Aus einem Funken (= iskra) wird eine Flamme entstehen.« Diese Worte sollten später Lenin als Leitmotiv für seine gleichnamige Zeitung dienen.

In zwei Gedichten wendet sich der Dichter an seinen Monarchen: in *Druz'jam* (Meinen Freunden, 1828) und *Stansy* (Stanzen, 1826). Im ersten sagt Puškin, dass Nikolaus I. ehrlich regiert (er hat das Heuchlerische Alexanders I. stets verabscheut), nicht grausam ist und »mein Denken befreit hat«; doch nach dieser captatio benevolentiae erinnert er den Zaren an seine Pflichten – die Pflichten eines aufgeklärten Monarchen. In *Stanzen* zeichnet er ein Porträt Peters I. und ruft Nikolaus dazu auf, dem Vorbild seines Ururgroßvaters nachzueifern und sich versöhnungsbereit zu zeigen (Gnadengesuch für die Dekabristen?). Diese Interpretation dieses umstrittenen Gedichts steht diametral der Behauptung gegenüber, Puškin habe dem Zaren schmeicheln wollen.

Der von Russland unterdrückte polnische Aufstand des Jahres 1830 war für Puškin Anlass zur Niederschrift seines patriotischen und chauvinistischen Gedichts *Klevetnikam Rossii* (Den Verleumdern Russlands), in dem er die Westeuropäer auffordert, sich nicht über »alte Familienzwistigkeiten von Slawen untereinander« zwischen »dem großtuerischen Polen« und »dem treuen Russen« aufzuregen. Vorausgreifend auf spätere panslawische Ideen stellt Puškin die Frage, ob nicht »alle slawischen Ströme ins russische Meer sich ergießen werden«. Und schließlich: Europa könne Russland doch nicht hassen, »da wir mit unserem Blut für die Freiheit, die Ehre und den Frieden Europas gesühnt haben«. Die Niederschlagung des polnischen Aufstandes erregte in Westeuropa soviel Aufmerksamkeit (und Empörung), dass das Gedicht in acht zeitgenössischen deutschen Übersetzungen in Umlauf kam.

Vollständig im heroischen Ton des 18. Jahrhunderts ist das umfangreiche Versepos *Poltava* (1821) verfasst, das Ergebnis von Puškins zunehmendem Interesse an der Persönlichkeit Peters I. Die Schlacht bei Poltawa (1709, zwischen Russland und Schweden) wird als entscheidender Augenblick in der russischen Geschichte dargestellt. Dem individuellen Schicksal steht das Schicksal des gesamten Volkes gegenüber: Es ist ein eindrucksvolles Versepos über den Konflikt zwischen patriotischer Pflicht und Landesverrat. Maria liebt Mazeppa, der mit schwedischer Hilfe den Versuch unternimmt, die Ukraine in die Unabhängigkeit von Russland zu führen; Mazeppa wiederum foltert Marias Vater Kočubej, den Peter treu gebliebenen Patrioten. Im Gegensatz zu Ryleev, der Mazeppa als einen Unabhängigkeitskämpfer beschrieben hatte (*Vojnarovskij*, 1825), sieht Puškin Peters Feind als einen ehrgeizigen Schurken.

Der Konflikt zwischen Staat und Individuum wird auch in Puškins letztem großen Versepos *Mednyj vsadnik* (Der eherne Reiter, 1833) thematisiert, in dem die große Überschwemmung des Jahres 1824 in St. Petersburg im Mittelpunkt steht. Der eherne Reiter ist das berühmte Standbild, das Falconet im Auftrag Katharinas II. angefertigt hatte und das 1783 feierlich enthüllt wurde. Über die Feierlichkeiten anlässlich der Enthüllung schrieb Aleksạndr Radịščev den Beachtung verdienenden *Pis'mọ k drụgu* (Brief an einen Freund, 1790), in dem er das Standbild interpretiert. Tragisch ist das Schicksal des kleinen Beamten Evgẹnij, der während des Hochwassers seine Geliebte verliert und aus diesem Grund Peter den Großen, den Gründer der Stadt, verflucht. Peter wird als Inkarnation der kreativen Kräfte des Landes, der »eherne Reiter« als Staatsräson des Absolutismus gesehen. Dem gegenüber steht der Durchschnittsbürger Evgẹnij, der in seinem Unglück zum Sprachrohr aller kleinen, einfachen Menschen wird. Doch das unbedeutende Individuum muss im Kampf gegen den absolutistischen Giganten den Kürzeren ziehen. In diesem gelungenen Versepos, das schwerwiegende historiosophische Fragen aufwirft, hat Puškin dem tragischen Konflikt zwischen Staatsmacht und Individuum, zwischen Zivilisation und persönlichem Glück – einem für Russland doch sehr bedeutungsvollen Thema – meisterlich Ausdruck verliehen. Nikolaus I., Puškins erster Kritiker und Zensor, sah in dem Versepos eine Anspielung auf die Ereignisse im Dezember 1825 und verbot die Veröffentlichung.

Puškins Erbe und Bedeutung

Über Puškin wird zumeist in Superlativen geschrieben, vor allem von Russen. Eine sympathische Stimme des 19. Jahrhunderts sagt, dass Puškins Œuvre in der kargen Wüste der Reaktion unter Nikolaus eine Erleichterung gewesen sei (Aleksạndr Herzen). Doch nicht jeder war von Puškin gleichermaßen angetan. Die Werke, die am begeistertsten begrüßt wurden, waren *Der Gefangene im Kaukasus*, *Die Fontäne von Bachčisaraj* und zum Teil auch *Boris Godunov*. Das Schaffen aus seiner reifen Periode jedoch stieß auf Widerstand, möglicherweise mitverursacht durch das abstumpfende »brainwashing« von Menschen wie Bulgạrin, die sich keine Gelegenheit entgehen ließen, um fortschrittliche Schriftsteller in ein schlechtes Licht zu stellen. Puškin schrieb in einem Brief, dass er »im schmierigen Petersburg zwischen Denunziantentum und Schmähschriften« wohne. Zum Zeitpunkt seines Todes wurde er von der jüngeren Generation bereits nicht mehr akzeptiert. Es wurde eingeräumt, dass er derjenige war, der das moderne Russisch geschmiedet und die russische Literatur originell und universell gemacht habe; jetzt aber, in den vierziger Jahren des 19. Jahrhunderts, wurde er von anderen Schriftstellern (u.a. Gọgol') verdrängt. Manchen war er nicht russisch, anderen nicht modern genug. Es war eine Minderheit, die die Grundlagen für die Puškin-Verehrung schaffen sollte, die jetzt Gemeingut der gesamten russischen Gesellschaft ist. Vor allem um die Puškin-Rede Dostoẹvskijs (1880) wurde viel Aufhebens gemacht. Kritiker haben Dostoẹvskij vorgeworfen, in Puškins Werk vieles hineingelegt zu haben, das nicht darin enthalten ist, so dass die Puškin-Rede mehr über Dostoevskij sage als über Puškin. In der zweiten Hälfte des 19. Jahrhunderts nahm die Intelligenzija – die äußerst utilitaristisch eingestellt war – eine abweisende und sogar feindliche Haltung gegenüber Puškin ein. Erst gegen Ende des vorigen Jahrhunderts wurde Puškins zentrale Stellung in der russischen Literatur offensichtlich – und erst zu diesem Zeitpunkt stieß sie auch auf Akzeptanz. 1917 konnten die Bolschewiken, die ansonsten bei ihrer Zurückweisung der russischen Kultur der Vergangenheit so fanatisch waren, nicht mehr umhin, Puškin »an Bord zu nehmen«. Bis auf den heutigen Tag ist Puškin die absolute Größe in der russischen Literatur, »Russlands erste Liebe« (dem Dichter Tjutčev aus dem 19. Jahrhundert zufolge) und »die letzte Liebe der russischen Emigration«. Seine eigene Integrität und seine Unabhängigkeit vom Behördenapparat sowie seine Verbundenheit mit dem Volk hat Puškin selbst zusammengefasst in den Worten: »Meine nicht käufliche Stimme war das Echo des russischen Volkes« (1818).

3.4. Lermontov

Leben

Als MICHAIL JUR'EVIČ LERMONTOV (1814 –1841) im Alter von drei Jahren seine Mutter verlor, beanspruchte seine Großmutter das Sorgerecht für ihn; sie sollte sich um seine weitere Erziehung kümmern. 1827 lernte er die Werke von Byron und Shakespeare kennen, ein Jahr später wurde er als Schüler am Adligen Universitätspensionat, einer der besten Schulen jener Jahre, aufgenommen. Lermontovs Vorbilder waren Puškin und Žukovskij. Aus jener Zeit stammt das Versepos *Kavkazskij plennik* (Der Gefangene im Kaukasus), das gänzlich in Nachahmung von Puškin geschrieben ist. Benckendorff, der Chef der russischen Geheimpolizei unter Nikolaus I., hielt die politischen Ideen des Pensionats für zu liberal und ließ es in ein Gymnasium umwandeln – mit Leibesstrafen. Im Jahre 1830 nahm Lermontov ein Studium an der Moskauer Universität auf; da er sich aber abfällig über Professoren äußerte, musste er nach Petersburg wechseln. Angesichts der Tatsache, dass er dort ganz von vorne hätte beginnen müssen, beschloss er, eine militärische Laufbahn einzuschlagen. In der Kadettenschule verlebte er »zwei schreckliche Jahre«. Hier arbeitete er an der Verserzählung *Demon* (Der Dämon), einem prachtvollen Beispiel russischer Romantik. Seine Erfahrungen in der großen Welt sollte er in *Maskarad* (Die Maskerade, 1835) verarbeiten, einer satirischen Abrechnung des Dichters mit der verhassten Aristokratie. Bei der Armee lernte er, physische Kraft und Heldentum zu verherrlichen. Lermontov fühlte, wie in ihm die Verachtung für das irdische Leben zunahm. Das Duell zwischen Puškin und d'Anthès erzürnte ihn, vor allem, als ihm zu Ohren kam, dass die Aristokratenclique um den Thron noch nicht einmal für Russlands größten Dichter Partei ergriffen hatte. Herzen sollte später schreiben: »Der Pistolenschuss, der Puškin tötete, rüttelte Lermontovs Seele wach.« Lermontov fügte dem Gedicht *Smert' poęta* (Der Tod des Dichters, 1837) 16 Zeilen hinzu, die eine regelrechte Anklage gegen »die Henker der Freiheit, des Genies und des Ruhms« enthalten. Zur Strafe wurde Lermontov als Dragoner in den Kaukasus versetzt. Lermontov hatte den Kaukasus bereits bei früheren Reisen kennengelernt, als ihn seine Großmutter zu Wasserkuren mitschleppte, in der Hoffnung, seine schwache Gesundheit zu stärken. Diese Reisen auf dem Rücken eines Pferdes durch Russland, die kaukasische Natur sowie der Kontakt mit der nichtrussischen Kultur bereicherten Lermontovs Einbildungsvermögen und waren für die Thematik seiner frühen romantischen Versepen (*Der Dämon, Der Novize* u.a.) maßgebend. Das Puškins Tod gewidmete Gedicht brachte Lermontov in Kontakt mit der von Puškin gegründeten Zeitschrift *Sovremęnnik,* die 1837 Lermontovs Gedicht *Borodinǫ* veröffentlichte. Nach einigen Versetzungen kehrte Lermontov – vollständig begnadigt – wieder in die Hauptstadt zurück. Die Jahre 1837 – 1841 stellten eine reife, fruchtbare Periode in seinem Leben dar: Er veröffentlichte seine besten Gedichte und den Roman, der ihn weltberühmt machen sollte. Lermontov war außerdem für die Zeitschrift *Otęčestvennye zapiski* (Vaterländische Annalen) tätig. 1841 erschien sein Gedicht *Rǫdina* (Vaterland), in dem der Dualismus von Lermontovs Patriotismus (»Ich liebe dieses Land, doch mit besondrer Liebe!«) deutlich zum Ausdruck kommt. Lermontov machte sich mit Gedichten wie *1 janvazją* (Am ersten Januar) unbeliebt, in dem der Maskenball zu Ehren des Neujahrstages verspottet wird und der Dichter sein Gift über die High-Society verspritzt. Infolge eines Duells mit dem Sohn des französischen Gesandten wurde er wieder in den Kaukasus verbannt. Als er Russland verließ, fasste er seine Aversion gegen Russland in dem häufig zitierten *Proščąj, nemytaja Rossija* (Leb wohl, du ungewaschnes Russland) in Worte: »Leb wohl, du ungewaschnes Russland / du Land der Sklaven, Land der Herren / ihr himmelblauen Uniformen, / auch du, Volk, dienst du doch zu gern.« Er flüchtet vor »den Paschas [...], / den Ohren, welche alles hören, / den Augen, welche alles sehn« in den Kaukasus. Unterwegs schrieb Lermontov einige seiner besten späten Gedichte: *Spor* (Der Streit), *Tamąra, Svidąn'e* (Die Begegnung), *Dubǫvyj listǫk* (Das Eichenblatt).

Lermontovs Leben nahm auf eine genauso banale und provokante Weise ein Ende wie das Puškins: in einem Duell. In der »Wassergesellschaft« der Kurbäder in Pjatigǫrsk geriet er mit einem alten Studienkameraden aneinander, der Russlands zweiten großen Dichter im Alter von 27 Jahren in einem sinnlosen Duell tötete, das er sein ganzes weiteres Leben lang zu rechtfertigen versuchte. Katkǫv schrieb später: »Alle großen russischen Dichter teilen dasselbe Schicksal. Alle sterben sie eines gewaltsamen Todes: Griboędov, Puškin, Lermontov ...«. Stąlin soll einmal gesagt haben: »Wenn Genosse Puškin nicht im 19., sondern im 20. Jahrhundert gelebt hätte, wäre er ebenfalls im Alter von 37 Jahren gestorben ...«

Lyrik

Während Puškins Poesie optimistisch und lebensbejahend ist, klingt aus Lermontovs Lyrik pessimistische Trübsal. Penetrant kommt dieses Gefühl der Sinnlosigkeit und Leere in den Gedichten *Gljažu na buduščnost' s bojazn'ju* (Aufs Künftige seh ich mit Schrecken, 1838), *I skučno i grustno* (Und einsam und traurig, 1840) und *Blagodarnost'* (Dankbarkeit, 1840) zum Ausdruck. In *Net, ja ne Bajron* (Ich bin nicht Byron, 1832) schreibt Lermontov, dass auf seiner Seele »die tote Last verlorner Lebensmühe« laste. Viele der Lermontov'schen Gedichte lassen eine politische Interpretation zu: Der Dichter fühlt sich politisch geknechtet, das Streben des Menschen findet keinen Ausweg. Daher das Bild des Gefangenen, eines der zentralen Symbole in Lermontovs Œuvre (*Želanie*, Das Verlangen, 1832, und *Uznik*, Der Gefangene, 1837). In *Predskazanie* (Die Weissagung, 1830) entwirft er ein prophetisches Bild Sowjetrusslands: »Das Jahr wird kommen, Russlands schwarzes Jahr, / In dem der Zaren Krone fallen wird«: Nach dem Bürgerkrieg wird ein Diktator, der mit allen menschlichen Gefühlen seinen Spott treibt, die Macht an sich reißen.

Wiederholt ist auch das Motiv der Einsamkeit zu hören; im Gegensatz zu Puškin sieht Lermontov kein Glück in der Liebe, Liebe bedeutet Leiden. Auch das Dichtertum kennt Einsamkeit, Unverständnis, Widerwillen (*Poėt*, Der Dichter, 1838, *Ne ver' sebe*, Trau Dir nicht, 1839, *Prorok*, Der Prophet, 1841). Doch diese Stimmungen der Trübsal und der Niedergeschlagenheit in Lermontovs Œuvre wechseln mit optimistischen Äußerungen wie in der lyrischen Beichte *11. Juni 1831* ab, in der der Dichter den Klagen über das Schicksal Vitalität und Streitlust gegenüberstellt (»Das Leben ist so langweilig, wenn es keine Kämpfe gibt«). Auf positive Äußerungen stoßen wir außerdem in politischen Gedichten Lermontovs, beispielsweise in dem von den Ereignissen im Jahre 1830 in Paris inspirierten *30 ijulja 1830 goda* (30. Juli 1830; »Auch für Zaren gibt es ein irdisches Gericht«). Seinen Zeitgenossen zufolge hatte sein berühmtestes Gedicht *Smert' poėta* (Der Tod des Dichters, 1837) eine ungeheure Wirkung. Zar Nikolaus stand dermaßen unter dem Eindruck dieser Wirkung, dass er den Dichter in die Verbannung schickte. An die »Henker« des russischen Nationalgenies gerichtet, entwirft Lermontov die Vision des göttlichen Gerichts, das sich nicht mit Gold bestechen lässt und vor dem »die verrufenen Nachfahren ruhmreicher Väter« in ihrer ganzen Blöße für das Blut des Dichters zur Verantwortung gerufen werden. In *Borodino* (1837) und *Duma* (Betrachtung, 1838) verherrlicht Lermontov die Helden des Vaterländischen Krieges des Jahres 1812 und stellt sie den untätigen, willenlosen Menschen der dreißiger Jahre gegenüber. Darüber hinaus versteht es Lermontov, die Einsamkeit mit Hilfe der Freundschaft (*Pamjati A. I. Odoevskogo*, Dem Andenken A. I. Odoevskijs, 1839), des Liebreizes weiblicher Schönheit und des Vaterlands (*Rodina*, Das Vaterland, 1841), des Russlands des einfachen Volkes, zu überwinden.

Versepen

Die Versepen, die in Lermontovs Schaffen eine sehr wichtige Stellung einnehmen, stehen in engem Zusammenhang mit seinen lyrischen Gedichten. Lermontov steht hier unter starkem Einfluss von Byron und Puškin. Wir unterscheiden zwei Themengruppen: Versepen mit historischem Stoff (aus der russischen Geschichte) und Versepen mit der exotischen Natur des Kaukasus als Hintergrund. Der romantische Held in Lermontovs Versepen ist nicht der desillusionierte, kühle, individualistische Held, sondern der leidenschaftliche, unbeirrbare, willensstarke Kämpfer. Seinen willenlosen und machtlosen Zeitgenossen hält er mutige und freiheitsliebende Bergbewohner vor, die dazu bereit sind, ihre Freiheit bis zum letzten Blutstropfen zu verteidigen.

In *Demon* (Der Dämon, 1841) entwickelt Lermontov sein Bild eines individualistischen Helden. Einerseits liegt hier das biblische Motiv von dem Geist des Bösen vor, der gegen Gott rebelliert, andererseits die Erzählung aus der kaukasischen Folklore, der zufolge der Berggeist ein georgisches Mädchen liebt. Der Held lehnt die Welt ab, er verachtet und hasst sie; schließlich ist er »Herr der Erkenntnis und Freiheit«. Er sieht die Möglichkeit, seine innere Leere durch ein Leben in Schönheit, Liebe und Freiheit zu überwinden. Aber der Dämon kann sich nicht dazu aufraffen, sein individualistischer Trotz erleidet eine Niederlage. In *Mcyri* (Der Novize, 1839, veröffentlicht 1840) schuf Lermontov einen »positiven« Helden, der sich der Unterdrückung widersetzt. Typisch für Lermontovs Versepen sind der aktuelle Zeitbezug der sozialen und philosophischen Fragen, die aufgeworfen werden, und die Komplexität zwischenmenschlicher Beziehungen, so dass der Dichter der Psychologie des Helden viel Aufmerksamkeit widmet (daher die Ich-Person und die »Beichte« des Helden).

Theater

Die in *Demon* behandelten Themen tauchen in *Maskarad* (Die Maskerade, 1842), Lermontovs bestem Theaterstück, wieder auf. Der Held – Evgenij Arbenin – kommt in Konflikt mit seinem Milieu; es sind der Adel, dem er angehört, und die Zeit, die ihn zu einem leeren und unnützen Leben verurteilen. Der Held ist desillusioniert, pessimistisch, untätig und grüblerisch veranlagt. Über die Liebe versucht er, Anschluss an die positiven Werte des Lebens zu finden. Unter anderem wegen seiner Kritik an der adligen Gesellschaft wurde *Die Maskerade* von einem Zeitgenossen auf die gleiche Stufe gestellt wie Griboedovs *Verstand schafft Leiden*.

Romane

In *Geroj našego vremeni* (Ein Held unserer Zeit, 1840) wird der Konflikt zwischen einer starken Persönlichkeit und der Gesellschaft thematisiert. Was den Autor vor allem interessiert, ist der Einfluss der Gesellschaft auf die Psychologie des Helden. Die Hauptperson – Pečǫrin – ist ein junger Adliger, der seine Zeit und seine Energie bei Liebesabenteuern und sinnlosen Husarenstreichen vergeudet, die seinen Tatendrang jedoch nicht befriedigen können (Pečǫrin ist auch der Name der Hauptperson in dem unvollendet gebliebenen Roman *Knjaginja Ligovskaja*, Die Fürstin Ligovskaja, 1836). Er ist der kühle, herzlose Egoist, der seine besten Kräfte verschwendet. Lermontov beschreibt verschiedene Episoden aus Pečǫrins Leben, und zwar von jeweils unterschiedlichen Gesichtspunkten aus. In jeder der fünf locker aneinander gereihten Novellen erzählt der Autor jeweils eine Episode. In der ersten Novelle (*Bęla*) begegnet der hauptstädtische Pečǫrin dem Naturkind Bęla, von der er sich einen Anreiz erhofft; aber ihre Liebe führt nicht zu seiner Wiedergeburt, und Bęla geht daran zugrunde. Die zweite Novelle erzählt von der Begegnung zwischen Maksįm Maksįmyč, dem früheren Vorgesetzten und Freund Pečǫrins, und dem Helden, dessen Lebenslust erloschen ist und der sich abweisend verhält. Pečǫrin ist unterwegs nach Persien, ohne ein Ziel, um dort eines sinnlosen Todes zu sterben. Die Tragik von Pečǫrins Lebensweg wird in *Pečǫrins Tagebuch* psychologisch vertieft, das in drei Novellen auseinanderfällt: das ziemlich aus dem Zusammenhang gerissene *Tamąn'*, in dem Pečǫrin in eine Schmuggelaffäre verwickelt wird, *Knjažną Męri* und *Fatalįst*. *Prinzessin Mary* kann als kleiner Roman in sich, als wichtigster Teil des gesamten Romans, bezeichnet werden. Pečǫrin lädt während eines Aufenthalts im Kurort Pjatigorsk Schande und Ärger auf sich, da er sich herausfordernd und beleidigend verhält und sich duelliert. Die psychologische Novelle *Der Fatalist*, die den Roman abrundet, zeigt, dass Pečǫrin trotz alledem zu Heldentaten imstande ist.

In diesem Roman wechseln Prosa und Poesie, Beschreibungen des rauhen, abenteuerlichen Lebens in einer exotischen Umgebung, Blutrache und Frauenraub, romantische Naturbeschreibungen und realistische Porträts, ironisch-satirische Beschreibungen der Kurgäste und tiefschürfende psychologische Analysen einander ab. Darum ist *Ein Held unserer Zeit* ein psychologischer Roman, der erste psychologische Roman der russischen Literatur und gleich einer der allerbesten. Er wird von manchen höher eingestuft als *Krieg und Frieden*. Er ist in einer perfekten, transparenten und zeitgemäßen Sprache geschrieben, so dass Mirskij von »der besten russischen Prosa, die jemals geschrieben wurde«, spricht. Lermontov verwendet die Umgangssprache und vermeidet Archaismen, Barbarismen und Gallizismen; die Sprache der einzelnen Personen ist in hohem Maße individuell geprägt. Doch der Roman ist zugleich auch ein Gesellschaftsroman und ein philosophischer Roman, für die sich sowohl westliche Vorbilder (Rousseau, *Confessions*; Goethe, *Werther*; Chateaubriand, *René*; Byron, *Childe Harold*) als auch russische Einflüsse (Karamzįn, Odǫevskij, Griboędov, Pųškin) anführen lassen. Neu ist, dass Lermontov einige selbständige Erzählungen zu einem Ganzen mit einer Hauptperson zusammengefügt hat. Der Roman kann als sozialpsychologisch bezeichnet werden, da der Autor den Versuch unternimmt, die Persönlichkeit Pečǫrins in ihrer Beziehung zur Gesellschaft zu zeigen, deren Produkt er zwar einerseits ist, der er sich aber andererseits widersetzt, ohne sich ihr jedoch ganz entziehen zu können. Lermontov äußerte sich selbst über das große Interesse an der Psyche seines Helden: »Die Geschichte einer Menschenseele, selbst der allergeringsten, ist fast interessanter und lehrreicher als die Geschichte eines ganzen Volkes.« Von Zeitgenossen und späteren russischen Kritikern wird Pečǫrin als eine epochale Gestalt, als Repräsentant der jungen Generation verstanden, die unter Nikolaus I. keine Möglichkeit zur Entfaltung ihres Tatendrangs sah und die seit der zweiten Hälfte des 19. Jahrhunderts in die Kategorie »lišnij čelovek« (überflüssiger Mensch) eingestuft wird. Maksim Maksimyč hingegen wurde als ein »rein russischer Typ« mit einem »goldenen Herzen«, als Inkarnation der besten Nationaleigenschaften des russischen Volkes betrachtet, den Worten Grigǫr'evs zufolge im Vergleich zu Puškin sogar ein Schritt nach vorne (doch waren es gerade Maksim Maksimyčs Untertänigkeit und Demut, die Pečǫrin abstießen).

Die Konservativen fanden, dass die Gestalt Pečǫrins die russische Realität diffamiere, und behaupteten, er sei im russischen Leben nicht verwurzelt; Pečǫrin wäre demzufolge als literarische Gestalt nicht mehr gewesen als eine Imitation westlicher Vorbilder. Zu Lermontovs Zeit gab es zumindest zwei Vorbilder, die sich allgemeiner Bekanntheit erfreuten: den Roman *Adolphe* von Benjamin Constant (1816) und *La confession d'un enfant du siècle* von Alfred de Musset (1836). Adolphe ist ein schwermütiger Mann, dem seine Umgebung gleichgültig ist und der die Frau eines anderen erobert, ihr aber schnell überdrüssig wird. Der sentimentale Konflikt endet tragisch. De Musset verarbeitete in seinem autobiografischen Roman seine gescheiterte Beziehung mit George Sand. Die romantischen Helden aus seiner ersten Periode sind junge Erwachsene, die in einer feindlichen Gesellschaft nicht zu ihrer Identität finden können. Chateaubriands *René* (ein Teil von *Génie du christianisme*, 1802) thematisiert die Problematik des Weltschmerzes, das Gefühl der Leere, das »mal du siècle«.

Lermontovs Bedeutung für die weitere Entwicklung der russischen Literatur ist enorm groß. Als Romantiker hat Lermontov mit seiner realistischen Darstellung von Menschen und Zuständen den großen Prosaisten der zweiten Hälfte des 19. Jahrhunderts den Weg vorgezeichnet. Ohne Lermontov gäbe es keinen Dostoevskij oder Tolstoj! Belinskij nannte Lermontov »einen russischen Dichter vom Format Iwans des Großen« (so heißt die große Glocke im Kreml), und der Zeitgenosse Gǫgol' schrieb über ihn: »Niemand in Russland hat jemals eine so angemessene, prachtvolle und wohlriechende Prosa geschrieben.« Neben dem Verfahren des inneren Monologs (das Lermontov anwendet, um Pečǫrin sich selbst analysieren und kritisieren zu lassen) hat die russische Literatur von Lermontov auch das kaukasische Motiv geerbt: Der russische Offizier liebte den Kaukasus und legte diese Liebe in sein Werk hinein; es war Lermontov, der den Kaukasus poetisch für Russland erobert hat.

Von Bedeutung ist bei Lermontov außerdem das patriotische Motiv: Aus dem Gedicht *Das Vaterland* spricht eine gesunde, kritische Vaterlandsliebe. Lermontov ist russisch durch seine Widersprüche, durch seine ungezügelte Leidenschaft, seine mystische und rebellische Religiosität. Zudem ist er der beste russische Dichter-Übersetzer (u.a. Goethe, Heine, Byron). Ebenso wie Puškin hat auch er einen großen Beitrag zum Zustandekommen des Bildes geleistet, das von einem russischen Schriftsteller existiert: der Dichter als Prophet, als Richter und als Kämpfer.

3.5. Gogol'

Leben

NIKOLAJ VASIL'EVIČ GOGOL' wurde 1809 in Sorotschinzy im Distrikt Mirgorod geboren. Sein Vater war Gutsbesitzer und verfasste Theaterstücke in ukrainischer Sprache; seine Mutter war religiös und mystisch veranlagt. Von 1820 – 1828 studierte Gogol' am Lyzeum von Neschin; anschließend zog er nach Petersburg, um dort Arbeit zu suchen. Sein literarisches Erstlingswerk *Ganc Kjuchel'garten* (Hanz [sic] Küchelgarten) wurde mit Gelächter aufgenommen; Gogol' kaufte, tief gekränkt, die ganze Auflage auf und vernichtete sie. Er flüchtete nach Deutschland, kehrte aber schon bald nach Russland zurück. Im Jahre 1829 fand er in der Hauptstadt eine Anstellung als Beamter, und 1831 wurde er Geschichtslehrer. 1831/1832 veröffentlichte er die *Večera na chutore bliz Dikan'ki* (Abende auf dem Vorwerk bei Dikan'ka) in zwei Bänden, die auf positive Resonanz stießen (die »kleinrussische« Thematik war zu jener Zeit in Mode). Puškin gratulierte Gogol'. Im Jahre 1834 wurde er Professor(!) für Allgemeine Geschichte an der Petersburger Universität. Ivan Turgenev sollte später über ihn sagen, er sei »ein langweiliger, ewig verlegener und stotternder Dozent« gewesen. Nach einem Jahr gab er den Lehrstuhl ab. In jener Zeit lernte er die Aksakovs kennen, in deren Haus die Treffen der Slawophilen stattfanden. 1835 veröffentlichte er die Bände *Arabeski* (Arabesken) und *Mirgorod*. In den *Arabesken* sind nicht nur historische und literarische Essays enthalten, sondern auch drei »Petersburger Erzählungen«; *Mirgorod* stellt eine Fortsetzung der ukrainischen Novellen aus den *Abenden* dar. Im selben Jahr schloss er das Lustspiel *Revizor* (Der Revisor) ab, 1836 wurde es uraufgeführt. Gogol' erntete viel Lob, stieß aber auch auf Kritik. Enttäuscht ging er ins Ausland, wo er mit Unterbrechungen bis 1848 bleiben sollte (Deutschland, die Schweiz, Frankreich, Belgien, vor allem Italien). In Rom wohnte er bei dem russischen Maler Aleksandr Ivanov. Im Jahre 1842 wurde der erste Teil des Schelmenromans *Pochoždenija Čičikova ili Mërtvye duši. Poèma* (Die Abenteuer Čičikovs oder Die toten Seelen. Poem) veröffentlicht. Gogol's Meisterwerk wurde von den zapadniki, die in dem Roman »ein echt nationalrussisches Werk« sahen, begeistert begrüßt. Wieder ging Gogol' ins Ausland. Im Dezember 1842 erschien eine Werkausgabe in vier Bänden – Gogol's Abschied vom Künstlerdasein.

Die darauf einsetzende Periode war für den Dichter von Verwirrung, Zweifel und tiefer geistiger Krise geprägt. Im Jahre 1847 lernen wir in *Vybrannye mesta iz perepiski s druz'jami* (Ausgewählte Stellen aus dem Briefwechsel mit Freunden) einen anderen Gogol' kennen: Der einstige Satiriker spielt sich in dieser langweiligen Sammlung didaktisch-moralisierender Essays über Literatur, Gesellschaft und Theologie als glühender Fürsprecher von Orthodoxie, Autokratie und Leibeigenschaft auf. Diese zu Zeiten der Perestrojka ausgegrabenen und von manchen Nationalisten aufgebauschten Briefe stellten Gogol's Beitrag zur offiziellen Doktrin von Orthodoxie, Autokratie und volksverbundenem Patriotismus dar. Das intellektuelle Russland war empört. In seinem berühmt gewordenen *Brief an Gogol'* wetterte Belinskij: »Prophet der Peitsche, Apostel der Unwissenheit, Verfechter des Obskurantismus, Panegyriker tatarischer Sitten, was tust Du?« Gogol' war durch Belinskijs Attacke so geschockt, dass er zugab, sich in seinem »leichtsinnigen« Buch »angemaßt« zu haben, als »Lehrmeister der Menschheit aufzutreten«. Aksakov, der Hohepriester des Gogol'-Kultes, war ebenfalls enttäuscht. Nach einer Pilgerfahrt nach Palästina kehrte Gogol' nach Russland zurück, wo er unter den Einfluss des fanatischen Geistlichen Matvej Konstantinovskij geriet, nach dessen Meinung er die Kunst aufgeben müsse und nur durch Askese heilig werden könne. Der Abschluss der *Toten Seelen* stellte für Gogol' einen enormen Leidensweg dar, da er in seinem religiösen Fanatismus der Meinung war, dem »Inferno« des ersten Teils ein moralistisches »Purgatorium« hinzufügen zu müssen. Kurz vor seinem Tod verbrannte er das Manuskript des zweiten Teils (nur wenige Fragmente sind erhalten geblieben). Unter schweren körperlichen und geistigen Qualen – zuletzt wollte er keine Nahrung und keine medizinische Hilfe mehr – starb Gogol' im Jahre 1852.

Ukrainische Novellen

Večera na chutore bliz Dikan'ki (Abende auf dem Vorwerk bei Dikan'ka) und *Mirgorod* besiegelten Gogol's Ruhm. Puškin schrieb darüber: »Alle freuten wir uns über diese lebendige Beschreibung eines singenden und tanzenden Volkes, über diese frischen Bilder der kleinrussischen Natur, über diese Fröhlichkeit, die zugleich naiv und schelmisch ist. Wir waren sehr erstaunt, dass ein russisches Buch uns zum Lachen bringen konnte, uns, die wir seit Fonvizin nicht mehr gelacht haben!« Gogol's Gegner nannten die *Abende* ein monotones Werk, geschrieben in inkorrekter, sogar vulgärer Sprache und wenig gehaltvoll. Hart, aber nicht ganz ohne Berechtigung ist Vladimir Nabokovs Urteil: »Beinahe wäre er Autor ukrainischer Volksmärchen und ›farbiger romantischer Erzählungen‹ geworden. Wir müssen dem Schicksal (und dem Verlangen des Autors nach internationaler Berühmtheit) dankbar sein, dass er nicht den Dialekt der Ukraine als Ausdrucksmittel gewählt hat, denn sonst wäre er für immer verloren gewesen.« Extrem nationalistische Ukrainer halten Gogol' für einen Verräter: Er habe sein Heimatland und seine Muttersprache verleugnet, indem er auf Russisch schrieb. Nabokov: »Wenn ich Drang nach einem richtigen Alptraum verspüre, dann stelle ich mir einen Gogol' vor, der im ukrainischen Dialekt Buch für Buch vollschreibt in der Art von *Dikan'ka* und *Mirgorod*, über Geister an den Ufern des Dnjepr, possierliche Juden und kühne Kosaken.« Dessen ungeachtet müssen wir feststellen, dass sich in diesen Novellen bereits etwas von dem echten, reifen – Petersburger – Gogol' verspüren lässt: In seinen ukrainischen Novellen lassen sich Traum und Wirklichkeit nicht voneinander trennen, die Grenze zwischen real und irreal ist fließend, der Teufel spielt die dominierende Rolle. Außerdem fällt auf, dass über soziale Probleme kein Wort verloren wird. Was Gogol' beschäftigt, ist das Pittoreske und die Phantasmagorie; die Leibeigenschaft scheint nicht zu bestehen, das Elend des Bauern lässt ihn kalt.

Erwähnenswert ist das romantische Epos *Taras Bul'ba* (Taras Bulba), Gogol's historischer Roman über den unbändigen Kosakenheroismus während der ukrainischen Kriege gegen Polen im 16. und 17. Jahrhundert. Obwohl er in formaler Hinsicht der Kritik kaum standhalten kann, gehört dieser Roman doch zu Gogol's bekanntesten und beliebtesten Werken.

Petersburger Erzählungen

Die in den *Arabesken* enthaltenen Erzählungen, denen die definitive Bezeichnung *Peterburgskie povesti* (Petersburger Erzählungen) verliehen wurde, spielen sich in einer ganz anderen Atmosphäre ab und behandeln auch andere Themen. In *Portret* (Das Porträt) behandelt Gogol' das Problem, das ihm sein ganzes Leben lang zusetzen soll: Dem Bösen gelingt es, in die Inspiration des Künstlers einzudringen; unter der Oberfläche der schönen Welt brodelt das Chaos des Bösen. Gogol' unternimmt den Versuch, die irrationale Wirkung zu erklären, die ein großes Kunstwerk auf den Menschen ausübt. In *Nevskij Prospekt* (Der Nevskij Prospekt) werden zwei Erzählungen nebeneinander gestellt, die hinsichtlich des Plots in einem lockeren Zusammenhang stehen, inhaltlich jedoch eine Antithese darstellen. Gogol' beschreibt hier zwei Einstellungen zum Schönen und zur Liebe. Dies ist ein Steckenpferd von ihm: In Wirklichkeit ist der Nevskij Prospekt, die Hauptverkehrsstraße St. Petersburgs, ein Jahrmarkt menschlicher Eitelkeit und Dummheit. Das Problem, dem sich der Künstler gegenübersieht, ist, ob er, in der Grauzone zwischen Traum und Wirklichkeit, durch eine Entscheidungswahl in die Enge getrieben, der Wirklichkeit entsagen und mit seinem Traum zurückbleiben muss? Gogol's Weltanschauung ist einseitig pessimistisch: Das Böse regiert, in der Kunst und in der Liebe gibt es Aussicht auf Rettung, aber überall hält Satan sein trügerisches Prisma vor, »mit keiner anderen Absicht als der, alle Dinge in einem falschen, unwirklichen Licht darzustellen«, wodurch der Suchende die Wahrheit nicht findet.

Thema der *Zapiski sumasšędšego* (Aufzeichnungen eines Wahnsinnigen) ist die Entwicklung einer Geistesstörung zu Größenwahn infolge eines Minderwertigkeitskomplexes, der seinerseits die Folge unbeantworteter Liebe ist. Ein kleiner Beamter liebt die Tochter seines Vorgesetzten, die junge Dame aber verspottet ihn und will einen Kammerjunker heiraten. Aufgrund seines niedrigen Ranges kann er nicht mit dem Rivalen konkurrieren, und seine Träume führen ihn zu der Entdeckung, dass er der König von Spanien sei. Die Sowjets interpretierten das Tagebuch als eine sozialkritische Erzählung, »die traurige Geschichte eines bescheidenen Beamten, der infolge der sozialen Struktur geistig verkrüppelt ist, in der alle besseren Dinge dieser Welt für Kammerjunker oder Generale bestimmt sind«.

Eine andere beeindruckende phantastische Erzählung aus dem Petersburger Zyklus ist ohne Zweifel *Nos* (Die Nase). Eines Morgens entdeckt Kovalëv »zu seinem größten Erstaunen da, wo sich seine Nase hätte befinden müssen, eine vollkommen glatte Stelle«. Das Grandiose an der ganzen Affäre ist, dass die Nase in höchsteigener Person durch die Straßen fährt (und das in einer Kutsche) und in der Kirche betet. Wiederholt wird Kovalëv so von Verwunderung, aber auch von Respekt vor Herrn Nase, der plötzlich Staatsrat geworden ist, erfüllt, dass ihm sein eigener unveräußerlicher Besitz immer wieder entgleitet. Eines Morgens ist die Nase wieder da, wo sie hingehört. Die Novelle wurde sehr unterschiedlich interpretiert: sexuell (das Problem der »unabhängigen Geschlechtstätigkeit«), religiös (als die Nase am 25. März, an Mariä Verkündigung, in die Kirche kommt, ist diese leer!) und sozialkritisch.

Soziales Engagement kommt wohl am stärksten in *Šinęl'* (Der Mantel) zum Ausdruck. Der Mantel von Akąkij Akąkievič, einem pockennarbigen Beamten mit einem erbärmlichen Gehalt, ist total verschlissen. Mit sauer ersparten Kopeken kauft er einen neuen. Seine Kollegen gratulieren ihm zum Kauf. Eines Nachts aber wird ihm bei einem Überfall sein neuer Mantel gestohlen. Mehr tot als lebendig kommt er nach Hause und stirbt wenige Tage später an Fieber. Hier aber »nimmt unsere Geschichte unerwartet eine phantastische Wende«: Das Gerücht geht um, dass nachts ein Toter durch die Straßen spukt, um den ihm entwendeten Mantel zu suchen, und jedem Passanten den Mantel vom Leib reißt. Akąkij Akąkievič ist offensichtlich zum Opfer seiner Leidenschaft geworden (der Kauf des Mantels ist das einzige bedeutende Ereignis seines Lebens). Bei oberflächlicher Betrachtung geht es natürlich um die Beschreibung eines unterdrückten, erniedrigten Individuums (der existierende Name Akąkij kommt von dem griechischen »akakos« und bedeutet »der Unschuldige, der Sanfte«) und kann die Novelle als Protest gegen das soziale Unrecht bezeichnet werden – die Novelle wurde zum ästhetischen Manifest der *Natürlichen Schule* –, hinter dieser Evokation des Schicksals eines Homunkulus mit tintenbefleckten Fingern entdecken wir jedoch die eigenartige Kraft unlogischer Mächte.

Obwohl *Die Nase, Aufzeichnungen eines Wahnsinnigen* und *Der Mantel* wahre Meisterwerke des erzählenden Genres sind (oder, wie es der niederländische Schriftsteller J.M.A. Biesheuvel in einem seiner Bücher ausdrückt: »Nichts auf dieser Welt ist ohne Fehler – außer Gogol's Erzählung *Der Mantel*«), hat Gogol' seinen Ruhm doch vor allem dem Theaterstück *Der Revisor* und dem Roman *Die toten Seelen* zu verdanken.

Theater

Der Plot in *Revizor* (Der Revisor) ist – wie immer bei Gogol' – sehr einfach: Ein Beamter aus Petersburg wird fälschlicherweise als Generalinspekteur (= Revisor) angesehen. Alle hohen Tiere der Stadt bieten dem Revisor Schmiergelder an, damit er über das Elend, das in der Stadt allenthalben herrscht, Schweigen bewahrt. Der Beamte, Chlestakov, macht selbst der Tochter des Stadtvorstehers einen Heiratsantrag. Alle sind im siebten Himmel ... bis ein Polizist auf der Bühne erscheint und die Ankunft des echten Revisors verkündet. Hierauf folgt die berühmte »stumme Szene«; alle Anwesenden stehen getroffen »gleich einem Donnerschlag« da.

Dieses Quiproquo, das von Gogol' auf meisterliche Weise entwickelt wird, hatte seine realistische Grundlage und war ihm von Aleksandr Puškin überlassen worden. Gogol' erklärte, dass er im *Revizor* »alles zusammentragen wollte, was ich damals an Schlechtem in Russland kannte, alle Ungerechtigkeiten«, und »über all das lachen wollte« (»Originelle Typen! Um sich totzulachen«). In konservativen Kreisen wurde dem Autor vorgeworfen, er wolle die bestehende Ordnung untergraben; die Liberalen lobten ihn wegen seines Mutes, mit dem er die wunden Stellen des zaristischen Regimes bloßgelegt hatte. Doch Komplimente dieser Art schreckten Gogol' ab: Seine Komödie sei schließlich nicht politisch, sondern moralisch zu verstehen. Ohne Zweifel ist in Gogol' selbst der Anlass dafür zu suchen, dass es allerlei philosophische Spekulationen über sein Theaterstück gab. Er wollte nämlich dem Stück eine Art Epilog hinzufügen – die *Razvjazka »Revizora«* (Auflösung des »Revisors«, verfasst 1846) –, in dem es heißt, dass der Generalinspekteur aus der Hauptstadt, der am Ende des Stücks auftaucht – also der echte Revisor –, das »Bewusstsein der Menschen« sei und dass die anderen dramatis personae lediglich Leidenschaften der Seele darstellten. Der Zuschauer müsste folglich glauben, dass unsere Leidenschaften von den grotesken und korrupten Provinzwürdenträgern verkörpert werden und ... dass das überlegene Bewusstsein durch die Regierung symbolisiert wird (der Gesandte aus Petersburg!). Der echte Revisor: die Verkörperung des Fatums, des menschlichen Gewissens und der göttlichen Gerechtigkeit. Gogol's Zeitgenossen waren wütend ob dieser Verstümmelung, so dass der Autor letztendlich von der Veröffentlichung der *Auflösung* absah.

Vielleicht ging es Gogol' zu Anfang um ein Stück, in dem einmal aus ganzem Herzen über die Handvoll Halunken gelacht werden konnte, die er auf die Bühne gestellt hatte; der oberste Zensor, Nikolaus I., der höchstpersönlich die Aufführung des Stückes erlaubt hatte, sah darin möglicherweise nicht mehr als einen Schwank. Der Komödie ist das schöne Sprichwort vorangestellt: »Nicht nötig, auf den Spiegel zu schelten, wenn die Fratze schief ist.«

Die toten Seelen

Schwer enttäuscht über die Kritik und die »falschen« Interpretationen seines Theaterstücks ging Gogol' ins Ausland. Als er nach Russland zurückkehrte, war der erste Teil seines absoluten Meisterwerks und eines der allergrößten Prosawerke der russischen Literatur fertig: *Pochoždenija Čičikova ili Mërtvye duši. Poèma* (Die Abenteuer Čičikovs oder Die toten Seelen. Poem, 1842; unter »poèma« verstand Gogol' ein Prosaepos). Anfänglich hatte Gogol' Čičikov als unterhaltsame Figur geplant, dessen Aufkäufe toter Seelen ein einfaches Verfahren sein sollte, um bei lächerlichen Grundbesitzern zu landen; dies war die Formel des Schelmenromans à la Bulgarin. Doch je länger er über dieses Thema nachdachte, desto häufiger träumte er davon, ein Epos zu schreiben, das Epos der Trivialität und der in der Provinz herrschenden Eintönigkeit (oder, wie Puškin es ausdrückte, »pošlost' pošlogo čeloveka«, die Banalität eines banalen Menschen). »Einen bitteren Verweis für das heutige Russland« nannte Herzen das Buch. In Bulgarins Augen war *Die toten Seelen* ein oberflächliches Werk, eine »Karikatur der tatsächlichen russischen Realität«, und Senkovskij rief aus: »Ein armer, armer Schriftsteller, der Čičikov für wahr ansieht!« Polevoj verweigerte dem Roman im Namen einer romantischen und patriotischen Literaturauffassung die Bezeichnung »Kunstwerk«. Belinskij begrüßte *Die toten Seelen* als ein unsterbliches Meisterwerk, während Ševyrëv in ihm merkwürdigerweise keine Gesellschaftssatire sah, sondern eine Hymne an das ewige Russland!

Einmal mehr hatte Puškin dem geriebenen Ukrainer ein Thema »überlassen«. Der Held des Epos, Čičikov, will bei Grundbesitzern »tote Seelen« aufkaufen, d.h. bereits verstorbene, buchhalterisch aber noch nicht abgeschriebene Seelen (= Bauern), für die er dann bei einem Kreditinstitut eine Hypothek aufzunehmen gedenkt. So kann er aufgrund eines fiktiven Besitzes ein enormes Vermögen anhäufen. Doch auf einem Ball wird Čičikovs Geheimnis von einem der überlisteten Gutsbesitzer ausposaunt, worauf der Betrüger die Flucht ergreift. Hier endet der erste Teil der *Toten Seelen*. Gogol' zeichnet alle seine Figuren außergewöhnlich sarkastisch verzerrt, ob es nun um faule, stinkende Bedienstete, Kutscher, Muschiks oder um Gutsbesitzer geht – niemand entgeht seiner Ironie. Die Institutionen jedoch kritisiert er nie. Natürlich ist die Behauptung nicht übertrieben, dass er über seine Figuren die soziale Struktur Russlands verurteilt. Auch hier zeigt sich Gogol's pessimistisches Weltbild: Seine »Helden« sind so einfältig, gemein, banal, so mondän und trivial, dass man *Die toten Seelen* als »Poem der Banalität« bezeichnen könnte. Gogol' selbst schrieb hierzu: »Man hätte mir leichter vergeben, wenn ich pittoreske Monster vorgeführt hätte; die banale Gemeinheit aber, die wurde mir nicht verziehen.« Die Frage ist berechtigt: Sind die »toten Seelen« nicht die Gutsbesitzer selbst, die der Entwicklung Russlands absolut nicht dienlich sind?

Gogol' hatte also das Inferno des russischen Lebens in seinem ganzen Schrecknis gezeichnet (als er die ersten Kapitel seines Epos vorgelesen hatte, rief Puškin aus: »Mein Gott, wie traurig ist unser Russland!«). Jetzt musste er das – von edlen Seelen bevölkerte – Purgatorium darstellen, und im dritten Teil würde er die Leser in die leuchtende Sicherheit des Paradieses hineinführen. Der zweite Teil der *Toten Seelen* ist ein Versuch in diese Richtung, doch sogar die wenigen erhalten gebliebenen Fragmente sind langweilig und wenig überzeugend. Gogol' war es nicht gelungen, den idealen russischen Menschen, den russischen Menschen von morgen, darzustellen. Er wollte (zu) bewusst seinem weiteren Schaffen eine religiöse und moralische Botschaft mitgeben (Lev Tolstoj zufolge »schauderhafter, widerwärtiger Unsinn«), und wo die Spontanität verloren gegangen war, da ging auch die künstlerische Meisterschaft verloren. Gogol' verbrannte sein Manuskript.

»Der Zar des russischen Lachens«

Im weiteren Verlauf der Geschichte der russischen Literatur wird der Realismus mit dem Namen Gogol's verbunden bleiben, so, wie die Romantik mit dem Namen Lermontovs und der russische Symbolismus mit dem Namen Tjutčevs verbunden sind. Gogol' wurde das große Vorbild der »Natürlichen Schule« (natural'naja škola); er war jedoch außerdem noch Phantast, der phantastischste aller russischen Schriftsteller, und Mystiker. Belinskij hatte erkannt, dass mit Gogol' eine neue Periode in der russischen Literatur eingesetzt hatte. Ohne dies zu wollen, wurde er der Sachwalter des enthüllenden, rebellischen Realismus. Gogol's Art zu schreiben sollte sowohl im »linken« Lager (Saltykov-Ščedrin) als auch im »rechten« Lager der počvenniki (Gončarov, Pisemskij, Ostrovskij, Leskov, Dostoevskij) Schüler finden. Letzterer sagte kernig: »Wir alle sind aus Gogol's *Mantel* hervorgegangen.« Dies trifft im besonderen auf Dostoevskij zu, der den Faden von Gogol's *Briefwechsel* nach seiner Zwangsarbeit wieder aufnehmen sollte. Es ist zudem sehr fraglich, ob Dostoevskijs Puškin-Rede nicht eher von Gogol' handelt als von Puškin!

Auch auf rein sprachlicher Ebene ist Gogol's Einfluss groß gewesen. Er tat für die russische Prosa, was Puškin für die russische Poesie getan hatte. »Gogol' hat wie kein anderer gezeigt, zu welchen Effekten das Russische mit seinem historischen, sozialen und geografischen Reichtum in der Lage ist« (so der niederländische Schriftsteller und Slawist Kees Verheul). Eine der ergiebigsten Quellen, aus denen Gogol' reichlich schöpfte, war das Ukrainische. Gogol' war selbst Ukrainer und hat vor allem in seinen *Abenden auf dem Vorwerk bei Dikan'ka* viele Ukrainizismen verwendet. Auch in *Taras Bul'ba*, dem Roman, der sich im Milieu der Saporoger

Kosaken abspielt (Zaporǫžskaja Seč'), ist das »kleinrussische« Element stark vertreten. Viele dieser Ukrainizismen sind seitdem im Russischen eingebürgert.

3.6. Belinskij und die Natürliche Schule

Eine Schlüsselfigur in der Evolution des russischen sozialen Denkens in der Mitte des 19. Jahrhunderts war der Literaturkritiker VISSARIQN BELĮNSKIJ (1811 – 1848). Der Kern von Belinskijs Auffassung von Literatur und Kunst enthält vier Elemente:
1. der Realismus: die realistische Wiedergabe der Wirklichkeit, aber kein Naturalismus, nicht das Zufällige, das Individuelle, sondern das Allgemeine, das Typische und »Unvermeidliche«, durch das eine Periode sich auszeichnet;
2. die narǫdnost' (Volkstümlichkeit, Volksnähe, volkstümlicher Charakter), d.h. die künstlerische Wiedergabe der sozialen Wirklichkeit vom Standpunkt des unterdrückten Volkes, wobei der Schriftsteller sich auf die Seite des Volkes schlagen muss;
3. die Aufgabe der Literatur, edle Ideen zu formulieren;
4. die erzieherische Funktion der Literatur.

All diese Auffassungen stellten das ästhetische Fundament der klassischen russischen Literatur dar. Belinskij war also ein Gegner des *L'art-pour-l'art*-Prinzips. Im Jahre 1829 nahm Belinskij ein Studium an der Moskauer Universität auf, wurde aber 1832 wegen eines (schlechten) romantischen Dramas exmatrikuliert. Zwischen 1834 und 1836 veröffentlichte er um die 200 Artikel in Nadęždins Zeitschrift *Teleskǫp*, in denen der Einfluss des romantischen Idealismus Schellings deutlich zutage tritt. Belinskij war mit diesem deutschen Philosophen im Kreis um Stankęvič in Kontakt gekommen und hatte dessen erhabene Ansichten über das Künstlertum übernommen. In *Teleskǫp* veröffentlichte Belinskij seine erste Literaturkritik unter dem Titel *Literatǫrnye mečtanija* (Literarische Phantasien, 1834), eine Übersicht über die russische Literatur seit Peter dem Großen, eine Literatur, die Belinskij zufolge erst noch geboren werden musste! Bakǫnin machte ihn mit den Werken Fichtes und Hegels bekannt, was eine kurze Periode von »konservativem« Hegelianismus zur Folge hatte (Hegels These »Was wirklich ist, das ist vernünftig« führte zur Akzeptanz des zaristischen Regimes). Der russische Leser muss sehr überrascht gewesen sein, als er in Belinskijs Artikel über die Gedenkfeier anlässlich der Schlacht bei Borodino (*Borodinskaja godovščina*) lesen konnte, dass »der Zar Gottes Stellvertreter« sei. In seiner ersten Periode stellte Belinskij die These auf, dass die Literatur den Geist, das Innenleben, die Eigenart des Volkes widerspiegeln müsse. Diese Theorie hat er in Gogol'-Studien weiterentwickelt; in Gogol' sah Belinskij den führenden Kopf der damaligen russischen Schriftsteller, Gogol' war in seinen Augen der Wegbereiter der »reellen« (d.h. realistischen) Literatur. Dadurch wurde Belinskij zum Führer der Jugend und aller progressiven Kräfte und

zum Buhmann der Reaktionäre und Konservativen. Doch dass Belinskij Gogol'
ziemlich einseitig interpretierte, zeigt die Tatsache, dass er den Phantasten in Gogol'
ganz und gar nicht erkennen wollte (oder konnte). In diesem Zusammenhang
schrieb er: »In unserer Zeit gehört das Phantastische ins Irrenhaus und nicht in die
Literatur.« Belinskij forderte von der Literatur nicht nur Realismus, sondern auch
narodnost', d.h. die Widerspiegelung des Lebens, Denkens und Fühlens des Volkes
in seiner nationalen Eigentümlichkeit. Die Literatur musste Belinskij zufolge volks-
tümlich sein, um groß und unvergänglich sein zu können. Realismus und Volkstümlichkeit gehörten seines Erachtens unauflöslich zusammen. Um von einem wirklichen Kunstwerk sprechen zu können, mussten chudožestvennost' (das Künstlerische) und social'nost' (das Soziale) miteinander verbunden sein. Dies brachte
Belinskij dazu, die seichte romantische Salonpoesie eines Vladimir Benediktov zu
verurteilen und die waschechte Volkstümlichkeit eines Kol'cov über den grünen
Klee zu loben. Nach der Periode »erzwungener Versöhnung mit der abscheulichen
russischen Wirklichkeit«, wie Belinskij selbst seine Hegelsche Periode nannte, die
in der Zeitschrift *Moskovskij nabljudatel'* (Der Moskauer Beobachter) zum Ausdruck kam, ließ sich Belinskij 1839 in Petersburg nieder, wo er an Kraevskijs
Otečestvennye zapiski (Vaterländische Annalen) mitarbeitete. In dieser Periode
wurde Belinskij unter dem Einfluss der Ideen Herzens Sozialist. Belinskij war es zu
verdanken, dass die *Vaterländischen Annalen* zum führenden Organ der jungen
Kräfte wurden. Im Jahre 1846 wechselte er jedoch zum *Sovremennik* (Der Zeitgenosse), in dem er *Vzgljad na russkuju literaturu 1847 goda* (Ein Blick auf die
russische Literatur des Jahres 1847, veröffentlicht 1848) publizierte, womit er seine
Autorität auf dem Gebiet der Literaturkritik endgültig festigte.

Als Belinskij 1848 starb, konnte er mit der russischen Literatur zufrieden sein:
Sie hatte inzwischen den Grad an Realismus erreicht, den sich der Kritiker
gewünscht hatte. Kurz vor seinem Lebensende begann der ehemalige »Vissarion
furioso«, der desillusioniert von einem Europaaufenthalt zurückgekehrt war, seine
Hoffnung auf Reformen und einen liberalen Kurs seitens der Regierung zu setzen.
Darum wetterte er jetzt gegen »die hirnlosen Salonliberalen«, »die betrunkenen
Narodniki« und gegen Ukrainer wie Ševčenko, die die Regierung irritierten.

Belinskijs Bedeutung für die Literaturkritik und die Literatur in Russland darf
nicht unterschätzt werden. Seine Diktatur als literarischer Schiedsrichter bedeutet
den Beginn der Herrschaft der sogenannten raznočincy (= der nichtadligen Intellektuellen) auf kulturellem Gebiet. Er kann als geistiger Vater der russischen
Intelligenzija bezeichnet werden: Der russische Intellektuelle zwischen 1850 und
1917 war der Idealist, der nur zu gerne alte Traditionen in Frage stellte und eine
neue Zukunft aufbauen wollte.

Als sozial inspirierter Literaturkritiker war Belinskij entschieden der originellste
Denker, der die Forderungen seiner Zeit in deutliche Worte fasste. Belinskijs
Einfluss aber, der bis ins 20. Jahrhundert hinein bestehen blieb, weil er von den

Bolschewiken zum literarischen Kirchenvater kanonisiert wurde, hatte auch katastrophale Folgen. Belinskij hatte nur für eine bestimmte Art von Literatur Verständnis und war allen anderen Arten gegenüber blind. So wird ihm als Verdienst angerechnet, Dostoevskij (*Arme Leute*) entdeckt zu haben – was richtig ist; doch jedes Werk nach Arme Leute betrachtete Belinskij als einen Beweis von Dostoevskijs Niedergang.

Belinskij war verantwortlich dafür, dass russische Schriftsteller die Form vernachlässigten. Von seinen borntierteren Nachfolgern – Černyševskij, Dobroljubov und Pisarev – wurde die Kunst als solche vollkommen außer acht gelassen und die Literatur durch ihren trivialen Utilitarismus verunziert. Belinskijs literarische Doktrin trägt die Verantwortung für die Tatsache, dass der russischen Literatur der Anspruch aufgebürdet wurde, soziale Ideen verkünden zu *müssen*.

Es waren Belinskijs Auffassungen, die von den Repräsentanten der »natural'naja škola« (Natürliche Schule) in die Praxis umgesetzt wurden. Diese Schule nahm in den Jahren 1843 – 1845 Form an (nachdem Belinskij zu den *Vaterländischen Annalen* gekommen war und nach dem Erscheinen der *Toten Seelen* Gogol's); sie hatte ihre Blütezeit in den Jahren 1846 – 1848. Der Begriff wurde von Bulgarin geprägt und war als verächtliche Bezeichnung gedacht. Bulgarin wollte damit zum Ausdruck bringen, dass die Schriftsteller dieser Richtung das Leben in seiner ganzen Nacktheit darstellten, dass sie nur dessen schmutzige und düstere Aspekte sähen. Belinskij übernahm den Begriff und behauptete, dass ihre Darstellung natürlich und wahrheitsgetreu sei. In den vierziger Jahren war *Natürliche Schule* ein Synonym für Realismus, der den Alltag einfacher Menschen in der Stadt und auf dem Land mit fotografischer Genauigkeit darstellte. Der kleine Mann wurde hier zum Helden erhoben, der Schriftsteller suchte nach den sozialen Verhältnissen, die das Verhalten der Menschen bestimmten. Dialekte, Regionalismen und Fachsprachen waren nun in der russischen Literatur gang und gäbe.

Als Vorläufer Nekrasovs möchten wir kurz auf Nikolaj Ogarëv und den Petraševskij-Kreis eingehen (u.a. A.N. Pleščeev), die revolutionär eingestellt waren, während Jakov Butkov, Ivan Kokorev und Aleksej Pisemskij Liberale waren und über die armen Leute von St. Petersburg, die Armen von Moskau bzw. die Bauern schrieben. Psychologische Skizzen finden wir im Werk Vladimir Sollogubs, Dmitrij Grigorovičs und Vladimir Dal's. VLADIMIR DAL' (1801 – 1872) ist nicht sosehr als Verfasser ethnografisch genauer Beschreibungen einfacher Menschen von Bedeutung denn als der Schriftsteller, der seine Landsleute mit der Sprache des Volkes bekannt machen wollte. Unübertroffen ist sein vierbändiges *Tolkovyj slovar' živogo velikorusskogo jazyka* (Bedeutungswörterbuch der lebenden großrussischen Sprache, Erstausgabe, 1863 – 1866), das jetzt noch regelmäßig wiederaufgelegt wird. In den Jahren 1861/1862 veröffentlichte Dal' *Poslovicy russkogo naroda* (Sprichwörter des russischen Volkes), das über 30.000 Sprichwörter, Redewendungen und Witze enthält, die zudem noch thematisch geordnet sind. Dies ist für jeden, der die Mentalität der Russen kennenlernen will, eine Goldgrube.

Die Natürliche Schule fand in den Vaterländischen Annalen, die von A.A. Kraevskij und Belinskij geleitet wurden (ab 1839), ein Sprachrohr. Diese fortschrittliche Zeitschrift veröffentlichte Beiträge von Kol'cov, Lermontov, Turgenev, Nekrasov, Herzen, Dal', Panaev, Ogarëv, Grigorovič und vielen anderen. Die Rubrik Literaturkritik polemisierte mit dem konservativen »journalistischen Triumvirat« Bulgarin-Greč-Senkovskij und mit den Slawophilen. Das Blatt war sehr beliebt und erschien in einer für damalige Verhältnisse hohen Auflage von 4.000 Exemplaren. Doch Kraevskij wurde es wegen der offenen Opposition, die darin geführt wurde, mulmig zumute, und er suchte die Aussprache mit Belinskij. Dies hatte zur Folge, dass Belinskij zum Sovremennik wechselte. Sein Platz wurde von Valerian Majkov eingenommen, doch nach dessen Tod wurde die Zeitschrift nach und nach gemäßigt liberal. Durch den Wechsel Belinskijs wurde der Sovremennik 1847 zum wichtigsten Organ der Natürlichen Schule. Doch nach 1848 wurde die Zensur strenger, und diese literarische Richtung musste zuweilen in Almanachen publizieren, deren wichtigste Fiziologija Peterburga (Physiologie Petersburgs, 1845) und Peterburgskij sbornik (Petersburger Sammelband, 1846) sind, eine Art Manifest der Natürlichen Schule. Der Titel der ersten Sammlung ist programmatisch: Die »Naturalisten« stellten die »Physiologie« des Lebens in der Stadt dar; ihre Werke nannten sie »physiologische Skizzen« (fiziologičeskij očerk). Die Natürliche Schule stand unter schwerem Druck seitens der halbamtlichen Presse (Bulgarin), der slawophil orientierten (Samarin) und der gemäßigt liberalen Kritik (Nikitenko), die ihr vorwarf, einseitig und trivial zu sein, abstoßende Themen zu behandeln, die Wirklichkeit zu verdrehen und destruktive Ideen zu verkünden. Konservative Kritiker und Schriftsteller widersetzten sich der streitlustigen progressiven Literaturkritik und ihrem aktualitätsbezogenen sozialen und politischen Engagement. So schrieb Ivan Kireevskij im Jahre 1845: »Wohin man auch schaut, überall dient der Gedanke den herrschenden Bedingungen, ist das Gefühl auf die Interessen einer Partei zugespitzt, ist die Form den Anforderungen des Augenblicks angepasst.« Und gegen die Otečestvennye zapiski gerichtet schrieb er: »Sie haben ständig nur ein Ziel vor Augen: den allerneuesten Gedanken, das allerneueste Gefühl aus der westlichen Literatur auszudrücken.« Wegen ihrer heftigen Attacken gegen die Natürliche Schule nannte Herzen die Slawophilen des Moskvitjanin (Der Moskowit) »freiwillige Handlanger der Gendarmen ...«. Bulgarin schrieb anlässlich der Veröffentlichung der Fiziologija Peterburga: »Herr Nekrasov gehört der neuen, d.h. der natürlichen literarischen Schule an, die behauptet, dass die Natur ohne jede Ausschmückung dargestellt werden müsse. Wir hingegen halten uns an die Regel [...], dass die Natur nur dann schön ist, wenn sie gewaschen und gekämmt wird.« Neben der Severnaja pčela (Die Nordische Biene) und dem Moskvitjanin beteiligten sich noch andere Zeitschriften an dem Feldzug gegen die Natürliche Schule. So brachte ein Almanach eine Karikatur von Grigorovič, der in einem Abfalleimer herumwühlte. Während Bulgarin »natürlich« als einen verächtlichen Ausdruck beabsichtigt hatte, übernahm Belịnskij diese Bezeichnung und verlieh ihr eine positive Ladung. In seiner *Otvẹt ›Moskvitjạninu‹* (Antwort an die Zeitschrift *Moskvitjạnin*) nannte er »die alte Schule« in der russischen Literatur »rhetorisch« und »unnatürlich«, »die neue Schule« hingegen »natürlich«, und er verlieh dem Wort die Bedeutung, die wir jetzt mit dem Wort »Realismus« verbinden.

Doch trotz aller Zensurbestimmungen und feindlicher Kritiken sicherte die *Natürliche Schule* dem kritischen Realismus als einer Richtung in der russischen Literatur den Sieg. Nach 1848 verlor die *Natürliche Schule* ihre führende Rolle in der Literatur, u.a. infolge der Persönlichkeit Lev Tolstọjs, dessen erste Werke von 1852 an im *Sovremẹnnik* erschienen. Eine neue Phase in der russischen Literatur war angebrochen.

3.7. Kol'cǫv

Neue Töne gab es außerdem in der Poesie von ALEKSẸJ KOL'CǪV (1809 – 1842), der sich großer Beliebtheit erfreut. Kol'cǫv ist in der Geschichte der russischen Literatur bekannt wegen seiner Lieder, die ihm den Ruf eingebracht haben, »der russische Burns« zu sein. Von Zeitgenossen wurde er als ein großer Volksdichter gefeiert, der als erster das Leben des einfachen Volkes wiedergibt, so, wie es ist – ohne zu idealisieren oder zu phantasieren. Zentrales Thema in Kol'cǫvs Liedern ist das tägliche Leben des russischen Bauern. Er besingt und verherrlicht die Bodenverbundenheit des russischen Muschiks, seine Arbeit (die heilig ist) und die nicht enden wollende russische Erde (als Symbol für Gottes nicht enden wollende Güte), die er religiös empfindet und poetisiert. Biografen weisen auf den unheilvollen Einfluss von Kol'cǫvs Vater (der Viehhändler war) auf den Dichter hin, vergessen aber hinzuzufügen, dass ihm dieser Beruf die Gelegenheit bot, in den Steppen Südrusslands (Woronesch) in vollen Zügen die Natur zu genießen. Daher das Streben nach »privọl'e« (Freiheit) und »prostọr« (Abenteuer) in Kol'cǫvs Poesie.

Diese Suche nach einem anderen Leben kommt in *Tak i rvẹtsja dušạ* (Danach sehnt sich die Seele) und in *Dụma sọkola* (Gedanken des Falken) deutlich zum Ausdruck, letzteres mit dem Bild des mutigen und unabhängigen Vogels. Für die Russen ist Kol'cǫv selbst »der Falke der russischen Poesie«, sein freier Flug ein »stolzer Aufruf zu Freiheit und Licht«.

Ein drittes Thema ist die Liebe, die bei Kol'cǫv zumeist unglücklich, aber nicht verzweifelt ist (*Porạ ljubvị*, Die Zeit der Liebe). Im Jahre 1837 schrieb Kol'cǫv *Les* (Der Wald), ein allegorisches Gedicht auf den Tod Pụškins (den er persönlich kannte und verehrte), das zusammen mit seinen Bauerngedichten *Urožạj* (Die Ernte) und *Pẹsnja pạcharja* (Lied des Pflügers) von Generationen von Russen auswendig gelernt wurde. In dem Pụškin-Gedicht steht der Wald als Symbol für den Dichter: Lange hat er dem Sturm widerstanden, ist aber letztendlich doch das Opfer der »bösen Macht« des Herbstes geworden.

Schließlich gibt es die Natur, die für Kol'cǫv immer eine Quelle von Glück und Freude ist. Kol'cǫv hat deutlich eine positive Weltanschauung: Nicht nur aus seiner Liebes- und Naturlyrik, sondern auch aus seinen Liedern, die den harten Lebensbedingungen des armen Bauern gewidmet sind (*Gǫr'kaja dǫlja*, Bitteres Los; *Dǫlja bednjakạ*, Das Los der armen Bauern; *Perepụt'e*, Kreuzweg; *Razdụm'ja seljạnina*, Gedanken eines Dörflers, und *Vtorạja pẹsnja Lichačạ Kudrjạviča*, Das zweite Lied von Lichač Kudrjavič), sprechen Vitalität und Optimismus von ansteckender Kraft.

Die reaktionäre Kritik hielt Kol'cǫvs Lieder für amoralisch (Bulgarin) und rümpfte über seine volkstümliche, bäuerliche (mužịckaja) Poesie die Nase, während die Progressiven (allen voran Belịnskij) für »den Dichter der Steppen, der Armen und der Liebe« Partei ergriffen. Kol'cǫv konnte außerdem auf den Liedern Dẹl'vigs und Nikolạj Cygạnovs, eines herumreisenden Schauspielers, der, Sohn eines leibeigenen Bauern, aus der mündlich überlieferten Tradition schöpfte, aufbauen; er hat sie aber beide übertroffen. Turgẹnev zufolge wird es Kol'cǫvs Lieder geben, solange die russische Sprache gesprochen wird. Ein großes Verdienst Kol'cǫvs ist es, die einfache Sprache salonfähig gemacht zu haben; wie niemand vor ihm führte er in seinen Gedichten volkstümliche Begriffe und Ausdrücke, Sprichwörter und Redewendungen, neue Bilder und Epitheta, Vergleiche und Symbole ein, für die er bei Volksliedern Anleihen machte. Neu war, dass der arme Bauer (bednjạk) in der russischen Literatur Einzug hielt, und das in seiner eigenen Sprache und mit seiner eigenen Gedankenwelt. Kol'cǫv hat Nikolạj Nekrạsov und Sergẹj Esẹnin beeinflusst und kann als der Vorläufer von Turgẹnevs *Aufzeichnungen eines Jägers* bezeichnet werden. Wegen ihrer hohen Musikalität sind viele der Gedichte Kol'cǫvs von u.a. Glịnka, Mụsorgskij, Rịmskij-Kǫrsakov und Rachmạninov vertont worden.

3.8. *Tjụtčev und Baratynskij*

Ein wichtiger Dichter, dessen Werk noch deutlich zur Romantik gehört, ist FËDOR TJụTČEV (1803 – 1873). Tjụtčev veröffentlichte bereits in den zwanziger und dreißiger Jahren, zumeist aber in unbedeutenden Almanachen, so dass sein Schaffen unbeachtet blieb, auch nachdem Pụškin eine Reihe von Gedichten in seinem *Sovremẹnnik* aufgenommen hatte (z.B. *Vesẹnjaja grozạ*, Frühlingsgewitter; *Silentium!*; *Bessǫnnica*, Schlaflose Nacht; *Mal'ạria*). Im Alter von 19 Jahren wurde Tjụtčev, der im diplomatischen Dienst war, nach Deutschland versetzt, wo er von 1822 – 1844 blieb. Hier heiratete er eine bayerische Gräfin und später eine Baronin, wodurch er Zugang zur deutschen Aristokratie erhielt. In Deutschland lernte er Schelling und Heine persönlich kennen; die deutsche romantische Philosophie und vor allem die Naturphilosophie Schellings haben einen großen Einfluss auf den russischen Dichter gehabt. Nach Russland zurückgekehrt, wurde er 1848 zum

Zensor für ausländische Literatur ernannt, ein Posten, den er (seinen eigenen Worten zufolge aus Geldnot) bis zu seinem Lebensende bekleidete. Erst 1850 sollte er von Nekrasov und darauf von Turgenev entdeckt werden. Dies hatte zur Folge, dass Tjutčev wieder zu schreiben anfing. Im Jahre 1850 ging er eine Liaison mit Elena Denis'eva, der Gouvernante seiner Töchter, ein. Ein tragischer Augenblick für Tjutčev war der Tod dieser Frau, der er prachtvolle Liebesgedichte gewidmet hat, im Jahre 1864.

Tjutčevs Weltanschauung erwies sich als sehr widersprüchlich. Er fühlte eine enge Verwandtschaft mit den Slawophilen, verachtete aber ihre »doktrinären« Diners; wie sie sah auch er Russlands Stärke in einer gefestigten Monarchie und in der tiefen Religiosität des Volkes, selbst aber war er ein überzeugter Westler und Gegner der absolutistischen Willkür (»Russland ist das Land der Knute und der Kaserne«), und er war nicht wirklich gläubig. Deutlich sah er die immer näherrückende Katastrophe, behauptete aber, Russland könne dem Sturm trotzen (*More i utës*, Meer und Fels). Er hegte außerdem eine gewisse Sympathie für die sozialen Veränderungen seiner Zeit, hatte aber zugleich Angst vor ihnen. Aus diesem gespaltenen Bewusstsein heraus ist eine originelle Poesie einer echten Persönlichkeit entstanden.

Seinen Ruf hatte Tjutčev seiner philosophischen Lyrik und seinen Naturgedichten zu verdanken. In dem philosophischen Gedicht *Silentium!* (1830) legt er sein poetisches Programm dar: das Individuum vor der harten Welt behüten, indem er den tiefsten und innigsten Seelenzuständen Ausdruck verleiht. Tjutčev thematisiert in seinen Gedichten u.a. die Brüchigkeit zwischenmenschlicher Beziehungen, die Vergänglichkeit alles von Menschenhand Erschaffenen, den Gegensatz zwischen dem vergänglichen Charakter des menschlichen Tuns und dem Ewigen von Natur, Geist und Materie (siehe *Son na more*, Traum auf dem Meer; *Čerez livonskie ja proezžal polja*, Durch Livlands Felder; *Cicero*; *Ne to, čto mnite vy, priroda*, Natur ist nicht, was alle meinen; u.a.). In den fünfziger und sechziger Jahren erreicht Tjutčevs Poesie einen zweiten Höhepunkt – vor allem dank der Liebeslyrik, die von der Gabe, sich in die Geliebte hineinversetzen zu können, und von einem impressionistischen Realismus zeugt (*Ja pomnju vremja zolotoe*, Ich denke noch der goldnen Zeiten; *O, kak ubijstvenno my ljubim*, Ach, wie so tödlich wir doch lieben; *Poslednjaja ljubov'*, Letzte Liebe). Tjutčev zufolge ist die Liebe die zugrunde richtende Leidenschaft, einem Unwetter gleich, die dem Mann und der Frau zum Schicksal wird. Daher das Motiv der Einsamkeit und der Stille (*Silentium!*). Nicht nur in der Stille, sondern auch in geistiger Einsamkeit erblickt Tjutčev den Weg zu höherer Erkenntnis.

Doch die zentrale Idee in Tjutčevs Poesie ist die pantheistische Verbundenheit von Mensch und Natur (Schelling zufolge die Voraussetzung für Glückseligkeit), die jedoch nur als vorübergehend empfunden wird, so dass Harmonie und Zwietracht nebeneinander bestehen. Diese kontrastive Beleuchtung seiner Themen finden wir auch in Tjutčevs Naturlyrik. Seine Zeitgenossen erblickten in Tjutčev

111

den Dichter der Natur, weil in der russischen Literatur vor ihm die Natur noch nie eine so große, grundsätzliche Rolle gespielt hatte. Bei Tjutčev finden wir keine Beschreibung von Naturereignissen, sondern die Wiedergabe der Gefühle, die die Natur hervorruft und die auf die Natur übertragen werden.

Eines der Leitmotive in Tjutčevs Poesie ist denn auch die schläfrige Glückseligkeit der Natur und die mit ihr verschmelzende Seele des Dichters. Tjutčevs Œuvre ist eine Poesie voller Kontraste: zwischen Nord und Süd, zwischen Kälte und Dunkelheit einerseits und Helligkeit andererseits, zwischen Winter und Kälte hier und Sommer und Wärme da. Tjutčev zeigt auch gerne die Übergänge zwischen diesen Kontrasten auf. Neben die Welt in Bewegung stellt der Dichter die Welt in Ruhe. Das Bild des Sturmes ist von zentraler Bedeutung und erweist sich im Zusammenhang mit psychologischen und philosophischen Themen in Tjutčevs Werk als sehr wichtig. Der Sturm verweist auf das dämonische Prinzip in der Natur, das Schicksalhafte, Tragische, Chaotische in Natur und Mensch. Tjutčevs Poesie ist denn auch zu philosophisch und metaphysisch, um als *L'art pour l'art* abgetan zu werden. Trotz lobender Worte von Turgenev und Tolstoj (»Ohne Tjutčev kann man nicht leben«) geriet Tjutčev in Vergessenheit, bis er am Ende des 19. Jahrhunderts von den Symbolisten (Vladimir Solov'ëv) wiederentdeckt wurde. In ihren Augen war Tjutčev ein Seher, ein Visionär und ein Mystiker, der in seiner Poesie die allertiefsten Rätsel des Daseins zu ergründen versucht hatte. Sie nannten ihn folgerichtig »den ersten russischen Symbolisten«.

Tjutčev hat außerdem eine beträchtliche Zahl politischer Gedichte verfasst, doch diese nehmen in seinem Œuvre eine Sonderstellung ein (z.B. *Na vzjatie Varšavy*, Auf die Eroberung Warschaus; *Na priezd ėrcgercoga Austrijskogo na pochorony Nikolaja I* (Auf die Ankunft des Großherzogs von Österreich); in seinem Nekrolog auf Nikolaus I. äußert er sich sehr negativ über den verstorbenen Zaren: »Nicht Gott hast Du gedient und nicht Russland / Sondern nur Deiner eigenen Eitelkeit«) und gehören in dieselbe Reihe wie seine Artikel über politische Fragen (»La Russie et l'Occident«, »La Russie et la Révolution«, »La Question romaine et la Papauté«). Nach 1848 wurde Tjutčev, der Slawophiler und Panslawist war, ein reaktionärer Nationalist.

Tjutčevs Poesie ist eine Mischung aus Romantik und Tradition des 18. Jahrhunderts. Erhabene Sprache und Archaismen (klassische Rhetorik) wechseln mit romantischer Bildersprache (z.B. *Traum auf dem Meer*, 1836). Tjutčevs Aussagen sind häufig recht knapp formuliert und aphoristisch (»Ein ausgesprochener Gedanke ist eine Lüge«, »Glücklich ist, wer diese Welt in ihren schicksalhaften Augenblicken besuchte«). Größte Bekanntheit genießen die folgenden vier Zeilen aus dem Jahr 1866:

Umom Rossiju ne ponjat',

Aršinom obščim ne izmerit':

U nej osobennaja stat'

V Rossiju možno tol'ko verit'.

(Begreifen lässt sich Russland nicht,
Besondres muss man ihm erlauben,
Ein andres Maß als sonst ist Pflicht:
Man kann allein an Russland glauben.)

Diese Worte werden bei jeder passenden und unpassenden Gelegenheit von slawophilen Westeuropäern zitiert, die den irrationalen, unberechenbaren oder asiatischen Charakter der Russen beschönigen wollen.

Philosophische Poesie verfasste auch EVGENIJ BARATYNSKIJ (1800 – 1844), der zu Puškins Freundeskreis gehörte. Aus seinem Militärdienst in Finnland resultierte das elegische Gedicht *Finljandija*. Sein Frühwerk umfasst epikureische Motive und Liebesgedichte, aber auch lyrisch-philosophische Meditationen. Er fühlte Sympathie für die Dekabristen (in einem Epigramm nannte er Arakčeev »Feind des Vaterlandes, Knecht des Zaren«), wollte aber kein engagierter Dichter werden. In *Poslednjaja smert'* (Der letzte Tod, 1827), einem antiutopischen Gedicht, und in *Poslednij poet* (Der letzte Dichter, 1835) brachte er seine Zweifel an den Möglichkeiten der Poesie (»der Poesie kinderliche Träume«) in »dem eisernen Jahrhundert« der wirtschaftlichen Mühsale zum Ausdruck. Sein letzter Gedichtband, *Sumerki* (Dämmerung, 1842), fasst das tragische Gefühl des modernen, einsamen Menschen und Dichters in Worte, der rebellisch ist und Zweifel am Fortschritt hegt. Seine materialistischen und progressiven Zeitgenossen verstanden ihn nicht oder hielten seine Einstellung zum Leben für zu pessimistisch. Obwohl von Puškin sehr geschätzt, sollte er erst von den Symbolisten als philosophischer Dichter (wieder)entdeckt werden. Im Jahre 1843 unternahm er eine Auslandsreise. Wenngleich er mit den Slawophilen auf nicht besonders gutem Fuß stand, schickte er seiner Familie am Silvesterabend des Jahres 1843 aus Paris doch folgende Worte: »Ich gratuliere euch zu Neujahr. Ich gratuliere euch zur Zukunft, denn davon haben wir mehr als anderswo; ich gratuliere euch zu unseren Steppen, denn die sind von einer Weite, die die hiesigen Wissenschaften nicht ersetzen können; ich gratuliere euch zu unserem Winter, denn der ist munter und strahlend und erweckt uns dank der Beredsamkeit des Frostes mehr zum Leben als die hiesigen Redner; und ich gratuliere euch zudem dazu, dass wir in der Tat zwölf Tage jünger sind als andere Völker und wir sie aus diesem Grund vielleicht um zwölf Jahrhunderte überleben.« Baratynskij starb im Alter von 44 Jahren in Neapel.

4. Der Realismus (I)

4.1. Einleitung

Puškin, Lermontov, Gogol' und vor allem die Schriftsteller der *Natürlichen Schule* hatten dem Realismus den Weg geebnet. Die Richtung erhielt von der Literaturkritik Belinskijs einen kräftigen Impuls. Die jetzt einsetzende Periode zeichnet sich durch ein starkes Interesse an sozialen und politischen Fragen aus; nicht nur in der Journalistik und Publizistik (»publicistika«) werden die brennenden Probleme der Zeit behandelt, sondern auch in der Literatur selbst.

Eine Ausnahme stellt SERGEJ AKSAKOV (1791 – 1859) dar, der als Repräsentant der alten Generation den Weg des Realismus einschlug. Er empfing Belinskij, Turgenev, Lev Tolstoj, Ševčenko und Gogol' in seinem gastfreundlichen Haus in Moskau, das zum Zentrum der Slawophilen wurde (seine Söhne Konstantin und Ivan waren Theoretiker des Slawophilentums). Es war Gogol', der Aksakov dazu veranlasst hat, die Erinnerungen an seine Kinderjahre zu Papier zu bringen. Dies tat Aksakov in *Semejnaja chronika* (Eine Familienchronik, 1856), von Ajchenval'd »eine der angenehmsten und anziehendsten Ecken der russischen Literatur« genannt. Aksakov beschreibt hierin das patriarchalische Leben in der Provinz in »der guten alten Zeit« unter Katharina der Großen, die von Poesie durchdrungene, charmante Geschichte seiner Eltern und Großeltern. Aksakov beschreibt das Landleben so wahrheitsgetreu, in einer so einfachen, ungekünstelten Sprache, dass ihm die Kritik sofort einhellig Beifall spendete und Aksakov zum wichtigsten lebenden Schriftsteller ausrief. Gerade der objektive, unparteiische Erzählstil verleiht Aksakovs Buch eine Ausnahmestellung unter den literarischen Werken jener Zeit, die immer das eine oder andere Ziel verfolgten. Dies war deutlich der Fall im Werk von Herzen, Černyševskij und Dobroljubov, bedeutenden Persönlichkeiten am Vorabend der Reformen des Jahres 1861 und in den sechziger Jahren.

4.2. Hintergrund

Als Alexander II. im Jahre 1855 die Nachfolge von Nikolaus I. antrat, atmete ganz Russland auf. Der neue Zar war fest entschlossen, Russland zu modernisieren, d.h. eine Reform durchzuführen. Dies geschah mittels der großen Agrarreform vom 19. Februar 1861, kraft derer die russischen Bauern befreit wurden und die jahrhundertealte Leibeigenschaft (krepostničestvo) abgeschafft wurde. Leider aber waren die Reformen nur halbherzig und nicht radikal genug durchgeführt worden, um die Bauern zufriedenstellen zu können. Die Unzufriedenheit unter den Intellektuellen führte in den sechziger Jahren zum Aufkommen des Populismus (narǫdničestvo; unter den narǫdniki befanden sich nicht nur raznočįncy, sondern auch sogenannte kąjuščiesja dvorjạne, »reumütige Edelleute«, wie der größte populistische Kritiker, Nikolạj Michajlǫvskij, es zutreffend formulierte). Die Populisten waren der Meinung, dass Russland durch eine sozialistische Revolution Rettung zuteil werden müsse, und stützten sich dabei auf die Bauernversammlung (mir). Der Populismus war durch zwei Aspekte gekennzeichnet: den Terrorismus und das »Ins-Volk-Gehen« (choždẹnie v narǫd), letzteres, um das unwissende Volk über seine Situation aufzuklären und auf eine soziale Revolution vorzubereiten. Diese Bewegung fand in Aleksạndr Herzen (*Die Glocke*), Dmịtrij Pịsarev, Černyšẹvskij, Nikolạj (*Was tun?*) und Pĕtr Lavrǫv (*Vperëd*, Vorwärts) Fürsprecher. Lavrǫv behauptete, dass nicht die Masse, nicht das Volk, sondern die Elite, nämlich die Partei, diesen Umbruch bewerkstelligen müsse. Der Čajkǫvskij-Kreis in Petersburg agitierte unter den Studenten (u.a. Fürst Pĕtr Kropǫtkin, der berühmte Anarchist) und den Arbeitern in der Hauptstadt. 1874 unternahmen mehrere tausend narǫdniki eine großangelegte Wanderung in die Provinz, »ins Volk« (v narǫd), um es mit ihren Ideen vertraut zu machen. Das Volk verstand ihre Sprache und Ideen nicht und übergab sie der Polizei. Dies hatte den »Prozess gegen die 50« in Moskau und den »Prozess gegen die 193« in Petersburg zur Folge, wo sich die Behörden unversöhnlich zeigten. Dieses Fiasko des friedlichen Populismus hatte verhängnisvolle Folgen: Die narǫdniki reagierten darauf mit der Gründung der terroristischen Organisation *Zemljạ i vǫlja* (Land und Freiheit), die 1879 ein (misslungenes) Attentat auf den Zaren verübte (der Name der Organisation war von einem Artikel abgeleitet, den der Dichter Nikolạj Ogarëv in Herzens *Die Glocke* veröffentlicht hatte und in dem er feststellte, dass die Reformen den Bauern nicht gegeben hätten, worauf sie ein Recht hatten, nämlich Land und Freiheit). Die Terroristen fanden eine Quelle der Inspiration in der Persönlichkeit des Sergej Nečạev, der in seinem berühmten *Katechịzis revoljucionẹra* (Katechismus eines Revolutionärs) behauptete, dass das persönliche Glück des Revolutionärs dem Kampf für die gute Sache unterzuordnen sei. Geǫrgij Plechạnov, der erste russische Marxist, gründete damals die neue Gruppe *Narǫdnaja vǫlja* (Freiheit des Volkes, 1879), die am 1. März 1881 den russischen Zaren Alexander II., ausgerechnet den Zaren, der die Bauern befreit hatte (car'-osvobodịtel'), bei einem Anschlag tötete. Allmählich gelangte Plechạnov zu der Anschauung, dass Terror gegen einzelne Personen keinen Sinn hatte, und gründete gemeinsam mit anderen Ex-Populisten – Vẹra Zasụlič, Pạvel Aksẹl'rǫd, Lev Dejč (Deutsch) – im Jahre 1883 in Genf die Gruppe *Osvoboždẹnie trudạ* (Befreiung der Arbeit). Plechạnov und Vladịmir Il'ịč Ul'jạnov (besser bekannt als Lẹnin) wurden die Schlüsselfiguren in dieser marxistischen Bewegung. In Genf begann Lenin damit, die Zeitung *Iskra* (Der Funke) herauszugeben, die dann illegal nach Russland geschmuggelt und in den großen Industriezentren verteilt wurde. Das Blatt zielte darauf ab, alle sozialdemokratischen Kräfte in Russland zu vereinigen. Auf dem zweiten Kongress der Russischen Sozialdemokratischen Arbeiterpartei (RSDRP), der 1903 in Brüssel und London abgehalten wurde (der erste fand 1898 in Minsk statt), fiel die Entscheidung über das weitere Schicksal Russlands: Hier entstand der Bolschewismus als politische Lehre und als Organisation. Ab diesem Zeitpunkt setzte sich Lenin für eine kleine, aber treue, knochenharte und disziplinierte Gruppe von Berufsrevolutionären ein, die Russland »auf den Kopf« stellen sollten.

Neben der revolutionären Bewegung gab es auch noch andere Kräfte, die das russische Imperium von innen heraus aushöhlten. Die Kirche hatte ihre Monopolstellung im Bildungsbereich verloren, die Presse wurde unabhängig, und in der Provinz standen die zemstvos der Autokratie und der Bürokratie gegenüber. Das zemstvo war eine soziale Einrichtung, die die größten Nöte des Volkes auf wirtschaftlichem und sozialem Gebiet linderte und auch für das Unterrichtswesen zuständig war. Die Bauernbefreiung hatte natürlich auch weitreichende Folgen für das agrarische Land, das jetzt einen kapitalistischen Weg einschlug. Als die öffentliche Meinung nach 1861 radikaler wurde, leisteten die konservativen Kräfte Widerstand; sie fanden in Menschen wie Katkov (mit seinen Zeitschriften *Russkij vestnik*, Der russische Bote, und *Moskovskie vedomosti*, Moskauer Berichte) und Pobedonoscev Wortführer. Der letztgenannte war als Oberprokuror des Heiligen Synods verantwortlich für den erstickenden Geist extremer Reaktion gegen Ende des 19. und zu Anfang des 20. Jahrhunderts. Seine Philosophie des militanten Zarismus formulierte er 1896 in seinem *Moskovskij sbornik* (Moskauer Sammelband).

Das mutatis mutandis als konservativ zu bezeichnende Slawophilentum führte zu Panslawismus und počvenničestvo. Der Panslawismus setzte sich für die Vereinigung aller slawischen Völker unter der Führung Russlands ein. Ein Wortführer war Nikolaj Danilevskij, dessen Werk *Rossija i Evropa* (Russland und Europa) von Zeitgenossen »der Katechismus des Slawophilentums« genannt wurde. Die zweite Strömung entstand in den sechziger Jahren um die Zeitschriften *Vremja* (Die Zeit, 1861 – 1863) und *Epocha* (Die Epoche, 1864 – 1865) der Gebrüder Fëdor und Michail Dostoevskij. Das počvenničestvo (von počva = das nationalrussische Element) mit Apollon Grigor'ev und Nikolaj Strachov als Ideologen und Propagandisten erkannte einige positive Grundsätze der Westler an und trat für eine Verschmelzung von obrazovannost' (Kultur) und dem sogenannten volkstümlichen Prinzip ein; diese Verschmelzung war in ihren Augen die Voraussetzung für Russlands Fortschritt. Darüber schrieb Dostoevskij: »Endlich werden wir uns dessen bewusst, dass wir eine besondere, wenn auch eine sehr merkwürdige Nation sind, und dass es unsere Pflicht ist, unseren eigenen Weg zu wählen, mit Mitteln, die am besten dem

Geist unseres Volkes entsprechen, Mitteln, die im russischen Boden verwurzelt
und der russischen Mentalität angepasst sind.« Sie akzeptierten die europäische
Kultur, entlarvten zugleich aber »den verfaulten Westen« (gniloj Zapad) und
bekämpften revolutionäre, sozialistische Ideen und den Materialismus, dessen sie
den »bürgerlichen« Westen beschuldigten. Folglich standen sie in direkter Opposition zur Zeitschrift *Sovremennik*. In den siebziger Jahren schlugen sich diese Ideen
in Dostoevskijs *Dnevnik pisatelja* (Tagebuch eines Schriftstellers) nieder. Die
Konservativen und »Reaktionäre« wetterten gegen das widerspenstige Polen (das
seit dem Ende des 18. Jahrhunderts unter russischer Herrschaft stand und sich
1863 erhoben hatte), gegen den westlichen Parlamentarismus, gegen die Juden usw.
Besonders nach dem 1. März 1881 griff die Reaktion schnell um sich. An diesem
Tag hatte Alexander II. nämlich dem gemäßigten Grundgesetz zugestimmt, das von
seinem traumatisierten Nachfolger Alexander III. auf Eis gelegt werden sollte. Im
darauffolgenden Vierteljahrhundert (1881 – 1905) blieb das politische Programm
der russischen Regierung (Alexander III. 1881 – 1894, Nikolaus II. 1894 – 1917)
unverändert: starke Kontrolle der freien Meinungsäußerung; den zemstvos Zügel
angelegt; strengere Zensur; Kontrolle des Bildungsbereichs (mit dem allerreaktio-
närsten aller Bürokraten, Graf Dmitrij Tolstoj, als Minister für Volksaufklärung);
polizeiliche Überwachung der Intellektuellen; Russifizierung in Polen, in den
baltischen Gebieten und in der Ukraine; Antisemitismus (*Černaja sotnja* oder
»Schwarzhemden«, eine volkstümliche Bezeichnung für eine erzreaktionäre, chau-
vinistische, monarchistische Organisation, die sich gegen Intellektuelle und Juden
richtete, mit ihrer Losung: »Für Gott, das Heilige Russland, den Zaren, gegen die
Juden«). Zu allem Unglück knüpfte die Regierung ihre Bande mit dem Adel fester,
was den anderen Bevölkerungsgruppen missfiel. Dem standen positive Reformen
auf sozialem und wirtschaftlichem Gebiet gegenüber: Die Lage der Bauern wurde
verbessert, die ersten Schritte in Richtung einer Arbeitsgesetzgebung wurden getan,
und die Finanzen wurden neu organisiert. Doch all diese Verbesserungen konnten
die negativen Aspekte des kapitalistischen Russlands nicht ausgleichen: Als das
autokratische Reich 1905 den Krieg gegen Japan verlor, platzte die Bombe.

Als die *Vaterländischen Annalen* 1884 verboten wurden, gab es keine einzige
Zeitschrift, die diesen Verlust für die russische Literatur hätte wettmachen können.
Progressive Schriftsteller mussten jetzt in liberalen Zeitschriften wie *Russkaja
Mysl'* (Der russische Gedanke, Moskau 1880 – 1918) und *Vestnik Evropy* (Der
Bote Europas, Petersburg 1866 – 1918) veröffentlichen. Eine typisch »bürgerliche«
Zeitung war *Novoe vremja* (Die neue Zeit) von Aleksej Suvorin. In diesen Jahren
der Reaktion fanden die liberalen narodniki ein Sprachrohr in Pavel Gajdeburovs
Zeitschrift *Nedelja* (Die Woche), in der ein gewisser Juzov »die Theorie der kleinen
Taten« entwickelte. Diesem Kritiker zufolge war die Periode der großen und
heroischen Taten vorbei und begann die Zeit kleiner, alltäglicher Reformtaten
(beispielsweise die Einrichtung von Krankenhäusern und Schulen in der Provinz).

Worte dieser Tragweite finden wir auch in der populistischen Zeitschrift *Russkoe bogatstvo* (Der russische Reichtum, 1876 – 1918). Charakteristisch für die achtziger Jahre war außerdem das Erscheinen der sogenannten kleinen Presse – humoristische Blätter, die unschuldige Unterhaltung boten, wie *Oskolki* (Splitter) von Nikolaj Lejkin, in dem viele Kurzgeschichten Čechovs veröffentlicht wurden.

4.3. Meinungsmacher

4.3.1. Herzen

ALEKSANDR GERCEN (im Westen besser bekannt unter dem Namen Herzen) wurde 1812 als unehelicher Sohn eines reichen Aristokraten geboren. In jungen Jahren las er Rousseau, Voltaire, Schiller, den verbotenen Puškin und den Dekabristen Ryleev. Gemeinsam mit seinem Jugendfreund Ogarëv schwor er, die Sache der Dekabristen weiterzuführen (der berühmte »Schwur auf den Sperlingsbergen«). Wegen gewagter Äußerungen in einer Studentengruppe an der Moskauer Universität wurde er als Bürogehilfe in die Provinz verbannt. Aleksandr erbte von seinem Vater ein ansehnliches Vermögen, mit dem er 1847 – auf immer – ins Ausland ging. Er fand sich im unruhigen Westen des Revolutionsjahres 1848 wieder, worüber er die *Pis'ma iz Francii i Italii* (Briefe aus Italien und Frankreich) schrieb. Nach dem Tod von Nikolaus I. kommt viel Material aus Russland, das von Herzen in der Zeitschrift *Poljarnaja zvezda* (Der Polarstern, 1855 – 1862) veröffentlicht wurde. Zwischen 1857 und 1862 gab Herzen *Kolokol* (Die Glocke) heraus, die am besten informierte russische Zeitschrift, die unter ihren Informanten und Lesern hochgestellte Persönlichkeiten hatte (auch Alexander II. las die Zeitung). Das Blatt wurde illegal nach Russland geschmuggelt. Es hatte Erfolg, weil Herzens Programm (Abschaffung von Leibeigenschaft, Leibesstrafen und Zensur) bei allen oppositionellen Kreisen auf Zustimmung stieß. Doch als das Blatt nach 1861 radikaler wurde und sich u.a. auf die Seite der Polen schlug, verlor es seine Leser. In den Jahren um 1850 schrieb Herzen *Vom anderen Ufer* (Originaltitel), einen sehr individuellen, lyrischen Bericht und eine historische Chronik der Höhepunkte in der revolutionären Entwicklung des Westens, in der er eine philosophische Bilanz zieht. Herzen will hier unvoreingenommen »die Physiologie des gesellschaftlichen Lebens« untersuchen. Die Form war in der russischen Literatur völlig neu: eine Kombination aus Dialog, Pamphlet und Beichte, aus künstlerischen und journalistischen Elementen. Die Revolution im Westen enttäuschte Herzen, so dass er seine Aufmerksamkeit immer mehr auf Russland konzentrierte. In *Le peuple russe et le socialisme* verleiht er seiner Hoffnung Ausdruck, dass Russland imstande sein würde, die kapitalistische Phase zu überspringen, den russischen Bauern vor der Proletarisierung zu schützen und die traditionelle Bauernversammlung (mir) in einer sozialistischen Form zu entwickeln.

Die sozialistischen Erfahrungen im Westen hatten aus Herzen, der wie Belinskij ein Westler gewesen war, einen glühenden Slawophilen gemacht. *Über die Entwicklung revolutionärer Ideen in Russland* enthält eine aus revolutionärer Sicht geschriebene Gesamtdarstellung Russlands nach Peter dem Großen bis in die Mitte des 19. Jahrhunderts. Herzens literarischer Ruhm aber gründete sich auf den Roman *Kto vinovat?* (Wer ist schuld?, 1847) und seine Memoiren. In seinem Roman zeichnet er einen überflüssigen Menschen (Bel'tov), der nicht weiß, wie er seine Ideale in den vierziger Jahren verwirklichen muß. Die weibliche Hauptfigur (Ljubon'ka) ist eine der ersten unabhängigen Persönlichkeiten in der russischen Literatur. Darum kann Herzens Roman, eines der ersten Beispiele anklagender Literatur in Russland, auch als einer der ersten russischen »Frauenromane« bezeichnet werden. Das idyllische Glück Ljubas und des Hauslehrers Kruciferskij, das dem Zeitgeist entsprechend sentimental – wenn auch mit ironischem Kommentar – erzählt wird, wird von dem verwöhnten »Pariser« Bel'tov zerstört. Herzens Antwort auf die im Titel enthaltene polemische Frage lautet, dass einzig und allein die russische Gesellschaft an der Leere und der Langeweile schuld sei, die echte Kreativität unmöglich mache und überflüssige Menschen wie Bel'tov hervorbringe, welche sich aufgrund fehlender sinnvoller Tätigkeit in Liebesabenteuer und dadurch sich und andere ins Verderben stürzten. Nach wie vor große Beliebtheit genießt Herzens Autobiografie *Byloe i dumy* (Erlebtes und Gedachtes, 1852 – 1868), eine Chronik des sozialen Lebens in Russland und Westeuropa vom Dekabristenaufstand bis zum Vorabend der Pariser Kommune. Herzen hegte mit seinen Memoiren nicht die Absicht, sich zu rechtfertigen oder Einzelheiten über sich selbst zu enthüllen (obwohl sie sehr schöne Stellen über sein Privatleben enthalten), sondern das Allgemeine, das »Typische« zutage treten zu lassen, nicht so sehr das Einzelschicksal als vielmehr den Einfluss des Zeitgeschehens auf das Individuum darzustellen (so zeichnen Herzens Memoiren ebenso wie Kropotkins großartige *Memoirs of a revolutionist* ein erhellendes Bild des Lebens in Russland unter Nikolaus I.). Herzens umfangreiche Autobiografie enthält sehr heterogene Elemente: historische Porträts, Berichte über persönliche Erlebnisse, Tagebucheintragungen, Briefe und Passagen aus Zeitungsartikeln, die von Herzen selbst stammen. Seine Memoiren gehören unzweifelhaft zu den fesselndsten und charmantesten dieses Genres.

Eine einnehmende Persönlichkeit ist auch VLADIMIR PEČERIN (1807 – 1885), der als junger und begabter Altphilologe vor dem autoritären Regime Nikolaus' I. flüchtete und jahrelang durch Westeuropa streifte: »Ich bin aus Russland geflohen, wie Menschen aus einer Stadt fliehen, in der eine Pestepidemie herrscht« und »Kak sladostno nenavidet' svoju rodinu« (Wie süß es ist, das Vaterland zu hassen). So landete er zufällig in Lüttich, wo ihn die Schönheit der katholischen Messe beeindruckte und er dem Orden der Redemptoristen beitrat. Nach zwei Jahren verließ er das Kloster und ging nach Irland, wo er als einfacher Bruder in einem katholischen Krankenhaus tätig war. Seine Memoiren – *Zamogil'nye zapiski (Apo-*

logia pro vita mea) (Aufzeichnungen von jenseits des Grabes) – konnten erst 1932 erscheinen. In seinen deutlich von Chateaubriands *Mémoires d'Outre-Tombe* inspirierten Aufzeichnungen in Briefform erzählt Pečęrin fesselnd und spannend von den Abenteuern, die er in dem gärenden Europa kurz vor der Revolution des Jahres 1848 erlebt hat, und von seinen Kontakten mit den »Republikanern« (= allerlei Radikale). Sehr lesenswert ist die Geschichte seiner Bekehrung zum Katholizismus und seine ironische Abrechnung mit diesem. Seine Kritik am Vatikan ist vernichtend: »Die weltliche Macht des Papstes hätte schon längst abgeschafft werden müssen: Das ist eine Schmach für den gesunden Verstand, ein frevelhaftes Attentat auf die Menschenwürde, ein schändlicher Makel auf der Fahne des 19. Jahrhunderts.« Im 19. Jahrhundert konnte er in Russland kaum veröffentlicht werden, da er ein religiöser Überläufer war. Gemeinsam mit Fürst Ivạn Gagạrin (1814 – 1882) gehört Pečęrin zu den berühmtesten »Abtrünnigen«, die den orthodoxen Glauben verlassen haben: Gagạrin wurde 1848 Jesuit und veröffentlichte Artikel gegen die russisch-orthodoxe Kirche.

4.3.2. Radikale Kritiker

Obwohl Herzen als politischer Journalist großes Ansehen genoss, war und dachte er doch zu komplex, um zum Führer der Radikalen werden zu können. Die geistige Führung der Radikalen wurde ab der Mitte der fünfziger Jahre von den fanatischen Kritikern Černyševskij, Dobroljụbov und Pịsarev ausgeübt. Sie setzten sich aufs schärfste gegen die Vergangenheit, gegen die adlige Kultur zur Wehr und hatten nur noch ein Auge für utilitaristische Kunst. Bereits in seiner Dissertation *Ėstetịčeskie otnošẹnija iskụsstva k dejstrịtel'nosti* (Die ästhetischen Beziehungen der Kunst zur Wirklichkeit) aus dem Jahre 1855 formulierte Nikolạj Černyševskij (1828 – 1889) die originelle These, dass Kunst nicht mehr sei als eine mehr oder weniger treue Wiedergabe der Wirklichkeit und dass Kunst immer hinter der Realität zurückbleibe. Diese Utilitaristen interessierten sich denn auch nicht für die Literatur an sich, sondern sprachen in ihren sogenannten literarischen Kritiken über soziale, moralische und politische Probleme des russischen Gemeinlebens, wie diese in der Literatur zutage traten. Černyševskijs *Očerki gogolevskogo perịoda rụsskoj literatụry* (Studien zur Gọgol'-Periode in der russischen Literatur, 1856) haben das Fundament für die utilitaris-tische und soziale Betrachtungsweise der Literatur gelegt. Nach 1861 wurde Černyševskij wegen revolutionärer Aktivitäten festgenommen und in der Peter-und-Pauls-Festung in Petersburg eingesperrt. Dort verfasste er sein *Čto dẹlat'. Iz rasskạzov o nọvych ljụdjach* (Was tun? Aus den Erzählungen über die neuen Menschen, 1862/1863), das erste Beispiel eines sozialpolitischen Romans in der russischen Literatur. Das Buch handelt vom Leben der »neuen Menschen«, die Russland in ein sozialistisches Land zu verändern versuchen. Die weibliche Hauptperson ist Vẹra Pạvlovna, die mit ihrem alten Milieu

121

gebrochen hat und Nähateliers gründet, wo sich andere Frauen zu selbstbewussten und selbständigen Frauen entwickeln können. In ihrer Ehe mit Lopuchǫv besteht völlige Gleichberechtigung. Es sind Menschen der Tat, die in der Arbeit den Sinn des Lebens finden. Rachmętov, die männliche Hauptperson, ist der Prototyp der aufkommenden Generation (Berufs-)Revolutionäre: Er gibt alle Privilegien auf, lebt mit dem einfachen Volk, verrichtet schwere körperliche Arbeit und bereitet sich fanatisch und unter schweren körperlichen Entbehrungen auf revolutionäre Aufgaben vor. Es ist denn auch nicht verwunderlich, dass Černyševskijs Roman zum Lieblingsbuch der nachfolgenden revolutionären Generationen avancierte, aus denen später Lęnin hervorgehen sollte.

Černyševskijs radikale Ideen wurden von NIKOLĄJ DOBROLJUBOV (1836 – 1861) und DMĮTRIJ PĮSAREV (1840 – 1868) weiterentwickelt. Der erste war für alle Revolutionäre zwischen 1860 und 1905, die das zaristische Russland hassten, Pflichtlektüre. Dobroljubov war ein Spezialist, wenn es darum ging, Kritik »anlässlich« (po pǫvodu) zu äußern, d.h. Kritik, die ein literarisches Werk als Vorwand heranzieht, um allerlei aktuelle Fragen zu behandeln. So beispielsweise in seinem berühmten Essay *Čto takǫe oblǫmovščina?* (Was ist Oblomowerei?, 1859) anlässlich Gončarǫvs Roman *Oblǫmov*. In Dobroljubovs Augen muss der Künstler Realist sein, aber dennoch in erster Linie Künstler bleiben. Er darf Utilitarist sein – unter der Voraussetzung, dass das Künstlerische nicht darunter leidet. Die Radikalen ließen sich auch von den materialistischen Auffassungen Pįsarevs anregen, der jede Kunst ablehnte, außer wenn sie ein klares Ziel hatte, und zwar die Erziehung der Intelligenzija in wissenschaftlichem Sinne, denn Wissenschaft bedeutete damals Fortschritt. Von seinen Gegnern wurde er denn auch »Nihilist« genannt, in der Bedeutung, die Turgęnevs berühmter Held Bazǎrov diesem Begriff verleihen sollte. Pįsarev zog aus Černyševskijs und Dobroljubovs utilitaristischen Auffassungen die Konsequenzen und behauptete, es sei absolut ausgeschlossen, ein Dichter und nicht zugleich auch ein bewusster Realist zu sein. Die Auffassungen dieser drei sogenannten revolutionären Demokraten waren für das ganze weitere 19. Jahrhundert tonangebend und sollten im 20. Jahrhundert von den Bolschewiken zum Dogma kanonisiert werden. Für die Evolution der Sowjetliteratur sind ihre Auffassungen denn auch katastrophal gewesen.

B. »KRITISCHER« REALISMUS

4.4. Gončarọv

Das einzige erwähnenswerte Ereignis im ruhigen Leben IVẠN GONČARỌVS (1812 – 1891) ist seine Weltreise zwischen 1852 und 1854. Seine Eindrücke hat er in der inzwischen klassischen Reisebeschreibung *Fregạt ›Pallạda‹* (Fregatte »Pallas«, 1858) zu Papier gebracht, wodurch Gončarọv zum Begründer der russischen Seeliteratur wurde (vgl. Konstantịn Stanjukọvič).

In den dreißiger Jahren studierte er Philologie an der Moskauer Universität, lernte aber keinen der führenden Köpfe kennen (Belịnskij, Herzen, Ogarëv). Nach dem Studium wurde er Beamter im Finanzministerium; außerdem war er jahrelang Zensor. In der literarischen Beichte *Lụčše pọzdno, čem nikogdạ* (Lieber spät als nie) interpretierte er selbst die drei von ihm verfassten Romane: *Obyknovẹnnaja istọrija* (Eine gewöhnliche Geschichte, 1847), *Oblọmov* (1859) und *Obrỵv* (Die Schlucht, 1869). Sein letzter Roman war kein Erfolg, sein Erstling ist deutlich schwächer als sein bestes Werk: *Oblọmov*. In seiner autobiografischen *Neobyknovẹnnaja istọrija* (Eine ungewöhnliche Geschichte, 1879 abgeschlossen) beschuldigt er Turgẹnev u.a., Ideen von ihm gestohlen zu haben. Der Ehrenplatz, den Gončarọv in der russischen Literatur einnimmt, und der Ruhm, dessen er sich im Ausland erfreut, sind einem einzigen Werk zu verdanken: dem Roman *Oblọmov*, der zuweilen als »die dichterische Bibel der slawischen Indolenz« bezeichnet wird. Unmittelbar nach der Veröffentlichung von Gončarọvs Roman kam es zu einer heftigen Polemik um dieses literarische Werk und im besonderen um die Figur des Oblọmov. Die Veröffentlichung des Buches fiel in die Zeit zwischen der Katastrophe von Sewastopol (Krimkrieg) und dem Vorabend der Reformen, es wurde ein literarisch-soziales Ereignis, der Roman wurde als beste Entlarvung des rückständigen Russlands in der Literatur betrachtet. In seiner berühmten Abhandlung *Čto takọe oblọmovščina?* (Was ist Oblomowerei?, 1859) fasst Dobroljụbov die Handlung im Roman lakonisch zusammen: »Der Roman ist, wenn Sie so wollen, wirklich in die Länge gezogen. Im ersten Teil liegt Oblọmov auf dem Diwan; im zweiten Teil fährt er zu den Il'ịnskijs und verliebt sich da in Ọl'ga und sie sich in ihn; im dritten Teil erkennt sie, dass sie sich in ihm geirrt hat, und sie trennen sich; im vierten Teil heiratet sie seinen Freund Stolz, und Oblọmov heiratet die Wirtin, bei der er ein Zimmer mietet. Und das ist alles. Keine äußeren Ereignisse, keine Hindernisse, keine Begleitumstände ... Oblọmovs Faulheit und Apathie sind die einzige Triebfeder der Handlung in der ganzen Geschichte.« Dobroljụbov weist mit Nachdruck darauf hin, dass die ganze Schuld an Oblọmovs Trägheit und Unbeweglichkeit an seiner Erziehung liegt: »Seine Faulheit und Apathie ist ein Produkt der Erziehung und der ihn umgebenden Bedingungen. Das Wichtigste hierbei ist nicht Oblọmov, sondern die Oblomowerei.«

123

Unter »Bedingungen« verstand der Kritiker die Leibeigenschaft. Dobroljubov sieht in Oblomov den »überflüssigen Menschen«, den Nachfolger von Onegin, Pečorin, Rudin, Bel'tov, mit dem Unterschied, dass Il'ja Il'ič Oblomov die Gerechtigkeit der herrschenden Ordnung überhaupt nicht in Zweifel zieht, sich im Gegenteil auf dem patriarchalischen Landgut seiner Eltern pudelwohl fühlt. Was Oblomov aber mit seinen illustren Vorgängern und Schicksalsgenossen teilt, ist die tiefe Verachtung der Menschen mit ihrer pedantischen Arbeit, ihrer eingeschränkten Begriffswelt und ihrem kurzsichtigen Streben, im besonderen die Verachtung des geschäftigen Treibens der Menschen – das alles ist für den trägen Oblomov eine Quelle des Leidens. Dobroljubov zufolge beweist nun der Roman, dass man die Notwendigkeit »einer echten Tat« in der Gesellschaft eingesehen habe, dass jetzt Bedarf an Menschen bestehe, die sich auf sozialem Gebiet einsetzen.

Oblomovs Antipode ist die Gestalt des aktiven Geschäftsmannes Andrej Stolz (Štol'c). Ist das denn nicht der Mann, nach dem Russland Ausschau hält? Der die Leere der Onegins, der Pečorins, der Oblomovs mit aktiver Tätigkeit und deutscher »Gründlichkeit« ausfüllen wird? Stolz wird im Roman als der aktive, vor Leben sprühende junge Mann beschrieben, der sofort Pläne für die Reorganisation von Oblomovs Landgut entwirft, der ständig auf Achse ist, Geschäften nachgeht usw. Er ist es, der Oblomov aus seiner Apathie und seinem Schlafrock zu befreien versucht, was ihm zuweilen gelingt, jedoch ohne nachhaltige Wirkung: Oblomov lässt sich wieder auf seinen weichen Diwan fallen, kuschelt sich wieder in seinen warmen Schlafrock, fängt wieder an, sich mit seinem Knecht über Lappalien zu zanken. Dobroljubov zufolge ist Gončarov in der Gestalt von Stolz seiner Zeit zu weit vorausgeeilt, denn für rührige Menschen wie Stolz (= den Typ des kapitalistischen Unternehmers) gibt es in der russischen Erde noch keinen Nährboden. Schmeichelhaftere Worte findet Dobroljubov für Ol'ga, die weibliche Hauptperson, »das höchste Ideal«, den eigentlichen positiven Helden des Romans (nicht Stolz!), die zukunftsorientierte Frau, die die Oblomowerei vertreiben wird. In der Tatsache, dass sie Oblomov durchschaut und sich von ihm löst, erblickt er ein Ereignis von symbolischer Bedeutung: So wie sie werden auch die fortschrittlichen Kräfte in Russland sich von den Oblomovs und der ganzen Oblomowerei lösen … Der Begriff »Oblomowerei« ist später ein geflügeltes Wort für alles Apathische, Träge und Faule, für alles Weltfremde und Festgerostete in der Gesellschaft geworden. Die Reaktionen der Kritiker auf die Veröffentlichung von Gončarovs Roman waren von unterschiedlicher Art: Grigor'ev betrachtete Oblomov als positiven Helden; Družinin hielt die Oblomowerei für ein in Maßen zulässiges Phänomen; andere betrachteten sie als russische Nationalkrankheit.

Auch über die literarischen Verdienste des Romans gehen die Meinungen auseinander. Die dramatis personae Stolz (der russifizierte Deutsche) und Ol'ga sind statisch und blass und konnten auch die Zeitgenossen nicht überzeugen. Die Sympathie von Leser (und Autor) gilt deutlich Oblomov. Als Gesamtwerk könnte man *Oblomov* als detaillierte psychologische Beschreibung all dessen bezeichnen, was mit Menschen passiert, die eigentlich gut sind, verborgene Talente und ein mitfühlendes Herz haben, die aber nicht zu arbeiten brauchen, um für ihren Lebensunterhalt zu sorgen. Zwei weitere erwähnenswerte Elemente im Roman sind die anmutige Beschreibung des lethargischen, provinziellen und patriarchalischen Landguts der Familie Oblomov, Oblomovka, und die unvergessliche Gestalt des ewig zankenden Knechtes Zachar.

4.5. Turgenev

Leben

Die Mutter IVAN SERGEEVIČ TURGENEVS (1818 – 1883), eine reiche Großgrundbesitzerin, verhielt sich ihren Bauern gegenüber unzumutbar grausam, so dass Ivan bereits im Kindesalter mit den weniger schönen Aspekten der Leibeigenschaft in Berührung kam. Dieses Bild der hartherzigen Mutter hat Turgenev in *Kontora* (Das Kantor), *Tri portreta* (Drei Porträts), *Mumu* (Mumu), *Stepnoj korol' Lir* (Ein König Lear der Steppe) und *Punin und Baburin* (Punin und Baburin), die stark autobiografisch sind, gezeichnet. Zwischen 1833 und 1839 studierte Turgenev an den Universitäten von Moskau, Petersburg und Berlin. In Deutschland studierte er Geschichte und Klassische Philologie, in erster Linie aber Philosophie. Dieser Auslandsaufenthalt zu Studienzwecken hat aus Turgenev einen lebenslangen Bewunderer der westlichen Zivilisation gemacht. Im Ausland lernte er Bakunin und Stankevič (den russischen Propagandisten Hegels) kennen. Nach seiner Rückkehr nach Russland strebte er eine akademische Karriere an, was misslang, u.a., weil Nikolaus I. Philosophie für ein gefährliches Fach hielt und den Lehrstuhl einfach abschaffte. Eine Laufbahn als Beamter befriedigte Turgenev nicht. Er lernte Belinskij kennen und war seit 1847 regelmäßig für den *Sovremennik* tätig. Zwischen 1847 und 1851 hielt er sich in Frankreich auf, wo er Zeuge der Revolution war und Freundschaft mit Herzen schloss. Später sollte er ihm nach London Berichte über die Lage in Russland schicken, die für die Zeitschrift *Kolokol* gedacht waren. 1852 erschienen die *Zapiski ochotnika* (Aufzeichnungen eines Jägers) in einer vollständigen Ausgabe und wurden ein großer Erfolg. Sowohl in literarischer als auch in sozialer Hinsicht war dieses Werk ein Volltreffer: eine realistische, humanistische Beschreibung des russischen Landlebens in der Atmosphäre der Zeit vor dem Jahr 1861, als sich alle nach Reformen sehnten. Es wird behauptet, dass das Buch großen Einfluss auf Alexander II. ausgeübt haben soll, der damals den Beschluss fasste, die Leibeigenschaft abzuschaffen. Turgenev bekam Schwierigkeiten mit den Behörden wegen eines lobenden Nekrologs auf Gogol'; er wurde für 18 Monate auf sein Landgut verbannt (1852 – 1853). Der Höhepunkt seines Ruhmes liegt in den ersten

Jahren der Amtszeit Alexanders II.: Er wurde das allenthalben respektierte Sprachrohr der neuen Generation und aller reformfreudigen Kräfte. Doch als *Otcy i deti*
(Väter und Söhne, 1862) erschien, waren die Radikalen empört: Der Held Bazarov
sei eine Karikatur der jungen Generation. Die Geheimpolizei fand: »Turgenev hat
unsere revolutionären Grünschnäbel mit dem giftigen Namen ›Nihilist‹ gebrandmarkt und die Lehre des Materialismus in Frage gestellt.« Turgenev selbst sagte
über seinen Roman, er habe sich damit die Sympathie der jungen russischen
Generation verspielt. Turgenev hielt sich zu diesem Zeitpunkt im Ausland auf und
überlegte, die Literatur aufzugeben. Was er nach 1862 schrieb, baute auf Erinnerungen an seine Kinderjahre auf, also an das Russland aus der Zeit vor den Reformen.
Aus den zwei Romanen, die er danach schrieb und die das zeitgenössische Russland
behandelten – *Dym* (Dunst, 1867) und *Nov'* (Neuland, 1877; dieser Roman
thematisiert das erste sogenannte choždenie v narod = Ins-Volk-Gehen) –, wird
ersichtlich, dass Turgenev nicht über ausreichende Informationen bezüglich der
jüngsten Entwicklungen im sozialen und politischen Leben Russlands verfügte. Aber
seine Beliebtheit, die in seinen früheren Werken begründet war, blieb nach wie vor
groß. Sein letzter Russlandbesuch – aus Anlass der Puškin-Gedenkfeier – war ein
großer Erfolg.

Seinen Roman *Rudin* (Rudin, 1856) hatte Turgenev noch im *Sovremennik*
erscheinen lassen, danach aber brach er seine Kontakte zu der Zeitschrift ab, da
diese sich nun in den Händen von Černyševskij und Dobroljubov befand. Er übergab
dann seinen Roman *Väter und Söhne* dem *Russkij vestnik* des Konservativen Katkov,
was als Bruch mit seiner radikal(er)en Jugend betrachtet werden kann. Er arbeitete
aber noch weiter an dem liberalen *Vestnik Evropy* mit und unterstützte Lavrovs
Blatt *Vperëd* (Vorwärts) im Ausland, womit er sich den Hass der russischen
Regierung zuzog. Turgenev bezeichnete sich selbst als »postepenovec«, d.h. als
Evolutionisten, der sich von einer Revolution nichts verspricht. Als Turgenev 1863
vom Zaren vorgeladen wurde, um wegen seiner Freundschaft und Zusammenarbeit
mit russischen revolutionären Exilanten (Herzen) Rede und Antwort zu stehen, ließ
er schriftlich wissen: »Ich bin ein Schriftsteller, Ihre Hoheit, und sonst nichts.«

Die letzten 20 Jahre seines Lebens verbrachte Turgenev, der von seiner Mutter
ein ansehnliches Vermögen geerbt hatte, im Ausland, vor allem in Baden-Baden und
Paris. Er wohnte da bei der Familie Pauline Viardots, der berühmten Sängerin, für
die er sein ganzes Leben lang eine innige Liebe empfand. Nur hin und wieder machte
er kurze Reisen nach Russland. In Paris wurde Turgenev zum »Botschafter der
russischen Literatur«, und über die Viardots hatte er Zugang zu vielen französischen
Schriftstellern wie Mérimée, Daudet, Sand, Flaubert, Maupassant, mit denen er
sich anfreundete und die ihn besonders schätzten (was mit seinen russischen
Freunden weniger der Fall war).

Im Jahre 1880 kehrte er zum letzten Mal nach Russland zurück und wohnte der
Puškin-Gedenkfeier bei, auf der Dostoevskij seine berühmte Rede hielt. Die

Gegner Dostoẹvskijs jubelten ihm zu. Für Turgẹnev bedeutete dies einen enormen Triumph. Doch eine Krankheit hinderte ihn daran, sich endgültig in Russland niederzulassen. 1883 starb Turgẹnev in der Nähe von Paris. Er war der erste russische Schriftsteller, der im Westen wirklich gelesen und gewürdigt wurde.

Werk

Zwischen 1847 und 1852 veröffentlichte Turgẹnev einige Erzählungen über das Landleben, die letztendlich den Titel *Zapịski ochọtnika* (Aufzeichnungen eines Jägers) erhalten sollten. Der Sammelband mit Erzählungen war ein sensationeller Erfolg – und mit Recht, denn Turgẹnev zeigte darin den russischen Bauern, wie es vor ihm noch niemand getan hatte: Während Dal', Grigorọvič und andere Repräsentanten der *Natürlichen Schule* den Bauern als Opfer der Unterdrückung darstellten, zeichnete Turgẹnev in seinen Skizzen des Bauernlebens den einfachen russischen Bauern mit all seinen sympathischen Seiten. Der russische Bauer bei Turgẹnev ist menschlich, begabt, intelligent, hat Gefühl für Würde, während sein Herr vulgär und/oder grausam ist. Turgẹnev entdeckte den Menschen in dem ungeschliffenen Bauern. In diesen Erzählungen schildert der Autor, was er während seiner Spaziergänge mit seinem Hund und seinem Gewehr alles gesehen und gehört hat. Im Gegensatz zu Gọgol' skizziert Turgẹnev nicht nur verschiedene Typen von Besitzern von »Seelen«, sondern auch eine ganze Reihe prächtiger Bauernfiguren. Obwohl sich der Einfluss der physiologischen Skizze in diesen Erzählungen noch wahrnehmen lässt, sind sie von einer ausgesprochen lyrischen Atmosphäre durchdrungen. Turgẹnevs Bauern waren so voll Wärme gezeichnet, dass der zeitgenössische Leser aus diesen Bauerngeschichten eine scharfe Anklage gegen die Leibeigenschaft (ohne dass der Autor diese explizit erwähnt hatte) und eine Liebeserklärung des Autors an das russische Volk herauslas, das trotz aller Ausbeutung, Demütigung und Unterdrückung noch immer ungebrochen war. Gräfin Rostọpčinạ hielt Turgẹnevs Werk für »un livre incendiaire«.

Der Erfolg der *Jägererzählungen* hatte Turgẹnevs Ruf als sozialkritischer Schriftsteller begründet. In den nachfolgenden 25 Jahren schrieb er sechs Romane, von denen jeder einzelne ein sozialkritischer Roman ist. In *Rụdin* (1856) entwirft Turgẹnev das Porträt eines »überflüssigen Menschen«, eines begabten und vernünftigen jungen Mannes, eines typịschen Repräsentanten der adligen Jugend der vierziger Jahre. Rụdin macht Natạl'ja den Hof, läuft aber im entscheidenden Augenblick weg. Er erweist sich als großartiger, aber tatenloser Causeur. Wenn es darauf ankommt, versagt Rụdin. Doch im Vergleich mit Onẹgin und Pečọrin verfügt Rụdin über einen positiven Zug: Er ist begeisterungsfähig und versteht es, seine jungen Zuhörer (u.a. Natạl'ja) für seine Ideale zu begeistern. Nun hatte Turgẹnev das Problem des überflüssigen Menschen bereits vorher behandelt (in *Gạmlet Ščịgrovskogo uẹzda*, Hamlet aus dem Kreise Ščịgry, und in *Dnevnịk lịšnego čelovẹka*,

127

Tagebuch eines überflüssigen Menschen), doch hatte der Autor sich hier auf ein paar psychologische Züge dieses Typs beschränkt. In seinen sozialen Romanen aber sollte er den gesamten historischen und gesellschaftlichen Hintergrund aufzeigen.

Auf *Rudin* folgte *Dvorjanskoe gnezdo* (Ein Adelsnest, 1859), von vielen als Turgenevs bestes Werk betrachtet. Sogar Dostoevskij, der Turgenev wie die Pest hasste, nahm vor diesem Buch seinen Hut ab. Wenn auch die Hauptperson Lavreckij ein überflüssiger Mensch ist, so ist er nicht nur ein Denker und Träumer, sondern auch ein Mann der Tat: Er versucht, das Los seiner Bauern durch Reformen auf seinem Landgut zu verbessern. Lavreckij macht deutliche Anleihen bei den Slawophilen: Er verteidigt einen eigenen Weg für Russland, ohne jedoch das patriarchalische Bauernleben der Vergangenheit zu idealisieren. Er ist der Gegenpol zu dem (schwach gezeichneten) zapadnik (= Westler) Panšin. Wie in *Rudin*, so lässt Turgenev auch im *Adelsnest* das Scheitern Lavreckijs im Liebeskonflikt zum Ausdruck kommen. Lavreckij hat nämlich seine Frau, die ihn betrogen hat, in Paris zurückgelassen. Als er von ihrem Tod hört, sieht er seine Chance gekommen, um die Tochter seiner Nachbarn, Liza Kalitina, zu heiraten. Als seine Frau schließlich doch noch auftaucht, fügt er sich dem Schicksal, d.h. den moralischen und religiösen Vorschriften, obwohl er sich bewusst ist, dass ihn ein sinnloses Leben und Einsamkeit im Alter erwarten. Liza geht ins Kloster. Der Roman wurde einer der erfolgreichsten in Russland. Vielleicht war dies der lyrischen und poetischen Art zu verdanken, mit der Turgenev den Untergang der »Adelsnester«, der alten Welt des feudalen Russlands, der rückständigen Lebens- und Denkweise des russischen Adels beschreibt. Dies alles in ausdrucksvoll lyrischer Beschreibung, mit wunderschönen Naturbildern und einer starken weiblichen Hauptperson, macht aus *Ein Adelsnest* eine von Turgenevs besten Schöpfungen.

Ein Jahr später erschien *Nakanune* (Am Vorabend, 1860) mit dem jungen Bulgaren Insarov als Hauptperson, der sich vorgenommen hat, sein Land von den Türken zu befreien. Die Heldin, die Russin Elena Stachova, folgt Insarov, um sich derselben Aufgabe zu widmen. Als er in Venedig an Schwindsucht stirbt, geht Elena als Pflegerin nach Bulgarien. In *Kogda že pridët nastojaščij den'*? (Wann bricht nun der echte Tag an?) kommt Dobroljubov zur folgenden politischen Interpretation des Romans: Die künftigen russischen Insarovs würden die gesellschaftlichen Missstände in Russland mit der Wurzel herausreißen und das Land von seinen »inländischen Türken« befreien! Dieser »äsopische« (verhüllte) Aufruf zur Revolution erschreckte Turgenev, und er brach – definitiv – den Kontakt zur radikalen Zeitschrift *Sovremennik* ab, die den Artikel gegen Turgenevs Willen doch veröffentlicht hatte.

In einem berühmten Essay *Gamlet i Don Kichot* (Hamlet und Don Quichotte) aus dem Jahre 1860 hat Turgenev zwei Typen einander gegenübergestellt und gegeneinander ausgespielt: den Denker und Zweifler auf der einen und den aktiv Tätigen auf der anderen Seite. Die meisten Turgenev'schen Helden sind Hamlets –

so auch Insarov; pikant war, dass dieser positive Held kein Russe, sondern ein Ausländer war. Die Schlussfolgerung lag auf der Hand: Turgenev hielt die Russen für noch nicht reif genug, um ihre eigenen Probleme zu lösen.

Den Versuch, einen positiven Helden zu schaffen, hat Turgenev in *Otci i deti* (Väter und Söhne, 1862), dem beliebtesten und besten seiner Romane, unternommen. Bazarov ist der Typ des jungen russischen progressiven, aus bescheidenen Verhältnissen stammenden Intellektuellen (raznočinec), der rührig, vernünftig und nicht arbeitsscheu ist. Er ist Student, glaubt nur an die Naturwissenschaften und pfeift auf alle Traditionen. Er ist Materialist, Atheist, Gegner der Leibeigenschaft, der Aristokratie und des Liberalismus. Doch ist er kein überflüssiger Mensch, eher ein russischer Don Quichotte. Mit all diesen Unarten behaftet, kommt er in Konflikt mit der älteren Generation (dem liberalen Provinzadel, den »Vätern«; kurz, Bazarov ist ein Nihilist, in Turgenevs Worten: »Ein Nihilist ist jemand, der sich nicht vor Autoritäten verbeugt, jemand, der ein Prinzip nicht einfach gutgläubig annimmt, wie verehrungswürdig es auch sein mag ...« Der Roman machte deutlich, dass die Auffassungen der adligen »Väter« rückständig waren, während die der nichtadligen »Söhne« noch zu ausschließlich eine Negation des Etablierten waren. Der Roman stellte den Anlass zu einer leidenschaftlichen Polemik und zu einander widersprechenden Interpretationen dar. Manche hielten Bazarov für idealisiert und dachten, dass Turgenev selbst ein »Nihilist« sei, während andere die Gestalt des Bazarov als Beleidigung der gesamten jungen Generation in Russland betrachteten. Dazu hat sicherlich die Tatsache beigetragen, dass *Väter und Söhne* in Katkovs konservativer Zeitschrift *Der russische Bote* veröffentlicht wurde.

Obwohl Turgenev mit Bazarov eine gelungene männliche Hauptperson gezeichnet hat, die seinen positiven weiblichen Charakteren in nichts nachsteht, ist es doch symptomatisch, dass der Autor Bazarov nicht triumphieren, sondern im Gegenteil sterben lässt. In künstlerischer Hinsicht ist dieser Roman als eine der besten Turgenev'schen Schöpfungen zu betrachten.

Nach *Väter und Söhne* hat Turgenev noch zwei Romane geschrieben, die aber beide nicht nur nicht das Niveau ihres Vorgängers erreichen, sondern rundheraus als schwach zu bezeichnen sind. So ist *Dym* (Dunst, 1867) ein schlecht aufgebauter Roman mit einer Liebesgeschichte, die von Dialogen unterbrochen wird, aus denen sich ergeben soll, dass das ganze intellektuelle Russland jener Zeit ein einziger Dunst sei. Außerdem dient der Dunst als Symbol für das Vergängliche und Nichtige alles menschlichen Tuns. Die Handlung spielt sich im Ausland ab (Baden-Baden, wo Turgenev zu jener Zeit wohnte), wahrscheinlich, weil der Autor mit diesem Milieu besser vertraut war. Die Heiterkeit der anderen Turgenev'schen Romane wird hier auch von polemischen Passagen, die gegen Herzen und Ogarëv gerichtet sind, gestört. Ein letztes Mal kombinierte Turgenev ein politisches Thema mit einer Liebesintrige in *Nov'* (Neuland, 1877), das die ersten Populisten (narodniki) zum Thema hat. Als literarisches Werk ist es ein totaler Fehlschlag. Außer sozialkriti-

129

schen Romanen verfasste Turgẹnev auch pọvesti, in denen soziale oder aktuelle Probleme überhaupt nicht thematisiert werden, so z.B. *Ạsja* (Asja, 1858), *Vẹšnie vọdy* (Frühlingswogen) oder die berühmte *Pẹrvaja ljubọv'* (Erste Liebe, 1860), die zu den schönen Liebesgeschichten der Weltliteratur gehört und Turgẹnevs persönlichsten Beitrag zur russischen Literatur darstellt (Mirskij). Außerdem ist in der russischen Literatur kein Schriftsteller zu finden, der Turgẹnev als Landschaftsmaler überträfe. Seine Naturbeschreibungen zeichnen sich durch Realismus und poetischen Farbenreichtum, durch plastische und musikalische Sprache aus. Von Turgẹnev stammt die folgende Liebeserklärung an das Russische (aus *Stichotvorẹnija v prọze*, Gedichte in Prosa, 1882): »In Tagen des Zweifels, in Tagen beklemmender Gedanken über das Los meines Vaterlandes bist du, oh du große, mächtige, wahrheitsliebende und freie russische Sprache, meine einzige Stütze und mein einziger Halt! Wenn du nicht wärst, wie könnte ich dann anders als verzweifeln, wenn ich sehe, was bei uns hier alles passiert. Aber ich kann nicht glauben, dass solch eine Sprache nicht einem großen Volk gegeben sei!« Die Naturbeschreibungen bei Turgẹnev unterstreichen die Rechtlosigkeit des russischen Bauern, vertiefen die Psychologie der Charaktere oder akzentuieren den optimistischen Ton der Erzählungen. Den sozialen Charakter verdanken seine Romane den handelnden Personen und den Dialogen. Turgẹnevs Gestalten sind Typen; so ist Rụdin der fortschrittliche Idealist, Lavrẹckij der slawophile Idealist der vierziger Jahre, Elẹna die aktiv Tätige der Periode unmittelbar vor dem Jahr 1861 und Bazạrov der militante Materialist der sechziger Jahre. Turgẹnevs Gestalten führen unzählige Dialoge über aktuelle Probleme, die zuweilen wenig Zusammenhang mit der Handlung haben. Es sind die Charaktere, die dominieren, nicht die Handlung. Die Philister werden den Menschen mit Werten gegenübergestellt, Männer den Frauen, wobei die Männer schwach sind, eigentlich gut, aber passiv, während Turgẹnevs Frauen stark, rein und leidenschaftlich sind, was sie in der ganzen Welt berühmt gemacht hat. Ab und zu sind diese Gestalten jedoch nicht besonders überzeugend; so kann der Versuch, in *Am Vorabend* einen positiven Helden zu schaffen, als missglückt bezeichnet werden. Mirskij hält diesen Roman für den schlechtesten unter Turgẹnevs reifen Werken.

Turgẹnev ist in die russische Literatur und in die Weltliteratur als der literarische Chronist des gesellschaftlichen Lebens in Russland von den vierziger Jahren bis in die sechziger Jahre eingegangen. Mit seinen realistischen Werken über die Unmenschlichkeit der Leibeigenschaft, die sich ihrem Ende zuneigenden Adelsnester und das Aufkommen der »neuen Menschen« ist Turgẹnev einer der im Westen meistgelesenen russischen Schriftsteller geworden.

4.6. Pisemskij

Ein Schriftsteller, der häufig in einem Atem mit Turgenev genannt wird, ist der Realist ALEKSEJ PISEMSKIJ (1821 – 1881). Als scharfer Beobachter und geborener Naturalist schrieb Pisemskij in der Art der *Natürlichen Schule* und der Gogol's (wenn auch ohne dessen Abschweifungen). Pisemskij war allem Idealismus und allen Theorien abgeneigt; er beschrieb das Leben so, wie er es sah, ohne vorgefasstes Schema im Kopf, objektiver als alle anderen. Seine erfolgreichen *Očerki iz krest'janskogo byta* (Skizzen aus dem Bauernleben, 1856) werden oft mit Turgenevs *Aufzeichnungen eines Jägers* verglichen. Pisemskijs Darstellung der Bauern ist völlig neu: nicht das Wesen, das um Mitleid oder Sympathie heischt, sondern das im Vergleich mit seinem vulgären Gutsbesitzer stark, diesem überlegen ist und das von Willenskraft zeugt. Pisemskij genießt vor allem Bekanntheit wegen seines Theaterstücks *Gor'kaja sud'bina* (Das bittere Schicksal, 1863 uraufgeführt), eines der Klassiker der russischen Bühne, und wegen seines Hauptwerks *Tysjača duš* (Tausend Seelen, 1858), eines umfangreichen Romans in vier Teilen über einen jungen Mann, den raznočinec (= nichtadligen Intellektuellen) Kalinovič, der seine Ideale zugunsten seiner Karriere aufgibt. Er heiratet eine hässliche, aber reiche Besitzerin von tausend Seelen (= Bauern) und nicht die schöne und reine Nasten'ka, seine Verlobte. Er bringt es zum Gouverneur und nimmt den Kampf gegen alle Missstände auf, wird aber von den Personen, die er als Opfer ausersehen hat, in die Wüste geschickt. Erst nach dem Tod der reichen Grundbesitzerin heiratet er seine Jugendliebe Nastja. Also mehr als genug Stoff, um allerlei aktuelle Probleme zur Sprache zu bringen.

Der Kritiker Pisarev stellte Pisemskij in eine Reihe mit Gončarov und Turgenev; er lobte ihn, weil er die allgemeine Atmosphäre der russischen Wirklichkeit so gut wiedergab. Es ist in der Tat so, dass wir in Pisemskijs Werk, ebenso wie bei Turgenev, viel über die Ereignisse in Russland vor und nach den Reformen erfahren. Pisemskij arbeitete an verschiedenen konservativen Zeitschriften mit, in denen er auch publizierte (im *Moskvitjanin*, in Družinins *Biblioteka dlja čtenija*, Die Lesebibliothek, dem Organ der L'art-pour-l'art-Schule, deren Chefredakteur er 1860 wurde und in der er sich gegen die Radikalen und gegen die Emanzipation der Frauen ausließ; auch in Katkovs *Russkij vestnik* veröffentlichte er). Dies wurde Pisemskij von der progressiven Kritik übel genommen – zusammen mit der Tatsache, dass er (schwache) pamphletähnliche Romane schrieb, die gegen dieselben Radikalen gerichtet waren, z.B. gegen die »Sechziger« in *Vzbalomučennoe more* (Bewegte See, 1863). Als Pisemskij starb, war er völlig vergessen.

4.7. Nekrạsov

Leben

Als NIKOLẠJ ALEKSẸEVIČ NEKRẠSOV (1821 – 1878) seinen ersten Gedichtband Mečtụ i zvụki (Träume und Klänge, 1840) veröffentlichte, wurde dieser von Belịnskij in der Luft zerrissen, wahrscheinlich, weil der Band Nachahmungen spätromantischer Poesie enthielt (u.a. Žukọvskij). Nekrạsov musste selbst für seinen Lebensunterhalt sorgen, weil er gegen den Willen seines Vaters ein Studium aufnahm. In St. Petersburg lebte er denn auch unter ärmlichen Bedingungen. Dies hat dazu beigetragen, dass sich Nekrạsov zu einem realistischen Schriftsteller entwickelte. Er war als Journalist tätig und schrieb Theaterkritiken, Vaude-villestücke und Feuilletons in Versen. Im Jahre 1842 lernte er Belịnskij kennen. Nekrạsov wurde der Herausgeber zweier Sammelbände, die Epoche machten: *Fiziolọgija Peterbụrga* (Die Physiologie Petersburgs, 1844 – 1845, 2 Bände) und *Peterbụrgskij sbọrnik* (Petersburger Sammelband, 1846). In letzterem wurden u.a. Dostoẹvskijs Erstlingswerk *Bẹdnye ljụdi* (Arme Leute, 1844/45) und eine Handvoll Gedichte von Nekrạsov selbst veröffentlicht. Die Sammelbände sind als die Mani-feste der *Natürlichen Schule* und folglich zugleich als literarisches Credo von Nekrạsov als Herausgeber und Literat zu betrachten. Im Jahre 1846 wurde er Redakteur der Zeitschrift *Sovremẹnnik*, die er bis 1866 führen und aus der er das Sprachrohr der realistischen und demokratischen Schriftsteller und darüber hinaus die beste Literaturzeitschrift machen sollte, die Russland damals hatte. Sie über-lebte die repressiven Jahre der »Reaktion« (die letzten Regierungsjahre Nikolaus' I.) und wurde nach den Reformen des Jahres 1861 *das* Organ der radikalen Demokraten. Als Dobroljụbov 1860 eine politische Interpretation von Turgẹnevs *Am Vorabend* in der Zeitschrift veröffentlichen wollte (den Essay *Wann bricht nun der echte Tag an?*) – eine Auffassung, die Turgẹnev nicht teilte und vor der er zurückschreckte –, ergriff Nekrạsov als Chefredakteur Partei für Dobroljụbov und Černyšẹvskij und gegen Turgẹnev. Als Mitte der fünfziger Jahre die Debatte um die Frage ausbrach, welche Richtung die russische Literatur einzuschlagen habe, nahm Nekrạsov als Dichter (mit dem programmatischen Gedicht *Poèt i graždanịn*, Dichter und Bürger, 1856) und als Kritiker Stellung. In seinem 1855/1856 im *Sovremẹnnik* erschienenen Essay *Zamẹtki o žurnạlach* (Anmerkungen über unsere Zeitschriften) nahm er es mit Družịnin, Ạnnenkov und Bọtkin auf. Diese Kritiker versuchten, die sogenannte Pụškin-Schule (die die Vertreterin des L'art-pour-l'art-Prinzips sei) gegen die sogenannte Gọgol'-Schule (die didaktisch orientiert sei) auszuspielen. Nekrạsov wies diese Betrachtungsweise zurück und stellte fest, dass sowohl Pụškin als auch Gọgol' als Beispiel sozial fundierter und großer Kunst betrachtet werden können. Bedeutungsvoll in Nekrạsovs Evolution ist das Versepos *Korobẹjniki* (Die Hausierer, 1861), in dem der Autor Kunst- und Volkspoesie

miteinander verbindet. Nach 1861 nahm der Dichter die Arbeiten an dem Volksepos *Komụ na Rusị žit' chorošọ* (Wer lebt glücklich in Russland?) auf, an dem er bis
zu seinem Lebensende arbeitete und das unvollendet blieb. Als der *Sovremẹnnik*
kurz vor dem Eingehen stand, unternahm Nekrạsov einen letzten Versuch zur
Rettung des Blattes, indem er öffentlich ein Loblied auf Graf Michạil Murav'ëv
sang, der als »der Henker von Warschau« (vẹšatel') und als erklärter Reaktionär
bekannt war. Dieser Auftritt wurde ihm von Zeitgenossen besonders verübelt. Er
wurde daraufhin im Jahre 1866, nach dem Verbot des *Zeitgenossen*, gemeinsam mit
Saltykọv-Ščedrịn Redakteur der *Otẹčestvennye zapịski* (Vaterländische Annalen),
die sich in den siebziger Jahren zum führenden Organ der Progressiven entwickelten.
Als Nekrạsov 1878 starb, weitete sich sein Begräbnis zu einer literarisch-politischen
Demonstration aus, an der den Worten Plechạnovs (des ersten russischen Marxisten)
zufolge »nahezu der gesamte Stab der russischen Revolution« teilnahm …

Werk

Bereits in den vierziger Jahren führte Nekrạsov eine der thematischen Entdeckungen
der *Natürlichen Schule* in die Poesie ein, und zwar die Darstellung der Schattenseiten der Großstadt (konkret Petersburg). Berühmt ist das düstere Gedicht *Èdu li
nọč'ju po ụlice tëmnoj* (Fahre ich nachts durch die dunkle Straße) über eine Frau,
die unter dem Druck der Umstände in die Prostitution gerät. Černyševskij, ein
Zeitgenosse, Mitarbeiter und Mitstreiter Nekrạsovs, nannte dieses Gedicht eines
der stärksten in der ganzen russischen Lyrik.

Nekrạsovs zweites Thema ist das russische Dorf. Nekrạsov versteht es, sich in
die Denk- und Gefühlswelt des russischen Bauern, den er genauso unmittelbar
darstellt wie Kol'cọv, jedoch mit einer sozialen Botschaft, hineinzuversetzen und in
ihr einzuleben. In dem Gedicht *V dorọge* (Unterwegs, 1845) zeigt Nekrạsov die
unüberbrückbare Kluft zwischen Adel und Bauern auf. Ein Kutscher erzählt hier
die Geschichte seiner Frau, einem Bauernmädchen, das im Haus eines Adligen
gedient hat, in ihren Geburtsort zurückgeschickt und dort verheiratet wird und
verkümmert. Dieses eindringliche Gedicht belegt, dass Nekrạsovs zentrales Thema
das Leiden des Volkes ist. Ein für Nekrạsovs Werk repräsentatives Gedicht ist
außerdem *Zabytaja derẹvnja* (Das vergessene Dorf, 1855), das von der öffentlichen Meinung als allegorische Darstellung des ganzen zaristischen Reiches aufgenommen wurde: So, wie der Tod des alten Grundbesitzers nicht zu einer Verbesserung der Lage der Bauern führt, so bedeutet auch der Thronwechsel keine
Veränderung für Russland.

Seine größte Originalität erzielt Nekrạsov jedoch in den Versepen, in denen er
starke Anleihen bei der Volkspoesie und der Folklore macht. Obwohl die Meinungen ziemlich auseinandergehen – manche halten *Morọz krạsnyj nos* (Frost Rotnase,
1864) für sein Meisterwerk –, ist *Wer lebt glücklich in Russland?* Nekrạsovs

133

berühmtestes und bestes Versepos. An diesem folkloristischen Epos in Versen hat Nekrąsov 15 Jahre lang geschrieben. Eigentlich ist es die Krönung seines gesamten Schaffens. Das Hauptthema – die Frage nach dem Glück – bietet dem Autor die Möglichkeit, ein detailfreudiges Bild des damaligen Russlands, genauer gesagt, des russischen Dorfes jener Zeit, zu entwerfen. Sieben Bauern streiten sich über die Frage, wer nun eigentlich in Russland glücklich sei, und ziehen durch das Land, um eine Antwort auf diese Frage zu finden. Die sieben Glückssucher repräsentieren den ganzen russischen Bauernstand. Während die Bauern liebevoll gezeichnet werden, stellt Nekrąsov die Gutsbesitzer satirisch dar, so z.B. den karikaturistisch verzerrten Fürsten, dem die Neuigkeiten des Jahres 1861 nicht erzählt werden, weil dies seinen Tod bedeuten würde. Ursprünglich war es Nekrąsovs Plan, die sieben Bauern von ihrer Wanderung zurückkehren zu lassen, ohne auch nur einen einzigen Glücklichen gefunden zu haben; dennoch hat er seinem Versepos mit der Gestalt des Grįša Dobrosklǫnov eine positive Wendung gegeben, da dieser narǫdnik im uneigennützigen Kampf um die Belange des Volkes sein Glück findet.

In Nekrąsovs Poesie finden wir Rhetorik, die für die Poesie der »revolutionären Demokraten« charakteristisch ist, neben Bauernsprache, die in eine literarische Form gegossen wurde und von der bildhaften Sprache und der Folklore der russischen Provinz durchdrungen ist. Nekrąsovs Verskunst orientiert sich an der des russischen Heldenlieds. Sowohl inhaltlich als auch formal ist dieses Versepos ein echtes Volksepos über die Arbeit, das Leiden, aber auch über das rebellische Suchen des russischen Bauernvolkes im 19. Jahrhundert. Obwohl ein Beispiel für äsopischen Sprachgebrauch, d.h. verschleierte Gesellschaftskritik, wurde dieses Epos dennoch von der zaristischen Zensur verboten. Viele der Nekrasov'schen Gedichte sind Volkslieder geworden (u.a. *Trǫjka*, Die Troika, 1846, und Lieder aus *Die Hausierer*, 1861). Nekrąsov war der wichtigste Dichter unter den sogenannten revolutionären Demokraten, zu denen u.a. Nikoląj Ogarëv, Aleksęj Pleščęev (Autor zahlreicher Kampflieder), Michaįl Michajlov (Übersetzer von Heinrich Heine), Nikoląj Kųročkin gehörten. Nekrąsov hat sehr großen Einfluss auf die russische Poesie ausgeübt, nicht nur auf »demokratische« Lyriker (so dass man von einer »Nekrąsov-Schule« sprechen kann), sondern auch auf Bauerndichter aus der zweiten Hälfte des 19. Jahrhunderts. Sogar Brjusov und Blok (seine Großstadtpoesie), Majakǫvskij und Dem'jan Będnyj (seine Satire) sowie Esęnin und Tvardǫvskij (Darstellung des russischen Dorfs) beeinflusste er. Obwohl Nekrąsov bei den Radikalen ungeheuer beliebt war, wurde sein Werk zu seinen Lebzeiten nicht richtig gewürdigt. Die Radikalen achteten ausschließlich auf den Inhalt, und für die Ästheten war der unpoetische Nekrąsov (»meine strengen, ungelenken Verse«) unakzeptabel. Nekrąsov hatte nämlich in den Jahren, in denen er als Verfasser von Vaudevillestücken und als Journalist sein Brot verdiente, einen allzu flüssigen, geläufigen Stil entwickelt, der ihm später häufig in die Quere kommen sollte. Trotz schwacher und unausgewogener Stellen in Nekrąsovs Œuvre hob er sich dennoch positiv von den vielen Dichtern ab, die um die Mitte des vorigen Jahrhunderts herum die Poesie benutzten, um soziale und politische Ideen zu verkünden. Seine Stellung in der Geschichte der russischen Literatur wird von manchen mit der Heinrich Heines in der deutschen verglichen. Insgesamt gesehen ist Nekrąsov ein pessimistischer Dichter, wenngleich seine Gedichte auch erbauliche Elemente enthalten (z.B. *Das vergessene Dorf*). Düster ist seine Auffassung von der russischen Frau, die am allerunglücklichsten sei (der Volkslegende zufolge habe Gott persönlich die Schlüssel zum Glück der Frau verloren). Ergreifend ist das Schicksal zweier Frauen von Dekabristen, das Nekrąsov in *Rųsskie žęnščiny* (Russische Frauen, 1871/1872) beschreibt, die ihren verurteilten Gatten in die sibirische Verbannung folgten. Die Quintessenz von Nekrąsovs Dichtertum hat er in der berühmten Verszeile aus seinem Gedicht *Der Dichter und der Bürger* (1856) prägnant zusammengefasst: »Dichter brauchst Du nicht zu sein, Staatsbürger jedoch musst Du sein!«

4.8. »Sechziger« (šestidesjątniki) und Populisten

In den sechziger Jahren des vorigen Jahrhunderts setzten sich einige Schriftsteller durch, die nichtadliger Abstammung waren (= raznočincy) und die den Kampf ums Dasein häufig am eigenen Leib erfahren hatten. Sie fühlten sich denn auch als die literarischen Wortführer der Ärmsten und Benachteiligten im russischen Gemeinleben, im besonderen der Bauern. Ihr gnadenloser Realismus war eine Reaktion auf ihre »philanthropischen« Vorgänger. Diese radikal eingestellten Neuerer setzten sich die Erziehung des Volkes zum Ziel. Dem Volk musste in ihren Augen die Wahrheit über seine Lage gesagt werden; manche entwickelten auch Zukunftsperspektiven. Dieses Engagement führte zur Vorherrschaft der sogenannten ethnografischen Skizzen. Genaueste Detailkenntnisse des Lebens wurden sogar als absolute Bedingung für ein literarisches Werk vorausgesetzt.

Hauptthema dieser sogenannten revolutionären Demokraten sind die Lebensumstände der leibeigenen Bauern und die Verelendung des russischen Dorfs – auch nach der Agrarreform des Jahres 1861. Ihr zweites Thema ist die Flucht der Bauern in die Städte und deren erbärmliches Leben in der Großstadt. Weil diese Schriftsteller in den sechziger Jahren schrieben und ihr Werk ganz und gar im Zeichen des Jahres 1861 steht, werden sie *šestidesjątniki* (Sechziger) genannt. Repräsentanten dieser Richtung sind Uspęnskij, Pomjalǫvskij, Slepcǫv und Rešętnikov.

Nikolaj Uspęnskij (1837 – 1889, nicht zu verwechseln mit seinem berühmteren Cousin Gleb Uspęnskij) war der Autor sozialkritischer Skizzen, die sogar von manchen radikalen Kritikern empört zurückgewiesen wurden. Uspęnskij stellte nämlich in seinen Skizzen des Bauernlebens die ungeschminkte Wahrheit über das Volk dar, und zwar »ganz schlicht« (Černyšęvskij), unpersönlich und

135

mechanisch wie ein Fotograf, ohne das Volk auch nur im Geringsten beschönigen zu wollen.

Der wichtigste Sechziger ist NIKOLAJ POMJALOVSKIJ (1835 – 1863), der vor allem wegen seiner *Očerki bursy* (Skizzen aus einem geistlichen Seminar, 1862) Bekanntheit genießt, einer teilweise autobiografischen Erzählung über seine schrecklichen Erfahrungen in einem russischen Seminar. Die Schule mit ihrem Zwang und ihrer Angst steht symbolisch für ganz Russland; es ist daher auch nicht verwunderlich, dass diese Skizzen von der offiziellen Presse mit Feindseligkeit aufgenommen wurden.

Zum radikalen Flügel der Sechziger gehörte der Populist VASILIJ SLEPCOV (1836 – 1878), der in seinen Werken, die viele (gelungene) Dialoge enthalten, äußerst lakonisch ist, äsopische Sprache verwendet, seine Botschaft verschleiert und typische Details anführt. Sein bestes Werk ist *Trudnoe vremja* (Schwere Zeiten, 1865), ein Roman über die »neuen Menschen«, beispielsweise die Frau des liberalen Grundbesitzers Ščetinin, die ihren Mann verlässt und Kontakt mit den Revolutionären in der Hauptstadt sucht. Erwähnenswert ist auch *Vladimirka i Kljaz'ma* (Vladimirka und Kljaz'ma, 1861), eine Essayserie, in der der Autor die nackten Tatsachen aus dem Leben ausgebeuteter Arbeiter für sich sprechen lässt. In *Pis'ma ob Ostaškove* (Briefe über die Stadt Ostaškovo, 1862/1863) polemisiert Slepcov mit der liberalen Presse, die diese von einem kapitalistischen Mäzen unterstützte Stadt als Musterbeispiel moderner Kultur pries.

Schließlich weisen wir noch auf FËDOR REŠETNIKOV (1841 – 1871) hin, der vor allem wegen seiner »ethnografischen Skizze« *Podlipovcy* (Die Leute von Podlipnaja, 1864) über eine nichtrussische Gemeinschaft im Gouvernement Perm' Bekanntheit genießt. Die Treidler (burlaki) werden in ihrer ganzen Rohheit gezeigt. Es war eines jener literarischen Werke, die zum Entstehen der Bewegung der »reumütigen Adligen« beitrugen, welche nicht als Ausbeuter bezeichnet werden und ihrem Volk Kultur vermitteln wollten. Rešetnikov hat außerdem eine Trilogie verfaßt (*Gornorabočie*, Bergarbeiter, *Glumovy*, Die Glumovs, *Gde lučše?*, Wo lebt es sich am besten?, 1866 – 1868), die die unmenschlichen Lebensbedingungen von Arbeitern im Ural thematisiert. Häufig langatmig und ausufernd, ist diese Trilogie doch von bleibendem Wert als Dokument der einschneidenden sozialen Veränderungen, die sich in Russland zu Beginn seiner kapitalistischen Periode vollzogen haben. Turgenev zeigte sich von Rešetnikovs »nüchterner Wahrheit« schockiert, Šelgunov nannte seine Kunst »volkstümlichen Realismus in der Literatur«, und Gor'kij bezeichnete ihn als einen »düsteren Schriftsteller«.

In thematischer und künstlerischer Hinsicht können diese plebejischen Schriftsteller als die Vorläufer der proletarischen Romanschriftsteller der zwanziger Jahre des 20. Jahrhunderts betrachtet werden. Im Gegensatz zu den hochtrabenden Theorien der Populisten bezüglich des russischen Bauern vernahmen die Zeitgenossen pessimistische Klänge aus den Werken Aleksandr Levitovs, Slepcovs und

Nikoląj Uspęnskijs. NIKOLĄJ ZLATOVRĄTSKIJ (1845 – 1911) skizzierte das Bauern-
leben im Zustand der totalen Auflösung infolge des Aufkommens kapitalistischer
Verhältnisse nach 1861 (*Derevęnskie bųdni*, Bäuerliche Werktage, 1879). Auch im
Werk GLEB USPĘNSKIJS (1843 – 1902), des wichtigsten der populistischen Schrift-
steller, entspricht der russische Bauer nicht den Erwartungen der Intellektuellen.
In *Vlast' zemlį* (Die Macht der Erde, 1882) wird deutlich, dass die ursprüngliche
Bauerngemeinschaft nicht mehr besteht und dass der natürliche Rhythmus des
Bauernlebens verloren gehen wird. Uspęnskij verfasste außerdem eine Vielzahl
Skizzen über das armselige und jämmerliche Leben des »dritten Standes« in der
Stadt (beispielsweise in *Nrąvy Rasterjąevskoj ųlicy*, Die Gebräuche der Raster-
javskaja; dt. Titel: Die Straße der Verlorenen). An diesem Gegensatz zwischen der
Theorie über das Volk (Populismus) und dem Volk selbst (dessen »Schweine-
fresse«) ging Uspęnskij zugrunde.

Die beliebteste Zeitschrift um 1861 herum war der *Sovremęnnik* mit einer
Auflage von 4900 Exemplaren im Jahre 1858 und 7100 Exemplaren im Jahre 1861.
Ab 1859 kam die satirische Beilage *Svistǫk* (Die Pfeife) heraus, in der Dobroljųbov,
Nekrąsov, Černyśęvskij, Saltykǫv-Śćedrįn und KUZ'MĄ PRUTKǪV veröffentlichten;
der letztgenannte Name war ein Pseudonym, hinter dem sich der Schriftsteller A.K.
Tolstǫj und die Brüder Žemćųžnikov verbargen. Außerdem wirkten noch Nikoląj
Uspęnskij, Pomjalǫvskij und Slepcǫv an der Beilage mit. Der radikale Kurs des
Sovremęnnik führte jedoch dazu, dass »liberale« Schriftsteller wie Lev Tolstǫj, Fet,
Mąjkov, Turgęnev, Gončarǫv und Grigorǫvič mit der Zeitschrift brachen und
anderswo veröffentlichten. Darüber hinaus wurde dieser radikale Ton von der
Zeitschrift *Įskra* (Der Funke) angeschlagen, dem Sprachrohr der Revolutionäre, die
um 1861 eine Auflage von 10.000 Exemplaren hatte und bei der Pįsarev mitarbeitete.
In den sechziger Jahren wurden diese Zeitschriften und ihre Mitarbeiter von Blättern
wie MICHAĮL KATKǪVS *Rųsskij vęstnik* (Der russische Bote) oder ALEKSĄNDR
DRUŽĮNINS *Bibliotęka dlja čtęnija* (Lesebibliothek) angegriffen. Der Bühnendichter
Ostrǫvskij veröffentlichte hier seine besten Stücke aus dieser Periode (u.a. *Grozą*,
Das Gewitter). Dieser L'art-pour-l'art-Richtung gehörten ehemalige Mitarbeiter
des *Sovremęnnik* an. Slawophile Ideen konnten in KOŠELËVS *Rųsskaja besęda*
(Russisches Gespräch) zum Ausdruck kommen, die jedoch mangels Nachfrage
bereits 1860 ihr Erscheinen einstellte. Nur für kurze Zeit erschien die slawophil
ausgerichtete Zeitschrift der Brüder MICHAĮL und FĖDOR DOSTOĘVSKIJ, *Vręmja*
(Die Zeit), die gemeinsam mit ihrer anderen Zeitschrift, *Ėpǫcha* (Die Epoche), den
neuen Begriff »pǫčvenniki« (Schriftsteller des russischen Bodens) prägte. Offen
reaktionäre Meinungen vertrat VĮKTOR ASKǪČENSKIJS Zeitschrift *Domąšnjaja
besęda* (Hausgespräch).

In seinen kritischen Artikeln warf Dostoęvskij Dobroljųbov vor, er formuliere
nicht nur Wünsche in Bezug auf die Literatur, sondern auch Forderungen, und er
schreibe der Kunst sogar Richtung und Ziel vor. Außerdem warf er ihm vor, dem

künstlerischen Aspekt der Literatur zu wenig Aufmerksamkeit zu widmen und lediglich auf die soziale Botschaft zu achten, die darin enthalten sei. Neben dieser Literatur der populistischen Skizzen und häufig in direkter Opposition zu ihr stehend entwickelte sich eine Richtung in der russischen Literatur, die künstlerischen Problemen mehr Beachtung schenkte (u.a. dem erzählenden Element) und keine aktuellen Probleme behandelte – und wenn dies doch der Fall war, dann in antipopulistischem oder reaktionärem Sinne. Dieser Richtung gehörten u.a. VIKTOR KLJUŠNIKOV, BOLESLAV MARKEVIČ, IVAN KUŠČEVSKIJ, MICHAIL AVDEEV und VSEVOLOD KRESTOVSKIJ (1839 – 1895) an. Krestovskij war einer der beliebtesten Schriftsteller seiner Zeit. Er wurde durch den umfangreichen Sensationsroman *Peterburgskie truščoby* (Petersburger Elendsviertel, 1864 – 1867) bekannt, in dem er in Fortsetzungen spannende, aber endlose Geschichten über die am Rande der Gesellschaft lebenden Menschen in den sechziger Jahren erzählte. Petersburg wurde damals von bettelarmen Proletariern überschwemmt, die nach der Bauernbefreiung 1861 in die Stadt geströmt waren und in erbärmlichen Mietskasernen, in denen Sittenlosigkeit, Armut, Kriminalität und Prostitution herrschten, auf engstem Raum zusammenlebten. Krestovskijs Feuilleton war immens populär, und man nannte ihn zuweilen »den russischen Eugène Sue« (Autor von *Les Mystères de Paris*): Sein Roman steckt voller naturalistischer Beschreibungen von Armenvierteln, Diebeshöhlen, Spelunken, Bordellen und Gefängnissen. Krestovskij erforschte das von ihm beschriebene Milieu, wo er auch reichlich »field work« verrichtete, und fügte zahllose »physiologische Skizzen« ein. Sein Buch enthält außerdem viele Ausdrücke aus der Gaunersprache.

Der fruchtbarste Schriftsteller dieser Richtung war der Vielschreiber PËTR BOBORYKIN (1836 – 1921) mit seinen endlos langen fotografischen Romanen ohne jeglichen Tiefgang. Mehr als Entspannungslektüre hatten diese Schriftsteller nicht zu bieten.

4.9. L'art pour l'art

In den vierziger und fünfziger Jahren entwickelte sich in der russischen Literatur die Schule der »reinen Kunst« zu einer selbständigen Richtung neben und trotz der sozialkritischen literarischen Schule. Die Theoretiker dieser Schule waren ALEKSANDR DRUŽININ und PAVEL ANNENKOV. Družinin war in den vierziger Jahren bekannt als Autor von *Polin'ka Saks* (Paulinchen Sachs), Annenkov gab 1855 – 1857 Puškins gesammelte Werke heraus. Družinin seinerseits zog diese Ausgabe heran, um die der »maßlosen Imitation Gogol's« entsprossene »satirische Richtung« (also die *Natürliche Schule*) wegen ihres »didaktischen Sentimentalismus« zu verurteilen. Družinin richtete in dem Essay *A.S. Puškin i poslednee izdanie ego sočinenij* (A.S. Puškin und die jüngste Ausgabe seiner Werke) einen Aufruf an die russischen

Schriftsteller, sich von der »Didaktik« in der Literatur abzuwenden und der »künstlerischen« Richtung Gehör zu schenken: »Die Kunst dient nur sich selbst«, »Der Dichter, so, wie er von Puškin besungen wird, ist nicht für irdische Geschäfte gemacht, sondern für Gebete, süße Klänge und Verzückung«. In seiner Art war dieser Artikel ein regelrechter Angriff gegen Černyševskijs *Skizzen über die Gogol'-Periode in der russischen Literatur*. Alle Dichter dieser neuen Richtung standen mehr oder weniger in der realistischen Tradition. Sie waren nicht von den großen Problemen, denen sich Russland zu jener Zeit gegenübersah, besessen, sondern suchten in ihrer subjektiven Welt nach neuen Wegen des lyrischen Ausdrucks und schufen wichtige Dinge. So haben diese Dichter einen bedeutenden und bleibenden Beitrag u.a. zur Natur- und Liebeslyrik geleistet. Erwähnenswert sind JAKOV POLONSKIJ, LEV MEJ, NIKOLAJ ŠČERBINA, Majkov, Fet und A. K. Tolstoj. Der berühmteste ist Fet. Die Thesen dieser Dichter sprechen für sich. Der Dichter muss über dem Alltäglichen stehen, in Majkovs Formulierung darf er »nicht den zeitlich begrenzten Interessen einer Gruppe dienen«; er muss sich Aleksej Konstantinovič Tolstoj zufolge »dem Wahren, dem Ewigen, dem Absoluten völlig ausliefern«. Nach Fets Meinung darf er sich nur für die Schönheit interessieren. Damit soll keinesfalls gesagt sein, dass diesen Dichtern das Tagesgeschehen und die Dinge oder Belange des Augenblicks völlig fremd gewesen wären. Während Fet und Majkov konservativ waren, fühlte Polonskij sich von den neuen Ideen angezogen. In dieser poetischen Richtung erlebte das »Goldene Zeitalter« der russischen Poesie sein Ende.

Wie im Falle Tjutčevs war AFANASIJ FETS (1820 – 1892) Dichterleben in zwei Perioden geteilt: Auf eine Werkausgabe aus dem Jahre 1863 folgte eine Periode 20jährigen Schweigens. Obwohl Fet gegen Ende der fünfziger Jahre ein prominenter Dichter war (er wurde bereits 1843 von Belinskij gelobt), sollte er in den sechziger Jahren von Antiästheten à la Pisarev eingeschüchtert werden. Die Kritik richtete sich nicht nur gegen Fet; die Radikalen führten ganz allgemein eine systematische Kampagne gegen Poesie. Die »Demokraten« hielten Fets Poesie für nicht sozialkritisch, und der Schriftsteller vertrat öffentlich konservative Auffassungen. Aber auch das konservative Lager konnte Fets neue Wege einschlagenden Versen nicht immer Geschmack abgewinnen. Erst in den achtziger Jahren wuchs das Interesse an »reiner« Poesie wieder, und Fet konnte auf Unterstützung von Seiten Turgenevs (der in seinen Ausgaben viel strich), Lev Tolstojs und des Kritikers Nikolaj Strachov zählen. Doch waren es eigentlich erst die Symbolisten, die Fets poetischer Arbeitsweise gegenüber offen waren und in ihm einen ihrer Vorläufer sahen.

Die Welt der Fet'schen Poesie ist die irdische Welt der Schönheit, der Musik, der Liebe und des Traums, die die alltäglichen Sorgen vergessen lassen (vgl. den Band *Večernie ogni*, Abendliche Feuer, 1883). Fet ist kein mystischer Dichter, sondern der Dichter der Besinnlichkeit (»poèt sozercanija«) und des Augenblicks (»poèt mgnovenija«), des Kleinen, des Intimen, der Stimmung des Augenblicks; es sind die im Entstehen begriffenen Gefühle, die vagen und widersprüchlichen Empfindungen, die er beschreibt. Seine Poesie ist überwiegend optimistisch, und sein Hauptthema ist die Leidenschaft für Natur, Liebe, Kunst, Erinnerungen und Träume. Vor allem als Verfasser von Natur- und Liebesgedichten ist Fet ein Meister der russischen Lyrik: Geschmack für das Konkrete, der Einfluss der Natur auf das Subjekt (den Dichter), Liebes- und Naturerleben gehen Hand in Hand (z.B. in *Šëpot, robkoe dychan'e*, Flüstern, scheues Atemholen, 1850, einem klassischen Beispiel »reiner« Kunst in der russischen Lyrik). Während Tjutčev die Natur über den Verstand wahrnahm, sah Fet sie als Künstler. Eine wesentliche Rolle in seiner Lyrik spielen Sinneswahrnehmungen (Farben, Klänge, Gerüche). Gemeinsam mit Tjutčev ist er mit seinem unerschöpflichen technischen Reichtum einer der größten Experimentatoren in der russischen Poesie. Seine Sprache ist biegsam, voller Wohlklang und enthält zahlreiche musikalisch-plastische Effekte. Er war denn auch der herausragende Repräsentant der sogenannten melodischen Linie in der russischen Lyrik, die bei Žukovskij einsetzt und im 20. Jahrhundert zu Blok führt. Unter dem Einfluss Schopenhauers, den er ins Russische übersetzte, wurde Fets Poesie zuweilen pessimistischer und irrationaler. Obwohl er die Meinung vertrat, dass sich die Kunst für nichts anderes als das Schöne interessieren dürfe, verfasste er dennoch publizistische Verse gegen die Universität und die Revolutionäre.

Wie Fet war auch APOLLON MAJKOV (1821 – 1897) in hohem Maße plastisch inspiriert. Apollon war der Bruder des Kritikers Valerian und der Sohn des Malers Nikolaj Majkov. Seine Anregungen erhielt er nicht nur aus dem eigenen Ich und der Welt um den Dichter, sondern auch aus der griechisch-lateinischen und slawisch-byzantinischen Geschichte. Neben anthologischen Gedichten, die von Majkovs Liebe für Harmonie und seiner »hellenischen Beschaulichkeit« (Belinskij) zeugen, schrieb er wunderschöne Gedichte über die russische Natur (*Vesna*, Der Frühling; *Pod doždëm*, Im Regen). Dass sich Majkov auch für aktuelle Themen interessierte, beweisen seine Gedichte über den Krimkrieg und die Abschaffung der Leibeigenschaft.

Größeres Interesse am Zeitgeschehen hegte ALEKSEJ KONSTANTINOVIČ TOLSTOJ (1817 – 1875), einer der geistigen Väter Koz'ma Prutkovs, des naiven, aber eitlen Beamten, der allerlei komische und satirische Stücke schrieb. Tolstoj war weniger Formperfektionist als Fet und Majkov, weniger musikalisch und plastisch, übte sich dafür aber in mehreren Gattungen: kleine Versepen, Balladen, Tragödien, historische Romane. Gegen die Utilitaristen gerichtet, stellte er in der Poesie göttlicher Inspiration die Schönheit in den Vordergrund. In seinen Balladen schreibt er über die alte Kiewer Rus' (die er idealisierte) und die Welt der Bylinen, über den Kampf zwischen Germanen und Slawen. So schrieb er einmal: »Und wenn ich an die Schönheit unserer Sprache denke, wenn ich an die Schönheit unserer Geschichte vor den verfluchten Mongolen denke … dann packt mich die Lust, mich aus Verzweiflung darüber auf den Boden zu werfen, was wir mit den Talenten

140

angefangen haben, die Gott uns schenkte!« Sowohl in seinen Dramen als auch in seinem historischen Roman *Knjaz' Serębrjanyj* (Fürst Serębrjanyj, 1862) behandelt Tolstoj die Gestalt des umstrittenen russischen Autokraten Iwans des Schrecklichen und die nach dessen Tod einsetzende Zeit der Wirren. Wegen seines unterhaltsamen und edlen Charakters (anti-Groznyj) war dieser Roman im Stile eines Walter Scott viele Jahrzehnte lang eines der Lieblingsbücher der russischen Jugend. Dieser Vorkämpfer des L'art-pour-l'art-Prinzips schrieb außerdem vier romantische Grusel- und Vampirerzählungen (*Upyr'* Der Vampir, 1841), zwei davon auf französisch.

4.10. Das Theater und Ostrovskij

Obwohl das russische Theater mit den Stücken Puškins, Lermontovs und Gogol's in der ersten Hälfte des 19. Jahrhunderts einen Höhepunkt erreichte, wurde das Theater von zweit- und drittrangigen, oberflächlichen Vaudevillestücken überschwemmt, die auf banale Weise patriotisch, auf unschuldige Weise komisch und sentimental waren. Ein typischer Repräsentant der Gattung war NESTOR KUKOL'NIK, der Autor des monarchistischen Stückes *Ruka vsevyšnego otečestvo spasla* (Die Hand des Allerhöchsten rettete das Vaterland, 1834) über die Befreiung Moskaus aus der polnischen Herrschaft im Jahre 1612 und über das siegreiche Herrscherhaus der Romanovs. Das Stück kam dem Minister für Volksaufklärung, Uvarov, und dessen Konzeption der narodnost' gerade gelegen, so dass Polevojs Kritik des Stücks im *Moskovskij telegraf* (Moskauer Telegraf) verboten wurde. Die Zensur hielt die Rezension für regierungsfeindlich. Ein anderer Bühnendichter, der aufgrund von Stücken bekannt wurde, die man als Gegengift gegen sozialkritische Werke bezeichnen kann, war VASILIJ KARATYGIN. Sein *Ėsmeral'da ili Četyre roda ljubvi* (Esmeralda oder Die vier Arten der Liebe, 1837) war eine Bearbeitung von Victor Hugos *Notre-Dame de Paris* und wurde ein großer Erfolg, der sich lange hielt. Neben ausschließlich rührenden oder schaurigen Einzelheiten führten manche Autoren außerdem soziale Elemente in ihren Stücken ein, so z.B. FĖDOR KONI in *Peterburgskie kvartiry* (Petersburger Wohnungen, 1840), PĖTR KARATYGIN in *Natural'naja škola* (Die Natürliche Schule, 1847) über das literarische Leben, und NIKOLAJ NEKRASOV in *Peterburgskij rostovščik* (Der Wucherer von St. Petersburg, 1844).

Zur Blüte gelangen sollte das russische Theater jedoch erst durch das Werk des Bühnendichters ALEKSANDR NIKOLAEVIČ OSTROVSKIJ (1823 – 1886), das noch immer eine feste Größe des russischen Repertoires darstellt. Ostrovskijs Hauptthema ist das Leben der Kaufleute in Moskau und in der Provinz und im besonderen der konservative, nicht verwestlichte Lebensstil der russischen Kaufmannswelt, mit der er überaus gut vertraut war. Bereits mit seinen ersten Stücken erregte er Aufmerksamkeit: *Kartina semejnogo sčast'ja* (Das Familienglück, 1847 – 1849),

Svoį ljųdi – sočtëmsja (Unter Verwandten wird man sich schon einig, 1849; der Titel lautete ursprünglich *Bankrọt*, Der Bankrott), das beste Stück aus Ostrọvskijs erster Periode, und *Bẹdnaja nevẹsta* (Die arme Braut, 1852). In all diesen Stücken stellt er negative Typen dar und unterzieht die despotische Willkür in der bürgerlichen Familie, in der das Geld alles dominiert, der Kritik.

Die samodụrstvo (die stumpfsinnige, primitive Despotie des pater familias der reichen Kaufmannsfamilie), der Eigennutz und Egoismus, die Unwissenheit und Scheinheiligkeit, der Betrug werden in ihrer ganzen Dreistigkeit dargestellt. Neu war, dass das »Laster« triumphierte, und darum hielt sogar der berühmte Interpret der Gọgol'schen Stücke, Ščẹpkin, *Unter Verwandten wird man sich schon einig* für ein zynisches und niederträchtiges Stück. Es handelt von einer typischen Kaufmannsfamilie aus der Zamoskvọrẹč'e (dem Moskauer Kaufmannsviertel): der ungebildete, eigensinnige und despotische Vater (= samodụr), die spießbürgerliche Mutter und ihre oberflächliche Tochter. Der Ladenschwengel verschwindet mit dem Geld des Vaters und heiratet dann dessen Tochter. Die Tochter und der Schwiegersohn lassen den Vater im Stich, so dass dieser im Schuldgefängnis landet. In diesem Stück tritt nicht eine einzige positive Gestalt auf. Ostrọvskij ist in seiner Darstellung objektiv bis an die Schmerzgrenze gegangen: weder zu komisch noch zu tragisch, dafür aber wirklichkeitsgetreu. Er ist daher auch als der erste naturalistische Bühnendichter der russischen Literatur zu betrachten. Das Theaterstück wurde anfänglich von der Zensur verboten, dann aber im *Moskvitjạnin* veröffentlicht (1850). Vladịmir Odọevskij sagte über dieses Stück: »Ich zähle drei Tragödien in Russland: *Der Landjunker* [Fonvịzin], *Verstand schafft Leiden* [Gribọedov] und *Der Revisor* [Gọgol']. *Der Bankrott* ist Nummer vier.«

Die Moskauer Kaufleute fühlten sich – als Stand – jedoch beleidigt und reichten Klage ein; Nikolaus I. gab ihnen Recht. Die Folge davon war, dass Ostrọvskij von jetzt an Probleme mit der Zensur hatte und anfing, weniger satirisch zu schreiben. In ein paar Stücken idealisierte er sogar den patriarchalischen Lebensstil des Kaufmannsstandes, beispielsweise in *Ne v svoį sạni ne sadịs'* (Schuster, bleib bei deinen Leisten, 1852) und in *Bẹdnost' ne porọk* (Armut ist kein Laster, 1854). In dieser zweiten Periode war Ostrọvskij Mitglied der sogenannten jungen Redaktion der Zeitschrift *Moskvitjạnin*, was den Einfluss slawophiler Ideen erklärt. Diesem vorübergehenden Einfluss haben wir den originellen Charakter des Ljubịm Torcọv zu verdanken, des ruinierten Kaufmanns und edlen Trinkers, einer ungemein beliebten Rolle im russischen Repertoire. In seiner dritten Periode, die mit *V čužọm pirụ pochmẹl'e* (Für die Fehler der anderen bezahlen, 1853) ihren Anfang nimmt, versöhnte Ostrọvskij die beiden Extreme, die Satire der ersten und das Lob der zweiten Periode, miteinander. Nach 1856 erschienen nahezu alle Stücke Ostrọvskijs – 47 selbstverfasste und 20 aus dem Italienischen, Spanischen, Französischen, Englischen und Lateinischen übersetzte – im *Sovremẹnnik* und, nachdem diese Zeitschrift ihr Erscheinen eingestellt hatte, in den *Vaterländischen Annalen.*

In Ostrovskijs sehr umfangreichem dramatischen Œuvre stellt *Groza* (Das Gewitter, 1859) sein Meisterwerk dar. Dobroljubov hat das Stück in einem seiner »Anlässlich«-Essays untersucht, und zwar in *Luč sveta v tëmnom carstve* (Ein Lichtstrahl im Reich der Finsternis, 1860). Dem Kritiker zufolge stellt Ostrovskij hier die Hauptaspekte Russlands aus der Zeit vor den Reformen dar, nämlich die wirtschaftliche Basis des »Reiches der Finsternis« mit seiner samodurstvo, gegen die sich eine starke Persönlichkeit (Katerina) auflehnt. Mit den Gestalten Kabanicha, Dikoj und anderen Despoten sollte Ostrovskij zeigen, dass das Reich in seinen Grundfesten bereits erschüttert ist und dass die Familiendespoten (samodury) sich vor Phänomenen fürchten, die sie nicht verstehen, nämlich den Ausdrucksformen des neuen Lebens. Ein Beispiel dieser neuen Ausdrucksformen ist die Protesttat Katerinas, die ihren Mann während seiner Abwesenheit betrügt und sich dann das Leben nimmt – und das, nachdem sie bei einem Spaziergang im Stadtpark – ein Gewitter droht sich jeden Moment zu entladen – im Beisein ihrer gesamten Familie ihre Sünde zugegeben hat. In Dobroljubovs Augen war Katerina der »Lichtstrahl«, der die Despoten auf so schreckliche Weise herausforderte und damit das Ende ihres »Reiches der Finsternis« prophezeite.

Es ist merkwürdig, dass Dobroljubov – und mit ihm spätere Kritiker – übersehen hat, dass Ostrovskij eine Nebenhandlung eingefügt hat, und zwar die »normale« Geschichte von Vanja und Varvara, die parallel zur tragischen Geschichte von Katerina und Tichon verläuft. Vanja ist der gewiefte Gehilfe der Familie Kabanov, der ein Verhältnis mit der Kaufmannstochter Varvara hat. Als diese Beziehung ans Licht kommt, fliehen sie aus der Stadt und entziehen sich somit der Macht der Despoten Dikoj und Kabanicha. Die Frage ist hier erlaubt, ob denn nicht diese beiden Menschen, die sich für ein eigenes, freies Leben entscheiden, das einzige hoffnungsvolle Element in diesem düsteren Reich sind. In all seinen Stücken sucht Ostrovskij nach Typen, Charakteren, die für die soziale Klasse, zu der sie gehören, repräsentativ sind. Dies bedeutet jedoch nicht, dass sie ihre individuelle Eigentümlichkeit einbüßen. Die mehreren Hundert dramatis personae seiner Stücke sind typische Vertreter ihrer Gesellschaftsschicht und unverwechselbar; sie sind auch keine Träger abstrakter Begriffe (wie dies zuweilen noch bei Gogol' der Fall war). Ihr Humor ist keine Folge konkreter Situationen, sondern entsprießt den Figuren selbst. Ihre Namen sind bedeutungsvoll (z.B. Dikoj = der Wilde; Kabanov = Wildschwein), und die Titel der Stücke verweisen häufig auf Sprichwörter und Redewendungen. Die Figuren sind ein Produkt ihrer Umgebung und handeln entsprechend. Ostrovskij stellt sie in Situationen dar, die für ihre soziale Klasse sowie ihre Art zu leben und zu denken charakteristisch sind. Vorrangige Bedeutung bei Ostrovskij haben die Darstellung der Charaktere und die Botschaft; die Folge davon ist, dass er die Form vernachlässigt. Seine Stücke sind in formeller Hinsicht einfach, mit u.a. langen Expositionen, Nebenepisoden, die auf Kosten der Haupthandlung gehen (zentrifugale Komposition), fehlenden Bühneneffekten (es muss lebensecht sein), fehlender Lösung beim Finale (die Konflikte sind zu tief im sozialen Leben verwurzelt). Der Plot tritt in den Hintergrund, häufig fehlt die psychologische Motivierung. Die Sprache ist in hohem Maße individualisiert: Kaufleute, Adlige, Beamte, Intellektuelle, Menschen aus dem Volk sprechen die für ihre Klasse oder Gruppe spezifische Sprache. In dieser Beziehung ist Ostrovskij unübertroffen: Mit Hilfe der Sprache legt er die individuelle, psychologische und soziale Eigentümlichkeit seiner Personen frei. Ivan Turgenev war der Ansicht, dass vor Ostrovskij niemand ein so appetitliches und reines Russisch geschrieben habe.

Ostrovskijs großes Verdienst ist, dass er eine nationalrussische Dramaturgie geschaffen und dem Realismus auch im Theater zum Sieg verholfen hat. Zu seinen Lebzeiten wurde Ostrovskij »kupečeskij Šekspir« (der Shakespeare des Kaufmannsstandes) genannt, obwohl er nicht universal ist und rein russische Phänomene beschreibt (was seinen geringen Erfolg im Ausland erklärt). So, wie Gončarov als der Dichter der russischen Faulheit (len') bezeichnet wird, so könnte man Ostrovskij den Fotografen der russischen samodurstvo nennen. Radikale Kritiker wiederum sahen in Ostrovskij ausschließlich den Bühnendichter, der »die Leute mit dem dicken Geldbeutel«, »die Wolfszähne und die Fuchsschwänze der russischen Bourgeoisie«, »die Psychologie der Gewalt und des Betrugs« anprangert. Ostrovskij selbst ließ alle möglichen Interpretationen zu, und sowohl Slawophile als auch Westler kommen in seinen Stücken auf ihre Kosten. Der Emigrant Tchorževskij nennt Ostrovskij darum zu Recht »einen gutherzigen počvennik«.

Ein im Westen kaum beachteter Bühnendichter ist ALEKSANDR SUCHOVO-KOBYLIN (1817 – 1903), der 1850 in einen mysteriösen Mordfall verwickelt wurde. Er wurde des Mordes an seiner Geliebten angeklagt und erst nach einem komplizierten Verfahren, das sich sieben Jahre lang hinzog, freigesprochen. Diese Erfahrung hat Suchovo-Kobylin in seinen Theaterstücken verarbeitet. In der Gesellschaftskomödie *Svad'ba Krečinskogo* (Krečinskijs Hochzeit, Premiere 1855) versucht der charmante Bonvivant Krečinskij, sich durch eine Geldheirat aus seiner heiklen finanziellen Lage zu retten. Der Versuch, seine Künftige dabei zu betrügen, wird entdeckt. Die Literaturkritik hatte für das Stück keine guten Worte übrig: Es sei nicht ideenreich genug und baue ausschließlich auf dem Plot auf. Ausgerechnet diese Merkmale aber machten dieses Handlungsdrama (im französischen Stil) beim russischen Publikum sehr beliebt. Deutliche Spuren der unangenehmen Erfahrungen mit der Polizei und dem Gericht finden wir in dem satirischen Drama *Delo* (Der Prozess, Premiere 1882) und in *Smert' Tarelkina* (Tarelkins Tod, Premiere 1900). Das letztgenannte Stück ist eine sehr gelungene satirische Farce mit grotesken Übertreibungen und Karikaturen, die ein zynisches Bild von den herrschenden Lastern zeichnet. Der Autor verspritzt hier deutlich sein Gift gegen die Schrecken des russischen Gerichts in der Zeit vor den Reformen unter Alexander II. Dies musste natürlich zu Problemen mit der Zensur führen. Die drei Stücke wurden als

Trilogie unter dem Titel *Kartịny prošẹdšego* (Bilder der Vergangenheit, 1869) zusammengefasst.

4.11. Saltykǫv-Ščedrịn

MICHAỊL EVGRẠFOVIČ SALTYKǪV (1826 – 1889) – Ščedrịn war sein Pseudonym – studierte am selben Lyzeum, das auch Pụškin besucht hatte, und nahm anschließend eine Tätigkeit im Verteidigungsministerium auf. Im Jahre 1848 wurde er genau wie Herzen nach Wjatka verbannt, weil er den Petrašẹvskij-Kreis, eine Diskussionsrunde, in der Ideen von Fourier und Saint-Simon propagiert wurden (vgl. Dostoẹvskij), besucht hatte, und auch, weil er Werke geschrieben hatte, die Nikolaus I. für »schädlich« hielt: *Protivorẹčija* (Widersprüche, 1847) und *Zapụtannoe dẹlo* (Eine verwickelte Sache, 1848), typische Produkte der *Natürlichen Schule*. Im ersten geht ein gewisser Nagịbin an den Widersprüchen in der Welt zugrunde, im zweiten ist der unglückliche Mịčụlin über die Gemeinheiten seiner Mitmenschen entsetzt. Die Verbannung dauerte bis 1855 (dem Todesjahr Nikolaus' I.) und war für Saltykǫvs literarisches Schaffen entscheidend. In Wjatka musste er nämlich als Beamter im Dienste des Gouverneurs arbeiten, so dass er das Leben in der Provinz in seiner ganzen Vielfalt beobachten konnte. 1857 veröffentlichte er seine *Gubẹrnskie ọčerki* (Skizzen aus einer Provinzhauptstadt), einen Band unzusammenhängender humoristischer und »entlarvender« Essays über die rückständige russische Provinz (vgl. seine späteren *Pịs'ma iz provịncii*, Briefe aus der Provinz). Saltykǫv veröffentlichte seine kühnen Skizzen unter dem Pseudonym N. Ščedrịn – und das in einem denkwürdigen Jahr: Im selben Jahr erschienen die *Sewastopoler Erzählungen* Lev Tolstọjs, Turgẹnevs *Rụdin*, die *Familienchronik* Aksạkovs und Ostrọvskijs Stück *Dochọdnoe mẹsto* (Ein einträglicher Posten). Es war die Zeit, zu der Nekrạsovs erster Gedichtband erschien, im *Sovremẹnnik* ein Artikel Černyšẹvskijs nach dem anderen veröffentlicht wurde und Herzen seine Zeitschrift *Kọlokol* gründete, die Zeitschrift, die Lẹnin zufolge »das sklavische Schweigen« durchbrach. Ščedrịns *Skizzen* stellten den Beginn der sogenannten oblịčitel'naja literatụra (»entlarvende« oder »anklagende Literatur«) dar. Das Buch passte genau zu der Atmosphäre, die zwischen 1855 (der Katastrophe des Krimkrieges) und 1861 (der Bauernbefreiung) herrschte. Das Werk wurde allenthalben akzeptiert, und der Autor wurde zum Vizegouverneur von Rjasan und Twer ernannt (1858 – 1862). Seine energische Reformfreudigkeit als Vizegouverneur brachte ihm den Beinamen »Vize-Robespierre« ein. Im Jahre 1864 brach er mit dem *Sovremẹnnik*, und von 1868 bis 1884, dem Jahr, in dem die Zeitschrift ihr Erscheinen einstellen musste, arbeitete und lebte er nur noch für die *Otẹčestvennye zapịski* (Vaterländische Annalen). Die Jahre nach seiner Entlassung aus dem öffentlichen Dienst (1868) waren die fruchtbarsten seines Lebens: *Istọrija odnogọ gọroda* (Geschichte einer

Stadt), *Gospoda Taškentcy. Kartiny nravov* (Die Herren Taschkenter. Sittenskizzen), *Gospoda Golovlëvy* (Die Herren Golovlëv) und *Pošechonskaja starina* (Provinz Pošechon'e).

In den siebziger Jahren hielt Saltykov sich im Westen auf, unter anderem in Paris, wo er durch Turgenevs Vermittlung die Bekanntschaft Flauberts und Zolas machte. Seine Eindrücke vom Leben im Westen erschienen unter dem Titel *Za rubežom* (Im Ausland) und fassen seine Kritik an der französischen Dritten Republik und dem Deutschland unter Bismarck, am Liberalismus und Parlamentarismus, an der Industrialisierung und Mechanisierung in Worte. In Paris nahm er im Jahre 1875 die Arbeit an seinem Meisterwerk *Die Herren Golovlëv* auf. Saltykov wandte sich außerdem gegen die Entwicklung im eigenen Land: In *Satiry v proze* (Satiren in Prosa), *Nevinnye rasskazy* (Unschuldige Erzählungen), *Priznaki vremeni* (Zeichen der Zeit) und *Pompadury i Pompaduršsi* (Die Herren und Damen Pompadour) wird Saltykovs enorm kritische Haltung gegenüber dem Adel, der reformfeindlich eingestellt war, und den Liberalen, die nichts taten außer reden, deutlich; unversöhnlich ist seine Kritik an der korrupten Verwaltung und an der Unfähigkeit, die Reformen durchzusetzen. In *Die Herren Taschkenter* kann sich der Leser schnell vergewissern, dass mit Taschkent, einem der Gebiete, in das die Zaren ihre Kolonisatoren schickten, ganz Russland gemeint war: »Als abstrakter Begriff ist Taschkent ein Land, das überall zu finden ist, wo man Menschen in die Fresse schlägt.« *Geschichte einer Stadt* ist eine historische Parodie Russlands, voller Namen, die Anspielungen enthalten (z.B. Negodjaev = Nichtsnutz, gemeint ist Paul I.; Benevolenskij ist Speranskij, der reformfreudige Minister Alexanders I.; Ugrjum-Burčeev ist Arakčeev). Seine Parodie Russlands hat Ščedrin in der Provinzstadt Glupov angesiedelt (= Dummburg), mit der symbolisch ganz Russland gemeint ist. Der Emigrant Tchorževskij hält dieses bittere Buch, das von einer Empörung zeugt, die man bei keinem einzigen anderen Schriftsteller findet, für eine Schmähschrift. In *Pošechonskaja starina* verlegt Ščedrin »die Schrecken der seit Jahrhunderten bestehenden Knechtschaft« nach Pošechon'e (am Fluss Šechon'). Diese von autobiografischen Elementen durchtränkten Kindheitserinnerungen des Autors enthalten schreckliche Episoden, beispielsweise die Gestalt der Anfisa Porfirevna, die ihren Mann vor dem Gefängnis bewahrt, indem sie ihn als Leibeigenen ausgibt, und sich dann für die Leiden, die er ihr während ihres Ehelebens zugefügt hat, an ihm rächt.

Als terroristische narodniki (Populisten) am 1. März 1881 (alten Stils) den reformwilligen Alexander II. (den Zar-Befreier/car'-osvoboditel') töteten, breitete sich Panik aus, so dass Saltykovs Zeitschrift, *Vaterländische Annalen*, im Jahre 1884 eingestellt wurde.

In Saltykov-Ščedrins umfangreichem literarischen Erbe gibt es ein Werk, das zu den Klassikern der russischen Literatur gezählt wird: *Gospoda Golovlëvy* (Die Herren Golovlëv, 1880), in Mirskijs Augen das melancholischste Buch der russischen Literatur. Zuweilen wird es auch als »monumentum odiosum« des russischen Provinzadels bezeichnet. Dieser soziale Roman thematisiert den moralischen, physischen und psychischen Niedergang der Familie Golovlëv. Die Hauptfigur des ersten Teils ist Arịna Petrọvna, die Frau Vladịmir Golovlëvs, eines nichtsnützigen Gutsbesitzers. Sie beherrscht nicht nur ihren Mann, ihre Kinder und ihre Leibeigenen, sondern regiert auch den Gutshof und ihr Vermögen mit eiserner Faust. Ihr krankhafter Geiz zerstört alle familiären Bande, auch die mit ihren Kindern. Die beiden ältesten Söhne sterben an der Trunksucht, die Tochter, die insgeheim einen Offizier heiratet und verstoßen wird, stirbt kurz nach der Geburt ihrer Zwillinge. Nur Arinas verzärtelter Sohn Porfịrij überlebt ihre Tyrannei. Porfịrij Golovlëv, Iụduška (Klein Judas) genannt, ist die Hauptperson des zweiten Teils. Noch zu Lebzeiten seines »geliebten Mamachens« bringt er sie um ihren Familiengutshof Golovlëvo, reißt das Gut seines verstorbenen Bruders Pạvel an sich und lässt seine Mutter in Armut sterben. Porfịrij Golovlëv erinnert folglich an Molières Tartuffe, mit dem wesentlichen Unterschied, dass er keinen Versuch unternimmt, seine Verbrechen zu verheimlichen: Er treibt seinen Sohn Volọdja zum Selbstmord, da dieser gegen seinen Willen geheiratet hat; er will seinem Sohn Pẹten'ka nicht helfen, der auf dem Weg in die sibirische Verbannung (er hat Staatsgelder veruntreut) stirbt; sein außerehelicher Sohn wird verstoßen. Jetzt, nachdem er die ganze Familie ausgerottet hat, ist Klein Judas der Besitzer eines enormen Vermögens, wodurch er seinen Verstand verliert. Seine nicht zu zügelnde Geschwätzigkeit, sein Bedürfnis, sich und seine Taten zu erläutern und mit Bibelsprüchen und Volksweisheiten zu verherrlichen, lassen ihn in einer Sturzflut aus Worten ertrinken. Mit einer verkommenen Nichte, die er selbst ruiniert hat, überlässt er sich ausschließlich der Wollust und dem Alkohol. Gegen Ende des Romans geschieht etwas Ungewöhnliches: Er wird von einer Stimme, die ihn zu ersticken droht, aller von ihm begangenen Verbrechen beschuldigt. Jene Stimme »des verwilderten Gewissens« führt ihn letztendlich zum Grab seiner Mutter, die er um Vergebung anfleht. Hier stirbt er auch durch Erfrierung.

Šaltykọvs *Meisterwerk Die Herren Golovlëv* ist eines der markantesten Beispiele des russischen kritischen Realismus. Es berichtigt denn auch die Darstellung des russischen Landadels und der Verhältnisse in der Provinz, wie wir sie bei Tolstọj und Turgẹnev finden. Ohne dieses Werk würde Saltykọv-Ščedrịn lediglich als hervorragender Journalist Bekanntheit genießen; im Westen ist er trotz *Die Herren Golovlëv* so gut wie unbekannt. Ohne dieses Werk wäre er als Satiriker berühmt, der sich auch mit künstlerischem Journalismus beschäftigte, der 40 Jahre lang zaristische Bürokraten, despotische Gutsbesitzer, liberale Schwätzer und Kapitalisten unverdrossen seiner Kritik unterzog.

Gọr'kij war der Meinung, dass man Saltykọv gelesen haben müsse, um das Russland der zweiten Hälfte des 19. Jahrhunderts verstehen zu können. Saltykọv-Ščedrịns journalistisches Werk war damals enorm populär; dies ist jetzt jedoch nicht

147

mehr der Fall, da er darin Missstände beschrieb, die es nicht mehr gibt, so dass der Leser ausführlicher Kommentare bedarf. Dies gilt in viel geringerem Maße für seine skązki (Märchen), allegorische Erzählungen über mangelhafte Zustände in der zweiten Hälfte des 19. Jahrhunderts, die aber auch für den Leser des 20. Jahrhunderts ohne allzu viele Anmerkungen verständlich sind. Sprichwörtlich geworden ist Saltykovs *Povest' o tom, kak odin mužik dvuch generalov prokormil* (Wie ein Bauer zwei Generäle durchfütterte), eine allegorische Erzählung über die sklavische Gehorsamkeit des russischen Bauern.

Saltykov-Ščedrin verwendete eine Sprache, die er selbst »äsopisch« nannte (ėzopov jazyk), die den Zensor ständig irreleiten sollte und die in allen Einzelheiten nur von Zeitgenossen verstanden werden konnte. Er nannte seine Sprache – vielleicht als Gegenpol zu Turgenevs »Herrensprache« – zuweilen auch »rabij jazyk« (Sklavensprache): eine ungeschliffene, ungehobelte Mischung aus Kanzlei- und Rechtssprache, Kaufmanns-, Soldaten- und Bauernjargon, Kirchensprache und derber Umgangssprache. Die Kluft zwischen Turgenevs lyrischem Realismus und Saltykovs satirischem, schrecklich bitterem Realismus war so tief, dass Turgenev (zumindest anfänglich) der Meinung war, er sei nicht zu lesen. Als Saltykov sein Erstlingswerk – *Skizzen aus einer Provinzhauptstadt* – an den *Sovremennik* schickte, legte Nekrasov es Turgenev zur Lektüre vor, worauf dieser ausrief: »Das ist überhaupt keine Literatur; der Teufel mag wissen, was es ist!« Saltykov-Ščedrin fand für sein Vaterland nur Worte des Abscheus. Sein Werk hinterlässt einen melancholischen Eindruck, die darin zum Ausdruck kommende aussichtslose Monotonie wirkt ermüdend. Saltykovs Russland war denn auch um ein Vielfaches düsterer und deprimierender als Gogol's Welt der »Schweinefratzen«. Das mag auch die große Sympathie erklären, die Lenin für Saltykov-Ščedrin hegte.

4.12. Leskov

Leben

NIKOLAJ SEMËNOVIČ LESKOV (1831 – 1895) verbrachte seine Jugend auf dem Land und in kleinen Provinzstädten. Bei Pilgerfahrten mit seiner Mutter lernte er die Welt der Geistlichkeit und der Klöster kennen. Nach dem Studium in Kiew fuhr er in den Jahren 1857 – 1859 im Auftrag der Firma Scott & Wilkins kreuz und quer durch Russland; während dieser Reisen sammelte er Eindrücke in ausreichender Zahl, um an die zehn dicke Bände vollschreiben zu können. In diesem Zusammenhang sagt ein Gutsbesitzer in der Erzählung *Smech i gore* (Lachen und Verdruss): »Man kann hier keinen Schritt tun, ohne auf eine Überraschung zu stoßen – und noch dazu eine sehr eklige.« Im Jahre 1860 ließ Leskov sich in der Hauptstadt St. Petersburg nieder, um Journalist zu werden. Er schrieb in ziemlich liberalen

Zeitschriften, ohne allerdings radikale Ideen zu verkünden. Er war u. a. für die halbamtliche *Sęvernaja pčela* (Die Nordische Biene) tätig. Ein Artikel über die großen Brände des Jahres 1862 in St. Petersburg wurde ihm zum Schicksal. Leskǫv beging den Fehler, in diesem Artikel die Gerüchte zu zitieren, nach denen die »Nihilisten« die Brände entfacht haben sollten. Er forderte eine öffentliche Untersuchung mit anschließender Verurteilung oder Richtigstellung. Hierdurch hatte er seinen Ruf bei den Progressiven eingebüßt. In den Jahren 1862 – 1863 ging er als Korrespondent einer Zeitung nach Westeuropa. Nach seiner Rückkehr veröffentlichte er einen Roman, *Nękuda* (Ohne Ausweg, 1864), in dem er die revolutionären Aktivitäten jener Zeit als aussichtslos verwarf; der Roman kann als Polemik gegen Černyšęvskijs *Was tun?* betrachtet werden.

Häufig wird behauptet, Leskǫv sei von der fortschrittlichen Kritik falsch verstanden worden; er hatte aber bereits vor diesem Roman in der Presse gegen die Nihilisten militant Stellung bezogen. Die »Linken« behaupteten, der Roman sei auf Bestellung der Dritten Abteilung geschrieben worden, und boykottierten Leskǫv. 1870/1871 veröffentlichte Leskǫv einen weiteren »antinihilistischen« Roman, *Na nožạch* (Bis aufs Messer), eine Spottschrift auf die Progressiven, die der Autor »Brummbärte« nannte. Es ist eine Art Kriminalroman, in der eine junge Schönheit ihren älteren Mann aus dem Weg räumen lässt, und zwar gerade von »nihilistischen« Anarchisten. Sogar Dostoęvskij, der zu jener Zeit seinen Roman *Die Dämonen*, eine alles andere als milde Kritik an den russischen Revolutionären, beendet hatte, war der Meinung, dass Leskǫv die Nihilisten in diesem Werk bis zur Unkenntlichkeit »entstellt« habe. Die Folge davon war, dass Leskǫv zum Buhmann der Progressiven wurde und von angesehenen Kritikern unfair behandelt wurde; eine Ausnahme stellte Apollǫn Grigǫr'ev dar, der aber bereits 1864 starb. In den siebziger Jahren geriet Leskǫv in Streit mit Katkǫv und dessen konservativer Zeitschrift *Rụsskij vęstnik* (»Es sind Konservative wie Katkǫv, die das meiste Brennholz für die Scheiterhaufen der Revolution zusammengetragen haben«). Beliebt wurde er vor allem nach der Veröffentlichung von *Soborjạne* (Die Klerisei, 1872) und der sich daran anschließenden Reihe von Erzählungen über das Leben der Geistlichkeit, die in führenden Kreisen (u.a. Marịja Aleksạndrovna, die Frau Alexanders II.) auf fruchtbaren Boden fielen. In den achtziger Jahren aber wurden diese Erzählungen zu satirisch: *Męloči archieręjskoj žịzni* (Nichtigkeiten aus dem bischöflichen Leben, 1878) und *Čertogon* (Die Teufelsaustreibung, 1879) über die wilden Orgien und die kirchliche Bußübung eines reichen Kaufmannes, der den Teufel austreiben lassen will. Leskǫv wurde aus dem Staatsdienst entlassen. Diese Entlassung war auch in der Kritik begründet, die Leskǫv, in die Fußstapfen seines Lehrmeisters Lev Tolstǫj tretend, über der orthodoxen Kirche ausschüttete. Leskǫv erfreute sich noch immer großer Beliebtheit bei den Lesern, wurde jedoch von den Kritikern selbst dann noch negiert, als er mit dem Wunsch, sich ihnen anzunähern, in gemäßigt radikalen Zeitschriften zu publizieren begonnen hatte.

Werk

Erst mit dem im Jahre 1872 veröffentlichten Roman *Die Klerisei* hatte Leskov seinen eigenen Weg gefunden. Das Werk beschreibt das Leben der Geistlichkeit in der Provinzstadt Stargorod. Die Hauptfiguren sind der Priester Tuberozov und der Diakon Achilla. Der Priester hat seine Ernennung dem Auftrag zu verdanken, die Sekte der Altgläubigen zu bekehren, er lehnt sich jedoch mehr und mehr gegen die überholten Dogmen der Orthodoxie und gegen die Kirchenführung auf. In seiner letzten Predigt, die ihn seine Stellung kostet, fordert er in aller Öffentlichkeit die Trennung von Kirche und Staat. Der Mann, der ausschließlich der Wahrheit gelebt hat, stirbt als gescheiterter Idealist. Das Werk steht in der russischen Literatur alleine dar, da es vollständig der Geistlichkeit gewidmet ist. Während Leskov die erhabenen Aspekte des Lebens der russischen Geistlichen aus konservativer und orthodoxer Sicht beschreibt, hielten seine Zeitgenossen das Werk für antiklerikal. Im Grunde genommen sollte Leskov seine Hoffnungen auf eine Kirchenreform von innen heraus jedoch erst zu einem späteren Zeitpunkt aufgeben und darum die Kirche als Einrichtung abweisen (vgl. Lev Tolstoj).

Über außerordentliche christliche Tugenden in einer verdorbenen Welt schrieb Leskov in *Pravedniki* (Die Gerechten). Leskovs beste Erzählungen über den Glauben sind *Očarovannyj strannik* (Der verzauberte Pilger, 1873) und *Zapečatlennyj angel* (Der versiegelte Engel, 1873). In der ersten erzählt ein Pilger seine abwechslungsreiche Lebensgeschichte: Ein Mönch hat ihm prophezeit, er werde tausendmal Todesängste ausstehen müssen, aber nicht sterben, und die sonderbarsten Abenteuer erleben, bevor er schließlich in einem Kloster Ruhe und Frieden finden werde. Leskov hatte sich hier von Cervantes' *Don Quichotte*, Gogol's *Die toten Seelen* und Fénelons *Les Aventures de Télémaque* anregen lassen. *Der versiegelte Engel* handelt von Altgläubigen, die eine von den Behörden beschlagnahmte Ikone dank einer List und nicht ohne die Hilfe eines englischen Ingenieurs wieder in ihren Besitz bringen. Der Erzähler ist ein Altgläubiger, der selbst an dem Abenteuer teilgenommen hat und es später einer ungläubigen Zuhörerschaft erzählt, um Gottes Allmacht und Güte zu illustrieren. Das Problem der Altgläubigen (staroobrjadcy) interessierte Leskov schon länger. Anfänglich lehnte er die Sekte unter dem Einfluss von Mel'nikov-Pečerskijs Romanen *V lesach* (In den Wäldern, 1871 – 1874) und *Na gorach* (In den Bergen, 1875 – 1881) ab, später aber erblickte er in ihrer Kunst die einzig wahre Pflege der altrussischen kirchlichen Überlieferung.

Leskov schrieb nicht nur über religiöse Probleme. In der Tradition Shakespeares steht seine Liebesgeschichte *Ledi Makbet Mcenskogo uezda* (Lady Macbeth aus dem Landkreis Mzensk, 1865 – 1866) über die reiche Frau eines Provinzkaufmannes, Katerina L'vovna, die sich langweilt und eine Affäre mit dem Hausknecht beginnt. Gemeinsam räumen sie ihren Mann, ihren Schwiegervater und einen Neffen aus dem Weg und werden dafür zu Zwangsarbeit verurteilt. Ihr Liebhaber

Sergej verlässt sie wegen einer anderen; unterwegs nach Sibirien ertränkt sie bei der erstbesten Gelegenheit ihre Rivalin, wobei sie selbst den Tod findet.

Berühmt ist Leskǫvs Erzählung *Skaz o tṳl'skom kosǫm Levšę i o stal'nǫj blochę* (Die Erzählung vom scheelen Linkshänder aus Tula und vom stählernen Floh) aus dem Jahre 1881, eine göttliche Geschichte über einen Schmied aus Tula, der es versteht, dem tanzenden stählernen Floh, den Alexander I. von den Engländern geschenkt bekommen hat, die Hufe zu beschlagen. Als er auf Befehl Nikolaus' I. nach England geht, um dieses Wunder russischer Ingeniosität vorzuführen, merken die Engländer, dass der Floh nicht mehr tanzen kann. Auf subtile Weise kritisierte Leskǫv somit die Rückständigkeit der Russen. 1925 legte Zamjatin eine erfolgreiche Bühnenbearbeitung von Leskǫvs grotesker Novelle, die für den des Russischen Mächtigen ein reiner ästhetischer Genuss ist, im Stile der commedia dell'arte vor.

Gelungen, doch ein wenig skurril ist auch die Novelle *Želęznaja vǫlja* (Der eiserne Wille, 1876) über den Deutschen Pectoralis aus Mecklenburg, der in Russland sein Glück machen will. Er erregt den Unmut der Russen, da er ständig mit seinem »eisernen Willen« prahlt, der letztendlich jedoch nicht verhindern kann, dass er eines schmählichen Todes stirbt, als er mit dem Priester Flavian um die Wette Pfannkuchen isst.

In all diesen Novellen erweist sich Leskǫv als der unübertroffene Erzähler der russischen Literatur. Leskǫvs Œuvre enthält einen unerschöpflichen Vorrat an Erlebnissen mit fesselnden Menschen und seltsamen Schicksalsschlägen. Seine Helden gehören allen möglichen Schichten und Berufen an. Über die Lebensweise all dieser Menschen erzählt Leskǫv aus eigener Erfahrung, so dass sein Werk ein buntes Panorama des russischen Lebens in seiner ganzen Komplexität darstellt. Häufig überlagern Nebenhandlungen, die für sich genommen spannend sind, die Haupthandlung. Leskǫv lässt einen Erzähler auftreten, einen Mann aus dem Volk, der in der Ich-Form und in seinem eigenen ergötzlichen, volkstümlichen Stil eine Reihe unglaublicher Geschichten erzählt. Dieses Verfahren wird als *skaz* bezeichnet. In dieser Verwendung der Volkssprache liegt eines der großen Verdienste Leskǫvs. Seine Sprache steckt voll bildhafter, treffender Ausdrücke, Mundartformen und Ukrainismen; typisch für Leskǫv sind volksetymologische Formen und bewusst falsche Deutungen von Fremdwörtern (z.B. buremętr = Sturmmesser statt Barometer, melkoskǫp = Kleines Skop statt Mikroskop). Im 20. Jahrhundert verwendet Zǫščenko dieses Verfahren gekonnt in seinen Sketchen. Leskǫvs Stellung in der russischen Literatur ist lange umstritten gewesen. Seine Romane wurden von Zeitgenossen aus ideologischen Gründen verurteilt; bestimmte Kritiker sahen in ihm ausschließlich einen Anekdotenschreiber, manche warfen ihm Mangel an Ideen vor, die Konservativen hatten ihre Probleme mit diesem originellen Schriftsteller, der kaum Respekt vor der herrschenden Ordnung zeigte. Manche erblickten in ihm einen religiösen und selbst mystischen Schriftsteller. Erst postum fand Leskǫv in Gǫr'kij einen Fürsprecher, der ihn zwar in politischer Hinsicht für wechselhaft hielt, ihn aber dessen ungeachtet als einen russischen Klassiker und als einen originellen Wortkünstler ehrte. Leskov zeichnet seine Charaktere nicht als Psychologe; das einzige, was ihn an diesen Sonderlingen interessiert, ist ihr dramatisches Schicksal, dessen Tragik oder Komik. Noch nie hatte das erzählende Element in der russischen Novelle eine so große Rolle gespielt wie bei Leskov. Ein großes Verdienst Leskovs ist es, dass er das Volksleben nicht ideologisch überzeichnet; beispielsweise findet man in seinem Œuvre nicht das Mitleid mit den Bauern, auf das man bei liberalen Gutsbesitzern stößt. In erster Linie bekannt als literarischer Sittenmaler (bytopisatel') der russischen Geistlichkeit und als bester Nachfolger von Vladimir Dal' in der russischen Literatur, war Leskov ein echter počvennik, dem es stets um die »Volksseele« ging.

Neben Leskov sind Mel'nikov und Mamin als echte počvenniki (»Schriftsteller des russischen Bodens«) zu nennen. Diese »Heimatliteratur« war eine Reaktion auf die elegante Tradition in der russischen Literatur (Turgenev) und war außerdem antiwestlich. Sie wollten einzig und allein russisch sein und verwendeten die Sprache des einfachen Volkes, oft den Dialekt der Bauern. Die beiden großen Namen dieser Schule waren – neben Pavel Jakuškin, der Bauernlieder zusammentrug, und Sergej Maksimov – Mel'nikov und Mamin. PAVEL MEL'NIKOV (1818 – 1883), der unter dem Pseudonym Andrej Pečerskij schrieb, beschäftigte sich ausschließlich mit Geschichte, Archäologie und Ethnografie und machte im Auftrag des Innenministeriums Reisen durch den Ural und das Wolgagebiet. Er galt als Autorität auf dem Gebiet der Altgläubigen und beteiligte sich aktiv an den Bekehrungskampagnen gegen diese »Sektierer«. Es ist denn auch verwunderlich, dass er diese Altgläubigen (starožily) in seinen Büchern *V lesach* (In den Wäldern, 1871 – 1874) und *Na gorach* (In den Bergen, 1875 – 1881) mit Sympathie darstellt. Die Altgläubigen (staroobrjadcy) waren »Schismatiker«, die nach den Kirchenreformen des Patriarchen Nikon Mitte des 17. Jahrhunderts in den Ural geflüchtet waren, wo sie, weit entfernt von der zaristischen Orthodoxie, ihren Glauben und ihre Sitten peinlich genau pflegten. Mel'nikov-Pečerskij erkannte, dass sie mehr als nur Fanatiker waren, dass in ihren Liedern und Legenden das alte, vorpetrinische Moskauer Reich des 17. Jahrhunderts poetisch zum Leben erwachte. Durch Wälder und Berge von der neuen (westlichen) Zivilisation isoliert, die Russland von Petersburg aus überspülte, und in einen harten Kampf gegen die Natur verwickelt, behielten sie viele Aspekte der altrussischen Lebens- und Denkweise bei. Ein Hauptthema von Mel'nikov-Pečerskijs Romanen sind daher die Auseinandersetzung und der Konflikt zwischen Altem und Neuem in dieser Gemeinschaft. Dem gegenwärtigen Leser kommt sein Werk stark veraltet vor, doch es ist aufgrund des Reichtums an ethnografischen Fakten sehr bedeutsam. Ebenso wie Vladimir Dal' war Mel'nikov-Pečerskij von der Pracht und der Ausdruckskraft der russischen Sprache des 17. Jahrhunderts (die auf einem bedeutenden kirchenslawischen Substrat beruhte) beeindruckt, und er versuchte, diese Sprache in ihrer ganzen Eigentümlichkeit wiederzugeben.

Weniger beliebt und talentiert als »Heimatdichter« war DMITRIJ MAMIN-SIBIRJAK (1852 – 1912), der vor allem über die Entstehung und die Folgen des Kapitalismus (die Macht des Geldes) im Ural schrieb. Sein bester Roman – Brat'ja Gordeevy (Die Brüder Gordeev, 1891) – ist ein Beispiel eines russischen naturalistischen Heimatromans.

5. Der Realismus (II): Die Giganten

5.1. Dostoęvskij

Leben

FĘDOR MICHAJLOVIČ DOSTOĘVSKIJ (1821 – 1881) besuchte die Pionierschule der Militärakademie in Petersburg und diente danach beim Petersburger Pionierkorps. 1844 schied er, fest entschlossen, sich der Literatur zu widmen, aus. In den Jahren 1843/1844 arbeitete er an der Übersetzung von Balzacs *Eugénie Grandet*. Wegen Geldmangels verkaufte er das Erbe seines Vaters, der 1839 von seinen Leibeigenen ermordet worden war; als Dostoęvskij von dem Mord erfahren hatte, war er zutiefst geschockt gewesen, und manchen Zeugnissen zufolge soll dies der Anfang seiner Nervenkrankheit gewesen sein. In den Jahren 1844/1845 arbeitete er an dem Roman *Będnye ljudi* (Arme Leute), den er über seinen Freund Dmitrij Grigorǫvič an Nekrąsov weiterleitete. Belir.skij war von Dostoęvskijs »philantropischem« Roman begeistert, doch seine Begeisterung legte sich nach dessen zweitem Roman *Dvojnik* (Der Doppelgänger, 1846). Im Jahre 1847 brach Dostoęvskij mit dem Papst der Literaturkritik, da Belinskij eine vernichtende Kritik über *Chozjąjka* (Die Wirtin) verfasst hatte. Zu jener Zeit besuchte Dostoęvskij regelmäßig die Abende des Petrašęvskij-Kreises, bei denen ein utopischer Sozialismus à la Fourier gepredigt wurde. Bei einem dieser Treffen las er Belinskijs berühmten *Brief an Gǫgol'* vor. Ein Infiltrant der Geheimpolizei verriet den gesamten Kreis, so dass Dostoęvskij im Jahre 1849 zu vier Jahren Zwangsarbeit in Sibirien verurteilt wurde. Nikolaus I. wollte ein Exempel statuieren und trieb ein makabres Spiel: Die Mitglieder des Kreises (petrašęvscy) wurden zum Tode verurteilt und vor ein Exekutionskommando geführt; erst im allerletzten Moment wurden sie begnadigt. Infolge dieser Verbannung blieb der 1849 veröffentlichte Roman *Nętočka Nezvąnova* unvollendet. Dostoęvskij verließ die literarische Bühne für die Dauer von neun Jahren. Seine Zwangsarbeit (kątorga) verrichtete er unter schrecklichen physischen und psychischen Bedingungen (inmitten von Schwerverbrechern) in einer sibirischen Backsteinfabrik. Das einzige Buch, das er lesen durfte, war das Neue Testament (das er in Tobolsk von einer der Dekabristenfrauen bekommen hatte). Dieser Umgang mit dem einfachen Volk brachte Dostoęvskijs Auffassungen von Sozialismus und Atheismus ins Wanken. Die damit einhergehende Religionskrise versöhnte Dostoęvskij mit dem Christentum (er fing an zu glauben, weil das Volk glaubte). Dieser Kontakt mit einfachen russischen Menschen bildete auch den Ausgangspunkt für

Dostoevskijs spätere slawophile Ideen. Den zweiten Teil seiner Strafe musste der ehemalige Offizier Dostoevskij als gemeiner Soldat in Semipalatinsk absitzen, wo er 1856 erneut zum Offizier befördert wurde. Im Jahre 1857 heiratete er die Witwe Marija Isaeva, mit der er, bedingt durch Krankheiten, Eifersucht und Geldprobleme, acht schwere Jahre verbringen sollte. 1858 wurde er aus medizinischen Gründen (Epilepsie) entlassen und konnte 1859 nach Petersburg zurückkehren.

Seine literarische Rückkehr feierte Dostoevskij mit *Djadjuškin son* (Onkelchens Traum) und *Selo Stepančikovo i ego obitateli* (Das Dorf Stepančikovo und seine Bewohner, 1859), doch großen Ruhm erntete er erst wieder für seine *Zapiski iz mërtvogo doma* (Aufzeichnungen aus einem Totenhaus, 1860–1862), die größtenteils autobiografische Erzählung über seine infernalische Zwangsarbeit in Sibirien. Im Jahre 1860 schloss sich die erste Ausgabe seiner gesammelten Werke in zwei Bänden an.

Im Jahre 1861 gründete Dostoevskij gemeinsam mit seinem Bruder Michail die Monatsschrift *Vremja* (Die Zeit), in der er die Fortsetzungen der *Aufzeichnungen* und den Anfang von *Unižennye i oskorblënnye* (Die Erniedrigten und die Beleidigten) veröffentlichte. Die Zeitschrift enthielt u.a. auch die *Zimnie zametki o letnich vpečatlenijach* (Winterliche Aufzeichnungen über sommerliche Eindrücke) mit kritischen und ironisch-sarkastischen Stellen über das Leben im Westen. Das Blatt führte eine heftige Polemik mit Nekrasovs fortschrittlicher Zeitschrift *Sovremennik*. Es musste jedoch 1863 wegen eines Artikels von Nikolaj Strachov über die polnische Frage sein Erscheinen einstellen. Die Brüder Dostoevskij führten ihre Zeitschrift unter dem Namen *Ėpocha* (Die Epoche) weiter, hatten aber von Anfang an Probleme. In diesem Blatt wurde ein Werk veröffentlicht, das in Dostoevskijs Œuvre einen wichtigen Stellenwert hat und deutlich die neue Richtung angibt, die der Schriftsteller eingeschlagen hatte: *Zapiski iz podpol'ja* (Aufzeichnungen aus dem Untergrund, 1864). Der hierin enthaltene Angriff auf Černyševskij und dessen Gesinnungsgenossen kam überdeutlich zum Ausdruck.

In den Jahren 1862–1863 hatte Dostoevskij ein leidenschaftliches, aber gespanntes und komplexes Verhältnis mit Apollinarija Suslova, die in der Literaturgeschichte als eine dünkelhafte, infernalische Frau Bekanntheit erworben hat und die Dostoevskij mit den dunklen Seiten des Lebens vertraut gemacht haben soll. Mit ihr reiste Dostoevskij nach Westeuropa, wo er dem Roulettespiel verfiel. In London lernte er Herzen kennen, der ihn folgendermaßen beschrieb: »Ein recht naiver, unsicherer Mann, sehr sympathisch. Hegt einen enthusiastischen Glauben an das russische Volk. Ein genialer Muschik.« 1864 wurde für Dostoevskij ein Unglücksjahr: Er musste die Zeitschrift *Ėpocha* aufgeben (nicht zu bewältigende Finanzprobleme), seine Frau und sein Bruder Michail starben, ebenso der wohlwollende Kritiker Apollon Grigor'ev. 1865 besuchte Dostoevskij Deutschland, wo er die Arbeit an *Prestuplenie i nakazanie* (Schuld und Sühne) aufnahm, dem ersten seiner großen Romane, die ihn weltberühmt machen sollten. Im Jahre 1866 erschienen seine gesammelten Werke in drei Bänden. Dostoęvskij befand sich in großen Geldnöten, da er die Familie seines verstorbenen Bruders unterhalten musste und dessen Schulden übernommen hatte. Um des Geldes willen verfasste er in weniger als vier Wochen *Igrǫk* (Der Spieler, 1866). Dies war nur dank der Hilfe seiner Sekretärin Ąnna Grigǫr'evna Snįtkina möglich, die er kurz danach heiratete. Snįtkina (25 Jahre jünger als der Schriftsteller) war Dostoęvskij eine treue Frau und eine zuverlässige Assistentin, der er es zu verdanken hatte, dass er die letzten zehn Jahre seines Lebens in relativer Ruhe und relativem Wohlstand verbrachte. 1867 gingen sie gemeinsam ins Ausland – auf der Flucht vor Gläubigern (das Verbot der Zeitschrift *Vręmja* hatte zu enormen Verlusten geführt).

Im Westen verlor Dostoęvskij ein ums andere Mal seinen ganzen Besitz beim Spiel. Hier verfasste er *Idiǫt* (Der Idiot, 1868/1869), *Vęčnyj muž* (Der ewige Gatte, 1870) und den größten Teil von *Bęsy* (Die Dämonen, 1871/1872). 1871 kehrte er nach Russland zurück. Nach der Veröffentlichung des gegen die Revolutionäre gerichteten Romans *Die Dämonen* unterhielt er Kontakte mit dem reaktionären Lager. So redigierte er 1873 – 1874 die »rechte« Zeitschrift *Graždanįn* (Der Bürger) des Fürsten Meščęrskij; er machte Pobedonǫscevs Bekanntschaft. 1875 erschien *Podrǫstok* (Der Jüngling) in Nekrąsovs *Otęčestvennye zapįski*. In den Jahren 1876 – 1877 veröffentlichte er sein fesselndes *Dnevnįk pisątelja* (Tagebuch eines Schrift-stellers) in Fortsetzungen, das kein persönliches, intimes Tagebuch, sondern vielmehr eine Einmannzeitschrift war, in der Dostoęvskij auf das soziale, politische und literarische Tagesgeschehen reagierte und in der er auch »phantastische« Erzählun-gen publizierte (*Krǫtkaja*, Die Sanfte, André Gide zufolge »l'une des choses les plus puissantes« Dostoęvskijs; *Son smešnǫgo čelovęka*, Der Traum eines lächerlichen Menschen). Die absolute Apotheose von Dostoęvskijs Ruhm und Beliebtheit zu seinen Lebzeiten brachten ihm *Brąt'ja Karamązovy* (Die Brüder Karamazov, 1879/1880 in Fortsetzungen im *Rųsskij vęstnik*) und die *Pųškin-Rede* ein, die er bei der Enthüllung des Pųškin-Standbilds im Jahre 1880 in Moskau hielt und die zur größten Kundgebung auswuchs, die die klassische russische Literatur jemals erlebt hatte. Doch *Die Brüder Karamazov* hatte Dostoęvskijs Kräften zuviel abverlangt. Im darauffolgenden Winter erkrankte er schwer und starb im Januar 1881.

Werk

Als Nekrąsov 1846 in seinem *Peterbųrgskij sbǫrnik* Dostoęvskijs *Arme Leute* veröffentlichte, war dieser auf einen Schlag berühmt. Dieser Briefroman beschreibt mikroskopisch genau dieWelt der kleinen Beamten (= die naturalistische Thema-tik) und die Gefühle, die der Held und die Heldin füreinander hegen. Makąr Dęvuškin, der sanfte und schüchterne Federfuchser, nimmt sich seiner entfernten

157

Verwandten Varvạra, einer Waise, an, die sich, um der Prostitution zu entgehen, gezwungen sah, einen älteren Mann zu heiraten. Belịnskij betrachtete Dostoẹvskijs Erstlingswerk als »den ersten Versuch bei uns, einen sozialkritischen Roman zu verfassen«. Dostoẹvskij wollte hiermit offensichtlich zeigen, dass auch in Mansarden und Kellerlöchern der russischen Metropole Menschen wohnten, die über ein reiches Gefühlsleben verfügten und das Gefühl für Menschenwürde nicht verloren hatten. Der Roman war der Höhepunkt der »philantropischen« Literatur der vierziger Jahre, und sein Naturalismus ist deutlich sentimentalisch beeinflusst (bis hin zumTrivialen).

Als kurz darauf *Dvojnịk. Priključẹnija gospodịna Goljạdkina* (Der Doppelgänger. Die Abenteuer des Herrn Goljadkin, 1846) erschien, war es mit Belịnskijs Begeisterung vorbei. Der utilitaristische Kritiker wusste sich keinen Rat mit der allzu modern anmutenden Geschichte des (schon wieder!) kleinen Beamten Goljạdkin, der in seinem Doppelgänger der Abspaltung seines schizophrenen Bewusstseins begegnet. Goljạdkin fühlt sich übergangen, als seinem jüngeren Kollegen die Ehre zuteil wird, der Schwiegersohn ihres Vorgesetzten (Goljạdkins früherem Gönner) zu werden. Auf der Geburtstagsfeier der Tochter erleidet er mit seinen Intrigen gegen den Rivalen Schiffbruch. Am darauffolgenden Tag sitzt ihm sein Doppelgänger in der Amtsstube gegenüber – auch als Titularrat und mit demselben Namen! In der Folge entwickelt sich ein grotesker und verworrener Kampf, der damit endet, dass Goljạdkin in eine Irrenanstalt eingeliefert wird. Obwohl Dostoẹvskij hier deutliche Anleihen bei Gọgol' und Hoffmann macht, gibt es auch Unterschiede: Bei Gọgol's Erzählung *Die Nase* handelte es sich um eine reine Groteske, und den phantastischen Novellen Hoffmanns stellte Dostoẹvskij die reale Welt der russischen Bürokratie mit einem pathologischen Beamten gegenüber, der seine Ideale nur in seinem Doppelgänger verwirklicht sah.

In *Bẹlye nọči. Sentimentạl'nyj romạn. Iz vospominạnij neizvẹstnogo* (Weiße Nächte. Ein sentimentaler Roman. Aus den Erinnerungen eines Unbekannten, 1848) schafft sich ein kleiner Beamter eine eigene Traumwelt. Seine Begegnungen mit der jungen Nạsten'ka finden in der zauberhaften Atmosphäre der »weißen« Nächte Petersburgs statt.

Der Entwicklungsroman *Nẹtočka Nezvạnova* (Netočka Nezvanova, 1849) ist das erste Werk, in dem Dostoẹvskij die Ereignisse motiviert und tiefenpsychologisch analysiert.

Nach der Verbannung veröffentlichte Dostoẹvskij einige Werke, die der Form nach deutlich zu seiner präsibirischen Periode gehören. In *Selọ Stepạnčikovo i egọ obitạteli. Iz zapịsok neizvẹstnogo* (Das Dorf Stepạnčikovo und seine Bewohner. Aus den Aufzeichnungen eines Unbekannten, 1859) wollte Dostoẹvskij wahrscheinlich sein berühmtes literarisches Vorbild (Molières *Tartuffe*) modernisieren und psychologisch vertiefen – und das in einer russischen Umgebung. Es ist eine psychologisch interpretierte Satire auf den tyrannischen Fomạ Fomịč Opịskin, der die braven

Bewohner des Provinznestes Stepạnčikovo mit seiner Frömmlerei, Besserwisserei und Moralisiererei dreist an der Nase herumführt. Während Tartuffe jedoch seine wohlverdiente Strafe kriegt, muss sich der naive Rostạnev dem schamlosen Opịskin beugen. Tynjạnov hat gezeigt, dass Dostoẹvskij in der Gestalt des Opịskin eine Karikatur Gọgol's gezeichnet hat, demzufolge eine Abrechnung mit seinem literarischen und religiösen Lehrmeister.

Das Werk, das Dostoẹvskijs erste Periode definitiv abschließt, ist *Unịžennye i oskorblёnnye* (Die Erniedrigten und die Beleidigten, 1861), das von dem desillusionierten Schriftsteller Ivạn Petrọvič handelt, der im Krankenhaus seine Erinnerungen zu Papier bringt: Erinnerungen an eine Welt, in der alle zwischenmenschlichen Beziehungen wegen des Strebens nach Geld, Ansehen usw. zum Scheitern verurteilt sind. Es ist ein Sensationsroman, der zugleich sentimental und sozialkritisch ist und der das Elend der Großstadt darstellt (was damals »in« war).

Es ist nicht angemessen, eine scharfe Trennungslinie zwischen Dostoẹvskijs Schaffen vor und nach der Verbannung zu ziehen. In den Werken aus seiner ersten Periode treten schließlich Merkmale zutage, die in seinen großen Romanen die beherrschende Rolle spielen. So verwendet er in *Arme Leute* den Kontrast als Spannungselement (alt – jung; sentimentale Beschreibung des Innenlebens – Naturalismus in der Darstellung der Realität; empfindsames Herz – komisches Äußeres); er hegt Interesse an der Psychologie seiner Helden; er entwickelt eine dynamische Handlung; Dostoẹvskijs Großstadt (Petersburg wirkt wie »die künstlichste aller Städte«) hat phantastische Züge (deutlicher Einfluss von Balzac und Dickens sowie von George Sand und Eugène Sue). Während diese literarischen Vorbilder seinem Frühwerk einen deutlichen Stempel aufdrückten, ist Dostoẹvskij in seiner zweiten Periode ein eigenständiger Künstler. Eine Konstante seines Werkes ist außerdem die Analyse der geistigen Qualen der Menschen vor einem realistischen Hintergrund.

Ebenso unangemessen ist meines Erachtens die Behauptung, die *Zapịski iz mёrtvogo dọma* (Aufzeichnungen aus einem Totenhaus, 1860 – 1862) würden mehr oder weniger nicht in das Gesamtwerk Dostoẹvskijs passen. Mit diesem dokumentarischen Buch über seine Jahre als Zwangsarbeiter in Sibirien, das Herzen mit Dantes *Inferno* und Michelangelos Fresken verglich, gelang Dostoẹvskij nach knapp zehn Jahren Stillschweigen ein spektakuläres Comeback. Dies veranlasste Herzen zu folgendem Kommentar: »Aus dieser Zeit stammt ein schreckliches Buch, eine Art ›carmen horrendum‹, am Ausgang des düsteren Reiches von Nikolaus, vergleichbar mit Dantes berühmter Inschrift am Eingang der Hölle« (vgl. Čẹchovs *Reise nach Sachalin* und Solžẹnịcyns *Der Archipel GULAG*). Obwohl Dostoẹvskij keine literarischen Ambitionen damit verfolgte und das Werk anfänglich eher als eine Reportage betrachtet wurde, ist dieses Buch doch in stilistischer und kompositorischer Hinsicht gelungen; es war zu Dostoẹvskijs Lebzeiten sein berühmtestes Buch: Es bedeutete seinen Durchbruch im Westen, und die Revolutionäre begrüßten es mit Beifall, weil in ihm ein zaristisches Zuchthaus in seiner ganzen Schmutzigkeit und mit größter Detailgenauigkeit realistisch dargestellt wurde. Dies stellte in der russischen Literatur ein absolutes Novum dar! Das Hauptmotiv der *Aufzeichnungen* ist die Entfremdung zwischen dem gebildeten Gefangenen und den echten Verbrechern, die den »politischen« Intellektuellen nicht akzeptieren. Dostoevskij lernte in dem Bagno die Psychologie des russischen Menschen – noch dazu des Ausschusses des russischen Gemeinlebens – kennen und kam diesbezüglich zu einem positiven Urteil. Er entdeckte nämlich geistigen Reichtum in diesen einfachen, ungebildeten und unterdrückten Wesen – und das war für ihn ein großer Trost. Ihm wurde dort bewusst, dass Kriminalität ein »Unglück« sei, dass Verbrecher »unglücklich« und die Strafen unzweckmäßig seien.

Die Verbindung zwischen diesem Buch und seinem späteren Werk ist denn auch offensichtlich: Es enthält Stoff, auf den der Schriftsteller später zurückgreifen konnte. Gerade in diesem zaristischen Bagno begann Dostoevskij über die Psychologie des Verbrechens nachzudenken, die in seinen großen Romanen eine bedeutende Rolle spielen wird.

Als Dostoevskij 1854 das Bagno verließ, schrieb er seinem Bruder: »Diese Jahre sind nicht fruchtlos verstrichen … Von jetzt an werde ich meine Zeit nicht mehr mit Banalitäten vergeuden.«

Ein Ergebnis dieses weisen Beschlusses waren die im Jahre 1864 veröffentlichten *Zapiski iz podpol'ja* (Aufzeichnungen aus dem Untergrund), das erste Werk des reifen Dostoevskij, das erste Werk, durch das er sich wirklich von allen Zeitgenossen unterscheidet. Dieses Werk, das eine zentrale Stellung in Dostoevskijs Gesamtschaffen einnimmt, wird häufig – zu Unrecht – als *Aufzeichnungen aus einem Kellerloch* übersetzt, obwohl Dostoevskij nicht das im Keller gelegene Zimmer (podzemel'e) meint, von dem aus die Ich-Person ihren gehässigen Monolog mit dem Leser führt, sondern den Untergrund (podpol'e), das Heimliche, das politisch Verbotene, die Konfrontation mit dem gesellschaftlichen Konformismus. Unter Konformismus verstehen wir die damals allgemeingültigen Auffassungen von Sozialpositivismus und Utilitarismus, wie sie vom *Sovremennik* und vor allem von Černyševskij in Worte gefasst wurden. Dostoevskijs *Aufzeichnungen* stellen nun einen regelrechten, scharfsinnigen Angriff auf diesen Publizisten dar, dessen Name jedoch nie genannt wird. Dostoevskij macht dessen Thesen lächerlich, nach denen der Mensch nur nach körperlicher Gesundheit, Arbeit und relativem materiellen Wohlstand strebe und dieser »Vorteil« (wie er es nannte) in der sozialistischen Phalanstère verwirklicht werden könne. In »Vera Pavlovnas vierter Traum« hatte Černyševskij (in dem Roman *Was tun?*) ein solches Paradies in Gestalt eines Kristallpalastes (chrustal'nyj dvorec) beschrieben, der die künftige sozialistische Gesellschaft symbolisiert. Diese Idee des »Kristallpalastes« wird von Dostoevskij gnadenlos in der Luft zerrissen. Für lächerlich hält er außerdem die Überzeugung des Materialisten Černyševskij, dass der Mensch nur von Umständen geleitet werde und beispielsweise töte, weil er Hunger hat. Dieser Überzeugung stellt Dostoẹvskij im *Totenhaus* Menschen gegenüber, die aus Vergnügen töten. Gegen dies alles lehnt sich der Mensch im Untergrund auf. Er wirft sich zum Vorkämpfer der Freiheit und der Kaprize, zum Vorkämpfer des Leidens und des Bewusstseins auf. Der Mensch im Untergrund revoltiert gegen alle sozialen und politischen Systeme, die von sich behaupten, Glücksbringer zu sein, und er lehnt die Möglichkeit ab, die Gesellschaft nach vorab festgelegten Schemata zu organisieren. »Der Mensch liebt lediglich die zum Ziel führende Anstrengung, während ihn dieses Ziel selbst kalt lässt. Und wer weiß, ob nicht das einzige Ziel, nach dem die Menschheit auf Erden strebt, lediglich dieses unaufhörliche Streben ist, kurz – das Leben an sich, und nicht ein besonderes Endziel, das übrigens nichts anderes sein kann als zweimal zwei ist vier, eine Formel also, denn zweimal zwei ist vier ist kein Leben mehr, meine Herren, sondern der Beginn des Todes.« In diesem Kristallpalast wird das Leben nach Dostoẹvskijs Auffassung unheimlich langweilig sein, »weil der Mensch überall und zu allen Zeiten, wer er auch sein mag, tun wollte, wozu er Lust verspürte, und ganz und gar nicht, was der Verstand und seine Belange ihm vorschrieben. [...] Dein eigener, selbständiger und freier Wille, deine eigene Kaprize, wie unsinnig auch immer, deine eigene Phantasie, auch wenn sie manchmal an Wahnsinn grenzt.« »Ich verteidige [...] meine eigenen Grillen und dass ich die ausleben können muss, wenn mir danach ist. Das Leiden wird beispielsweise in Vaudevillestücken nicht zugelassen, das weiß ich. Auch in einem Kristallpalast ist es undenkbar; Leiden ist Zweifel, ist Negation, und was ist ein Kristallpalast wert, in dem Platz für Zweifel ist? Und doch bin ich davon überzeugt, dass der Mensch niemals auf das wirkliche Leiden verzichten wird, d.h. auf Verwüstung und Chaos. Leiden – aber das ist schließlich der einzige Ursprung des Bewusstseins.« Die russische Kritik war vernichtend. Ščedrịn veröffentlichte im *Sovremẹnnik* eine Satire auf Dostoẹvskijs Mann im Untergrund unter dem Titel *Mitteilungen eines kranken und bösartigen Vogels*. Grigọr'ev war der einzige, der Dostoẹvskij ermutigte, so weiter zu schreiben! Eine sowjetische Quelle schrieb, dass die *Aufzeichnungen aus dem Untergrund* »sich zu einem krankhaften individualistischen Protest gegen die Gesellschaft und zur Negation jedweder allgemeiner Normen und Gesetze entwickeln, die das politische und soziale Leben regeln«.

Der Kurzroman *Igrọk* (Der Spieler, 1866) ist in Rekordgeschwindigkeit und um des Geldes willen geschrieben worden. Dostoẹvskij hatte aus Geldnot die Rechte an all seinen Werken dem Verleger Stellọvskij verkauft, der von Dostoẹvskij außerdem die Rechte an künftigen Werken verlangte, sollte dieser nicht bis spätestens am 1. November 1866 einen neuen Roman beendet haben. Die 3000 Rubel, die er hierfür erhalten hatte, verspielte Dostoẹvskij in Wiesbaden am Roulettetisch. Ein Freund riet Dostoẹvskij, sich eine Stenotypistin zu nehmen und ihr den Roman zu diktieren. Vier Wochen später war *Der Spieler* fertig. Er gehört nicht zu Dostoẹvskijs großen philosophischen Romanen, ist aber in biografischer

Hinsicht wichtig und stellt eine Fingerübung in psychologischer Porträtierung dar: Um die kapriziöse und dämonische Pauline (für die möglicherweise Apollinarija Suslova Modell gestanden hat) zu retten, fängt der Mann zu spielen an und verfällt dem Roulette. Der deutsche Kurort, der Schauplatz der leidenschaftlichen Handlung ist, wird von Dostoevskij Roulettenburg genannt.

Dostoevskijs erhalten gebliebene Notizbücher ermöglichen uns einen Einblick in die komplexe und lange Entstehungsgeschichte von *Idiot* (Der Idiot, 1868). »Die Hauptidee des Romans ist die Darstellung eines schönen Menschen«, der Hauptperson Myškin. Er wird wegen seiner Geisteskrankheit und wegen seiner epileptischen Anfälle als »Idiot« bezeichnet, aber auch, weil er so ungewöhnlich demütig, bescheiden und einsam ist. Das Thema des Romans ist die Tragödie der Nastas'ja Filippovna, die kurz davor steht, entweder verheiratet oder »gekauft« zu werden. Der reiche Kaufmann Rogožin will sie kaufen, weil er sie nicht besitzen kann, aber Fürst Myškin will sie aus Mitleid retten (er ist der einzige, der sie nicht als »gefallene« Frau betrachtet, sondern als einen leidenden Menschen); er liebt jedoch Aglaja. Der Roman behandelt dann den Kampf zwischen den beiden Frauen und den Zwiespalt des unentschlossenen Myškins, der zwischen Liebe und Mitleid hin und her gerissen wird. Nastas'ja Filippovna fühlt sich zu Myškin hingezogen, folgt aber Rogožin, der sie ermordet.

Der reine, schöne Mensch, Fürst Myškin, den der Autor in seinen Entwürfen sogar »Fürst Christus« nannte, ist der schrecklichen Welt, in der er lebt, nicht gewachsen. Zwar ist jeder von seiner moralischen Überlegenheit beeindruckt, aber niemand läßt sich in seinem Verhalten dadurch beeinflussen. Dostoevskij hatte den »Idioten« als die moralische Achse des Romans konzipiert, der durch sein Vorbild die anderen dazu anregen sollte, Gutes zu tun. Diese Figur ist denn auch als Verkörperung von Dostoevskijs religiösem Programm zu betrachten. Saltykov-Ščedrin hielt Fürst Myškin für eine positive Gestalt für die Zukunft (»das Endziel«). Die künstlerische Stärke des Romans liegt vermutlich nicht so sehr in dem darin zum Ausdruck kommenden religiösen Gedanken als darin, dass der utopische Gedanke, der in der Hauptperson seine Inkarnation erlebt, die künstlerische Einheit des Werkes garantiert. Alles – Inhalt und Form – ist auf die Hauptperson zugespitzt.

In Dostoevskijs zweitem großen Roman – *Prestuplęnie i nakaząnie* (Schuld und Sühne, 1866) – steht ein Mord im Mittelpunkt. Dostoevskijs Plan war es ursprünglich gewesen, die Geschichte eines Verbrechens aufzuzeichnen. Ein junger Student ermordet eine alte Wucherin, um mit ihrem Geld seine Mutter und seine Schwester glücklich zu machen. Danach würde er sein Studium beenden, ins Ausland gehen und für den Rest seines Lebens nur noch gute Taten vollbringen. Es kommt aber alles anders: Nach dem Mord steht der Mörder Qualen aus, er stellt sich dem Gericht und ist zum Verbüßen seiner Strafe bereit.

In der endgültigen Fassung tötet der 23jährige Raskol'nikov, um sein Studium finanzieren zu können. Seine Läuterung ist eine Folge der Gespräche mit dem

Untersuchungsrichter Porfirij Petrovič und der jungen Dirne Sonja Marmeladova, in der er die verloren gegangene Mitmenschlichkeit wiederentdeckt. Beide zeigen ihm, dass er die Vereinsamung nur durchbrechen kann, indem er seine Schuld bekennt und die Strafe auf sich nimmt. Als Raskol'nikov letztendlich nach Sibirien geschickt wird (Zwangsarbeit), folgt Sonja ihm freiwillig. Durch ihre Liebe fühlt er sich – wie Lazarus, dessen Geschichte zitiert wird – auferweckt von den Toten. Für Raskol'nikov beginnt jetzt ein neues Leben. In diesen in künstlerischer Hinsicht vollendeten Kriminalroman hat Dostoevskij eine große Portion Spannung eingeflochten, jedoch nicht im Zusammenhang mit der Frage nach dem Täter, sondern bezüglich der Vorbereitung des Mordes. Raskol'nikov wird sich allmählich bewusst, dass er einen Mord begehen will, und fühlt sich angewidert. In den noch vagen Plänen wird der Mord nie explizit als solcher bezeichnet, sondern unbestimmt »die Tat« genannt; auch die eigentliche Theorie, die zur Rechtfertigung des Mordes dient, wird verworren entwickelt. Nach dem Mord konzentriert sich die Spannung auf das Katz-und-Maus-Spiel in den Gesprächen zwischen Raskol'nikov und Porfirij Petrovič; dann erst rückt der Mörder mit seiner Theorie heraus. Die »demokratische« Kritik der sechziger Jahre protestierte gegen die Tatsache, dass Dostoevskij Raskol'nikov Ideen von Menschen wie Černyševskij und Pisarev missbrauchen lässt, um den Mord zu rechtfertigen, dass nämlich alles, was zum Fortschritt beiträgt, gut sei, demzufolge auch der Mord an dieser »Laus« in Gestalt der alten Wucherin, weil dieser Mord zum allgemeinen Glück beitragen werde (Raskol'nikov kann dann studieren).

Dostoevskij hat in diesem Roman die Polemik mit dem Positivismus und Sozialismus fortgesetzt. Das kommt allein schon im Namen der Hauptperson zum Ausdruck: Raskol'nikov (abgeleitet von raskol = Schisma, Trennung, Abspaltung; historisch das Schisma in der russischen Kirche im 17. Jahrhundert) ist abgesondert von den gesunden Kräften des menschlichen Lebens; er ist in der widernatürlichen Stadt Petersburg abgesondert vom Boden, von der Erde, er ist als Intellektueller abgesondert und isoliert vom russischen Volk, und als Rationalist schließlich hat er kein Auge für die tieferliegenden Urelemente. Der individualistischen Hybris, die zum Mord führt, steht die vergebende Demut Sonjas gegenüber, die das Leiden auf sich nimmt, auf diese Weise den Ausweg aufzeigt und Raskol'nikovs Katharsis herbeiführt.

Obwohl Dostoevskij hier große philosophische und ethische Probleme aufwirft, können wir mit dem Titel der Übersetzung doch nicht einverstanden sein: Schuld und Sühne sind moraltheologische Begriffe, während das russische Original (prestuplenie und nakazanie) sich auf die juristischen Begriffe Verbrechen und Strafe bezieht.

Während Schuld und Sühne als spannend geschriebener, psychologischer Kriminalroman mit philosophischer Tragweite Weltruhm erlangt hat, haben Zeitgenossen außerdem auf den sozialkritischen Aspekt des Werkes hingewiesen. Die Handlung spielt sich in Mansarden, Wohnblöcken, in dunklen Gassen und auf dem Polizeibüro ab, so dass der Leser von der in dem Buch herrschenden beklemmenden sozialen Atmosphäre getroffen wird (Sǫnja beispielsweise wird Prostituierte, um ihre Familie zu unterstützen). In seiner Rezension (*Bor'bạ za žizn'*, Der Existenzkampf, 1867) behauptete Pịsarev, dass dieses Gefühl der sozialen Trostlosigkeit und Aussichtslosigkeit eines der Motive für den Mord sei.

In sowjetischen Untersuchungen wurde gewöhnlich der Zusammenhang zwischen Raskọl'nikovs Übermensch-Theorie und den utilitaristischen Auffassungen seiner Zeitgenossen empört zurückgewiesen und er als ein »bürgerlicher Individualist« bezeichnet. Der DDR-Slawist Wolf Düwel schrieb sogar: »In der Idee des Raskolnikow und in seiner Mordtat liegt letzten Endes bereits die faschistische Perversion des bourgeoisen Individualismus beschlossen.«

Dostoẹvskijs Roman *Bẹsy* (Die Dämonen, 1871/1872, veröffentlicht im *Rụsskij vẹstnik*) geht unmittelbar auf die Affäre um Sergẹj Nečạev zurück, dessen Prozess im Jahre 1871 auf große öffentliche Resonanz stieß. Sergẹj Nečạev ging 1869 ins Ausland und gab sich in den Kreisen der russischen revolutionären Emigranten als Repräsentant der angeblich von ihm selbst in Russland gegründeten Geheimgesellschaft »Narọdnaja rasprạva« (Die Volksrache) aus. Anfänglich wurde er von Bakụnin und Ogarëv unterstützt, die sich später von ihm distanzierten. Er kehrte illegal nach Russland zurück, wo er sich als Bevollmächtigter der russischen politischen Emigration und der »Internationalen Arbeiter-Assoziation« (London) ausgab. Er verlangte von den jungen Menschen, die ihn umringten, dass sie sich ihm vollständig unterwarfen. In Moskau gründete er, hauptsächlich unter Studenten der Landwirtschaftlichen Akademie, politische konspirative Zellen, in denen er sich als Diktator aufzuspielen versuchte. Als sein Programm (siehe seinen *Katechịzis revoljucionẹra*, Katechismus eines Revolutionärs) und seine Vorgehensweise von einem Studenten, einem gewissen Ivanọv, angefochten wurden, beschuldigte Nečạev ihn fälschlicherweise des Verrats. Er zwang die Mitglieder der pjatërka (= fünfköpfige Zelle), Ivanọv zu ermorden, ging selbst aber ins Ausland (Schweiz), so dass der Prozess gegen die Zelle in seiner Abwesenheit stattfand. Kurz danach wurde Nečạev von der eidgenössischen Polizei an Russland ausgeliefert. 1873 bezeichneten Marx und Engels die Nečạev-Affäre als »ein Komplott gegen die Internationale Arbeiter-Assoziation«. Grọssman zufolge könnte der Roman auch eine Abrechnung mit Bakụnins Anarchismus sein.

Das Thema von Dostoẹvskijs Roman – ein politischer Mord – wird vor dem Hintergrund des Turgenev'schen Gegensatzes Väter – Söhne entwickelt. Der »Vater« ist der hilflose Ästhet und Idealist Stepạn Verchovẹnskij, der Vater Pëtrs und der Erzieher der Hauptperson Nikolạj Stavrọgin, des Sohnes der reichen, despotischen Generalswitwe Varvạra Stavrọgina. Pëtr Verchovẹnskij ist der anarchistische »Sohn«, der führende Kopf der revolutionären pjatërka, folglich der Nečạev der Geschichte, wie sie sich wirklich zugetragen hat (das ergibt sich aus Dostoẹvskijs Notizen). Er ermordet einen Studenten namens Šạtov (den Notizen zufolge Ivanọv), angeblich wegen Verrats, eigentlich aber, um seinem konspirativen Treiben Sinn und Inhalt zu verleihen. Neben Verchovẹnskij Senior ist Šạtov Dostoẹvskijs Lieblingsgestalt in diesem Roman, die dem suchenden Dostoẹvskij des Jahres 1848 sehr ähnlich ist. Der Theoretiker der revolutionären Zelle ist Šigalëv, der auf den Trümmern der alten Gesellschaft ein sozialistisches Gemeinleben aufbauen will, in dem vollkommene Gleichheit herrschen soll. Die denkt er mittels »grenzenloser Despotie« zu erreichen. Schließlich gibt es auch noch den jungen Ingenieur Kirịlov, der sich als Šạtovs Mörder ausgibt und Selbstmord begeht. Die zentrale Figur ist Nikolạj Stavrọgin, der Repräsentant der »Söhne«, der über einen scharfen, analytischen Verstand verfügt, die Scheinheiligkeit der Menschen hasst und aus diesem Grund die Welt herausfordern will. So hat er das Mädchen Matrëša vergewaltigt – weswegen er Gewissensbisse empfindet (dies erfahren wir im Kapitel »Bei Tichon«, besser bekannt als *Ịspoved' Stavrọgina*, Stavrọgins Beichte). Diese Beichte, die Stavrọgins Credo »Ich glaube an den Teufel« enthält, hielt die Redaktion des *Rụsskij vẹstnik* für zu gewagt, so dass sie erst 1923 veröffentlicht wurde. Nach diesem Verbrechen findet Stavrọgin keine Ruhe mehr, auch nicht, als er die Invalidin Marija Lebjạdkina heiratet; trotz aller Versuche spürt er nach wie vor die Leere in seinem Herzen. Er begeht noch andere Verbrechen, bis er schließlich Hand an sich selbst legt. Er weigert sich, mit Dạr'ja, der Schwester des von Verchovẹnskij ermordeten Šạtov, ins Ausland zu fliehen. Alle Frauen, denen Stavrọgin begegnet, stürzt er ins Verderben: Das Mädchen, das er vergewaltigt hat, erhängt sich; die behinderte Schwachsinnige, die er aus »Leidenschaft zur Qual« heiratet, wird von ihm ermordet; Lịza, die ihm die wahre Liebe erschließen soll, findet ihren Untergang; und Dạša schließlich, die sich mütterlich seiner annimmt, wird von ihm mit Lịza betrogen. Dass der Roman polemische Absichten verfolgte, ergibt sich aus zahlreichen Gestalten, die für die Zeitgenossen leicht erkennbar waren. Nicht nur Nečạev, sondern auch Turgẹnev wird parodiert, und zwar in der Gestalt des selbstgefälligen Schriftstellers Karmazịnov, der insgeheim mit der Gruppe um Stavrọgin sympathisiert, aber abspringt, als die Situation zu eskalieren droht. (»Karmazin« ist das russische Wort für den Farbton Karminrot und spielt somit auf Turgẹnevs Sympathie für die »Roten« an.)

Wie *Schuld und Sühne* enthält auch *Die Dämonen* viele Spannungselemente, beispielsweise um die Gestalt des Stavrọgin, dessen Ankunft sorgfältig vorbereitet und von den wildesten Gerüchten begleitet wird. Spannung ist auch ein Bestandteil des Zweifels, den die handelnden Personen in Bezug auf Verchovẹnskijs terroristische Pläne hegen. Gọr'kij hielt den Roman für »den gelungensten und bösartigsten Versuch, die revolutionäre Bewegung der siebziger Jahre ins Gerede zu bringen«. Als richtungsweisend sollten sich die Worte des populistischen Kritikers Michajlọvskij erweisen: »Sie haben mit den *Dämonen* einen Irrtum begangen: Sie haben nicht die wahren Dämonen angegriffen, sondern lediglich einen lächerlichen Haufen Verrückter und Nichtsnutze.«

165

Im Jahre 1875 veröffentlichte Dostoevskij *Podrostok* (Der Jüngling), einen Entwicklungsroman in der Ich-Form über einen jungen Mann aus einer nichtadligen Familie. Mit dieser Wahl einer »zufälligen Familie« (slučajnoe semejstvo) verfolgte er polemische Absichten: Es war seine Antwort auf die seiner Meinung nach überholte Welt der Gutsbesitzer, wie sie in den Werken Turgenevs und Tolstojs (*Kindheit, Jugendzeit*) zu finden ist. In dem Roman kommen so viele Personen und Episoden vor, dass er zuweilen als Schelmenroman bezeichnet wird.

Dostoevskijs letztes literarisches Werk *Brat'ja Karamazovy* (Die Brüder Kara-mazov, 1879/1880) ist ein beeindruckender psychologischer und philosophischer Kriminalroman geworden, der von vielen zu Recht für Dostoevskijs größten Roman gehalten wird. Die Brüder Ivan, Dmitrij und Alëša werden als Kinder von ihrem Vater dem Schicksal überlassen und von Verwandten erzogen. Als Erwachsene werden sie in ihrem Elternhaus mit ihrem alten Vater, dem lüsternen Narren Fëdor Karamazov, konfrontiert, für den sie nichts als Verachtung und Hass empfinden. Alle drei wünschen sie seinen Tod. Als er eines Tages wirklich ermordet wird, fällt der Verdacht auf den ältesten Bruder Dmitrij. Die Umstände und die Beweise sprechen gegen ihn (Vater und Sohn waren beispielsweise in dieselbe Frau, die schöne Grušen'ka, verliebt), und Dmitrij wird zu Zwangsarbeit in Sibirien verur-teilt. Die Brüder wissen nicht, dass der echte Mörder der Epileptiker Smerdjakov ist, der illegitime Sohn und Lakai des alten Karamazov. Smerdjakov hat die auf Nietzsche zurückgreifende immoralische Maxime des mittleren Bruders, Ivan, (»vsë pozvoleno« – »Alles ist erlaubt«) in die Tat umgesetzt. Er langweilt sich, ist des Lebens überdrüssig und empfindet nach dem Mord nicht die geringsten Schuldgefühle; er erhängt sich. Die drei Brüder sind bereit, ihre Mitschuld als Sühne auf sich zu nehmen.

Neben dem Gegensatz zwischen dem alten Karamazov (als dem biologischen Vater) und dem starec (= Eremit) Zosima (als dem geistigen Vater), die den Tod bzw. die Auferstehung symbolisieren, liegt im Roman die Triade der drei Brüder vor: Während Ivan den Denker, den Rationalisten verkörpert und der lyrische Dmitrij die wilde, sinnliche Leidenschaft symbolisiert, ist Alëša der Reine, der Heilige. Alle drei sind das Produkt des alten Karamazov, alle drei werden – ebenso wie Smerdjakov – mit demselben tragischen Konflikt (Vaterhass; auch Alëša mit seinen evangelischen Ideen kann die Verachtung nicht ablegen) und demselben Schuldgefühl (Vatermord) konfrontiert. Alle drei haben seinen Tod gewollt, und das Herr-Knecht-Verhältnis zwischen Ivan und Smerdjakov ist in dieser Hinsicht besonders fragwürdig. Jedem Bruder ist nicht nur eine ausgesprochen weibliche Persönlichkeit (Ivan – Katerina, Dmitrij – Grušenka, Alëša – Liza), sondern auch ein Kind zugeordnet: Smerdjakov bringt Iljuša bei, seinen Hund zu töten, wonach das Kind aus Reue stirbt; Alëša lebt in einer Gemeinschaft von Schülern; Dmitrij träumt, als er bereits inhaftiert ist, von einem Kind, das an der Brust seiner Mutter stirbt; und Ivan weigert sich, an die ewige Glückseligkeit zu glauben, solange auch nur ein einziges Kind leidet. Somit ist für Dostoevskij der Lebenskreis geschlossen (Vater-Sohn-Kind) und ein wichtiges autobiografisches Element aus dem Leben des Schriftstellers im Roman verarbeitet: das Schuldgefühl, einst den Vater ermordet und jetzt auch den Tod des eigenen Kindes verschuldet zu haben (der letzte Anstoß zur Niederschrift von *Die Brüder Karamazov* war der Tod von Dostoevskijs jüngstem Kind, das im Alter von drei Jahren an Epilepsie starb). Es ist bestimmt kein Zufall, dass eine der Romangestalten denselben Namen trägt wie dieses gestorbene Söhnchen: Alëša Fëdorovič. Obwohl *Die Brüder Karamazov* viele Bezüge zum russischen Zeitgeschehen enthält (wie der offensichtliche Hinweis auf Karakozov, der auf Zar Alexander II. schoss) und der Autor die Kriminalität der russischen Jugend untersuchte, Besserungsanstalten usw. besuchte, liegt das Hauptgewicht doch auf den ewigen Themen. Es liegen keine Notizen zu dem Roman vor, aber es sind Briefe erhalten, die Dostoevskij an den *Russkij vestnik* und an Pobedonoscev richtete (1959 veröffentlicht). So stellte er im Gespräch zwischen Ivan und Alëša (siehe *Ispoved' gorjačego serdca*, Die Beichte eines heißen Herzens) und in Ivans Dichtung *Legenda o velikom inkvizitore* (Der Großinquisitor, aus dem *Fünften Buch: Pro und Contra*) die erhabenen Worte des sterbenden Zosima der Gotteslästerung und der Anarchie gegenüber. In dieser »Beichte« stellt Dmitrij die These auf, dass sich im Blut der Menschen eine leidenschaftliche Bestie verbirgt, die den Menschen zwischen Gott und dem Teufel, zwischen »dem Ideal der Madonna« und »dem Ideal Sodoms« schwanken lässt; der einzige Ausweg sei, auf seine Leidenschaften zu verzichten, denn die führen zu Chaos, Verbrechen, Leiden, Selbstqual und dem Quälen anderer.

In »Der Großinquisitor« legt Dostoevskij eine Auffassung vom Problem der Freiheit dar, die seine revolutionären Zeitgenossen geschockt haben muss: Der Großinquisitor predigt, dass der Mensch die Freiheit, die Christus ihm angeboten hat, zurückweist, dass der Mensch im Tausch für »Brot und Spiele« freiwillig Sklave bleiben will; in Dostoevskijs Augen versuchten auch die Sozialisten, den Menschen im Tausch für sklavische Unterwerfung Brot und Spiele zu geben. Im »Großinquisitor« erscheint Christus im Spanien der Inquisition und wird sofort eingesperrt. Als der Großinquisitor ihn nachts in seiner Zelle besucht, wirft er Christus in einem Monolog vor, sich für die Freiheit des Menschen entschieden und ihn dadurch unglücklich gemacht zu haben. Der Großinquisitor bekennt sich zum Antichrist, mit dessen Hilfe er das Paradies auf Erden errichten wird. Schweigend küsst Christus den Großinquisitor auf den Mund und verlässt den Kerker.

Aus den veröffentlichten Briefen wissen wir, dass Dostoevskij es als seine »Bürgerpflicht« ansah, den Anarchismus zu widerlegen. Dem *Russischen Boten* schrieb er: »Unser russischer Sozialismus, der einfältig, aber schrecklich ist, weil er so viele junge Anhänger zählt, läuft hinaus auf ›Brot und Spiele‹ und mündet in den Turm von Babel, d.h. den sozialistischen Heilstaat, in dem die Gewissensfreiheit vollständig eingeschränkt wird. So weit gehen der konsequente Atheist und der

Leugner ... Und mein Sozialist (Ivạn Karamạzov) ist ein aufrichtiger Mensch; er gibt rundheraus zu, dass er die Meinung des Großinquisitors teilt und dass der Glaube an Christus den Menschen mehr erhöht hat, als dieser es verdient.«

Von großer Bedeutung für Dostoẹvskij als politischen Denker ist das zwischen 1873 und 1881 herausgegebene *Dnevnịk pisạtelja* (Tagebuch eines Schriftstellers), das mit seinen über 200 Einzelstücken eine unerschöpfliche Quelle des Wissens über Dostoẹvskijs Ideologie und über das Russland seiner Zeit darstellt, »ein Bericht darüber, was mich persönlich am meisten interessierte«. Das Tagebuch umfasst autobiografische Erinnerungen an die Kinder- und Jugendjahre sowie Porträts von Zeitgenossen (u.a. Belịnskij und Nekrạsov). Außerdem enthält es literarisches und literaturkritisches Material: Stoff für seine Romane, den er dem russischen Alltag entnahm; Gedanken über andere Schriftsteller (u.a. Leskọv, Tolstọj); die berühmte *Pụškin-Rede* (August 1880), die Dostoẹvskij schon im Januar 1880 vor der »Ọbščestvo druzẹj rossịjskoj slovẹsnosti« (Gesellschaft der Freunde der russischen Literatur) hielt. In der Rede rief Dostoẹvskij zur Versöhnung der feindlichen Richtungen im geistigen Leben Russlands auf. In Pụškins Werk erblickte Dostoẹvskij die Basis für diese Versöhnung. Darum rief er die Intelligenzija dazu auf, ihre revolutionären Ideale (also ihren Kampf gegen die Autokratie) aufzugeben und stattdessen im Geiste der Versöhnung zum Aufbau auf »dem Heimatboden« beizutragen. Anfänglich war die Gesellschaft (auch der Feind Turgẹnev) voller Euphorie über die lobenden Worte aus Dostoẹvskijs Mund über den russischen skitạlec (den ewigen Sucher der Wahrheit) und über seinen Versuch, unterschiedliche Standpunkte, die Russland schon 40 Jahre lang entzweiten, miteinander zu versöhnen; doch schon bald sah sich Dostoẹvskij Angriffen ausgesetzt, und zwar sowohl seitens der Revolutionäre als auch von seiten der Reaktionäre (Konstantịn Leọnt'ev kritisierte die Rede vom kirchlichen Standpunkt aus). Dostoẹvskijs Tagebuch enthält auch Beiträge über soziale und politische Fragen sowie Novellen.

Bedeutung

Als Künstler muss Dostoẹvskij als der Gegenpol des klaren, poetischen Turgẹnev betrachtet werden. Dostoẹvskij hebt sich nachdrücklich von Schriftstellern seiner Zeit ab. Der chronologischen Erzählweise eines Turgẹnev steht das Chaos aus Taten, Motiven und Ideen gegenüber, mit dem der Leser der Romane Dostoẹvskijs überhäuft wird. Die Nervosität, die Spannung und das Interesse des Lesers werden mit vielerlei Mitteln gesteigert. So kümmert sich Dostoẹvskij keinen Deut um psychologische Klischees; so komplex wie das Innenleben des Menschen ist, so kompliziert ist auch die Handlung. Dies hat viele Leser zu der Überzeugung gebracht, die Romane Dostoẹvskijs seien formlos, hätten keine Struktur. In dieser Meinung werden sie durch den biografischen Umstand gestützt, dass Dostoẹvskij häufig um des Geldes willen schrieb und überhastet arbeitete. In diesem Zusammenhang ist zuweilen auch die Rede vom »polyphonen« Charakter der Romane Dostoevskijs, d.h., dass nicht Dostoevskijs »point of view« dominiert, sondern dass unterschiedliche Standpunkte zu ihrem Recht kommen, die dann mit Hilfe zahlreicher Szenen, Dialoge und Monologe (sowie Fälle innerer Rede) dramatisiert werden. Dostoevskijs Rolle beschränkt sich dieser Theorie zufolge darauf, die »Stimmen« der einzelnen Helden harmonisch nebeneinander zu stellen (Bachtin, 1929).

Der Auffassung, Dostoevskijs Romane seien strukturlos, ist entgegenzuhalten, dass die organische Einheit hier unter Zuhilfenahme der Katastrophe erzielt wird (z.B. Rogožins oder Stavrogins Selbstmord, der Mord an der alten Wucherin oder dem alten Karamazov). Wie in einem Kriminalroman wird der Leser auf die Katastrophe vorbereitet, die endgültige Auflösung jedoch häufig aufgeschoben, hinausgezögert, so dass die Spannung gesteigert wird. Als »Künstler des Chaos« gewährleistet Dostoevskij außerdem die Einheit auf der psychologischen und ideologischen Ebene. Seine großen Romane enthalten leidenschaftliche Diskussionen über Gut und Böse, Gott und Teufel, Kirche und Staat, Ideen, die in einen komplizierten Plot eingewoben werden, voller Spannung und Sensationen sowie endloser, aber immer funktioneller Dialoge.

Dostoevskij steht denn auch in der Tradition des russischen Romans, in der die Charaktere von wesentlicher Bedeutung sind; die dramatis personae bei Dostoevskij sind metaphysisch und symbolisch, zugleich jedoch auch sehr individuell. In der Wahl des Milieus und der Personen aber steht er außerhalb der großen russischen Tradition. De Vogüé nannte Dostoevskij in seinem maßgebenden Buch *Le roman russe* aus dem Jahre 1886 »den Shakespeare der Irrenanstalt«. Es ist die Welt der Schwachsinnigen, Mörder, Prostituierten, fanatischen Revolutionäre, Heiligen, Gottsucher, Außenseiter, Individualisten, Lustmolche und Idioten, die es der sowjetischen Kritik so schwer gemacht hat, Dostoevskij zu akzeptieren. Dostoevskij wurde vorgeworfen, ausschließlich ein Auge für die »kranken«, »anarcho-individualistischen«, »dekadenten« Elemente in der bürgerlichen Gesellschaft zu haben und Lichtgestalten keine Aufmerksamkeit zu widmen, pessimistisch zu sein, Ergebenheit zu predigen, sich in sein Leid zu fügen usw. In einem Brief an Saltykov nannte Turgenev Dostoevskij »unseren De Sade«, und Michajlovskij sprach von »einem grausamen Talent«. Zeitgenossen sahen in Dostoevskij einen Schriftsteller, der zwar hochbegabt sei, aber über einen zweifelhaften Geschmack und unzureichende künstlerische Disziplin verfüge (beispielsweise in *Der Doppelgänger*, das jetzt von vielen als ein stilistisches Meisterwerk betrachtet wird!). Man war der Meinung, dass von Dostoevskijs origineller Betrachtungsweise und von der lebendigen Darstellung der Personen eine fesselnde Wirkung ausgehe, aber man warf ihm vor, dass er die Realität verdrehe und eine Schwäche für Sensationen und Grausamkeiten habe. In diesem Sinne äußerte sich Kropotkin in *Ideale und Wirklichkeit in der russischen Literatur*: »Wenn Dostoevskij von den unterdrückten und vergessenen

Kindern unserer Zivilisation spricht, ist er ein wirklich großer Schriftsteller.« Die Utilitaristen sahen in Dostoevskij nur den sozialkritischen Schriftsteller, der das Elend der russischen Großstadt beschrieb, und hatten kein Auge für den »essentiellen« Dostoevskij, den Autor der *Aufzeichnungen aus dem Untergrund* und der großen Romane, eben jener Romane, die ihn weltberühmt gemacht haben. Dieses begrenzte Bild von einem der größten Romanschriftsteller Russlands und der Welt wurde von den Sowjets übernommen, was zur Folge hatte, dass die Dostoevskij-Forschung in der Stalinzeit praktisch nicht bestand. Die Generation nach Dostoevskij fand in seinem Werk die Offenbarung eines neuen Christentums und betrachtete Dostoevskij als den Propheten der neuen Weltharmonie, die die Menschheit aus der Sackgasse führen würde. Die Symbolisten (u.a. Merežkovskij) riefen ihn zu einem ihrer Vorläufer aus; nach dem Scheitern der Revolution von 1905 wurde Dostoevskijs Œuvre zu einer Waffe im Kampf gegen Materialismus, Revolution und Sozialismus (Rozanov, Vjačeslav Ivanov, Berdjaev, Šestov u.a.). Es ist vor allem der »reaktionäre« Charakter von Dostoevskijs Romanen und Zeitschriftenbeiträgen (*Tagebuch eines Schriftstellers*), der den Behörden in der Sowjetunion Probleme bereitete, im besonderen der Roman *Die Dämonen*, der den Bolschewiken in seiner Eigenschaft als Pamphlet gegen die russischen Revolutionäre immer schwer im Magen lag. Während der Perestrojka durfte sich dieser Roman, eine mit großer Verspätung veröffentlichte Warnung vor dem Despotismus des 20. Jahrhunderts, wieder großer Beliebtheit erfreuen.

Dostoevskijs politische Fantasie wurde von den Ereignissen des Jahres 1917 widerlegt. Er glaubte erstens, dass das arme russische »gottestragende« Volk (narod-bogonosec) keinen in streng festgelegten Gesetzen verankerten Rechtsstaat benötige; zweitens, dass dieses Volk keine Revolution dulden würde; und drittens, dass das russische »Volksprinzip« und der Geist des Evangeliums identisch seien. Dostoevskij prophezeite für Europa: »Alle Parlamentarismen, alle Rechtstheorien, die momentan gepredigt werden, alle aufgehäuften Reichtümer, Banken, Wissenschaften, Juden, das alles wird in einem einzigen Augenblick zusammenbrechen – und das, ohne eine Spur zu hinterlassen.« Und: »Der Proletarier wird die europäischen Mächte vernichten, nicht aber Russland ...«

Der Emigrant Tchorževskij stellte fest, dass Dostoevskij die populistische Mystik, die gegen Ende des 19. Jahrhunderts herrschte, gefördert habe, die Mystik des Stadtbewohners, der die Armut, die Demut, die Bauerngemeinschaft und die Rechtlosigkeit der Provinz verehrte, obwohl damals im russischen Dorf solche alles andere als christliche Tugenden wie Groll und Missgunst heranreiften, die später, während der Revolution, zum Ausbruch kommen sollten. Der bolschewistische Umsturz des Jahres 1917 hat Dostoevskij vom ersten Platz verdrängt – zugunsten Tolstojs.

5.2. Tolstoj

Leben

LEV NIKOLAEVIČ TOLSTOJ (1828 – 1910) wurde 1828 als Nachfahre einer adligen Familie geboren. Nach dem Tode seiner Mutter im Jahre 1830 und seines Vaters im Jahre 1837 wurde er auf dem Familienlandgut Jasnaja Poljana in der Provinz Tula erzogen. 1841 zog die Familie nach Kasan, wo Lev von 1844 bis 1847 an der Universität – erst östliche Sprachen, dann Rechtswissenschaften (er wollte Diplomat werden) – studierte; er schloss das Studium jedoch nicht ab. 1847 kehrte er nach Jasnaja Poljana zurück und begann Tagebuch zu führen. Auf dem Landgut unterhielt er Kontakte mit seinen Bauern, deren Lage er verbessern wollte, doch sie vertrauten dem »Grafen« nicht; diese ernüchternden Jahre vor der offiziellen Abschaffung der Leibeigenschaft hat Tolstoj später in *Utro pomeščika* (Der Morgen des Gutsbesitzers, 1856) beschrieben.

1851 begab er sich mit seinem Bruder Nikolaj auf die Suche nach dem Exotischen, nach Abenteuer und Ruhm – und zwar in den Kaukasus, wo die Russen damals gegen kaukasische Rebellen unter der Führung Šamil's kämpften. Tolstoj wurde hier zum Offizier befördert und nahm an den Kämpfen gegen die Türken teil, erst an der Donau und später während des Krimkrieges in Sewastopol. Ende 1855 liess er sich in St. Petersburg nieder, wo er mit der in hohem Maße autobiografischen Trilogie *Detstvo*, *Otročestvo* und *Junost'* (Kindheit, 1852, Knabenjahre, 1854, und Jugendzeit, 1855/1856) und mit den drei Kriegserzählungen *Sevastopol'skie rasskazy* (Sevastopoler Erzählungen, 1855/1856) schnell Bekanntheit erlangte. Im Jahre 1858 verließ Tolstoj – gemeinsam mit den Liberalen Botkin, Annenkov und Družinin – den radikalen *Sovremennik*. Letztendlich kehrte er den literarischen Salons den Rücken zu, unter anderem, weil der Aristokrat in ihm die maßgeblichen Schriftsteller für zu plebejisch hielt und weil er nicht an ihren Fortschrittsoptimismus glaubte. Während seiner Reisen in den Westen (1857/1858, 1860/1861) begegnete er Turgenev und Herzen. In Brüssel lernte er Proudhon und den polnischen Emigranten Joachim Lelewel kennen, der am polnischen Aufstand des Jahres 1831 teilgenommen hatte und der führende Kopf des Revolutionskomitees polnischer Emigranten war, das einen neuen Aufstand vorbereitete. Durch eben diese Kontakte lenkte Tolstoj die Aufmerksamkeit der russischen Regierung auf sich. Ziel der Reisen war unter anderem, das westeuropäische Bildungs- und Erziehungssystem kennenzulernen. Weil ihn dies zutiefst enttäuschte, rief er eine eigene pädagogische Zeitschrift mit dem Titel *Jasnaja Poljana* (1862/1863) und eine Dorfschule für Bauernkinder ins Leben. Hier verkündete er die originelle These, dass es die Intellektuellen seien, die von den Bauern lernen müssten, und nicht umgekehrt. Die Grundsätze lauteten: völlige Freiheit der Schüler, Nichtanwendung irgendwelcher Programme und völlige Abschaffung von

171

Leibstrafen. Im Jahre 1863 veröffentlichte Tolstoj die umfangreiche Novelle *Kazaki* (Die Kosaken), an der er 1852 im Kaukasus zu arbeiten begonnen hatte und die sein Talent in voller Blüte zeigt.

Im Jahre 1862 heiratete Tolstoj Sof'ja Andreevna Bers (Behrs). Am Tage vor der Eheschließung ließ er sie sein Tagebuch lesen; seine künftige Ehefrau war von den offenherzigen Enthüllungen über seine ausschweifende Vergangenheit schockiert. Die Heirat schaffte eine Atmosphäre der Bequemlichkeit, Ruhe und Geborgenheit, in der Tolstojs großer epischer Roman *Vojna i mir* (Krieg und Frieden, 1868/1869) entstand. In den siebziger Jahren beschäftigte er sich erneut mit pädagogischen und sozialen Problemen, was in Lesebüchern für das Volk resultierte, in denen kurze Erzählungen standen, die unterschiedlichen Kulturen (Folklore) entlehnt und in einer einfachen, klaren Sprache verfasst waren. Tolstoj wollte auch einen Roman über Peter den Großen schreiben, gab den Plan aber auf, weil er die Persönlichkeit Peters nicht verstand. Tolstoj hatte eine Abneigung gegen Peter den Großen, der alles verkörperte, was er hasste. 1873 begann er mit der Niederschrift seines zweiten großen Romanes, *Anna Karenina*, den er 1875 – 1877 veröffentlichte und der ein enormer Erfolg wurde. Der Moralist, der Tolstoj auch schon in seinen frühesten Werken war, trat in diesem sozialkritischen und pessimistischen Roman deutlicher in den Vordergrund. Die Arbeit am Roman wurde durch die Missernte des Jahres 1873, bei der die Tolstojs die größte Not des Volkes zu lindern versuchten, und den Tod von drei ihrer Kinder in den Jahren 1873 und 1875 unterbrochen. Seine Niedergeschlagenheit und sein Bewusstsein von der Sinnlosigkeit des Lebens sollte Tolstoj einzig und allein durch die Rückkehr zum Glauben und zur Arbeit des einfachen russischen Muschiks überwinden. Im Laufe der Zeit sollte sich Tolstoj von der orthodoxen Kirche distanzieren (vgl. *Kritika dogmatičeskogo bogoslovija*, Kritik an der dogmatischen Theologie), dabei jedoch dem Geiste des Christentums und des Evangeliums treu bleiben.

Der Kern von Tolstojs neuer Lehre bestand in der Ablehnung jeglicher Autorität, nicht nur der Kirche, sondern auch des Staates, nicht nur des Zarismus, sondern auch des westlichen demokratischen Staates; mit anderen Worten: Er verkündete einen politischen Anarchismus. Tolstoj verwarf denn auch den Terrorismus der Revolutionäre, billigte aber ebensowenig den Gegenterror der russischen Regierung. Er war außerdem ein Gegner von Privatbesitz.

Diese Glaubenskrise hatte ihren Ursprung in einer Schreckensnacht, in der Tolstoj im Sommer 1869 in Arzamas mit einer Todesvision konfrontiert wurde. Mit der eigenen Vergangenheit vor der Krise rechnete er in *Ispoved'* (Meine Beichte, 1884) ab, einem Werk, das von der Zensur verboten, dann aber in Genf gedruckt wurde und in Russland zirkulierte. Beschlagnahmt wurde *V čëm moja vera?* (Worin besteht mein Glaube?, 1884). Tolstoj erlernte nun das Schuhmacherhandwerk, hörte auf zu rauchen und verurteilte die Sexualität (in *Krejcerova Sonata*, Die Kreutzersonate, 1889).

Sein Schüler VLADIMIR GRIGOR'EVIČ ČERTKOV, der fanatischer als sein Lehrmeister und »die Stimme meines [Tolstojs] Gewissens« war, brachte ihn dazu, sich als der Prophet einer neuen Religion aufzuspielen. Davon hatte Tolstoj schon in seiner Jugend geträumt; bereits mit 27 Jahren vertraute er seinem Tagebuch an: »Ich bin auf eine große Idee gekommen, deren Verwirklichung ich im Stande wäre, mein Leben zu widmen. Diese Idee ist die Gründung einer neuen Religion, der Religion Christi, nur gereinigt von Dogmen und Wundern.« Doch predigen lag ihm nicht, und seine ganze aristokratische Vergangenheit stellte ein Problem bei dem Versuch dar, seine neuen Ideale in die Praxis umzusetzen: »Es ist einfacher, zehn Bände mit philosophischen Schriften zu füllen, als ein einziges Prinzip in die Praxis umzusetzen.« Darüber hinaus führte dies zu Konflikten mit Sof'ja Andreevna, die in ihrem Mann den Künstler stimulierte. Während Lev Nikolaevič Enthaltsamkeit predigte, brachte Sof'ja Andreevna ihr 13. Kind zur Welt. Im Jahre 1891 verzichtete Tolstoj auf alle Autorenrechte an den Werken, die er nach 1881, dem Jahr seiner »Wiedergeburt«, verfasst hatte, aber Sof'ja Andreevna weigerte sich, ihrem Mann in der Ablehnung der Vergangenheit und der Ideale, die sie jahrelang gemeinsam gepflegt hatten, zu folgen. Ihre Söhne unterstützten sie in ihrem Kampf um den Erhalt des Familienbesitzes, während die Töchter (siehe Aleksandra L. Tolstaja, *Otec. Žizn' Tolstogo*, Mein Vater. Tolstojs Leben) ihren Vater bewunderten und ihm folgten.

In der Abhandlung *Čto takoe iskusstvo?* (Was ist Kunst?, 1898) behauptet Tolstoj, dass die Kunst dem Volk, der moralischen Entwicklung des Volkes dienen müsse; seiner Auffassung zufolge vergessen die meisten Künstler ihre pädagogische Aufgabe gegenüber dem Volk; aus diesem Grund zieht er Shakespeare, Baudelaire, Beethoven, Liszt, Wagner und viele andere durch den Dreck.

Tolstojs Schriften und Taten in den letzten 30 Lebensjahren (1880–1910) haben ihm den Ruf eingebracht, »das Gewissen der Nation« zu sein. Er bat in einem Brief an Alexander III., die Terroristen zu verschonen; er hatte Kontakte zur evangelischen Sekte der Molokanen; er schloß Freundschaft mit dem Bauern Sjutaev, der sich weigerte, Steuern zu entrichten, weil diese für militärische Zwecke verwendet wurden; er trat für die verfolgte Sekte der duchobory, die aus prinzipiellen Gründen den Militärdienst ablehnten, ein; mit dem Erlös aus dem übereilt niedergeschriebenen Roman *Voskresenie* (Auferstehung, 1899) machte er die Überfahrt dieser Sekte nach Kanada möglich. 1883 lernte er anläßlich der Volkszählung in Moskau die erbärmlichen Lebensbedingungen der Armen kennen und entwickelte Vorschläge zur Verbesserung ihrer Lage (*Tak čto že nam delat'?*, Was tun?). In dieser Abhandlung sind viele der Tolstoj'schen Themen verarbeitet. Es ist ein Aufruf zu einem ausschließlich innerlichen Widerstand, ein äußerst revolutionärer Aufruf, der die Revolution ausschließt. Widerstand darf nicht zu Wut oder Gewalt führen. Der Mensch muss an sein Seelenheil denken und sich in Nächstenliebe üben. Nur so kann die Gerechtigkeit auf Erden auf friedliche Weise Einzug halten. Dies ist die Lehre der Gewaltlosigkeit.

Der von ihm und Čertkǫv gemeinsam gegründete Verlag »Posrędnik« (Der Vermittler) verteilte gegen 20 Millionen billige Broschüren und erbauliche Erzählungen unter das Volk. Tolstǫjs Feinde nutzten seine Hilfeleistung während der Missernte und der Hungersnot des Jahres 1891/1892 dazu aus, das Gerücht zu verbreiten, er stachele das Volk zur Meuterei auf und wiegele es gegen Regierung und Kirche auf. Manche hielten ihn für »einen gefährlichen Revolutionär«, doch der Zar wollte keinen Märtyrer aus ihm machen. Die Tolstojaner wurden verfolgt, verbannt, eingesperrt, Tolstǫj selbst jedoch wurde in Ruhe gelassen. Lev Tolstǫj war im Grunde genommen der einzige im zaristischen Russland, der ungestraft sagen und schreiben konnte, was er wollte. Im Jahre 1901 wurde Tolstǫj vom Heiligen Synod (Pobedonǫscev) mit dem Bann belegt.

Seine Proteste gegen den russisch-japanischen Krieg und gegen den Terror nach dem Scheitern der Revolution von 1905 riefen überall Bewunderung für den mutigen Schriftsteller hervor, die russische Regierung aber negierte »das Gewissen der Nation«. Anlässlich des Friedenskongresses von Stockholm (1909) rief er zu passivem Widerstand und zum Verweigern des Militärdienstes auf. Nicht zu Unrecht sagte Aleksęj Suvǫrin, der Chefredakteur der rechten Zeitung *Nǫvoe vręmja* (Die neue Zeit) einmal: »Wir haben zwei Zaren: Nikolaus II. und Lev Tolstǫj.« Tolstǫj hat sich stets geweigert, sich für den Nobelpreis nominieren zu lassen (weder für den Friedensnobelpreis noch für den für Literatur), da er Geld für absolut verderblich hielt.

Auch nach 1881 war Tolstǫj als Belletrist nicht untätig geblieben. Neben erbaulichen Kurzgeschichten für ein breites Publikum (u.a. *Kavkạzskij plęnnik*, Der Gefangene im Kaukasus, 1892) schrieb er wichtige Werke wie *Smert' Ivạna Il'ičạ* (Der Tod des Ivan Il'ič, 1886), eines seiner gelungensten Werke, die satirische Komödie *Plody prosveščęnija* (Früchte der Aufklärung, 1890), eine Satire über die wohlhabende Klasse seiner Zeit, und die berühmte *Kreutzersonate*. Erst nach seinem Tod wurden das Drama *Živǫj trup* (Der lebende Leichnam) und die Erzählung *Chadžị Murạt* (1911) veröffentlicht.

Außerdem maß Tolstǫj der Korrespondenz mit seinen Mitarbeitern (Čertkǫv und Pạvel Birjukǫv; letzterer verfasste eine sehr ausführliche, ziemlich hagiografische Biografie seines Lehrmeisters, siehe P. Birukof [sic], *Leo N. Tolstois Biographie und Memoiren*, Wien 1906 – 1909, 2 Bände) und mit seinen Anhängern im In- und Ausland (rund 50.000 Briefe von und an Tolstǫj!) viel Bedeutung bei. In Jạsnaja Poljạna empfing er die russischen Schriftsteller Cęchov, Stanislạvskij, Korolęnko und Gǫr'kij (vgl. M. Gorki, *Erinnerungen an L.N. Tolstoi*, München 1920).

1908 durfte Čertkǫv nach zehn Jahren Verbannung nach Russland zurückkehren. In London hatten Birjukǫv und er gemeinsam den Verlag »Svobǫdnoe slǫvo« (Das freie Wort) gegründet, der alle in Russland verbotenen Werke Tolstǫjs druckte und nach Russland schmuggelte. Mit Ausnahme der literarischen Werke *Macht der Finsternis*, *Die Kreutzersonate*, *Auferstehung* und anderer kleinerer Werke wurden alle sozialpolitischen und religionsphilosophischen Schriften, die Tolstoj in den letzten 30 Jahren seines Lebens verfasste, verboten. Als das »allerverderblichste« Buch wurde von der Zensur Tolstojs *Carstvo Božie vnutri vas* (Das Himmelsreich ist in euch, 1893) bezeichnet, in dem der Schriftsteller die autokratische Regierung einer besonders scharfen Kritik unterzieht.

Hinter Tolstojs Rücken kämpften jetzt zwei Fraktionen (Sof'ja Andreevna gegen Čertkov und Aleksandra Tolstoj) um die Urheberrechte, die Manuskripte (L.N. Tolstojs *Polnoe sobranie sočinenij*, Gesammelte Werke, sind zwischen 1928 und 1958 unter der Federführung Čertkovs in der Sowjetunion herausgegeben worden und umfassen 90 Bände) und Tolstojs Tagebücher. Abgequält und am Ende mit seinem Latein, verließ der 82jährige Lev Nikolaevič mit seiner Tochter Aleksandra und seinem Jünger und Hausarzt Dušan Makovický sein Landgut Jasnaja Poljana, um bei einer Kolonie von Tolstojanern im Kaukasus Zuflucht zu suchen. Unterwegs zog Tolstoj sich eine Erkältung zu, und ein paar Tage später starb er auf der Bahnstation Astapowo. Ein letzter Versuch der russischen Geistlichkeit, um Tolstoj wieder in den Schoß der russischen Orthodoxie aufzunehmen, misslang. Ganz Russland und die ganze zivilisierte Welt, die im Banne des Pazifismus und der religiösen Botschaft des Patriarchen von Jasnaja Poljana stand, verfolgte seinen Todeskampf aufmerksam. Sein Begräbnis entwickelte sich zu einer großen Demonstration der Verehrung und Liebe für den großen Schriftsteller und Denker. Drei Tage lang erwies Russland Graf Lev Nikolaevič Tolstoj die letzte Ehre.

Werk

Tolstoj trat in die russische Literatur mit der autobiografischen Trilogie *Kindheit, Knabenjahre* und *Jugendzeit* ein, in der er die Gefühlswelt des Knaben Nikolen'ka Irten'ev und »die Dialektik seiner Seele« (Černyševskij) meisterhaft zeichnet. Die Betonung liegt auf der psychologischen Detailschilderung (u.a. mittels innerer Monologe), wodurch die externen Ereignisse in den Hintergrund treten. Den Hauptanteil nimmt hier also die Selbstbeobachtung ein. »Dichtung« und »Wahrheit« miteinander verschmelzend, erzählt Tolstoj hier von seiner sorglosen Kindheit – der des wohlhabenden Knaben auf einem adligen Landgut. Nikolen'kas Ideal ist die moralische Selbstvervollkommnung.

In den kaukasischen Erzählungen geht es Tolstoj mehr um die Beobachtung anderer. Tolstoj zeigt in diesem Zyklus den Krieg und »das Epos von Sewastopol« nicht von seiner schönsten Seite, sondern das Blut, das Leiden und den Tod, »das wahre Gesicht des Krieges«. Während die erste Erzählung noch eine lockere Aufeinanderfolge einzelner Szenen ist, die durch die Betrachtungen des Autors miteinander verbunden werden, enthält die dritte das Schicksal zweier Brüder, die als Offiziere fallen; mit ihnen gehen auch ihre romantischen Illusionen von Krieg und Heldentum zugrunde. Tolstoj verurteilt den Krieg als Quelle unermesslichen

175

Leidens sowie die Kriegshetzer; antithetisch eingestreute Naturbeschreibungen, in denen die Natur durch die Sonne verkörpert wird, akzentuieren das Grausame der Kriegsszenen. Tolstoj führt verschiedene Motive an, aufgrund derer Menschen bereit sind, all diese Entbehrungen auf sich zu nehmen; neben Ehrgeiz und Karrierebesessenheit bei den Offizieren sieht er als höheren Beweggrund die Liebe für das Heimatland (rodina). Was den Leser frappiert, ist der ungekünstelte Mut des einfachen Soldaten und Offiziers, der kleinen, schlichten Helden (viele höhere Offiziere werden kritisch und satirisch dargestellt). Tolstojs *Sevastopoler Erzählungen* wurden von allen Zeitgenossen als Kriegserzählungen von hohem, bis zu diesem Zeitpunkt noch nicht erreichtem künstlerischen Niveau, bar jeder Verherrlichung und jedes Chauvinismus, begeistert begrüßt. Mit dieser Darstellung des Kaukasus brach Tolstoj deutlich mit der romantischen Tradition Puškins und Lermontovs, die diese exotische Region idealisiert hatten.

In *Der Morgen des Gutsbesitzers* machte Tolstoj sich an die Darstellung des russischen Bauern. Der 19jährige Fürst Dmitrij Nechljudov gibt sein Studium an der Universität auf, um sich ganz dem Wohlbefinden seiner leibeigenen Bauern zu widmen. In diesem nicht ganz von egoistischen Motiven freien Altruismus erlebt er eine Desilusion nach der anderen; die Bauern misstrauen ihrem »barin« (Herrn), der seinen Misserfolg der Armut, Unwissenheit und Rechtlosigkeit des leibeigenen Dorfs zuschreibt. Genau wie in seiner poetischen Trilogie stellt Tolstoj das Bauernleben hier realistisch dar. Der Einfluss der *Natürlichen Schule* lässt sich in der eindringlichen Beschreibung der Unterkünfte, Kleidung und Nahrung der Bauern, in der unverfälschten Wiedergabe der Sprache der Bauern (auch Dialekt) feststellen; doch Tolstoj durchbricht diese Tradition, indem er nicht nur die äußere Seite des Milieus darstellt, sondern auch die Mentalität des Bauern offenlegt und verdeutlicht, dass es eine unüberbrückbare Kluft zwischen der Welt und der Psychologie des Bauern und der des Gutsbesitzers gibt. Der Leser fühlt hier sogar, dass die einzige Lösung des russischen Problems par excellence der Zusammenstoß sein wird. Černyševskij war entzückt: Tolstoj hatte sich seiner Meinung zufolge in die Seele »des Bauersmannes« eingelebt und dessen »Betrachtungsweise« ans Licht gebracht. Die auf Tolstojs eigene Erfahrungen zurückgehende Ernüchterung von Fürst Nechljudov hat den Schriftsteller möglicherweise dazu gebracht, eine glückliche Welt weit weg von den sozialen Problemen jener Zeit zu suchen.

Semejnoe sčast'e (Familienglück, 1859) ist die in der Ich-Form erzählte Geschichte einer jungen Frau über ihre Verlobung und Ehe mit einem viel älteren Mann, dem Freund ihres Vaters, der nach dessen Tod ihr Vormund wurde. Ihre junge und ungestüme Liebe entwickelt sich im Laufe der Zeit zu einem ruhigen, harmonischen, zurückgezogenen und besinnlichen Leben auf dem Lande. Die Frau versöhnt sich wieder mit ihrem Mann, nachdem es beinahe zu einem Ehebruch gekommen wäre. Sie findet nun Halt und Zuflucht bei ihrer Familie. Durch dies alles kann Ėjchenbaums Argument erhärtet werden, dass Tolstoj, der dieses Werk schon bald verurteilen sollte, eine verkappte Polemik mit den zu jener Zeit viel gelesenen Liebesromanen George Sands und mit den Fürsprechern der Emanzipation der Frau ausfechten wollte. Ausgesprochen moralistisch und/oder didaktisch sind folgende Werke: *Dva gusąra* (Zwei Husaren, 1856), *Ąl'bert* (Albert, 1857/1858), *Ljucęrn* (Luzern, 1857), eine Kritik am unmenschlichen Westen, *Tri smęrti* (Drei Tode), *Polikųška* (Polikuška) und *Cholstomęr. Istǫrija odnǫj lǫšadi* (Der Leinwandmesser. Die Geschichte eines Pferdes, 1863, veröffentlicht 1885), eine Satire auf die Zivilisation durch die Augen eines Pferdes. Der Hauptgedanke all dieser Werke ist, dass die Zivilisation Betrug und der selbstbewusste, weltgewandte Mensch im Vergleich mit dem Naturmenschen minderwertig ist. Diese Werke sind als Schritt zu Tolstojs *Meine Beichte* und zu späteren Werken von Bedeutung. In *Kaząki. Kavkązskaja pǫvest'* (Die Kosaken. Eine kaukasische Geschichte, veröffentlicht 1863 im *Rųsskij vęstnik*) knüpft Tolstǫj an das Thema des überflüssigen Menschen und an die »südliche« Thematik der zwanziger und dreißiger Jahre an. Die zentrale Figur ist Dmįtrij Olęnin, der als lebensmüder Städter in den Kampfhandlungen im Kaukasus ein neues Lebensziel findet und so vier Monate in einem Kosakendorf am Terek verbringt. Hier erlebt er eine Wiedergeburt aufgrund seiner Liebe für das schöne und stolze Kosakenmädchen Mar'jąna und seiner Freundschaft mit dem mutigen Kosaken Lukąška und dem Jäger Erǫška. Olęnin findet hier kein Glück, er wird von der Kosakengemeinschaft abgewiesen (die Kluft ist zu groß), aber er ist gereift. Die von Tolstǫj in einer poetisch gezeichneten Umgebung herausgearbeitete Antithese Kultur – Natur erinnert an Rousseau (der Tolstǫj stark beeinflusst hat) und an Pųškins *Die Zigeuner*. Der Lebensoptimismus der primitiven Kosaken wird gegen das unnütze, gekünstelte Leben Olęnins in der Stadt ausgespielt. Das Gleichgewicht zwischen dem romantischen Inhalt (eine Fortsetzung des Lermontov'schen Experiments in *Ein Held unserer Zeit*) und der realistischen Art der Beschreibung ist perfekt. Die meisterlichen Naturbeschreibungen üben eine wesentliche Funktion in dieser pǫvest' (lange Novelle) aus: so lässt der Anblick der beeindruckenden schneebedeckten Berge des Kaukasus Olęnin eins werden mit der Natur; die Jahreszeiten haben eine symbolische Bedeutung (Olęnin verläßt Moskau im Winter, erreicht den Kaukasus im Frühling und verlässt die Kosakensiedlung im Herbst). Die Sprache der handelnden Personen ist stark individualisiert, das exotische Milieu wird mit dem entsprechenden Lokalkolorit und folkloristischen Elementen (Liedern, Sprichwörtern) gezeichnet. Obwohl *Die Kosaken* ohne Zweifel Tolstǫjs Meisterwerk vor seinem großen Epos über das Jahr 1812 ist, waren die Meinungen zu seinen Lebzeiten geteilt. Im Lichte der heftigen Diskussionen über den »homo novus«, die »Nihilisten« und »Väter und Söhne« erschien vielen dieses Werk als überholt, nicht zeitbezogen und zu stark an Lęrmontov und Pųškin erinnernd. Die Schriftstellerin Evgenija Tur war sogar der Meinung, dass Tolstǫj mit seiner Kritik an Zivilisation, Bildung und Fortschritt die Auffassungen des Reaktionärs Katkǫv teilte. Die liberalen, »ästhetischen« Kritiker hingegen waren im siebten Himmel; auch Turgenev teilte diese Bewunderung (noch 1879 bezeichnete er *Die Kosaken* als Tolstojs »chef d'œuvre«). Romain Rolland hielt es für ein unübertroffenes Werk, in dem Tolstojs Genie zum ersten Mal zur Entfaltung komme.

Ein halbes Jahrhundert danach sollte Tolstoj dieses Thema noch einmal aufgreifen, und zwar mit *Chadži Murat* (1904 abgeschlossen, 1912 veröffentlicht), einer Erzählung über den Kaukasus der wilden Bergbewohner (und nicht den der russischen Besatzer). Die Russen werden hierin sehr negativ dargestellt, im besonderen der damals regierende Nikolaus I.; dieser ist in Tolstojs Porträt kühl, grausam, borniert, scheinheilig, zynisch und amoralisch (die »Psychologie der Despotie«). Tolstoj nennt Peter den Großen hier einen Trunkenbold und einen verdorbenen und gottlosen Syphilitiker.

Tolstojs ursprünglicher Plan in Bezug auf *Krieg und Frieden* war es gewesen, die Geschichte eines nach 30 Jahren Verbannung aus Sibirien zurückgekehrten Dekabristen zu Papier zu bringen; so stieß er auf die Ereignisse des Jahres 1812, und um diese zu verstehen, musste er auf das Jahr 1805 zurückgreifen. Das Jahr 1805 wird im ersten Buch von *Krieg und Frieden* beschrieben, das eine Vorstellung vom Leben in Russland vermittelt, vor allem vom Leben des Adels in der Stadt und in der Provinz. Die zentralen Helden sind Pierre Bezuchov und Andrej Bolkonskij, die suchenden Idealisten, die sich in dieser Gesellschaft etwas fehl am Platze fühlen. Die Provinz wird von der Familie Rostov verkörpert; Gallomanie, Napoleon-Verehrung, Intrigen, Missgunst, Karrieresucht u.ä. werden die hochmoralischen Rostovs mit ihren normalen, gesunden familiären Bindungen, ihrem Nationalstolz und ihrer Vaterlandsliebe gegenübergestellt. Die Helden sind hier Nikolaj und Petja Rostov und die junge, bezaubernde Nataša (Tolstojs Ideal der Frau). Diese unendlichen Bilder wechseln mit der Schlacht von Austerlitz im Jahre 1805 ab. Das persönliche Leben der Helden ist mit den historischen Ereignissen eng verflochten. In dieser Schlacht kommt der mutige, heldenhafte und ehrgeizige Fürst Bolkonskij, dessen großes Vorbild Napoleon war, zur Einsicht. Dem bescheidenen, tapferen Hauptmann Tušin, der voller Mut und Vaterlandsliebe ist, steht der eitle und ehrgeizige Napoleon gegenüber. Im zweiten Buch werden hauptsächlich die Entwicklung der Helden und ihre persönlichen Geschicke zwischen 1806 und 1812 beschrieben. Hier erweist sich Tolstoj als großer Kenner des Innenlebens eines Menschen. In Buch drei und Buch vier wird die Lebensgeschichte der Helden (Nataša und Pierre, Mar'ja Bolkonskaja und Nikolaj Rostov) mit den im Mittelpunkt stehenden Kriegshandlungen des Jahres 1812 verflochten, die mit dem Einfall Napoleons in Russland beginnen und mit seiner Niederlage und Vertreibung aus Russland enden. Hier lässt Tolstoj das Volk als entscheidenden historischen Faktor auftreten. Während der Soldat in Austerlitz Angst hatte, passiv war und in Panik geriet, war er in der Schlacht von Borodino heroisch, erfüllt von Patriotismus und bereit zu sterben. Die Beschreibung des Feldzuges im Jahre 1812 endet mit Szenen aus dem Soldatenleben (Glücksgefühle wegen des Friedensschlusses, Lebensfreude, auch Edelmut und Mitgefühl mit dem geschlagenen Feind). Die Figur des Bauern und Soldaten Platǫn Karatạev steht hier als Inkarnation russischer Eigenschaften (Gottes Willen gehorchen, das Leid hinnehmen, sich in Geduld üben). Im Epilog wird das weitere Schicksal der Helden vor dem Hintergrund des Zeitgeschehens bis 1820 beschrieben. Im Roman treten zwei historische Persönlichkeiten auf: Napoleon und sein russischer Gegenspieler Kutụzov. In Tolstǫjs Augen ist Napoleon der eitle und ehrgeizige Feldherr, der aus persönlichen Ambitionen kämpft, der Usurpator, Tyrann und Feind. Napoleon denkt, Geschichte machen zu können, und wird geschlagen, während Kutụzov ruhig die Ereignisse abwartet (Tolstǫj selbst nannte dies »historischen Fatalismus«) und siegreich bleibt. Kutụzov betrachtet die Verteidigung Russlands als seine patriotische Pflicht und fühlt sich dabei vom Volk unterstützt. Kutụzov ist der wahre Held des Jahres 1812; der Höhepunkt des Romans ist die Schlacht bei Borodino.

Tolstǫj muss an Hegels Worte gedacht haben, dass der Roman die moderne Form des Epos zu sein habe. Dieses russische Epos erblickte er anfänglich in der Lebensgeschichte des Dekabristen, des gebrochenen Individuums, das sich gegen die Regierung auflehnt. Tolstǫj sollte dieses Epos niemals schreiben. Wohl aber brachte er *Krieg und Frieden* zu Papier, den größten Roman der russischen Literatur und einen der größten der europäischen Literatur, ein Werk, das so großartig und human ist, dass es universelles Kulturgut geworden ist. Tolstǫj jedoch betrachtete sein Werk nicht als einen Roman und schon gar nicht als ein Epos oder eine historische Chronik; in der Regel wird *Krieg und Frieden* wegen der historiosophischen Fragen, die hier aufgeworfen, und der tiefschürfenden sozialen und psychologischen Analysen, die hier vorgenommen werden, ein Romanepos genannt.

Trotz Krieg und Tod ist die Grundstimmung des Buches optimistisch, lebensbejahend und zukunftsgerichtet (wie man sie in Tolstǫjs späteren Werken nicht findet). Tolstǫj verherrlicht die Natur und das Leben und glaubt an die blinden Kräfte (Kutụzovs weise Passivität gegenüber Napoleons persönlichem Ehrgeiz); trotz Krieg und Gewalt ist die Welt gut. Darum ist *Krieg und Frieden* die Fortsetzung von Tolstǫjs frühem Schaffen; die »natürliche« Natạša wird verherrlicht und dem komplexen Fürsten Andrẹj gegenübergestellt, Karatạev den »zivilisierten« Helden. Die Gesellschaft und u.ạ. die Diplomatie werden satirisch dargestellt. Neu ist die Frau im Roman; Mạr'ja und Natạša sind perfekt individualisiert, Natạša als Zentrum des Romans, als *das* Ideal. Einflüsse des Evangeliums lassen sich ebenso nachweisen wie von Rousseau (»Ich vergötterte ihn«) und Proudhon, dem Tolstǫj in Brüssel begegnet war und von dem er sich den Titel seines Meisterwerks lieh (*La Guerre et la paix*, 1861). Von Stendhal lernte er die Schilderung von Kriegsszenen aus der Sicht von Augenzeugen (Gǫr'kij gegenüber machte er folgendes Geständnis: »Wenn ich *La chartreuse de Parme* nicht gelesen hätte, wäre ich nicht in der Lage gewesen, die Schlachtszenen in *Krieg und Frieden* niederzuschreiben.«).

Die historische Authentizität wird durch das Einfügen zahlreicher Zitate aus Appellen, Kriegsberichten, diplomatischen Noten, Briefen und offiziellen Dokumenten unterstrichen. Bei seiner Komposition geht Tolstoj antithetisch vor, der Gegensatz zwischen Krieg und Frieden wird um kontrastierende Szenen voller Freude und Schmerz, Begeisterung und Verzweiflung, Leben und Tod, Angst und Mut ergänzt, so dass dem Leser, der von einem nicht enden wollenden Strom von Szenen und Personen überspült wird, ein ozeanisches Panorama vorgeführt und ein Gefühl ständiger Bewegung vermittelt wird. Die Darstellung des Krieges ist zwiespältig: Der Autor wird zwischen Hass und Erregung hin- und hergerissen. Dieses antithetische Kompositionsprinzip finden wir außerdem in Tolstojs psychologischen Skizzen (beispielsweise ein ansprechendes Äußeres gegenüber einem hohlen, verdorbenen Innenleben). Tolstoj beschwerte sich über Biografen, die nach Prototypen seiner Helden in der Realität suchten, obwohl diese sich sehr wohl finden lassen. Mit Ausnahme von Karataev – der im Vergleich mit der überzeugenden Nataša und dem historisch getreuen Kutuzov wie ein Mythos wirkt – sind die Personen in *Krieg und Frieden* keine Abstraktionen, sondern lebende Wesen, wobei Nataša als Tolstojs Idealbild der Frau und Pierre als Tolstojs alter ego zu betrachten sind.

Tolstojs zweiter Monumentalroman trägt deutliche Spuren seiner Glaubenskrise, die ihren Niederschlag in *Meine Beichte* finden sollte. Der ursprüngliche Plan von *Anna Karenina* war die Liebestragödie einer untreu gewordenen Frau, die Selbstmord begeht. In der endgültigen Fassung hat sich dieser ziemlich eng gefasste Entwurf jedoch zu einer gewaltigen Darstellung einer grenzenlosen Leidenschaft in einer Welt, die dieser Leidenschaft im Wege steht, entwickelt; folglich enthält der Roman auch eine gehörige Portion Gesellschaftskritik, Kritik an einer Gesellschaft, die echte Gefühle erstickt und auf Scheinheiligkeit beruht. Die soziale Wirklichkeit, die Tolstoj in *Anna Karenina* zeichnet, ist ein einziger großer Jahrmarkt der Eitelkeiten. Dieses Werk Tolstojs – das häufig mit *Madame Bovary* verglichen wird – ist das unter seinen Schriften mit der größten Leserschar. Anna Karenina ist die junge, bezaubernde, aber unglücklich verheiratete Frau. Sie ist ein nobles Wesen, das die Lüge einer Scheinehe mit einem viel älteren Mann nicht länger erträgt. Sie fühlt sich unwiderstehlich zu Graf Vronskij hingezogen, dem typischen Repräsentanten der Petersburger jeunesse dorée. Er ist der Widersacher des gefühllosen, steifen Ministers Karenin, für den nur die Karriere zählt. Beide Männer aber können sich mit Annas Größe und Aufrichtigkeit nicht messen. Der psychologische Analytiker Tolstoj beschreibt nun minuziös alle Stadien zwischen Annas erster Begegnung mit Vronskij und Annas Selbstmord. Anna entscheidet sich für ihren Geliebten, verlässt Mann und Kind (Karenin will von einer Scheidung nichts hören), wird aber von der Gesellschaft verstoßen. Anna klammert sich nun an das Einzige, was ihr verblieben ist: an Vronskij. Dieser hat für sie seine militärische Karriere aufgegeben (und folglich mit seinem Stand gebrochen), beginnt sich aber von ihr zu entfremden. Nach schrecklichen Szenen der Eifersucht, des Hasses und der Hoffnungslosigkeit sieht Ạnna nur einen Ausweg: Selbstmord. Sie wirft sich auf der Bahnstation, wo sie Vrǫnskij zum erstenmal begegnet ist, vor den Zug.

Eine antithetische Absicht verfolgt auch die Geschichte über die Lẹvins, die in chronologischer Hinsicht parallel zur Geschichte der Karẹnins verläuft. Der männliche Gegenspieler Ạnna Karẹninas ist Konstantịn Lẹvin; sie sind die beiden starken, herausragenden Persönlichkeiten des Romans. Während Ạnna nach Glück sucht und nur noch Augen für Vrǫnskij hat, sucht Lẹvin nach moralischer Selbstvervollkommnung, nach der Wahrheit und dem Sinn des Lebens *und* des Todes; Liebes- und Eheglück findet er bei der zarten Kitty, mit der er ein harmonisches Familienleben auf ihrem Landgut (nicht in der Stadt!) führt. In dieser natürlichen Lebensweise, in diesem tätigen, seine Bauern respektierenden Leben auf dem Land findet der innerlich unzufriedene Lẹvin seinen Seelenfrieden. Während Vrǫnskij nach einem Selbstmordversuch im achten Teil des Romans in den Krieg gegen die Türken zieht, geht das Leben bei den Levins weiter. Je mehr sich die Handlung ihrem Ende nähert, desto deutlicher tritt die tragische Atmosphäre zutage. Der Grundton des Romans ist pessimistisch und durchdrungen von Tolstǫjs Puritanismus. Es ist nicht nur die Gesellschaft, die Ạnna Karẹninas Tat verurteilt, auch Tolstǫj selbst tut dies: Ạnna Karẹnina zerstört das Leben anderer (ihres Mannes und ihres Kindes), und das ist ein Verbrechen. Doch Tolstǫj ist in diesem Roman deutlich ein zu großer Künstler – er lässt nicht zu, dass seine Verurteilung Ạnnas die Oberhand gewinnt. Der schuldhaften, verurteilenswerten Leidenschaft Ạnnas stellt er die reine Liebe Levins und Kittys gegenüber. Neben diesem meisterlich entwickelten Liebesdrama behandelt Tolstǫj in diesem Roman auch philosophische Fragen (nicht aber, wie in *Krieg und Frieden*, in gesonderten Kapiteln) und beleuchtet historische und politische Ereignisse. In formaler und technischer Hinsicht verwendet Tolstǫj hier dieselben Verfahren wie in seinem ersten großen Roman und beherrscht auch hier meisterlich das Medium Sprache, so dass *Ạnna Karẹnina*, worin mehr auf »aktuelle« Probleme Bezug genommen wird, *Krieg und Frieden* in nichts nachsteht. Die Welt der Idylle, der Harmonie, der Schönheit wird hierin zum letztenmal gezeichnet; niemals mehr sollte Tolstǫj noch solche Romane schreiben!

Seinen dritten Monumentalroman und zugleich sein letztes großes episches Werk veröffentlichte Tolstǫj 1899 in dem beliebten (und gut zahlenden) Wochenblatt *Nịva* (Das Feld). *Die Auferstehung* wurde aufgrund der darin zum Ausdruck kommenden tiefen Empörung von der Zensur schwer entstellt (in London gab Čertkǫv die vollständige Ausgabe heraus). In diesem Roman entwickelt Tolstǫj in künstlerischer Weise die These, dass der Mensch nach seinem Fall doch noch auferstehen und moralisch wiedergeboren werden kann. Dies geschieht mit dem typisch Tolstǫj'schen Held, Fürst Nechljụdov, der als Geschworener im Gerichtssaal Katjụša Mạslova, einer Prostituierten, die des Mordes angeklagt ist, gegenübersteht. Acht Jahre zuvor hatte er sie verführt und danach im Stich gelassen, wodurch

181

sie auf die schiefe Bahn geraten war. Nechljudov will mit seinem Gewissen ins Reine kommen und bietet ihr an, sie zu heiraten und mit ihr nach Sibirien zu gehen. Darum bricht er den Kontakt zu seinem Milieu ab, schenkt seinen Bauern einen Großteil seines Bodens und begleitet Katjuša nach Sibirien. Maslova weigert sich jedoch, das »Opfer« Nechljudovs anzunehmen, und heiratet einen politischen Gefangenen.

Die moralisierende These kommt so deutlich zum Ausdruck, dass sie den künstlerischen Wert des Werkes in den Hintergrund drängt. Mit dieser These steht und fällt der Roman, der dessen ungeachtet als eines von Tolstojs besten Werken betrachtet wird. Von manchen Kritikern wird *Die Auferstehung* als Beweis dafür herangezogen, dass Tolstojs Genie nachgelassen habe, nachdem er Moralist geworden sei. In Mirskijs Augen ist das »Tolstoj, wie man ihn sich schlechter nicht vorstellen kann«. Abgesehen von dem für die russische Kirche blasphemischen Ton (Tolstoj erkennt nicht die Auferstehung Christi, den wichtigsten Feiertag der Orthodoxie, an, sondern spricht ausschließlich von einer existentiellen Wiedergeburt, noch in diesem Leben und außerhalb der Kirche) werden in diesem Roman sozialkritische Themen behandelt. Vor allem die Welt des Gerichts wird kritisiert: Die Gerichtsbarkeit ist ungerecht, die Gefängnisstrafen sind unmenschlich und fördern die Kriminalität, und darüber hinaus hat der Mensch (dem Evangelium zufolge) nicht das Recht, über andere zu richten. Mit diesem passionierten Plädoyer gegen Staat, Kirche und Gericht, das häufig einseitig vorgetragen wird, steht Tolstoj in einer Tradition, die im 19. Jahrhundert von Dostoevskij (*Aufzeichnungen aus einem Totenhaus*) und im 20. Jahrhundert von Solženicyn repräsentiert wird. Die Kritik am russischen Staat und an der Kirche war so heftig, dass der Autor kurz danach von (seinem Erzfeind) Pobedonoscev exkommuniziert wurde.

Tolstojs Prosawerke und Bühnenstücke nach seiner Krise konzentrieren sich auf zwei Themen: die Bekehrung und die Sexualität. Das erste Thema (zusammen mit dem des Todes) wird in *Der Tod des Ivan Il'ič* (vgl. die früher entstandenen *Drei Tode* und *Der Leinwandmesser*) entwickelt, das der sexuellen Begierde in *Die Kreutzersonate* und *Otec Sergij* (Vater Sergij). In *Vater Sergij* (1898, veröffentlicht 1911) beschreibt Tolstoj einen Offizier, der sich in ein Kloster zurückzieht und – vergeblich – seine sinnliche Begierde zu bekämpfen versucht. Tolstojs berühmtestes Plädoyer gegen Sexualität schlechthin ist die Novelle *Krejcerova Sonata* aus dem Jahre 1891, die lange von der Zensur verboten war. In der während einer Zugreise erregt erzählten Rahmengeschichte beichtet Pozdnyšev, warum er seine Frau ermordet hat; er analysiert die Evolution der Gefühle gegenüber seiner Frau, die von Sinnlichkeit über Streitigkeiten, Hass und Misstrauen zum Mord führen. Obwohl das Werk (zu) deutlich als Erbauungslektüre konzipiert ist, bleibt es doch eine ergreifende Geschichte, trotz der langen, den Handlungsablauf retardierenden Abschweifungen über die Sittenverderbnis jener Zeit. Es enthält eine leidenschaftliche Kritik an den konventionellen Auffassungen von der Ehe. In einem »Nachwort« anlässlich der Aufregung, die das Werk hervorrief, zählte Tolstoj die Bedingungen für ein glückliches Leben auf: strenge Keuschheit (auch in der Ehe) und Askese. Die Sittenverderbnis wird seines Erachtens durch die Mode und den verderblichen Einfluss der Musik (Beethovens »Kreutzersonate«) gefördert; auch die Mediziner seien schuld: Die hätten schließlich behauptet, dass Geschlechtsverkehr notwendig sei. Tolstojs »Sonate« umfasst also zwei Komponenten: ein menschliches Drama, das prächtig erzählt und psychologisch subtil gezeichnet wird, und das moralistische und zudem sozialkritische Traktat, das nicht immer strengen künstlerischen Kriterien standhält. Pozdnyšev fungiert hier als Sprachrohr Tolstojs.

Ein Meisterwerk der Weltliteratur und eine von Tolstojs vollendetsten Erzählungen ist *Der Tod des Ivan Il'ič* (1886), für das Maupassant sein ganzes eigenes Werk hingegeben hätte. Nabokov hielt diese Novelle für »Tolstojs künstlerischste, vollendetste und gekonnteste Leistung«. Tolstoj stellt hier den langsamen Tod eines erfolgreichen Beamten dar, der mit Widerwillen erfüllt ist, weil er aus dem Leben scheiden muss. Er kommt angesichts des Todes zu der Einsicht, dass sein Leben armselig, selbstgefällig und bürgerlich war, ganz im Zeichen der eigenen Karriere und seines materiellen (Familien-)Glücks stand. Seine Frau und seine Tochter haben für sein Leiden nur Gleichgültigkeit übrig, ebenso die Ärzte, die sehr satirisch dargestellt werden. Die Läuterung setzt infolge des menschlichen Kontaktes mit dem einfachen, gesunden Bauern Gerasim und des Mitleids des kleinen Vasja, des Sohnes Ivan Il'ičs, ein, wodurch er seine Todesangst besiegt. Tolstojs Protest gegen die Scheinheiligkeit und Sinnlosigkeit des Lebens kommt hier am stärksten zum Ausdruck. Aufgrund seiner allgemein-menschlichen Problematik hat *Der Tod des Ivan Il'ič* ein universelles Leserpublikum gefunden (u.a. Heidegger fühlte sich stark angesprochen). Tolstoj zeichnet das Milieu u.a. durch den ironisierenden Gebrauch von Kanzleisprache und französischen Wendungen und durch die Wiederholung bestimmter Epitheta.

Chozjain i rabotnik (Herr und Knecht, veröffentlicht 1895) illustriert die Tolstoj'sche Idee der Solidarität zwischen einfachen Menschen. Der reiche Bauer Brechunov (= Lügner), der seinen Knecht Nikita früher gewissenlos ausbeutete, beschützt ihn während eines Schneesturms, bei dem er selbst sein Leben verliert. Diese Erzählung über die Konfrontation mit der Unvermeidbarkeit des Todes erhält also ein religiöses Ende; sie enthält packende Naturbeschreibungen und expressive Traumbilder. Die Verwendung von volkstümlicher Sprache, Sprichwörtern und südrussischem Dialekt belegt, dass Tolstoj mit dem Leben der Bauern bestens vertraut war. Das dramatische Schlusskapitel wird aus doppelter Perspektive – einmal aus der Sicht des Herrn, zum anderen aus der des Knechts – erzählt.

Als Bühnendichter ist Tolstoj nicht herausragend, dennoch umfasst sein dramatisches Œuvre neben *Die Früchte der Aufklärung* – einer fröhlichen, aber satirischen Komödie (Farce) über aristokratische Müßiggänger, die sich während einer spiritistischen Séance an der Nase herumführen lassen – zwei beachtenswerte Stücke: *Vlast' t'my* (Macht der Finsternis) und *Živoj trup* (Der lebende Leichnam). *Macht der Finsternis* (1886, Uraufführung 1895), Tolstojs bekanntestes Stück, handelt von dem Knecht Nikita, der ein Verhältnis mit der Frau seines Herrn hat, den er, von seiner Mutter dazu gedrängt, ermordet. Er heiratet nun seine Herrin, verprasst ihr Geld und zeugt mit seiner Stieftochter ein Kind, das er ebenfalls tötet. Nach einem Selbstmordversuch beichtet er alles seiner Familie. Dieses düstere Drama, das auf wahre Ereignisse zurückgeht, weist auffällige Parallelen zu Pisemskijs *Das bittere Schicksal* auf und erinnert an Gleb Uspenskijs *Vlast' zemli* (Die Macht der Erde, 1882). Tolstojs Erstlingswerk in der dramatischen Gattung wurde sozialkritisch interpretiert, wonach der Titel sich auf die geistige Finsternis beziehe, in der sich das russische Bauernvolk befinde und die für das Verbrechen verantwortlich zu machen sei. Tolstojs Absicht war jedoch moralisch: Die verübten Verbrechen sind die Folge der moralischen Finsternis, die auf dem Volk lastet, das Werk von Satan. Der »Lichtstrahl« in diesem Reich der Finsternis ist Nikitas Vater Akim, ein aufrechter und gottesfürchtiger Mann, der einen Sprachfehler hat, unansehnlich ist und keinen zusammenhängenden Satz hervorbringt, der aber eine hochmoralische Persönlichkeit ist. Mit Nikitas Knecht Mitrič, dem alten, lebenserfahrenen Soldaten, spricht er ihm Mut für das öffentliche Bekenntnis zu. Das Stück beschreibt den Zerfall des alten, patriarchalischen russischen Dorfes in der Zeit nach den Reformen, den verderblichen Einfluss des Geldes (= Aufkommen des Kapitalismus) – und das in einem ausgesprochen naturalistischen Stil (der grausame Mord an dem Kind), der junge Bühnenautoren um die Jahrhundertwende herum stark ansprach (z.B. Gor'kij *Na dne*, Nachtasyl, und Hauptmann in Deutschland). Ibsen kritisierte Tolstojs Dialoge, die er für zu episch und zu wenig dramatisch hielt.

Das zweite wichtige Theaterstück Tolstojs, *Der lebende Leichnam* (1900, Erstaufführung 1911), geht ebenfalls auf wahre Ereignisse zurück. Fedja Protasovs Liebe für Liza ist erloschen, und er hat ein Verhältnis mit einer Zigeunerin. Seine Frau Liza lässt sich auf eine Beziehung mit einem Jugendfreund ein. Fedja täuscht Selbstmord vor, um Liza eine Wiederheirat zu ermöglichen. Als der Betrug ans Licht kommt, wird Liza der Bigamie und Fedja der Irreführung der Behörden bezichtigt. Verzweifelt begeht er Selbstmord. In Tolstojs Werk war Fedja, dessen Problem Černyševskijs *Was tun?* entlehnt zu sein scheint, der letzte und konsequente Rebell gegen die herrschende Gesellschaft: Er nimmt sich das Leben, damit seine Frau und ihr Freund nicht verurteilt werden. Das Stück enthält ein hohes Maß der Kritik an sozialen Konventionen, Staat und Kirche, die den Menschen unterdrücken.

Tolstoj als Künstler

Im Gegensatz zu u.a. Dostoevskij war Tolstojs künstlerische Meisterschaft bereits früh zur Entfaltung gelangt. Kennzeichnend für Tolstoj ist die enorme Präzision und Beherrschung des Russischen, die nüchterne und im Gegensatz zu Turgenev aromantische Herangehensweise. Im Vergleich zu Dostoevskijs spannenden Romanen sind Tolstọjs Werke arm an Ereignissen; er beschreibt detailliert Gefühle und Zustände. Die Charaktere und nicht ihre Taten stehen demnach im Mittelpunkt. Auch seine Darstellung der menschlichen Persönlichkeit unterscheidet sich sehr von der Dostoẹvskijs: Tolstọj ist statisch, er stellt normale, gesunde, ausgeglichene Menschen mit einem transparenten Innenleben dar. Bei Dostoẹvskij jedoch ist alles rätselhaft, pervers, kränklich. Tolstọjs Theaterstücke sind viel weniger gelungen, weil sie ohne die zahlreichen beschreibenden Passagen und psychologischen Analysen seiner Romane auskommen müssen, die Tolstọjs Stärke ausmachen. Tolstọjs plastischer Realismus ist auch ethisch: Er spricht Werturteile aus – auch in seiner »ersten« Periode (gegen den Krieg, für ein Leben in der Natur, seine Ansichten zur Geschichte oder zum Familienglück). Das Hauptziel seines literarischen Schaffens vor der Krise schien es gewesen zu sein, die Realität lediglich »künstlerisch« zu erfassen. Dies wurde nach 1880 anders. Nach der Veröffentlichung von *Meine Beichte* schrieb er Tendenzliteratur, so dass Turgẹnev ihn anflehte, zu seinem »eigentlichen«, d.h. rein künstlerischen Schaffen (jenem literarischen Schaffen, das ihm bleibenden Weltruhm einbringen sollte) zurückzukehren. In den letzten Lebensjahren scheint Tolstọj die Kunst wohl ein wenig rehabilitiert zu haben.

Tolstojismus

Es ist sonderbar, dass Tolstọj seine weltweite Beliebtheit zu Beginn des 20. Jahrhunderts nicht seinem literarischen Werk zu verdanken hatte, sondern seinem Kampf gegen Kirche und Staat. Dem zaristischen Unrechtsstaat stellte Tolstọj nicht einen Rechtsstaat, sondern das Ideal der in Liebe miteinander verbundenen Bauerngemeinschaft gegenüber. Was die Menschen miteinander zu verbinden hat, sind Bruderliebe und spontane Gefühle ohne die Affektiertheit der Städter. Bürokratische Staatsstrukturen sind überflüssig; notwendig sind einfache Kooperativen. Die Kunst muss dicht beim Volk stehen. Die moralisierenden und politischen Schriften des späten Tolstọj sind in den angelsächsischen Ländern (besonders in Nordamerika) auf deutlich mehr Resonanz gestoßen als beispielsweise in den deutschsprachigen Ländern. Manche Schriftsteller haben auf den harten Ton hingewiesen, den der Prophet zuweilen in seinen Werken anschlägt; so sprach George Orwell von Tolstọjs Neigung zu »geistiger Tyrannei«.

Von Dmịtrij Merežkọvskij, dem ersten Kritiker, der die beiden großen russischen Schriftsteller Dostoẹvskij und Tolstọj miteinander verglichen hat (siehe D.S. Mereschkowskij, *Tolstoi und Dostojewski als Menschen und Künstler*, Berlin 1903), stammt das Zitat: »Der Bolschewismus bedeutet Europas Selbstmord. Tolstoi ist sein Beginn, Lẹnin sein Ende.« Und Berdjạev war der Meinung, dass Tolstọj für die russische Revolution von nicht geringerer Bedeutung gewesen sei als Rousseau für die Französische. Tolstọj habe nämlich als Denker das Volk empfänglich für die Revolution gemacht. Erwin Oberländer hat in *Tolstoj und die revolutionäre Bewe-*

gung (1965) nachgewiesen, dass Tolstǫj in den achtziger Jahren und nach 1905 großen Einfluss auf die russische Intelligenzija ausübte, in jener Zeit also, in der die Reaktion am heftigsten tobte. Wenn der revolutionäre Kampf wieder aufloderte, wurde vor Tolstǫjs »gefährlicher« Lehre der Gewaltlosigkeit gewarnt (die später von Gandhi übernommen wurde). Vor allem Lęnin nahm bei seinem Urteil kein Blatt vor den Mund (u.a. in *Lev Tolstǫj kak zęrkalo rųsskoj revoljųcii*, Lev Tolstoj als Spiegel der russischen Revolution, 1908): Tolstǫj sei als Prophet »lächerlich«, sein »christlicher Anarchismus« »abstrakt«, sein Gewaltverzicht »eine der Hauptursachen für die Niederlage der ersten revolutionären Kampagne«; groß sei Tolstǫj nur, weil und wenn er »die Ideen und Stimmungen zum Ausdruck brachte, die zu einer Zeit unter Millionen russischer Bauern herrschten, als in Russland die bürgerliche Revolution ausbrach«. Während in Tolstǫjs Augen jede Veränderung auf sozialem und politischem Gebiet von der sittlichen Erneuerung des Menschen abhing, sahen die Radikalen ihr Heil in der Revolution. Am 3. August 1898 notierte Tolstǫj die folgenden prophetischen Worte in seinem Tagebuch: »Selbst wenn sich bewahrheiten würde, was Marx vorhergesagt hat, würde dies nur bedeuten, dass der Despotismus sich verlagert hat. Bis jetzt haben die Kapitalisten geherrscht, dann würden die Arbeiterfunktionäre herrschen.« Auch Dostoęvskij äußerte Kritik an Tolstǫj. Im Nachwort zu *Der Jüngling*, dem Roman, den Dostoęvskij als Gegengewicht zu Tolstǫjs autobiografischer Trilogie verfasste, wies er darauf hin, dass Tolstǫj gegenüber der modernen russischen Gesellschaft taub gewesen und vollkommen in der überholten Welt des adligen Landguts aufgegangen sei. Als Folge von Lęnins Kommentar zu Tolstǫj sahen sich sowjetische Literaturhistoriker genötigt, Tolstǫjs »pseudophilosophisches Gefasel« geringschätzig zurückzuweisen. So ist es Vįktor Šklǫvskij in einer umfangreichen Biografie (1963) gelungen, Tolstǫjs religiöses Leben stillschweigend zu übergehen.

Dostoęvskij und Tolstǫj

Die beiden großen Dichter des 19. Jahrhunderts gegeneinander auszuspielen ist ein Steckenpferd der russischen und westlichen Kritik. Der Vergleich führt zu interessanten Schlussfolgerungen, aber auch zu falschen Vorstellungen. Eine davon ist, dass Dostoęvskij russischer sei als Tolstǫj, dass in dem gequälten Metaphysiker der *Brüder Karamazov* mehr »russische Seele« stecke als in dem glücklichen und ruhigen Autor des endlosen russischen Epos *Krieg und Frieden*. Trotz seiner umfassenden Sprachkenntnisse, seiner Reisen in den Westen und seiner soliden französischen Kultur (daher ganze Seiten französischer Dialoge in *Krieg und Frieden*) war Tolstǫj kein Westler (vgl. Gǫr'kij: »Wer Tolstǫj nicht kennt, kennt Russland nicht.«). Der Westler war Turgęnev, während Dostoęvskij und auch Tolstǫj durch und durch russisch waren. Bei dem Vergleich zeigt sich, dass Dostoęvskij plebejisch war, Tolstǫj aristokratisch, Dostoęvskij introvertiert, Tolstǫj extrovertiert, dass Dostoevskij rechte Auffassungen vertrat und Orthodoxie und Autokratie verteidigte, während Tolstoj »links« war und den Zarismus bekämpfte. Im Leben beider hat es einen Bruch gegeben: bei Dostoevskij wurde er von einer Verurteilung verursacht, bei Tolstoj von einer Glaubenskrise; Tolstoj verlor seinen Glauben, Dostoevskij gelangte zum Glauben. Der Unterschied ist der, dass der (in westlichen Augen) »essentielle« Dostoevskij derjenige aus der Zeit nach der Zwangsarbeit ist, der »essentielle« Tolstoj aber derjenige aus der Zeit vor der Glaubenskrise. Während die russische Literatur in Puškin sich selbst gefunden hatte, national geworden war, wurde sie mit Dostoevskij und Tolstoj universell und weltberühmt. Beide Schriftsteller sollen einander aus dem Weg gegangen sein, was niemanden zu wundern braucht: Dostoevskij äußerte sich geringschätzig über den reichen, adligen Tolstoj, und Tolstoj störte sich an Dostoevskijs dekadenter Thematik. Beide Schriftsteller fanden ihre Inspiration und Realität an verschiedenen Stellen: Dostoevskij im undurchdringlichen Jungle der Großstadt (vgl. Dickens, Balzac, Poe), während Tolstoj in die Provinz floh. Auch ihre Haltung gegenüber Religion und Tod war unterschiedlich. Während Tolstoj ametaphysisch war, war Dostoevskij der wahre Christ, für den Sünde, Leiden und Verbrechen die notwendigen Schritte auf dem Weg zu Glauben und Heil sind. Soziale Utopien, die das Böse gleichsam »technisch« abschaffen wollen, akzeptierte er nicht. Während Tolstoj Angst vor dem Tod hatte, stellten in Dostoevskijs Augen Leben und Tod eine Einheit dar, ebenso wie die Sünde ist der Tod ein wesentlicher Bestandteil des Lebens. Trotzdem hielt Tolstoj *Die Brüder Karamazov* für das beste Werk, das in Europa und Amerika jemals geschrieben worden sei.

Unmittelbar nach Tolstojs Tod richtete sich die Aufmerksamkeit des Westens dank Romain Rollands *Vie de Tolstoi* (1911; Das Leben Tolstois, Frankfurt 1922), das zum Klassiker werden sollte, auf diesen Schriftsteller; über Dostoevskij schrieben u.a. André Gide, Thomas Mann und Stefan Zweig; Nietzsche fand in Dostoevskijs Werken »das wertvollste psychologische Material, das ich kenne«, und unter seinem Einfluss standen Faulkner, Fellini, Camus und Seghers, in der Sowjetunion Fedin und Leonov. Im Jahre 1939 gründete Tolstojs Tochter Aleksandra L'vovna die »Tolstoi Foundation«, eine karitative und kulturelle Stiftung für russische Emigranten.

6. Die Moderne

6.1. Einführung

Die achtziger und neunziger Jahre des vorigen Jahrhunderts standen in politischer Hinsicht im Zeichen der Reaktion, die ohne Zweifel durch das Bombenattentat auf Alexander II. vom 1. März 1881 Auftrieb erhielt. Gegen Mitte der achtziger Jahre hatte Alexander III. (1881 – 1894) mit der revolutionären Bewegung abgerechnet (Inhaftierung, Verbannung nach Sibirien oder ins Ausland). Die radikalen Zeitschriften (z.B. die *Otečestvennye zapiski*) mussten ihr Erscheinen einstellen. Die Folge gnadenloser Repressionen und politischer Mutlosigkeit war, dass das Tolstojanertum beliebt wurde; nicht so sehr die kritischen Aspekte von Tolstojs Lehre sprachen die Intellektuellen an als vielmehr der Appell, dem Bösen keinen Widerstand zu leisten. In den siebziger Jahren war die große Periode des russischen Romans vorbei. Der Roman musste den kleineren Prosagattungen Platz machen (Erzählung, Skizze, Kurzgeschichte). Die achtziger und neunziger Jahre stehen in literarischer Hinsicht denn auch im Zeichen der großen Novellisten. Tolstoj gibt den Roman auf und verleiht seiner neuen Vision in Erzählungen Ausdruck; einmal naturalistisch, dann wieder symbolisch ist Garšin in seinen Erzählungen und Legenden. Leskov beschreibt in meisterlichen Skizzen das Leben des Volkes, und Korolenko entdeckt in seinen Erzählungen die einfachen Menschen Nordrusslands und Sibiriens. Der große Meister der russischen Kurzgeschichte ist Anton Čechov. Unter dem Regime Alexanders III. werden Romane eigentlich nur noch von zweitrangigen Schriftstellern und Epigonen verfasst. So schrieb PËTR BOBORYKIN an die 100 Romane über die Sozialgeschichte des damaligen Russlands, d.h. des russischen Kapitalismus; sein bester Roman ist *Kitaj-gorod* (Der Moskauer Stadtteil Kitaj-gorod, 1882). Ebenso wie den europäischen Naturalisten jener Zeit fehlte es Boborykin an psychologischem Einfühlungsvermögen und schriftstellerischem Können; seine Romane sind oberflächlich. Im Jahre 1887 wurde PËTR JAKUBOVIČ wegen Beteiligung an der Narodnaja Volja zu Zwangsarbeit verurteilt; dies bereicherte die Literatur um eine rührende und realistische Beschreibung der Verurteilten in *V mire otveržennych* (In der Welt der Verstoßenen, 1895 – 1899). Neben IGNATIJ POTAPENKO, dem beliebten Verfasser von Unterhaltungsliteratur, müssen wir noch auf NIKOLAJ LEJKIN hinweisen, der als Redakteur der Zeitschrift *Oskolki* den jungen Čechov unterstützte und der ein damals äußerst populäres Buch über Russen verfasst hat, die wegen ungenügender Sprachkenntnisse im Ausland in die verrücktesten Situationen kommen (*Naši zagranicej*, Unsere Landsleute im Ausland, 1890 – 1899). Erwähnenswert ist außerdem KONSTANTIN STANJUKOVIČ (1843 – 1903), der in seinen Matrosenerzählungen ein wahrheitsgetreues Bild der russischen Flotte und der Schönheit des Meeres zeichnet.

Die tiefe Skepsis, die dem literarischen Leben der neunziger Jahre anzumerken war, wurde durch den Angriff gegen den Realismus unterbrochen, der um die Jahrhundertwende lanciert wurde. Hierbei spielte die moderne Kulturkritik eine wesentliche Rolle, im besonderen die Arbeiten Friedrich Nietzsches und in Russland die NIKOLAJ STRACHOVS und KONSTANTIN LEONT'EVS. Diese Denker kritisierten den Positivismus und die Fortschrittsgläubigkeit. Gegen die soziologisch orientierte Literaturkritik (das šestidesjatničestvo – Černyševskij, Dobroljubov, Pisarev) hatten die ästhetisch inspirierten Apollon Grigor'ev, Pavel Annenkov und Konstantin Leont'ev absolut keine Chance. Führende Kritiker wie NIKOLAJ ŠELGUNOV (*Russkaja Mysl'*, Der russische Gedanke) und ALEKSANDR SKABIČEVSKIJ (der Verfasser der umfangreichen *Očerki istorii russkoj cenzury 1700 – 1863*, Studien über die Geschichte der russischen Zensur 1700 – 1863, St. Petersburg 1892) legten rein ideologische Kriterien an den Tag; auch der slawophile Kritiker NIKOLAJ STRACHOV (der Autor von *Bor'ba s Zapadom v našej literature*, Der Kampf mit dem Westen in unserer Literatur) sah in der Literatur das Schlachtfeld, auf dem der Ideenstreit ausgetragen wird.

Der große Wortführer des neuen Bewusstseins wurde DMITRIJ MEREŽKOVSKIJ, der in seiner Untersuchung *O pričinach upadka i o novych tečenijach sovremennoj russkoj literatury* (Über die Ursachen des Zerfalls und über die neuen Strömungen der zeitgenössischen russischen Literatur) aus dem Jahre 1893 gegen den Realismus (»utilitaristisch« und »banal«) und vor allem gegen den Naturalismus vom Leder zog, in dem die soziale Bedeutung der Kunst hervorgehoben wird, und der von der erzieherischen Funktion der Literatur ausgeht (»leblose Gespräche lebloser Menschen über den wirtschaftlichen Wohlstand des Volkes«). Diese jahrzehntelang vorherrschenden Normen (das sogenannte napravlenčestvo, das Tendenziöse der Literatur) wurden nun angezweifelt und rundheraus abgelehnt. Die literarische und künstlerische Renaissance, die sich daraus ergab, erwies sich als sehr vital und stellte die letzte Blütezeit der vorrevolutionären russischen Kultur dar. Die Bewegung verlief parallel zu Entwicklungen im Westen (Baudelaire, Verlaine, Wilde, Wagner, Nietzsche, Ibsen, Maeterlinck, Impressionismus und Fin de Siècle). Der sozialen Verpflichtung des Künstlers wurde jetzt die Schönheit gegenübergestellt; der ausgeschliffenen Form wurde wieder Aufmerksamkeit gewidmet; in der Poesie, die lange Zeit vernachlässigt worden war, musste das rationale Element der Intuition und Musikalität das Feld räumen; die Ausdrucksweise wurde vage, symbolisch und philosophisch; Exotik, perverse Träume, Sensualität, Mystik kamen auf. Während die erste Phase dieser Wiederbelebung in der Regel »dekadent« genannt wird, ist die zweite Phase (1900 – 1910) die Periode des Symbolismus. Die erste Generation wurde von Merežkovskij, Gippius, Rozanov, Sologub, Bal'mont und Brjusov repräsentiert, die zweite Generation von Blok, Belyj und Vjačeslav Ivanov. Die jungen Neuerer wurden in humoristischen Blättern verspottet; vor allem Akim Volynskij musste viel einstecken: Er hatte die Positivisten (in *Russkie kritiki*, Die russischen

Kritiker, 1896) hart angefahren und es gewagt, Michajlovskij zum »Gendarmen der russischen Literatur« auszurufen.

Auch auf nichtliterarischen Gebieten wurde das neue Bewusstsein gepredigt. So standen der Porträtmaler Valentin Serov und der impressionistische Landschaftsmaler Il'ja Levitan hinter der neuen Bewegung; die Vorherrschaft der peredvižniki (herumziehende Maler) Il'ja Repin und Vasilij Surikov war vorbei. Zur zentralen Persönlichkeit der neuen Bewegung wurde SERGEJ DJAGILEV mit seiner Zeitschrift *Mir iskusstva* (Die Welt der Kunst). Andere wichtige Zeitschriften waren *Vesy* (Die Waage), *Zolotoe runo* (Das goldene Vlies) und *Apollon* (Apollo); vorher war der *Severnyj vestnik* (Der nördliche Bote, 1891 – 1904) für symbolistische Arbeiten das führende Medium gewesen.

Das Theater wurde von Vladimir Nemirovič-Dančenko und Konstantin Stanislavskij mit ihrem Moskauer Künstlertheater (Chudožestvennyj teatr) neu belebt; in der Musik musste Pëtr Čajkovskij jungen Komponisten wie Skrjabin (*Prometheus*), Stravinskij, Rachmaninov und Prokof'ev Platz machen.

Neben der dekadenten und symbolistischen Literatur entstand, auch als Reaktion auf den Rationalismus, eine idealistische Philosophie von Gottsuchern (bogoiskateli), Mystikern und religiösen Propheten. Zu Anfang des 20. Jahrhunderts führte diese Suche zu einer wahren religiösen Bewegung, die üblicherweise als »religiöse« Renaissance (religioznoe vozroždenie) bezeichnet wird (die Debatten wurden in der »Religiozno-filosofskoe obščestvo«, der Religiös-philosophischen Gesellschaft, geführt). Die Wurzeln dieser Bewegung lagen sowohl innerhalb als auch außerhalb Russlands. In Russland gab es eine geistige Erneuerung innerhalb der orthodoxen Kirche; drei große Denker hatten den Versuch unternommen, das Christentum neu zu beleben: Dostoevskij, Tolstoj und VLADIMIR SOLOV'ËV (1853 – 1900). Solov'ëv hat vor allem auf die symbolistischen Dichter (Belyj, Blok, Vjačeslav Ivanov), aber auch auf die später berühmten und von den Bolschewisten verketzerten Philosophen Sergej Bulgakov, Pavel Florenskij, Evgenij Trubeckoj und Nikolaj Berdjaev großen Einfluss ausgeübt. Solov'ëv begann seine akademische Laufbahn mit Kritik am westlichen Positivismus und Rationalismus und vertrat die Meinung, die Zukunft sei dem universalen Christentum vorbehalten (*La Russie et l'église universelle*, 1889). Er distanzierte sich von den Slawophilen und suchte Annäherung an den Katholizismus, was ihn sowohl bei Russen als bei Westeuropäern ein wenig verdächtig machte. Seine Philosophie umfasst zwei Kernbegriffe: die Sofia als ewig weibliches Element der Liebe und Versöhnung unter den Menschen, das zur Weltharmonie (*Tri svidanija*, Drei Begegnungen, und *Das Ewig-Weibliche*, 1898) führen wird, und die Idee der Gottmenschlichkeit: die vollendete, ewige Realität als erstrebenswertes Ziel. In *Tri razgovora* (Drei Gespräche, 1900) sagt er die Ankunft des Antichristen und das Ende der Welt (= den totalitären Bolschewismus?) voraus. Auch als Literaturkritiker spielte Solov'ëv eine wichtige Rolle: Er schrieb über Puškin, Tjutčev und Fet; in *Tri reči v pamjat' Dostoevskogo* (Drei Reden zum

Gedenken an Dostoẹvskij, 1884) machte er aus Dostoẹvskij einen religiösen Denker und nannte dessen Werk eine neue Etappe in der Entwicklung des Christentums und den Verfasser selbst einen Propheten Gottes. Außerdem übersetzte Solov'ёv Schiller, Heine, Vergil, Petrarca, Dante, Mickiewicz und Longfellow. In seinem eigenen literarischen Œuvre legte er eine Eigenschaft an den Tag, die bei religiösen Denkern selten ist: Humor. In seinen komischen Theaterstücken (šụtočnye p'ẹsy) machte er sich über den Dichter als Propheten lustig.

Auch der Populismus hatte zuweilen eine religiöse Schattierung. Von den westlichen Denkern übte Nietzsche starken Einfluss auf die Russen aus. Im Laufe der Jahre hatten die großen Symbolisten (Merežkọvskij, Solov'ёv, Rọzanov) mehr und mehr Anteilnahme an politischen und sozialen Problemen (die Suche nach einer besseren Welt) gezeigt, so dass dieses Interesse sich nun parallel mit dem der Marxisten herausbildete, welches ausschließlich sozialen Problemen galt. Unterstützt wurde diese Entwicklung u.a. durch die in Russland herrschende katastrophale Lage auf sozialem und politischem Gebiet. Das agrarische Problem war immer noch nicht gelöst, und das Land wurde in raschem Tempo industrialisiert. Aufgrund der Zunahme des Proletariats gewann der Marxismus an Boden, und anhaltende landwirtschaftliche Probleme hatten zur Folge, dass der (Neo-)Populismus immer beliebter wurde. Die liberale Opposition versuchte, das Land auf friedliche Weise zu reformieren; so wurde 1905 unter der Leitung des ehemaligen Marxisten Pёtr Strụve die Partei der »Kadetten« (Abkürzung für Konstitutionelle Demokraten) gegründet. Im Jahre 1901 wurde die Sozialrevolutionäre Partei (SR) ins Leben gerufen; die SR fand ihr Sprachrohr in dem neopopulistischen Blatt *Rụsskoe bogạtstvo* (Der russische Reichtum) Korolẹnkos und Michajlọvskijs. Die SR hegte Sympathie für die neuen Strömungen in Kunst und Literatur. Die Beliebtheit der SR, die im Grunde eine Bauernpartei war und auch vor Terror nicht zurückschreckte, erregte das Misstrauen der Marxisten.

Wie schon im Jahre 1855 (Russlands Niederlage im Krimkrieg) stellte die Niederlage 1905 (im Krieg gegen Japan) den Beginn eines sich überstürzenden sozialen, politischen und intellektuellen Gärungsprozesses dar. Das militärische Debakel belegte, dass Russland schlecht regiert wurde. Das Ansehen des zaristischen Regimes nahm beträchtlich ab, die Arbeiterbewegung politisierte, die Bauern wurden ungeduldig, und die Terroristen (der SR) schufen eine nervöse, gespannte Atmosphäre. Die blutig niedergeworfene Kundgebung der Arbeiter am 9. Januar 1905 (dem Blutigen Sonntag) löste eine Kettenreaktion aus: Gegen Ende des Jahres herrschte Chaos im ganzen Land. Die Regierung sah sich gezwungen, einen Kompromiss zu schließen. Dies geschah mit dem Manifest vom 17. Oktober 1905 (dem Oktobermanifest), in dem der Zar ein gesetzgebendes Organ (die »Duma«) und die Freiheit des Wortes versprach. Doch ein bis dahin nicht gekannter Gewaltausbruch versetzte die Regierung und die gemäßigten Oppositionellen in Angst und Schrecken. Bis zum Jahre 1907 hatte die Regierung das Land wieder unter Kontrolle.

Jetzt wurde mit den Revolutionären grausam abgerechnet, so dass Tolstoj sich genötigt sah, hierauf mit dem Pamphlet *Ich kann nicht schweigen* (1908, gegen die Todesstrafe) zu reagieren. In den Jahren der »Reaktion« wurden Hunderte von Zeitungen und Zeitschriften verboten. Diese Periode war zwar von den Reformen Pëtr Stolypins gekennzeichnet, doch allen Versuchen, das Land vor einer Wiederholung der Zustände des Jahres 1905 zu retten, zum Trotz blieb Russland ein im Grunde genommen autokratisches Imperium, in dem das verfassungsmäßige Element kaum zum Tragen kam.

Das intellektuelle Leben nach 1905 zeichnete sich durch einen so großen kulturellen Reichtum aus, dass diese Periode zu Recht als »das Silberne Zeitalter« (serebrjanyj vek) der russischen Kultur bezeichnet wird. Unter den Humanwissenschaftlern gab es so berühmte Namen wie die der Historiker Vasilij Ključevskij und Sergej Platonov, in der Literaturkritik sind die Komparatisten Aleksandr und Aleksej Veselovskij sowie Semën Vengerov, Razumnik Ivanov-Razumnik, Michaïl Geršenzon und Julij Ajchenval'd hervorzuheben. Auch Musik, Ballett, Theater und Presse standen in nie dagewesener Blüte, den größten Aufschwung jedoch verzeichnete die Literatur. Einige Schriftsteller brachten die optimistischen Erwartungen jener Zeit zum Ausdruck.

Ein typisches Produkt dieser Periode der Freiheit und Rebellion war die Gruppe um Gor'kijs Verlag *Znanie* (Wissen). Aus ihren Werken spricht ein Geist des Protestes, der Widerspenstigkeit und des politischen Optimismus. Aber auch die »Reaktion« hatte die Möglichkeit, sich zu äußern. 1909 gaben einige frühere Marxisten – u.a. Pëtr Struve, Nikolaj Berdjaev und Sergej Bulgakov – einen Sammelband mit dem Titel *Vechi* (Meilensteine) heraus, in dem eine Reihe von Untersuchungen über die russische Intelligenzija und die Revolution von 1905 enthalten sind. Lenin nannte den Band »die Enzyklopädie der liberalen Renegaten«. Diese Sammlung war ein typisches Produkt der neuen Zeit: Sie stellte den Übergang von Sozialismus zu Idealismus dar; führende Intellektuelle brachen hier mit der jahrzehntelang gepflegten Tradition, die zaristische Regierung zu kritisieren. Den Sowjets zufolge war der Sammelband »das organisierte Auftreten bürgerlicher Renegaten gegen die Revolution«. Ein Großteil der russischen Intellektuellen sympathisierte nach dem Debakel von 1905 mit der Philosophie der *Vechi*. Die Denker dieser Gruppe emigrierten nach 1917 und nahmen im Kampf gegen den Bolschewismus eine zentrale Stellung (Pëtr Struve) ein. Während sie die These vertraten, dass Religion, Individuum und Nation neu bewertet werden sollten, versuchten die »Gottesbauer« (bogostroiteli) dem Sozialismus eine religiöse Basis zu verleihen. Wieder andere suchten ihr Heil in Individualismus und Hedonismus. Die früheren Ideale der asketischen Revolutionäre wurden aufgegeben und durch sexuelle Freizügigkeit und ästhetisches Raffinement ersetzt. Mit einem Schlag war erotische und sogar offen pornografische Literatur (auch in Übersetzung) gefragt (in Russland selbst gepflegt von ANATOLIJ KAMENSKIJ und Nikolaj Oliger). Sehr beliebt waren die Romane ANASTASIJA VERBICKAJAS über Sex, freie Liebe und die Freuden eines intensiven Lebens (vor allem ihr Bestseller *Ključi sčast'ja*, Die Schlüssel zum Glück, 1909 – 1913). Doch der größte Skandalerfolg jener Jahre war der Roman *Sanin* von MICHAIL ARCYBAŠEV (1878 – 1927). Vladimir Sanin ist egozentrisch und genusssüchtig, kennt keine Hemmungen, weder in moralischer noch in sozialer Hinsicht, pfeift auf die revolutionären Ambitionen der Jugend, Nietzsches Lehre oder die Diskussionen über das Wesen des Christentums. Sein Lebensziel sieht er in der Befriedigung seiner sexuellen Bedürfnisse, »der Befreiung des Fleisches«. Dem Dienst am Gemeinleben (dem Ideal der klassischen russischen Literatur) stellt Sanin seine neue Religion, den Kult der Sinnesfreuden, gegenüber. Der Roman ist eine Aneinanderreihung von Liebesgeschichten und erotischen Wünschen, mit naturalistischen Beschreibungen und mit Details, die für jene Zeit gewagt waren. Der »neue Held« rückte in den Mittelpunkt einer Polemik, die einige Jahre lang geführt wurde, bis der marxistische Kritiker Vaclav Vorovskij in der Untersuchung *Bazarov und Sanin* (1909) Bilanz zog. Aus politischer Sicht wurde der Autor verurteilt, da sein Romanheld der russischen Revolution feindlich gegenüberstehe und weil er Individualismus und extremen Anarchismus predige; auf ethischer Ebene, weil der Roman auf die sexuelle Frage keine ernsthafte Antwort habe. Aber auch als Kunstwerk wurde er kritisiert: Er habe keinen literarischen Wert, sein Naturalismus sei zu grobschlächtig, und der Autor versuche, die banalen, »zoologischen« Seiten des Lebens zu romantisieren (die klassische Literatur war sehr keusch). Der Autor wurde wiederholt vor Gericht zitiert, und die Kirche drohte ihm mit dem Bannfluch. Man machte ihn dafür verantwortlich, dass die Jugend Klubs à la »Liga für die freie Liebe« ins Leben gerufen hatte.

Unmittelbar nach der Oktoberrevolution emigrierte Arcybašev nach Polen, wo er das leidenschaftlich antibolschewistische Blatt *Za Svobodu* (Für die Freiheit) herausgab.

Zwischen 1908 und 1917 gab Arcybašev 20 Sammelbände heraus (*Zemlja*, Erde), die einen Gegenpol zu Gor'kijs *Znanie* bildeten und den »Saninismus« propagierten. Über dieselbe Thematik schrieben außerdem S. FONVIZIN (*V smutnye dni*, An trüben Tagen, 1911, dessen Held ein Superindividualist und ein unverhohlener Menschenfeind ist), VLADIMIR LENSKIJ, Fëdor Sologub, Zinaida Gippius (*Čërtova kukla*, Die Teufelspuppe, 1911) und ANATOLIJ KAMENSKIJ (*Ljudi*, Menschen, 1908). Drei weitere Frauen beteiligten sich an der literarischen Aufarbeitung der Probleme der Frauenemanzipation und der freien Liebe: ANASTASIJA VERBICKAJA, OL'GA MIRTOV (eig. Ol'ga Kotyleva) und EVDOKIJA NAGRODSKAJA (*Gnev Dionisa*, Der Zorn des Dionysos). Bereits 1909 erschien G. Novopolins Untersuchung über *Pornografičeskij element v russkoj literature* (Das pornografische Element in der russischen Literatur).

6.2. Die großen Novellisten

6.2.1. Gạršin

Während Gleb Uspẹnskij Literatur als Dienst am Volk und als »Faktologie« betrachtete, flüchtete der poetische Gạršin vor Uspẹnskijs Naturalismus in symbolische Bilder. In der russischen Literatur genießt Gạršin Bekanntheit als der Großmeister der psychologischen Erzählung, in der der Mensch, der durch den Anblick der sozialen Missstände betroffen gemacht wird, Hauptthema ist. VSẸVO-LOD GẠRŠIN (1855 – 1888) nahm als Antimilitarist freiwillig am russisch-türkischen Krieg (1877/1878) teil, nicht so sehr, um die Slawen auf dem Balkan zu befreien, sondern vielmehr, um die Gefahren und das Leid des Volkes zu teilen. Sein nicht gerade umfangreiches Œuvre (ungefähr 20 Erzählungen) besteht zu einem Drittel aus Kriegsgeschichten. Frische Kriegseindrücke verarbeitete er in Četyre dnja (Vier Tage, 1877), einer Erzählung, die von einem schwerverletzten Soldaten handelt, der vier Tage lang unbeweglich neben der verwesenden Leiche eines von ihm getöteten Türken liegt. Diese makabre, in der Ich-Form geschriebene Geschichte, in der die Frage nach dem Sinn des Lebens gestellt wird, begründete auf einen Schlag Gạršins Ruf.

In Gạršins Erzählungen wird der Held mit alltäglichen Lastern konfrontiert: Prostitution (in Nadẹžda Nikolạevna, 1885, Proisšẹstvie, Ein Zwischenfall, 1878), Ausbeutung der Arbeiterschaft (in Chudọžniki, Die Künstler, 1879), zynischer Betrug (Vstrẹča, Eine Begegnung, 1879); die hierdurch ausgelöste Krise wird durch Selbstmord oder »Flucht« ins Volk überwunden. In Die Künstler sprechen zwei junge Künstler und Mitglieder der Akademie in fiktiven Tagebuchnotizen über ihr Werk und ihr Verhältnis zur Realität. Die zentrale Frage lautet, ob es angesichts des leidenden Menschen noch Kunst geben kann und darf? Dẹdov (der Landschaftsmaler) antwortet bejahend, Rjabịnin verneinend. Als Rjabịnin das Porträt eines abgerackerten Arbeiters vollendet hat, wird ihm bewusst, dass er nie mehr das »Schöne« wird malen können, sondern nur noch »die zum Ausbruch kommende Krankheit« seiner Zeit; die »reine« Kunst wird bankrott erklärt, Rjabịnin begeht folglich künstlerischen Selbstmord und wird Lehrer in der Provinz (die einzig wahre Lösung für den Populisten: »ins Volk gehen«). Gạršin unterhielt Kontakte mit den sogenannten peredvịžniki (herumziehende Künstler) und wollte ein Buch über Il'jạ Rẹpin schreiben, sein früher Tod jedoch verhinderte dies. Gạršin selbst wurde »der peredvịžnik in der Literatur« genannt.

Vorläufer der Symbolisten ist Gạršin mit seinem allegorischen Märchen Attalea princeps (1880) und der Turgẹnev gewidmeten Novelle Krạsnyj cvetọk (Die rote Blume, 1883), von vielen als Gạršins Meisterwerk bezeichnet. Die Palme Attalea rebelliert gegen ihr gläsernes Treibhaus und bricht aus, ist aber desillusioniert, als sie die kalte Welt erblickt. Die Palme wird gefällt. Manche sahen hierin einen

195

Ausdruck von Gạršins Skeptizismus gegenüber dem revolutionären Kampf, so dass Saltykọv sich weigerte, das Märchen in seinen *Vaterländischen Annalen* aufzunehmen. Es wurde daraufhin in *Rụsskoe bogạtstvo* veröffentlicht, dem Blatt der russischen Populisten, und die Kritik erblickte in ihm zwischen den Zeilen die Parabel der narọdniki in den zaristischen Gefängnissen. Stender-Petersen verstand sie als »den Angstschrei eines empfindsamen Symbolisten«, der sich der brutalen Wirklichkeit gegenübergestellt sah. *Die rote Blume* ist eine Novelle, die sowohl in Bezug auf das Thema als auch hinsichtlich der Art, in der sie verfasst ist, für Gạršins eigensinnigen Realismus charakteristisch ist. Ein Mann in einer psychiatrischen Anstalt ist von der Wahnidee besessen, dass er das Böse in der Welt ausmerzen müsse. Den Feind meint er in drei Mohnblüten im Garten entdeckt zu haben (gemeint ist möglicherweise die äußerst giftige Papaver somniferum); es kostet ihn übermenschliche Kräfte, sich ihrer zu bemächtigen und somit seine vermeintliche Mission zu erfüllen. Doch der Wohltäter der Menschheit stirbt an den Folgen dieser Kraftanstrengung. Gạršin schrieb diese Novelle, als er selbst schon unter schweren Depressionen litt; sie erinnert an Gọgol's *Aufzeichnungen eines Wahnsinnigen* und an Čẹchovs *Palạta N° 6* (Krankensaal Nr. 6). Sie wurde damals als das Hohelied der Selbstlosigkeit und des Heldenmuts der Revolutionäre betrachtet.

Gạršins Verdienst ist es, dass er künstlerisch motivierte und dramatisch zugespitzte Novellen statt ideologischer Skizzen oder dickleibiger analytischer Romane schrieb. Damit ist er der repräsentativste Novellist der achtziger Jahre. Als solcher war er der Vorläufer Korolẹnkos, Čẹchovs und Gọr'kijs. Von manchen wird er als Opfer seiner Zeit gesehen. Es ist auffällig, dass das Leben dreier sehr beliebter Schriftsteller jener Zeit – Gleb Uspẹnskij, Gạršin und SEMËN NẠDSON – ein tragisches Ende nahm: Geisteskrankheit und früher Tod.

6.2.2. Korolẹnko

Die herausragendste Persönlichkeit im populistischen Lager nach Michajlọvskijs Tod war VLADỊMIR KOROLẸNKO (1853 – 1921), der von seinem ukrainischen Vater den Sinn für leisen Humor und von seiner polnischen Mutter die Vorliebe für die Romantik geerbt hatte. 1879 wurde er nach Wjatka und Jakutien (Nordostsibirien) verbannt. Dort lernte er das Volk aus der Nähe kennen; erst in der Verbannung kam sein Talent ans Licht. Von 1885 bis 1896 durfte er in Nischnij Nowgorod wohnen; dort verfasste er seine besten Erzählungen. Von 1894 bis 1918 war er Redakteur des wichtigsten neopopulistischen Blattes, *Rụsskoe bogạtstvo*. Im Jahre 1900 ließ er sich in Poltawa (Ukraine) nieder, wo er bis zu seinem Tod im Jahre 1921 lebte. Er protestierte gegen das harte Vorgehen bei lokalen Aufständen, gegen Machtmissbrauch, politische Verfolgung und Pogrome; er ergriff Partei für die Juden (z.B. in *Dom N° 13*, Haus Nr. 13, anlässlich des Pogroms von Kischinjow) und für andere nationale Minderheiten. Er wurde zum Mitglied der Akademie gewählt, lehnte diese Ehre aber ab, weil Gor'kij nicht zugelassen wurde. Die Oktoberrevolution missbilligte er, und er schrieb prächtige, von Mut zeugende Briefe an Lunačarskij, in denen er die Bolschewiken als Feinde der Zivilisation anklagte (diese Briefe wurden in der Sowjetunion erst während der Perestrojka veröffentlicht). Korolenko wird immer bekannt bleiben als Autor der Erzählung *Son Makara* (Makars Traum, 1885), die in seiner ersten Sammlung nach seiner Verbannung enthalten war, den *Zapiski sibirskogo turista* (Aufzeichnungen eines Sibirienreisenden). Makar ist ein blutarmer stümperhafter Jakute, der sich im Jenseits vor dem großen Tojon verantworten muss und der gegen das harte Urteil protestiert. Die Sympathie des Autors liegt eindeutig auf Seiten Makars.

Bekanntheit genießt Korolenko außerdem noch durch seine Erzählungen über Großstadtbettler in *V durnom obščestve* (In schlechter Gesellschaft), über Kriminelle, Landstreicher und nach Sachalin, Sibirien oder in die Ukraine Verbannte (die sogenannten sibirischen Erzählungen), u.a. *Ubivec* (Der Totschläger), *Sokolinec* (Der Mann von der Insel Sachalin), *Fëdor Besprijutnyj* (Fëdor Heimatlos). Korolenkos gescheiterte Existenzen sind auf der Suche nach Freiheit und Wahrheit, die dem Ruf der Tajga folgen, sich nach einem freien, zügellosen Leben (vol'naja voljuška) sehnen und zuweilen von dem Nimbus romantischen Heldentums umgeben sind. Hierin wurde Korolenko zum Vorläufer Gor'kijs – mit dem Unterschied, dass Korolenkos Gestalten romantische Freiheitssucher sind und seine Erzählungen eine allgemeine Anklage gegen die unmenschliche Gesellschaft darstellen, während Gor'kijs Lumpenproletarier (bosjaki) Opfer der kapitalistischen Ausbeutung sind und seine Arbeiter von einer revolutionären Romantik umgeben werden.

In *Les šumit* (Der Wald rauscht, 1886) symbolisiert der drohend rauschende Wald den Sturm, der im Herzen des unterdrückten Menschen losbricht (vgl. die Motive in Gor'kijs *Das Lied vom Sturmvogel*). Ein Gutsbesitzer wird von dem Bauern ermordet, dem er das Bauernmädchen, das er selbst besessen hatte, zur Frau gab. *Bez jazyka* (Ohne Sprache, 1895, überarbeitet 1902), das Ergebnis von Korolenkos Besuch der Weltausstellung im Jahre 1893 in Chicago, ist die Geschichte von einem ukrainischen Bauern, der in der Neuen Welt nach Glück und Freiheit sucht, aber Enttäuschungen erlebt und an Heimweh leidet. Sein Urteil über »die Stadt des gelben Teufels« (wie Gor'kij New York nennt) ist vernichtend.

Als Erzähler setzt Korolenko die populistische Tradition fort, verzichtet dabei aber auf allzu viele ethnografische Details oder umfassende soziale Analysen. Sein Werk verfolgt keine didaktischen Absichten, ist aber von tiefem Mitgefühl für diese Ärmsten der Armen durchdrungen. Seine Erzählungen zeigen zuweilen künstlerische Schwäche, die aber durch die warme Menschlichkeit des Erzählers kompensiert wird, der in seiner poetischen Prosa und bei seinen umfassenden Kenntnissen vom Leben des Volkes (anders als Zlatovratskij) keine allzu optimistische Auffassung von den Bauern hat. Gerade das lyrische Element in Korolenkos Œuvre sprach

197

seine Zeitgenossen so stark an; sie waren von der Großartigkeit der sibirischen Natur, dem feinen Humor und dem unverwüstlichen Glauben an die Güte des Menschen beeindruckt, die in Korolenkos Werk zum Ausdruck kam (und die auf Rousseau zurückgeht: Der Mensch ist von Natur aus gut, wird aber schlecht infolge der Umstände). Plot oder Handlung sind von sekundärer Bedeutung, wichtiger ist die Wende, die sich im Innern des Menschen vollzieht (der Optimismus des aller Ketten entledigten Menschen). Korolenko ist daher auch als der Humanist unter den russischen Novellisten des ausgehenden 19. Jahrhunderts zu bezeichnen.

Merkwürdigerweise wurde Korolenko von allen Parteien akzeptiert, obwohl er als Publizist über 400 Artikel schrieb, in denen er das entsetzliche Elend des Volkes thematisierte (für die Ursache hielt er die Tatsache, dass der Bauer nach 1861 zwar persönlich, nicht aber wirtschaftlich frei war). Sein Bericht von der Hungersnot der Jahre 1891/1892, *V golodnyj god* (Das Hungerjahr, 1892), hat viele Leser wach gerüttelt. In dem Artikel *Bytovoe javlenie* (Ein alltägliches Phänomen, 1910) schrieb Korolenko über die »Hinrichtungsorgie« nach dem Scheitern der Revolution von 1905. Unentbehrlich als historisches Dokument der Periode von 1860 – 1885 ist *Istorija moego sovremennika* (Die Geschichte meines Zeitgenossen, 1906 –1922, 4 Bände), in der er ein eindrucksvolles Bild der populistischen Bewegung entwirft (Tätigkeit, soziales Leben, Geist der Bewegung, die Tragik ihres Kampfes). Dieses von Humor und Sympathie durchdrungene Werk ist ein Nachfolger von Herzens *Erlebtes und Gedachtes* und ein Vorläufer von Gor'kijs autobiografischer Trilogie.

6.2.3. Čechov

Leben

ANTON PAVLOVIČ ČECHOV (1860 – 1904) wurde in Taganrog im Süden Russlands als Sohn eines Kramwarenhändlers geboren, der ihn streng, fromm und patriarchalisch erzog. Als der Laden in Konkurs geriet, floh der Vater nach Moskau; Anton nahm in Moskau ein Medizinstudium auf und musste für den Unterhalt seiner Familie sorgen. Dies tat er, indem er kurze Texte für humoristische Zeitschriften verfasste. Später sollte Aleksej Suvorin, der Herausgeber von *Novoe vremja* (Die neue Zeit), der damals größten Tageszeitung, Čechov einstellen und ihn somit von der »Tyrannei« der humoristischen Blätter befreien. Čechov widmete sich mehr der Literatur als seiner ärztlichen Praxis, aber sein Beruf wird ihm wohl dabei geholfen haben, in seinem literarischen Œuvre nüchterne Diagnosen zu stellen. Kurz vor 1890 entstanden Čechovs erste lange Erzählungen, von denen *Step'* (Die Steppe) die wichtigste ist.

Im Jahre 1890 beschloss Čechov, die Sträflingsinsel Sachalin aufzusuchen, und legte dort überaus umfangreiches statistisches Material über Zwangsarbeiter und

Verbannte an (10.000 Karteikarten), das er in der eindrucksvollen dokumentarischen Untersuchung *Ostrov Sachalin* (Die Insel Sachalin, 1895 in Buchform) ausgewertet hat. Dieses gründlich recherchierte, objektiv historische Dokument erschütterte die russische Gesellschaft und zog (geringfügige) Reformen nach sich. 80 Jahre später zitierte Aleksandr Solženicyn (in seiner ebenfalls monumentalen Untersuchung über den Archipel GULAG) dieses Buch immer wieder als Vergleichsmaterial. Diese Reise in Russlands Sträflingshölle weckte Čechovs Interesse an sozialen Problemen. Nach der Reise erwarb er südlich von Moskau, in Melichowo, ein Landhaus, in dem er in den neunziger Jahren mit seiner Familie wohnte. Hier konnte er das Landleben beobachten und auf sozialem Gebiet tätig werden (kostenlose medizinische Behandlung der Bauern, Bekämpfung der Cholera, Bau von Dorfschulen). Hier verfasste Čechov viele seiner besten und ausgereiftesten Erzählungen. Das Leben der Bauern beschreibt er nüchtern in *Mužiki* (Die Bauern, 1897), *Novaja dača* (Die neue Datscha) und *V ovrage* (In der Schlucht). Hier schrieb er sein erstes Drama, *Čajka* (Die Möwe), das 1896 in St. Petersburg aufgeführt wurde und durchfiel, aber im Moskauer Künstlertheater unter der Leitung von Konstantin Stanislavskij und Vladimir Nemirovič-Dančenko mehr Erfolg hatte. Čechov begann eine fruchtbare Zusammenarbeit mit diesem Theater, es folgten die Stücke *Djadja Vanja* (Onkel Wanja, 1900), *Tri sestry* (Drei Schwestern, 1901) und *Višnëvyj sad* (Der Kirschgarten, 1904). Im Jahre 1901 heiratete Čechov die Schauspielerin Ol'ga Knipper, die in seinen Stücken mitgewirkt hatte.

Ein »Ruck nach links« war die Folge des Bruchs mit Suvorin und der guten Kontakte mit der jungen Generation (u.a. Gor'kij). Čechov teilte die Illusionen der Populisten ebenso wenig wie die Auffassung der Liberalen hinsichtlich der »kleinen Taten« oder Tolstojs Lehre von der Selbstvervollkommnung. Er war voller Sympathie für die Studentenbewegung, stand auf der Seite von Dreyfus sowie dessen Verteidiger Zola und schloss Freundschaft mit Gor'kij und Lev Tolstoj; Tolstoj lernte er auf der Krim kennen, wo Čechov wegen seines schlechten Gesundheitszustandes (Tbc) ein Landhaus hatte bauen lassen (in Jalta). Im Jahre 1902 protestierte er gemeinsam mit Korolenko gegen Gor'kijs Ausschluss aus der Akademie.

Die Revolution von 1905 hat Čechov nicht mehr erlebt. Er starb in Badenweiler, einem Kurort im Schwarzwald, und wurde in Moskau bestattet. Čechov schrieb über 400 Kurzgeschichten, etwa 70 längere Erzählungen, ein Dutzend Einakter und Dramen und führte einen acht Bände umfassenden Briefwechsel (u.a. mit seiner Frau, die weiterhin als Schauspielerin in Moskau auftrat, während er zur Kur auf der Krim weilte). In einem Brief vom 7. Januar 1889 an Suvorin schilderte Čechov die Entwicklung, die er als Mensch und Schriftsteller durchlaufen hat: »Was die adligen Schriftsteller von der Natur umsonst bekommen haben, das erkaufen die nichtadligen mit dem Preis ihrer Jugend. Schreiben Sie doch mal eine Erzählung darüber, wie ein junger Mann, Sohn eines Leibeigenen, seinerzeit Ladenschwengel, Chorsänger, Gymnasiast und Student, erzogen zur Ehrfurcht vor Ranghöheren, zum

Küssen von Popenhänden, zur Verbeugung vor fremden Gedanken, zur Dankbarkeit für jedes Stückchen Brot, oft verprügelt, ohne Galoschen zum Unterricht gegangen, der sich geprügelt hat, Tiere gequält hat, gerne bei reichen Verwandten gegessen hat, ohne Notwendigkeit vor Gott und den Menschen geheuchelt hat, einzig aus dem Bewusstsein seiner eigenen Nichtigkeit – schreiben Sie, wie dieser junge Mann tropfenweise den Sklaven aus sich herauspresst und wie er eines schönen Morgens aufwacht und spürt, dass in seinen Adern kein Sklavenblut mehr fließt, sondern echtes Menschenblut ...«

Werk

Čechov hat die kürzesten Erzählungen in der Geschichte der klassischen russischen Literatur geschrieben: Sie sind sehr kompakt, beginnen häufig in medias res, enthalten kurze Dialoge und skizzieren oft in einigen wenigen Zeilen einen Hintergrund. Seine Themen und Gestalten sind unerschöpflich, es geht um Durchschnittsmenschen, die humorvoll gezeichnet werden. Er verspottet die Unzulänglichkeiten und Torheiten, beispielsweise den lächerlichen zaristischen Bürokraten in *Smert' činovnika* (Der Tod eines Beamten, 1883) oder den anmaßenden Soldaten in *Unter Prišibeev* (Unteroffizier Prišibeev, 1885), der es sogar außer Dienst nicht lassen kann, seine Bauern herumzukommandieren und zu plagen. Das Niveau der Erzählungen ist oft nicht sehr hoch. Außer humoristischen und satirischen Geschichten schildert Čechov auch ergreifende Schicksale einfacher Menschen aus dem Volk, darunter auch das Leid von Kindern und Frauen. Die Erzählung *Toska* (Gram, 1886) handelt von einem Kutscher, dessen Sohn gestorben ist und der seinen Kummer nur mit seinem Pferd teilen kann, in *Van'ka* (Vanka, 1886) fleht ein Lehrjunge, der an Heimweh nach seinem Dorf leidet, seinen Großvater in einem Brief an, er möge ihn von seinem Lehrmeister, der ihn verprügelt, wegholen. Die kleinen Humoresken und komischen Anekdoten, die Čechov unter dem Pseudonym Antoša Čechonte veröffentlichte, waren manchmal nur eine oder zwei Seiten lang und entbehrten jeglichen Kommentars von Seiten des Erzählers, der keine Ideologie verkündet, sondern lediglich beobachtet. Allmählich jedoch entdeckte der Leser in Čechovs Erzählungen eine Atmosphäre der Traurigkeit, Trübseligkeit und Melancholie, die aber nicht präzisiert wird. Wörter, auf die wir bei Čechov häufig stoßen, sind grustno (traurig), skučno (langweilig), žal' (schade), dosadno (bedauerlich), glupo (dumm), gadko (abscheulich), protivno (widerwärtig), grjazno (schmutzig, eklig), dušno (drückend, beklemmend), sero (grau) und bezdarno (untalentiert, unbegabt). Die Melancholie sollte zum Hauptthema von Čechovs gesamtem reifen Werk werden. Die zentrale Frage in Čechovs Œuvre – »Warum sind wir alles doch so müde?« – wird in einer seiner am stärksten von Hoffnungslosigkeit zeugenden Erzählungen, *Rasskaz neizvestnogo čeloveka* (Die Geschichte eines Unbekannten, 1893) explizit gestellt.

Nach 1886 trennte sich Čechov von den Boulevardblättern und begann, seinen eigenen Stil zu entwickeln. Den Beginn seiner reifen Periode markiert *Die Steppe* (1888), eine Erzählung über die Reise eines kleinen Jungen durch die Steppe in eine fremde Stadt, in der er das Gymnasium besuchen soll. Nicht Ereignisse, sondern Stimmungsbilder, wie die Wehmut der endlosen Steppe, prägen die Erzählung. Diese Art, textlich eine Atmosphäre zu schaffen, war neu. Die drückende Hitze der ausgedörrten Steppe erzeugt bei den Reisenden ein Gefühl der Müdigkeit, der Beklemmung, der unerträglichen Einsamkeit durch die Monotonie der Reise; die Spannung in der Natur (vor dem Unwetter) entlädt sich in Konflikten unter den Menschen. Charakteristisch für Čechovs reife Periode ist *Skučnaja istorija* (Eine langweilige Geschichte, 1889) – ein Musterbeispiel Čechov'scher Stimmungsbilder (Thomas Mann hielt sie für dessen beste Erzählung). Ein Professor ist von sich und seinem Leben enttäuscht, er hat den Glauben an seine Berufung verloren; ihm wird bewusst, dass das Dasein sinnlos und langweilig, »bezdarno« (talentlos) ist. Sein einziger Freund – Katja, das von ihm adoptierte Mädchen – spürt ebenfalls diese Leere, doch er kann auf ihre Frage, was sie tun müsse, nur antworten: »Ich weiß es nicht.« Diese Stimmung ist in allen noch folgenden Werken Čechovs anzutreffen. Čechov verstand es meisterhaft, die nicht zu überbrückende Isolation, in der die Menschen sich befinden, und die Unmöglichkeit, einander zu verstehen, wiederzugeben. Das ist der Kern nahezu aller Čechov'schen Erzählungen. Aus seinen Gestalten spricht eine passive Philosophie, Čechovs Menschen finden sich mit den negativen, destruktiven Kräften in sich selbst ab; und ausgerechnet für diese schwachen Menschen empfindet der Autor Sympathie. Wichtig ist dabei nicht die Handlung oder die Entwicklung, sondern die Stimmung, die Čechov schafft. Obwohl er sein ganzes Leben lang Humorist gewesen ist, dominiert nach 1886 deutlich die Melancholie. Im Mittelpunkt steht nun das Leben in der russischen Provinz, in der normale Menschen normale Dinge tun (wie Karten spielen, Klatsch verbreiten, Wodka trinken und sich langweilen), kurz: die Monotonie und Leere des zur Routine verkommenen täglichen Lebens, des langweiligen Lebens des Mittelstandes. Čechovs isolierte Individuen werden sich ihrer eigenen Jämmerlichkeit nicht bewusst, überall herrschen Banalität und Langeweile, die größten Krankheiten der Moderne. Bekannte Erzählungen aus jener Zeit sind *Duėl'* (Das Duell, 1891), *Černyj monąch* (Der schwarze Mönch, 1894), *Tri goda* (Drei Jahre, 1895), *Ariądna* (Ariadna, 1895), *Moją žizn'. Rasskąz provinciąla* (Mein Leben. Erzählung eines Provinzlers, 1896), die nicht autobiografisch ist, *V ovrąge* (In der Schlucht, 1900). In der berühmten Novelle *Paląta No. 6* (Krankensaal Nr. 6) aus dem Jahre 1892 landet Dr. Rągin durch Zutun eines Kollegen selbst im Krankensaal, weil dieser ihn für geisteskrank erklären lässt, da er den utopischen Gesprächen des Patienten Grọmov, des Geisteskranken von Zimmer 6, Gehör schenkt, den er so nach und nach für den einzig Normalen in dem ganzen Provinznest hält. Während Grọmov den Kampf gegen Leid und Schmerz und das ständige Bemühen um das

Glück der Menschen für den Sinn des Lebens hält, philosophiert Dr. Ragin nur über die Sinnlosigkeit des Daseins. Die symbolische Schlussszene – Ragin rebelliert, als er durch das Zimmerfenster das Stadtgefängnis sieht – wurde auch sozialkritisch interpretiert; Leskov sagte beispielsweise: »Bei Čechovs Krankensaal handelt es sich um Russland selbst.« Auch den jungen Lenin beeindruckte die Erzählung tief.

Die zwei bekanntesten Bauernerzählungen Čechovs sind *In der Schlucht* (1900) und *Die Bauern* (1897). In der erstgenannten stellt er die Schönheit und Überlegenheit des einfachen Menschen der moralischen Entartung der reichen Bauernfamilie (Kulaken) gegenüber, während er in der zweiten ein Bild der schrecklichen Missstände auf dem Lande zeichnet (Armut, Alkoholismus, Analphabetismus, Areligiösität, rüde Sitten).

Eines der wichtigsten Themen Čechovs ist die Frage nach dem Glück. Über das Seelenleben der Frau hat er mit großem Feingefühl geschrieben: Warum waren zu seiner Zeit so viele Frauen in Russland unglücklich? In *Bab'e carstvo* (Das Reich der Frauen, 1894) weist er den Einfluss des Geldes auf Liebe und Ehe nach. Eine Arbeitertochter wird dank einer Erbschaft Fabrikbesitzerin und will einen ihrer Arbeiter heiraten, muss diesen Plan aber aufgeben, will sie nicht von den »besseren Kreisen« ausgelacht werden. In *Drei Jahre* (1895) ist Laptev ständig unglücklich, weil er seine Frau in Verdacht hat, sie habe ihn nur wegen seines Geldes geheiratet. Eine humoristische Variante dieser Geschichte finden wir in *Anna na šee* (Anna am Halse, 1895), der Erzählung von einem Mann, der seine arme Frau wie ein Möbelstück behandelt, bis sie auf einem Ball bei einem Würdenträger Erfolg hat. Jetzt macht sie aus ihrem Mann einen lächerlichen Sklaven. Lev Tolstoj war sehr angetan von Čechovs fröhlicher und ironischer Erzählung *Dušečka* (Herzchen, 1898) über eine Frau, die immer nur die Meinung ihres Partners nachplappert und eines Tages entdeckt, dass sie gar keine eigene Meinung hat. Die bekannteste Erzählung ist die auch verfilmte *Dama s sobačkoj* (Die Dame mit Hündchen, 1899) über die leidenschaftliche, aber unmögliche Liebe zweier Menschen, die in ihrem Doppelleben nach einem Glück streben, das sie in ihrem Eheleben nicht finden können.

Seine Beliebtheit im Westen hat Čechov vor allem seinen Theaterstücken zu verdanken, in denen seine Auffassung vom Russland seiner Zeit deutlich zum Ausdruck kommt. Nach einer vorübergehenden Krise des russischen Bühnenlebens in den achtziger Jahren stellten Čechovs Stücke einen bemerkenswerten Neubeginn dar, der mit Neuerungen in Westeuropa zusammenfiel: Hauptmann, Ibsen, Strindberg, Shaw. Diese Reform war Stanislavskijs Art zu verdanken, mit der er am Moskauer Künstlertheater Regie führte und Stücke in Szene setzte. Čechovs reife Dramen zeichnen sich aus durch

1. ihren statischen Charakter: Sie haben in der Regel keine Handlung;
2. ihre Dialoge: Dem Zuschauer wird der Eindruck vermittelt, dass die Protagonisten aneinander vorbei reden, einander nicht begreifen, auch wenn sie den Hintergrund richtig verstehen; das, was wirklich von Bedeutung ist, ist hinter den alltäglichen,

banalen Gesprächen verborgen; die Dialoge müssen die Handlung ersetzen;
3. ihre Symbole: So steht die erlegte Möwe in *Die Möwe* für die Sinnlosigkeit des Lebens, der Kirschgarten in dem gleichnamigen Theaterstück für das alte, adlige, aber im Verschwinden begriffene Russland. Čechovs Dramen können aus diesem Grund nicht nur als Stimmungsdramen abgetan werden;
4. ihren Lyrismus: Čechov hat eine Vorliebe für sensible Träumer, die über das ach so erdrückende Dasein klagen und auf ein besseres, freies, schönes Leben hoffen; die kalten Zyniker und prosaischen Pedanten werden als negative Figuren gezeichnet.

Čechovs Dramen wurden unterschiedlich interpretiert. Während manche in ihm ausschließlich den naturalistischen Bühnendichter, d.h. lediglich den Repräsentanten seiner Periode, sahen, betrachteten andere (u.a. Mirskij) ihn mehr als Symbolisten. Sakulin nennt Čechov einen »realistischen Symbolisten«. Čechov jedoch sah sich als den Chronisten der achtziger und neunziger Jahre, so dass er häufig als »der Spiegel des Lebens in Russland gegen Ende des 19. Jahrhunderts« dargestellt wird, doch seinen Weltruhm hat Čechov auch seiner originellen Sicht des menschlichen Verhaltens zu verdanken. In *Onkel Vanja* (Uraufführung 1899) hat sich ein emeritierter Professor mit seiner schönen jungen Frau auf das Landgut seiner verstorbenen ersten Frau zurückgezogen, das von seinem Schwager, Onkel Vanja, verwaltet wird. Onkel Vanja beneidet den Professor und beklagt sich darüber, dass er diesem hochmütigen Hohlkopf sein Leben opfern müsse. Als der Professor das Landgut verkaufen will, weil er es müde ist, unter all den »dummen Menschen« auf dem Land zu leben, kommt es – beinahe – zu einem Konflikt. Onkel Vanja empört sich und schießt auf den Professor – und verfehlt sein Ziel zweimal. Die Spannung fällt ab, Onkel Vanja versöhnt sich mit dem Professor, der mit seiner Frau abreist. Es hat sich also nichts geändert; die beiden fehlgegangenen Pistolenschüsse unterstreichen die Sinnlosigkeit einer wirklichen Tat, die es ansonsten im ganzen Stück nicht gibt. Bühnenkritikern zufolge entsprach die von Stanislavskij geschaffene Atmosphäre dem damals herrschenden Lebensgefühl der gebildeten Klassen. Den Worten einer der handelnden Personen zufolge werde »der Weg zum Glück« erst in ein- oder zweihundert Jahren zu finden sein. Symbolisch gemeint sind die beiden Bühnenrequisiten in Onkel Vanjas Zimmer: an der Wand hängt eine Karte von Afrika (= Freiheit und Weite) und neben ihr ein Vogelkäfig.

Mehr Handlung und Entwicklung finden wir in *Drei Schwestern* (Uraufführung 1901), dem Schauspiel über das Leben in einer russischen Provinzstadt. Die drei Schwestern sehen, wie ihre Erwartungen, die sie an das Leben, die Liebe und die Arbeit gestellt haben, sich eine nach der anderen in Nichts auflösen; auch die Hoffnung, jemals nach Moskau zu ziehen, in eine Umgebung, die ihrem kulturellen Niveau entspricht, geht nicht in Erfüllung. Im Mittelpunkt steht die Frage, ob Glück sowie soziale und kulturelle Entwicklung möglich sind. Nachdem alle Illusionen zunichte gemacht worden sind, finden sich die drei Schwestern mit dem (ihrem) Leben in der Provinz ab, das sie jetzt in positivem Sinne zu beeinflussen versuchen.

Čechovs letztes Theaterstück, *Der Kirschgarten* (Uraufführung 1904), spielt um die Jahrhundertwende auf einem russischen Landgut mit einem riesigen Kirschgarten. Das hoffnungslos verschuldete Landgut muss jedoch verkauft werden. Der nüchterne Lopachin lässt den Garten roden und versteigert das Gut. Der Kirschgarten ist offenbar ein Symbol. Ein Symbol der Schönheit (vor allem, als der Garten voll erblüht ist), aber auch jener Welt, in die er gehört. Während die Besitzerin sentimental an dem Garten hängt, ist die Haltung Lopachins utilitaristisch und beinah brutal. Čechov identifiziert sich vielmehr mit Anja, der Tochter, die den Garten innig liebt, den Verlust aber verarbeiten kann. Die Besitzerin und ihr Bruder können nicht mit Geld umgehen und wollen der Realität nicht ins Auge sehen; sie stehen für den Verfall eines Standes, der seine Existenzberechtigung und seine wirtschaftliche Grundlage verloren hat. Dem Untergang des Adels steht der Aufstieg des fleißigen, nüchternen Unternehmers in der Gestalt Lopachins gegenüber. Einen positiven Ton, der in die Zukunft weist, lässt Čechov in der 17jährigen Tochter Anja anklingen. Das Ideal, das Čechov hier offensichtlich vor Augen hatte, ist nicht die soziale Umwälzung, sondern der Wandel im Innern des Menschen selbst, eine neue Einstellung zum Leben, die keine Unterdrückung und Ausbeutung kennt und nur auf der eigenen Arbeit beruht.

Bedeutung

Als Čechov 1904 starb, war er bereits einer der beliebtesten Schriftsteller in Russland; auch in der Sowjetunion war er neben Puškin, Tolstoj und Gor'kij der meistgelesene Schriftsteller. In den ersten Jahren des 20. Jahrhunderts bildete er mit Tolstoj und Gor'kij eine Art heilige »Dreifaltigkeit«, die alles, was es in Russland an Gutem gab, symbolisierte (Mirskij), ein Gegengewicht zu den düsteren Kräften des Zarismus. Unmittelbar nach 1917 wurde Čechov als Verkörperung der »destruktiven, negativen Tendenz« in der russischen Literatur betrachtet; er habe die unglücklichen Seiten des Lebens dargestellt. In den dreißiger Jahren hatten die Bolschewiken Čechov bereits »akzeptiert«, und zwar als einen Schriftsteller, der gefühlt habe, dass »der revolutionäre Sturm« herannahe. Čechov lässt sich wahrlich nicht einfach als Pessimist bezeichnen; in seinen Erzählungen und Theaterstücken gibt es immer einen Funken Hoffnung, optimistische Erwartungen an die Zukunft Russlands (sei es auch erst in 100 bis 200 Jahren). Čechovs größtes Verdienst in der Geschichte der russischen Literatur ist seine Kunst der Kürze; er hat mit der klassischen Art zu schreiben – die für Gončarov, Turgenev, Dostoevskij und Tolstoj, die die handelnden Personen und vor allem deren Vergangenheit weitschweifig beschreiben, kennzeichnend ist – definitiv gebrochen. Čechov war der erste, der seine Erzählungen auf die Zeit der Handlung beschränkte und über seine Figuren nur berichtete, was für die konkrete Handlung oder Situation von Bedeutung war. Solcherart hat er einen günstigen Einfluss auf die nachfolgenden Schriftsteller ausgeübt; für viele vorrevolutionären Schriftsteller galt der Leitsatz, dass nach Čechov nicht mehr nachlässig geschrieben werden dürfe.

6.3. Neorealismus und Romantik

6.3.1. Gor'kij

Leben

MAKSIM GOR'KIJ (eig. Aleksej Maksimovič Pęškov, 1868 – 1936) wurde in Nishnyj Nowgorod an der Wolga geboren. Mit elf Jahren wurde er Waise, so dass er auf die Wanderschaft gehen musste, um selbst für seinen Lebensunterhalt zu sorgen; er arbeitete u.a. als Schuhmacher, Schiffskoch, Dockarbeiter, Maurer, und er las viel. An der Universität von Kasan wurde er nicht zugelassen, und auch die Revolutionäre wollten ihn nicht in ihre Reihen aufnehmen. Ein Selbstmordversuch scheiterte, und im Alter von 20 Jahren zog er zu Fuß mit seinem Rucksack durch ganz Russland, durch die Steppe und entlang der Wolga. Auf seinen Streifzügen lernte Gor'kij die Ärmsten der Armen, die Verworfenen der Erde kennen. Dieses vogelfreie Leben russischer Vagabunden (bosjaki) wurde vor Gor'kij bereits von Schriftstellern wie Korolęnko, Mamin-Sibirjak und Gleb Uspęnskij beschrieben, doch bei Gor'kij war von Empörung (das waren die Leser leid) oder Mitleid keine Rede, dafür aber von Sympathie. Die naturalistische Treue der Wiedergabe musste hier der romantischen Idealisierung weichen (vgl. Korolęnkos *In schlechter Gesellschaft*). Gor'kij ist denn auch in die Geschichte der russischen Literatur eingegangen als der Schriftsteller des russischen bosjačestvo (Landstreicher und Vagabunden). Gor'kij liebte diese Ausgestoßenen, er zeigte, dass sie ein gutes Herz hatten und dass ihnen eine Zukunft beschieden war.

Im Alter von 21 Jahren legte er Korolęnko ein Gedicht vor; die Kritik war vernichtend. Desillusioniert ließ Gor'kij die Schriftstellerei für ein paar Jahre ruhen und machte sich wieder auf einen Streifzug entlang des Don, durch die Ukraine, über die Krim und den Kaukasus. In Tiflis (Georgien) kam er in Kontakt mit Revolutionären, die ihn überredeten, seine Erfahrungen zu Papier zu bringen; ein Lokalblatt veröffentlichte 1892 Gor'kijs erste Erzählung, *Makar Čudra* (Makar Čudra). Auf Korolęnkos Vermittlung erhielt er daraufhin eine Anstellung bei einer Zeitung in Samara (an der Wolga). Im Alter von 27 Jahren veröffentlichte Gor'kij in der bekannten populistischen Zeitschrift *Russkoe bogatstvo* die Skizze *Čelkaš* (Čelkaš, 1894). Sie brachte seinen Durchbruch als Schriftsteller. Ein Band mit Erzählungen (*Očerki i rasskazy*, Skizzen und Erzählungen, 1898) wurde ein enormer Erfolg, Übersetzungen folgten. Im Jahre 1899 erschien *Foma Gordeev* (Foma Gordeev), sein erster großer Roman; ihm war nur mäßiger Erfolg beschieden. Gor'kij lernte Čechov und Tolstoj kennen. Er liebte Tolstoj in demselben Maße, in dem er Dostoevskij hasste. 1902 ernannte die Kaiserliche Akademie Gor'kij zu ihrem Ehrenmitglied, doch Nikolaus II. ließ die Ernennung rückgängig machen. Dies führte zu heftigen Protesten im In- und Ausland. Čechov und Korolenko erklärten ihren Austritt (Tolstoj fand dies der Mühe nicht wert), die gesamte literarische Welt stand Kopf, doch der Zar weigerte sich, den – neben Tolstoj – beliebtesten Schriftsteller Russlands als Akademiemitglied zuzulassen.

Im Jahre 1901 verfasste Gor'kij nach dem brutalen Vorgehen der Polizei gegen demonstrierende Studenten in St. Petersburg das *Pesnja o burevestnike* (Das Lied vom Sturmvogel). Das Lied ist eine Allegorie auf den kommenden revolutionären Sturm, das auf allen revolutionären Versammlungen vorgetragen wurde. Gor'kijs Sturmvogel wurde zum Symbol der Revolution. Deutlich revolutionär geprägt sind außerdem seine Theaterstücke *Meščane* (Die Kleinbürger, 1901) und *Na dne* (Am Boden, 1902 aufgeführt, im Westen bekannt unter dem Titel *Nachtasyl*), von denen letzteres ein Bestseller wurde: In einer Woche gingen 40.000 Exemplare über die Ladentheke, was in Russland noch nie geschehen war. Ab 1902 gab Gor'kij die Literaturzeitschrift *Znanie* heraus, die vor allem Schriftsteller bäuerlicher Abstammung und Arbeiter um sich sammelte. 1905 lernte er Lenin kennen. Aus Protest gegen den Blutigen Sonntag (9. Januar 1905) verfasste Gor'kij ein flammendes Pamphlet mit dem Titel *Appell an alle Russen*, weswegen er in der Peter-und-Pauls-Festung inhaftiert wurde; Protestbriefe in der Weltpresse und Tolstojs gräflicher Einfluss hatten seine Freilassung zur Folge. Nun aber war die Lage in Russland für ihn unhaltbar geworden, und im Auftrag der Bolschewiken begab er sich ins Ausland, um Geld für die Parteikasse zu sammeln und gegen westliche Darlehen für Russland zu agitieren. Seine Mission war ein Misserfolg: Frankreich verhielt sich – aus Angst vor dem linksgerichteten Gor'kij – ablehnend, Amerika wurde in seinem Pamphlet *Gorod žëltogo d'javola* (Stadt des gelben Teufels) einer scharfen Kritik unterzogen, die Gor'kij später bedauern sollte. In der Zwischenzeit erfreute sich sein »proletarischer« Roman *Mat'* (Die Mutter, 1906/1907) in zunehmendem Maße großer Beliebtheit; er ist das erste Beispiel eines sozialrealistischen Romans in der Geschichte der russischen Literatur. Die nichtrevolutionäre Literaturkritik sprach schadenfroh von »Gor'kijs Ende«.

Zwischen 1907 und 1913 hielt sich Gor'kij auf Capri auf, wo er eine Schule für Revolutionäre gründete, die gegen das zaristische Regime agitierten. Zu Gast auf Capri waren u.a. Lunačarskij, Aleksandr Bogdanov, Trockij, Kautsky, Viktor Černov (der Führer der Sozialrevolutionäre).

1908 schrieb Gor'kij *Ispoved'* (Eine Beichte), worin er unter dem Einfluss von Aleksandr Bogdanovs bogostroitel'stvo (»Gotterbauertum«) einen Versuch unternahm, den Sozialismus mit dem Christentum zu versöhnen. Er widersetzte sich

dem bogoiskątel'stvo (»Gottsuchertum«) dekadenter und symbolistischer Schrift-
steller wie Vasįlij Rǫzanov und Dmįtrij Merežkǫvskij (vgl. Lunačąrskijs *Relįgija i
socialįzm*, Religion und Sozialismus, 1908). Lęnin fühlte sich zum wiederholten
Male gezwungen, Gǫr'kij zur Ordnung zu rufen. Indessen war Gǫr'kij bei den
Intellektuellen in Vergessenheit geraten, genoss aber große Beliebtheit unter den
Arbeitern.

Gǫr'kij nutzte 1913 die anlässlich des 300jährigen Bestehens der Romạnov-Dy-
nastie erlassene Amnestie für Teilnehmer an der Revolution von 1905 zur Rückkehr
nach Petersburg. Dort stand er während des Ersten Weltkrieges an der Seite der
»Defätisten«, die den Krieg dazu nutzen wollten, eine Revolution zu entfachen.
1914 gab er den *Pęrvyj sbǫrnik proletạrskich pisątelej* (Erster Sammelband proletarischer Schriftsteller) und zwischen 1915 und 1919 das marxistische Blatt
Lętopis' (Annalen) heraus. Während des Krieges erschien außerdem die autobiografische Trilogie *Dętstvo* (Meine Kindheit, 1913/1914), *V ljųdjach* (Unter fremden Menschen, 1915/1916) und *Moį universitęty* (Meine Universitäten, 1923
veröffentlicht).

Als im Oktober 1917 die »sozialistische« Revolution ausbrach, jubelte Gǫr'kij
den Revolutionären zu, doch schon bald begann er damit, die Greueltaten des neuen
Regimes und vor allem den Terror gegen die Intellektuellen in seiner Zeitung
Nǫvaja žizn' (Das neue Leben) zu verurteilen. Die Bolschewiken, die Gǫr'kij als
»blinde Fanatiker und gewissenlose Abenteurer« bezeichnete, verboten das Blatt im
Juni 1918 und sollten diese Artikel auch nicht wieder neu auflegen (1971 erschie-
nen sie, in einem Band unter dem Titel *Nesvoevręmennye mysli*, Unzeitgemäße
Gedanken, zusammengefasst in Paris). 1919 wurden die besonders wertvollen
Vospominạnija o Tolstǫm (Erinnerungen an Tolstǫj) veröffentlicht.

Gǫr'kij konzentrierte sich nun auf die soziale und kulturelle Tätigkeit, er rief den
»Ausschuss zur Verbesserung der Lebensbedingungen von Gelehrten« ins Leben,
trat für inhaftierte Schriftsteller ein und bewahrte solchermaßen Hunderte von
Menschen vor Hunger und Tod. Lęnin wurde der unabhängigen Haltung Gǫr'kijs
schnell überdrüssig und schlug ihm vor, sich in ausländischen Sanatorien einer
Tbc-Behandlung zu unterziehen. Von 1921 bis 1924 hielt Gǫr'kij sich in Berlin auf,
wo er die Monatsschrift *Besęda* (Gespräch) herausgab, mit der er versuchte,
Sowjetschriftsteller und (liberale) Emigranten miteinander zu versöhnen. 1924 ließ
er sich in Sorrento (in der Nähe von Neapel) in einer prachtvollen Villa nieder.
Lęnins Tod im Jahre 1924 gab den Anlass zur Niederschrift der für den Staatschef
der Sowjetunion schmeichelhaften *Vospominạnija o Lęnine* (Erinnerungen an Le-
nin), die für Sowjetschüler Pflichtlektüre waren. 1925 folgte *Dęlo Artamǫnovych*
(Das Werk der Artamonovs) und 1925 – 1936 der unvollendete Roman *Žizn' Klįma
Samginạ* (Das Leben des Klim Samgin). 1928 wurde Gǫr'kij zu seinem 60.
Geburtstag in der Sowjetunion, wo er sich 1933 endgültig niederließ, triumphal
geehrt. Alles deutete darauf hin, dass ihn der inzwischen fest im Sattel sitzende

Stalin als Paradepferd gewinnen wollte. Gor'kij erhielt u.a. den Leninorden (die höchste Auszeichnung in der Sowjetunion), wurde Mitglied des Zentralkomitees der KPdSU sowie der Akademie der Wissenschaften (AN SSSR), und seine Geburtsstadt wurde in Gor'kij umbenannt (heißt heute wieder Nishnij Nowgorod). Der Schriftsteller ließ sich irgendwo in der Nähe Moskaus in einer großen, mit allem denkbaren Komfort ausgestatteten Datscha nieder, konnte über Personal und ein Auto verfügen, wurde aber rund um die Uhr von Spitzeln überwacht, die dem Chef des KGB, Jagoda, jedes Gespräch meldeten. Gor'kij redigierte Zeitschriften wie *Naši dostiženija* (Unsere Errungenschaften) und *SSSR na strojke* (Der Bauplatz UdSSR) sowie die Kulturzeitschriften *Literaturnyj kritik* (Der Literaturkritiker) und *Literaturnaja učëba* (Literaturstudium), er gründete die Reihen *Biblioteka poęta* (Bibliothek des Dichters) und *Žizn' zamečatel'nych ljudej* (Das Leben bemerkenswerter Personen). In den letzten Jahren seines Lebens widmete Gor'kij jungen Schriftstellern viel Zeit und Energie; als »der Papst der russischen Literatur« lancierte er den sozialistischen Realismus und unterstützte bedingungslos Stalins Regime. So war er Redakteur eines der frevelhaftesten Bücher aus der Sowjetperiode: *Belomorsko-Baltijskij kanal imeni Stalina* (Der Weißmeer-Ostsee-Kanal, 1934). Dieses Buch ging auf eine Besuchsreise zurück, die 120 Schriftsteller im August 1933 zum gerade eröffneten Weißmeer-Ostsee-Kanal unternommen hatten, an dem Hunderttausende Zwangsarbeiter unter menschenunwürdigen Bedingungen gearbeitet hatten. Das Projekt wurde als eine der positiven Errungenschaften der Sowjetpädagogik präsentiert: Kriminelle wurden zu gesellschaftlich nützlichen Elementen umerzogen. In diesem Kollektivwerk rechtfertigen 36 Schriftsteller – u.a. Šklovskij, Vsevolod Ivanov, Zoščenko, Vera Inber, Valentin Kataev, Aleksej Tolstoj – Stalins Gefangenenimperium (den Archipel Gulag).

Von Gor'kij stammen folgende Worte: »Wenn sich der Feind nicht ergibt, wird er vernichtet.« Als Gor'kij starb, wurden seine Unterlagen von der Geheimpolizei konfisziert; deren damaligem Chef, Jagoda, soll, als er in Gor'kijs Tagebuch blätterte, das folgende russische Sprichwort herausgerutscht sein: »Kak volka ni kormi – vsë v les smotrit« (Wie reichlich du dem Wolf auch zu fressen gibst, es wird ihn doch nach dem Wald verlangen). Die Veröffentlichung dieses Tagebuchs wird über Gor'kijs gespanntes Verhältnis zu Stalin Aufschluss geben. Einigen Quellen zufolge soll Gor'kij, ebenso wie Kirov, auf Stalins Befehl aus dem Weg geräumt worden sein.

Werk

In Gọr'kijs erster Erzählung erzählt der alte Makạr Čudrạ die Geschichte des Zigeuners Lọjko Zobạr, der seine Geliebte tötet, weil er sich nicht von ihr seine Freiheit (vọlja) rauben lassen will, an der er zeit seines Lebens gehangen hat. Es ist ein Loblied auf die Freiheit, den anarchistischen Freiheitsdrang einer starken Natur. Gọr'kij ist hier der Dichter des virilen, brutalen Individualismus. Seine Helden waren Männer und Frauen mit einer starken Persönlichkeit, und diese vitalen, prometheischen, zuweilen an Nietzsche gemahnenden Helden trafen genau den Geschmack des politisch demoralisierten, gebildeten Lesers am Ende des 19. Jahrhunderts. Die bosjakị als gesellschaftliches Phänomen waren damals auch aktuell; infolge des aufkommenden Kapitalismus zogen Hunderttausende Bauern auf der Suche nach Arbeit durch Russland. Die freie, ungebundene Lebensweise dieses hungernden und unzufriedenen Lumpenproletariats konnte eine Herausforderung für das Regime darstellen. Was den Leser packte, war nicht, dass Gọr'kij die Seele dieser Menschen zeigte (Tolstọj sagte diesbezüglich, er habe schon lange vor Gọr'kij gewusst, dass Landstreicher eine Seele hätten), sondern dass seine Parias sich nicht mit ihrer Notlage abfinden wollten. Es war der Geist der Rebellion seiner Helden, der den russischen Intellektuellen ansprach. Gọr'kij trat als Schriftsteller der bosjakị in die Fußspuren Dostoẹvskijs, des Fürsprechers »der Erniedrigten und der Gekränkten«; es lässt sich vermutlich – Dostoẹvskij ausgenommen – kein anderer russischer Schriftsteller finden, der so viel über körperliche Gewalt und Mord geschrieben hat. Was sie unterscheidet, ist die Art, in der sie dieses Phänomen behandeln: Für Dostoẹvskij war das Böse ein metaphysisches, für Tolstọj ein religiöses Problem; für Gọr'kij war es eine Folge der sozialen Strukturen. Außer diesen Underdogs beschrieb Gọr'kij in seiner ersten Periode Bäcker, Schuhmacher, Bahnarbeiter, Treidler (burlakị) usw. Ein Beispiel einer solchen sozialen Milieunovelle ist *Dvạdcat' šest' i odnạ* (Sechsundzwanzig und eine, 1899), in deren Mittelpunkt 26 arme Schlucker stehen, die jeden Tag 16 Stunden lang in einer muffigen, unterirdischen Bäckerei für einen Hungerlohn hart arbeiten. Ihr einziger Lichtstrahl ist ein unbefangenes, schönes junges Mädchen, das jeden Tag vorbeikommt, um ihnen spielerisch ein paar Brötchen abzuschmeicheln. Sie sind so überzeugt von der Reinheit des Mädchens, dass ihre Welt zusammenbricht, als es einem Soldaten gelingt, es zu verführen. Diese realistische Erzählung enthält eine so kräftige poetische Unterströmung und zeugt von einem so starken Glauben an die Güte und die Schönheit des Menschen, dass sie von vielen als ein Kleinod der russischen Literatur betrachtet wird.

Aus seinen Memoiren wissen wir, dass Gọr'kij nicht nur ein »Schriftsteller aus dem Volk« sein, sondern auch eine richtungsweisende Rolle spielen wollte. Seine zwischen 1899 und 1912 entstandenen Werke zeugen daher von einer starken sozialen Tendenz. In all seinen Romanen – *Fomạ Gordẹev, Trọe* (Drei Menschen,

1900/1901), *Die Mutter* (1907/1908), *Gorodǫk Okụrov* (Das Städtchen Okurov, 1909) und *Žizn' Matvẹja Kožemjạkina* (Das Leben des Matvej Kožemjakin, 1910) – stellt Gǫr'kij das Leben in der Provinz dar; dieses Leben ist grausam und schmutzig, armselig und langweilig und wird lediglich von abgesondert lebenden Individuen aufgeheitert, die auf der Suche nach dem Sinn des Lebens sind, sich über das Leben in dem Provinznest erheben und der unterdrückten Masse den Weg zeigen. Bei weitem der beste dieser Romane ist *Fomạ Gordẹev*. Fomạ ist der Sohn des reichen, skrupellosen Händlers Gordẹev, der sich weigert, mit Straftaten Geld zu verdienen, und sich auf die Suche nach »seiner« Wahrheit macht. Diese Wahrheit lautet, dass die Kapitalisten statt des Lebens einen »Kerker« errichtet haben; er schleudert den Händlern diese Wahrheit ins Gesicht und wird für geisteskrank erklärt. Fomạ wird alkoholabhängig. Trotz nachlässiger Komposition und obwohl Gǫr'kij sein Thema weder formal noch sprachlich bewältigt hat, ist es ihm dennoch gelungen, ein äußerst deprimierendes Bild der russischen Provinz zu zeichnen. Der bekannteste und für Gǫr'kijs zweite Periode symptomatischste Roman ist *Die Mutter*. Pelageja Vlạsova nimmt die revolutionäre Aufgabe ihres Sohnes Pạvel auf sich, nachdem dieser verhaftet und nach Sibirien verbannt worden ist. Lẹnin hielt diesen Roman für »nützlich«, obwohl er in künstlerischer Hinsicht sehr schwach ist, und Bertolt Brecht legte unter dem Titel *Die Mutter* eine Dramatisierung vor, in der die Wandlung von einer unpolitischen, aber unzufriedenen Arbeiterin zu einer militanten Kommunistin vorgeführt wird. Unter Brechts anderen Monumentalfiguren (Galilei, Mutter Courage) ist »die Mutter« die einzige ganz und gar positive Figur, die einzige, die zeigt, wie man es machen soll. *Die Mutter* ist im Stile der anderen Lehrstücke Brechts geschrieben. Gǫr'kijs *Die Mutter* wurde in der Sowjetunion zu einem Klassiker aufgebauscht, der als Musterbeispiel galt und u.a. Nikolạj Ostrǫvskij (*Wie der Stahl gehärtet wurde*) spürbar beeinflusst hat.

Von Gǫr'kijs umfangreichem dramatischen Schaffen ist lediglich *Am Boden* (1902) wirklich bekannt und beliebt. Der ursprüngliche Titel lautete *Nočlẹžka* (Nachtasyl); später wurde er von Gǫr'kij in *Na dne žịzni* (Auf dem Boden des Lebens) geändert, bis dieser ihn letztendlich auf den genau zutreffenden Titel *Na dne* (Am Boden) verkürzte, da es sich um ein Stück über Menschen handelt, die ganz und gar am Boden liegen. Es ist denn auch verwunderlich, dass westliche Theater halsstarrig an dem als Übersetzung eingebürgerten Titel *Nachtasyl* festhalten. In diesem Stück bringt Gǫr'kij den Ausschuss der zaristischen Gesellschaft auf die Bühne und bricht somit mit der russischen Theatertradition, in der die Bühne bislang nur den Repräsentanten der gehobenen Stände gehörte. Die Bewohner des schäbigen Nachtasyls bitten nicht um Mitleid oder Almosen, sondern melden ihr Recht auf ein menschenwürdiges Dasein in einer gerechten Gesellschaftsordnung an. Jeder dieser Gescheiterten richtet sich an der Hoffnung auf, diesen gemieteten Zimmern einmal entrinnen und ein besseres Leben beginnen zu können. Es ist der philanthropisch gesinnte Landstreicher Lukạ, der sie in diesem Traum bestärkt, was bei dem zynischen Arbeiter Sạtin auf Widerstand stößt. Was auch hier auffällt, ist, dass das Stück keine Handlung enthält, dafür aber viele Dialoge (Mirskij zufolge unmögliches philosophisches Geschwafel aus dem Munde von Prostituierten, Vagabunden und anderen verkommenen Subjekten, die auf die westlichen Zuschauer viel Eindruck machen); wir könnten das Stück daher als eine dramatisierte Novelle umschreiben.

Gọr'kijs dritte Periode steht im Zeichen autobiografischer Werke. In ihnen zeigt er sich als Realist, der ohne jede Romantik oder Idealisierung und ohne jede Dogmatik einen objektiven Bericht von seiner eigenen Jugend vorlegt. *Meine Kindheit* ist Gọr'kijs Porträt eines Kindes, einer Familie, einer Zeit; es enthält eine solche Überfülle an Gestalten, Erfahrungen und Beobachtungen, dass es als Spiegel des russischen Kleinbürgertums betrachtet werden kann. Die Welt, die Gọr'kij vor unseren Augen zeichnet, ist hässlich, aber nicht ohne Lichtblicke; vor allem das Porträt seiner Großmutter (die Märchen erzählt, ihn beschützt und ihm Wärme gibt und die ihm den Glauben an den Menschen vermittelt) stellt einen Höhepunkt in Gọr'kijs Schaffen dar. *Unter fremden Menschen* behandelt die Jahre 1880 – 1883 und *Meine Universitäten* die Jahre 1885 – 1888, in denen Gọr'kij politisches Bewusstsein entwickelte. Sehr merkwürdig in dieser Autobiografie ist, dass Gọr'kij eigentlich nicht über sich selbst schreibt; seine eigene Person ist der Aufhänger, an dem er die Porträts einer ganzen Reihe von Menschen festmacht, denen er auf seinem Lebensweg begegnet ist, Porträts, die wirklich überzeugend sind. Dies gilt auch für seine Erinnerungen (*Literarische Porträts*) an Tolstọj (eher kritisch), Korolẹnko, Čẹchov, Leonịd Andrẹev, Blok, Esẹnin, Lẹnin (positiv: »De mortuis nil nisi bene«?). Außerdem hat Gọr'kij sich noch an »eine künstlerische Geschichte des Zerfalls des Kapitalismus«, die soziale Biografie der Familie Artamọnov zwischen 1861 und 1917 (*Dẹlo Artamọnovych*) und das spannende *Leben des Klim Samgin* herangewagt, eine »Chronik«, die 40 Jahre russisches Leben umspannt und geschrieben ist aus der Sicht des extremen Individualisten Samgịn, der zugrunde geht.

Bedeutung

Gọr'kij war die literarische Brücke zwischen dem zaristischen Russland und der kommunistischen Sowjetunion. Er war Proletarier, Sozialist und Revolutionär; seine realistische Darstellung des Lebens russischer Ausgestoßener hatte eine romantische Färbung; als Optimist glaubte er an den Menschen und die Vernunft. Diese Eigenschaften wurden später von den Sowjetschriftstellern »gefordert«.

Eine kritische Untersuchung von Gọr'kijs literarischem Schaffen war in der Sowjetunion aufgrund außerliterarischer Faktoren wie seiner politischen Loyalität gegenüber dem Sowjetsystem unmöglich. Seinem Status als »Dekan der Sowjetliteratur« hatte Gọr'kij es zu verdanken, dass er nicht zur Zielscheibe hetzerischer kommunistischer Kritiker wurde, die verlangten, dass Sowjetschriftsteller nur über ihre eigene Zeit schreiben sollten. Darauf hat Gor'kij sich glücklicherweise nicht eingelassen; stattdessen hat er sich auf ein düsteres Bild des kapitalistischen Russlands beschränkt. Während Gor'kij (nach dem deprimierenden Čechov) zu Recht als Vorbote einer neuen Zeit betrachtet wurde, fühlte sich der russische Leser vor allem vom Romantizismus in seinen Werken, der westliche Leser hingegen von der Exotik seines schonungslosen Realismus angesprochen.

6.3.2. Die Znanie-Gruppe

In den Jahren vor dem Ersten Weltkrieg trafen sich die Neorealisten in dem von Gor'kij gegründeten Verlag *Znanie* (= Wissen), der zwischen 1903 und 1913 rund 40 Bände herausgab und einen solch kleinen Kreis bildete, dass die Znanie-Schriftsteller zuweilen »podmaksimki« (Maksim-Jungen) genannt wurden. Die Gruppe stellte keine Schule mit einem deutlich umrissenen Profil oder einem gemeinsamen Programm dar; was sie beseelte, war der Marxismus. Der Neorealismus war die Fortsetzung der populistischen Očerki-(Skizzen-)Literatur, seine Vorbilder waren Korolenko, Čechov und Gor'kij sowie die Klassiker Tolstoj und Turgenev (nicht aber Dostoevskij!). Die Neorealisten strebten nicht nach stilistischen Experimenten oder sprachlicher Verfeinerung, ihr Ideal war Schlichtheit (Puškins Prosa). Sie waren die Schriftsteller des Mittelmaßes. Zu Beginn des 20. Jahrhunderts gab es drei Arten, den altmodischen (und in Diskredit geratenen) Realismus neu zu beleben. Erstens mit Hilfe humoristischer und satirischer Beiträge, wie sie beispielsweise Arkadij Averčenko und andere Schriftsteller um die Zeitschrift *Satirikon* verfassten. Eine zweite Möglichkeit war, gewagte Themen anzuschneiden (Verbickaja in *Die Schlüssel zum Glück* und Michail Arcybašev in *Sanin*). Die Znanie-Gruppe fand einen dritten Ausweg: Anstelle des Populismus vertraten sie den Marxismus, sie machten nicht den Bauern zum Thema ihres Schrifttums, sondern konzentrierten sich auf den Arbeiter und die Probleme des Proletariats, der sozialen Klasse, die die Veränderungen vollziehen sollte. Der Schriftsteller, der dieser Zielsetzung am besten entsprach, war ALEKSANDR SERAFIMOVIČ, der erst nach 1917 wirklich berühmt werden sollte. In seinem Roman *Gorod v stepi* (Stadt in der Steppe, 1912) schreibt er über den Bau einer neuen Industriestadt (ein Thema, das nach 1917 Beliebtheit erlangte) und über den Kampf zwischen Kapital und Proletariat. Der Autor lässt das Proletariat hier bereits als eine kollektive Kraft auftreten, die den Kapitalismus früher oder später wegfegen wird. Zweitrangige Schriftsteller der Gor'kij-Schule waren EVGENIJ ČIRIKOV, SERGEJ GUSEV-ORENBURGSKIJ, NIKOLAJ TELEŠOV (der wöchentlich literarische Abende – *Sreda* – abhielt, an denen sich die Realisten trafen; siehe seine *Zapiski pisatelja*, Aufzeichnungen eines Schriftstellers, 1952), SKITALEC (eig. Stepan Petrov), der über das Elend der Proletarier schrieb; der russische Jude SEMËN JUŠKEVIČ schrieb über Juden in Provinzghettos (*Evrei*, Juden, 1903).

Beachtenswert ist VIKĘNTIJ VERESĄEV (eig. Smidǫvič, 1867 – 1945), der zu Beginn des Jahrhunderts in Europa wegen des autobiografischen Werkes *Zapįski vračą* (Aufzeichnungen eines Arztes, 1901) Bekanntheit genoss, in dem Kritik an der damaligen Medizin in Russland laut wurde. Zwischen 1895 und 1902 veröffentlichte Veresąev drei Werke über die ideologische Entwicklung seiner Zeit, d.h. über den langsamen Übergang seiner Generation von der populistischen Lehre zum Marxismus (*Bez dorǫgi*, Ohne Weg, 1895; *Povętrie*, Der Kult, 1897; *Na povorǫte*, Am Wendepunkt, 1902). Im Jahre 1923 schloss sich mit *V tupikę* (In der Sackgasse) eine ganz sachliche Beschreibung des Bürgerkriegs und der heftigen ideologischen Auseinandersetzungen, die zum Streit zwischen Roten und Weißen in einer Familie führen, an. Nach 1905 suchte Veresąev sein Heil nicht mehr im Marxismus, sondern im »lebendigen Leben«; er verherrlichte das Vitalitätsprinzip in Kunst und Natur (*K žįzni*, Auf das Leben zu, 1909; *Živąja žizn'*, Das lebendige Leben, 1910, eine Essaysammlung über Tolstǫj als den Schriftsteller des Instinkts und Dostoęvskij als den Schriftsteller des Intellekts). 1911 wurde auf Veresąevs Initiative hin in Moskau der »Knigoizdątel'stvo pisątelej« (Buchverlag der Schriftsteller) gegründet, der zwischen 1913 und 1917 in den Almanachen *Slǫvo* die jungen realistischen Modernisten – Ząjcev, Bųnin, Aleksęj Tolstǫj – herausgab.

Talente in der Gǫr'kij-Gruppe waren Kuprįn und Andręev sowie der spätere Nobelpreisträger Bųnin.

Der letzte Vertreter des schwachen Realismus war ALEKSĄNDR KUPRĮN (1870 – 1938), der zuweilen »der russische Maupassant« genannt wird. Die Symbolisten nannten ihn spöttisch »den sehenden Maulwurf« (zrjąčij krot), weil er sich in Details verrannte, sich allzu schnell zufriedengab und das Leben zuweilen zu flach abbildete. Seine Schriftstellerkarriere begann mit *Molǫch* (Der Moloch, 1896), einem der ersten russischen literarischen Werke, die die kapitalistische Industrialisierung in Russland behandeln, und das als ein Vorläufer des sozialistischen Realismus bezeichnet werden könnte. Der Roman beschreibt den persönlichen Konflikt zwischen dem empfindsamen Ingenieur Bobrǫv und einem zynischen Industriellen sowie den sozialen Konflikt: Während eines Streiks legen die Arbeiter Feuer in ihrer Fabrik. Kuprįn legt ein realistisches Bild der Arbeitsbedingungen, eine detailgenaue Beschreibung der Produktion vor, flechtet aber auch surrealistische und groteske Elemente ein, um die Hoffnungslosigkeit und die Monotonie des Daseins eines Arbeiters zu unterstreichen. Der Roman zeugt von Kuprįns Glauben an die Unschuld der vorindustriellen, patriarchalischen Gesellschaft. Das Werk, das Kuprin berühmt machte, ist der Roman *Poedįnok* (Das Duell, 1905), in dem das sinnlose Leben russischer Offiziere in einer Provinzstadt thematisiert wird. Inmitten des ohnehin schon verhängnisvollen russisch-japanischen Kriegs führte seine Kritik zu zahlreichen Polemiken. Einen Skandal verursachte sein nachfolgender Roman, *Jąma* (Die Gruft, 1912), in dem ein russisches Bordell im Mittelpunkt steht. Kuprįn beschreibt ungeschminkt, beinahe naturalistisch, die Huren und die Kunden, womit er sich den Vorwurf einhandelte, er habe sich an pornografischen Szenen geweidet, während er doch sehr ernsthaft und melodramatisch geschrieben hatte. Nach 1905 wechselte Kuprin von Gor'kijs *Znanie* zu Arcybaševs *Zemlja* (Die Erde), in der er »utopische« Märchen veröffentlichte, die Kritik an sozialistischen Idealen enthielten. Während Kuprin (ebenso wie Bunin) als kritisch eingestellter Realist begonnen hatte, brach er nach der Revolution von 1905 mit der Gor'kij-Gruppe. Nun ließen sich in seinen Werken kaum noch Moralpredigten oder hochtrabende sozialistische Ideen, kein psychologischer Tiefgang und keine religiöse Problematik finden, dafür aber gut konstruierte Erzählungen, wie sie in der russischen Literatur eher die Ausnahme sind. Kuprin bewunderte Kipling und veröffentlichte einen Essay über Jack London, wodurch die Popularität dieses Schriftstellers in Russland noch größer wurde. Nach 1917 emigrierte Kuprin nach Frankreich, doch losgelöst von den farbigen russischen Romanfiguren konnte er literarisch keine Wurzeln fassen. 1937 kehrte er, bereits schwer krank, in die Sowjetunion zurück, wo er 1938 starb.

Der bedeutendste Neorealist war Ivan Bunin; er wird in dem Kapitel über die Nobelpreisträger (11.5.) behandelt.

Ein weiterer Schriftsteller, der zur Znanie-Gruppe gehörte, war LEONID ANDREEV (1871 – 1919), der zwischen Realismus und Symbolismus hin und her gerissen wurde. Er wurde von seinen Zeitgenossen als ein eigenständiger Schriftsteller betrachtet, der der religiösen und philosophischen Unruhe seiner Zeit Ausdruck verlieh, als »der Hamlet der russischen Literatur«. Sein Werk ist ganz und gar von Pessimismus geprägt, und man könnte Andreev als einen metaphysischen Schriftsteller bezeichnen, wenn sein Schaffen nicht zu ehrgeizig, zu hochtrabend und zu oberflächlich gewesen wäre, um der Literatur neue Impulse geben zu können. Dieser literarische Exhibitionist wird in der russischen Literatur als der Schriftsteller der Angst bekannt bleiben. Tod, Einsamkeit, Angst und Wahnsinn sind Andreevs große Themen. Seine ersten Novellen standen noch im Zeichen des Realismus: *Bezdna* (Der Abgrund) und *V tumane* (Im Nebel) aus dem Jahre 1902 riefen wütende Kritiken hervor: Gräfin Tolstaja (Lev Tolstojs Frau) protestierte gegen solchen Schmutz (Pornografie) in der Literatur. In der ersten Novelle sieht ein braver Student, wie seine Freundin während eines Spaziergangs von einigen Landstreichern vergewaltigt wird, worauf auch er sich an ihr vergreift. In der zweiten ermordet ein junger Mann die Prostituierte, bei der er sich mit Syphilis infiziert hat, und begeht anschließend Selbstmord. Berühmt ist auch *Zizn' Vasilija Fivejskogo* (Vasilij Fivejskijs Leben, 1903) über einen von Schicksalsschlägen getroffenen Popen, der sich gegen Gott erhebt und versucht, einen Toten zum Leben zu erwecken. Wahnsinn und Angst stehen im Mittelpunkt der an Garšins *Vier Tage* erinnernden Erzählung *Krasnyj smech* (Das rote Lachen, 1904), in der die Schrecken des russisch-japanischen Krieges thematisiert werden. In *Gubernator* (Der Gouverneur, 1906) weiß der Gouverneur, dass er von Terroristen ermordet werden wird, weil er auf Demonstranten hat schießen lassen. Bewusst wartet er das

Unvermeidliche (das Attentat) ab. Große Berühmtheit erlangte Andreevs *Rasskaz o semi povešennych* (Die Geschichte von den sieben Gehängten, 1908); fünf Terroristen und zwei Mörder bereiten sich, jeder auf seine eigene Weise, auf ihre Hinrichtung vor.

In seinen Theaterstücken stellte Andreev allegorische Personen auf die Bühne: »den Menschen«, »die Mutter«, »die Gattin«, »die Gestalt in Grau«; so beispielsweise in der Moralität *Žizn' čeloveka* (Das Leben des Menschen, 1907), einem »drame statique«, das von der Leere, Unnatürlichkeit der Welt und der Eitelkeit aller menschlicher Verlangen handelt.

Aufgrund dieses und anderer Dramen wurde Andreev zuweilen »der russische Maeterlinck« genannt. Nach 1910 kehrte er zum realistischen Drama zurück. Während des Ersten Weltkriegs verfasste er leidenschaftliche, antideutsche patriotische Propaganda, u.a. das Theaterstück *Korol', zakon i svoboda* (König, Gesetz und Freiheit, 1914), aus dem sich ergibt, dass Andreev zwar überhaupt nichts von Belgien wusste, aber für das Land des Königs und Ritters Albert viel Sympathie hegte. Obwohl er eine Zeitlang mit den Sozialrevolutionären sympathisiert hatte, wurde er ein erklärter Gegner der Oktoberrevolution (siehe *S.O.S. Spasajte!*, S.O.S. Rettet uns!, 1919).

Andreev ist in der russischen Literatur eine Ausnahmeerscheinung. Zu seinen Lebzeiten war er ebenso beliebt wie Gor'kij (»der Don Quichotte der russischen Literatur«), der ihn in die Literatur einführte, heutzutage aber ist er in Vergessenheit geraten. Dieser russische Impressionist zeichnete sich durch Wiederholungen, Bilder und Vagheiten aus. Er wurde von Schopenhauers und Nietzsches Pessimismus und Edgar Allen Poes Angst beeinflusst, doch Lev Tolstoj war der Meinung, dass Andreev ihn nicht erschreckt habe.

6.4. Symbolismus

Der russische Symbolismus fand seinen Nährboden nicht nur bei westeuropäischen Schriftstellern (Poe, Verlaine, Maeterlinck, Mallarmé, Baudelaire, Oscar Wilde, Gabriele d'Annunzio, J. K. Huysmans – *A rebours*, 1884, Nietzsche und Schopenhauer, die in Übersetzung zugänglich waren), sondern auch bei den russischen Denkern Dostoevskij und Vladimir Solov'ëv. Das große befreiende Werk kam von Sergej Djagilev (und seiner Zeitschrift *Die Welt der Kunst*) und Dmitrij Merežkovskij. Die erste programmatische Schrift der russischen Dekadenz war Nikolaj Minskijs Essaysammlung *Pri svete sovesti. Mysli i mečty o celi žizni* (Im Lichte des Gewissens. Gedanken und Träume über den Zweck des Lebens, 1890), das erste von Nietzsche inspirierte Werk in Russland. Seine Abhandlung *Religija buduščego* (Die Religion der Zukunft, 1906) bezeichnete Plechanov als Evangelium der Dekadenz. Erst stand Minskij unter dem Einfluss der Schule Nekrasovs, von

1884 an jedoch vertrat er die reine Kunst und wurde zum Propheten des extremen Individualismus, der amoralisch, asozial und pessimistisch war. Sein Verdienst lag nicht darin, dass er einen neuen Inhalt oder neue Formen zu bieten hatte, sondern darin, dass er die Tradition Nekrạsovs, die publicistịčnost' (den publizistischen Charakter) der Literatur ablehnte. Gọr'kij seinerseits schrieb (in *Pol' Verlèn i dekadẹnty*, Paul Verlaine und die Dekadenten, 1896), dass »die Dekadenz eine schädliche, asoziale Erscheinung ist, die es zu bekämpfen gilt«. Das erste Jahrzehnt des Symbolismus stand im Zeichen der Dekadenz (1892 – 1902), das zweite Jahrzehnt wurde von der religiösen Philosophie dominiert, und die dritte Phase (nach 1910) zeichnete sich durch apokalyptische Visionen und skythisches Gedankengut aus. Nach der Revolution fiel die Bewegung des Symbolismus auseinander.

A. DIE ÄLTERE GENERATION

6.4.1. Die Merežkọvskijs

Der Vater des russischen Symbolismus ist ohne Zweifel DMITRIJ MEREŽKỌVSKIJ (1865 – 1941). Er leistete Pionierarbeit, indem er für den russischen Leser die Tür zur Welt des antiken Athens und der Renaissance offenstieß. Dieses Interesse Merežkọvskijs führte zur Entwicklung seines antithetischen Denkens. In der Geschichte der Menschheit nahm er eine dauerhafte Antithese und Auseinandersetzung zwischen dem Fleisch (dem hellenischen Erbe) und dem Geist (dem Christentum) wahr. Diese Antithese hat er in der Trilogie *Christọs i Antịchrist* (Christus und Antichrist) entwickelt, die aus den Teilen *Smert' bogọv. Julịan Otstụpnik* (Der Tod der Götter. Julian Apostata, 1895), *Voskrẹsšie bọgi. Leonardo da Vinči* (Die auferstandenen Götter. Leonardo da Vinci, 1900) und *Antịchrist. Pẹtr i Aleksẹj* (Der Antichrist. Peter und Aleksej, 1904) besteht. Infolge seiner Untersuchung *Opričịnach upạdka i o nọvych tečẹnijạch sovremẹnnoj rụsskoj literatụry* (Über den Zerfall ...) aus dem Jahre 1893 und seiner Gedichte (u.a. *Sịmvoly*, Symbole, 1892) wurde er für über ein Jahrzehnt (1893 – 1905) zur zentralen Persönlichkeit der neuen Bewegung. Seine idée fixe über die Antithese hat Merežkọvskij außerdem in *Gọgol' i čèrt* (Gọgol' und der Teufel) und in der historischen Trilogie *Pạvel Pẹrvyj* (Paul I., 1908), *Aleksạndr Pẹrvyj* (Alexander I., 1911) und *Čẹtyrnadcatoe dekabrjạ* (Der vierzehnte Dezember, 1918) vertieft. Von bleibender Bedeutung ist seine Untersuchung *Tolstọj i Dostoẹvskij* (deutscher Titel: Tolstoj und Dostoevskij als Mensch und als Künstler, 1901 – 1904), in der er eine Auffassung von den zwei Riesen der russischen Literatur in Worte fasst, die lange Zeit die Literaturgeschichtsschreibung beeinflusst hat. Merežkọvskij hält Tolstọj für den großen Heiden und Pantheisten, den »Propheten des Fleisches« (tajnovịdec plọti), Dostoẹvskij hingegen für den großen Christen, den »Propheten des Geistes« (tajnovidec ducha). Der Kritiker verleiht hier seiner Vorliebe für das christliche Ideal in seiner russischen Form Ausdruck. Seine Essaysammlung über russische und westliche Dichter mit dem Titel Večnye sputniki (Ewige Gefährten, 1896) verlieh der Literaturkritik neue Impulse.

Im Jahre 1903 wurde Merežkovskij, gemeinsam mit seiner Frau Zinaida Gippius und Dmitrij Filosofov, zum Zentrum der religiös-philosophischen Bewegung (ihre Monatsschrift Novyj put', Der neue Weg, stellte den Zufluchtsort für die Dekadenten und die »Gottessucher« dar). Die Revolution von 1905 bedeutete für Merežkovskij einen Linksrutsch und die Emigration nach Paris. 1918/1919 hielten sich die Merežkovskijs in Petrograd auf, von wo aus sie über Warschau nach Paris flüchten konnten; hier verfassten sie ein scharfes Pamphlet gegen die neuen Machthaber in Russland, Carstvo Antichrista (Das Reich des Antichristen, 1921). Seine ausgesprochen antikommunistische Haltung machte Merežkovskij empfänglich für den Faschismus. In den dreißiger Jahren wurde er von Mussolini, mit dessen Faschismus er eine Zeitlang geliebäugelt hat, eingeladen.

Seine Frau ZINAIDA GIPPIUS (1869 – 1945) gehörte mit dem jung verstorbenen Ivan Konevskoj und mit Aleksandr Dobroljubov zu den sogenannten metaphysischen Symbolisten. Gippius fand ihre russischen Quellen in der Poesie Baratynskijs und Tjutčevs und in der Gedankenwelt Dostoevskijs. Als Dichterin war sie bedeutender als ihr Mann, mit dem sie in intellektueller und kreativer Hinsicht eine außergewöhnlich harmonische (Josephs-)Ehe führte. Ihre Wohnung in Petersburg war einer der dekadenten literarischen Salone (1905 – 1917). Gippius war eine leidenschaftliche und besonders kapriziöse Frau; diverse sie betreffende Mystifikationen machten die Runde. Man hielt sie für eine »kalte Intellektuelle«, eine »Schlange«, und Trockij nannte sie eine »Hexe«. Aus den Memoiren der Emigrantin Irina Odoevceva, Na beregach Seny (An den Ufern der Seine) geht hervor, dass Gippius eine besonders gnadenlose und nichts und niemand verschonende sarkastische Kritikerin war.

Gippius verfasste nicht nur Poesie, sondern schrieb auch Erzählungen, Theaterstücke, Literaturkritiken (gegen die Gor'kij-Schule) und politische Artikel. Alles, was sie schrieb, wurde beherrscht von ihren Ideen, die sie zu abstrakt verarbeitete (z.B. im Roman Čertova kukla, Des Teufels Puppe, 1911). Ihre Ideenpoesie ist religiös und technisch vollendet. Wie ihr Mann war auch sie zwischen dem geistigen und dem irdischen Element, zwischen Glauben und Zweifel hin und her gerissen. Unter Dostoevskijs Einfluss stehend, stellte sie den Menschen in Grenzsituationen dar. Besonders deutlich kommt die Vergötterung des Ichs zum Ausdruck (»Und ich liebe mich wie Gott«, schrieb sie bereits 1894); das Ich war die einzige wirkliche Welt, in die sie vor der langweiligen Alltäglichkeit floh. Mit ihrer individualistischen Lyrik knüpfte sie bei Tjutčev an.

Nach 1905 verfasste sie, die leidenschaftliche Revolutionärin, politische Gedichte, nach 1917 aber wendete sie sich gegen die Bolschewiken. Ihre Tagebücher über

Krieg, Revolution und Exil (siehe *Sinjaja kniga. Dnevnik*, Das himmelsblaue Buch, 1929) sind für jeden, der sich ein deutliches Bild von den Stimmungen machen will, welche bei der russischen Intelligenzija herrschten, die die bolschewistische Revolution nicht akzeptierte und sie mit Wort und Tat bekämpfte, sehr aufschlussreich.

In Paris entwickelte Gippius sich zur wichtigsten Dichterin der russischen Emigration. Erst schrieb sie über politische Fragen, doch im Laufe der Zeit kehrte sie zu ihren Themen – der Mensch, die Liebe, der Tod – zurück. Als eine der ersten hatte sie in ihren Gedichten Themen angesprochen, die für die russischen Symbolisten typisch waren: Tod, Religion, Erotik, das Dämonische. Wertvoll sind auch ihre sehr subjektiven Erinnerungen an Schriftsteller, die sie gekannt hatte (*Živye lica*, Lebendige Personen, 1925). 1951 erschien postum ihr nicht in allen Punkten zuverlässiges Buch *Dmitrij Merežkovskij*.

6.4.2. Brjusov

1894/1895 veröffentlichte VALERIJ BRJUSOV (1873 – 1924) drei Bände mit dem damals merkwürdigen Titel *Russkie simvolisty* (Russische Symbolisten). Sie enthielten neben Übersetzungen französischer Poesie auch eigene symbolistische Gedichte. Brjusov stieß allenthalben auf Gelächter (u.a. bei Vladimir Solov'ëv und Lev Tolstoj). Die Gedichtbände *Chefs d'œuvre* (1895) und *Me eum esse* (1897) waren die Bibel der Moskauer Dekadenten, und die beiden nächsten Sammlungen, *Tertia vigilia* (1900) bzw. *Urbi et orbi* (1903) machten ihn zum führenden Kopf der neuen Literatur (»Ich kenne keine anderen Verpflichtungen / Als den jungfräulichen Glauben an sich selbst«).

In den Jahren 1904 bis 1909 war er Redakteur von *Vesy* (Die Waage), dem Organ der Symbolisten; die Zeitschrift warf den Realisten (der Znanie-Gruppe) vor, dass sie grau seien und ihr künstlerisches Niveau gering sei. Gor'kij hingegen fasste 1907 gegenüber Andreev die Verdienste der Symbolisten folgendermaßen zusammen: »Für ihre Liebe zum Wort, ihr lebendiges Interesse an der Literatur, ihre großen kulturellen Verdienste und dafür, dass sie die Sprache mit einer Unzahl neuer Wortkombinationen bereichert und dass sie wunderschöne Verse geschrieben haben – dafür kann ich ihnen nur ein herzliches ›Danke‹ sagen.« In seinen ersten Gedichtbänden entfloh Brjusov der Wirklichkeit und war fern von allem Sozialen; er experimentierte mit Formen, und die von ihm verwendeten Wörter, Bilder und Metaphern waren weit hergeholt und abstoßend. Im dritten und vierten Band aber ist er nicht mehr weltfremd und pessimistisch. Er hatte jetzt die Großstadt entdeckt und schrieb über den Triumph von Industrie und Technik. Die Stadt war für ihn ein großer Wald voller Mysterien und Symbole. In *Kon' bled* (Das fahle Pferd, 1903) legt der apokalyptische Reiter das Leben in der Stadt für eine Sekunde still. Nach 1905 und dem Scheitern der ersten russischen Revolution wurde die Stadt in Brjusovs Augen ein infernaler Ort, an dem der Teufel Fallstricke legt. Sein

Urbanismus ist deutlich von Emile Verhaerens *Les villes tentaculaires* inspiriert. Außerdem verfasste er Verse über die sexuelle Extase, die Wollust und die Liebe als mystisches Ritual, über Selbstmord und Drogen. 1905 schrieb er die Utopie *Respublika Južnogo Kresta* (Die Republik des Südkreuzes): Sternenstadt, die Hauptstadt der Republik, wird von einer Epidemie (»mania contradicens«) heimgesucht, die zur Folge hat, dass jeder das Gegenteil von dem tut, was er denkt. 1908 schloss sich der beeindruckende historische Roman *Ognennyj angel* (Der feurige Engel) über einen deutschen Söldner zur Zeit Luthers und über Hexerei an, der im Hinblick auf Gelehrsamkeit und historisches Dekor den Vergleich mit Umberto Ecos *Der Name der Rose* nicht zu scheuen braucht.

In seiner recht pathetischen Poesie, die viele abstrakte Begriffe und Allegorien enthält, versuchte sich Brjusov an einer Vielzahl neuer Reimschemata, die sein technisches Können belegen. Der sehr belesene Brjusov, ein echtes Arbeitstier, ist zuweilen als »genialer Rhetoriker« bezeichnet worden. Seine Poesie ist nicht national gebunden und im Grunde genommen apolitisch (in einem an Gor'kij gerichteten Brief schrieb er, er habe die Gewohnheit, alles »sub speciae aeternitatis« zu betrachten). Nach 1917 bot Brjusov, der 1917 von Gor'kij als »der gebildetste Schriftsteller Russlands« bezeichnet wurde, den Bolschewiken seine Dienste an. Während den anderen Symbolisten bewusst war, dass ihre Zeit vorüber war, und sie ihre Zuflucht im Westen suchten, wurde Brjusov Zensor des jungen Sowjetstaates (später wurde er von Serafimovič ersetzt). 1919 trat er in die Kommunistische Partei ein und verfasste ab diesem Zeitpunkt Gedichte im Geiste der revolutionären Romantik. In den Jahren 1921 bis 1924 leitete er das »Höhere literarisch-künstlerische Institut« (Vysšij literaturno-chudožestvennyj institut), an dem junge Talente ausgebildet wurden.

6.4.3. Bal'mont

Brjusovs Antipode war in vielerlei Hinsicht KONSTANTIN BAL'MONT (1867 – 1942), der vor 1905 und kurz danach das Idol der russischen Jugend war. Er war der Dichter des Individualismus (»des Rechts, nicht so zu sein wie andere«), der ausgesprochen egozentrisch war. Seine erotischen Gedichte galten als provokativ und schockierend. So etwa die Zeilen: »Ich will verwegen sein, ich will mutig sein ..., will dir die Kleider vom Leib reissen.« Seine besten Gedichte finden wir in den in der Tradition Nietzsches stehenden Bänden *Gorjaščie zdanija* (Brennende Gebäude, 1900), der dem Autor zufolge »Lyrik einer modernen Seele« enthält, und *Budem kak solnce* (Lasst uns sein wie die Sonne, 1903), der allenthalben als eine der besten Veröffentlichungen der »Dekadenten« betrachtet wird. In diesem »Evangelium des ästhetischen Amoralismus« (Stender-Petersen) befindet sich Bal'monts Verstechnik auf ihrem Höhepunkt. Hauptthema ist die Anbetung des eigenen Ichs (Ich = Sonne), die Selbstverherrlichung des Übermenschen.

1905 schloss Bạl'mont sich den Sozialdemokraten an, schrieb aufwieglerische Verse (*Pẹsni mstịtelja*, Lieder eines Rächers), woraufhin er flüchten musste. Während seines Auslandsaufenthaltes machte er zahlreiche Reisen in exotische Länder (u.a. Mexico, Südafrika), wodurch er wiederum an unzählige Themen kam. Im Jahre 1913 durfte er dank einer Amnestie wieder zurückkehren. Ab *Žar-ptịca* (Der Vogel Phönix, 1907) nahmen sein Talent und seine Beliebtheit gleichermaßen ab. 1917 bekannte er sich zu einer antibolschewistischen Haltung und emigrierte. Im Exil wiederholte er sich selbst, obwohl die Qualität seiner Gedichte weiterhin hoch blieb, und lebte in Armut und Vergessenheit. Ab 1932 litt er an einer Geisteskrankheit.

Bạl'mont hatte mit seinem unbändigen Temperament und seiner großen Musikalität eine enorme Wirkung auf seine Zeitgenossen. Seine Verse sind eine Fanfare und auf ebenso spontane Weise musikalisch wie Brjụsovs Verse feierlich. Bạl'mont vertrat keine bestimmte Philosophie oder Mystik und unternahm keine religiöse Gralssuche, sondern schenkte eine neue Empfindsamkeit. Er hatte keine Werteskala, alle Themen waren geeignet, er wollte alle Erfahrungen festhalten. Er kümmerte sich nicht um die richtige Bedeutung eines Wortes. Wichtig war nicht, was die Wörter bedeuteten, sondern welche Gefühle sie hervorriefen, und im Laufe der Jahre wurde diese Vagheit immer größer. Außerdem überarbeitete er seine Verse nicht und wurde so auf die Dauer langweilig, weil er sich zu wiederholen begann. Doch trotz seiner sorglos dahingeschriebenen Verse hat Bạl'mont die russische Poesie neu belebt. Brjụsov gab in seiner Rezension von *Lasst uns sein wie die Sonne* zu, dass Bạl'mont »in Bezug auf die Verskunst in der russischen Literatur nicht seinesgleichen kannte«. Seine Poesie zeugt von Virtuosität, außergewöhnlicher Musikalität und starker Einbildungskraft; er wurde »der Meister des Binnenreims« genannt (der Binnenreim war in der zweiten Hälfte des 19. Jahrhunderts außer Gebrauch geraten). Er bevorzugte die lyrische Form des Sonetts, weil es mathematisch konstruiert ist, über ein festes Reimschema verfügt und kühl wirkt. Der Realist Gọr'kij schrieb über ihn: »Verteufelt interessant und begabt ist dieser Neurastheniker! Ich versuche, ihn für das demokratische Lager zu gewinnen.« Ausgerechnet dieser Bạl'mont verstand es, dem großen russischen Lesepublikum nach Jahren der sozialkritischen Poesie wieder Liebe für Gedichte einzuflößen. Seine Verse wurden (vor dem Ersten Weltkrieg) häufig vertont.

6.4.4. Sologụb

FËDOR SOLOGỤB (1863 – 1927), ein typischer Vertreter der Dekadenz, verfügte über eine pathologische Persönlichkeit. In seiner Poesie überwiegen Todestrieb (der Tod = das gelobte Land; die Geliebte, die Braut = erotisches Motiv), Solipsismus (»Ich bin der einzige Gott«) und Masochismus. Seine Lebensphilosophie hat mittelalterliche (manichäistische) Züge: Die Welt wird vom Fürsten der Finsternis,

Satan, regiert, der als Wohltäter betrachtet wird, während Gott der Menschen Feind ist. Der Dichter bemühte sich, vor dem Leben, das für ihn ein »stinkender Zoo« und »ein Gefängnis« war, in eigene Bilder, in von Dämonen bewohnte Halluzinationen zu flüchten. Als Zeitgenosse Čechovs sah man ihn unter dem Einfluss der schwermütigen Stimmung der achtziger Jahre stehen; Volynskij nannte ihn den in einem muffigen Keller geborenen russischen Schopenhauer. Marxistische Kritiker sahen in ihm das Produkt der Degeneration der Adelskultur, die voller psychologischer Komplexe stecke und im Sterben liege. In der Tat war Sologub das Produkt der Fin-de-Siècle-Kultur und der damals herrschenden Untergangsstimmung, sein Pessimismus aber fand seinen Nährboden ohne Zweifel auch in der Romantik (Gegensatz Realität – Fantasie). Auffallend in Sologubs Prosa ist der Unterschied zwischen realistischen und symbolischen Passagen. Während die Welt der Fantasie in poetischen und expressiven Worten und mit häufigen Klangspielen lyrisch dargestellt wird, wird die banale, triviale Realität in dialektisch gefärbter und stark mit Vulgarismen durchsetzter Umgangssprache beschrieben (siehe *Žalo smerti*, Der Stachel des Todes, 1904).

Sologub wird der Dichter des Todes genannt; es ist jedoch nicht die Angst vor dem Tod, die seine Poesie beherrscht, sondern die Sehnsucht nach dem Tod (der Tod = der Befreier; vgl. Baudelaire). Von seiner Prosa – in der kalte Gefühle, trübe Stimmungen, Einsamkeit, wollüstige Todessehnsucht zum Ausdruck kommen – geht häufig eine hypnotische Wirkung aus. Alles (auch die unklarsten Gefühle) fasst er in deutliche, nichts verschleiernde Worte und in traditionelle Verse.

1905 erschien *Melkij bes* (Der kleine Dämon; vollständig erst 1907), das Meisterwerk des »Silbernen Zeitalters« Russlands und »eines der unappetitlichsten Werke der Weltliteratur« (Eliasberg zufolge »einer der unheimlichsten und bedrückendsten Romane der gesamten russischen Literatur«). Die Hauptperson ist Peredonov, ein Gymnasiallehrer in der russischen Provinz; er, der Bürokrat, Schleimer, Denunziant und Schuft, ist zu jeder Gemeinheit bereit, wenn diese nur zum Erreichen seines Lebenszieles beiträgt, Inspekteur der Schulaufsichtsbehörde zu werden. Peredonov wurde in Russland schnell zu einer Art Gattungsnamen und war ein Synonym für alles, was im russischen Leben widerlich und schlecht war. Ihm werden (in einem Roman im Roman) Saša und Ljudmila gegenübergestellt, die die Schönheit, die Jugend, die sich ungestört erotischen Spielchen hingibt, symbolisieren. Die meisten Erwachsenen im Roman sind hässlich und abstoßend. Peredonov hat sich dermaßen in Intrigen verwickeln lassen, dass er überall Feinde zu erkennen glaubt, und »der kleine Teufel« Nedotykomka, Symbol für Peredonovs perverse Natur, treibt ihn in den Wahnsinn und zu einem sinnlosen Mord. Der Roman kann als eine im 20. Jahrhundert situierte Fortsetzung von Gogol's Epos der pošlost' (Banalität), *Die toten Seelen*, betrachtet werden, dann aber ohne jeden Hoffnungsschimmer am Ende! Der Roman wurde unterschiedlich interpretiert. Die Sowjets betonten die Beschreibung der sozialen Missstände in einem engstirnigen Provinznest (was natürlich lächerlich und einseitig ist), während Peredọnov in der moralischen Interpretation als metaphysischer Antiheld betrachtet wurde. Es soll dem Autor um die Darstellung des Bösen im Menschen gegangen sein (darum wird er oft mit Dostoẹvskij verglichen). Der niederländische Übersetzer und Literaturkritiker Charles Timmer hat darauf hingewiesen, dass man *Der kleine Dämon* auch als ein Werk über das Verhältnis zwischen dem Staat (der Furcht einflößt) und dem (untertänigen) Bürger lesen kann. Für diese These spricht das immer wieder auftauchende Motiv des Denunzierens und Spionierens. Der Roman ist »einer der wenigen gelungenen symbolistischen Romane in der russischen Literatur, vielleicht sogar in der Weltliteratur« (Timmer), »der perfekteste Roman seit Dostoẹvskijs Tod« (Mirskij). Als Autor dieses Romans hatte Sologub es nach 1917 in der Sowjetunion sehr schwer, die ihm ein Ausreisevisum verweigerte. Im Jahre 1920 schrieb er: »... in unseren Reformen höre ich den Klang unserer alten Zeit.« Er starb 1927, arm, vergessen und vollständig isoliert. In einem seiner letzten Gedichte schrieb er: »In der eisigen Kälte der Einsamkeit sterbe ich, wie ein wildes Waldtier.«

Dieselbe beängstigende Atmosphäre wie in Sologubs *Der kleine Dämon* herrscht auch im Roman *Strạnstvija i priključẹnija Nikodịma Stạršego* (Die Wanderungen und Abenteuer Nikodims des Älteren) des in Vergessenheit geratenen symbolistischen Schriftstellers ALEKSẸJ SKẠLDIN. Sein rätselhaftes Buch ist einige Tage vor dem Ausbruch der Oktoberrevolution in Petrograd erschienen und zwischenzeitlich ganz in Vergessenheit geraten. Erst 1989 wurde es in Amerika fotomechanisch wiederaufgelegt. Skạldins Werk ist ein Schlüsselroman über einen Mann, der sich in einen Dämon verwandelt. Das Buch enthält keine sozialen Themen, aber auf der letzten Seite gibt es einen Hinweis auf »die näherrückenden Ereignisse«.

6.4.5. Rẹmizov

Genau wie bei Sologub wird ALEKSẸJ RẸMIZOVS (1877 – 1957) Welt vom Teufel regiert, während Gott seine Geschöpfe Schmerz, Elend, Tod und Einsamkeit aussetzt. Die französischen Existentialisten haben ihn denn auch nach dem Zweiten Weltkrieg entdeckt. Auf diese Welt stoßen wir in den realistischen Romanen *Prud* (Der Teich) und *Časỵ* (Die Uhr) aus dem Jahre 1908 und in *Krestọvye sẹstry* (Die Schwestern im Kreuz, 1910). In letztgenanntem symbolisiert ein Armenviertel in Petersburg die Welt des Elends (deutlicher Einfluß Dostoẹvskijs). Rẹmizov wird sowohl von den (Neo-)Realisten als auch von den Symbolisten, mit denen er in Kontakt stand (Rọzanov, Šestọv), beansprucht. Seine Bedeutung liegt in der von ihm verwendeten Sprache. Wie die Symbolisten experimentierte er mit der Sprache; er verwendete veraltete und kirchenslawische Wörter sowie Dialektausdrücke, die Syntax der einfachen Sprache des Volkes und das Verfahren des *skaz* (= Wiedergabe der Umgangssprache mit all ihren Unregelmäßigkeiten). Er wollte die

Sprache von den griechischen, lateinischen und französischen Einflüssen befreien und sie echt russisch machen; im Gegensatz zu den Futuristen jedoch führte er keine Neologismen ein. Als echter knižnik (= Büchernarr) unterzog Rẹmizov altrussische Texte und apokryphe Heiligenlegenden einem gründlichen Studium und erzählte alte Texte nach. So beschrieb er in *Slọvo o pogịbeli zemlị Rụsskoj* (Lied vom Untergang des russischen Landes, 1918), das an die gleichnamige lyrisch-epische Erzählung aus dem 13. Jahrhundert erinnert, das Leiden seines Volkes in Krieg und Revolution. Aufgrund des herrlichen ornamentalen Stils und des Charmes seiner alten Legenden, Märchen, volkstümlichen Erzählungen – beispielsweise die Parabeln über Nikolaus den Wundertäter (Čudotvọrec), den Lieblingsheiligen der Russen, in *Nikọliny prịtči* (Nikolauslegenden, 1924) – nimmt Rẹmizov eine einzigartige Stellung in der russischen Literatur ein. Rẹmizov, der neben Leskọv und Dostoẹvskij, die er als seine Lehrmeister anerkannte, einer der russischsten aller russischen Schriftsteller war, ist bei dem Durchschnittsleser nie sehr beliebt gewesen, aber in den Augen der Liebhaber der russischen Sprache galt er als »Magier des Wortes«. Sein ornamentaler Stil hat in den Sowjetschriftstellern Zamjạtin, Pil'njạk, Leọnov und Prịšvin Nachahmer gefunden. 1921 emigrierte Rẹmizov nach Berlin, und 1923 ließ er sich definitiv in Paris nieder, wo er rege schriftstellerisch tätig blieb.

B. DIE JÜNGERE GENERATION

Möglicherweise ist das traumatische Jahr 1905 als Wendepunkt in der Geschichte des Symbolismus zu sehen. Die Mystiker wurden jetzt, ebenso wie die politischen Realisten, mit einer Wirklichkeit konfrontiert, die sich nicht länger verleugnen ließ: die Revolution von 1905. Nach 1905 setzte eine neue Phase ein, in der sich Ivạnov, Bẹlyj und Blok als neue führende Köpfe profilierten.

6.4.6. Ivạnov

VJAČESLẠV IVẠNOV (1866 – 1949) war der intellektualistischste und esoterischste der modernen Dichter. Er studierte in Berlin (bei Theodor Mommsen) Römische Geschichte und Klassische Philologie, so dass sein erster Gedichtband, *Kọrmčie zvëzdy* (Leitsterne, 1903), Verwunderung hervorrief. In der Tat triumphiert der Philologe hier häufig über den Dichter. Nach 1905 wurde Ivạnov der Prophet eines mystischen Anarchismus; die Abende in seinem Petersburger Haus (»Der Turm«) waren ein Treffpunkt der russischen Elite (die tonangebende Persönlichkeit in Moskau war Brjụsov). Ivạnovs Poesie lässt sich nicht von seinen philosophischen Studien (über den Dionysos-Kult) trennen. In seinen Augen ist Kultur im Wesentlichen religiös; der Dichter ist Träger einer geistigen Botschaft, die sich nur in

Symbolen (= Mythen) fassen lässt. Der Dichter ist demnach Schöpfer von Mythen, die kollektive Seele des Volkes. Statt der sozialen Botschaft seiner Vorgänger forderte Ivanov nun eine religiöse Botschaft; er distanzierte sich also deutlich von den Ästheten und den französischen Symbolisten (Parnassiens). Seine besten Gedichtbände sind *Ėros* (Eros, 1907) und *Cor Ardens* (1909 – 1911), die schwer und pathetisch sind, viele Symbole, Namen aus der Mythologie, Zitate und Anspielungen enthalten (er war stolz darauf, dass seine Poesie nur unter Zuhilfenahme von Wörterbüchern und Nachschlagewerken gelesen werden konnte); diese überaus reichen, majestätischen, klassischen Verse, die »wie ein byzantinisches Kirchengewand« (Mirskij) wirken, enthalten viele Kirchenslawismen und Neologismen und sind nach einer äußerst komplexen Syntax (Griechisch!) strukturiert, so dass sie schwer zugänglich und Stoff für die Elite sind (die mehr über ihn redet, als dass sie ihn liest). Ivanov pflegte selten vorkommende Gedichtformen (u.a. Lai, Rondeau, Triolett), vorzugsweise das Sonett. Er ist als direkter Nachfolger des klassizistischen Dichters aus dem 18. Jahrhundert, Vasilij Tred'jakovskij, zu betrachten, was ihn zur Zielscheibe zeitgenössischer Parodien gemacht hat. Während der Revolution von 1917 litt er Hunger und Kälte; wie der Intellekt unter solchen Umständen überlebt, beschrieb er in den schönen *Zimnie sonety* (Wintersonette, 1920). 1921 führte er mit dem Philosophen Michail Geršenzon ein fesselndes Zwiegespräch in *Perepiska iz dvuch uglov* (Briefwechsel zwischen zwei Zimmerwinkeln), in dem Geršenzon dafür plädiert, sich von der Tradition zu lösen, während Ivanov (unter Hinweis auf Goethe) sich als Fürsprecher der klassischen Tradition und der Kontinuität des kulturellen Erbes über politische und soziale Umbrüche hinweg erklärt. Im Jahre 1924 verließ er Russland für eine Mission nach Italien und kehrte nicht zurück. 1926 konvertierte er zum Katholizismus. 1936 veröffentlichte er *Rimskie sonety* (Römische Sonette), in denen der Einfluss der klassischen (lateinischen) Einfachheit und des Katholizismus zutage treten. Er starb im Jahre 1949 in Rom.

6.4.7. Bɛlyj

Während Ivanovs Einfluss auf den Bereich der Ideen begrenzt blieb, lag die Bedeutung von Andrej Bɛlyj, dem originellsten der russischen Symbolisten, auf dem Gebiet der Stilistik. ANDREJ BɛLYJ (eig. Boris Bugaev, 1880 – 1934) war ein Dichter der Kontraste: Er war ein Schüler Vladimir Solov'ëvs, ein Freund und späterer Feind Aleksandr Bloks (u.a. wegen dessen Frau Ljubov'), er stand den Futuristen positiv gegenüber, wohnte eine Zeitlang in Dornach (Schweiz) als Anhänger von Rudolf Steiner (*Vospominanija o Štejnere*, Erinnerungen an Steiner) und wurde schließlich Marxist (mystischer Materialismus). Seine vier Bände, die er »Symphonien« nannte (1902 – 1908), wurden alle mit Hohngelächter aufgenommen, und das große Lesepublikum kannte ihn kaum; diese Symphonien aber läuteten den Beginn der russischen modernistischen Prosa ein, die keinen Wert mehr auf das narrative

Element legte. Unter dem Einfluss von Ivanov-Razumnik und dessen Gruppe *Skythen* predigte Belyj nach 1917 einen religiös und revolutionär angehauchten skythischen Messianismus. In seinem Versepos *Christos voskrese* (Christ ist erstanden, 1918) behauptet er, das russische Golgotha (die Revolution) sei für die Rettung der Menschheit notwendig. Ähnliche Ideen wurden auch in der *Vol'fila* (der Freien Philosophischen Assoziation) verkündet. 1922 ging Belyj nach Berlin, kehrte aber ein Jahr darauf nach Russland zurück, wo er wegen seiner revolutionären Sympathien toleriert wurde. In den *Vospominanija ob A.A. Bloke* (Erinnerungen an Blok, 1922/1923) lässt er das intellektuelle und literarische Leben der Jahre 1900 bis 1910 meisterlich wiederaufleben. Ebenso wie seine Memoiren (*Na rubeže dvuch stoletij*, An der Wende zweier Jahrhunderte, 1930; *Načalo veka*, Der Beginn des Jahrhunderts,1933; *Meždu dvuch revoljucij*, Zwischen zwei Revolutionen, 1935) sind sie für die Geschichte des russischen Symbolismus ein absolutes Muss, aber auch unzuverlässig, weil sehr subjektiv. 1934 veröffentlichte er eine gelungene Untersuchung über *Masterstvo Gogolja* (Gogol's Meistertum). Mit diesen philologischen Studien hat Belyj einen Beitrag zur formalen Schule geleistet.

Belyjs Einfluss auf die russische Literatur geht auf seine Prosa zurück. 1909 erschien *Serebrjanyj golub'* (Die silberne Taube) über einen Studenten, der in der mystischen und orgiastischen Bauernsekte *Die weißen Tauben* Trost für seine westeuropäische und klassische Kultur sucht. Die dem Flagellantismus anhängende Sekte verehrt in sensuell-mystischer Weise die Gottesmutter Matrëna, die einen neuen Heiland zur Welt bringen soll. Als sich der Student von der Sekte trennen will, wird er von ihren Mitgliedern ermordet (dies erinnert deutlich an Dostoevskijs *Die Dämonen*). Dieser Roman ist im Stile der »Ukrainischen Erzählungen« Gogol's verfasst, die Belyj einem gründlichen Studium unterzogen hat. Der in der russischen Literatur bekannte kulturphilosophische Gegensatz Ost – West wird in dem Roman *Peterburg* (Petersburg, 1913, überarbeitet 1922 in Berlin) thematisiert, der sicherlich eines der fesselndsten Werke des 20. Jahrhunderts ist. Es ist ein Roman über die Hauptstadt des russischen Imperiums und über das Revolutionsjahr 1905. Eigentlich ist die Stadt die Protagonistin. Die Intrige wird von dem Provokateur Lippančenko (ein Agent der »Ochranka«, der Geheimpolizei) gesponnen, der, mit dem Terroristen Dudkin als Mittelsmann, Nikolaj Apollonovič Ableuchov eine Bombe übergibt. Mit dieser Bombe soll Nikolaj ein Attentat auf seinen leiblichen Vater, den Senator Apollon Apollonovič (angelehnt an Pobedonoscev?), verüben. Der direkte Befehl wird ihm von Sof'ja Petrovna Lichutina erteilt. Im Mittelpunkt des Romans steht demnach das Motiv der Provokation, wie ja auch die Stadt selbst eine große Provokation darstellt, mit der Peter der Große Russland vor unversöhnliche Gegensätze gestellt hat. Die westeuropäische Kultur hat in Russland eine abscheuerregende Phantasmagorie entstehen lassen, eine Stadt, die verfault und zum Tode verurteilt ist. Der Sohn, Nikolaj Apollonovič, der wie ein »roter Domino« durch die Stadt zieht, symbolisiert die Revolution (ihm gegenüber steht der »weiße

Domino« als das Bild des reinigenden Christus). Der Roman ist zu Recht als
»Biografie einer Bombe« (Timmer) bezeichnet worden. In der Berliner Redaktion
des Jahres 1922 hat Bęlyj seine »Botschaft« weggelassen, die auf folgendes hinaus-
läuft: Die gesamte russische revolutionäre Bewegung ist die Geschichte eines
Ödipuskomplexes (Nikoląj Apollọnovič ermordet seinen bis zum Fanatischen
rationalistischen Vater, der das zaristische Regime symbolisiert). In der jungen
Sowjetrepublik war eine solche reaktionäre Botschaft nicht besonders willkommen.
  Das 1917 geschriebene, aber erst 1922 veröffentlichte *Kọtik Letạev* wird von
vielen als Bęlyjs originellstes Werk bezeichnet. Die Geschichte seiner Kinderjahre
setzt mit Erinnerungen ein, die sich auf die Zeit vor seiner Geburt beziehen!
  Bęlyj hat den Ruf, »der russische Joyce« zu sein, seiner Prosa zu verdanken. Er
strebt eine magische Wirkung der Sprache an, die er mittels Klängen, Rhythmen,
Bildern und Metaphern sowie sogenannter »correspondances« zu erzielen versucht.
Seine Prosa steckt voller Neologismen, Assonanzen, Wortspiele, Bilder und Symbole; außerdem kümmert er sich nicht im Geringsten um grammatische und
syntaktische Regeln, so dass seine Prosa zuweilen unverdaulich und ermüdend ist.
In dieser esoterischen und »ornamentalen« Prosa wird jedem Detail Aufmerksamkeit gewidmet, und dank der sorgfältig versteckten Korrespondenzen schließt sich
der rätselhafte Kreis. Bęlyjs rhythmische und ornamentale Prosa hat u.a. auf Pil'nąk
(siehe *Golyj god*, Das nackte Jahr) und Zamjątin großen Einfluß ausgeübt. Esęnin
nannte *Petersburg* ein außerordentlich »geniales« Werk.

6.4.8. Blok

Der einzige symbolistische Dichter, der in breiten Kreisen beliebt war und der auch
in der Sowjetunion großes Ansehen genoss (was nicht von allen Symbolisten gesagt
werden konnte), ist ALEKSĄNDR BLOK (1880 – 1921). Seine Poesie stellt das
vollendetste Produkt des russischen Symbolismus dar, ist von spontaner und
erfrischender Expressivität und enthält technische Neuerungen: Seine tonischen
Verse haben auch die Futuristen beeinflusst. Im Geiste Bloks schrieben u.a. SERGĘJ
SOLOV'ËV, Jụrij Baltrušạjtis und Vịktor Gọfman.
  1904 veröffentlichte Blok *Stichị o Prekrạsnoj Dạme* (Verse von der Schönen
Dame), mystisch-erotische Verse über »das ewig Weibliche«, sein poetisches
Tagebuch der Jahre 1901 und 1902, das im Zeichen gespannter mystischer und
eschatologischer Erwartungen steht. Mit diesen Versen unternimmt er den Versuch, ein (impressionistisches) Bild von der geistigen Dimension des Lebens zu
zeichnen. Die »Schöne Dame« ist bald Maria (Einfluss der westlichen Mystik), bald
das »ewig Weibliche«, bald die göttliche Weisheit Sophia. Dieser Zyklus lässt sich
einzig und allein im Lichte der Auffassungen Vladịmir Solov'ëvs von der Sophia
deuten und genießen. Erläuterungen zu diesem Gedichtband finden wir in Bloks
einschlägigem Artikel »Über den heutigen Stand des russischen Symbolismus«

(1910) und in Bęlyjs detailliertem Kommentar in *Erinnerungen an Blok*. Für manche Symbolisten wurde Blok zum Propheten einer neuen Religion. Das Bild der »Schönen Dame« wurde um das Bild der »Unbekannten« ergänzt, und ein neues Thema in Bloks Werk stellte die – von ihm verabscheute – Großstadt dar. In den nachfolgenden Gedichtbänden distanziert sich Blok von seiner früheren Liebe zur »Schönen Dame«; die »Unbekannte« wird in den Straßendirnen Petersburgs inkarniert. In dem lyrischen Drama *Neznakomka* (Die Unbekannte, 1907) konfrontiert er sein früheres Ideal mit der verabscheuenswürdigen Wirklichkeit der Großstadt. Bloks Wende führte zum Bruch mit den Symbolisten (u.a. Bęlyj). Vollständig ist der Bruch in *Balagančik* (Die Schaubude, 1906) und *Snęžnaja maska* (Die Schneemaske, 1907), die von Pessimismus und Desillusion zeugen. Ein neues Thema in Bloks Poesie nach der Revolution von 1905 ist die Liebe zu Russland. Die »Unbekannte« verkörpert nun das rebellische russische Volk. Russland ist jetzt seine »Ehefrau«, sein »Mutterland«. Blok hasste die bürgerliche Kultur (deren feinfühliger Repräsentant er war!) und sah in seinen Gedichten prophetisch den lang erwarteten Aufstand gegen die verhasste Stadtkultur vorher (bereits 1908 ahnte er die näherrückende Katastrophe des Ersten Weltkrieges und des Jahres 1917 voraus, siehe *Na pole Kulikovom*, Auf dem Schnepfenfeld). Dies sollte zu seinem berühmtesten Gedicht, *Dvenądcat'* (Die Zwölf), führen, das er im Januar 1918 verfasste. In diesem Gedicht lässt Blok 12 Rotgardisten, Soldaten der Revolution, fluchend, plündernd und mordend durch die Straßen Petrograds ziehen. Einer der 12 erschießt aus Eifersucht eine Prostituierte, die ihn betrogen hat. Ein räudiger Hund, der hinter ihnen herläuft, ist das Symbol der alten, verrotteten Gesellschaft, die gerade erst von den Bolschewiken zu Grabe getragen wurde. Das Ende nimmt eine überraschende Wendung: Plötzlich werden die 12 von Jesus Christus angeführt ... Oder schießen sie auf ihn? Dieses als Kunstwerk gelungene Versepos hatte sehr gegensätzliche Reaktionen zur Folge. Die symbolische Zahl 12 (die Apostel?) und die Christus-Figur, die diese 12 Schufte anführt, wurden als Sakrileg empfunden. Bloks Freunde dachten, dass er sich in den Dienst der Bolschewiken gestellt hatte. Andere sahen in dem Gedicht eine Satire auf die Revolution (Gor'kij). Gumilëv hielt das Ende in diesem dynamischen Stück Realität für zu künstlich. Viele Kritiker behaupten, dass es keine Verherrlichung der bolschewistischen Revolution enthalte. Es ist eine künstlerische, impressionistische Sicht des revolutionären Petrograds, von der sich Blok später distanzieren sollte. Als die lang ersehnte Revolution den Dichter desillusionierte, weigerte er sich hartnäckig, das Gedicht weiter öffentlich vorzutragen.

Ein paar Tage danach verfasste er *Skify* (Die Skythen, 1918), einen leidenschaftlichen, aber leicht naiven Aufruf an den Westen, es dem revolutionären Russland gleichzutun und am »Fest der Bruderschaft und des Friedens« teilzunehmen. Dieses Gedicht enthält eine radikale Sicht der russischen Revolution, zu der Blok von dem Almanach des Sozialrevolutionärs Ivanov-Razumnik, *Skify* (1917), angeregt wurde.

Diese beiden Versepen sind Bloks Schwanengesang. Die katastrophale Erfahrung

227

von Revolution, Bürgerkrieg und Bolschewismus enttäuschte ihn immer mehr. Blok symbolisiert eigentlich das Ende jener Periode in der russischen Literatur, die von Puškin eingeleitet wurde und an deren Zusammenbruch er im Namen der Zukunft mitwirkte. Aleksandr Blok war der letzte Dichter des zaristischen Russlands und der erste Dichter der siegreichen Revolution (Slonim). In seinem letzten Lebensjahr (1920/1921) schrieb er, dass er diese Zeit »noch von den Strahlen keines einzigen Sternes erhellt« sah und dass »die Weltmusik für ihn verstummt ist«. Die Bolschewiken ließen Blok nicht emigrieren.

6.5. Nach dem Symbolismus

Als 1914 der Erste Weltkrieg ausbrach, hatte der Symbolismus seinen Höhepunkt überschritten. Schriftsteller, die bis dahin dem Symbolismus verbunden waren, reagierten nun auf die magische Sprachkonzeption und Mythenbildung der Symbolisten. Im Schaffen einiger Schriftsteller aus dem *Silbernen Zeitalter* der russischen Literatur sind Elemente enthalten, die belegen, dass sie sich von der düsteren Sprache und der mystischen Botschaft der Symbolisten distanzierten. Am deutlichsten in Worte gefasst hat dies MICHAIL KUZMIN (1875 – 1936), der einzige Homosexuelle in der russischen Literatur, der sich öffentlich dazu bekannte. Seine Erzählung *Kryl'ja* (Flügel, 1907), die in der schwülen Jugendstilatmospähre St. Petersburgs spielt, führte zu einem regelrechten Skandal. 1910 veröffentlichte Kuzmin in der Zeitschrift *Apollon* (dem späteren Zufluchtsort der Akmeisten) das Manifest *O prekrasnoj jasnosti* (Über die schöne Klarheit), womit er erklärte, zu den klassischen Versen eines Puškin zurückkehren zu wollen. Vom Dichter forderte er Logik, Deutlichkeit und angemessene Formen und Objekte; er nannte dies »klarizm« (Klarismus). Kuzmins konkretere und weniger feierliche Poesie ist von einer rituellen Religiosität und einer verfeinerten erotischen Sensualität durchdrungen.

In die Übergangszeit zwischen Symbolismus und Akmeismus gehört möglicherweise auch INNOKENTIJ ANNENSKIJ (1856 – 1909), ein Altphilologe, der den gesamten Euripides übersetzte und Anteil hatte am wiedererwachten Interesse an der Antike. In seine eigene Poesie legte er eine starke Emotionalität, die jeder Mystik der Symbolisten abgeneigt war. Er verfasste nur wenige Gedichte; sein erster Gedichtband, *Tichie pesni* (Stille Lieder, 1904) gibt gut wieder, was Annenskij in seiner Lyrik ausdrücken wollte: stille, ruhige Gefühle. Naturliebe, toska (Verdruss, Kummer, Schwermut, Traurigkeit), Verlangen nach der Liebe, Zerfall und Tod beherrschen seine Poesie. Sein *Kniga otraženij* (Buch der Reflexionen, 1906 und 1909) enthält impressionistische Literaturkritk über Gogol', Dostoevskij, Turgenev, Čechov und Bal'mont. Außerdem übersetzte er Baudelaire und Verlaine und weist eine gewisse Verwandtschaft mit Mallarmé auf. Er unterrichtete am Lyzeum von Zarskoje Selo, wo er Nikolaj Gumilëv als Schüler hatte.

»Kühle Schönheit« kam von VLADISLAV CHODASEVIČ (1886 – 1939), dem selten hervortretenden Dichter, der neben dem Beschreiben konkreter Dinge auch das Bedürfnis verspürte, die Wirklichkeit mystisch zu interpretieren. In *Putëm zerna* (Der Weg des Korns, 1920) verlieh er seiner Hoffnung Ausdruck, Russland werde nach dem Untergang, die Folge der Revolution, wiedergeboren. Im Jahre 1922 ging er über Berlin ins Pariser Exil.

1939 erschienen in Brüssel seine Erinnerungen unter dem Titel *Nekropol'* (Nekropolis), das prächtige Stücke enthält, u.a. über Gor'kij. Chodasevič erzählt umständlich, dass Gor'kij sich sein ganzes Leben lang Illusionen und Halbwahrheiten hingegeben und seine Augen gerne vor unangenehmen Dingen verschlossen habe, z.B. vor den sehr unbefriedigenden kulturellen Gegebenheiten in der jungen Sowjetrepublik. Der Leser erfährt hier auch, warum der ehemalige Verfechter der Freiheit, wie Gor'kij es unter dem Zaren war, in die Sowjetunion zurückkehrte und dort zum Lakei des Sowjetregimes wurde.

Von Bedeutung ist auch der Dichter MAKSIMILIAN VOLOŠIN (1877 – 1932), der während seines jahrelangen Aufenthaltes in Paris wechselnden Einflüssen ausgesetzt war (katholische Mystik, Okkultismus, griechische Kultur, mediterrane Natur). Vor allem seine historischen Gedichte über die Revolution und das Schicksal Russlands verdienen Erwähnung. Er schrieb über das »Heilige Russland«, das seiner Auffassung zufolge früher stets vom Staat unterdrückt wurde, der in Russland ein »Fremdkörper« sei. Er fordert, dass alle Russen einander vergeben und Friede schließen müssten; so lehnt er in *Stichi o terrore* (Gedichte über den Terror, Berlin 1924) den Bürgerkrieg ab und ruft zur Versöhnung auf. Obwohl Vološin die Bolschewiken für vom Teufel Besessene hielt, die Russland ins Chaos stürzten, verließ er Russland nicht (»Doch dein Golgotha lass ich nicht im Stich«).

A. AKMEISMUS

Im Jahre 1911 wurde in Petersburg die *Cech poetov* (= Lyrikergilde, 1911 – 1914), gegründet, eine literarische Vereinigung junger Dichter, die den Symbolismus ausdrücklich ablehnten. Die führenden Köpfe dieser Vereinigung waren Nikolaj Gumilëv und Sergej Gorodeckij; neben den berühmten Namen Anna Achmatova und Osip Mandel'štam sind noch Georgij Adamovič, Georgij Ivanov und Vladimir Narbut zu nennen. Für sie war Poesie ein Metier, das große Verstechnik erforderte, und aus diesem Grund schlossen sie sich zu einer »Gilde« zusammen. Sie veröffentlichten in den Zeitschriften *Giperborej* (Hyperboreer, 1912/1913) und *Apollon* (1909 – 1917). Nach der Revolution wurden in Petrograd weitere drei Almanache der wieder erneuerten Lyrikergilde herausgegeben (1921/1922), die in Berlin neu aufgelegt wurden (1922/1923), nachdem einige ihrer Mitglieder ins Exil gegangen waren. In der Emigration löste sich die Vereinigung bald auf. Die Akmeisten leiteten ihren Namen von dem griechischen Wort »akmè« (= Gipfel, Blüte, Vollendung) ab; sie wollten den Wert des Alltäglichen wiederentdecken, die Wirklichkeit akzeptieren (»in ihrer Totalität aus Schönheit und Chaos«). Wie Adam, der erste Namengeber, müsse sich der Dichter »einen klaren Blick auf das Leben« aneignen und versuchen, dessen Charme mit dem Gefühl zu erfassen. Aus diesem Grund bezeichneten sie sich zuweilen als »Adamisten«. Sie lehnten den düsteren Wald der Symbole ab, in dem sich ihre Vorgänger verirrt hätten. Für sie erhielt die äußere Welt der Dinge Bedeutung. Während die Symbolisten die deutsche Philosophie studierten, waren die Akmeisten große Bewunderer der französischen Kultur. Zu ihren Vorbildern wählten sie François Villon, Rabelais und Théophile Gautier sowie Shakespeare. Die Poesie der Akmeisten zeichnete sich durch ihre Vorliebe für alltägliche Einzelheiten, den freien Vers und genaue Wortbedeutung aus (dies hielten sie für genauso wichtig wie die Symbolisten die Musik; siehe Mandel'štams *Utro akmeizma*, Der Morgen des Akmeismus, 1919); ihre Poesie hat nicht nur eine natürliche Sprache, die der gesprochenen Sprache häufig sehr nahe kommt, sondern auch erhabene Intonationen. Vor allem Anna Achmatovas Werk stellt einen wichtigen Beitrag zur russischen Poesie dar.

6.5.1. Achmatova

ANNA ANDREEVNA ACHMATOVA (1889 – 1966) war von 1910 bis 1918 mit Gumilëv verheiratet, den sie schon bald an Beliebtheit übertraf. Ihre Gedichte sind eine Art Tagebuch mit der Liebe als Hauptthema; sie hat einige der schönsten Liebesgedichte der russischen Literatur verfasst. In dieser weiblichen Lyrik, die kompakt und einfach ist, thematisiert sie auch die Einsamkeit und die Berufung des Dichters; außerdem enthält ihre Poesie religiöse Elemente. Es kommt keine Mystik darin vor, wohl aber Melancholie und Enttäuschung. Im Vergleich mit ihren ersten Gedichtbänden (*Večer*, Abend, 1912, und *Čëtki*, Rosenkranz, 1913) tritt in ihrer zweiten Phase (*Belaja staja*, Der weiße Schwarm, 1917, und *Anno Domini MCMXXI*, 1922) das Thema der Liebe in den Hintergrund. Jetzt dominierten Erinnerung und Abschied, Gedanken über die Tragödie Russlands mit einem religiösen Unterton. In Achmatovas Augen konnte die politische Situation in einem Land für einen Dichter niemals der Grund sein, sein Vaterland zu verlassen; sie blieb in der Sowjetunion, obwohl sie dort große Schwierigkeiten bekam. 1922 schrieb sie: »Ich gehöre nicht zu denen, die ihr Land aufgegeben haben, / um es von seinen Feinden zerreißen zu lassen.«

6.5.2. Mandel'štạm

Im Jahre 1936 widmete Achmạtova dem akmeistischen Dichter OSIP MANDEL'ŠTẠM (1891 – 1938), der damals in der Sowjetunion in Ungnade gefallen war, ein Gedicht. Mandel'štạms *Kạmen'* (Der Stein, 1913) und *Tristia* (1922) enthalten »poésie pure«, die von einer großen Kenntnis der hellenistischen Welt, der römischen und byzantinischen Kultur, der orthodoxen Liturgie und der jüdischen Mystik (Mandel'štạm hatte an der Sorbonne und in Heidelberg studiert) zeugen. Außerdem verwendete er Motive aus der Welt der Musik, Religion und Architektur. Während Mandel'štạm in verstechnischer Hinsicht konservativ war und den streng klassischen Pụškin zum Vorbild hatte (darum wird der Akmeismus zuweilen als neoklassizistische Reaktion auf den Symbolismus bezeichnet), war er in Bezug auf die poetische Semantik Avantgardist. Er ließ verschiedene Wirklichkeiten zu einem Ganzen verschmelzen und drückte eine neue Auffassung von der Wirklichkeit aus, in der er neue Dimensionen entdeckte. In seinem Streben nach absoluter Schönheit empfand er eine große Liebe für die religiöse Pracht der gothischen Kathedralen. In *Tristia* stellt er Fragen nach dem Sinn und den Möglichkeiten der Poesie und verteidigt die Autonomie der Kunst. Der einsame Mensch brauchte Wärme, Liebe und Leben; in jener chaotischen Zeit sieht der Dichter das individuelle Schicksal in einem weiteren Kontext. Das im Sterben begriffene Petersburg heißt hier Petropolis. Obwohl der Jude Mandel'štạm ein zạpadnik war, hing er mit Leib und Seele an der russischen Kultur; er besang die majestätische Pracht Petersburgs (die der künstlerischen Auffassung von Gọgol', Dostoẹvskij oder Bẹlyj zufolge dem Untergang nahe war). In dem akmeistischen Pamphlet *Ụtro akmẹizma* (Der Morgen des Akmeismus, 1919) schreibt er: »In der Relation zwischen den Wörtern führen wir die Gothik ein, so wie Sebastian Bach sie in der Musik eingeführt hat.« Der »Wald der Symbole« musste »dem jungfräulich dichten Wald, der Physiologie, der unendlichen Komplexität unseres düsteren Organismus« weichen.

6.5.3. Gumilëv

Unter NIKOLẠJ GUMILËVS (1886 – 1921) Leitung wurde die *Lyrikergilde* zu einer Schule für viele Dichter, von denen einige später in der Sowjetliteratur eine bedeutende Rolle spielen sollten So sind der Heroismus und die Vitalität Tịchonovs und Bagrịckijs deutlich auf Gumilëv zurückzuführen. In seinem Manifest *Naslẹdie simvolịzma i akmẹizm* (Das Erbe des Symbolismus und der Akmeismus, 1913) distanziert er sich von der Ästhetik der jungen Symbolisten und zieht den romanischen Geist dem germanischen vor; an die Stelle »dieses hoffnungslosen deutschen Ernstes« tritt jetzt die Ironie. Gumilëv war der erste russische Dichter, der über Afrika schrieb, das er in den Jahren 1911 bis 1913 zweimal besuchte und das eine romantische Anziehungskraft auf ihn ausübte. Sowjetkritiker sahen in ihm den

Dichter des »kolonialistischen Imperialismus«, und er wurde zuweilen als »der russische Kipling« bezeichnet. Gumilëvs Gedichte zeichnen sich durch Klarheit, strenge Komposition und visuelle Bilder aus. Sein Lieblingsdichter war Théophile Gautier, dessen *Émaux et camées* er übersetzte (der Dichter ist ein Handwerker, der edles, aber widerspenstiges Material behandelt, in das er seinen Traum legt). Gumilëv behandelt keine sozialen Probleme, keine Politik oder Moral. Seine Poesie ist Poesie der Tat (doch nicht so romantisch wie bei Byron), des heldenhaften Lebens und des virilen Abenteuers (er umschrieb den »Adamismus« als »die virile, klare Lebensanschauung«). Nach 1917 brüstete er sich mit seinen monarchistischen Sympathien, und 1921 wurde er von der Tscheka als Konterrevolutionär hingerichtet (in der Affäre Tagancev, ein Professor, der eine antibolschewistische Verschwörung angezettelt haben sollte).

B. FUTURISMUS

6.5.4. Severjanin

Beinahe zur gleichen Zeit wie der Akmeismus entstand als Reaktion auf den damals herrschenden Symbolismus der Futurismus. Es war IGOR' SEVERJANIN (1887 – 1941), der im Jahre 1911 zum erstenmal das Wort »Egofuturismus« verwendete. 1912 nannte er sein Programm »Akademie der Ego-Poesie. Der universelle [vselenskij] Futurismus«. Als Basis führte er »Intuition« und »Egoismus« an. »Meine intuitive Schule ›Der universelle Futurismus‹ ist der Weg zur Selbstbestätigung.« Sein Buch *Gromokipjaščij kubok* (Der donnerschäumende Becher, 1913) war ein großer Erfolg. Nachdem Severjanin die Ego-Futuristen verlassen hatte, trat er nur noch allein oder gemeinsam mit den Kubo-Futuristen auf, die sich auch »budetljane« (Zukunftler) nannten und im Jahre 1912 ihr provozierendes Pamphlet *Poščëčina obščestvennomu vkusu* (Eine Ohrfeige dem allgemeinen Geschmack) veröffentlichten. Es wurde von David Burljuk, Velemir Chlebnikov, Aleksej Kručënych und Vladimir Majakovskij unterschrieben. Die Bewegung formierte sich möglicherweise auch unter dem Einfluss des aufsehenerregenden Vortrags des italienischen Futuristen Filippo Tommaso Marinetti in Russland. In dem Manifest behaupteten die Futuristen: »Nur wir sind das Gesicht unserer Zeit.« Während Severjanin Puškin für veraltet hielt, verlangten die Kubo-Futuristen: »Puškin, Dostoevskij, Tolstoj usw. usw. vom Schiff der Gegenwart über Bord werfen!« Die gesamte modernistische Literatur, sowohl die Realisten als auch die Symbolisten, wurde ebenfalls abgelehnt. »Aus der Höhe der Wolkenkratzer schauen wir auf die Geistlosigkeit all dieser Maksim Gor'kijs, Kuprins, Bloks, Sologubs, Remizovs, Averčenkos, Černyjs, Kuzmins, Bunins usw. usw. herab.« Sie fühlten einen »unüberwindbaren Hass« gegen die bis zu diesem Zeitpunkt vorherrschende Sprache und behaupteten, dass der Dichter seine Sprache um willkürliche und abgeleitete Wörter erweitern müsse; das poetische Wort an sich (samocęnnoe, samovįtoe slǫvo) müsse wieder in den Mittelpunkt gerückt werden. In den Band Rykąjuščij Parnąs (Der brüllende Parnass, 1914) wurde auch das Manifest *Idįte k čërtu!* (Zum Teufel mit euch!) aufgenommen, in dem der Akmeismus angegriffen wurde. Sie teilten hierin überdies mit, dass sich die »Egos« und die »Kubos« zu einer literarischen Gruppe zusammengeschlossen hatten (Severjąnin war einer der Unterzeichner). Erzählt wird die Geschichte des Futurismus in Benedįkt Lįvšics Memoiren mit dem Titel *Poluto-raglązyj strelęc* (Der anderthalbäugige Bogenschütze, 1933; »anderthalb« deswegen, weil der »skythische Krieger« »mit einem halben Auge nach dem Westen schielt«).

6.5.5. Burljųk

Der organisatorische Mittelpunkt war der Maler und Dichter DAVĮD BURLJŲK (1882 – 1967), der einige Bände publizierte und öffentliche Auftritte der Futuristen organisierte. Er folgte dem Beispiel von Charles Baudelaire und den französischen poètes maudits, indem er seine Leser mit Äußerungen wie »Poesie ist eine angeschlagene Hure und Schönheit gotteslästerlicher Dreck« verblüffte.

6.5.6. Kručěnych

Am extremsten war ALEKSĘJ KRUČĚNYCH (1886 – 1968), der für Disharmonie und erschwerte Lektüre eintrat (indem er u.a. schwer zu artikulierende Konsonanten aufeinanderfolgen ließ). Ihm ist zu verdanken, dass Chlębnikovs Auffassungen über die »zaųmnyj jazyk« (= metalogische Sprache), die er als individuelle Sprachschöpfung, bar einer bestimmten Bedeutung, betrachtete, einer breiten Öffentlichkeit bekannt wurde. Von Bedeutung ist das Wort als solches, als Formelement (siehe sein *Slǫvo kak takovǫe*, Das Wort als solches, 1913). Wie Adam will er allem seinen eigenen Namen geben (vgl. Akmeisten!); eine Lilie beispielsweise findet er prächtig, das Wort »Lilie« aber abgegriffen und »vergewaltigt«. Darum nennt er eine Lilie lieber »He-uji«, »so dass die ursprüngliche Schönheit wiederhergestellt ist«.

Die Futuristen wurden von Avantgardisten unterstützt, die ihren Ausgaben künstlerische Form verliehen (Kazįmir Malęvič, Natąl'ja Gončarǫva, Michaįl Larįonov). Künstlercafés und Kabaretts wurden ins Leben gerufen; die Futuristen trugen ihre Gedichte nicht nur an klassischen Literaturabenden (die musikalisch umrahmt wurden), sondern auch vor einem großen Publikum auf der Bühne vor. So machten Burljųk, Majakǫvskij und Vasįlij Kamęnskij Ende 1913/Anfang 1914 eine Tournee durch 17 Städte. Sie zogen Besucher in großer Zahl an (hauptsächlich Studenten und Künstler), und die Behörden bekamen es mit der Angst zu tun. Vor allem die beißende Diktion Majakǫvskijs war unheimlich beliebt. Auf diese Auftritte folgten dann stets zahlreiche Imitationen und Parodien in der Provinzpresse.

Der Futurismus stellte jedoch keine monolithische Bewegung dar. Neben »Ego« und »Kubo« gab es die Gruppe um den Verlag *Mezonin poęzii* (Das Zwischengeschoss der Poesie), der u.a. VADĮM ŠERŠENĘVIČ (1893 – 1942), der spätere Imaginist, angehörte. Diese Gruppe war dagegen, die bisherige Literatur in Bausch und Bogen abzulehnen. In den Jahren 1914 bis 1922 gab es in Moskau eine Gruppe namens *Centrifuga*, die nicht so rebellisch und antiästhetisch eingestellt war. Eines ihrer Mitglieder war Borįs Pasternąk, der mit einem Majakǫvskij oder einem Chlębnikov sowieso nur wenig gemein hatte. Was sie verband, waren die Ablehnung von Konventionen und die Suche nach Erneuerung in der Poesie. Im Laufe der Zeit sollten die »Épater-le-bourgeois«-Programme der Futuristen in den Hintergrund treten und ihre Werke Anerkennung finden.

Die Bedeutung des Futurismus liegt in der Ablehnung aller herrschenden Normen bezüglich der Wortbildung, der Syntax und der Orthografie sowie der Konventionen in der Rhythmik. Die Futuristen experimentierten aufs Geratewohl mit Reimen (z.B. Klanggedichte ohne Inhalt). Typisch für sie sind die zahlreichen Neologismen, für die sie sowohl bei fremden als auch bei verwandten, slawischen Sprachen Anleihen machten; Majakǫvskij hingegen verwendete diesbezüglich beinahe ausschließlich russische Elemente. Sie aktualisierten den Wortschatz, indem sie Wörter in neue Zusammenhänge rückten. Auch die grammatikalischen Normen waren ihnen gleichgültig: Sie kümmerten sich weder um Morphologie (absichtlich »falsche« Deklinationen) noch um Syntax (keine Konjunktionen, keine oder ungebräuchliche Interpunktion; Burlįuk beispielsweise wollte keine Präpositionen verwenden). Außerdem führten sie ein neues Verssystem ein; dank Majakǫvskij schafften der tonische Vers und die Freiheit des Reims den Durchbruch. Obwohl Marinettis Pamphlete ins Russische übersetzt worden sind, scheint sein Einfluss auf den russischen Futurismus wohl eher begrenzt gewesen zu sein. Es gibt einige wenige Punkte, in denen sie sich berührten, bei seinem zweiten Russlandbesuch im Jahre 1914 jedoch wurde er von den russischen Futuristen kritisiert (Marinetti wollte das Alte niederreißen, auch Bibliotheken und Museen, verherrlichte den Krieg, wollte eine Poesie der Geschwindigkeit einführen, tilgte jedwede Psychologie aus der Poesie, suchte einen dynamischen Stil, der dem Rhythmus der Zeit entsprechen sollte – die sogenannte Telegrafensprache). Die russischen Futuristen schenkten der Sprache viel Aufmerksamkeit. Sie wollten sie vom Korsett der Grammatikregeln befreien, aber nicht zu einer Telegrafensprache reduzieren, sondern vielmehr mit neuen Sprachschöpfungen bereichern, was zu formalistischen Experimenten führte. Sie hegten großes Interesse an der Sprache der Großstadt. Außerdem richteten sie sich gegen die sozialen Tendenzen in der Literatur und waren dem technischen Fortschritt nicht blind ergeben. In ihrer anarchistischen Widerspenstigkeit gegen die moderne Literatur und im besonderen gegen die Kammerpoesie der Symbolisten und Akmeisten war auch ein Element von sozialem Protest gegen die moderne Realität enthalten.

6.5.7. Chlębnikov

Der originellste Kopf der Futuristen und der gesamten russischen Literatur des 20. Jahrhunderts ist VELEMĮR CHLĘBNIKOV (1885 – 1922). 1910 erregte er Aufmerksamkeit mit dem Gedicht *Zakljatie smęchom* (Beschwörung durch Lachen), das ausschließlich Varianten des Wortes »smech« (Lachen) enthält. Er studierte in Kasan und Petersburg Mathematik, Biologie und Philologie, womit sich seine Leidenschaft für Zahlen, Tiergeräusche und Sprachen erklären lässt. 1917 rief er sich in einem utopischen Manifest zum »Vorsitzenden der Erdkugel« aus und machte sich auf die Wanderschaft quer durch Russland, hungernd und krank. Als er 1922 nach Moskau zurückgekehrt war, wollte niemand ihm helfen oder seine Werke verlegen. Er starb im Alter von 37 Jahren. Chlębnikov war ein echter Sprachrevolutionär. Für ihn waren »nur Ursprache und Urwelt als Ausgangspunkte der erwünschten radikalen Erneuerung akzeptabel« (so der niederländische Slawist Lathouwers). Er suchte als angeblichen Ausgangspunkt aller existierenden Sprachen die universelle Ursprache und versuchte, die Urbedeutung bestimmter Klänge zu ermitteln. Aus dieser Bedeutung wollte er dann eine »Sternensprache« (zvězdnyj jazyk) konstruieren. Mit allerlei komplizierten Zahlenspielen versuchte er auch, die »Urgesetze des Schicksals« zu entdecken und mit deren Hilfe historische Prognosen abzugeben. Bei Chlębnikov führen Worte und Formen ihr eigenes Leben; er versuchte, eine neue Welt von Worten und nicht von Ideen zu schöpfen (»Das Wort an sich, unabhängig von dessen alltäglicher Bedeutung und Nutzen«). Diese neue Sprache – die er »zaumnyj jazyk« (za um = jenseits des Verstandes) oder »metalogisch« nannte – entspricht jedoch voll und ganz dem Geist des Russischen. Seine Theorie sollte später zum Ausgangspunkt für die linguistische Schule der »Formalisten« (Ėjchenbaum, Jakobson, Žirmunskij, Šklovskij) werden. Da Chlębnikov nur sehr mühsam zu lesen ist, findet er hauptsächlich Interese bei den Philologen. Selbst seine fertiggestellten Stücke sind häufig nicht mehr als Laborversuche mit dem Wort.

Im Gegensatz zu dem konstruktiv zukunftsorientierten Majakovskij verbindet Chlębnikov die Gegenwart nicht mit der Zukunft, sondern mit der Vergangenheit (darum wählte er auch statt Vĳktor den altslawischen Namen Velemĳr als Vorname). In seinem Werk wimmelt es von Motiven aus dem slawischen, dem orientalischen und dem asiatischen Altertum, der Mythologie, der Folklore und den Volkssagen. Außerdem enthält es absurdistische und surrealistische Elemente, beispielsweise in *Mirskoncą* (Dieweltvonhinten, 1913), in dem ein Mann von seinem eigenen Begräbnis wegläuft und gemeinsam mit seiner Frau sein Leben fortsetzt – allerdings in umgekehrter Reihenfolge – vom Ende zurück zum Anfang!

Während Chlębnikov den Durchbruch bei breiten Leserkreisen niemals geschafft hat (Kurzmĳn hat ihn einmal »den genialen Verrückten« genannt), ist Majakovskijs Poesie beliebt, u.a. wegen des nachhaltigen Einflusses, den sie ausgeübt hat. Da sein

Werk immer mit dem jungen Sowjetstaat in Verbindung gebracht wird, wird er ausführlicher in Teil II behandelt. Das gilt für auch für den Dichter Esenin.

Der Modernismus hat es in der Sowjetunion sehr schwer gehabt. Sowohl der Symbolismus als auch der Akmeismus und der Futurismus wurden als Produkte der bürgerlichen Kultur betrachtet und folglich abgelehnt. In der zehnbändigen *Istorija russkoj literatury* (Geschichte der russischen Literatur) der Akademie der Wissenschaften der UdSSR (Moskau – Leningrad, 1941 – 1956) lässt sich nicht ein einziges positives Wort über diese drei Strömungen finden. Der Symbolismus wird »ein Schritt zurück«, »tief reaktionär«, »ideenlos« und »banal« genannt. Der Akmeismus war die Strömung, die »in den Jahren der Reaktion aus dem Schoß des Symbolismus kroch und die schlechtesten und dekadentesten Züge des Symbolismus zum Ausdruck brachte«. »Diese Ideologen der russischen Bourgeoisie schlossen nach der Revolution von 1905 einen Pakt mit der zaristischen Autokratie, indem sie die Wirklichkeit so akzeptierten, wie sie war.« Die Futuristen werden »anarchistoide Nihilisten« genannt, die prinzipienlos seien; ihr Inhalt sei »asozial«, ihre »reaktionäre Theorie bezüglich der metalogischen Sprache« sei »formalistisches Abrakadabra«, »pathologisches Fiebergeschwätz« und »Taschenspielerei« und richte sich gegen das Volk ... Die Sowjets waren denn auch sehr erfreut darüber, die Stimme eines Zeitgenossen, eines gewissen Dr. Radin, zitieren zu können, der 1914 *Futurizm i bezumie* (Der Futurismus und der Wahnsinn) herausgab.

Nur einige wenige Modernisten konnten unter dem Stalin-Regime veröffentlichen: Brjusov, Gorodeckij, Majakovskij – Dichter, die ausnahmslos dem Bolschewismus ihre Dienste angeboten hatten.

Erst nach Stalins Tod wurden der Reichtum und die Vielfältigkeit des *Silbernen Zeitalters* der russischen Literatur entdeckt und akzeptiert, wenn auch bis zur Periode der Glasnost' widerwillig und unter Vorbehalt. Ein entsprechendes akademisches Beispiel ist die *Istorija russkoj literatury. Tom 4: Literatura konca XIX – načala XX veka (1881 – 1917)* (Geschichte der russischen Literatur. Band 4: Ende des 19. – Anfang des 20. Jahrhunderts. 1881 – 1917, Leningrad, Verlag Nauka, 1983), in der ein nüchternes, unhysterisches Bild einer jahrzehntelang verkannten Literatur gezeichnet wird.

TEIL II: 1917 – 1997

7. Die Periode 1917 – 1921

7.1. Hintergrund

Als am 25. Oktober 1917 eine kleine Gruppe russischer Revolutionäre den Versuch unternahm, die Macht zu ergreifen, war das gesamte intellektuelle Russland verblüfft. Zwar hatte sich die Mehrheit der Schriftsteller nach einer Veränderung gesehnt, doch die meisten hätten es lieber gesehen, wenn sich die Revolution auf Februar 1917 (Beginn einer demokratischen Regierungsform) beschränkt hätte. In nur wenigen Monaten sollte sich die russische Intelligenzija vergewissern können, ob die Ideale, die mystischen Träume oder Prophezeiungen, die sie jahrelang gehegt hatte, Illusionen waren. Der Philosoph Vasilij Rozanov bezichtigte die russische Literatur, die »Hauptschuldige an der Revolution« zu sein. Das bolschewistische Regime brachte Hunger, Kälte, Entbehrungen, Gefängnis, Terror und Chaos.

Gor'kij schrieb darüber in seinen *Nesvoevremennye mysli* (Unzeitgemäße Gedanken) am 7. Dezember 1917: ›Und dies alles geschieht namens des ›Proletariats‹ und im Namen der ›sozialen Revolution‹. Dies alles ist der Triumpf unserer bestialischen Lebensweise, des asiatischen Elements in uns, eine Eruption zoologischer Instinkte.« Paustovskij notierte in seinem *Beginn eines unbekannten Zeitalters*: »Das Mittelalter verblasste neber der Grausamkeit, Zügellosigkeit und der plötzlich zum Ausbruch kommenden Barbarei des 20. Jahrhunderts.« Die alte Kultur war zusammengebrochen, die Klasse, die sie getragen hatte, war verschwunden, die Intelligenzija wurde vom »eisernen Besen der Geschichte« (Trockij) weggefegt. In einer Zeit der allgemeinen Verwirrung, des Bürgerkriegs, des Hungers und der Gewalt schienen ihre Ideale mit einem Male fehl am Platz. Viele führende Schriftsteller sahen darin das Ende Russlands: Remizov sprach vom »Untergang der russischen Erde«, und Ėrenburg betete für Russland (*Molitva o Rossii*, Gebet für Russland). Mit einem einzigen Schuss (von der Aurora) waren die optimistischen und mystischen Zukunftsträume, in die sich viele Russen verrannt hatten, auf brutale Weise beendet worden. 1934 sollte H. G. Wells in seinem *Experiment in Autobiography* schreiben: »Der Marxismus ist in keinerlei Hinsicht kreativ oder kurativ. Er ist bis zum heutigen Tag die Malaria des russischen Strebens. Es hätte eine kreative Revolution stattfinden können – und vielleicht eine viel bessere –, wenn Marx nie gelebt hätte.«

Unmittelbar nach der Machtübernahme betrieben die Bolschewiken in Petrograd (Petersburgs neuer Name in den Jahren 1914 – 1924) eine Hetze gegen die Zeitungen. Rotgardisten drangen in Druckereien ein, vernichteten alle druckfertigen Auflagen, warfen das Druckmaterial auf die Straße und verbrannten Zeitungen. Ein paar Tage danach mussten die Zeitungen auf Befehl des »Voenrevkom« (des militärisch-revolutionären Komitees) ihr Erscheinen einstellen. Von überallher erklangen scharfe Proteste, u.a. auch von Gọr'kij, der zu Beginn erklärter Gegner der Bolschewiken war. So schrieb er bereits am 20. November 1917: »Lẹnin, Trockij und Konsorten sind bereits vom stinkenden Gift der Macht verdorben: Dies beweist ihr schändliches Verhalten bezüglich der Freiheit des Wortes, der Person und all jener Rechte, für die die Demokraten früher gekämpft haben.« Gọr'kij hoffte, dass die »nicht einlösbaren Versprechen Lẹnins« und »sein Wahnsinn und Anarchismus à la Nečạev und Bakụnin« dem Proletariat schnell die Augen öffnen würden. Das war zehn Tage, nachdem der Rat der Volkskommissare die »Verordnung bezüglich der Presse« veröffentlicht hatte. Im Rahmen des 5. Allrussischen Kongresses der Sowjets am 10. Juli 1918 wurde »der Abhängigkeit der Presse vom Kapital« ein Ende gesetzt, und alle Presseorgane gingen in die Hände der Arbeiter und Bauern über. Die Grundlage für diese Freiheitsbeschränkung hatte Lẹnin bereits in seinem Artikel »Partijnaja organizạcija i partijnaja literạtura« (Parteiorganisation und Parteiliteratur) aus dem Jahre 1905 gelegt, in dem er die These aufstellte, dass das sozialistische Proletariat das Prinzip der Parteilichkeit der Literatur in den Vordergrund rücken müsse. »Hinweg mit den unparteilichen Literaten!« Nach Lẹnins Auffassung würde die Revolution »diesem verfluchten Zeitalter der äsopischen Reden, der literarischen Sklaverei, der Sklavensprache und der ideologischen Leibeigenschaft« ein Ende setzen. Nach der Revolution müssten Verlage, Buchläden, Lesesäle, Bibliotheken, das gesamte Buchgewerbe an die Partei übergehen, unter ihre Kontrolle gestellt werden.

Nach der Revolution gab es nur einen einzigen namhaften Schriftsteller, der den neuen Machthabern seine Dienste anbot: Valẹrij Brjụsov. Andere nahmen eine abwartende bzw. sehr kritische Haltung gegenüber den »Usurpatoren« ein (u.a. Gọr'kij). Viele flohen in die Provinz, wo sie gleichsam untertauchten, um unauffällig den intellektuellen Terror des Bürgerkrieges zu überleben und zu einem ruhigeren Zeitpunkt als sogenannte spẹcy (= Spezialisten) in mehr oder weniger neutrale Einrichtungen (Bibliotheken, Museen) zurückzukehren. Doch die führenden Köpfe der russischen Schriftstellerwelt schlossen sich in militärischem oder moralischem Sinne den Weißen an. Die Weißen gründeten Anfang 1918 die Freiwilligenarmee und nahmen den Kampf gegen die Roten (= Kommunisten, Bolschewiken) auf. Im Sog der Truppen der Weißen gingen mehrere Hunderttausend Russen – über Konstantinopel – ins Exil (einer Einschätzung Lẹnins aus dem Jahre 1921 zufolge ca. 1,5 – 2 Mio. Menschen). So verließen zwischen 1918 und 1922 die folgenden Schriftsteller Russland: von den Prosaisten Arcybạšev, Bụnin, Andrẹev, Aldạnov, Kuprịn, Merežkọvskij, Rẹmizov, Aleksẹj Tolstọj, Šmelëv und Zạjcev; von den Lyrikern Geọrgij Adamọvič, Bal'mọnt, Chodasẹvič, Cvetạeva, Ėrenbụrg, Gịppius und Geọrgij Ivạnov. Die Zurückgebliebenen – die aus unterschiedlichen Gründen nicht emigrieren wollten – wie Achmạtova – hatten es in materieller und geistiger Hinsicht äußerst schwer. Die Bolschewiken wollten nämlich definitiv mit der Vergangenheit brechen – die Einführung des neuen (gregorianischen) Kalenders und der neuen Rechtschreibung im Jahre 1918 war nicht das einzige, worin dieser Wunsch zum Ausdruck kam; die jahrzehntelang kultivierten Themen, Kontroversen sowie Kritiker und Autoritäten verschwanden nun in der Versenkung. Die prärevolutionären Schriftsteller und Intellektuellen fühlten sich überflüssig.

Den Ton gaben nun die neuen Menschen an, die (zumeist) jungen Menschen, die aktiv an der Revolution und am Bürgerkrieg teilgenommen hatten und jetzt in ihrer pathetischen und heroischen Dynamik den »Weltbrand« (mirovǫj požạr) entfachen, d.h. weltweit eine Revolution entfesseln wollten. Eben jene Kämpfer und Realisten sollten, jeglicher Mystik abgeneigt, das Gesicht der neuen Gesellschaft und Literatur ausmachen. Hier beginnt ein neues Kapitel in der Geschichte der russischen Literatur. Das soll gleichwohl nicht heißen, dass die literarische Tradition unterbrochen wurde: Prärevolutionäre Tendenzen hatten neben neuen Strömungen nach wie vor Bestand. Zum tatsächlichen Bruch zwischen der Sowjetliteratur und der russischen Literatur (die der Emigration) sollte es erst im Jahre 1924 kommen, als sich herausstellte, dass von einer Versöhnung zwischen Moskau (der Metropole) und Berlin (dem literarischen Zentrum der Emigration) keine Rede sein konnte.

Inzwischen spielte sich das literarische Leben von Petrograd in den Kreisen um Bẹlyjs *Vol'fila* ab, die einen mystischen Anstrich hatte; in Moskau kämpften Futuristen und Imaginisten um die Vorherrschaft in den literarischen Cafés. Bücher verlegen war schließlich äußerst schwierig geworden: Alles, was dafür benötigt wurde – Papier, Tinte, Druckpressen – war verstaatlicht, und für jede Ausgabe war eine spezielle Genehmigung erforderlich (Zensur). Den Dichtern blieb nur die Möglichkeit, ihre Gedichte vorzutragen. Darum ist zuweilen von der »Kaffeehausperiode« der russischen Literatur die Rede (in literarischen Cafés konnte man sich »Biokosmisten«, »Formlibristen«, »Emotionalisten«, »Expressionisten«, »Luministen« und »Imaginisten« anhören). Die Lyrik dominierte damals. In den Hauptstädten brachten große Schriftsteller in literarischen Studios jungen Menschen die Kunst des Schreibens bei (in Petrograd Gumilëv Poesie, Zamjạtin Prosa; in Moskau leitete der von offizieller Seite unterstützte Brjụsov ein Studio proletarischer Dichter). Doch die linksorientierten Gruppen waren verbal sehr aggressiv und sollten im Laufe der Jahre die Oberhand gewinnen. Die Geschichte der russischen Literatur zwischen 1917 und 1934 ist vom Kampf um die literarische Vorherrschaft geprägt.

7.2. Reaktionen auf die Revolution

7.2.1. Esenin und die Bauerndichter

SERGEJ ESENIN (1895 – 1925) wurde stark von der Volkspoesie und den religiösen Gedichten beeinflusst, die sein altgläubiger Großvater ihm vorlas. Er fühlte sich zu den Sozialrevolutionären hingezogen, weil er als Bauerndichter davon überzeugt war, dass die Bauern in der zukünftigen Gesellschaft die wichtigste Rolle spielen würden. Im Jahre 1915 verließ er Moskau und zog nach Petrograd, wo er in den literarischen Kreisen Aufnahme fand; er wurde wegen seiner Beschreibungen der Natur und des einfachen Lebens auf dem Land bewundert. Er freundete sich mit NIKOLAJ KLJUEV (1887 – 1937) an, der eine umfassende Theorie über Russlands Zukunft entwickelt hatte, in der der Bauer die Hauptrolle spielen würde. Kljuev zufolge war Russland ein Land der Bauern; der Bauer sei der Träger religiöser und sozialer Ideen, werde jetzt aber unterdrückt und von anderen Klassen ausgebeutet, folglich müssten diese Klassen verschwinden. Dann werde der Bauer ein neues Russland errichten, ein Land mit einer neuen Konzeption der Wahrheit/Gerechtigkeit (pravda), wobei der Bauer selbst Quelle der Wahrheit und des Gesetzes sein werde. Der Bauer werde echte Naturgesetze (wieder)einführen und eine Kirche der Wälder, des Bodens gründen. Als sich Russland nach 1917 deutlich in eine proletarische und urbanistische Richtung entwickelte, wandte Kljuev sich gegen die Revolution. Seinen Richtern gegenüberstehend, blieb er dabei, dass die Oktoverrevolution »das Land in einen Abgrund des Leides und der Katastrophen gestürzt und aus ihm das unglücklichste Land der Welt gemacht hatte«. 1937 starb er in einem Lager. Unter dem Einfluss von Kljuevs Ideen entpuppte sich Esenin, der einst naive Bauernbursche, als Bauernprophet. 1915 hatte er gemeinsam mit anderen »Bauerndichtern« (Kljuev, Sergej Gorodeckij, Sergej Klyčkov) die Gruppe *Krasa* (Schönheit) gegründet, die jedoch schnell wieder zerfiel. Bereits vor 1917 wurde Esenin als einer der talentiertesten Dichter der jüngeren Generation betrachtet. Seine kontemplative Lyrik ist von christlicher Terminologie durchdrungen, die Bildersprache jedoch ist eher heidnisch und pantheistisch. Esenins Gott ist der der russischen Volkslegenden: ein alter Mann mit Bart, der Wind und Regen bringt, im Paradies wohnt, das einer Dorfidylle in der Gegend um Rjasan (wo Esenin geboren wurde) ähnelt, und der häufig, gekleidet wie ein Bauer, auf seinem kleinen Esel die Erde besucht (siehe die Gedichtbände *Radunica*, Totengedenken, 1916, und *Goluben'*, Himmelsblau, 1918). Bis 1919 blieb er den Ideen des linksgerichteten Sozialrevolutionärs Ivanov-Razumnik treu, in dessen Almanach *Skythen* er veröffentlichte. Esenin interpretierte die Oktoberrevolution religiös: Jetzt würde Gott auf Erden regieren, alle Menschen würden Brüder werden und singen! Als er 1918 seinen Geburtsort Konstantinowo besuchte, erschrak er über die fehlende Begeisterung unter den Bauern. Diese schienen die neue Regierung bereitwillig zu

242

akzeptieren, waren sich aber nicht der Rolle bewusst, die sie zu übernehmen hatten! Esęnin gab der christlichen Religion die Schuld an dieser Ergebenheit. Im blasphemischen *Inǫnija* (Andersland, 1918) sollte er aus diesem Grund Gott herausfordern und den Bauern den Glauben an ihre eigene Kraft vermitteln. Der neue Glaube wird Glück und Überfluss auf Erden bringen. Der neue Gott ist der Dichter. Außerdem müssen die Amerikaner bekämpft werden, d.h. Industrialisierung, Maschinen und Elektrizität. Esęnin fühlte sich glücklich als Prophet des Bauernparadieses. Als er Ende 1918 den Dichtern Vadįm Šeršenęvič und Anatǫlij Mariengǫf begegnete, wurde die »imaginistische Schule« gegründet. Alle drei waren sie von der Bedeutung des Bildes in der Poesie überzeugt. Sie lehnten Futurismus und Symbolismus ab und akzeptierten ausschließlich das Bild als poetisches Fundament (»Das Thema, der Inhalt – das ist der Blinddarm in der Kunst«). Šeršenęvič, der einzige Imaginist, der Poesie verfasste, die dieser Theorie entsprach, hielt den Inhalt für unwichtig – nur das Bild zählte. Der Dichter müsse versuchen, das Bild zu finden, das in jedem Wort enthalten sei, jetzt aber hinter der alltäglichen Bedeutung verschwinde. Diese Bewegung wäre nicht weiter aufgefallen, wenn nicht Esęnin seinen Namen mit ihr verknüpft hätte. Als er sich schließlich von ihr distanzierte, war die Bewegung am Ende. In seinen imaginistischen Gedichten ist Esęnins Optimismus verschwunden: Was er um sich herum wahrnimmt, ist ein einziges Elend und Leiden; sein Land ist bis zur Unkenntlichkeit verändert. Ende 1921 lernte er die berühmte amerikanische Tänzerin Isadore Duncan kennen; sie begleitete er 1922/1923 auf einer Tournee durch Westeuropa und Amerika. In Berlin wurde Esęnin von den Emigranten, die dort in großer Zahl dicht beieinander lebten, stürmisch begrüßt.

Eigentlich konnte er diese Emigranten aber nicht ausstehen und suchte Streit, war übermütig, sang kommunistische Lieder und war fast die ganze Zeit über betrunken. In einem Brief vom 9. Juli 1922 aus Ostende schreibt er: »Wie schrecklich sehne ich mich aus diesem Alptraum, der Europa heißt, zurück nach Russland, nach dem Müßiggang von einst und nach unserer jungen Heftigkeit. Man langweilt sich hier zu Tode, das Leben ist hier so langweilig wie der ganze Severjanin.« Aus Wiesbaden schreibt er: »Das Leben ist nicht *hier* zu finden, sondern bei uns. Was man hier wohl findet, ist ein langsamer, trübseliger Untergang, von dem Spengler spricht. Lass uns Asiaten sein, lass uns stinken und uns ohne zu erröten kratzen, die Menschen laufen hier alle mit ihrem Gesäß auf den Kiefern; wir stinken nicht so arg nach Leichen wie die Menschen hier in ihrem Innern. Eine Revolution ist hier voll und ganz ausgeschlossen. Alles steckt hier in einer Sackgasse. Das einzige, was sie noch retten und ihre Einstellung verändern könnte, wäre eine Invasion von Barbaren, so, wie wir welche sind. Wir müssen einen Feldzug gegen Europa unternehmen ...« Nach Russland zurückgekehrt, veröffentlichte er die berüchtigte Sammlung *Moskvą kabąckaja* (Das Moskau der Schenken, 1924) über sein zügelloses Leben in Gesellschaft von Trinkern, Prostituierten und Drogenabhängigen. Die Gründe für die Verzweiflung lagen in der politischen Situation, dem Bruch mit der Provinz und dem schlechten Einfluss der Stadt. Der Auslandsaufenthalt veränderte Esenins Einstellung zu den Segnungen der Industrialisierung (Komfort). In *Rus' Sovetskaja* (Das sowjetische Russland), *Rus' bezprijutnaja* (Das obdachlose Russland) und *Rus' uchodjaščaja* (Das verschwindende Russland) aus dem Jahre 1924 versuchte er, das neue Leben zu verstehen und den eigenen Standpunkt zu bestimmen. Das erstgenannte gibt die innere Tragödie eines Dichters wieder, der sich für Veränderungen zu alt fühlt und fürchtet, von der jüngeren Generation im Stich gelassen zu werden. Esenin verfaßte nun einige Gedichte, in denen er krampfhaft und vergeblich versuchte, die Ereignisse positiv zu besingen. Das beste Gedicht aus jener Zeit ist *Pis'mo ot materi* (Brief von Mutter), in dem sich die Mutter des Dichters über ihren Sohn beklagt, der in die Stadt gezogen ist, um Dichter zu werden. Neben *Das Moskau der Schenken* gehört es zu den beliebtesten Gedichten Esenins. Im letzten Lebensjahr schrieb Esenin viel über seine Verzweiflung, das Gefühl, alt und überflüssig zu werden und nichts mehr zu sagen zu haben. Am 28. Dezember 1925 beging er im Hotel Angleterre in Leningrad Selbstmord (in der Glasnost-Periode machten Gerüchte die Runde, die GPU habe bei seinem Selbstmord die Finger im Spiel gehabt). Dies verstärkte Esenins Beliebtheit – vor allem bei Jugendlichen, die für seine rauhe Poesie schwärmten (siehe *Ispoved' chuligana*, Beichte eines Hooligans, 1921). Die Partei nahm eine skeptische Haltung gegenüber diesem »Esenintum« (eseninščina, eine Mischung aus Erotik, suizidalen Stimmungen, Alkoholismus, Religion, Hooliganismus, Zügellosigkeit und dekadentem Individualismus) ein, von der sich die junge Generation stark angesprochen fühlte. Die Folge davon war, dass Esenin für viele Jahre aus der Sowjetpoesie verschwand. Für die poststalinistische Generation war er der »pevec berëz« (Sänger der Birken), der in wohlklingenden Versen ein sentimental-melancholisches Bild des bäuerlichen Russlands aus der in der Vergangenheit liegenden Zeit seiner Kinderjahre vor der Revolution zeichnete. Er gehört gemeinsam mit Puškin zu den größten Dichtern Russlands. Zu den Gedenkfeierlichkeiten anlässlich seines 100. Geburtstages im Jahre 1995 wurde ein Esenin-Standbild im Zentrum Moskaus enthüllt.

7.2.2. Proletkul't

Unmittelbar nach der Februarrevolution von 1917 entstanden in Russland kulturelle Vereinigungen, die sich proletarischer Bildungsarbeit widmeten: die sogenannten Proletkul't (proletarskie kul'turno-prosvetitel'nye organizacii = proletarische kulturell-aufklärerische Organisationen), deren Zweck es war, eine Kultur von Proletariern für Proletarier zu schaffen. Der geistige Vater dieser Bewegung war ALEKSANDR BOGDANOV (1873 – 1928), ein Theoretiker des russischen Marxismus und Verfasser utopischer Romane (u.a. *Krasnaja zvezda*, Der rote Stern, 1923). Er befürwortete die vollständige Autonomie der Kunst, die nicht von der politischen Kontrolle durch die kommunistische Partei abhängig sein dürfe. Sein Ziel war, die Arbeiter wachzurütteln, ohne auf »bürgerliche« Spezialisten (spęcy) oder revolutionäre Intellektuelle zurückgreifen zu müssen.

Nach der Revolution schossen diese Organisationen für proletarische Kultur wie Pilze aus dem Boden. Ende 1920 zählte die Bewegung 500.000 Mitglieder (beinahe genauso viele wie die Kommunistische Partei!). Anfänglich war sie in den Industriezentren vertreten, später auch in der Provinz; selbst in den abgelegensten Ortschaften gab es Theaterzirkel, Studios für Malerei, Bildhauerei und Zeichnen. Proletkuľt hatte auch internationale Ambitionen, das Ausland aber reagierte zögerlich. In Russland hatte die Bewegung mit kulturellem Rückstand, Armut und Verständnislosigkeit sowie mit offener Feindseligkeit von Seiten der bolschewistischen Führer zu kämpfen. Die Folge davon war, dass Proletkuľt häufig nicht über eine elementare Alphabetisierung hinauskam. Das eigentliche Ziel von Proletkuľt – die Arbeiter zu kreativer Produktion anzuspornen – geriet folglich in den Hintergrund.

Die Arbeiterdichter besangen die revolutionären Ereignisse, im besonderen das Arbeiterkollektiv. Vladimir Kiriļov, Michaiļ Gerasimov und Aleksej Gastev sind von Optimismus, Romantik und Heldentum durchdrungen. Die Stadt als Element der Befreiung (im Gegensatz zum rückständigen Dorf) fasziniert sie. Ihre proletarischen Gedichte, die häufig stark vom Futurismus beeinflusst sind, sind urbanistisch, industrialistisch und kollektivistisch. Im Theater wurde viel experimentiert. Evreinovs Konzept, dem zufolge der Zuschauerraum bei der Aufführung miteinbezogen werden sollte, und die Inszenierungen VSEVOLOD MEJERCHOĽDS (Meyerhold), der Maschinengewehre, Kanonen usw. einsetzte, durchbrachen die traditionelle Umrahmung. Typisch für dieses heroische Zeitalter sind die Massenspiele. So spielten am 1. Mai 1920 in Petrograd Tausende Rotgardisten das kollektiv verfasste *Mysterium der befreiten Arbeit*. Am dritten Jahrestag der Revolution führten ungefähr 10.000 Schauspieler ein gigantisches Stück auf (*Die Erstürmung des Winterpalastes*) – und das auf zwei Ebenen (symbolisch mit rotem und weißem Anstrich), wobei sie von Flugzeugen, Maschinengewehren, Kanonenschüssen und Glockenspiel unterstützt wurden. In der Musik stießen die sogenannten Maschinenkonzerte auf Beifall, bei denen Fabriksirenen und Schiffsignalhörner den industriellen Rhythmus darstellen sollten. Auch die bildenden Künste beteiligten sich an der Verherrlichung der neuen Zeit. Ganze Häuserreihen und Straßen wurden bemalt und zur Bühne für riesige Kampfszenen umfunktioniert. Bemalte und dekorierte Agitationszüge trugen die Propaganda durch das ganze Land (die sogenannte agitprop = agitacionnaja propaganda, Agitationspropaganda). In der Pädagogik und in den Wissenschaften galt das Streben der »Arbeitsschule« mit der Betonung auf der polytechnischen Ausbildung. Es wurden »Arbeiteruniversitäten« (rabfaki) gegründet; man hoffte, eine »Proletarische Enzyklopädie« erarbeiten zu können, die die »bürgerliche« des 18. Jahrhunderts ersetzen sollte.

245

Die Schwierigkeiten, auf die Proletkul't stieß, waren jedoch sehr groß. So wies Gor'kij bereits 1914 in seinem Vorwort zum *Pervyj sbornik proletarskich pisatelej* (Erster Sammelband proletarischer Schriftsteller, St. Petersburg, 1914) auf die immensen Hindernisse hin, die diesen Schriftstellern im Weg standen: kaum Freizeit, fehlende literarische Techniken und ein begrenzter Wortschatz. Darüber hinaus stand die Kommunistische Partei der Bewegung gespalten gegenüber. Während der Kulturminister, Anatolij Lunačarskij, die Bewegung unterstützte, war Trockij der Meinung, eine proletarische Kultur sei unter den herrschenden Umständen schlicht ein Ding der Unmöglichkeit (siehe das polemische und einflussreiche Buch Trockijs *Literatura i revoljucija*, [Literatur und Revolution, 1924]). Lenin lehnte den Proletkul't entschieden ab. Erstens sahen die Bolschewiken in der proletarischen Bewegung einen ernsthaften Konkurrenten um die Vorherrschaft in der Kunst; zweitens hielten sie die Bewegung für zu destruktiv (»Lasst uns Raffael im Namen der Kunst von morgen verbrennen und die Museen zerstören«). Der Kommunistischen Partei zufolge musste erst die kulturelle Grundlage gelegt werden, durften Museen und vergleichbare Einrichtungen nicht zerstört, ja sollten sogar erweitert werden. Bei der 1. Allrussischen Konferenz von Proletkul't im September 1918 vertrat die Sowjetregierung den Standpunkt, dass zuerst die bereits bestehende Kultur, die bisher noch zu wenigen zugänglich gewesen war, vermittelt werden sollte. Auf der Basis des kulturellen Erbes des Kapitalismus sollte der Sozialismus aufgebaut werden (Lenin).

Die harte Linie der Machthaber und ihrer Bundesgenossen in den literarischen Vereinigungen führte zur Fraktionsbildung und zur Spaltung. Proletkul't hatte nahezu 20 Zeitschriften, darunter *Grjaduščee* (Die Zukunft) und *Proletarskaja kul'tura* (Die proletarische Kultur). 1920 verließen jene Schriftsteller, die sich nicht mit der Kontrolle durch die Partei abfinden wollten, die Bewegung und gründeten in Moskau die *Kuznica* (Schmiede) und in Petrograd den *Kosmist*. Diese Gruppe verlor jedoch an Bedeutung, als 1922 die parteiorientierte literarische Vereinigung *Oktjabr'* (Oktober) gegründet wurde, die zwei tonangebende Zeitschriften herausgab: *Na postu* (Auf Posten, 1923) und *Oktjabr'* (1924). Die Gruppe *Oktober* sammelte junge Talente um sich, war militant und aggressiv und stellte den Inhalt über die Form. Michail Svetlov und Aleksandr Bezymenskij publizierten in ihr. Im Jahre 1924 trennte sich die Gruppe *Pereval* (Bergpass) aus Protest gegen die intolerante, orthodoxe Parteilinie von der Gruppe *Oktjabr'* und von *Molodaja gvardija* (Die junge Garde), dem Organ des Komsomol (= Kommunistische Jugendbewegung). In den zwanziger Jahren erschienen die meisten wichtigen literarischen Werke in den Zeitschriften *Krasnaja nov'* (Rotes Neuland) und *Novyj mir* (Neue Welt), die daraufhin von *Oktjabr'* angegriffen wurden. Diese Gruppierung umfasste nur noch Parteimitglieder, und Voraussetzung für die Mitgliedschaft war nicht mehr die proletarische Abstammung eines Schriftstellers, sondern dessen Parteitreue. Infolge der Verabschiedung der Neuen Ökonomischen Politik (NÖP,

1921 – 1928) brach Proletkul't zusammen. Das Ideal der sofortigen Errichtung einer kommunistischen Gesellschaft wurde nun nicht mehr verfolgt; Lenin griff auf eine kapitalistische Wirtschaftsform zurück, so dass die Voraussetzungen für eine kreative Betätigung der Arbeiter zu fehlen schienen. Vasilij Aleksandrovskij, Michail Gerasimov und Vladimir Kirillov traten aus Protest gegen diesen Verrat an der Weltrevolution aus der Gruppe *Kuznica*, die beiden letztgenannten sogar aus der Kommunistischen Partei aus; in den dreißiger Jahren fielen sie dem stalinistischen Terror zum Opfer. Die proletarische Kulturrevolution starb folglich eines stillen Todes. Weiterhin bestehende Studios und ähnliche Einrichtungen wurden formell im Jahre 1932 aufgelöst. Die literarische Bedeutung von Proletkul't war gering, doch die Bewegung prägte den Ton, der auch später in der Sowjetunion in Bezug auf die Literatur herrschte: militant polemisch. Nichtproletarische Schriftsteller wurden als »Klassenfeinde« betrachtet; Verbot, Zensur, Denunziationen und Gewalt waren gang und gäbe – wie im richtigen (politischen) Bürgerkrieg trugen die proletarischen Künstler einen verbissenen Kampf mit ihren Gegnern aus. Einer dieser Gegner war die marxistische Gruppierung *LEF* (Levyj front iskusstva, Linke Front der Kunst), die Ende 1922 von früheren Futuristen gegründet wurde. LEF sah sich als die einzig richtige Vertretung revolutionärer Kunst an. Sie wurde denn auch von proletarischen Schriftstellern wie den Mitgliedern der Gruppe *Oktjabr'* bekämpft. Die *LEF* und die Zeitschrift gleichen Namens wurden von Majakovskij geleitet; Mitglieder waren Nikolaj Aseev, Osip Brik, Vasilij Kamenskij, Aleksej Kručenych, Boris Pasternak (zu Beginn), Viktor Percov und Sergej Tret'jakov. Die *LEF*-Leute waren Rationalisten, die an die Technik, die Wissenschaft und den Fortschritt glaubten und die Kunst und Produktion miteinander kombinieren wollten. Die *LEF* wurde in *Novyj LEF* (Neue LEF) neu belebt. Die Zeitschrift propagierte die »literatura fakta«, die »Faktografie«, also Dokumentation und Reportagen, und setzte sie an die Stelle der (bzw. über die) Belletristik. In der Musik setzte sich *LEF* für den Jazz, bei den bildenden Künsten für Fotografie und Gebrauchsgegenstände, beim Film für Dokumentationen (anstelle von Spielfilmen) ein. 1928 wurde die Gruppierung aufgelöst. Majakovskijs Initiative zur Gründung der »Revoljucionnyj front« (Revolutionäre Front) scheiterte (1929). Die Theorie der »Faktografie« wurde in dem Sammelband *Literatura fakta. Pervyj sbornik materialov rabotnikov LEFa* (Faktografie. Erster Sammelband mit Materialien der LEF-Mitarbeiter) entwickelt, der 1929 von NIKOLAJ ČUŽAK (1876 – 1937) herausgegeben wurde. Die *LEF*-Leute propagierten die Idee der sogenannten Produktionskunst, nach der die Kunst dem Leben unmittelbar Form verleihen müsse. Diese Auffassung wurde vor allem in der bildenden Kunst und in der Architektur, auf Agitations- und Reklameflächen, im Film und bei der Fotomontage verwirklicht. Die Hauptrepräsentanten der Faktografie in der Literatur waren Tret'jakov, Čužak, Brik und Šklovskij. Der Sammelband war als Anleitung für den jungen Sowjetschriftsteller gedacht; er sollte die überholten Formen der Tradition nicht sinnlos nachahmen, sondern Werke schaffen, die »den Anforderungen des revolutionären Zeitalters« entsprachen. Die Sowjetkritik verlangte nach »einem roten Epos« und »einem roten Tolstoj«, doch dieser Forderung widersetzte sich Tret'jakov: »Unser Epos ist die Zeitung ... Warum sollten wir über einen Roman oder über ein Buch reden, warum sollten wir über *Krieg und Frieden* reden, wenn wir jeden Morgen ab dem Moment, an dem wir die Zeitung zur Hand nehmen, tatsächlich eine neue Seite dieses merkwürdigen Romans lesen, der *Unsere Gegenwart* heißt. Die handelnden Personen dieses Romans, sein Autor und seine Leser – das sind wir selbst.« Der Schriftsteller neuen Typs sitze nicht länger in seinem Elfenbeinturm, sondern beteilige sich am Produktionsprozess. Was benötigt werde, sei nicht ein auf Fiktion beruhender Roman, sondern das kleine Genre der Reportage, der Skizze (očerk), des Feuilletons und des Protokolls. Darum bestand jetzt eine Nachfrage nach Memoiren, Reiseberichten und Tagebüchern. An die Stelle des individuellen Helden trat das produzierende Kollektiv. Diese Konzeption wurde von der offiziellen Sowjetkritik als »Linksabweichung« gebrandmarkt – trotzdem ist ihr Einfluss in den Memoiren Ėrenburgs und Šklovskijs, die nach Stalins Tod erschienen sind, spürbar.

Die Geschichte der russischen Literatur nach der Revolution wäre nicht vollständig ohne die Persönlichkeit eines DEM'JAN BEDNYJ (1883 – 1945). Bednyj schrieb vor 1917 für die bolschewistische Presse und pflegte als Lieblingsgattung die Fabel, in der er Krylov imitierte (darum wurde er damals zuweilen als »der sowjetische Krylov« bezeichnet) und in äsopischer Sprache politische Fabeln erzählte (*Basni*, Fabeln, 1913). Nach 1917 schrieb er im Volkston, in einer leicht eingängigen Form, primitive Agitationsgedichte (sogenannte agitki) gegen die Kapitalisten. Er verfasste antireligiöse Gedichte und schrieb Frontlieder (z.B. das bei den Rotgardisten beliebte *V ognennom kol'ce*, Im Feuerring, 1918). Er wurde so zum »poeta laureatus« der Revolution. Lenin hielt ihn für etwas zu derb, und Esenin beschimpfte ihn als »Dem'jan Lakej« (»der Lakei«). Er selbst nannte sich »den Sänger der Arbeiterklasse«.

7.2.3. Majakovskij

VLADIMIR VLADIMIROVIČ MAJAKOVSKIJ (1893 – 1930) verbrachte seine Kindheit in Georgien. Nach dem Tod seines Vaters zog die Familie 1906 nach Moskau. 1908 trat er in die RSDRP (Russische Sozialdemokratische Arbeiterpartei) ein und wurde wegen politischer Agitation der Schule verwiesen; er wurde dreimal verhaftet und hat elf Monate im Gefängnis verbringen müssen. 1912 kam er über den Maler David Burljuk, der im Jahre 1922 ins amerikanische Exil ging, in Kontakt mit den Futuristen. Majakovskij war einer der Unterzeichner ihres Manifests *Eine Ohrfeige dem allgemeinen Geschmack*. Die »Kubofuturisten« lehnten jede bisherige Kunst ab und wollten um jeden Preis etwas Neues bringen. Die »Entbürgerlichung« der Sprache erreichte Majakovskij mittels Vulgarismen und provokanter Metaphern. In einer knallgelben Jacke führte sich der athletisch gebaute Dichter auf der Bühne auf wie ein Boxer. »Épater le bourgeois« war die Hauptsache. Bereits vor 1917 trat er vor einem großen Publikum auf, seine Diktion zielte auf theatralische Effekte ab, in seiner Rohheit (aber auch Empfindlichkeit) steckte viel Übertreibung. 1915 veröffentlichte er *Oblako v štanach* (Wolke in Hosen) und *Flejta-pozvonočnik* (Die Wirbelsäulenflöte). 1917 stellte er sein Engagement in den Dienst der Bolschewiken (darum ist zuweilen von »Futurobolschewismus« die Rede). Satire (auf den Krieg) und revolutionäres Pathos gewannen jetzt die Oberhand; das persönliche Thema trat in den Hintergrund, sollte aber in *Pro ęto* (Darüber, 1923), das von dem Konflikt zwischen dem Dichter und der alltäglichen Realität handelt, wieder hervortreten. Seine Lyrik distanzierte sich nachdrücklich von den Symbolisten (die für ihn zu ätherisch, musikalisch, intellektuell und individualistisch waren) und den Akmeisten (zu perfektionistisch). Majakovskij machte soziale und utilitaristische Kunst, Kunst für die Massen. Die Futuristen betrachteten sich als die Avantgarde der neuen Kultur; sie gründeten die Bewegung *LEF*. Mit ihnen sympathisierten formalistische Kritiker wie Juri Tynjanov, Boris Ėjchenbaum, Boris Tomaševskij und Viktor Šklovskij.

Majakovskijs kommunistisches Mysterienspiel *Misterija buff* (Mysterium buffo, Uraufführung am 7. November 1918, dem ersten Jahrestag der Revolution, überarbeitet im Jahre 1921) enthält eine Parodie auf die biblische Erzählung von der Sintflut. Im Untertitel verspricht Majakovskij eine »heroische, epische und satirische Darstellung unseres Zeitalters«. Nach einer neuen Sintflut werfen die Arbeiter die Herren aus der Arche und nehmen Kurs auf das Paradies. Weil sie sich im Himmel langweilen, kehren sie auf die Erde zurück und errichten dort ein Paradies. Im Versepos *150 000 000* aus dem Jahre 1920 wird die »Klassenkampfweltmeisterschaft« zwischen Ivan, dem Symbol des russischen Bauern, und Woodrow Wilson, dem Präsidenten der Vereinigten Staaten und der Personifikation des Weltkapitalismus, ausgetragen. Lenin nannte dieses Versepos »eine spezielle Art des Kommunismus, den Kommunismus eines Hooligans«. Majakovskij verfasste außerdem größere propagandistische Dichtungen: *Vladimir Il'ič Lenin* (1924) und *Chorošo* (Gut, 1927); im letztgenannten entwirft er ein positives Bild vom Aufbau in Sowjetrussland. In der Propagandaabteilung der Presseagentur ROSTA schrieb er am laufenden Band Texte für Plakate, Agitationen und verschiedene Kampagnen, d.h. Kommentare auf die Tagesereignisse, die von einem Zeitgenossen »futuristischer Unsinn« genannt wurden.

Majakovskijs Satiren, Appelle und Reden über den Kommunismus enthalten keine tiefschürfenden oder komplexen Gedanken, sondern predigen eine einfache Philosophie. Der Behauptung, Majakovskij sei »der Dichter der Revolution«, was als etwas Positives betrachtet wird, setzt Chodasevič (in dem Aufsatz *Majakovskij*, 1930) entgegen: »Sein wirklicher Pathos ist der Pathos des Pogroms, d.h. der Gewalt und der Beschimpfung all dessen, was schwach und wehrlos ist.« Seine Gedichte, die für den mündlichen Vortrag gedacht waren, schrie, ja brüllte Majakovskij geradezu heraus (der amerikanische Dichter Walt Whitman, den er verehrte, sagte einmal: »Ich lasse mein barbarisches Geschrei über den Dächern der Welt erschallen.«). Er spielte mit Assoziationen, wechselndem Rhythmus, ungewöhnlichen Reimen, freiem Vers, elliptischer Syntax, Jargon, derber Umgangssprache und Neologismen (Majakovskijs Neologismen konnten sich aber nicht durchsetzen). Im Jahre 1929 verfasste er zwei satirische Theaterstücke, *Klop* (Die Wanze) und *Banja* (Das Schwitzbad), gegen die Erstarrung, Bürokratie und Bürgerlichkeit des Sowjetmenschen. In *Die Wanze* wird ein typischer Kleinbürger der NÖP-Periode eingefroren, 50 Jahre später (1979) aufgetaut und in dem sozialistischen Land losgelassen. Letztendlich wird er als Kuriosum aus einer längst vergangenen Zeit in den Zoo gesperrt. In *Das Schwitzbad* bringt uns eine Zeitmaschine in die kommunistische Zukunft des Jahres 2030. Die Parteipresse hielt die Stücke für subversiv, so dass sie für 30 Jahre aus dem Repertoire verschwanden. In der Zwischenzeit geriet Majakovskij immer mehr in Konflikt mit der harten Linie der Partei. 1930 war er nolens volens Mitglied der *RAPP* (der Russischen Assoziation proletarischer Schriftsteller) geworden, was seine Freunde als Verrat auffassten. Die Proleten hatten jetzt die führende Rolle in der Literatur inne, und Parteitreue verdrängte die literarischen Verdienste. Revolutionäre Begeisterung war nicht mehr erforderlich. Majakovskij hasste die NÖP, die Erfindung Lenins, der seine Poesie nicht begriff und nicht mochte. Seine Theaterstücke wurden verboten, ein Auslandsvisum wurde ihm verweigert. Im Mittelpunkt seines Schaffens stand nun der Kampf gegen den »byt« (den Alltagstrott, die kleinbürgerliche Borniertheit usw.); schon 1922 sehnte er sich nach »einer dritten Revolution, der Revolution des Geistes«. Er fühlte sich in dem immer mehr zu einem Polizeistaat werdenden Sowjetrussland isoliert und verurteilt, »ausgestoßen durch die Alltäglichkeit«; »das Boot der Liebe ist auf dem banalen Dasein zerschellt«. Dazu kam noch eine unglückliche Liebe. Am 14. April 1930 schoss sich Majakovskij eine Kugel in den Kopf (in der Glasnost-Periode machten Gerüchte die Runde, die Geheimpolizei sei ihm dabei zur Hand gegangen). Und obwohl Selbstmord in Majakovskijs Schaffen ein ständig vorkommendes Motiv ist, war Russland bestürzt. Majakovskij wird von vielen »der Dichter der Revolution« genannt. Aber er ist nicht nur das allein: Zu Beginn war seine Poesie ultraindividualistisch (*Ja*, Ich, 1913; und *Čelovek*, Der Mensch, 1916/1917, über den unglücklichen und eifersüchtigen Liebhaber, die tragische Figur Vladimir Vladimirovič Majakovskij). In *Die Wirbelsäulenflöte* verfasste er sogar sehr intensive Liebespoesie, die von der unglücklichen Liebe zu Lilja Brik, der Frau seines Freundes Osip Brik, inspiriert war.

Majakovskij übte großen Einfluss auf die Sowjetliteratur aus. Eine ganze Dichtergeneration erkannte ihn als führenden Kopf an und imitierte ihn. Als Schüler in der LEF-Gruppe sind Nikolaj Aseev und Sergej Tret'jakov zu nennen. Majakovskijs Auffassung von der Literatur als einem Mittel zur Veränderung der Wirklichkeit wurde später zum ästhetischen Credo der Sowjetliteratur. Er trägt die Mitverantwortung an der Tatsache, dass ein Kunstwerk als soziales Phänomen betrachtet und seine Bedeutung nach dem Beitrag bemessen wurde, den es für die Gesellschaft leistete. Er war der erste Dichter nach Blok, der einen solchen Einfluss hatte. Erst nachdem Stalin ihn zum »besten und begabtesten Sowjetdichter« ausgerufen hatte (1935), wurde Majakovskij wieder verlegt und über ihn geforscht. Bestimmte Aspekte seines Lebens (sein Selbstmord) und seines Werkes (seine Satiren sowie seine futuristischen und formalistischen Texte) wurden jedoch verdreht oder verschwiegen. Ein Teil seines Archivs war unzugänglich (u.a. die Gegendichtung *Plocho*, Schlecht), so dass es unmöglich war, sich ein vollständiges und objektives Bild zu machen. Über die offizielle Anerkennung Majakovskijs schrieb Pasternak: »Man hat Majakovskij unter Zwang eingeführt, so wie unter Katharina der Großen den Anbau der Kartoffel. Das war sein zweiter Tod. Dafür ist er nicht verantwortlich.« Nach Puškin, Lermontov und Nekrasov war Majakovskij der meistgelesene Dichter der Sowjetunion.

8. Die Periode der Neuen Ökonomischen Politik (1921 – 1928)

8.1. Hintergrund

Gegen Ende des Jahres 1920 war der Bürgerkrieg praktisch zu Ende. Im Februar 1921 verkündete Lenin die Neue Ökonomische Politik (NÖP); der neue Kurs musste es dem Land ermöglichen, sich vom Bürgerkrieg zu erholen. Für die Partei und für das ausgehungerte und apathische Volk bedeutete die NÖP eine Atempause. Obwohl Privatinitiative auch während der Periode des Kriegskommunismus (1917 – 1921) nicht ganz ausgeschaltet worden war, lag das Buchmonopol nahezu ausschließlich in den Händen des Gosizdat (= Staatlicher Verlag). Jetzt, da Privatinitiative wieder zu Ehren kam und von staatlicher Seite als einziges Mittel akzeptiert wurde, um das Land vor einer Katastrophe zu bewahren, schossen private Verlage wie Pilze aus dem Boden. Das Jahr 1921 stellte einen Neubeginn in der Sowjetliteratur dar: Es gab wieder Papier, der Buchhandel funktionierte wieder, es wurden wieder kulturelle Kontakte mit dem Ausland geknüpft, und viele junge Schriftsteller veröffentlichten nun zum erstenmal. Häufig unterhielten die Verlage Filialen im Ausland, so dass in diesen Jahren Bücher erschienen, in denen als Erscheinungsorte »Moskau – Berlin« oder »Petersburg – Berlin« angegeben waren. Es gab zahlreiche Kontakte zwischen sowjetischen und emigrierten Schriftstellern. Es wurden auch neue Zeitschriften gegründet; wie die Verlage führten sie häufig ein kurzes Leben, manche aber haben eine einflussreiche Rolle gespielt. Auffallend ist, dass sie ein hohes Maß an Meinungsfreiheit an den Tag legten und auf alles reagierten, was außerhalb Russlands auf kulturellem Gebiet passierte. So z.B. die *Literaturnye Zapiski* (Literarische Aufzeichnungen) des »Dom literatorov« (Haus der Literaten) in Petrograd, das zur Begegnungsstätte der alten Intelligenzija wurde; diese Zeitschrift besprach literarische Werke – unabhängig davon, ob sie in der Sowjetunion oder in der Emigration erschienen – unparteiisch. Eine wichtige Zeitschrift war *Krasnaja Nov'* (Rotes Neuland, 1921 – 1942), die von ALEKSANDR VORONSKIJ, einem der freidenkerischsten Marxisten jener Zeit, herausgegeben wurde. In ihr veröffentlichten Kommunisten, aber auch Vertreter der alten Garde und der sogenannten Mitläufer ihre Werke. Der Begriff »Mitläufer« (poputčik, englisch: fellow-traveller) wurde von Trockij (Trotzki) verbreitet, der 1924 ein umfangreiches, polemisches und einflussreiches Buch über die allerjüngste Sowjetliteratur veröffentlichte (*Literatura i revoljucija*, Literatur und Revolution). Mit »Mitläufer« meinte er einen Schriftsteller, der sich nicht hinter die Bolschewiken scharte, sich aber auch nicht ihrer Politik widersetzte. Er behauptete, dass der Mitläufer bereit sei, ein Stück auf dem sozialistischen Zug mitzufahren, aber an irgendeinem Halt unterwegs abspringen würde. Erwähnenswert ist außerdem die Zeitschrift *Pečat' i revoljucija* (Presse und Revolution) von Vjačeslav Polonskij.

In dieser Periode fasste die Kommunistische Partei einen wichtigen Beschluss in Bezug auf die Literatur. Dieser Standpunkt wurde im Erlass O *politike partii v oblasti chudožestvennoj literatury* (Über die Parteipolitik auf dem Gebiet der schöngeistigen Literatur) vom 18. Juni 1925 bekanntgegeben. Diese Resolution sanktionierte den Status quo in der Literatur. Das wichtigste darin enthaltene Element ist, dass der Anspruch proletarischer Schriftsteller auf die Führungsrolle in der Literatur zurückgewiesen wurde; die Machthaber erkannten deutlich, dass die proletarischen Vereinigungen außer Versprechungen wenig zu bieten hatten und sich nicht auf große künstlerische Leistungen berufen konnten. Konkret bedeutete dies, dass die »Mitläufer« weiterarbeiten durften. Oder anders gesagt: Der Erlass wollte einen Modus vivendi zwischen verschiedenen proletarischen und nichtmarxistischen Gruppierungen herbeiführen. Im Erlass waren aber auch einige Einschränkungen enthalten: 1. Antiproletarische oder antirevolutionäre Elemente werden nicht geduldet; 2. Neutrale Kunst ist zurückzuweisen; 3. Das Proletariat ist vorläufig nur auf politischer Ebene die führende Kraft, soll aber im Lauf der Zeit auch an der ideologischen Front die Vorherrschaft erobern. Die Partei war der Meinung, dass das Proletariat hierauf »historischen« Anspruch habe, und erklärte sich zur Mithilfe bereit, diese Hegemonie zu verdienen. Außerdem wurde gefordert, dass Mitläufer möglichst taktvoll behandelt werden sollten, um sie so schnell wie möglich für die kommunistische Ideologie zu gewinnen.

Der kommunistische Eigendünkel (komčvanstvo) der proletarischen Schriftsteller wurde abgelehnt. Der Erlass trat folglich für freie Konkurrenz auf literarischem Gebiet ein.

Die meisten Sowjetschriftsteller sahen in diesem Erlass eine »Charta der künstlerischen Freiheiten«. Es gab aber auch Gegenstimmen. Pasternak fand, dass das Land keine kulturelle Revolution erlebe, sondern eine »kulturelle Reaktion«, und Osip Mandel'štam fühlte bereits, dass der Strick um den Hals der Literatur immer enger gezogen wurde. Während der Parteikonferenz, die dem Erlass vorausging, hatten die *Na postu*-Leute die Idee entwickelt, eine »literarische Tscheka« (Tscheka stand für Geheimpolizei) ins Leben zu rufen, und Majakovskij, der Rebell, der einstige Krawallmacher, rief dazu auf, mit Michail Bulgakov, dem Autor von *Die Tage der Geschwister Turbin*, abzurechnen. Gegen diese militanten Standpunkte hatte die Partei jetzt einen Damm des Wohlwollens aufgeworfen. Erst nach dem Ende der NÖP sollten diese Fanatiker sich wieder zu Wort melden. Die NÖP hatte aber auch ihre Schattenseiten. Alles, was in der Sowjetunion veröffentlicht wurde, musste dem Zensor vorgelegt werden und das offizielle Imprimatur (d.h. das der Partei) erhalten (siehe den Kolophon, den es in jedem Sowjetbuch gibt). Veresaev klagte: »Wir können nicht mehr wir selbst sein. Unserem künstlerischen Gewissen wird ständig Gewalt angetan. Unser literarisches Schaffen wird immer mehr zu einem Haus mit zwei Stockwerken: Das eine schreiben wir für uns, das andere ist zur Veröffentlichung gedacht.« Außerdem wurden 1922 nahezu 160 führende

Persönlichkeiten der russischen Intelligenzija des Landes verwiesen. Die ohnehin lange Liste tonangebender Schriftsteller, die freiwillig das Land verlassen hatten, wurde um Wissenschaftler, Philosophen und Historiker ergänzt, die von den sowjetischen Behörden (Lenin persönlich) »abgeschrieben« wurden. In Russland sollten sie ihren Einfluss und ihre Autorität nicht mehr geltend machen können. Zu ihnen gehörten die Historiker Aleksandr Kizevetter, Antonij Florovskij, Venedikt Mjakotin; der Soziologe Pitirim Sorokin und die Publizisten Valentin Bulgakov, Ekaterina Kuskova, und Michail Osorgin; die weltberühmten Philosophen Nikolaj Berdjaev, Semën Frank, Lev Šestov, Nikolaj Losskij, Sergej Bulgakov, Fëdor Stepun, Ivan Il'in und Evgenij Trubeckoj. Auf diese Weise wurde in der jungen Republik etwas mehr Platz für »die ideologische Diktatur des Marxismus« (Bucharin in der *Pravda* vom 24. Juni 1923) geschaffen.

Die Freiheit, die den Literaten eingeräumt wurde, war der Tatsache zu verdanken, dass die Partei mit internen Machtkämpfen und Meinungsverschiedenheiten (zu sehr) beschäftigt war. Die »literarische NÖP« ließ den Sowjetschriftstellern denn auch Möglichkeiten, die sich ihnen später nicht mehr bieten sollten. Futuristen, Symbolisten, die Serapionsbrüder und viele andere experimentierten mit Sprache, Inhalt und Formen. Die zwanziger Jahre in der Sowjetunion werden zuweilen das »utopische Jahrzehnt« genannt. Zwischen 1920 und 1926 debütierten um die 150 Schriftsteller; es waren häufig junge Kämpfer, Arbeiter und Bauern, die aus allen Ecken Russlands kamen und ihre Sprache in die Literatur einführten. Auf diese Weise unterlag die Sprache der klassischen russischen Literatur, die überwiegend von Adligen oder Intellektuellen, die im wesentlichen aus Zentralrussland kamen, geschrieben wurde, einschneidenden Veränderungen. Das große Thema, das die Literatur der zwanziger Jahre des 20. Jahrhunderts beseelte, war die russische Revolution und ihre Auswirkungen auf das Leben in Russland. In Abhängigkeit von der Art wie Sowjetschriftsteller dieses Phänomen verarbeiteten, lassen sich Romantiker, Chronisten und Satiriker unterscheiden.

8.2. Revolutionäre Romantiker

8.2.1. Pil'njak

BORIS PIL'NJAK (eig. Vogau, 1894 – 1938) war der erste Sowjetschriftsteller, der die Revolution zu seinem Hauptthema machte. Im Alter von 27 Jahren verfasste er das erste Prosawerk der Sowjetliteratur, das die Revolution und ihre Auswirkungen auf das Leben darstellt: *Golyj god* (Das nackte Jahr, 1921). Es wurde ein enormer Erfolg, und der Autor dominierte mit diesem Werk die Literatur der Jahre 1921 – 1923. Die Einheit in dieser rhapsodischen Chronik des Jahres 1919 liegt nicht in der Handlung (es gibt keine), sondern eher im Stil. Das Werk ist eine Aneinanderreihung von Fragmenten in einer abwechselnd lyrischen und epischen Sprache, mit viel Wiederholungen, Metaphern, Leitmotiven (allen voran das des Schneesturms), in einer Mischung aus Archaismen, Dialekt und Umgangssprache – und das alles in einen nebulösen, barocken, sogenannten ornamentalen Stil gehüllt. Der Einfluss der rhythmischen Prosa Bẹlyjs ist offensichtlich. Zitate aus historischen Dokumenten, Presse- oder Gesetzestexten komplizieren das Werk noch mehr. In unzusammenhängenden Episoden erzählt Pil'njạk von Städtern, die ihre Wurzeln verlieren, von der adligen Familie Ordynin, einer Kommune anarchistischer Bauern, von Aufstand und Brudermord, und er beschreibt auf naturalistische Weise grausame, sinnliche und erotische Szenen, die sich mit philosophischen Ergüssen über das Schicksal Russlands abwechseln. Die Zeitgenossen betrachteten *Das nackte Jahr* als typisch für die ganze Generation.

In der russischen Revolution sah Pil'njạk das Ende der Petersburger Kultur und die Wiederauferstehung des (präpetrinischen) Moskowiens des 17. Jahrhunderts. Die Natur (= das primitive Volk, die wilden Wölfe) überflutet die Kultur (= die »Maschinenmenschen«) (in *Mašịny i vọlki*, Maschinen und Wölfe, 1925). In der Revolution bricht die wilde Energie des Volkes aus. Als Sohn eines Wolgadeutschen und einer russisch-tatarischen Mutter stellte Pil'njạk dem Sonnenuntergang in Europa den Sonnenaufgang in Russland gegenüber (in *Trẹt'ja stolịca*, Die dritte Hauptstadt, 1924). Doch die Raserei wird von den »Lederjacken« (kọžanaja kụrtka), den knochenharten Bolschewiken (wie der »energisch funktionierende« Archịp Archịpov in *Das nackte Jahr*) in die richtigen Bahnen gelenkt. Eine prachtvolle Novelle ist *Pọvest' nepogạšennoj lunỵ* (Die Geschichte vom nichtausgelöschten Mond, 1926) über den General der Roten Armee Gavrịlov, der gegen seinen Willen auf Befehl der Partei operiert wird. Die Partei sieht in ihm einen »nützlichen« Arbeiter (nicht den Menschen), und der muss weiterhin funktionieren. Gavrịlov stirbt unter dem Messer. Die Erzählung enthält allzu durchsichtige Anspielungen auf den Tod des Kriegskommissars Michaịl Frụnze, der Stạlin durch seinen Freund Klimẹnt Vorošịlov ersetzen lassen wollte. Stạlin, der »Führer«, wird hier übrigens »der Unbeugsame« genannt. Wie alle guten literarischen Werke löste auch dieses nach seinem Erscheinen einen Sturm der Entrüstung in der Presse aus. Pil'njạk versuchte daraufhin aktuelle Themen zu meiden und sich auf psychologische und historische Sujets zu konzentrieren, doch der Sturm brach erneut los, als der Berliner Verlag Metropolis seine Novelle *Krạsnoe dẹrevo* (Mahagoni, 1929) veröffentlichte. Als Helden stellt Pil'njạk hier Sonderlinge, desillusionierte Revolutionäre und politische Sektierer dar; ihnen sollte es obliegen, die russische Geschichte weiterzuführen. Der Autor stellte die Frage, ob sich Russland mit seiner asiatischen Stagnation so einfach verändern lässt (die Erzählung trägt sich in einer Kleinstadt an der Wolga zu, die Pil'njạk »ein russisches Brügge« nennt). Die Kritik war so heftig, dass Pil'njạk den Roman in politischer Hinsicht umarbeitete und säuberte zu *Vọlga vpadạet v Kaspịjskoe mọre* (Die Wolga mündet ins Kaspische Meer, 1930), einem

Fünfjahresplanroman über den triumphalen Bau eines (fiktiven) Staudamms, mit begeisterten Kommunisten und konterrevolutionären Verschwörungen. Doch Pil'njaks Schicksal war besiegelt: Er wurde aus allen Vereinigungen ausgeschlossen; selbst seine öffentliche »Abbitte« konnte ihn nicht mehr retten, ebensowenig wie sein »amerikanischer Roman« *O'kej* (O.K., 1932), ein einseitiges Pamphlet gegen Amerika. Im Jahre 1938 wurde Pil'njak als »japanischer Spion« liquidiert, 1957 postum rehabilitiert.

Angeregt von Pil'njaks barockem Ornamentalismus ist der proletarische Schriftsteller ALEKSANDR TARASOV-RODIONOV (1885 – 1938), der in den Jahren 1921 – 1924 Untersuchungsrichter im Obersten Gerichtshof und Mitglied der *Kuznica* und anschließend des *Oktjabr'* war. 1922 veröffentlichte die Zeitschrift *Molodaja gvardija* seinen Roman *Šokolad* (Schokolade). Der Roman ist jetzt so gut wie unbekannt, hat aber damals einen Skandal verursacht. Der bolschewistische Chef der Tscheka (Geheimpolizei), Zudin, bekommt es mit einer konterrevolutionären Agentin, einer ehemaligen Ballerina, zu tun. Eine Kommission findet den wahren Sachverhalt heraus, und Zudin wird zum Tode verurteilt, obwohl seine Schuld gering ist: Seine Frau hat eine Tafel Schokolade als »Schmiergeld« angenommen. Die Kommission vertritt die Ansicht, dass die Arbeiter doch niemals glauben würden, dass Zudin unschuldig sei, und dass sie unter Beweis stellen müsse, dass die Revolution niemanden schone, der ihre Sache verrät. Der Autor stellt sich hinter diese Auffassung. Das – in literarischer Hinsicht eher schwache – Werk bildete den Anlass zu heftigen Diskussionen. Man hielt die These des Autors – ein Kommunist müsse den Vorurteilen der Masse geopfert werden – für einen ideologischen Fehler. Im Jahre 1938 verschwand Tarasov-Rodionov während einer der Stalin'schen Säuberungen.

8.2.2. Zamjatin

Bereits 1911 fand EVGENIJ ZAMJATIN (1884 – 1937) mit seinem *Uezdnoe* (Aus der Provinz) starke Beachtung. Während des Ersten Weltkrieges arbeitete er als Schiffbauingenieur lange Zeit in England, was sich in *Ostrovitjane* (Die Insulaner, 1917) niederschlug, einer geistreichen Satire auf die Scheinheiligkeit und den Puritanismus der Engländer. Nach der Revolution wurde er zu einer führenden Persönlichkeit: Er gab Literaturzeitschriften heraus, hielt literarische Kurse ab und war der große Lehrmeister der *Serapionsbrüder*. Die abscheuliche Atmosphäre der ersten Revolutionsjahre gibt er in den grotesken Erzählungen *Peščera* (Die Höhle, 1921) und *Mamaj* (1920) ausgezeichnet wieder. Für den Helden von *Die Höhle* bedeutet die Sowjetherrschaft eine Rückkehr in die Urzeit (Höhlenbewohner). Zamjatin, der unter dem Zaren ein Bolschewik gewesen war, geriet nach 1917 schnell mit den bolschewistischen Machthabern, ihrer Brutalität, bürokratischen Reglementierung, ihrem Dogmatismus, Eigendünkel, Despotismus, mit Unterdrückung und

257

Exekutionen aneinander. Er trat für die Ketzer ein (eine feste Größe in seinem gesamten Schaffen). Im Artikel »Ja bojus'« (Ich habe Angst) aus dem Jahre 1920 schrieb er: »Wahre Literatur wird nicht von fleißigen und treuen Beamten gemacht, sondern von Verrückten, Einsiedlern, Ketzern, Träumern, Rebellen und Skeptikern.« In Zamjatins Augen musste der Schriftsteller auch Prophet sein. Er verspottete den Anspruch der Kommunisten, die Wahrheit gepachtet zu haben, und vor allem die Versuche proletarischer Schriftsteller, eine »neue« Literatur zu schaffen. Vor diesem Hintergrund stellte er fest: »Ich fürchte, dass die russische Literatur nur eine einzige Zukunft hat: ihre Vergangenheit.« In seinem berühmten Essay O literature, revoljucii i entropii (Über Literatur, Revolution und Entropie, 1923) stellt er der Entropie (= Verlust an Energie, Ruhe, Stillstand des Denkens) die Ketzerei gegenüber. Er schreibt: »Es gibt keine letzte Revolution, ebensowenig wie es eine letzte Zahl gibt« (dies hat ihm den Vorwurf eingebracht, ein »literarischer Trotzkist« zu sein). Der Einfluss Dostoevskijs ist hier offensichtlich (der Kampf gegen den »Kristallpalast«, siehe Aufzeichnungen aus dem Untergrund), ebenso wie im historischen Drama Ogni svjatogo Dominika (Die Feuer des heiligen Dominikus, 1922/1923) über die Inquisition in Spanien; in ihm können ungestraft ideale Analogien zum Terror des Sowjetstaates gezogen werden. Dieses Drama zur Verteidigung der Ketzer konnte in der Sowjetunion nicht aufgeführt werden.

Die Folge von Zamjatins unabhängiger Haltung war, dass er zum »Teufel der Sowjetliteratur« erklärt wurde. Die Hölle war jedoch erst richtig los, als die russische Emigrantenzeitschrift Volja Rossii (Der Wille Russlands, Prag) im Jahre 1929 seinen Roman My (Wir) veröffentlichte. Im Oktober 1929 trat Zamjatin aus eigenem Entschluss aus der Allrussischen Schriftstellervereinigung aus, weil diese sich an der Verfolgung eines Mitglieds beteiligte und bei der Organisation der Hexenjagd mithalf (vgl. später Georgij Vladimov). Hierauf schrieb er 1931 einen Brief an Stalin, der als Dokument einer großen, mutigen, unabhängigen Persönlichkeit in die Geschichte der russischen Literatur eingegangen ist: »Ich weiß, dass ich die sehr unangenehme Angewohnheit habe, nicht das zu sagen, was im gegebenen Augenblick von Vorteil ist, sondern das, was ich für die Wahrheit halte.« Der bedrängte Schriftsteller bat um die Genehmigung zur Ausreise und zur Rückkehr, »sobald es bei uns wieder möglich ist, in der Literatur den großen Ideen zu dienen, ohne vor kleinen Menschen kriechen zu müssen«. 1932 durfte er sich, auf Fürsprache Gor'kijs, in Paris niederlassen, wo er 1937 starb. Zamjatin ist bis zur Periode der Glasnost in der Sowjetunion tabu gewesen.

Zamjatin hat Remizovs ornamentalen Stil weiterentwickelt. Sein Werk ist surrealistisch, satirisch und häufig grotesk; er selbst nannte seinen Stil »Neorealismus« (Expressionismus). In seiner Auffassung muss Kunst die Wirklichkeit nicht reproduzieren, sondern deformieren (»nicht objektiv« sein). Er bevorzugt klare Erzählstrukturen und mathematische Metaphern. Gemeinsam mit Pil'njak bestimmte er in hohem Maße den Stil der jungen Generation debütierender Sowjetschriftsteller.

Zamjatins Hauptwerk ist der antiutopische Roman *Wir*, geschrieben in der Form der Tagebuchaufzeichnungen von D-503, einem Untertan des Einheitsstaates. D-503 ist ein Ingenieur, der als untertäniger Diener des Staates an der »Integral«, einem riesigen Raumschiff, arbeitet, mit dem man andere Planeten erreichen will, in der Hoffnung, diese zur Philosophie des Einheitsstaates zu bekehren. Dieses Gemeinleben ist durch die »Grüne Mauer« künstlich von der Außenwelt (= Naturreservat) abgeschnitten und wird von dem unfehlbaren »Wohltäter« (Blagodetel') regiert, der das Leben seiner Untertanen (Arbeit, Denken, Freizeit, Sexualität) minuziös regelt. Die Häuser sind aus Glas, d.h. durchsichtig, und Mikrophone, mechanische Augen und Ohren bewachen alles und jeden. Widerspenstige Elemente werden hingerichtet. Alles geht kollektiv vor sich (darum trägt das Tagebuch die Aufschrift »Wir«); Liebe geschieht – ebenso wie Kunst – auf Bestellung. Hunger und Liebe existieren nicht mehr, so dass – anders als in der Vergangenheit – keine Unruhe mehr herrscht. Folglich sind die Menschen glücklich (Wahl: »Glück ohne Freiheit oder Freiheit ohne Glück«, vgl. Dostoevskij). D-503 lernt jedoch eine Frau, I-330, kennen, die echte Gefühle in ihm wachruft und ihn für die Sache der Opposition gewinnen kann. Diese plant für den Tag der Wiederwahl des Großen Wohltäters eine Erhebung. Weil eine andere, eifersüchtige Frau den Plan verrät, misslingt das ganze Vorhaben. D-503 wird nun einer Gehirnoperation unterzogen, bei der das letzte Hindernis auf dem Weg zum Glück, die Fantasie, weggeschnitten werden soll. So wie Winston Smith in George Orwells *1984* nach einem Fluchtversuch einem »brain-washing« unterzogen wird und letztendlich sagen kann, dass er Big Brother liebt, so sagt auch D-503 nach der Operation: »Ich bin gesund, absolut, völlig gesund.« Zamjatin ist von dem SF-Schriftsteller H.G. Wells beeinflusst worden, den er zum Gegenstand mehrerer Untersuchungen gemacht hat (siehe den Sammelband *Lica*, Personen, New York 1967), und hat vermutlich Aldous Huxley zu *Brave New World* (1932) angeregt. Die Handlungen beider Romane weisen zu viele Übereinstimmungen auf, um reiner Zufall zu sein. Zamjatins Roman wurde bereits 1924/1925 ins Französische, Englische und Tschechische übersetzt, so dass Huxley ihn gekannt haben kann; in Bezug auf Orwell besteht biografische Gewissheit. Doch es gibt auch einen Unterschied: Während Huxley eine Satire auf die entindividualisierte Massengesellschaft und Orwell auf die stalinistische Diktatur schrieb, schrieb Zamjatin über ein nicht näher bezeichnetes totalitäres Gemeinleben und nicht über die Sowjetunion. Seine angsterregende Zukunftsvision ist universeller als die seiner zwei angelsächsischen Schriftstellerkollegen, so dass die Behauptung (von sowjetischer Seite), *Wir* sei ein Pamphlet gegen die Sowjetherrschaft, schlichtweg lächerlich war. Der niederländische Slawist Peter Krug stellt sogar fest: »Diese apokalyptische Parabel könnte jedoch auch ein prophetischer Hinweis auf Hitlers Drittes Reich sein.« Die Person Lenins anno 1920 kann Zamjatin kaum zum Bild des Großen Wohltäters angeregt haben.

Beiläufig sei an dieser Stelle noch auf ein reizendes utopisches Werk aus dem Jahre 1920 über das Russland anno 1984 hingewiesen. Es trägt den faszinierenden Titel *Putešestvie moego brata Alekseja v stranu krest'janskoj utopii* (Reise meines Bruders Aleksej in das Land der Bauernutopie) und stammt von IVAN KREMNĚV (Pseudonym des Volkswirtschaftlers Aleksandr Čajanov, 1888 – 1937). Wie Zamjatins Roman gibt diese Utopie die Auffassung eines desillusionierten Bolschewiken von der Zukunft des kommunistischen Russland wieder, doch im Gegensatz zu *My* enthält die Reise den Traum eines idyllischen Schlaraffenlandes und ist durchdrungen von populistischem, slawophilem und ökologischem (antiurbanistischem) Gedankengut. Eine Ermutigung für den Leser von Orwells *1984* und eine ideologische Bombe, wenn man es vor dem Hintergrund der historischen Sowjetrealität liest. Der Autor »verschwand« in den dreißiger Jahren.

Ebenfalls verschwunden – 1942 aus dem Leben und für nahezu 50 Jahre aus der russischen Literatur – ist der jetzt so gut wie unbekannte MICHAIL KOZYREV (1892 – 1942), der in den zwanziger Jahren einer der beliebtesten Mitarbeiter der Zeitschrift *Krokodil* war. 1925 schrieb er die »satirische Erzählung« *Leningrad*, die erst 1991 erscheinen konnte. Dieser Zukunftsroman spielt im Jahre 1950 und zeichnet ein pessimistisches Bild des sowjetischen Gemeinlebens dreißig Jahre nach der sozialistischen Revolution (die Erzählung ist vom Standpunkt einer Person aus geschrieben, die auf einmal aus dem Jahr 1913 im Jahr 1950 gelandet ist): ein rigider Arbeiterstaat mit monotoner Propaganda, in dem die Bürger ausspioniert werden. In der fantastischen Erzählung *Pjatoe putešestvie Gullivera* (Gullivers fünfte Reise, um 1936, veröffentlicht 1991) beschreibt er Gullivers Reise mit dem Luftballon nach »Juberallia, dem besten Land der Welt, auch das Land der Scheinheiligkeit und Lüge genannt«.

8.2.3. Die Serapionsbrüder

Im Hungerwinter des Jahres 1921 trafen sich im Petrograder Dom iskusstv (Haus der Künste) einige junge Schriftsteller, die sich *Serapionsbrüder* nannten. Sie bildeten keine richtige literarische Vereinigung, sondern eine »Brüderschaft« begeisterter Literaturanhänger, die in ihrer Jugend und Lebensfreude an die Freiheit des Künstlers glaubten. In diesem Zentrum intellektuellen Lebens in Petrograd nahm der einflussreiche Maksim Gor'kij sie unter seine Fittiche; sie erhielten Literatur-unterricht von Zamjatin (Prosa) und Gumilёv (Poesie). Sie ließen sich von dem deutschen Romantiker E.T.A. Hoffmann inspirieren, der 1821 einen Sammelband mit fantastischen Erzählungen unter dem Titel *Die Serapionsbrüder* veröffentlicht hatte. Der Erzählzyklus handelt von einer kunstliebenden Vereinigung, die Literaturabende organisiert, an denen die Anwesenden auf eigenen Erfahrungen beruhende fesselnde Geschichten erzählen. Der Einsiedler Serapion spricht sich hier für den autonomen Wert der Fantasie aus. 1922 veröffentlichte LEV

LUNC das Manifest *Počemu my Serapionovy brat'ja* (Warum wir Serapionsbrüder sind). In ihm stellt der Theoretiker der Vereinigung fest, dass das Kunstwerk autonom sei; Literatur stelle eine eigene Realität dar, sie transformiere »objektive« Wirklichkeit mittels einiger »priëmy« (= künstlerischer Verfahren), die einen verfremdenden Effekt haben (= ostranenie). Lunc erkennt gesellschaftliches Engagement nicht an, Literatur wolle die Welt nicht verändern (»Ein literarisches Werk *kann* die Epoche widerspiegeln, braucht es aber nicht«). »Die Kunst hat weder ein Ziel noch eine Daseinsberechtigung.« Die Beurteilung muss auf rein künstlerischen (und nicht auf ideologischen) Kriterien basieren. In dem Manifest wird behauptet, dass die Gruppe heterogen sei. »Jeder von uns vertritt seine eigene Ideologie, seine eigene politische Überzeugung, jeder streicht seine Hütte in den Farben seiner Wahl.« Schreiben ist für die *Serapionsbrüder* ein Handwerk, der Schriftsteller muss lernen, literarische Techniken zu beherrschen (vgl. Šklovskijs Abhandlungen *Teorija prozy*, Theorie der Prosa, 1925, und *Technika pisatel'skogo remesla*, Die Technik des Schriftstellerhandwerks, 1928). In diesem Zusammenhang rief Lunc die russischen Schriftsteller auf, von westlichen Abenteuerromanen zu lernen (spannender Plot). Von wesentlicher Bedeutung war für sie auch die Aufrichtigkeit in der Literatur. Außerdem setzten sie Toleranz und Freundschaft voraus (»Es lässt uns kalt, auf welche Seite Blok, der Dichter von *Die Zwölf*, sich gestellt hat« und »Wir sind keine Kameraden, sondern Brüder«).

Zu den *Serapionsbrüder*n gehörten Vsevolod Ivanov (1895 – 1963), Zoščenko, Nikolaj Nikitin (1897 – 1963), Michail Slonimskij (1897 – 1979), Veniamin Kaverin (eig. Veniamin Zil'ber, 1902 – 1989), Lev Lunc (1901 – 1924), Fedin und Vladimir Pozner (1905 – 1992). Der letztgenannte ging bereits 1921 ins Pariser Exil, wo er 1929 *Panorama de la littérature russe contemporaine* veröffentlichte. Auch zwei Dichter gehörten der Gruppe an, Tichonov und Elizaveta Polonskaja, sowie der formalistische Kritiker Šklovskij. Trockij zählte die *Serapionsbrüder* zu den »Mitläufern«, wodurch sie entsprechend dem Parteierlass aus dem Jahre 1925 noch geduldet wurden. Marxistische Kritiker jedoch sahen in ihrem Programm – zu Unrecht – die Verteidigung des L'art-pour-l'art-Prinzips. Ab 1927 fanden keine regelmäßigen Treffen mehr statt, und in den dreißiger Jahren sollten sich einige von ihnen den neuen Richtlinien anpassen.

Die *Serapionsbrüder* haben auf eine Reihe von Sowjetschriftstellern großen Einfluss ausgeübt (u.a. Oleša, Leonov, Bulgakov, Valentin Kataev) und bekleiden eine Sonderstellung in der Literatur der zwanziger Jahre. In den dreißiger Jahren verschwanden sie in der Welle der Angriffe gegen Formalismus, Experimente und Erneuerung. In den sechziger Jahren setzte sich Kaverin für ihre Rehabilitierung ein, aber dessen ungeachtet wurden sie kaum gedruckt.

Fesselnd ist die autobiografische *Sentimental'noe putešestvie. Vospominanija 1917 – 1922* (Sentimentale Reise. Erinnerungen 1917 – 1922, Berlin 1923) aus der Feder des Kritikers unter den *Serapionsbrüdern*, VIKTOR ŠKLOVSKIJ (1893 – 1984).

Hierin beschreibt er seine Erlebnisse während der Revolution und des Bürgerkriegs, seine Aufgabe als Kommissar der Provisorischen Regierung in Galizien und später in Kurdestan, das abenteuerliche Leben und die wochenlangen Reisen in eiskalten Zügen, das trotz Hunger und Kälte intensive literarische Leben in Petrograd, die bittere Emigration in Finnland und Berlin. Šklovskij erwähnt viele berühmte Zeitgenossen, z.B. die Politiker Kerenskij, Lenin, Sverdlov, die Schriftsteller Gor'kij, die *Serapionsbrüder*, Gumilëv, Chodasevič, Mandel'štam, Blok, die Kritiker Boris Ėjchenbaum (1886 – 1959) und Jurij Tynjanov (1894 – 1943), mit denen er im Jahre 1914 die OPOJAZ (Obščestvo po izučeniju poėtičeskogo jazyka, Vereinigung zur Untersuchung der poetischen Sprache, 1914 – 1923) gründete, die vor allem Stil und Struktur untersuchte und somit die Grundlage für den russischen Formalismus bildete.

Die Anspielung auf *A Sentimental Journey* von Laurence Sterne ist natürlich ironisch gemeint: Šklovskijs Reise durch Krieg, Hunger, Krankheit und Tod ist alles andere als sentimental. Darüber hinaus nimmt der Autor eine gewisse Distanz und unparteiische Haltung gegenüber der Realität ein. Der fragmentarische und inkohärente Charakter der Reisebeschreibung erweckt den Eindruck, dass sein Stil und seine Komposition formlos seien. Er schweift mit seinen Gedanken über literarische und politische Probleme, mit geistreichen Einfällen und Anekdoten ständig ab. Dies entspricht der Konzeption der Literatur als Fakt, wie sie in der Zeitschrift *LEF* und in dem Sammelband *Literatura fakta* (Faktografie, 1929) repräsentiert wird.

Ein Beispiel sujetloser Prosa ist sein ZOO. *Pis'ma ne o ljubvi ili Tret'ja Ėluiza* (ZOO oder Briefe nicht über die Liebe, Berlin 1923), parodistische Liebesbriefe an Elsa Triolet, die Frau des französischen Schriftstellers Louis Aragon, über das Berlin der zwanziger Jahre und die dortige russische Emigrantenkolonie. Trotz seiner sozialrevolutionären Vergangenheit durfte Šklovskij auf Fürsprache Gor'kijs in die Sowjetunion zurückkehren.

Ironisch ist die 1923 verfasste *Putešestvie na bol'ničnoj kojke* (Reise auf meinem Krankenbett) von LEV LUNC. In diesen »Aufzeichnungen eines Kranken über Kranke« verspottet Lunc die Russen in Deutschland, die sich kein bisschen darum bemühen, sich die deutsche Kultur (und wäre es nur die Sprache) anzueignen: »Es gibt Emigranten, die vier, fünf Jahre in Berlin wohnen und außer ›Bitte‹ kein einziges deutsches Wort kennen. Weil sie nur mit Russen reden, in ihren russischen Geschäften einkaufen, russische Zeitungen lesen. Der einzige Repräsentant der deutschen Nation, mit dem der Emigrant etwas zu tun hat, ist die Zimmerwirtin. Daher der Hass auf alles Deutsche.«

Neben Zoščenko und Fedin, die gesondert behandelt werden, ist VSEVOLOD IVANOV (1895 – 1963), der zuweilen »der sibirische Gor'kij« genannt wird, der bedeutendste der *Serapionsbrüder*. Ivanov schreibt in der farbenprächtigen Sprache der Steppen und der sibirischen Bauern, in Bildern, die in hohem Maße sinnlich sind und auf Lokalkolorit beruhen, in einem ornamentalen Stil. Die meisten seiner frühen Werke (*Partizạny*, Partisanen, 1921, und *Bronepọezd 14–69*, Panzerzug Nr. 14–69, 1923, 1927 zu einem Bühnenstück umgearbeitet, das äußerst populär wurde) beschreiben den Kampf der roten Partisanen im Bürgerkrieg. Ivạnov betrachtet die Revolution mit den Augen eines Romantikers. Er bewundert die physische Kraft, den Kampfgeist und die Entschlossenheit seiner Helden. Ihre Taten sind entsetzlich und primitiv, ein zügelloser Ausbruch von Instinkten in einem Kampf auf Leben und Tod in einer exotischen Landschaft. Sie richten Unheil an und rächen sich ohne nachzudenken. Ivạnovs Beschreibungen sind naturalistisch und widmen sinnlichen Szenen (Grausamkeit, körperliche Liebe, Hunger, Feste) viel Aufmerksamkeit. Die neuen Helden des jungen Sowjetstaates leiden nicht unter Introspektion! Später wurde dem Autor übelgenommen, dass er das Fleisch verherrliche und nicht den Verstand, dass er in der Revolution die Instinkte triumphieren lasse und nicht die Ideologie. Darum hat er gegen Ende der zwanziger Jahre das ein oder andere überarbeitet, naturalistische Szenen weggelassen und psychologische Analysen eingeführt. Doch Ivạnov war nun einmal der Schriftsteller des revolutionären Vitalismus, der Chronist »des Sturms über Asien«, so dass seine Versuche, sich der dogmatischen Kritik zu fügen, scheiterten.

In *Panzerzug Nr. 14 – 69* stehen rote Partisanen in der Nähe von Wladiwostok den weißen Truppen von Admiral Kolčạk gegenüber. Der bewaffnete Zug, das Symbol der Konterrevolution, kann erst zum Stillstand gebracht werden, nachdem sich ein chinesischer Partisane aufgeopfert und vor den Zug geworfen hat. Ein Menschenleben zählt nicht das geringste – »der Mensch ist nur ein Haufen Dreck«. Selbstverständlich wurde Ivạnov dieser »Pessimismus« später übel genommen.

Ebenso deprimierend und bar jeden Heldentums sind die Bürgerkriegsszenen in NIKOLẠJ NIKỊTINS (1895 – 1963) Werk. In den Erzählungen *Kạmni* (Die Steine, 1923) und *Noč'* (Die Nacht, 1922) zeigt er, dass nicht nur die Roten, sondern auch die Weißen nur Elend in Russland verbreiten. Später passte Nikịtin sich der Parteilinie an, und es wurde ihm für seinen antiwestlichen Roman *Sẹvernaja avrọra* (Die Aurora des Nordens, 1950), der den Kampf gegen die ausländische Intervention behandelt, der Stạlinpreis verliehen.

Erwähnenswert ist SLONỊMSKIJS Novelle *Mašịna Ėmeri* (Die Emery-Maschine, 1924) über einen »ehernen Kommunisten«, den Prototyp des positiven Helden aus der Stalinära. Er entwickelt eine Maschine, die den Menschen zwar zu einem Automaten reduziert, dafür aber zu einem glücklichen.

Eines der letzten und wichtigsten Formexperimente der frühen Sowjetliteratur finden wir in *Chudọžnik neizvẹsten* (Unbekannter Meister, 1931) von VENIAMỊN KAVẸRIN (1902 – 1989), der einen verkannten und boykottierten Künstler als einen Don Quichotte in den Kampf gegen die Werte der neuen Zeit ziehen lässt (Künstler werden durch unheimliche Politfunktionäre ersetzt; vgl. Olẹša). Der Roman ist in der Form eines literarischen Tagebuchs verfasst, das eigentlich eine Vorstudie für einen noch zu schreibenden Roman darstellt. Satirisch ist das spannende, mit

Ausdrücken aus der Gaunersprache durchsetzte *Konec chazy* (Das Ende einer Bande, 1925) über eine Gaunerhöhle im Petrograd der NÖP-Zeit. Die Helden von Kaverins Abenteuer- und Schelmenromanen sind Spieler, Betrüger, Bankrotteure und Scharlatane. Enormer Beliebtheit erfreute sich sein romantischer Abenteuer- und Entwicklungsroman *Dva kapitana* (Zwei Kapitäne, 1938 – 1944) über eine Expedition ins Nordpolgebiet.

8.2.4. Pereval

Nicht so bedeutend wie die *Serapionsbrüder* war die literarische Vereinigung *Pereval* (Der Gebirgspass, 1924 – 1932, 8 Sammelbände). Sie wurde 1924 unter der Obhut von Voronskijs *Krasnaja nov'* von jungen marxistischen Schriftstellern gegründet, die den Bürgerkrieg mitgemacht hatten und die Ideale der Revolution in Ehren hielten. Sie hatten die Gruppen *Molodaja gvardija* (Die junge Garde) und *Oktjabr'* (Oktober) verlassen, weil diese der Parteilinie zu orthodox folgten. Ein echtes Manifest erschien erst 1927. Wie Voronskij traten sie für Qualität in der Literatur ein und protestierten gegen die Einfachheit und den Vulgarismus der proletarischen Schriftsteller, die Futuristen und Konstruktivisten aber hielten sie für zu formalistisch und rationalistisch. Sie forderten Aufrichtigkeit in der Literatur, das literarische Werk müsse organisch sein, »wahr, erlebt und nicht gemutmaßt, nicht konstruiert, es muss aus dem Herzen des Schriftstellers kommen«; sie wetterten gegen Heuchelei und Kriecherei, die kennzeichnend für proletarische Schriftsteller seien. Eine der grundlegenden Ideen der Gruppe nannte ein *Pereval*-Mitglied »Mozartismus«, das ist ein nicht gekünstelter, sondern ein eleganter, klarer Stil, Spontanität und Individualität. Die letzte von Voronskij redigierte Ausgabe erschien im Oktober 1927. Als er wegen trotzkistischer Opposition als Redakteur gefeuert wurde und in der Sowjetpresse eine Schmutzkampagne gegen *Pereval* einsetzte, verließen viele Mitglieder die Gruppe (beispielsweise Pavel Pavlenko, Autor von *Ščast'e*, Das Glück, 1947 Stalinpreis). Bekannte Namen aus der *Pereval*-Gruppe sind Michail Prišvin, Ėduard Bagrickij, Andrej Platonov und Ivan Kataev. Erwähnenswert sind außerdem Nikolaj Zarudin (1899 – 1937), Boris Guber (1903 – 1937), der über »überflüssige Menschen« in der neuen Gesellschaft schrieb, der Dichter Gleb Glinka (veröffentlichte 1954 in New York den Band *Na perevale*, Auf dem Gebirgspass) und die Kritiker Abram Ležnev und Dmitrij Gorbov.
    Einer der bedeutendsten und bekanntesten *Pereval*-Schriftsteller ist IVAN KATAEV (1902 – 1937). Im Jahre 1919 schloss er sich der Roten Armee an und wurde Mitglied der Kommunistischen Partei, 1923 der RAPP, die er 1926 verließ, um zu *Pereval* zu wechseln. Kataev schrieb wenig und mühevoll, dafür aber klar und mit offenem Visier. Obwohl er nicht gegen den »sozialen Auftrag« der Literatur war, trat er doch für die Entlarvung anstelle der Verschönerung der Wirklichkeit ein, und zwar im Namen des »lebendigen Lebens«. Er genießt vor allem Bekanntheit als

Autor der Novelle *Moloko* (Milch, 1930) mit einem in der russischen Literatur einzigartigen »Hohelied auf die Milch« (wie der niederländisch-amerikanische Slawist Tom Eekman es formuliert). Der baptistische Bauer Nilov hat als pater familias einen wohlhabenden Bauernhof aufgebaut und widersetzt sich den armen Bauern (= bednjaki), die eine Kooperative gründen wollen. Diese Apologie des Individualprinzips des Bauernphilosophen kam zu einem Zeitpunkt heraus, als die Bolschewiken gerade damit begonnen hatten, die russischen Bauern als Klasse, die jahrhundertealte Agrarkultur, gewaltsam zu vernichten. Kataev erhielt eine Frist bis 1939, dann verschwand er in einem Lager.

8.2.5. Babel'

Der glänzende Erzähler ISAAK EMMANUILOVIČ BABEL' (1894 – 1940) nimmt unter den Romantikern der ersten Stunde eine herausragende Stellung ein. Als chassidischer Jude wuchs er in der kosmopolitischen Hafenstadt Odessa mit ihrem legendären Armenviertel Moldawanka auf. Babel' musste sich auf väterlichen Befehl im Talmud unterweisen lassen. Er schickte seine ersten Erzählungen Gor'kij zu, der ihm riet, »unter die Menschen« zu gehen; er führte nun, mal hier, mal da, ein abenteuerliches Leben, was ihn realistisch und hart machte und ein krankhaftes Interesse an Grausamkeit in ihm hervorrief. Bereits in der Kindheit wurde er mit körperlicher Gewalt konfrontiert, und zwar während der Pogrome in der Ukraine in den ersten Jahren dieses Jahrhunderts (beschrieben in *Istorija moej golubjatni*, Geschichte meines Taubenschlags, 1925). 1920 schloss er sich Budënnyjs Armee im Polen-Feldzug an. Dies resultierte in dem Zyklus *Konarmija* (Budënnyjs Reiterarmee, 1923/1924). Ein Hauptthema dieser Erzählungen ist der Konflikt zwischen dem empfindsamen Intellektuellen mit seinen geschliffenen Manieren und seiner Kultur sowie der primitiven Gewalt der Kosaken. Babel's Helden morden, rauben und vergewaltigen, fluchen und gebrauchen obszöne Ausdrücke. Ein anderes Thema ist der Widerspruch zwischen ihren idealistischen Erwartungen und ihren Grausamkeiten. Neben Tragik enthalten diese Erzählungen, die Alpträumen ähneln, auch poetische Elemente; romantische Stilmittel kontrastieren mit naturalistischen (auch in der Natur, beispielsweise eine idyllische Landschaft mit Grausamkeiten). Auf diesem Kontrast beruht Babel's ganzer Stil. In seinen *Odesskie rasskazy* (Geschichten aus Odessa, 1923 – 1925) beschreibt er die bunte, exotische jüdische Unterwelt dieses russischen Marseille. Beinahe grotesk sind die Erzählungen über den König dieses Mikrokosmos, Benja Krik. Babel' war der führende Kopf der sogenannten Schule des Südens (zu der die anderen »Odessiten« Bagrickij, Il'f und Petrov, Valentin Kataev gehörten). Diese Schule zeichnete sich durch Lokalkolorit, Elemente aus dem Schelmenroman und eine Kombination aus Romantik und Humor aus. Das Exotische wurde durch die zahlreichen jiddischen und ukrainischen Einflüsse unterstrichen.

Babel' war ein großer Stilist; von manchen Erzählungen (z.B. *Ljubka Kazak*, Ljubka der Kosak, 1925) gab es über 20 Redaktionen. Seine Gattung war die Kurzgeschichte, auf den Punkt zugespitzte Skizzen, die meistens eine einzige Begebenheit mit einem überraschenden Schluss herausarbeiten. Hier soll sich der Einfluss von Guy de Maupassant zeigen (siehe die Erzählung *Guy de Maupassant*, 1932). Äußerste Kürze und zahlreiche Hyperbeln charakterisieren seine Texte zudem. Über die Streichungen in seinen Werken sagte Babel': »Zwei Adjektive bei einem Substantiv kann sich nur ein Genie erlauben« und »Das einzige, was ich nicht bedauere, ist die Tatsache, dass ich nie ein Wort von mir zurückzunehmen brauche«. Diesem romantischen Expressionismus hatte er eine führende Position in der Sowjetliteratur zu verdanken; die Sowjets räumten ihm eine bedeutendere Stellung ein als Bulgakov. In der sowjetischen Presse traten Trockij und später Gor'kij für diesen Intellektuellen der Revolution ein, u.a. trotz der Verweise von seiten Budënnyjs persönlich, dass Babel' die Roten nicht als Helden darstelle (»Schmäh-schrift«, »Karikatur«), dass sie genauso unmenschlich seien wie die Weißen. Erst im Jahre 1990 erschien der vollständige Text seines Tagebuchs über diesen Feldzug (*Dnevnik 1920*), eine Art Entwurf für seine späteren Erzählungen (»Unaustilgbar ist die menschliche Grausamkeit«). Obwohl er wiederholt in den Westen reisen durfte (zu Verwandten in Frankreich und Belgien), kehrte er immer wieder in die Sowjetunion zurück, wo er lavieren musste (siehe seine Briefe, die er an seine Mutter und seine Schwester in Brüssel richtete). Während des 1. Schriftstellerkon-gresses (1934) nannte er sich selbst »einen Großmeister in einer neuen literarischen Gattung: der Kunst des Schweigens«. In einem Brief schrieb er: »In einem Land, das so nachdrücklich zu einer Einheit gemacht wurde wie das unsere, ist es unvermeidlich, dass das Denken in Klischees stark zunimmt, aber ich will diesem standardisierten Denken entgegenwirken und in unserer Literatur neue Ideen, neue Gefühle und Rhythmen einführen.« Dieser russisch-jüdische Schriftsteller, der »mit einer Brille auf der Nase und mit dem Herbst in der Seele« wie ein ironischer Außenseiter durch das Inferno der Revolution gegangen war, wurde 1940 hinge-richtet. Im Jahre 1957 erschien eine sorgfältig zensierte Auswahl aus seinem Werk mit einem Vorwort von Ėrenburg.

8.2.6. Tichonov

Ein ausgesprochener Romantiker war NIKOLAJ TICHONOV (1896 – 1979), einer der Begründer der Sowjetliteratur. Seinen Ruhm hat er dem romantischen Pathos zu verdanken, das er in Balladenform goss (die er als Gattung wiederentdeckte) und das in konkreter, knapper, viriler Sprache mit metallenen Klängen von Heldentum und Mut kündet. Die Sammelbände *Orda* (Die Horde) und *Braga* (Dünnbier) aus dem Jahre 1922 enthalten dynamische romantische Verse über den Bürgerkrieg. Außerdem behandelte Tichonov noch exotische Themen: Erzählungen und Gedichte über den Kaukasus (der immer eine Quelle romantischer Inspiration für russische Dichter gewesen ist), Afghanistan, Pakistan, China. Er übersetzte darüber hinaus georgische, armenische und andere mittelasiatische Poesie. Am bekanntesten ist seine *Ballạda o gvozdjạch* (Die Ballade von den Nägeln, aus der Sammlung *Brạga*) über außergewöhnlichen Heldenmut von Revolutionären. Seinen Lakonismus hat er wahrscheinlich von den Akmeisten gelernt. In dem Band *Pọiski gerọja* (Die Suche nach einem Helden, 1927) begibt sich der Dichter auf die Suche nach dem »homo sovieticus« in der neuen, sozialistischen Gesellschaft. In den dreißiger Jahren passte sich Tịchonov trotz seiner Formexperimente unter dem Einfluss von Chlẹbnikov und Pasternạk dem politischen System an. 1935 nahm er am Internationalen Schriftstellerkongress (von Antifaschisten) in Paris teil. Das resultierte 1936 in *Ten' drụga* (Der Schatten meines Freundes), einem lyrischen Tagebuch über seinen Aufenthalt in Europa, das er gegen die Sowjetunion, »das Land der Länder«, ausspielt. Seine Lyrik nahm in zunehmendem Maße einen politischen (publizistischen) Charakter an, er schrieb billige Kriegspoesie und Propagandaverse mit Zeitbezug. Nach dem Zweiten Weltkrieg war er (auch als Dichter) in der (kommunistischen) Weltfriedensbewegung aktiv. Als er sich gegen Ende der fünfziger Jahre an der Kampagne gegen den Nobelpreisträger Pasternạk beteiligte – ausgerechnet jenen Dichter, von dem er so viel gelernt hatte – ließen ihn viele Schriftsteller fallen. Sein Einfluss auf die junge Generation von Sowjetdichtern ist groß gewesen. Er wird zu Recht als »der Romantiker der Revolution« bezeichnet, aber im Gegensatz zu anderen Romantikern stellte er die revolutionären Vorgänge heroisch verherrlichend dar.

8.3. Chronisten

Als die wichtigsten Chronisten des täglichen Lebens in den zwanziger Jahren in der Sowjetunion sind zu nennen: Katạev, Sejfụllina, Romạnov und Ognëv. Der bekannteste ist VALENTỊN KATẠEV (1897 – 1986), der seine Berühmtheit in der Sowjetunion dem satirischen Roman *Rastrạtčiki* (Die Defraudanten, 1926), einer Karikatur typischer NÖP-Zustände, zu verdanken hat. Zwei Buchhalter brennen mit der Kasse durch und geraten in allerlei amüsante Abenteuer, bis sie der Justiz übergeben werden. Die Geschichte war auch unter Emigranten beliebt. Katạevs bester Roman ist das populäre Jugendbuch *Belẹet pạrus odinọkij* (Es blinkt ein einsam Segel, 1936), das 1905 in Odessa, der Stadt, in der der Autor geboren wurde, spielt. Die Revolution von 1905 bildet lediglich den Hintergrund (die Meuterei auf der »Potëmkin«, ein Pogrom, Straßenkämpfe und Streiks) zu dieser reizvollen Darstellung zweier neunjähriger Jungen, des Lehrerssohnes Pẹtja und des Fischerssohnes Gạvrik. Sie helfen Sozialisten, spielen mit der Polizei Katz und Maus und genießen ihre Abenteuer, die sie als ein Stückchen Romantik betrachten, in vollen Zügen.

Das »blinkende Segel« wird zum Symbol für das Feuer der Revolution. Später hat Kataev seinen Roman zu einem Bühnenstück umgearbeitet, die Geschichte ist außerdem verfilmt worden. Großer Beliebtheit im Ausland erfreute sich sein Vaudevillestück *Kvadratura kruga* (Die Quadratur des Kreises, 1928), eine Komödie über Wohnungsnot und Studentenehen, die sehr gut konstruiert ist. 1932 schrieb Kataev eine begeisterte Erzählung über den ersten Fünfjahresplan in Magnitogorsk (*Vremja vperëd*, Im Sturmschritt vorwärts!).

LIDIJA SEJFULLINA (1889 – 1954) wurde im In- und Ausland berühmt durch ihren Roman *Pravonarušitel'* (Der Rechtsbrecher, 1921) über einen obdachlosen Jungen (= besprizornik) und seine mühselige Umerziehung. Das Werk ist wegen seines dokumentarischen Wertes – Beschreibung einer recht großen Gruppe von infolge der Revolution sozial Entwurzelten – von Bedeutung. Das gleiche Problem wird auch in *Besprizornye* (Die Obdachlosen) von VLADIMIR ZENZINOV thematisiert. Am berühmtesten ist *Pedagogičeskaja poèma* (Pädagogisches Poem, 1932 – 1935) von dem Sowjetpädagogen ANTON MAKARENKO (1888 – 1939). In Sejfullinas Erzählung *Virineja* (1924) steht eine emanzipierte Bäuerin im Mittelpunkt. Sejfullina schrieb schnell und unkonzentriert, und ihr Naturalismus hebt sich scharf von der romantischen Herangehensweise Vsevolod Ivanovs oder Nikitins ab. Das Bild, das sie von der Revolution zeichnete, war nicht besonders rosig, wodurch sie sich Angriffen ausgesetzt sah.

Großer Beliebtheit im In- und Ausland erfreute sich auch der Humorist PANTE-LEJMON ROMANOV (1884 – 1938). In *Tovarišč Kisljakov* (Genosse Kisljakov, 1930) zeichnete er ein lebendiges und ungeschöntes Bild vom Leben in der Sowjetunion. Er schrieb vor allem über Probleme im Bereich von Ehe, Liebe und Sexualität in einer Zeit, in der die traditionellen Moralbegriffe außer Gebrauch gerieten. Mit dem Titel seiner Erzählung *Bez Čerëmuchi* (Ohne Blütenzweige, 1926) wird die Epoche der freien Liebe (èpocha bez čerëmuchi) in der Sowjetunion bezeichnet: die zwanziger Jahre. Die Kritik behandelte ihn von oben herab.

Fesselnd wegen seiner Thematik ist NIKOLAJ OGNËV (1888 – 1938), der Mitglied der *Pereval*-Gruppe war. *Dnevnik Kosti Rjabceva* (Das Tagebuch des Kostja Rjabcev, 1926/1927) und dessen Fortsetzung *Ischod Nikpetoža* (Nikpetožs Abgang, 1928) enthalten in Tagebuchform die Ansichten eines alles andere als vorbildlichen Schülers über die Reformen in den zwanziger Jahren im Unterrichtswesen. In den sich anschließenden Bänden hat Ognëv Parteikritik (»einseitig«) in Autorenkommentaren verarbeitet, wodurch er die freimütige Kritik des Schülers abschwächt. Das Werk hat große dokumentarische Bedeutung.

Schließlich weisen wir noch auf Vladimir Lidins Roman *Otstupnik* (Der Abtrünnige, 1927) hin, in dem ein Student, der einen Mord verübt, im Mittelpunkt steht und der ein interessantes Bild von den Sitten jener Zeit vermittelt.

8.4. Satiriker

8.4.1. Zọščenko

Eine der berühmtesten literarischen Persönlichkeiten der zwanziger Jahre ist der Satiriker MICHAỊL ZỌŠČENKO (1895 – 1958). Er war Mitglied der *Serapionsbrüder* und wurde schon früh beliebt durch seine komischen Kurzgeschichten (von zumeist zwei bis drei Seiten Länge) über das Alltagsleben in der Sowjetunion. Zwischen 1922, der Veröffentlichung des Bandes *Rasskạzy Nazạra Il'ičạ gospodịna Sinebrjụchova* (Die Erzählungen von Nazar Il'ič, dem Herrn Sinebrjuchov = Blaubauch), und 1946, seinem literarischen Tod, kamen 91 Ausgaben von Zọščenko auf den Markt. Auch im Ausland wurde er gerne gelesen – nicht zuletzt von Emigranten. In seinen Erzählungen knüpft Zọščenko an die Tradition Leskọvs und Zamjạtins an: Er gibt einem einfachen Mann das Wort, der in der ersten Person und in volkstümlicher Sprache die Geschichte erzählt. Einen komischen Effekt erzielt diese sogenannte Skaz-Technik, indem der halbgebildete Erzähler verschiedene Sprachebenen vermischt: mündliche Alltagssprache, schlecht verdauter Parteijargon und geradebrechte gelehrte Wörter. Der naive, aber durchaus pfiffige Mann aus dem Volk streut Parteilosungen in seine Redeweise ein, wenn ihm diese in den Kram passen. Gerade der Kontrast zwischen dieser entwaffnenden Aufrichtigkeit, dieser Naivität und dem gewichtigen Tonfall, in dem dies alles vorgebracht wird, sorgt für den komischen Effekt. Zọščenko schrieb einmal über seine Sprache: »Ich verdrehe kaum etwas: Ich schreibe in der Sprache, in der die Straße denkt und redet.«

Er schrieb satirische Erzählungen, Humoresken und Grotesken, in denen er die menschlichen Schwächen des Sowjetbürgers darstellt, im besonderen die Unarten der frischgebackenen NÖP-Leute, die damals den Ton angaben. Doch seine Satire richtet sich nicht gegen die Grundlage des Sowjetsystems an sich, sondern nimmt lediglich dessen Auswüchse aufs Korn (Bürokratie, Korruption, kleine Betrügereien, Mundraub usw.). Zọščenkos Durchschnittsbürger lässt die Revolution und alles, was dazugehört, gelassen über sich ergehen, trauert eigentlich aber um die gute alte Zeit, die in ihm eine Sehnsucht nach »bürgerlichem« Komfort entstehen lässt. Dogmatische Kritiker behaupteten, dass Zọščenko übertreibe, dass die sozialen Missstände oder menschlichen Schwächen, die er anprangerte, nicht existierten oder »nicht typisch« seien. Gerade die Darstellung der sowjetischen meščạne (Kleinbürger) war es, was sie störte: Hatten die sozialen und wirtschaftlichen Veränderungen nach 1917 dieses Phänomen denn nicht aus der Welt geräumt? Gerade die »Überbleibsel der zaristischen Vergangenheit« dominieren in Zọščenkos Erzählungen das sowjetische Leben.

Tragischer und pessimistischer sind seine sogenannten sentimentalen Novellen *Strạšnaja noč'* (Eine schreckliche Nacht, 1924) und *O čẹm pel solovẹj* (Wovon die Nachtigall sang, 1925) über den Kontrast zwischen der alltäglichen Banalität

(Langeweile, Fantasiemangel) und der kommunistischen Utopie (= Zukunft). Die zweite psychologische Novelle ist ein Liebesdrama über eine Hochzeit, die nicht stattfindet, weil die Schwiegermutter sich weigert, den Verlobten eine Kommode zu überlassen. Singt die Nachtigall, weil sie »fressen will«, oder singt sie von »einem wundervollen Leben in der Zukunft«, »in so rund dreihundert Jahren«?

In den dreißiger Jahren unternahm Zoščenko mehrere Versuche, sich den Vorschriften des sozialistischen Realismus anzupassen – ohne Erfolg. Dies resultierte in unkomischen Werken wie *Istorija odnoj žizni* (Geschichte eines Lebens, 1934) über einen Dieb, der beim Bau des Weißmeerkanals zur Einsicht gelangt, sowie in den Biografien *Kerenskij* (1937) und *Taras Ševčenko* (1939). Während des Krieges wurde der Schriftsteller gemeinsam mit anderen nach Alma-Ata evakuiert. 1943 erschien seine therapeutische Selbstanalyse *Pered voschodom solnca* (Vor Sonnenaufgang), in der er die Ursachen seiner Melancholie bloßzulegen versuchte. Es handelt sich um einen Teil des autobiografischen Werkes *Ključi sčast'ja* (Schlüssel zum Glück; dessen zweiter Teil – *Povest' o razume*, Erzählung von der Vernunft – erschien 1972). Die Reaktionen waren vernichtend. Zoščenko wurde ein »fataler Freudianer« genannt: Er habe Angst, Sexualität, Schüchternheit und pathologische Melancholie geschildert, und das in einer Zeit, in der das Sowjetvolk den Feind heroisch zurückschlage! Das Buch sei »schädlich für das Gemeinleben« und der Autor »ein hirnloser Pornograf«. Doch der Frontalangriff sollte noch kommen, und zwar 1946; Anlass war *Priključenija obez'jany* (Die Abenteuer eines Affen), eine unschuldige Erzählung über einen Affen, der aus dem Zoo flieht, allerlei Abenteuer erlebt und schließlich dem Leben im Zoo (d.h. in einem Käfig) den Vorzug gibt vor dem Leben in der Sowjetgesellschaft. Für die leicht eingeschnappten Sowjets galt auch hier, dass dem Leser mit dem richtigen Verständnis ein halbes Wort genügt: Zoščenko wurde aus dem Schriftstellerverband ausgeschlossen und musste von Übersetzungen leben. Er starb gebrochen und isoliert im Jahre 1958.

8.4.2. Il'f und Petrov

Der vielleicht beliebteste humoristische Roman der zwanziger Jahre wurde von dem Duo aus Odessa, Il'ja Il'f (1897 – 1937) und Evgenij Petrov (Pseudonym von Kataev, dem Bruder Valentins, 1903 – 1942), geschrieben: *Dvenadcat' stul'ev* (Zwölf Stühle, 1928) ist ein Klassiker der Sowjetliteratur. Den zwei Humoristen ist hier ein genialer Streich gelungen: Auf dem Sterbebett erzählt eine alte Frau ihrem Schwiegersohn, Vorobjaninov, dass sie während der Revolution – als die Bolschewiken vor der Tür standen – ihre Familienjuwelen in den Esszimmerstühlen versteckt habe. Ihr ganzer Besitz steckt in diesen Stühlen! Die aber sind infolge des Wirbelsturms der Revolution im ganzen Land verstreut. Der Schwiegersohn macht sich auf die Suche und begegnet dabei Ostap Bender, dem geschickten jungen Herrn und Schurken, der sich in jeder Lage zu helfen weiß und sich »der große Kombinator« nennt. Während ihrer Treibjagd nach den Stühlen werden sie in allen Ecken Russlands mit nicht allzu angenehmen Erscheinungen der NÖP-Periode konfrontiert. Der charmante Betrüger und unverbesserliche Schelm Bender ist eine jener unvergesslichen Schöpfungen, die bis auf den heutigen Tag zu den beliebtesten literarischen Gestalten in Russland gehört (er braucht den Vergleich mit seinem Vorgänger aus dem 19. Jahrhundert, Čičikov in Gogol's Schelmenroman *Die toten Seelen*, wahrlich nicht zu scheuen). Die kommunistische Zeitschrift *Oktjabr'* nannte den Roman »grotesk, verworren und unwahrscheinlich«, musste jedoch zugeben, dass er echt war. Ostap Benders Abenteuer nehmen ein abruptes Ende, als Vorobjaninov ihn ermordet, nachdem sie endlich den zwölften Stuhl gefunden haben. Doch groß ist die Enttäuschung, als sie erfahren, dass die Juwelen von den Kommunisten gefunden und für den Bau eines Klubhauses verwendet worden sind!

Il'f und Petrov ließen ihren über Klasse verfügenden Betrüger in *Zolotoj telënok* (Das goldene Kalb, 1931) von den Toten auferstehen. Diese Fortsetzung von *Zwölf Stühle* ist ein ebenso großer Schelmenroman wie sein Vorgänger, an den er anknüpft. Dem Betrüger Ostap Bender kommt zu Ohren, dass irgendwo in Sowjetrussland ein Millionär rumläuft, und er will diesen von der bleischweren Last befreien, in einem proletarischen Land der Besitzer von einer Million Rubel zu sein, während eben derselbe brave Besitzer den unglaublichen Lohn von 46 Rubeln im Monat verdient. Zusammen mit ein paar Tölpeln, die sich alle als Söhne von Leutnant Schmidt (von dem berühmten Panzerkreuzer »Potëmkin«) ausgeben, heckt er einen Plan aus, um dem Schuft sein Schwarzgeld abzuluchsen. Wie in *Zwölf Stühle* gibt diese einfache Ausgangssituation mehr als genug Stoff her, um das kommunistische Russland, das der findige, zuweilen sympathische »große Kombinator« Ostap Bender wie die Pest hasst, gehörig zu verspotten. In dem Buch kommt eine kuriose Episode vor, in der ein betrügerischer Buchhalter sich in eine psychiatrische Klinik aufnehmen lässt, um dem erwarteten Buchprüfer zu entgehen. In dieser Szene wird ein Satz ausgesprochen, den so mancher Leser in Erinnerung behalten hat: »In Sowjetrussland ist das Irrenhaus der einzige Ort, an dem ein normaler Mensch leben kann.« Derartige witzige, aber auch gewagte Äußerungen kommen in *Das goldene Kalb* in großer Zahl vor. Man kann sich daher mit Recht fragen, wie das Buch jemals durch die Zensur kommen konnte. Jahrzehntelang konnte sich der Sowjetleser von Äußerungen Benders wie »Letztes Jahr habe ich ernsthafte Auseinandersetzungen mit der Sowjetmacht gehabt. Die wollen den Sozialismus einführen – ich nicht. Den Sozialismus einzuführen ist mir zu langweilig« oder »Eine schöne Bescherung haben dieser Marx und dieser Engels hier angerichtet« faszinieren lassen. Auf die Autoren trifft ein Satz aus *Das goldene Kalb* zu: »Die Vorräte an Ironie, die Polesov in zehn Jahren Kommunismus aufgebaut hatte, waren unerschöpflich.«

Die beiden Romane waren bei der sowjetischen Intelligenzija außerordentlich beliebt, bis das Duo Il'f und Petrov in der zweiten Hälfte der sechziger Jahre von

Bulgakov verdrängt wurde, als dessen Meisterwerk *Der Meister und Margarita* postum veröffentlicht wurde.

Mitte der dreißiger Jahre machte das Duo mit dem Auto eine Reise durch die Vereinigten Staaten. Ursprünglich war es ihre Absicht gewesen, Ostap Benders Abenteuer in Amerika zu beschreiben, doch in der definitiven Fassung – *Odnoètažnaja Amerika* (Das einstöckige Amerika, 1936) – verarbeiteten sie geistreich und satirisch ihre eigenen Eindrücke von dieser Reise. In der unterhaltsamen Erzählung *Kolumb pričalivaet k beregu* (Kolumbus legt an, 1936) lassen sie den großen Entdeckungsreisenden im Amerika der dreißiger Jahre landen.

Obwohl das Duo gemeinsam fünf dicke Bände (1994 neu aufgelegt) verfasst hat, ist außer den beiden obengenannten Romanen fast nichts bekannt. Und doch haben sie viele interessante und lesenswerte Dinge über das Leben in Sowjetrussland gegen Ende der zwanziger Jahre und in den dreißiger Jahren geschrieben. *Svetlaja ličnost'* (Eine strahlende Persönlichkeit, 1928) ist eine geistreiche (von Gogol' inspirierte) Erzählung über einen Beamten in einer Provinzstadt, der ein vom örtlichen Erfinder entwickeltes Mittel gegen Sommersprossen einnimmt und dadurch völlig unsichtbar wird. Alle denken nun, er sei ein Revisor, der auf diese geheimnisvolle Weise den Handel und Wandel seiner Kollegen kontrollieren wolle. Mit einem Male beginnen alle, mustergültig zu leben und zu arbeiten! Noch lustiger ist der Erzählzyklus *Neobyknovennye istorii iz žizni goroda Kolokolamska* (Außergewöhnliche Ereignisse aus dem Leben der Stadt Kolokolamsk, 1928), in dem Il'f und Petrov ein humoristisches und satirisches Bild von wirklich sehr dummen Zeitgenossen zeichnen. So verfügt das Provinzstädtchen über ein Grab des Unbekannten Kleinen Selbständigen, und ein armer Schuster verkauft jemandem seine proletarische Abstammung. Ein geborstenes Kanalisationsrohr halten die gescheiten Kleinstädter für eine Warmwasserquelle und träumen von einem touristischen Kurort; das Städtchen begeht den Jahrestag des Bundes gegen das Händeschütteln. Dies ist nur eine kleine Auswahl aus der ganzen Reihe unglaublicher Geschichten, die Il'f und Petrov mit viel Vergnügen und Sarkasmus erzählen. Lustig und zugespitzt auf die sowjetischen Zustände ist der Zyklus *1001 den', ili novaja Šacherezada* (1001 Tag oder Eine neue Scheherazade, 1929), in der eine Sowjetfrau kurz davor steht, von ihrem Chef entlassen zu werden, ihn aber davon abhält, indem sie an jedem (Arbeits-)Tag eine spannende Geschichte erzählt.

Diese Erzählungen des Duos erreichen nicht das Niveau der arabischen Geschichten, doch sie erfüllten ihren Zweck: Sie vermitteln eine unterhaltsame literarische Bekanntschaft mit einem Land, das auf dem besten Weg war, sich in ein Irrenhaus zu verwandeln.

8.4.3. Bulgąkov

MICHAĮL AFANĄS'EVIČ BULGĄKOV (1891 – 1940) wurde in Kiew geboren; er studierte Medizin und war als Arzt in der Umgebung von Smolensk und Kiew tätig, Erfahrungen, die er in *Zapįski jųnogo vrača* (Aufzeichnungen eines jungen Arztes) und in *Morphium* satirisch und humoristisch zu Papier brachte. Während des Bürgerkrieges (1919) veröffentlichte er den Artikel »Zukunftsperspektiven«, in dem er »die große soziale Revolution« dafür verantwortlich machte, dass Russland daniederliege und den Westen vielleicht nie mehr einhole. Der Artikel wurde erst in der Periode der Glasnost entdeckt und veröffentlicht. Im Jahre 1924 erschien sein erster Roman, *Bęlaja gvąrdija* (Die weiße Garde, 1924) in der Zeitschrift *Rossįja* (Russland), was dem Blatt seine Existenz kostete. Sein einziges publiziertes Buch, *D'javolįada* (Eine Teufelei, 1925), umfasst fünf satirische Erzählungen. Auf Anregung des Moskauer Künstlertheaters verfasste Bulgąkov anhand von *Die weiße Garde* das Bühnenstück *Dni Turbinych* (Die Tage der Geschwister Turbin, 1926), das nach zahlreichen Schwierigkeiten doch noch aufgeführt wurde und bis 1941 erfolgreich auf der Bühne blieb (weil Stąlin es so gerne sah). Obwohl dieses Stück von der Zensur sehr entstellt worden war (allein schon den Titel hielt man für zu provozierend), wurde es zu einem sensationellen Publikumserfolg: Es war das erste Stück nach der Revolution, in dem die Weißen nicht als blutrünstige Schufte hingestellt wurden. Gleichwohl wurde dieser Kassenerfolg von der kommunistischen Kritik angegriffen (»Bulgakowismus«). Bulgąkovs erstes satirisches Zeitstück über allerlei widerliche Elemente in der NÖP-Periode, *Zǫjkina kvartįra* (Sojkas Wohnung, 1926), konnte 1926 und 1927 zwar aufgeführt, aber nie gedruckt werden. Bereits 1923 trug Bulgąkov folgendes in sein Tagebuch ein: »Mit meinen Auffassungen werde ich wohl kaum veröffentlicht.« Bulgąkovs Tagebuch ist von der Geheimpolizei konfisziert und während der Perestroika in den KGB-Archiven wiederaufgefunden worden. Sein Revolutionsdrama *Beg* (Die Flucht, 1926 – 1928) wurde unmittelbar vor der Premiere verboten. Er wurde von der Kritik scharf angegriffen und richtete sich darum, um Lohn und Brot gebracht und mundtot gemacht, 1929 und 1930 an einflussreiche Persönlichkeiten wie Gǫr'kij und schließlich gar an den »Großen Führer«, mit der Bitte, ihn ausreisen oder wenigstens am Theater arbeiten zu lassen. In seinem Brief an Stąlin schrieb er: »Auf dem weiten Feld der russischen Literaturgeschichte bin ich der einzige literarische Wolf. Man hat mir den Rat gegeben, meine Haut zu bemalen. Ein dummer Rat. Auch wenn ein Wolf bemalt ist, auch wenn er geschoren ist, dann sieht er noch nicht aus wie ein Pudel. Sie haben mich behandelt wie einen Wolf. Ein paar Jahre hintereinander haben sie mich, so wie sie das von literarischen Hetzjagden gewohnt sind, auf einem umzäunten Hof in die Enge getrieben.« Am 18. April 1930 – vier Tage nach Majakǫvskijs Selbstmord – reagierte Stąlin mit einem kurzen Telefonanruf: Bulgąkov durfte am Moskauer Künstlertheater als Regieassistent (1930 – 1936), ab

1936 am Bolschoi-Theater als Opernlibrettist und Übersetzer tätig sein. In dieser Periode schrieb Bulgakov Stücke über Molière, Gogol', Puškin und Cervantes; der von ihm dargestellte Konflikt zwischen Molière und dem absolutistischen Staat (siehe *Žizn' gospodina de Mol'era*, Das Leben des Herrn Molière, 1932/1933) war offensichtlich allzu durchsichtig: Das Stück wurde aus dem Repertoire genommen. In den Jahren 1928 – 1940 arbeitete der Schriftsteller an seinem Hauptwerk *Master i Margarita* (Der Meister und Margarita); noch auf dem Sterbebett diktierte der erblindete Bulgakov Korrekturen zu seinem Roman. In der Zwischenzeit war er aus allen Literaturhandbüchern gestrichen worden und wurde nicht mehr verlegt. Einem Freund schrieb er 1932: »Der Ofen wurde schon vor geraumer Zeit mein Lieblingsverleger.« *Teatral'nyj roman* (Theaterroman), 1936/1937 entstanden und unvollendet geblieben, konnte erst im Jahre 1965 erscheinen. Erst 1966/1967 wurde *Der Meister und Margarita* in der Sowjetunion veröffentlicht, durch die Zensur jedoch stark entstellt. Die vollständige, unzensierte Ausgabe wurde vom »Possev-Verlag« (Frankfurt/Main) herausgegeben.

Die 1925 verfassten *povesti Sobač'e serdce* (Hundeherz)und *Rokovye jajca* (Die verhängnisvollen Eier) waren in der Sowjetunion vor der Glasnost tabu. Von einer umfassenden Rehabilitation des Werkes Bulgakovs konnte in Russland erst in der Periode der Glasnost die Rede sein. Während erst im Jahre 1983 die erste Monografie über ihn erschien (Lidija Janovskaja, *Tvorčeskij put' Michaila Bulgakova*, Bulgakovs Weg als Schriftsteller), wurde der ausgehungerte sowjetische Leser in der Periode der Glasnost mit Bulgakov-Ausgaben und -Studien überhäuft.

In seinem Roman *Die weiße Garde* und dem darauf basierenden Theaterstück *Die Tage der Geschwister Turbin* beschreibt Bulgakov das Drama der russischen Revolution und des russischen Bürgerkriegs zur Abwechslung nicht vom offiziellen, bolschewistischen Standpunkt aus; es wurde ihm denn auch übel genommen, dass er Sympathie für die »Weißen«, die Gegner der neuen Machthaber, bekundete. In dem *Theaterroman* rechnet er satirisch mit der Welt der Moskauer Theater ab, wobei vor allem der kanonisierte Stanislavskij, der diktatoriale und vor Stalin kriechende Regisseur, den Kopf hinhalten musste. Bulgakovs wichtigste Werke der zwanziger Jahre sind ohne Zweifel *Hundeherz* und *Die verhängnisvollen Eier*.

In *Hundeherz* beschäftigt sich der Moskauer Erfolgschirurg Professor Preobražgenskij erfolgreich mit Verjüngungsexperimenten (Anfang der zwanziger Jahre schrieb die populärwissenschaftliche Presse in der Sowjetunion viel über Verjüngung). Eines Tages pflanzt er dem Straßenköter Šarik die Hypophyse und die Hoden nebst Samenleiter eines gerade erst verstorbenen übermütigen Balalaikaspielers ein. Das Ergebnis ist erbärmlich: Der ehemalige Vierbeiner entwickelt sich zu einem Menschen, aber sein Gesicht und seine Psyche tragen noch deutlich die Spuren seiner Vergangenheit als Hund. Auch das Gemüt des Spenders, des kriminellen Kneipensängers, entwickelt sich dementsprechend; der Hund gibt vulgäre Flüche von sich, liest Friedrich Engels und rebelliert gegen seinen »Vater«, den Professor, der sich genötigt sieht, den proletarischen, sadistischen Hundmenschen in seinen ursprünglichen Zustand als Straßenköter zurückzutransformieren. Als Wissenschaftler mag der Chrirurg vielleicht gescheitert sein, als Mensch ist er fähig, die einzig akzeptable Konsequenz aus diesem misslungenen eugenetischen Experiment zu ziehen: Die Menschheit muss vor Missbildungen wie dem aggressiven, marxistisch-leninistische Losungen herumposaunenden Proletarier namens Šarikov gerettet werden.

In *Die verhängnisvollen Eier* hat Bulgakov diese Problematik weiter herausgearbeitet, wenn auch nicht so tiefschürfend und satirisch. Professor Persikov entdeckt zufällig, dass ein kleiner roter Lichtstrahl in seinem Mikroskop zur Folge hat, dass sich Amöben zu wahren Monstern entwickeln. Gemeinsam mit seinem Assistenten baut er eine Kamera, in der dieser Strahl vergrößert werden kann. Das hat zur Folge, dass Frösche, die diesem Experiment unterzogen werden, sich in riesige Kater verwandeln. Ein gewiefter und gewissenloser Journalist macht dies weltkundig. In diesem Augenblick bricht eine Geflügelpest aus: der gesamte Geflügelbestand der Räterepublik (= Sowjetunion) krepiert. Dem Parteifunktionär Rok (= Schicksal) gelingt es, den Kreml von der Bedeutung des Experiments zu überzeugen, und er erhält die Genehmigung, das Experiment an den Hühnern einer Sowchose auszuführen. Infolge eines Irrtums erhält er eine Lieferung Schlangen- und Krokodileier, so dass ein paar Tage danach bereits drei Gouvernements von Horden von Monstern überrannt werden, die die ganze Gegend terrorisieren und zur Hauptstadt vorrücken. Das Land ist verloren, wenn nicht schnell eingegriffen wird. Alle Gegenmittel stellen sich als nutzlos heraus, doch die endgültige Katastrophe bleibt aus, da im August unvorhergesehenerweise der Winter Einzug hält (deus ex machina). Dem sind die aggressiven Monster offensichtlich nicht gewachsen. Gor'kij hielt Bulgakovs povest' für sehr gelungen, hatte aber kein gutes Wort für das Ende übrig: Der Autor habe sich hier eine wunderbare Chance entgehen lassen, weil er die Geschichte vom Vormarsch der Monster in Richtung Hauptstadt nicht ausgebaut habe.

Obwohl SF-Fans und Satire-Liebhaber hier reichlich auf ihre Kosten kommen, sind in diesen Erzählungen auch tiefgehende philosophische und politische Implikationen enthalten. In *Hundeherz* ist Professor Preobraženskij (ein Nachname, der »Reformer« bedeutet) der Typ eines bürgerlichen intellektuellen Topmanagers, der gewagte eugenetische Experimente ausführt, so wie auch Lenin wider besseren Wissens das für Russland nicht ausgereifte und zu früh gekommene Experiment der totalen Transformation der ganzen Gesellschaft durchboxte. Die Ergebnisse des einen wie des anderen sind verhängnisvoll. Sie lassen sich nicht mehr kontrollieren. In diesem Sinne könnte man *Hundeherz* als eine Absage an die russische Revolution betrachten. Kamenev hatte *Hundeherz* (Manuskript) gelesen und es kategorisch zurückgewiesen: »Dies ist ein scharfes Pamphlet gegen die moderne Zeit, kann in keinem Fall veröffentlicht werden.« *Die verhängnisvollen Eier* jedoch ist universeller: Der isolierte Fachidiot Persikov brütet ein Experiment aus, das sich in den Händen gewissenloser Karrieristen zu einer Katastrophe für die gesamte Menschheit ausweitet. Dass Bulgakov schon vor siebzig Jahren auf diese Problematik hingewiesen hat, stellt seine Genialität als sozial engagierter Schriftsteller unter Beweis. Andererseits scheint diese Erzählung in hohem Maße von H.G. Wells' *The Food of the Gods* angeregt zu sein, das kein Happy End hat.

Bulgakovs komplexester und vielseitigster Roman ist ohne Zweifel *Der Meister und Margarita*. In der Rahmenerzählung terrorisiert der Teufel (Voland und Konsorten) die Hauptstadt Moskau. Vor allem in der Welt der Künstler und Schriftsteller wird die Ordnung von dem mysteriösen Voland und seinen Kumpanen, denen die Geheimpolizei nicht gewachsen ist, gründlich auf den Kopf gestellt (Mord, Entführung, Schwarze Magie, Hexensabbat, Brandstiftung). In einer psychiatrischen Einrichtung machen wir die Bekanntschaft des Meisters. Der Meister hatte einen Roman über Pontius Pilatus geschrieben, der aber von den Verlagen abgelehnt wurde, worauf bedrohliche Artikel in der Presse erschienen (»ein militanter Altgläubiger«, »tritt für Jesus Christus ein«, »Pilatismus« usw.). Dann lernt er Margarita kennen, verfällt aber dem Wahnsinn und wird schließlich von jemandem verraten, der hinter seiner Wohnung her ist und behauptet hat, der Meister habe zu Hause illegale Literatur. Der Meister wird eingesperrt, seinen Roman hat er verbrannt, Lust, noch etwas zu schreiben, hat er nicht mehr. In der Klinik kommt er zur Ruhe. Parallel zur Geschichte des kritisierten Buches des Meisters spielt sich in der Rahmenerzählung die Geschichte mit Jesus ab. Pontius Pilatus empfindet Reue über das Todesurteil, das er über Jesus verhängt hat; ihm ist zu Ohren gekommen, dass Jünger Christi vorhätten, Judas zu ermorden, was er verhindern will, um es selbst tun zu können, doch das misslingt. In Moskau haben Volands Untaten ihren Höhepunkt erreicht, und eine Moskauer Behörde (»die Tag und Nacht arbeitet«) befragt alle Opfer und Zeugen. Schließlich wird eine ganze Horde bewaffneter Agenten zum Aufenthaltsort Volands und seiner Handlanger geschickt, die sauberen Gesellen jedoch können fliehen. Erst legen sie noch Feuer in einem Devisenladen und im Haus der Literaten. Ein Jünger Christi, Matthäus Levi, kommt (im Namen von Pontius Pilatus, »der das Werk des Meisters gelesen hat«!) mit der Bitte zu Voland, er möge dem Meister und Margarita Ruhe schenken. Volands Kumpan Azazello holt die beiden aus ihrer Kellerbehausung, in der psychiatrischen Einrichtung lässt er die Unterlagen des Meisters verschwinden, und gemeinsam mit Voland und dem Kater fliegen sie durch das Weltall der Freiheit entgegen. Der Meister befreit Pilatus, der dazu verdammt war, bis in alle Ewigkeit an Schlaflosigkeit zu leiden, und Voland führt den Meister und seine Geliebte zu »ihrem Haus auf immer und ewig«, damit sie dort, wie Margarita es ausdrückt, »das genießen können, was sie dir zu deinen Lebzeiten nicht gönnten – die Stille«. Die Moskauer Behörden jedoch stehen vor einem totalen Rätsel; die offizielle Erklärung, die zu den Vorfällen abgegeben und mit der die Angelegenheit als erledigt betrachtet wird, lautet, dass eine Bande geschickter Hypnotiseure die Stadt eine Zeitlang terrorisiert habe. Das Leben in Moskau kann wieder seinen normalen Lauf nehmen ...

Was wieder seinen normalen Lauf nehmen kann, ist in erster Linie die offizielle Ideologie. Ohne Umschweife kritisiert Bulgakov den Materialismus, der alle irrationalen Elemente ausschließt. Ein zweites Objekt der Kritik und der Satire in Bulgakovs Roman sind die Moskauer. Sie werden als eine gesichtslose Masse präsentiert, die hinter Geld und materiellen Vorteilen herjagt und sich durch sexuelle Zügellosigkeit auszeichnet; dem steht die Harmonie in der Beziehung zwischen dem Meister und Margarita, der einzig normalen Beziehung, die in dem Buch vorkommt, gegenüber. Zentrales Thema in *Der Meister und Margarita* ist jedoch das Verhältnis zwischen Schriftsteller und Gesellschaft. Hatte Bulgakov in seiner Molière-Biografie den Konflikt zwischen dem Schriftsteller und den Behörden offengelegt, so thematisiert er hier den Zusammenstoß zwischen dem gegen die weltliche Macht aufhetzenden Jesus und dem Repräsentanten dieser Macht, Pontius Pilatus (im Pilatus-Roman spielt Jesus die Rolle des Meisters, Pilatus die seiner Kritiker).

Der Staatsanwalt von Judäa ist hier die Inkarnation des römischen Staates; als Staatsmann verwirft er Jesu Botschaft und verurteilt ihn zum Tode, aber als Privatperson ist er bereit, diese Botschaft zu akzeptieren. So erhält diese Pilatus-Figur tragische Züge. Durch die Tatsache, dass die Jesus-Geschichte und die Moskau-Geschichte verschlungen sind, wird deutlich, dass Bulgakov die Pilatus-Fragmente zur Sozialkritik verwendet: In diesen Fragmenten nämlich hat Bulgakov seine Kritik am Polizeistaat verarbeitet. Aus diesem Grund (doch nicht nur deswegen) weicht er auch von der biblischen Geschichte ab: Er lässt Judas nicht Hand an sich selbst legen, sondern will ihn von Pilatus' Geheimpolizei ermorden lassen – eine ideale Gelegenheit, um seinen Ärger über die Praktiken der Polizei in der Sowjetunion ungestraft loszuwerden. In der Moskau-Geschichte ist der Sicherheitsdienst allgegenwärtig und unpersönlich; konkrete Repräsentanten werden ironisiert, ihr Erscheinen jagt allen sofort den größten Schrecken ein. Auch die literarische Welt und der Literaturbetrieb in der Sowjetunion werden von Bulgakov, der damit ja in besonderem Maße vertraut war, gnadenlos aufs Korn genommen. Die offiziellen Literaten haben nur Interesse an materiellem Reichtum, sind ihrem Beruf entfremdet und gehören der privilegierten High Society an, zu der der einfache Mann keinen Zugang hat, während sie doch gerade im Namen dieser Proletarier Literatur schaffen (ihre Vereinigung heißt »massolit«, d.h. Massenliteratur, die von oben bestellt und bezahlt wird). Der Meister hingegen ist repräsentativ für jenen Schriftsteller, der sich nicht dem System angepasst hat und nicht mit den Parteigeschwätz verzapfenden Schreiberlingen mitlaufen will. Der Aufenthalt in der psychiatrischen Einrichtung, die Belohnung für seinen Nonkonformismus, hat ihn jedoch vollständig gebrochen, so dass er nur noch von einer übernatürlichen Kraft gerettet werden kann.

Der Meister und Margarita ist nicht nur eine Satire auf die Sowjetgesellschaft der zwanziger und dreißiger Jahre, die vom Teufel (Voland = ein Anti-Stalin?) terrorisiert und mit Hilfe von grotesken und fantastischen Elementen als ein entmenschlichtes und bürokratisiertes Gemeinleben entlarvt wird, in der Angst und Misstrauen herrschen; es ist auch ein leidenschaftlicher Lobgesang auf den Individualismus, der zu guter Letzt über die Staatsmacht triumphiert.

Der Roman lässt sich außerdem als eine moderne Version der Tristan-und-Isolde-Geschichte lesen: Die Liebe beseitigt alle Hindernisse – durch ihre gewagte Tat (Auftreten als Königin auf dem Satansball) rettet Margarita das Schriftstellerleben des Meisters, der unter dem Druck der Kritiker seinem Werk entsagt hatte. Ebenso zentral im Roman steht denn auch das Thema der literarischen Schöpfung und der Rolle, die die Frau dabei spielt. Voland lässt den Meister einsehen, dass er als Schriftsteller gescheitert ist: Er hat sich der Kritik gebeugt, genauso wie Pilatus sich dem Tempel gebeugt und Jesus der Verurteilung zugeführt hat. Beide werden von Voland befreit. Dass der Sieg und die Flucht aus der Sowjethölle nur durch das Eingreifen dämonischer Kräfte möglich sind, stimmt nachdenklich. Darum sehen manche Kritiker in Bulgakovs Roman einen einzigen Code (u.a. eine politische Allegorie).

Erst zu Beginn der achtziger Jahre begann man im Westen damit, Bulgakovs Werke vollständig herauszugeben (Verlag Ardis, Amerika, 10 Bände); die Verlegerin Ellendea Proffer legte außerdem die erste ausführliche Monografie zu dem Schriftsteller vor (*Mikhail Bulgakov. Life and Work*, Ardis, 1984). Letztendlich wurde auch in der Sowjetunion die ungekürzte Version des Romans veröffentlicht, doch wie viele andere Schriftsteller der zwanziger Jahre wurde Bulgakov dem Sowjetleser nur in kleinen Häppchen zugänglich gemacht; erst während der Glasnost wurde Bulgakov zum Lieblingsschriftsteller des ausgehungerten russischen Lesepublikums. Unverzichtbar für Bulgakov-Fans ist Mariètta Čudakovas *Žizneopisanie Michaila Bulgakova* (Michail Bulgakovs Leben, 1988) und *Manuskripte brennen nicht. Ein Leben in Briefen und Tagebüchern* (1992) von Julie Curtis. Eigentlich wollte Bulgakov mit den berühmt gewordenen Worten »rukopisi ne gorjat« nicht sagen, dass Manuskripte nicht brennen, sondern dass »Manuskripte keine Eile haben/nicht im Feuer liegen«. Der berühmte Regisseur des Taganka-Theaters, Jurij Ljubimov, bearbeitete Bulgakovs Hauptwerk, *Der Meister und Margarita*, für die Bühne; diese Inszenierung wurde, ebenso wie der Roman selbst, ein großartiger Erfolg. In den Jahren 1989/1990 erschien in der Sowjetunion eine Ausgabe von Bulgakovs Werk in fünf Bänden.

8.4.4. Olẹša

1927 erschien eines der originellsten Werke der Sowjetliteratur. Es stammte von JŲRIJ OLẸŠA (1899 – 1960) und hieß *Zạvist'* (Neid). Auf einen Schlag war der Autor in ganz Russland und im Ausland berühmt; auch die russische Emigration war begeistert. Und doch war das Thema von Olẹšas Roman alles andere als neu: Der Konflikt zwischen der alten und der neuen Welt war bereits von den revolutionären Romantikern, von Fẹdin, Lẹonov u.a. behandelt worden. Was an *Neid* so fesselte, war der erfrischende Blick des Autors auf die Dinge und die dementsprechende Expressivität, der dynamische Stil, der eine einfache Struktur umhüllt, das, was der Autor selbst »magische Fotografie« nannte (siehe *Zapịski pisạtelja*, Aufzeichnungen eines Schriftstellers, 1931 entstanden), sowie die bizarren Bilder, die vielsagenden Details, die unterschiedlichen points of view mit dem Spiegeleffekt als Leitmotiv (die Welt durch ein umgedrehtes Fernrohr ansehen). Der Roman stellt außerdem den ersten Versuch dar, den Kommunismus als moralisches Problem in den Mittelpunkt zu rücken. Dieser Kommunismus, die neue Welt, wird von dreien der sechs handelnden Personen repräsentiert: Andrẹj, Volọdja und Vạlja. Andrẹj Bạbičev ist physisch stark, selbstzufrieden, der Typ, den man in der Sowjetunion damals den »russischen Amerikaner« nannte (siehe die *Prạvda* vom 1. Januar 1923: »neue Menschen – russische Amerikaner«); dieser energische, selbstbewußte, gradlinige Kommunist ist Direktor eines Lebensmitteltrusts. Sein Adoptivsohn Volọdja Makạrov ist Student, Komsomolmitglied und beliebter Fußballer, er ist ein engstirniger Kommunist, der sich von den Maschinen alles verspricht. Er ist verliebt in Vạlja, ein junges Mädchen, den Typ der modernen Frau, gesund, sachlich und weiblich. Die alte Welt wird von ihren Gegnern Ivạn und Nikolạj repräsentiert. Ivạn Bạbičev ist Andrẹjs Bruder und Vạljas Vater, er ist »der letzte Träumer auf Erden«, ein infolge der Revolution Entwurzelter. Nikolạj Kavalẹrov ist der Romantiker, während die ekelerregende Witwe Prokopọvič, die Inkarnation der Banalität, die Stütze der beiden ist. Wir lernen in Teil I Kavalẹrov kennen als den Mitbewohner Andrẹj Bạbičevs, der sich dieses Trinkers annimmt. Der Individualist Kavalẹrov sieht in der neuen Sowjetunion keine Chance, berühmt zu werden. Das stärkste Gefühl, das ihn aufzehrt, ist der Neid. Auf seinem Streifzug durch Moskau begegnet er Ivạn Bạbičev, dem Bruder des selbstzufriedenen »Wurstmachers« Andrẹj, mit dem er in Streit gerät. Ivạn zufolge ist in der neuen Gesellschaft kein Platz für normale menschliche Gefühle (Mitleid, Zärtlichkeit, Stolz, Eifersucht, Liebe), und darum plant er »eine Verschwörung von Gefühlen«, »eine friedliche Demonstration von Gefühlen«, er will »die alten menschlichen Leidenschaften zu einer letzten Parade zusammenrufen«. In anrüchigen Kneipen ruft er sich zum »König der Penner« aus. Die Menschen sehen in ihm einen Propheten. Ivạn und Nikolạj werden jetzt gemeinsam den Kampf gegen den selbstgefälligen Andrẹj aufnehmen. Zu diesem Zweck hat Ivạn eine Maschine (Ophelia) erfunden, die die entmenschlichte, mechanisierte Welt zerstören muss. Das Symbol der neuen Welt ist der »četvertạk«, die riesige Musterküche Andrẹj Bạbičevs, die den Moskauern billige und hygienische Mahlzeiten verabreicht – für 25 Kopeken (= četvertạk); diese Garküche muss die Hausfrauen von der Küchenarbeit befreien. Die Verschwörung scheitert; es gelingt ihnen aber ebensowenig, Vạlja aus den Händen Volọdjas und Andrẹjs zu retten. Für Kavalẹrov, der romantisch in sie verliebt ist, ist das der schwerste Schlag: Vạlja will nicht aus dieser neuen Welt befreit werden. Die zwei Rebellen Ivạn und Nikolạj können nicht anders, als zum Bett der Witwe zurückzukehren.

Kavalẹrov erinnert deutlich an Dostoẹvskijs »Antiheld« aus dem Untergrund, er ist ein sowjetischer Sancho Pansa, der mit seinem Meister Don Quichotte (Ivạn) gegen die modernen Menschen wettert, die alle moralischen Fragen als hinderlichen Ballast über Bord geworfen haben. In Kavalẹrov wird einer der Helden der klassischen russischen Literatur wiedergeboren: der »überflüssige Mensch«; er ist 27, gebildet, doch ohne Beschäftigung in einer Welt, die seine Individualität nicht anerkennt. Die damaligen Kritiker ließen sich von der negativen Darstellung Ivạns und Kavalẹrovs irreführen und fanden es erfreulich, dass Olẹša »die Feinde des Sowjetregimes« in ihrer ganzen Abscheulichkeit dargestellt habe. Erst später sollten sie die Ironie und die Doppeldeutigkeit Olẹšas durchschauen.

1929 wurde der Kurzroman zu einem Theaterstück umgeschrieben, das unter dem Titel *Zạgovor čuvstv* (Die Verschwörung der Gefühle) lief. 1928 erschien Olẹšas *Tri tolstjakạ* (Die drei Dicken, verfasst 1924), ein reizender, fantastischer Roman für Kinder über eine Revolution in einem imaginären Land. Erst 1965 erschien postum sein Tagebuch, *Ni dnja bez strọčki* (Kein Tag ohne eine Zeile). In einer mutigen Rede während des ersten Schriftstellerkongresses (1934) bat Olẹša um Verständnis für seine Auffassung von den Dingen und erklärte, der Fünfjahresplan sei nicht sein Thema. Doch das Versprechen, über die sowjetischen Jugendlichen zu schreiben, zeigt, dass sich Olẹša mit seinem Künstlergewissen ein schweres Gefecht lieferte. Die krampfhaften Versuche, »mit der neuen Zeit Schritt zu halten«, frustrierten ihn und töteten sein künstlerisches Talent. Arkạdij Belinkọv nannte darum seine Olẹša-Monografie *Sdạča i gibel' sovẹtskogo intelligẹnta* (Kapitulation und Untergang eines sowjetischen Intellektuellen, Madrid 1976).

8.5. Absurdisten (Obẹriu)

Im Jahre 1926 gründeten die jungen Schriftsteller DANIIL CHARMS (1906 – 1942), ALEKSẠNDR VVEDẸNSKIJ (1904 – 1941) und NIKOLẠJ ZABOLỌCKIJ (1903 –1958) die literarische Gruppe *Obẹriu*, was sie selbst entschlüsselten als *Ob'edinẹnie reạl'nogo iskụsstva* (Vereinigung der realen Kunst), was aber vielleicht eher zu lesen ist als *Ọbščestvo ẹntuziạstov (oder: ẹksperimentạtorov) reạl'nogo i universạl'nogo* (Gesellschaft der Enthusiasten [oder: Experimentatoren] des Realen und Universellen). Eine Zeitlang gehörte auch Konstantin Vaginov der Vereinigung an; Nikolaj Olejnikov und Evgenij Švarc waren eng mit ihr verbunden; die Gruppe wurde von den Malern Kazimir Malevič und Pavel Filonov aktiv unterstützt. Die Oberiuten wurden kaum gedruckt, so dass sie ihre Zuflucht zu Theaterhappenings nehmen mussten; ein Versuch mit einem eigenen Theater scheiterte. Im Januar 1928 erschien das *Manifest Oberiu*, das vor allem Zabolockijs Handschrift trug. Ihr Ziel war es, parallel zur politischen Revolution eine künstlerische Revolution durchzuführen. Sie standen unter dem Einfluss der Futuristen und allen voran Chlebnikovs und Chodasevičs, lehnten aber die zaum'-Poesie (Kručenych, Chlebnikov) ab. Obwohl sie das Wort nicht in den Mund nahmen, traten sie für absurde Kunst ein. Sie wiesen die Logik in der Kunst von sich und ersetzten sie durch das »natürliche Denken« (assoziativ denken, wie Kinder es tun), gaben den traditionellen Zeitbegriff auf und ließen »konkrete Gegenstände«, die sie »mit nackten Augen« betrachteten und die an sich realistisch sind, aufeinanderprallen. Sie wollten den Dingen keinen »Sinn« verleihen oder Ordnung im Chaos schaffen, sie entwarfen keine konsequente Handlung, ihre handelnden Personen haben keine Identität. Der Mensch ist entfremdet und führt ein sinnloses Leben. Vereinzelt enthalten ihre Werke Kritik an aktuellen Zuständen. Aus ihnen spricht ein tragisches Gefühl und Verzweiflung.

Tonangebende Literaturfunktionäre protestierten scharf, verhinderten ihre Publikationen und griffen ihre Happenings an. Der Todesstoß kam im Jahre 1930, als ihnen vorgeworfen wurde, sie hätten gegen die Diktatur des Proletariats protestiert. Auf diese Weise wurden »die letzten Scherben des postrevolutionären Sowjetmodernismus« (Samuil Maršak) ein weiteres Mal zertrümmert. Charms und Vvedenskij »tauchten unter« in der Kinderliteratur, wo sie ihr »natürliches Denken« ausleben konnten. Zwischen 1928 und 1941 verfasste Vvedenskij über 30 Kinderbücher. Als die Stalindiktatur am heftigsten tobte, wurden Olejnikov, Charms und Vvedenskij verhaftet; sie fanden den Tod in einem Straflager. Zabolockij verschwand für rund zehn Jahre aus der Sowjetliteratur. Um die siebziger Jahre herum fanden die Oberiuten Nachfolger in den Absurdisten VLADIMIR KAZAKOV (1938 – 1988): *Ošibka živych* (Der Fehler der Lebenden, 1976), und Andrej Amal'rik: *P'esy* (Theaterstücke, 1970).

Der einzige Oberiut, der die Stalindiktatur überlebt hat, ist NIKOLAJ ZABOLOCKIJ. Er war es, der das Manifest der Oberiuten verfasste und der 1929 die surrealistischen Gedichte *Stolbcy* (Spalten) veröffentlichte, die von der RAPP scharf kritisiert wurden. Ein zweiter Sammelband (*Stichotvorenija*, Gedichte, 1926 – 1932), durfte nicht erscheinen, das Versepos *Toržestvo zemledelija* (Der Triumph des Ackerbaus, 1933) wurde aus dem Umlauf genommen. Danach wurde Zabolockij Mitglied des Schriftstellerverbandes und machte Konzessionen. In *Vtoraja kniga* (Zweites Buch, 1937) blieb von seiner früheren bizarren, surrealistischen Welt kaum noch etwas übrig. Die einst grotesken Gedichte über die Stadt sind Naturgedichten gewichen (vgl. Tjutčev). 1938 verschwand er für fünf Jahre in einem Arbeitslager; erst 1946 durfte er sich wieder in Moskau niederlassen. Er lebte nun hauptsächlich von Übersetzungen (aus dem Georgischen, vgl. Pasternak) und verfasste eine berühmt gewordene Nachdichtung des Igor-Liedes (= das erste geschriebene Werk der russischen Literatur). Erst in den sechziger Jahren wurde er als einer der wichtigen russischen Lyriker der Moderne anerkannt.

Erst zu Zeiten der Perestroika wurde SIGIZMUND KRŽIŽANOVSKIJ (1887 – 1950) entdeckt und verlegt, ein ironischer Satiriker, der in reichen Bildern und Grotesken die Absurdität des Sowjetlebens in den Griff zu bekommen versucht (*Vospominanija o buduščem*, Erinnerungen an die Zukunft, 1989 veröffentlicht).

9. Die Stalin-Ära

9.1. Die ersten Jahre (1928 – 1933)

9.1.1. Hintergrund

Während der NÖP-Periode durften wieder Privatverlage gegründet und nichtproletarische literarische Werke herausgegeben werden, u.a. auch Unterhaltungsliteratur und Kriminalromane. Mit dieser (ohnehin eingeschränkten) Freiheit hatte es 1928 ein Ende, als die NÖP zu Ende ging und die *RAPP* (Russische Assoziation proletarischer Schriftsteller) das geistige Leben in der Sowjetunion zu beherrschen begann. Die nächsten fünf Jahre waren für das Schicksal der Sowjetliteratur entscheidend.

In politischer und wirtschaftlicher Hinsicht standen diese Jahre im Zeichen der Industrialisierung und Kollektivierung der Landwirtschaft. Das Land musste innerhalb von fünf Jahren die Grundlage für eine eigene Schwerindustrie schaffen, um mit dem kapitalistischen Westen konkurrieren zu können, von dem es dann nicht mehr abhängig sein würde. Zu diesem Zweck hielt es die Kommunistische Partei für erforderlich, die Bauern *manu militari* in großen Landwirtschaftsbetrieben (= Kolchosen) zusammenzupferchen, wo sie zu Arbeitern werden sollten. Dies führte zu einem knochenharten »Klassenkampf« auf dem Land. Millionen von Bauern (und wirklich nicht nur »Kulaken« = wohlhabende Bauern) wurden enteignet, verbannt, hingerichtet. Aus Protest schlachteten widerspenstige Bauern ihr Vieh zu Millionen ab. Vor allem in der Ukraine kamen weitere Millionen von Menschen infolge der künstlich herbeigeführten Hungersnot auf elende Weise ums Leben. Während die Kollektivierung der Landwirtschaft eine der tragischsten und blutigsten Seiten in der Geschichte Russlands schrieb, war die junge Generation mit Feuer und Flamme dabei, den ersten Fünfjahresplan (pjatiletka, 1928 – 1931) zu erfüllen – man nennt diese Periode zuweilen die zweite utopische Hausse in der sowjetischen Geschichte. Die Weltrevolution – das Ideal der alten bolschewistischen Garde – hatte der Realpolitik des »Sozialismus in einem Land« weichen müssen. Stalin hatte diese Idee von der »rechten« Opposition übernommen, die er zuvor eliminiert hatte (Lev Trockij, die »linke« Opposition, wurde verbannt – zuerst nach Zentralasien, dann ins Ausland). Ausländische Besucher berichteten von dem mystischen Glauben der fanatischen Neophyten an das goldene Kalb der Technik und der Industrie (zum Beispiel August Vermeylen, einer der führenden belgischen Intellektuellen in den Zwischenkriegsjahren, in *Impressions de Russie*, 1931).

Die Ziele des Fünfjahresplans wurden zum größten Teil erreicht, und das sogar in vier Jahren. Doch die beschleunigte Industrialisierung der Sowjetunion kostete unvorstellbar vielen Menschen, die unglaublich primitiven Arbeitsbedingungen zum Opfer fielen, das Leben und war nur durch brutalen Zwang und menschenverachtende Zucht zu erreichen (so wurde beispielweise eine zehnminütige Verspätung am Arbeitsplatz mit mindestens sechs Monaten Arbeitslager bestraft).

Gegen Ende des ersten Fünfjahresplans hatte die Sowjetregierung ihr Ziel erreicht: Die gesamte Sowjetwirtschaft war über den kollektivistischen Leisten geschlagen, es gab keine Kapitalisten und keine Bourgeoisie mehr, die Regimefeinde waren besiegt, die Opposition eliminiert, mundtot gemacht oder gleichgeschaltet. Trockijs Prognose nach der Aufspaltung der RSDRP (Russische Sozialdemokratische Arbeiterpartei) in Bolschewiken und Menschewiken hatte sich bewahrheitet: »Die Partei wird durch die Parteiorganisation ersetzt, die Organisation durch das Zentralkomitee und schließlich das Zentralkomitee durch den Diktator.« Der Diktator hieß IOSIF VISSARIONOVIČ STALIN (eig. Džugašvili, 1879 – 1953), ein obskurer georgischer Bolschewik, der 1922 Generalsekretär der Kommunistischen Partei wurde und nach Lenins Tod (1924) alle persönlichen und ideologischen Gegner und eventuellen Konkurrenten aus dem Weg räumte. Die Romantiker der ersten Stunde, die alte Garde, die Angehörigen der alten Intelligenzija, die Zweifel hegten und ethische Fragen aufwarfen, wurden von den Jüngeren, den Realisten, den energischen Aktivisten, die sich voller Selbstvertrauen und voller Vertrauen in ihren Führer an den Aufbau einer neuen Welt der Maschinen machten, ins Abseits gedrängt. Mit Stalins Herrschaft (1928 – 1953) beginnt ein Winterschlaf, der ein Vierteljahrhundert andauern, und der ganz Russland in seinem eisigen, unheilvollen Griff halten sollte. Die Zeit der Zweifel, das Suchen, das Träumen, die Zeit der Ketzer und der Rebellen war vorbei: »Die Revolution entlässt ihre Kinder« (Wolfgang Leonhard). Der intellektuelle Prozess in der Sowjetunion machte dessen ungeachtet auf viele großen Eindruck. So schrieb der flämische Schriftsteller Walschap im Jahre 1932: »Eins steht fest: Während die anderen Literaturen von der einen unbedeutenden Schule in die andere wechseln, arbeiten die Sowjets an einem Umbruch von gewaltigeren geistigen Proportionen als jene der Renaissance.«

Nach außen hin schien die Sowjetunion von Optimismus, Nationalstolz und dem Glauben an die Einheit erfüllt zu sein (das ganze Land stand hinter der Kommunistischen Partei). 1949 schrieb Vasilij Il'enkov diesbezüglich in *Bol'šaja doroga* (Der große Weg): »Russland ist seinen Weg gegangen – den der allgemeinen Einträchtigkeit. Die Menschen haben Tausende von Jahren unter der Zwietracht gelitten. Doch wir Sowjetmenschen haben uns zum erstenmal geeinigt, wir sprechen eine Sprache, die jeder von uns versteht, wir denken einheitlich über die wichtigen Dinge im Leben. Und diese Einträchtigkeit ist unsere Stärke, das ist es, was uns gegenüber anderen Menschen auf der Welt, die isoliert sind, zerrissen von der Zwietracht, überlegen macht.« Der Roman erhielt den Stalinpreis. Ähnliche Töne klangen auch in Nazi-Deutschland an: »Die nationalsozialistische Revolution ist eine Revolution des Geistes! Sie ist grandios, weil sie das individuelle Denken, das jahrhundertelang regiert hat, von seinem Thron gestoßen und durch den Gemeinschaftssinn ersetzt hat.« Diese »Einheit« und »Einträchtigkeit« wurden mit einem weitgespannten Netz von Denunzianten (seksọt, stukạč, donọsčik) am Leben erhalten, die unionsweit, in jedem Unternehmen, jedem Bergwerk, jeder Schule, jeder militärischen, kulturellen oder wissenschaftlichen Einrichtung und jeder Kommunalbehörde, mit einem Wort: überall, die Behörden über alles, was im Volk lebte, auf dem Laufenden hielt. In jedem Unternehmen und in jeder Einrichtung gab es sogenannte komjačejki (= kommunistische Zellen), die sich aus Parteimitgliedern zusammensetzten und die den Handel und Wandel des Unternehmens und aller dort beschäftigten Arbeiter und Angestellten unverhohlen im Auge behielten. An der Spitze dieser Zellen stand das rajkọm (= Kreiskomitee), das seinerseits dem obkọm (= Gebietskomitee) unterstellt war, das wiederum war abhängig vom Zentralkomitee, das sich in den Händen eines einzigen Mannes befand: Stalin. Diese Denunzianten wurden, ohne dass sie davon wussten, ihrerseits von anderen Zuträgern überwacht.

In den Medien, die sich jetzt vollkommen in den Händen und unter der Kontrolle des Staates befanden, wurde nur noch eine einzige Stimme laut: die der Partei und der Regierung. Das Land war völlig von der Außenwelt isoliert.

Ein aufrüttelndes Beispiel dieser Isolation ist der anonyme Appell einer Gruppe russischer Schriftsteller, der am 10. Juli 1927 in der Pariser Emigrantenzeitung *Poslẹdnie nọvosti* (Letzte Nachrichten) veröffentlicht wurde. In diesem aus der Sowjetunion herausgeschmuggelten Schreiben richtet sich eine Gruppe Sowjetschriftsteller »wie aus einem Gefängniskerker« mit einem Schrei der Verzweiflung an ihre westlichen Kollegen: »Wie lässt sich erklären, dass Sie, die Sie scharfsinnig in die Tiefe des menschlichen Geistes, des Geistes von Epochen und Völkern eindringen, uns Russen negieren, die wir dazu verdammt sind, an den Ketten eines schrecklichen Gefängnisses, das gegen das Wort errichtet worden ist, zu verenden? Warum schweigen Sie [...], wenn in einem großen Land die reifen Früchte und die Knospen großer Literatur abgebrochen werden? Oder sollte Ihnen nichts bekannt sein von unserem Gefängnis des Wortes, von unserer kommunistischen Zensur im zweiten Viertel des 20. Jahrhunderts, von der Zensur des sozialistischen Staates? Aber warum haben Schriftsteller, die Russland besucht haben [...], nach ihrer Rückkehr nichts davon erzählt?« Dieses Schreiben hatte keinerlei Auswirkungen auf die öffentliche Meinung im Westen: Westliche Zeitungen druckten es nicht ab, und der einzige, der nach langem Drängen von Bunin und Bạl'mont darauf reagierte, war Romain Rolland. Er wies die Emigranten zurecht: »Ich verstehe Sie, Ihre Welt ist zusammengebrochen, Sie befinden sich in einem traurigen Exil. Für Sie läutet die Alarmglocke der zugrundegegangenen Vergangenheit«, doch so schlecht sei die Lage auf intellektuellem Gebiet seiner Auffassung nach nicht! Der sich in Italien aufhaltende Maksịm Gọr'kij bestätigte Rolland in dessen Abneigung gegen die Emigranten und in dessen Plädoyer für das neue Russland. Unter diesen Voraussetzungen braucht es uns auch nicht zu verwundern, dass sich Extremisten dazu ermutigt fühlten, in die Literatur einzugreifen. Parallel zur politischen Diktatur der

Kommunistischen Partei übten die proletarischen Schriftsteller eine intellektuelle Diktatur aus mit Hilfe der Organisation *RAPP*, deren Vorgeschichte ins Jahr 1920 zurückreicht.

Im Oktober 1920 berief die literarische Gruppierung *Kuznica* proletarische Schriftsteller zu einem Treffen ein, in dessen Verlauf die *VAPP* (Vserossijskaja associacija proletarskich pisatelej, Allrussische Assoziation proletarischer Schriftsteller, 1920 – 1928) gegründet wurde, die im darauffolgenden Jahr vom Narkompros (Bildungsministerium) als Dachorganisation (unter der Führung von Vladimir Kirillov) anerkannt wurde. *VAPP* war bis 1928 die führende Schriftstellerorganisation der Sowjetunion. Ab 1926 publizierte *VAPP* die Zeitschrift *Na literaturnom postu* (Auf literarischem Posten), die eng an die militanten Dogmatiker der *Oktjabr'*-Gruppe und deren Zeitschrift *Na postu* (Auf Posten) anknüpfte. *VAPP* bekämpfte die Formalisten, Konstruktivisten, Mitläufer und *Pereval*. Auf dem ersten Allunionskongress der proletarischen Schriftsteller wurde *VAPP* zu *RAPP* (Rossijskaja associacija proletarskich pisatelej, Russische Assoziation proletarischer Schriftsteller, 1928 – 1932) umbenannt. Generalsekretär der *RAPP* war der fanatische Leopol'd Averbach, und unter seinen Funktionären befinden sich die Schriftsteller Aleksandr Fadeev, Jurij Libedinskij (1898 – 1959) und Vladimir Kiršon (1902 – 1938). *RAPP* führte einen unerbittlichen und gnadenlosen Kampf gegen alle anderen literarischen Vereinigungen (*Pereval'*, Konstruktivisten, *LEF*, *Oberiu*, vor allem aber gegen die Mitläufer).

Während beispielsweise die Kommunistische Partei im Jahre 1925 den poputčiki gewisse Freiräume gewährte, tobten die Proletarier: »Der dominierende Typ des Mitläufers ist der Schriftsteller, der die Revolution in der Literatur verzerrt wiedergibt, der sie sogar manchmal diffamiert, der vom Geist des Nationalismus, Imperialismus und Mystizismus durchdrungen ist ... Die Literatur der Mitläufer ist eine Literatur, die sich hauptsächlich gegen die proletarische Revolution richtet.«

Die literarische Vorherrschaft der *RAPP* setzte mit der lebhaften Diskussion um den sogenannten sozialen Auftrag (social'nyj zakaz) des Schriftstellers ein, der jetzt als direkter Befehl aufgefasst wurde, dem der Schriftsteller nachzukommen hatte (die *RAPP*-Leute waren davon überzeugt, dass kommunistische Literatur nur durch Zwang verwirklicht werden konnte!). Der Protest gegen diese einseitige Interpretation des »sozialen Auftrags« fand in Vjačeslav Polonskij und dessen Zeitschrift *Pečat' i revoljucija* (Presse und Revolution) einen Wortführer. Doch die Behörden unterstützten den Kurs der *RAPP*. Die Literatur musste sich in den Dienst des Fünfjahresplans stellen lassen; wie die »Stoßarbeiter« (udarniki) in der Industrie mussten die Schriftsteller in den »sozialistischen Wettbewerb« (sorevnovanie) einbezogen werden. *RAPP* machte es Schriftstellern zur Pflicht, Kolchosen und Baustellen (strojki) aufzusuchen und darüber literarische Berichte (očerki) zu verfassen. Es kam denn auch zu einer richtigen Hetze, als Pil'njak *Mahagoni* und Zamjatin *Wir* im Ausland publizierten und als Ivan Kataev seine Hymne auf den

Kulaken (*Milch*) veröffentlichte. *RAPP* erreichte, dass der Redakteur der *Krasnaja nov'*, Voronskij, aus der Partei ausgeschlossen und verbannt wurde. Zamjatin reagierte mit Würde, doch seine Feinde brandmarkten ihn als »inneren Emigranten« (vnutrennij émigrant) und verurteilten ihn zum Schweigen. 1932 jedoch war die Partei der Meinung, dass es nun genug sei, und mit Erlass vom 23. April wurde *RAPP* aufgelöst und die Bildung eines einheitlichen Schriftstellerverbandes angekündigt.

Die Resultate der *RAPP*-Politik waren genauso mager wie die von Proletkul't. 1930 hatte *RAPP* verkündet, dass »die Beschreibung des Fünfjahresplans und des darin verborgenen Klassenkampfes« das einzige Problem der Sowjetliteratur darstellen dürfe. Hauptaufgabe der Sowjetliteratur sei der Bau eines literarischen Magnitogorsk (der riesigen Stahlstadt im Ural, die während des ersten Fünfjahresplans errichtet wurde). Nur aktuelle Themen durften behandelt werden, und Wettbewerb in der Literatur hieß, in möglichst kurzer Zeit die Beschreibung z.B. eines Kolchos abzuliefern. Die Kriterien zur Beurteilung der Literatur waren von rein ideologischer Art, in der Literatur wurde ein wahrer Bürgerkrieg ausgetragen. Als Beispiel sei der Roman *Lesozavod* (Fabrik im Walde, 1928) von Anna Karavaeva (1893 – 1979) genannt: Das propagandistische Ziel der Autorin ist es zu zeigen, dass die Kommunistische Partei die Wirtschaft und das kollektive Denken unter ihrer Kontrolle hat.

Als *RAPP* 1932 aufgelöst und ihre führenden Funktionäre verbannt wurden, endete eine der düstersten Perioden in der Sowjetliteratur und damit die Neigung dieser »blindwütigen Eiferer« (neistovye revniteli), sich in alles einzumischen. Einige *RAPP*-Forderungen sollten jedoch später vom sozialistischen Realismus übernommen werden, und zwar, dass Literatur ein Dienst an der Gesellschaft sei, dass sie nach ihrem Nutzen für die allgemeine Sache beurteilt werde, dass der Schriftsteller ein Erzieher sei und dass alles, was ihn von dieser Rolle ablenke, dekadent, bürgerlich und formalistisch sei. Es gab drei Gründe für das Eingreifen der Partei. Erstens erkannte sie, dass der Versuch der *RAPP*, die gesamte Literatur in den Dienst des Fünfjahresplans zu stellen, die meisten Schrifststeller zum Schweigen verurteilen würde. Zweitens lehnte Gor'kij den »Kriegskommunismus in den Künsten« ab – und Gor'kijs Worte hatten Gewicht (er hatte auf das nach 1929 nachlassende literarische Niveau hingewiesen). Nach der Resolution des Jahres 1932 wurde ihm, der als »großer alter Mann der Sowjetliteratur« betrachtet wurde, in allen literarischen Angelegenheiten das letzte Wort erteilt. Er genoss enorme Autorität, die er seinem Ruhm als Schriftsteller und als Anwalt der Unterdrückten zu verdanken hatte. Nach seiner endgültigen Rückkehr in die Sowjetunion hat der frühere »Humanist« in hohem Maße zur geistigen Unterjochung des Landes unter Stalins Diktatur beigetragen. Drittens hatten die Vertreter von *RAPP* sich geirrt, als sie dachten, dass kommunistische Literatur nur unter Zwang verwirklicht werden könne. Die alte Intelligenzija legte immer weniger

Widerstand an den Tag, und Mitläufer waren dazu bereit, die Sowjetherrschaft zu akzeptieren und sogar zu verherrlichen (siehe hierzu die Memoiren von Nadežda Mandel'štam, die von »der Umwertung aller Werte« spricht). Wie im Jahre 1925 sollte die Partei nach 1932 die Mitläufer »umwerben« und nicht als Feinde betrachten.

Zugleich mit der Auflösung der *RAPP* rief das Zentralkomitee der Kommunistischen Partei in seiner Resolution von 1932 alle Schriftsteller dazu auf, sich in einem einzigen (einheitlichen) Schriftstellerverband zu organisieren. Voraussetzung war, dass sie die Grundprinzipien der Sowjetmacht teilten, den sozialistischen Aufbau unterstützten und das Verfahren des sozialistischen Realismus anwendeten. Dies geschah 1934 während des ersten Kongresses der Sowjetschriftsteller, der vom 17. August bis zum 1. September abgehalten wurde. Auf diesem Kongress wurde das Prinzip des sozialistischen Realismus festgelegt und der Literatur auferlegt. Es fällt auf, dass dieser Kongress von Politikern und nicht so sehr von Schriftstellern dominiert wurde. Die vier programmatischen Reden, die gehalten wurden, stammten von Andrej Ždanov (1888 – 1948), dem Leningrader Parteisekretär, von Karl Radek, dem Vertreter der Komintern, von Nikolaj Bucharin (1888 – 1938), dem Theoretiker des Sowjetkommunismus, und von Maksim Gor'kij, d.h. ein Schriftsteller gegen drei Politiker. Auf diesem Schriftstellerkongress wurde scharenweise der Treueeid auf die Partei geschworen. Die Schriftsteller, die das nicht taten, lassen sich an den Fingern einer Hand aufzählen: Bulgakov, Platonov, Mandel'štam und Achmatova.

Sozialistischer Realismus bedeutete, dass ein literarisches Werk von jetzt an der Form nach realistisch zu sein hatte (die Realität, d.h. die Sowjetrealität, beschreiben musste) und dem Inhalt nach sozialistisch (was logischerweise auch kaum anders ging, da die beschriebene Realität »sozialistisch« war). In seiner Rede zählte Ždanov, der namens des Zentralkomitees sprach, als Helden der Sowjetliteratur »Arbeiter und Arbeiterinnen, Kolchosbauern und -bäuerinnen, Parteifunktionäre, Ökonome, Ingenieure, Komsomolmitglieder und Pioniere« auf. Stalin nannte die Schriftsteller »die Ingenieure der menschlichen Seele«, d.h. er dachte, dass die Literatur die Menschen verändern könne. Von nun an sollten Schriftsteller, Journalisten, Fotografen und Künstler zu den kommunistischen Baustellen und Fünfjahresplänen reisen (zu den »velikie stalinskie strojki«, den sogenannten großen Stalinprojekten), um dort die Lebensbedingungen und Ideale der Errichter der neuen Welt kennenzulernen, folglich also zu den gigantischen Projekten im Ural, in Kasachstan, Sibirien, zum Weißmeer-Ostsee-Kanal usw.

Im Sommer des Jahres 1933 machte Maksim Gor'kij mit einer »literarischen Brigade« aus 120 Schriftstellern eine Exkursion zu einem der Prestigeobjekte des ersten Fünfjahresplans; diese Reise resultierte in dem Buch *Belomorsko-Baltijskij kanal imeni Stalina. Istorija stroitel'stva* (Der Stalin-Weißmeer-Ostsee-Kanal. Geschichte des Baus, 1934), an dem neben Gor'kij, Averbach und Semën Firin (dem Lagerleiter) 35 Schriftsteller mitwirkten, darunter Aleksej Tolstoj, Šklovskij, Vsevolod Ivanov, Zoščenko, Valentin Kataev; Bulgakov hatte die Einladung abgelehnt. Dieses Buch ist eine der großen Schandtaten der Literatur, da es ein Konzentrationslager verherrlicht; zugleich ist es ein Meilenstein in der russischen Literatur: Zum erstenmal wird den »Erniedrigten und Beleidigten« kein Mitgefühl, Mitleid zuteil, sondern es wird Gor'kijs Worten gehuldigt: »Wenn sich der Feind nicht ergibt, wird er vernichtet« (zum erstenmal in der *Pravda* vom 15. November 1930 erschienen). Das Buch verfolgte ein rein propagandistisches Ziel: den Westen davon zu überzeugen, dass es in der Sowjetunion keine Zwangsarbeit gab, sondern lediglich umerzieherische, resozialisierende Arbeit. Es ist ein Musterbeispiel für den Missbrauch von Literatur zu propagandistischen Zwecken.

Schriftsteller waren jetzt nicht mehr nur einfach Schriftsteller, sondern »Kämpfer an der literarischen Front«, die »auf Posten standen« und einen »ideologischen Kampf« gegen die Feinde austrugen. Auch die Literatur konnte sich der Militarisierung der Sprache nicht entziehen.

Es fällt auf, dass nicht nur nach 1934 entstandene Werke, sondern auch literarische Produkte aus der Zeit vor dieser Periode als sozrealistisch betrachtet wurden. Die bekanntesten Beispiele sind Fëdor Gladkovs *Cement* (Zement, 1925), Dmitrij Furmanovs *Čapaev* (1923), Aleksandr Serafimovičs *Železnyj potok* (Der eiserne Strom, 1924) und Michail Šolochovs *Tichij Don* (Der stille Don, 1926 – 1940).

Auf dem 1. Allunionskongress des Schriftstellerverbandes (1934) wurde der sozialistische Realismus wie folgt definiert: »Der sozialistische Realismus als grundlegende Methode der Sowjetliteratur und der sowjetischen Literaturkritik fordert vom Künstler eine wahrhafte, historisch konkrete Darstellung der Wirklichkeit in ihrer revolutionären Entwicklung. Außerdem hat der Künstler die Aufgabe, die Werktätigen ideell zu formen und im Geiste des Sozialismus zu erziehen.« Der Begriff selbst stammt von Ivan Gronskij, der ihn in der *Literaturnaja gazeta* (Literaturzeitung) vom 23. Mai 1932 erstmals verwendete. Über den zutreffenden Begriff wurde in den zwei Jahren vor dem Schriftstellerkongress viel diskutiert; vorgeschlagen wurden außerdem »proletarischer« und »revolutionärer«, »heroischer« und »romantischer« Realismus, doch diese Begriffe beleuchteten alle lediglich einen einzigen Aspekt: Nur in dem letztendlich angenommenen Begriff »sozialistischer Realismus« war das gesamte neue Literaturkonzept enthalten. Darüber hinaus war der Begriff so verschwommen, dass er von den Führern zu jedem beliebigen Zeitpunkt angepasst werden konnte.

Abram Terc hat in seinem glänzenden Essay *Čto takoe socialističeskij realizm?* (Was ist sozialistischer Realismus?, 1956, dt. 1966) einige Kennzeichen des »sozialistischen Klassizismus«, wie er das neue Konzept eher bezeichnen würde, aufgezählt. Die Grundlage dieser Auffassung ist die Literatur als Instrument ideologischer Einflussnahme im Besitz der Kommunistischen Partei, die Beschränkung auf politische Propaganda: Erstens ist der Schriftsteller »der Ingenieur der menschlichen Seelen« (inžener čelovečeskich duš). Die Literatur muss die Partei in ihrem Kampf um den Sieg des Kommunismus unterstützen. Alles, was nicht dazu beiträgt oder dem im Wege steht, ist per definitionem intolerabel. Zweitens wurde dieser Definition in den dreißiger Jahren der Begriff »partijnost'« (Parteilichkeit) hinzugefügt, d.h. dass der Schriftsteller nicht die Wirklichkeit darstellen muss, wie er sie sieht, wie er sie empirisch erfahren hat, sondern dass seine Wahrheit eine Parteiwahrheit zu sein hat; anders gesagt, er beschreibt nicht das, was er gesehen hat, sondern das, was die Partei als »typisch« betrachtet, d.h. als typisch (= zulässig) für ein sozialistisches Gemeinleben. Die Formulierung »die Darstellung der Wirklichkeit in ihrer revolutionären Entwicklung« bedeutet, dass alle vergangenen, heutigen und zukünftigen Ereignisse gemäß der Lehre des historischen Materialismus, wie die Partei sie zu einem bestimmten Zeitpunkt verstanden haben will, beschrieben und interpretiert werden müssen. Drittens waren alle Beschreibungen von Unvollkommenheiten, Missständen, Fehlern usw. der Sowjetgesellschaft tabu, denn nicht diese (wirklich existente) Realität sollte dargestellt werden, sondern der erhoffte Idealzustand (das Paradies der Werktätigen). Mit anderen Worten: Der sozialistische »Realismus« ist unrealistisch, realitätsfremd. Eine kritische Einstellung zur Sowjetrealität, im besonderen Ironie und Satire, wurde als antisowjetisch betrachtet, als schädlich. Für Sowjetkritiker war es denn auch ein ziemliches Problem, dass nahezu alle großen klassischen russischen Schriftsteller ihrer jeweiligen Gesellschaft gegenüber eine sehr kritische Haltung eingenommen hatten. Viertens hängt hiermit der Begriff des »positiven Helden« (položitel'nyj geroj) eng zusammen. Der positive Held – Vorbild, Erbauer des neuen Lebens, Führerpersönlichkeit, Mensch ohne inneren Zweifel, die kommunistische Idealgestalt – musste im Mittelpunkt stehen. Fünftens verlangte der sozialistische Realismus grundsätzlich Optimismus. Dieser Optimismus war der Ausdruck des kommunistischen Fortschrittsglaubens; gedrückte oder unglückliche Stimmungen durften also nicht dargestellt werden. Sechstens wurde die narodnost' (Volksverbundenheit) genannt; dies bedeutete in der Praxis allgemeine Verständlichkeit der Literatur beim einfachen Leser sowie die Verwendung volkstümlicher Elemente, Sprichwörter usw. Diese Forderung war offensichtlich gegen Experimente in Literatur und Kunst gerichtet. Siebtens ist für den sozialistischen Realismus der Patriotismus kennzeichnend. In der Praxis hieß dies, dass man sich auf die Sowjetunion als Ort der Handlung beschränkte und die Überlegenheit alles Sowjetischen (später alles Russischen) betonte. Es bedarf keiner weiteren Erörterung, dass alle diese Vorschriften dazu führten, dass der Inhalt der Form vorgezogen und verabsolutiert und die Form erheblich vernachlässigt wurde, so dass in künstlerischer Hinsicht mittelmäßige oder minderwertige Bücher zu Meisterwerken der Sowjetliteratur und gar der Weltliteratur erhoben wurden, weil sie inhaltlich dem Kanon der offiziellen Literaturdoktrin entsprachen.

9.1.2. Proletarische Romanschriftsteller in den zwanziger Jahren

Ein typisches Beispiel der sogenannten Faktografie ist der dokumentarische Roman *Čapaev* (1923) von DMITRIJ FURMANOV (1891 – 1926). Im Jahre 1929 erschien der Sammelband *Literatura fakta* (Faktografie) mit Aufsätzen von Šklovskij, Osip Brik und Sergej Tret'jakov, in dem die Fantasie für tot erklärt und zu einer rein empirischen Art zu schreiben aufgerufen wurde. In diesem Roman erzählt Furmanov sachlich von eigenen Erlebnissen als Politkommissar in der Division Čapaevs, eines legendären Partisanenführers, der gegen die unter Kolčaks Befehl stehenden Truppen kämpfte. Im Roman versucht der Politkommissar Fёdor Klyčkov, diesem mutigen, aber zügellosen Helden Disziplin beizubringen. Čapaev ist das Symbol des aufständischen russischen Volkes und kümmert sich kaum um Ideologien. Furmanov hat aus ihm einen echt russischen Typ gemacht. Er erzählt ohne Ausschmückungen, unprätentiös und unornamental, er fügt in großer Zahl Zeitungsberichte, Telegramme, Gefechtsanalysen ein, sieht alles durch eine kommunistische Brille, verherrlicht seine Helden als Prototypen des neuen Menschen. Obwohl Furmanov gegenüber Gor'kij einräumte, dass er in künstlerischer Hinsicht mit dem Roman nicht zufrieden war, ist *Čapaev* in der Sowjetunion doch zu einem Standardwerk ausgerufen worden. Das Drehbuch zu einem beliebten Film basiert auf dieser Geschichte, und der Geburtsort des Autors (Sereda im Gouvernement Kostroma) hieß ab 1941 Furmanow.

Den Donkosaken ALEKSANDR SERAFIMOVIČ (1863 – 1949) haben wir bereits als einen der Stützen von Gor'kijs Gruppe *Znanie* und als Autor von *Die Stadt in der Steppe* behandelt, in dem aus marxistischer Sicht beschrieben wird, wie die ersten Eisenbahnstrecken im kapitalistischen Russland angelegt wurden. 1918 wurde er Mitglied der Kommunistischen Partei und Korrespondent der *Izvestija* und der *Pravda* (was ihn die Mitgliedschaft in verschiedenen literarischen Kreisen kostete). 1924 erschien seine recht naturalistische Novelle *Železnyj potok* (Der eiserne Strom) über den Rückzug von Bolschewiken aus dem Kaukausus nach Norden. Der eigentliche Held dieser Novelle ist nicht der als ein Halbgott gezeichnete Führer Kožuch, sondern der Pöbel, das vor den Weißen flüchtende Volk, das von den disziplinierten Führern in Zaum gehalten werden muss. Die Hauptidee ist die Bewusstseinsentwicklung dieser anfänglich anarchistisch eingestellten Masse hin zu politisch denkenden und handelnden Menschen (vergleiche die Zusammenkunft am Anfang und am Ende der Erzählung). Der eiserne Strom ist nun die revolutionäre Masse, die wie eine gigantische, endlose Schlange einen 500 Werst langen Marsch zurücklegt. Serafimovič verzichtet bewusst auf individuelle Charaktere, sondern stellt die Masse als handelnde Person dar, was dem damaligen Zeitgeist entsprach. Der epische Erzählstil vermittelte den Eindruck einer Heldensaga, was die Sowjets dazu veranlasste, die Novelle als ein Meisterwerk zu begrüßen und zum Klassiker der Sowjetliteratur auszurufen. Zwischen 1926 und 1929 war Serafimovič Chef-

redakteur der Zeitschrift *Oktjabr'*, 1934 wurde er ins Präsidium des Schriftstellerverbandes gewählt; im Alter von 80 Jahren wurde ihm für seine literarischen
Verdienste der Stalinpreis (1943, 1. Klasse) zuerkannt.

Eine Schlüsselfigur in der Stalin-Ära war ALEKSANDR FADEEV (1901 – 1956),
zum einen als proletarischer Romanschriftsteller, der »das erste in der Tradition
Tolstojs stehende Werk in der Sowjetliteratur« (Struve) geschrieben hat, zum
anderen als führender Literaturfunktionär. 1918 wurde er Mitglied der Kommunistischen Partei, er kämpfte im Bürgerkrieg, half bei der Niederschlagung des
Kronstädter Aufstandes (1921) und leistete in den Jahren 1924 – 1926 Parteiarbeit in Sibirien und in der Ukraine. Zwischen 1926 und 1932 saß er im Leitungs-
gremium der *RAPP*, ab 1934 im Präsidium des Schriftstellerverbandes, dessen
Sekretär er in den Jahren 1939 – 1944 und dessen Generalsekretär er in den Jahren
1946 – 1954 war. Er war ein dogmatischer Stalinist, der für den Tod vieler
Schriftsteller verantwortlich war. Als er im Jahre 1956 von der unmittelbar
bevorstehenden Destalinisierung Wind bekam, verübte er Selbstmord. Im Jahre
1974 wurde die »Fadeev-Medaille« ins Leben gerufen, ein Literaturpreis für Arbeiten über die Sowjetstreitkräfte.

Fadeev hat nur zwei Romane vollendet: *Razgrom* (Die Zerschlagung, 1927) und
Molodaja gvardija (Die junge Garde, 1945), beide in der ehemaligen Sowjetunion
Pflichtlektüre in den Schulen. Seine Stellung in der Sowjetliteratur hat Fadeev *Die
Zerschlagung* zu verdanken, einer povest' über Partisanen in Sibirien, von denen sich
nur 19 Mann aus der Umklammerung der Weißen und der Japaner lösen können.
Fadeev beschreibt nicht, wie Serafimovič das tat, die namenlose Masse, er schreibt
auch nicht im Geiste der Pil'njak-Schule (Zusammenstoß unpersönlicher Kräfte),
sondern er stellt Menschen aus Fleisch und Blut dar, Menschen, die eigene Gefühle
haben, eine eigene Geschichte, eine ausgesprochene Individualität. Bei Fadeev
spielen die Menschen eine größere Rolle als politische Probleme oder strategische
Szenen. Aber seine Porträts sind nicht nur psychologischer Art, er hat auch ein Auge
für die physischen Reaktionen jedes einzelnen. Die Führerpersönlichkeit ist der
Jude Levinson, der vorgibt, nicht zu zweifeln oder zu zögern, der beherrscht auftritt
und sich somit Respekt verschafft. Er symbolisiert die Partei und ihre führende
Rolle in Revolution und Bürgerkrieg. Fadeev lobt den Mut und die Männlichkeit
der Partisanen und verurteilt Sentimentalität (»Weg mit Schiller!«); diese sei etwas
für Intellektuelle. Wie Kožuch in *Der eiserne Strom* macht Levinson aus seinen
anarchistischen Partisanen eine disziplinierte Einheit. Fadeevs psychologischer
Realismus, der deutlich die Tradition Lev Tolstojs fortsetzt, überzeugt, er leidet
nicht an dem Schematismus vieler anderer proletarischer Romanschriftsteller.

9.1.3. Die Wiedergeburt des Romans in den zwanziger Jahren

Der russische psychologische Roman wurde zum erstenmal wieder von KON-
STANTIN FEDIN (1892 – 1977) gepflegt, der in der hier besprochenen Periode eine
Schlüsselposition einnahm. Im Jahre 1914 reiste er nach Deutschland, wo er,
bedingt durch den Ausbruch des Krieges, bis 1918 bleiben musste. 1919 wurde er
Mitglied der Kommunistischen Partei, aus der er aber 1921 wieder austrat, um den
Serapionsbrüdern beizutreten (Fedin war zu diesem Zeitpunkt 30 und das älteste
Mitglied der Vereinigung). Im Jahre 1924 veröffentlichte er sein bekanntestes
Werk, *Goroda i gody* (Städte und Jahre), in dem das Problem des Intellektuellen
in der Revolution behandelt wird. Ein vergleichbares Problem wird in Fedins
zweitem großen Roman, *Brat'ja* (Die Brüder), entwickelt. Im Laufe der Jahre sollte
sich Fedin hinter das Regime stellen und es repräsentieren, ab 1959 als Generalsekretär des Schriftstellerverbandes sowie als Abgeordneter im Obersten Sowjet.
1958 verbot er die Veröffentlichung von Solženicyns Roman *Krebsstation*. Sein
Spätwerk steht im Zeichen des sozialistischen Realismus. Im Zweiten Weltkrieg
veröffentlichte er Erinnerungen an Gor'kij (*Gor'kij sredi nas*, Gor'kij unter uns),
die der Kritik ausgesetzt waren, weil er »den großen alten Mann der Sowjetliteratur«
als Beschützer von in Ungnade gefallenen Schriftstellern zeichnet. Im Jahre 1967
wurden sie in einer »überarbeiteten« Fassung wiederveröffentlicht.

In *Städte und Jahre* spielt Fedin einen typisch russischen Intellektuellen (Andrej
Starcov) gegen einen geradlinigen deutschen Kommunisten, den Maler Kurt Wahn,
aus. Sie haben sich während des Ersten Weltkriegs in Deutschland kennengelernt
und begegnen sich erneut im vom Bürgerkrieg zerrissenen Russland. Andrej ist der
Zweifler, der Träumer, der »überflüssige Mensch«, der zwar versucht, seinen Platz
unter den jetzt herrschenden Umständen zu finden, der den Schrecken der Zeit
aber nicht gewachsen ist. Er lässt einen deutschen Offizier, einen Anhänger der
Weißen, fliehen, weil der ihm einst das Leben gerettet hat. Dieser »Verrat an der
Sache der Revolution« wird seine Strafe finden; Kurt Wahn erhält von der Partei
den Auftrag, seinen alten Freund Andrej zu liquidieren. Mit dieser Szene fängt das
Buch an, so dass sich die Betonung weg von der Spannung und der dynamischen
Handlung hin zur psychologischen Analyse verschiebt. Viele Leser hielten den
Roman für zu verwirrend, weil er eine komplexe Struktur hat, viele Nebenfiguren
enthält und Städte und Jahre ständig wechseln lässt. Die Rückblenden tragen
ebenfalls zur Verwirrung bei, obwohl gerade sie die Stärke des Romans ausmachen.

In der Behandlung moralischer Probleme (vor allem der Frage, ob Töten erlaubt
ist) erweist sich Fedin als vollwertiger Schüler der russischen Klassiker. In *Die
Brüder* konfrontiert er drei Brüder mit der Revolution – den Gelehrten, den
Künstler (den Komponisten Nikita Karev) und den harten Bolschewiken Rostislav.

Typisch für sowjetisches Gedankengut der dreißiger Jahre ist Fedins Roman
Pochiščenie Evropy (Der Raub der Europa, 1933 – 1935). Hier wird der Sowjet-

journalist Rogov mit einer reichen niederländischen Holzhändlerfamilie konfrontiert. Während es für Philip van Rossum kein Problem darstellt, mit dem neuen Regime Geschäfte zu machen, will Lodewijk van Rossum nichts mit den »gottlosen Bolschewiken« zu tun haben. Fedin stellt die Blütezeit der Sowjetunion der Krise im Westen in den dreißiger Jahren gegenüber. In demselben Geist ist *Sanatorij Arktur* (Sanatorium Arktur, 1940) verfasst, das von einem sowjetischen Ingenieur handelt, der in einem Schweizer Sanatorium für Tbc-Patienten verbleibt, und das in krassem Gegensatz zu Thomas Manns *Zauberberg* steht.

In den Jahren 1945 – 1967 hat Fedin eine Trilogie (*Pervye radosti*, Frühe Freuden, 1945; *Neobyknovennoe leto*, Ein ungewöhnlicher Sommer, 1947/1948; *Kostër*, Der Scheiterhaufen, 1961, dessen zweiter Band, 1967, unvollendet blieb) verfasst, in der in einer Chronik des Lebens in Russland zwischen 1910 und 1941 u.a folgende Fragen behandelt werden: Welche Einstellung hat der einzelne zu seiner Zeit? Kann der Intellektuelle die Auswüchse des Kampfes akzeptieren? Welche Rolle im Leben spielt die Kunst? Vor allem der erste Band, der das Russland aus der Zeit vor dem Zweiten Weltkrieg zum Thema hat, war ein großer Erfolg.

Ein bedeutender Vertreter des psychologischen Romans ist LEONID LEONOV (1899 – 1994), der von Sowjetkritikern zu den größten Sowjetschriftstellern gerechnet wurde. Den ersten Anlauf zu einem Roman unternahm er mit der Erzählung *Konec melkogo čeloveka* (Das Ende eines kleinen Mannes, 1923), in der er beschreibt, wie die alte Intelligenzija und ihre Kultur nun wertlos geworden sind. Sie erinnert an Zamjatins *Die Höhlenbewohner* und an Dostoevskijs *Der Doppelgänger*. Seinen ersten großen Roman – *Barsuki* (Die Dachse) – verfasste er 1924 (Bühnenfassung 1927), seinen zweiten – *Vor* (Der Dieb) – 1927. Nach zwei Fünfjahresplanromanen – *Sot'* (Das Werk an der Sot', 1931) und *Skutarevskij* (Professor Skutarevskij, 1932, Bühnenfassung 1934) – veröffentlichte Leonov die beiden Kriegsdramen *Našestvie* (Die Invasion, 1942) und *Lënuška* (1943) – beide erhielten den Stalinpreis – sowie den kurzen Kriegsroman *Vzjatie Velikošumska* (Die Eroberung von Velikošumsk, 1944). 1953 wurde Leonovs symbolischer Roman *Russkij les* (Der russische Wald) mit dem Leninpreis (wie der Stalinpreis nun hieß) ausgezeichnet. Von 1946 bis 1958 war Leonov Abgeordneter im Obersten Sowjet.

Leonov ist deutlich ein Schüler Dostoevskijs. Er ist am besten, wenn er die unbewussten, verborgenen Motive des Menschen darstellt, des Menschen, der zweifelt, der leidet. Sein Interesse an Formelementen und -experimenten verrät die Verwandtschaft mit den *Serapionsbrüdern*. Es wurde ihm lange von proletarischen Kritikern übel genommen, dass er die »Randphänomene« der Revolution und nicht die Revolution selbst beschrieb.

Wie Fedins *Städte und Jahre* war Leonovs *Die Dachse* symptomatisch für die Wiedergeburt des traditionellen Romans. Thematisiert wird die Rebellion der Bauern gegen die Städter, Natur gegen Kultur, Tradition gegen Revolution. Die

Stadt ist das Symbol des Fortschritts, des Kommunismus, und somit abzulehnen. Zwei Brüder – Semën und Paša – stehen im Bürgerkrieg einander gegenüber: Semën als Anführer der Bauern, die sich wie Dachse in den Wäldern eingraben, um sich vor den vorrückenden Bolschewiken zu schützen; Paša ist Kommandant des Strafbataillons, das den Aufstand niederschlagen soll. Der Roman enthält außerdem eine Novelle über einen rasenden Kalifen, der jedem Stern und jeder Pflanze eine Nummer und jedem Tier einen Ausweis verpassen will – kurz: eine Fabel über den Bürokraten par excellence. Insgesamt gesehen ist dieser in kompositorischer Hinsicht komplexe Roman in realistischem Stil (ohne Klischees) für einen 25jährigen Schriftsteller eine großartige Leistung.

Leonov selbst maß seinem zweiten Roman *Vor* (Der Dieb, 1927) große Bedeutung bei, in dem er ein sehr fesselndes Bild der Großstadt Moskau Mitte der zwanziger Jahre zeichnet. Die Hauptperson ist der Dieb Mitja Vekšin, der sowohl an Dmitrij Karamazov als auch an Raskol'nikov erinnert, ein ehemaliger Kommissar der Roten Armee, der desillusioniert ist, weil er in der aromantischen Periode der NÖP seine Träume nicht verwirklichen kann. Er landet in der Welt der Ganoven und wird Bandenführer. Die Schlüsselfigur ist der Schriftsteller Firsov, der einen Roman über Mitja schreibt, so dass wir alles immer aus einer doppelten Perspektive sehen: aus der des Autors und aus der Firsovs (vgl. André Gides *Les faux monnayeurs*, 1925). Beide suchen die verborgenen Motive von Mitjas »Anarchie«. Mitja wird von Schuldgefühlen wegen eines sinnlosen Mordes gequält – während des Bürgerkriegs hat er kaltblütig einen Offizier der Weißen getötet, weil dieser ihm sein Lieblingspferd gestohlen hatte. Im Licht der prosaischen NÖP scheint dieser Mord noch sinnloser zu sein. Dostoevskijs Einfluss tritt in den pathologisch gezeichneten Helden der Moskauer Unterwelt der Verbrecher, Alkoholiker und Prostituierten in illegalen Nachtclubs deutlich zutage. Leonov verwendet hier in großer Zahl Ausdrücke aus der farbigen Sprache der Ganoven, des Rotwelschen (= blatnoj jazyk). Dieses in soziologischer und soziolinguistischer Hinsicht fesselnde Thema wurde um 1935 herum für tabu erklärt, so dass der Roman nicht wiederaufgelegt wurde (letzte Ausgabe 1936). Der Roman ist ein literarisches Experiment, wobei die Gestalt des Firsov, der zwischen dem Autor und dem Leser steht, die Struktur kompliziert. Vielleicht hat Leonov ihn eingeführt, um ihm gewagte Äußerungen in den Mund legen zu können (Sowjetkritiker waren schließlich immer besonders engstirnig gewesen, wenn es darum ging, eine biografisch geradlinige Beziehung zwischen dem Autor und dem literarischen Helden herzustellen). Es kann außerdem seine Absicht gewesen sein, die Komplexität »des Diebes« besonders hervorzuheben. Im Jahre 1959 hat Leonov eine überarbeitete Version von *Der Dieb* veröffentlicht. In ihr ist er seinen Kritikern entgegengekommen (»zu morbide«, »zu dekadent«). Dem Autor wurde vorgeworfen, dass »die Bekehrung« Mitjas nicht überzeugend sei (was stimmt). Am Ende des Romans verspricht »der Dieb« nämlich, ein Sowjetbürger zu werden (als Holzhacker im Norden des Landes arbeiten zu wollen) und die Normen des Sowjetlebens zu akzeptieren. Die Sympathie der zwanziger Jahre musste in der Fassung von 1959 der deutlichen Abneigung Firsovs gegen den negativen Helden Mitja weichen. In Werkausgaben Leonovs wird nur die zweite, überarbeitete Fassung einbezogen.

In den dreißiger Jahren leistete Leonov seinen Beitrag zu der Literatur des »sozialen Auftrags«. In *Das Werk an der Sot'* schreibt er über die Industrialisierung der Sowjetunion und »die kollektive Seele« dabei. Der »Fortschritt« (konkret gesagt, der Bau einer Zellulosefabrik in einem abgelegenen Gebiet) stößt dabei auf die widerspenstige Natur und den Widerstand der Mönche des nahegelegenen Waldklosters. Der Idealkommunist Uvad'ev muss sich folglich sowohl gegen die Natur als auch gegen den Menschen behaupten, in diesem Falle gegen den Führer der Oppositionellen namens Vissarion, einen ehemaligen Offizier der Weißen, der von einem neuen Attila träumt, welcher die gesamte moderne Zivilisation beseitigen soll (Antiurbanismus). Die Sowjets betrachteten den Roman als eines der besten Bücher über den Fünfjahresplan.

In *Professor Skutarevskij* arbeitet Leonov das (damals aktuelle) Thema der Umerziehung der prärevolutionären Intellektuellen heraus. Professor Skutarevskij gibt seine anfangs feindliche Haltung gegenüber den Kommunisten auf und ist zu einer Zusammenarbeit mit ihnen bereit, während sein Sohn ein »Saboteur« ist.

In dem nach Stalins Tod publizierten Roman *Russkij les* (Der russische Wald, 1953) konzipiert Leonov ein russisches Epos um das wissenschaftliche und moralische Duell zwischen zwei Spezialisten: Prof. Vichrov und Prof. Gracianskij. Vichrov ist der ehrliche und vaterlandsliebende Wissenschaftler, der sich für die Erhaltung der russischen Natur einsetzt (der »Wald« wird zum Symbol für ganz Russland), während sein Antagonist ein Schurke ist. Manche Kritiker sehen in Leonovs moralischer Problematik – wie weit darf man mit der Nutzbarmachung des Waldes gehen, d.h., in welchem Maß darf man das russische Volk schinden? – das erste Signal des poststalinistischen »Tauwetters«.

9.2. Die Stalin-Diktatur (1933 – 1953)

9.2.1. Ideologische Verschiebungen in den dreißiger Jahren

In den dreißiger Jahren kam es in der Sowjetunion zu einigen ideologischen Verschiebungen, die sich häufig bis zum Zerfall des Landes auswirkten. Diese hingen teilweise mit der Realität des »Sozialismus in einem Land« zusammen. Die Weltrevolution musste (vorübergehend) aufgegeben werden, denn es kam jetzt darauf an, die Sowjetmacht in jeder Hinsicht zu festigen: die Sicherheit des Landes zu stabilisieren, die militärische Macht auszubauen, das Land im Innern zu konsolidieren. Es ist kein Zufall, dass diese tiefgreifende Veränderung des ideologischen

Lebens mit der »Reform« von 1932 zusammenfiel: Mit ihr wurde die Absicht verfolgt, alle Experimente und jeden Nonkonformismus in der Kultur zu unterdrücken und mittels des Schriftstellerverbandes und anderer Dachverbände das gesamte intellektuelle Leben unter Kontrolle zu bekommen. Drei Aspekte der einstigen Sowjetgesellschaft sind hervorzuheben, deren Grundlagen in den dreißiger Jahren geschaffen worden waren und die das geistige Leben in der gesamten Sowjetperiode beherrschten: Geschichtsfälschung, Führerkult und Konservatismus.

In den dreißiger Jahren wurde die Sowjetunion konservativ. Während in den zwanziger Jahren auf verschiedensten Gebieten des intellektuellen, künstlerischen und sozialen Lebens im »ersten sozialistischen Land der Welt« experimentiert worden war, wurden diese Errungenschaften nun allesamt rückgängig gemacht. Die Familie wurde wieder rehabilitiert, und man wurde für die Taten seiner Familienangehörigen verantwortlich gemacht. Während der »großen Säuberungen« (čistki) wurden auch Verwandte und Freunde von (ohnehin unschuldigen) Angeklagten festgenommen. Es wurden strenge Maßnahmen gegen die Jugendkriminalität ergriffen, und das Problem der »obdachlosen« Kinder (besprizorniki) wurde gelöst: Sie wurden in Lager oder Erziehungskolonien gesteckt. Scheidungen und Abtreibungen wurden erschwert, und kinderreiche Familien erhielten Steuervorteile. Die literarischen Arbeiten der in den zwanziger Jahren beliebten ALEKSANDRA KOLLONTAJ (1872 – 1952) über die sexuelle Emanzipation der Frau (*Ljubov' pčël trudovych*, Die Liebe der Arbeitsbienen, 1923) wurden nach 1927 nicht wiederaufgelegt. Progressive Erziehungs- und Bildungsmethoden wurden rückgängig gemacht. Das Punktesystem wurde wieder eingeführt, ebenso die Autorität des Lehrers, und unter den Schülern musste Disziplin herrschen. In allen Segmenten der Gesellschaft wurde Disziplin angeordnet (Ränge bei der Armee, Examen, Uniformen, Geschlechtertrennung). Außerdem wurden sogenannte rabfaki (rabočie fakul'tety, Arbeiterfakultäten) gegründet, an denen nur Arbeiter und Bauern studieren durften. Das Niveau war erschreckend niedrig. Darüber hinaus erhielten nur politisch zuverlässige Elemente die Möglichkeit zum Studium. Mit der Zuerkennung von Prämien für individuelle Leistungen wurde die wirtschaftliche Ungleichheit in großem Maßstab eingeführt. Mustergültige sogenannte Stoßarbeit (udarničestvo) leistete der Grubenarbeiter Aleksej Stachanov, der am 31. August 1935 in einer einzigen Schicht 103 Tonnen Kohle förderte und damit die Norm um das 14fache übertraf! Man trug wieder weiße Hemden und Krawatten; die strenge Scheidungs- und Abtreibungsgesetzgebung sollte wahrscheinlich die großen Verluste an Menschenleben während der Kollektivierung und der anschließenden Hungersnot kompensieren. Die gehorsame, graue, bürokratische Mittelschicht gab den Ton an. Aufgrund der totalen Isolation des Landes von der Außenwelt wurden die Sowjetbürger, denen täglich Märchen über den Zustand der Glückseligkeit, in dem sie lebten, aufgetischt wurden, selbstgenügsam sowie europa- und amerikafeindlich. Der offizielle Stil war monumental und protzig (z.B. die Moskauer Universität, die zahlreichen stalinistischen »Zuckertorten«, das Symbol von »Mosfilm«: ein strahlender Arbeiter mit Hammer und eine ebensolche Bäuerin mit Sichel), unaufrichtig (die Information über das eigene Land beruhte auf der totalen Entstellung oder Verheimlichung der Tatsachen) und voller Klischees.

Eine zweite Dominante war seit den dreißiger Jahren in der Sowjetunion der Führerkult, die banale Verehrung und Anbetung des Führers (vožd', daher voždizm). In Tausenden von Gedichten wurde ein Loblied auf den »Vater der Völker« angestimmt (eine interessante Anthologie ist der 1993 erschienene Sammelband *Sto stichotvorenij o Staline*, Hundert Gedichte über Stalin). Das für den Grammatikunterricht am besten geeignete Beispiel zur Illustration der russischen Steigerungsformen ist die Ausgabe der Parteizeitung *Pravda* vom 7. März 1953, in der Stalins Tod bekanntgegeben wird: eine Aneinanderreihung von Superlativen (»der größte Humanist aller Zeiten«, »der genialste Führer aller Völker«), parodiert von Juz Aleškovskij in dem in den Lagern zirkulierenden Lied »Tovarišč Stalin« (Kamerad Stalin), das folgendermaßen beginnt:

»Stalin, großer gelehrter Kamerad,
Sie sind ein Sprachwissenschaftler von Format,
Doch ich seh' in meiner Barack'
Nichts als Sowjetlumpenpack.«

In der fesselnden Studie zur russischen Lyrik im 20. Jahrhundert (*Russische Lyrik von der Oktoberrevoultion bis zur Gegenwart*, München 1984) zitiert Efim Ėtkind aus Gedichten, in denen ein Sowjetkommunist und ein deutscher Nationalsozialist ihre »unsterblichen«, »genialen« Führer Stalin bzw. Hitler in nahezu identischen Worten besingen und verherrlichen.

Der Stalinkult nahm mythologischen Umfang an und war in keiner Weise mit dem Leninkult vergleichbar, der unmittelbar nach dessen Tod im Jahre 1924 in Gang gesetzt wurde und im geistigen Leben der Sowjetunion bis 1991 eine feste Größe war. Der Höhepunkt dessen, was man im russischen Jargon »pokazucha« (= Fassade, Schaustellung, Bluff) nennt, war das »Potemkin'sche Dorf« der Stalin'schen Verfassung aus dem Jahre 1936. Die Kluft zwischen Mythos und Realität ist vielleicht nie größer gewesen als auf diesem Stück Papier.

In der Literatur wurde die Gestalt Stalins besungen und verherrlicht von Aleksandr Prokof'ev (1900 – 1971), Stepan Ščipačëv (1899 – 1980), Evgenij Dolmatovskij (1915 – 1994), Aleksej Surkov (1899 – 1983) und Vasilij Lebedev-Kumač (1898 – 1940). Letztgenannter ist Autor des berühmten *Pesnja o Rodine* (Lied vom Vaterland, 1935) mit den ebenso berühmten Worten: »Ich kenne kein einziges anderes Land, wo der Mensch so frei atmet.« Sogar der große Dichter Pasternak, der wie viele andere »krankhaft neugierig auf den Einsiedler im Kreml war« (siehe Ol'ga Ivinskaja, *V plenu vremeni. Gody s Borisom Pasternakom*, Im Banne der Zeit. Die Jahre mit Boris Pasternak, Paris 1978), war »so von diesem

Genie der großen Taten gefesselt«: »Kein Mensch ist es, nein, reine Tatkraft / die im Umfang der Erde gleichkommt.« Der jüdisch-russische Dichter Naum Koržavin (eig. Mandel') schrieb über den Dichter und den Diktator: »Im düsteren Strudel des Kremls / Lebt ein strenger, gefühlloser Mann, / Der das 20. Jahrhundert verstehen wollte, / Doch Pasternak niemals verstand.« Für viele ist es ein Wunder, dass der zweite russische Literaturnobelpreisträger (Pasternak) die Stalinzeit überlebt hat. Dies war bei anderen Größen der Sowjetliteratur wie Isaak Babel', Boris Pil'njak und Osip Mandel'štam nicht der Fall. Übrigens boten selbst die Mitgliedschaft in der Kommunistischen Partei oder öffentliche Glaubensbekenntnisse und Hymnen an Stalins Adresse nicht die Gewähr dafür, verschont zu bleiben (ein entsprechendes Beispiel ist Pil'njak: Er »verschwand« nach seinem mea culpa *Die Wolga mündet ins Kaspische Meer*). Sogar die renommierten Apologeten des Stalinismus, Michail Kol'cov (1898 – 1942) und Sergej Tret'jakov (1892 – 1939), kamen durch die Hand dessen, den sie besungen hatten, um. Dem Zeugnis Chruščëvs zufolge, der 1956 Stalin von seinem Podest stoßen sollte, sind in der Stalinperiode über 600 Schriftsteller in den Lagern verschwunden. Anderen wurde das Schweigen auferlegt (bereits 1929 trat der marxistische Literaturwissenschaftler Valer'jan Pereverzev dafür ein, lediglich jene Schriftsteller zum Zuge kommen zu lassen, die »die Lieder singen, die wir brauchen«); viele schrieben im Verborgenen (beispielsweise Bulgakov an seinem Meisterwerk *Der Meister und Margarita*). Viele begabte Schriftsteller suchten ihre Zuflucht bei der Kinderliteratur, bei Sciencefiction oder Übersetzungen. Das letztgenannte tat u.a. Pasternak, der Shakespeare und Goethe ins Russische übertrug. Er übersetzte auch georgische Dichter: Es lässt sich nicht ausschließen, dass ihm dies das Leben gerettet hat – Stalin war schließlich Georgier und wollte die georgische Literatur ins Russische übersetzen lassen, was ihn übrigens nicht daran hinderte, große georgische Dichter zu liquidieren.

Um dem Führerkult eine reelle Grundlage zu verschaffen, musste die Geschichte der Sowjetunion und selbst die Russlands gründlich umgeschrieben werden. So trug Aleksej Tolstoj seinen Teil dazu bei, indem er in *Chleb* (Brot, 1937) Stalins Rolle bei der Verteidigung Zarizyns (später Stalingrad, nun Wolgograd) im Jahre 1918, einer Episode aus dem Bürgerkrieg, verherrlichte. Das Umschreiben der russischen Geschichte begann mit der Kampagne gegen den marxistischen Sowjethistoriker Michail Pokrovskij (1868 – 1932) im Jahre 1934. Ihm wurde vorgeworfen, dass er bei der Geschichte des russischen Volkes den Gegensatz Volk – Staat zu stark betone und dem Erfordernis der »starken Macht« zu wenig Aufmerksamkeit widme. Folglich habe er die positiven Errungenschaften des russischen Volkes übersehen. Mitte der dreißiger Jahre wurde die russische Vergangenheit gründlich revidiert. Während der Sowjetbürger bisher nur auf die Errungenschaften (dostiženija) der Oktoberrevolution stolz sein durfte, war es ihm nun auch erlaubt, seinen Stolz auf Russlands Vergangenheit, dessen militärische

Glorie, territoriale Expansion usw. auszudehnen. Die Wörter »russisch« und »Russland« waren nicht länger tabu. In der Literatur hatte dies eine Welle historischer Romane zur Folge, die entscheidende Augenblicke in der Geschichte Russlands zum Thema hatten.

Der militärischen Geschichte waren gewidmet: *Sevastopol'skaja strada* (Die heißen Tage von Sewastopol, 1936 – 1938), ein 1600 Seiten umfassendes antibritisches Werk von SERGEJ SERGEEV-CENSKIJ (1875 – 1958), und *Fel'dmaršal Kutuzov* (Feldmarschall Kutuzov, 1940; Stalinpreis 2. Klasse) von VLADIMIR SOLOV'ËV (1907 – 1978).

Im Licht des Führerkults wurden die Themen Peter der Große und Iwan der Schreckliche populär. Bei der Behandlung Peters des Großen wurde drei Aspekten Aufmerksamkeit gewidmet: Er reformierte Russland von oben, er betrieb mit harter Hand Politik und baute eine große Militärmacht auf. In Iwan dem Schrecklichen sah man den Vorläufer Peters I., der Russlands Ausdehnung vorantrieb, ein großer russischer Patriot und ein weiser Staatsmann war. Dass er zudem ein grausamer Tyrann war, war von untergeordneter Bedeutung. Aleksej Nikolaevič Tolstoj deckte den neu entstandenen Bedarf mit zwei historischen Werken: *Pëtr Pervyj* (Peter I., 1929 – 1945) und *Ivan Groznyj* (Iwan der Schreckliche, 1941 – 1943), einem Drama, in dem er der Geschichte grobe Gewalt antut. In *Velikij gosudar'* (Der große Herrscher, 1944) lässt Vladimir Solov'ëv Iwan den Schrecklichen aus Vaterlandsliebe Gewalt gegen sein eigenes Volk anwenden. Man begreife die Moral dieser typischen historischen Projektion: Der Persönlichkeitskult um Stalin und die immens großen Opfer sind historisch gerechtfertigt. In der umgeschriebenen Fassung aus dem Jahre 1955 lässt Solov'ëv Iwan zugeben, auch unschuldiges Blut vergossen zu haben. Stalin war mit Sergej Ėjzenštejns Monumentalfilm *Iwan der Schreckliche* sehr zufrieden, nachdem er selbst Korrekturen daran vorgenommen hatte.

Dem'jan Bednyj wurde von offizieller Seite kritisiert, weil er in seinem Opernlibretto *Bogatyri* (Die Recken, 1936) »die patriotischen Gefühle des russischen Volkes schamlos verunglimpft« habe, indem er die Christianisierung Russlands (im Jahre 988) satirisch verzerrt habe. Jetzt wurde behauptet, die Annahme des Christentums sei eine »progressive« Tat und von großer zivilisatorischer Bedeutung für die Kiewer Rus' gewesen.

9.2.2. Der historische Roman

Es liegt auf der Hand, dass ein Land, das eine Revolution erlebt hat, sich intensiv mit der eigenen Vergangenheit beschäftigt. Zu Beginn der zwanziger Jahre erschienen denn auch zahlreiche Untersuchungen und Dokumente, die sich auf die Geschichte der Revolution bezogen. Bis zum Zerfall des Kommunismus im Jahre 1991 unternahmen Sowjethistoriker Versuche, in der zaristischen Vergangenheit eine Legitimation für den Bolschewismus zu finden. Im besonderen galt die Suche den ideologischen »Kirchenvätern« (die Reihe beginnt im 18. Jahrhundert mit Radiščev). Diese krampfhafte Suche nach den eigenen revolutionären Wurzeln ging auf Kosten vieler anderer und häufig sinnvollerer Untersuchungen (z.B. über die Geschichte des russischen Konservatismus, Faschismus). Durch den Zerfall der Monarchie wurden Geheimarchive zugänglich und konnten veröffentlicht werden (u.a. über den Kampf der Geheimpolizei, der »ochranka«, gegen die Revolutionäre). Diesem Interesse begegnen wir auch in der Literatur. Die frühesten Sowjetbeispiele historischer Literatur sind das Drama *Stepan Razin* von VASILIJ KAMENSKIJ (1918), das Versepos *Pugačëv* von SERGEJ ESENIN (1922) und das historische Drama *Oliver Kromvel'* (1920) von ANATOLIJ LUNAČARSKIJ (1875 – 1933). Lunačarskijs Theaterstück *Osvoboždёnnyj Don-Kichot* (Der befreite Don Quichotte, 1922) enthält eine deutlich vom russischen Bürgerkrieg angeregte Auffassung von der Gestalt des edlen Ritters: Den spanischen Revolutionären gelingt es nicht, den ruhmreichen Ritter von La Mancha für ihre Sache zu gewinnen. Großer Beliebtheit erfreuten sich damals historische Memoiren wie *Zapečatlёnnyj trud. Vospominanija* (Das versiegelte Werk. Memoiren, 1922), in denen die Verfasserin, Vera Figner, von den russischen Populisten und von den 20 Jahren Haft, die sie in der Schlüsselburg verbringen musste, erzählt. Auch die sehr fesselnden, ursprünglich auf Englisch verfassten *Memoirs of a Revolutionist* (1899) des Anarchisten Pëtr Kropotkin wurden damals mit Interesse gelesen.

Beim historischen Roman können wir zwei Varianten unterscheiden. Erstens den historischen Roman im eigentlichen Sinne, in dem wichtige soziale und politische Ereignisse aus der (meistens) russischen Geschichte behandelt werden, zweitens literarische Biografien über die Größen aus Literatur, Kunst und Wissenschaft. Die zweite Variante wurde von Gor'kij stimuliert, der 1933 die »biografische Reihe« *Žizn' zamečatel'nych ljudej* (Das Leben bemerkenswerter Menschen) gründete. Eine zusätzliche Anregung erfuhr das Genre möglicherweise aufgrund der heiklen Situation des Sowjetschriftstellers, der sich ab den dreißiger Jahren häufig lieber in die Vergangenheit flüchten sollte, um nur keine Lügen über die Gegenwart schreiben zu müssen (dies hinderte ihn nicht daran, Lügen über die Vergangenheit zu schreiben). Darüber hinaus trug auch die Revision der russischen Geschichte in dieser Periode dazu bei, ruhmreiche Seiten aus der eigenen Geschichte literarisch zu verarbeiten.

Die beiden großen Themen des historischen Romans dieser Jahre waren die Volksaufstände (der Zeit vor 1917, versteht sich) und die progressive Intelligenzija im zaristischen Russland. Über den Kontrast zwischen der außergewöhnlichen Persönlichkeit eines Revolutionärs und eines Durchschnittsmenschen im 19. Jahrhundert schreibt OL'GA FORŠ (1873 – 1961) in *Odety kamnem* (In Stein gehüllt, 1924/1925). Aktuellere Themen behandelt sie in *Simvolisty* (Die Symbolisten, 1933) und *Sumasšedšij korabl'* (Das wahnsinnige Schiff, 1931), in dem das literarische Leben in den frühen zwanziger Jahren in Petrograd porträtiert wird. Beide Romane wurden heftig kritisiert und fehlen in späteren Ausgaben. In *Pervency svobody* (Die Ersten der Freiheit, 1950 – 1953) behandelt Forš die Dekabristen und in der literarischen Biografie *Radiščev* (1934 – 1939) die Gestalt des Autors von *Reise von Petersburg nach Moskau* aus dem 18. Jahrhundert. Ihre Werke zeichnen sich durch eine spannende Handlung und einen gründlich recherchierten historischen Hintergrund aus (so beispielsweise den Hof Katharinas II., das Studentenmilieu von Radiščev in Leipzig, auch beschrieben in Goethes *Dichtung und Wahrheit*). Die Gestalt des »jakobinischen« Schriftstellers selbst ist zu blass und vor allem zu schematisch. In ihrem Roman Sovremenniki (Zeitgenossen, 1926) stehen Gogol' und sein römischer Freund, der religiöse Maler Aleksandr Ivanov, im Zentrum.

Bekanntheit genossen außerdem *Puškin v Michajlovskom* (Puškin in Michajlovskoe, 1936) und *Puškin na juge* (Puškin im Süden, 1943) von IVAN NOVIKOV. Von 1947 an erschienen sie zusammengefasst unter dem Titel *Puškin v izgnanii* (Puškin in der Verbannung).

In beiden Varianten der historischen Erzählung übte sich GEORGIJ ŠTORM (1898 – 1978), der in der *Povest' o Bolotnikove* (Erzählung von Bolotnikov, 1930) ein impressionistisches Bild dieses Kosakenführers in der Zeit der Wirren (zu Anfang des 17. Jahrhunderts) zeichnet. *Trudy i dni Michaila Lomonosova* (Werke und Tage Michail Lomonosovs, 1932) handelt von dem Gelehrten und Begründer der modernen russischen Poesie. *Flotovodec Ušakov* (Admiral Ušakov, 1946, mehrere Fassungen, u.a. *Stranicy morskoj slavy*, Seiten aus unserem maritimen Ruhm) beschreibt die Erfolge der russischen Schwarzmeerflotte im Krieg gegen die Türkei (1787 – 1792). In der historischen Studie *Potaënnyj Radiščev* (Der verborgene Radiščev, 1965, [2]1968, [3]1974) stellt Štorm die (stark umstrittene) These auf, dass Radiščev nach der Rückkehr aus der Verbannung an einer neuen Ausgabe der verhängnisvollen *Reise* gearbeitet habe.

Viktor Šklovskij hielt ein Plädoyer für den sogenannten analytischen Roman (»roman-issledovanie«). Dieser solle auf einen Bericht oder eine Chronik hinauslaufen, die in faktografischem Erzählstil historische Tatsachen enthält. Die Monotonie der Darstellung solle durch Anekdoten und exzentrische Formulierungen kompensiert werden. Dieser Aufruf war kein Erfolg.

Kein bisschen »ökonomisch« waren die historischen Romane von Čapygin und Šiškov. ALEKSEJ ČAPYGIN (1870 – 1937) veröffentlichte mit dem 1000 Seiten umfassenden Roman *Stepan Razin* (Stepan Razin, 1926) einen der frühesten historischen Romane der Sowjetliteratur. Er stellt den Aufständischen aus dem 17. Jahrhundert als einen Volkshelden dar, der uneigennützig für die Interessen des unterdrückten Volkes kämpft. Es werden ihm Eigenschaften zugeschrieben (beispielsweise Atheismus), die schlichtweg ahistorisch sind. Čapygin stellt zwar individuelle Typen dar, doch die eigentliche Hauptrolle wird vom Volk gespielt. Damit hatte die marxistische Geschichtsauffassung in der Literatur den Durchbruch geschafft.

VJAČESLAV ŠIŠKOVS (1873 – 1945) Hauptwerk ist das dreibändige *Emel'jan Pugačëv* (1941 – 1945, unvollendet). Der Roman entwirft ein breites Panorama der Zeit Katharinas II., wobei die Betonung auf dem Elend des Volkes liegt; die Bauern werden jedoch nicht idealisiert und die Adligen nicht lächerlich gemacht. Dieses Werk, das mit dem Stalinpreis ausgezeichnet wurde, gilt als die beste literarische Verarbeitung des Pugačëv-Themas.

Zu nennen sind außerdem Sergej Sergeev-Censkij und Aleksej Novikov-Priboj; letztgenannter schrieb in *Cusima* (Tsushima, 1932 – 1935) über den heroischen, aber sinnlosen Kampf der russischen Matrosen im russisch-japanischen Krieg. Der Autor hatte selbst die beschriebenen Ereignisse erlebt, so dass sein Werk einer der wenigen autobiografischen historischen Romane der Sowjetliteratur ist.

Besondere Aufmerksamkeit verdient JURIJ TYNJANOV (1894 – 1943), einer der wichtigsten Theoretiker der russischen *Formalen Schule* (in der Essaysammlung *Archaisty i novatory*, Archaisten und Erneuerer, 1929, analysierte er u.a. Puškin und Tjutčev in rein stilistischer Hinsicht). In den Jahren 1918 – 1921 war er als Französischübersetzer bei der Komintern, 1921 – 1930 als Professor für Literaturgeschichte in Leningrad tätig. Tynjanov übersetzte u.a. Heine und war ein puškinist (Puškin-Kenner). In der Geschichte der russischen Literatur gilt er als der Initiator des historischen biografischen Romans (zuweilen als »literaturhistorischer« Roman bezeichnet). *Kjuchlja* (Wilhelm Küchelbecker, 1925) handelt von dem Dekabristen und Puškin-Freund Wilhelm Küchelbecker (Vil'gel'm Kjuchel'beker), der von Nikolaus I. nach Sibirien verbannt wurde. Für Tynjanov verkörpert er den Beginn der revolutionären Bewegung in Russland und den Höhepunkt der Romantik. Sein Porträt des literarischen und politischen Romantikers ist historisch getreu und beruht auf gründlichem Quellenstudium. Keine vollständige Biografie, sondern eine Beschreibung des letzten Lebensjahres des russischen Bühnendichters und Diplomaten Aleksandr Griboedov enthält Tynjanovs *Smert' Vazir-Muchtara* (Der Tod des Wesir-Muchtar, 1927/1928). »Wesir-Muchtar« lautete der offizielle Titel, der dem russischen Gesandten in Persien verliehen wurde. Tynjanov schreibt hier nicht über Griboedov als Schriftsteller, sondern über die Versuche der Autokratie, aus dem Dichter einen Beamten zu machen. Der Autor untersucht hier das große Problem der russischen Geschichte: das Verhältnis zwischen Intelligenzija und Revolution, zwischen Individuum und Staat. Kritiker haben den Roman wegen seiner fragmentarischen Komposition mit einem zerbrochenen Spiegel verglichen. In seinem dritten, unvollendeten, historischen Roman, *Puškin* (Puškin, 1935 – 1943), beschreibt Tynjanov in einer einfacheren Sprache und Form Kindheit und Jugend des russischen Dichters. Seine prachtvolle Erzählung *Podporučik Kiže* (Secondelieutenant Sjedoch, 1928) über einen nichtexistenten Soldaten, der während der despotischen Regierungszeit Pauls I. durch einen Schreibfehler eines Kopisten ins Leben gerufen wird, wurde 1934 verfilmt.

Einer der größten Verfasser historischer Romane der Sowjetliteratur ist ALEKSEJ

NIKOLAEVIČ TOLSTOJ (1883 – 1945). Wie Ėrenburg verstand es A.N. Tolstoj, sich den Anforderungen und der Mode des Augenblicks anzupassen. Tolstoj war das Musterbeispiel der Versöhnung zwischen der Intelligenzija und dem kommunistischen Regime. Vor 1917 war er einer der großen Neorealisten, die exzentrische Themen behandelten (»čudaki«, Sonderlinge). Im Bürgerkrieg war er in der Propagandaabteilung des Generals der Weißen, Denikin, tätig, und als Emigrant in Paris schrieb er scharfe Pamphlete gegen den Kommunismus. In den Jahren 1920 – 1922 verfasste er eines seiner besten Werke, das durch seinen Sohn inspirierte *Detstvo Nikity* (Nikitas Kindheit), das einen Platz neben Lev Tolstojs *Kindheit* und Aksakovs Autobiografie verdient. Erzählt wird die lyrische Geschichte eines Kindes auf einem russischen Landgut vor der Revolution, von dem nicht wiederholbaren Glück einer sorglosen Jugend. Aus ihm spricht ein nicht zu leugnendes Heimweh nach Russland. In Berlin schloss sich Tolstoj der sogenannten Smena-Vech-Bewegung an, einer Strömung innerhalb der russischen Emigration, die bereit war, die Revolution und den Bolschewismus aus nationalen Gründen zu akzeptieren. Dies wurde damals »Nationalbolschewismus« genannt (siehe Michail Agurskij, *Ideologija nacional-bol'ševizma*, Die Ideologie des Nationalbolschewismus, Paris 1980). In der sowjetfreundlichen Zeitung *Nakanune* (Am Vorabend) veröffentlichte Tolstoj einen berühmten Brief, in dem er mit der russischen Emigration brach. Die *Izvestija* vom 22. April 1922 übernahm diesen Brief triumphierend und fügte hinzu: »Die russische Literatur wird diesen Brief nicht vergessen, ebenso wenig, wie sie den Brief Čaadaevs und Belinskijs Brief an Gogol' nicht vergessen hat.« Die junge Sowjetliteratur hatte in der Tat mehr als genug Gründe dafür, »den reuigen Rückkehrer« (vozvraščenec, Remigrant) mit offenen Armen zu empfangen: Tolstoj war ein großes Talent und hatte mit *Nikitas Kindheit* noch einmal bewiesen, dass er ausgezeichnete russische Prosa schreiben konnte. 1923 kehrte er nach Russland zurück: »Graf« Tolstoj wurde »Genosse« Tolstoj (manchen zufolge war Tolstoj überhaupt nicht von adliger Herkunft und seine »Grafschaft« ein Mythos). Rein materielle Überlegungen haben hierbei bestimmt eine Rolle gespielt.

Anfänglich behielt Tolstoj eine gewisse Distanz bei und flüchtete sich aus der schlüpfrigen Aktualität in Sciencefiction. Sein bekanntestes Werk dieser Gattung ist das durch H.G. Wells inspirierte *Aėlita* (Aëlita, 1923). Eine wissenschaftliche Sowjetexpedition landet auf dem Mars, um eine Revolution zu entfesseln. In *Giperboloid inženera Garina*, später umbenannt in *Diktator Garin* (Diktator Garin, 1925), versucht Garin, mittels eines tödlichen Strahles Europa zu unterwerfen und dort eine faschistische Gesellschaft aufzubauen. In den dreißiger Jahren erreichte Aleksej Tolstojs Ruhm seinen Höhepunkt; nach 1936 (Gor'kijs Tod) wurde er der führende Kopf der Sowjetliteratur und Vorsitzender des Schriftstellerverbandes. Außerdem war er Mitglied der Akademie und Abgeordneter im Obersten Sowjet. Er war (neben Šolochov) einer der reichsten Schriftsteller der Sowjetunion mit einem umfangreichen Werk (10 Romane, 25 Theaterstücke, 10 Bände Erzählungen,

Drehbücher, Artikel). Die beiden historischen Romane, für die er mit dem Stalin-preis ausgezeichnet worden ist und die ihn auch außerhalb der Sowjetunion berühmt gemacht haben, sind *Chožd̦enie po mukam* (Der Leidensweg) und *Pëtr Pervyj* (Peter der Große).

Der Leidensweg (1920 – 1941) stellt drei Episoden aus dem Leben einer intellektuellen Familie dar: vor 1917, während der Revolution und während des Bürgerkriegs, also zwischen 1914 und 1921. Im Mittelpunkt des Geschehens stehen die Schwestern Daša und Katja Bulavin mit ihren Verlobten Telegin (Ingenieur) und Roščin (Offizier). Unter dem alten Regime führen sie ein sorgloses Leben, das von der Revolution zerstört wird. Der erste Teil (*Sëstry*, Die Schwestern) zeichnet ein spannendes, aber hier und da etwas beschränktes Bild des gesellschaftlichen Lebens und der literarischen Welt vor der Katastrophe des Jahres 1917. Die Helden haben keinen Anteil am Leben ihres Landes, ihr persönliches Glück (Liebe) geht ihnen über alles. Im zweiten Teil (*Vosemnadcatyj god*, Das Jahr Achtzehn, 1918) bricht ihre ganze Welt zusammen, während sie sich im dritten Teil (*Chmuroe utro*, Der trübe Morgen) unter dem Einfluss der revolutionären Ereignisse verändern. Telegin und Roščin nehmen nun an den Vorgängen in ihrem Land teil; der Offizier Roščin verlässt die Weißen, weil die Revolution für ihn zu einer patriotischen Angelegenheit geworden ist. Der Roman stellt den ersten Versuch in der Sowjetli-teratur dar, ein breites Panorama von der russischen Gesellschaft am Vorabend der Revolution und während dieser zu entfalten. Er enthält mehrere schwache Elemen-te; so ist Tolstojs Philosophiererei über das Schicksal Russlands nicht seine stärkste Seite, und die Frauengestalten sind, je weiter die Handlung voranschreitet, immer weniger überzeugend. Tolstoj hat ihn häufig überarbeitet und den ideologischen Forderungen seiner Zeit angepasst. Im ersten Teil, den er noch in der Emigration geschrieben und veröffentlicht hat (Berlin 1922), ist noch überhaupt keine Rede davon, dass seine handelnden Personen den Bolschewismus akzeptieren.

Gelungener ist sein Hauptwerk, der unvollendete historische Roman *Peter der Große* (1929 – 1945, auch verfilmt und zu einem Kinderbuch und einem Theater-stück umgearbeitet). Tolstoj zeichnet die Gestalt des russischen Monarchen von der Kindheit bis zur Schlacht bei Narwa (1701). Im Jahre 1917 hatte er Peter I. als einen brutalen Despoten beschrieben (in der Erzählung *Den' Petra*, Ein Tag aus Peters Leben), was heftige Proteste von Seiten des berühmten Historikers Sergej Platonov hervorgerufen hatte. Im Roman ist Peter das Instrument der Geschichte, seine Reformen stellen nicht die Laune eines Despoten dar, sondern lassen sich aus der Geschichte Russlands erklären. Tolstoj bewundert Peters Intelligenz, Geniali-tät, Liebe zu Russland und übermenschliche Energie. Die Atmosphäre und die Sprache des ausgehenden 17. Jahrhunderts werden gut und vielseitig wiedergege-ben und beruhen auf gründlichen historischen Studien. Das große Verdienst des Romanschriftstellers ist es, dass er die Vergangenheit zum Leben erweckt, seine handelnden Personen echt sind, leben und keine Inkarnation bestimmter Ideen

305

darstellen. Schwach ist, dass der Roman keine Einheit der Handlung hat, so dass die Szenen allzu locker aufeinander folgen. Gor'kij nannte *Peter der Große* »den ersten echten historischen Roman in unserer [Sowjet-]Literatur«. Obwohl Tolstoj die Arbeit an seinem Hauptwerk vor der Revision der russischen Geschichte in nationalistischem Sinn (Mitte der dreißiger Jahre) aufgenommen hatte, passte der Roman gut in den neuen Trend. Er wurde mit dem ersten Stalinpreis ausgezeichnet. Manche sehen darin einen Schlüsselroman: Wollte Tolstoj, indem er Peters Reformpolitik rechtfertigte, vielleicht »die großen Errungenschaften« des zeitgenössischen Diktators (Stalin) beschönigen? Nun war »der rote Graf« ohne Zweifel ein großer Opportunist, doch für diese historische Projektion lassen sich nicht genug Argumente ins Feld führen. Banalen Führerkult und grobe Geschichtsfälschung betrieb Tolstoj in *Brot* und *Iwan der Schreckliche*. Nach Gor'kijs Tod wurde der Zyniker Tolstoj zum faktischen »Hetman der Sowjetliteratur«.

9.2.3. Einzelgänger

Neben den revolutionären Romantikern, den proletarischen Schriftstellern und den Sozrealisten ist auf einige Schriftsteller hinzuweisen, die sich nur schwer in die großen Strömungen nach 1917 einordnen lassen. Dazu gehören Grin, Prišvin, Ėrenburg und Platonov.

ALEKSANDR GRIN (1880 – 1932) war der Sohn eines verbannten Polen, der an dem antirussischen Aufstand des Jahres 1863 teilgenommen hatte. Er führte ein abenteuerliches Leben als Matrose, Goldsucher, Verbannter, Soldat, Dockarbeiter, Holzhacker und Landstreicher. Bereits vor der Revolution wurde er als der »russische Edgar Allan Poe« gerühmt. In Grins Werk lassen sich Einflüsse von Robert Louis Stevenson und Joseph Conrad nachweisen, und seine Lieblingsschriftsteller waren u.a. Arthur Conan Doyle, Jack London, Edgar Allan Poe und Knut Hamsun. Er schrieb fantastische, völlig unpolitische Abenteuerromane. In der Sowjetunion waren sie beliebt, weil sie deutlich eine Sonderstellung einnahmen: »Der einsame Wanderer« Grin wurde »der verlorene Sohn der Revolution« genannt. Der Leser fühlte sich von der Romantik und Exotik des imaginären »Grinland« (der Ausdruck »Grinlandija« stammt von dem Kritiker Kornelij Zelinskij, 1934) angesprochen. Die Märchenrealität seiner Erzählungen, die voller Seemannsromantik stecken, aber nur selten in Russland spielen, ging den Dogmatikern gegen den Strich. Nach 1941 erschien kein Buch mehr von ihm, und im Jahre 1950 wurde er als »Kosmopolit« gebrandmarkt: Er war jetzt auf einmal »ein bedeutungsloser Nachahmer von Poe und Stevenson« mit »einer bürgerlichen Mentalität«, der »sinnlose Träume« konstruierte. Grins Welt ist unrussisch, seine Helden tragen englische Namen und erleben Abenteuer an exotischen Orten, so dass der Leser dachte, es handle sich um Übersetzungen. Kritiker hielten Grins Romantik für zu oberflächlich und seinen Ton für zu idyllisch, und sie waren der Meinung, dass er »auf einem anderen

Planeten« lebe (1928). Sie waren natürlich ganz erstaunt darüber, dass er für Fakten wie Kommunismus, Bürgerkrieg, Industrialisierung u.ä. überhaupt kein Auge hatte. Statt dessen verfasste er Märchen für Erwachsene.

Grins bekanntestes Werk ist die poetische Liebesgeschichte *Alye parusa* (Die purpurroten Segel, 1923). In einem fiktiven Fischerdorf erzieht der Matrose Longren nach dem Tod seiner Frau alleine seine Tochter Assol'. Um den Lebensunterhalt zu verdienen, fertigt er Holzspielzeug an, und eines Tages, als er dabei ist, ein kleines Schiff mit purpurroten Segeln zu bauen, prophezeit ihm ein Volkssänger, dass ein starker, guter Mann die kleine Assol' einst aus dieser schlechten Welt befreien werde. Als dieser edle Mann stellt sich Kapitän Grej (Grey), der Besitzer eines großen Schiffes, heraus. Die Erzählung ist in den Jahren 1917 – 1921 entstanden, so dass sich nicht ausschließen lässt, dass sie eine allegorische Polemik mit der Revolution enthält. Die »purpurroten Segel« wurden zum Symbol der in Erfüllung gehenden Träume der Menschen und des Glaubens an die Güte des Menschen. Erst nach 1956 fand Grin dank der Hilfe von Paustovskij und Oleša seinen Weg zum Sowjetleser.

Ein zweiter Einzelgänger in der Sowjetliteratur ist MICHAIL PRIŠVIN (1873 – 1954), den Paustovskij »den Sänger der russischen Natur« nannte. Nach einem Studium der Agronomie in Riga und Leipzig reiste er zu Fuß durch ganz Nordrussland. Dies führte zu seinem bekanntesten Werk, *V kraju nepugannych ptic* (Im Land der ungestörten Vögel, 1907), über das Leben von Vögeln, Tieren, Pflanzen und Menschen. Das Buch brachte ihm einen Preis der Geografischen Gesellschaft ein. Gor'kij sagte treffend über ihn: »Ich kenne keinen anderen russischen Schriftsteller, bei dem Naturkenntnis und Liebe zur Natur so harmonisch vereint sind.« Bei Prišvin steht die Natur zentral und ist nicht, wie bei Turgenev, nur Hintergrund der Handlung. Er betrachtet die Natur poetisch, aber durch eine wissenschaftliche Brille und ohne fade Mystik. Nach der Revolution hielt er sich von politischen Aktivitäten fern und lebte auf dem Land. In dem in der dritten Person geschriebenen autobiografischen Roman *Kaščeeva cep'* (Die Kette des Kaščej, 1923 – 1954) erzählt er in zehn selbständigen Erzählungen, deren erste – *Kurymuška* – in der Sowjetunion sehr beliebt war, wie er das Leben und die Natur kennengelernt und wie er den Weg zum Volk gefunden hat. Sein Held Alpatov sucht nach Mitteln, um die Ketten des bösen Zauberers Kaščej (= eine Märchenfigur, die Inkarnation des Bösen) zu sprengen. Prišvins Werk hat tiefe nationale Wurzeln, es enthält russische volkstümliche Überlieferungen und beschwört beim Leser das Bild russischer Weiden und Wälder mit ihrem typischen Geruch herauf. Seine Novelle *Černyj arab* (Der schwarze Araber) ist ein Bericht über seine Reise zu den südöstlichen Steppen Russlands.

Ganz in Vergessenheit geraten ist LEONID DOBYČIN (1896 – 1936), der 1935 den Roman *Gorod Ėn* (Die Stadt N) veröffentlichte. In ruhigen Stimmungsbildern erweckt der Protagonist den vorrevolutionären Alltag mit seinen Geräuschen, Gerüchen und Farben wieder zum Leben. Kein soziales Engagement, kein Urteil über das zaristische Russland, geschweige denn eine Verurteilung. Der Schriftstellerverband war außer sich, der Autor beging Selbstmord. Erst im Jahre 1990 wurden Dobyčins Werke wieder verlegt.

Eine wichtige Stellung in der Sowjetliteratur nimmt der Eklektiker Ėrenburg ein. Der jüdisch-russische Schriftsteller IL'JA GRIGOR'EVIČ ĖRENBURG (1891 – 1967), der sich als »Sowjetbürger jüdischer Nationalität« bezeichnete, emigrierte 1908 nach Frankreich, nachdem er wegen illegaler Aktivitäten auf der Schule verurteilt worden war. Dort verkehrte er im Pariser Milieu der Künstler und Schriftsteller und stand kurz davor, sich (als Jude) zum Katholizismus zu bekehren und in ein Kloster zu gehen. Während des Ersten Weltkrieges war er als Journalist für russische Zeitungen tätig. Nach dem Sturz der russischen Monarchie kehrte er in sein Vaterland zurück, wo er schwere Zweifel an den Methoden der neuen Barbaren äußerte (vgl. das antibolschewistische *Molitva o Rossii*, Gebet über Russland, 1918). Die Zweifel machen in *Razdum'ja* (Überlegungen, 1921) der Akzeptanz der Revolution Platz. 1921 emigrierte er erneut, kehrte 1924 aber zurück. In der Sowjetunion war er einer der Mitläufer, die unter dem neuen Regime ihren Platz suchten. Im Auftrag von Sowjetzeitungen blieb er als Journalist bis 1941 im Ausland, vor allem in Berlin und Paris. In den Jahren 1936 und 1937 berichtete er gemeinsam mit Michail Kol'cov und Ovadij Savič vom Spanischen Bürgerkrieg (gemeinsam mit Savič übersetzte er Jean-Paul Sartres Burleske über den Kalten Krieg, *Nekrassov*; russischer Titel *Tol'ko pravda*, Nur die Wahrheit). Während des Ersten Weltkrieges rief er in aggressiven pamphletähnlichen Zeitungsartikeln zum Deutschenhass auf, wurde aber nach dem Krieg von der Partei ermahnt, seine deutschfeindliche Aggression zu zügeln (»Genosse Ėrenburg übertreibt« titelte die Pravda in Kursivdruck). Nach dem Krieg war er in der von den Sowjets geführten Friedensbewegung aktiv. Er verließ die Sowjetunion jetzt nur noch in kulturellem oder diplomatischem Auftrag. Nach Stalins Tod trat er für eine Revision der Kulturpolitik und für die Rehabilitierung gefallener Schriftsteller ein. In seinen (damals) aufsehenerregenden Memoiren *Ljudi, gody, žizn'* (Menschen, Jahre, Leben, 1960 – 1965, veröffentlicht in Novyj mir) versuchte er, ein genau(er)es Bild des kulturellen Lebens in den zwanziger Jahren (die Achillesferse der sowjetischen Literaturgeschichtsschreibung) zu zeichnen. Ėrenburg erzählt ausführlich von Berühmtheiten, die er gekannt hat: Lenin, Einstein, Picasso, Hemingway, Gide, Neruda, Modigliani, Matisse, Léger, Rivera, Pasternak, Esenin, Majakovskij, Mejerchol'd, Gor'kij, Georges Simenon u.v.a. Von vielen zeichnete er ein sympathisches Bild. Dem informationshungrigen Sowjetleser legte er Porträts von unter Stalin in Ungnade gefallenen bzw. ermordeten Schriftstellern und politischen Persönlichkeiten vor: Babel', Mandel'štam, Cvetaeva, Kol'cov, Martov, Bucharin u.a. Für die Literatur- und Kunstgeschichte sind diese biografischen Skizzen von bleibendem Wert. Und doch war Ėrenburg vorsichtig: Er schwieg zu vielen Dingen (und gab dies auch ausdrücklich zu), u.a. zu seiner Stellung unter Stalin. Die Sowjetkritik nannte die Memoiren »subjektiv« (d.h., dass sie nicht zum Ausdruck brachten, was die Partei hören wollte). Erst im Jahre 1990 konnten sie vollständig, unzensiert in der Sowjetunion erscheinen. Was dem Sowjetbürger nach einem Vierteljahrhundert der Isolation und Verketzerung des Westens zudem besonders erfreulich angemutet haben muss, ist, dass Ėrenburg sich als Europäer äußerte, der unerschütterlich an die eine und unteilbare europäische Kultur glaubte.

Das Werk, das für Ėrenburg am bezeichnendsten ist und das ihn berühmt machte, ist der 1921 in Belgien verfasste und 1922 in Berlin veröffentlichte Schelmenroman mit dem für diese Gattung nicht unüblich langen Titel *Neobyčajnye pochoždenija Chulio Churenito i ego učenikov: mos'ę Dėlę, Karla Šmidta, mistera Kulja, Aleksęja Tišina, Ėrkole Bambuči, Il'i Ėrenburga i negra Ajši, v dni mira, vojny i revoljucii, v Pariže, v Męksike, v Rime, v Senegale, v Kinešme, v Moskvę i v drugich mestach, a takže različnye suždenija učitelja o trubkach, o smęrti, o ljubvi, o svobode, ob igrę v šachmaty, o evrejskom plęmeni, o konstrukcii i o mnogom inom* (Die ungewöhnlichen Abenteuer des Julio Jurenito und seiner Jünger: Monsieur Delhaie, Karl Schmidt, Mister Cool, Ercole Bambucci, Aleksej Tišin, Il'ja Ėrenburg und der Neger Aysha in den Tagen des Friedens, des Krieges und der Revolution in Paris, in Mexico, in Rom, im Senegal, in Kinešma, in Moskau und an anderen Orten sowie verschiedene Äußerungen des Meisters über Pfeifen, über den Tod, über die Liebe, über die Freiheit, über das Schachspiel, über das Volk der Juden, über die Konstruktion und über vieles andere). Diesen Roman, der dem Autor den Ruf einbrachte, ein Zyniker und Negativist zu sein, hatte er in nur einem Monat hingeschrieben. Ėrenburg betrachtete diese *Candide* des 20. Jahrhunderts als eine Art Autobiografie; hier ist es ihm möglicherweise am überzeugendsten gelungen, seinen allesbeherrschenden Spott, seine zynische Negation der Nachkriegszivilisation in Worte zu fassen. Ėrenburgs Methode bei der Zerstörung alles Bestehenden ist die Provokation, Jurenito ist »der große Provokateur«, der die Eiterbeulen des 20. Jahrhunderts aufdecken muss. Die Jünger, die er anwirbt, sind typische Repräsentanten von Nationalcharakteren: Mister Cool ist ein groteskes Sprachrohr der amerikanischen Ideologie, die denkt, die Welt mit der Bibel und mit Dollars retten zu können; der Schwarze Aysha ist der naive »believer«; Aleksęj Tišin der typische russische Intellektuelle, der von Gewissensbissen geplagt wird und folglich nicht imstande ist zu handeln; Ercole Bambucci ist der geborene Anarchist und Schmarotzer; der französische Lebemann Monsieur Delhaie leitet ein Bestattungsunternehmen und teilt seine Toten in 16 soziale Kategorien ein; der ordentliche und systematische Deutsche Karl Schmidt will die ganze Welt nach seinen Plänen organisieren; und schließlich gibt es noch den Ich-Erzähler Il'ja Ėrenburg. Der neue Prophet bereist mit seinen Jüngern alle möglichen Länder und stößt überall auf Dummheit und Selbstbetrug. Auch die Sowjetrealität mit ihrer Doppelmoral kann den mexikanischen Provokateur Julio Jurenito nicht ansprechen; er begeht deswegen Selbstmord. Der Roman erschien erst im Jahre 1962 wieder in einer Neuauflage (in Ėrenburgs Werkausgabe in 9 Bänden).

Kritik an Zuständen im Westen finden wir außerdem in *Fabrika snov* (Die Traumfabrik, 1931) über Hollywood, in *10 lošadinych sil* (10 PS, 1930) und in *Moskva slezam ne verit* (Moskau glaubt nicht an Tränen, 1933), einer melodramatischen Geschichte über russische Emigranten in Paris. *Trest D.I.* (Trust D.I., 1923) ist eine apokalyptische Zukunftserzählung über die Amerikaner, die 1940 mit ihrer seelenlosen Kultur Europa besetzen und vernichten. Satiren auf die NÖP veröffentlichte Ėrenburg mit *Rvač* (Der Raffgierige, 1925), *Leto 1925 goda* (Der Sommer des Jahres 1925, 1926) und dem Schelmenroman über den armen jüdischen Schlucker Roitschwanz, *Burnaja žizn' Lazika Rojtšvanca* (Das bewegte Leben des Lazik Roitschwanz, 1928). Sowjetkritiker hielten Ėrenburgs Auffassung vom Leben in der Sowjetunion für zu pessimistisch und zu negativ.

Ganz auf der Parteilinie schrieb Ėrenburg im Fünfjahresplanroman *Den' vtoroj* (Der zweite Tag, 1934), aber auch in der Trilogie *Padenie Pariža* (Der Fall von Paris, 1942), *Burja* (Der Sturm, 1947) und *Devjatyj val* (Die neunte Woge, 1951). Die deutsche Invasion Frankreichs erlebte der Schriftsteller als Korrespondent der *Izvestija*. Er skizziert das Leben in Frankreich in den Jahren 1935 – 1940, beschreibt die politischen Intrigen und den »Klassenkampf« eines Landes, das seiner Meinung zufolge dem Untergang geweiht ist. Das französische Bürgertum ist korrupt und borniert, die einzige Zukunft für Frankreich sieht er in der Arbeiterklasse und ihrer »Avantgarde«, der Kommunistischen Partei. Das Werk enthält ziemlich viele Karikaturen und sogar groteske Figuren, ist in einem sarkastischen und aggressiven Ton geschrieben, wobei eine Szene schnell auf die andere folgt. Für dieses Frankreichbild wurde Ėrenburg mit dem Stalinpreis 1. Klasse ausgezeichnet. *Der Sturm* und *Die neunte Woge* spielen in Frankreich, der Sowjetunion und Amerika und haben den Zusammenbruch Frankreichs, die Résistance, den Krieg zwischen Deutschland und Russland sowie den Kalten Krieg zwischen der UdSSR und den USA zum Thema. Ganz im Geiste des Kalten Krieges steckt *Die neunte Woge* voller Klischees und Karikaturen (von den USA und Westdeutschland). Dass dieses Werk eine Konzession an die von oben stimulierte Literatur darstellte, beweist die Tatsache, dass Ėrenburg es nicht in seine neunbändige Werkausgabe (1962 – 1966) einbezogen hat.

In dem berühmt gewordenen Roman *Ottepel'* (Tauwetter, 1954) schreibt Ėrenburg über das Schicksal von Durchschnittsmenschen in einer Provinzstadt. Neu war, dass er hier eine psychologische Analyse durchführt. Die von ihm beschriebenen Menschen sind alle unglücklich und leiden unter Konventionen, Tabus sowie Verboten. Erst als sie diese von sich werfen können, schmilzt das Eis, setzt das Tauwetter ein, und ihre Probleme lösen sich von selbst. Die Hauptfigur ist der konventionelle (= sozrealistische) Maler Volodja Puchov. Als er einen echten Künstler (Saburov) kennenlernt, der integer ist, keine Kompromisse mit den Machthabern eingehen will und folglich arm und einsam lebt, sieht er das Verlogene seiner Kunst ein. Der Titel des Romans – *Tauwetter* – wurde zum Symbol der poststalinistischen Periode: Mit dieser Metapher wird in der Geschichte der Sowjetliteratur die literarische Renaissance nach 25 Jahren des Winterschlafs bezeichnet. Die einzigen Werke Ėrenburgs, die sich langfristig halten werden, sind wahrscheinlich sein Meisterwerk *Julio Jurenito* und seine Memoiren. Ėrenburg ist ein sentimentaler und ironischer Schriftsteller, der scharf analysieren und Aphorismen formulieren kann, der immer fesselnd schreibt, aber nie sehr in die Tiefe geht. Er ist kein Psychologe, sondern ein Polemiker, er entwirft keine Menschen aus Fleisch und Blut, sondern Karikaturen, Parodien oder Satiren. Er ist ein geborener Journalist, und sein Werk könnte man als literarische Reportage bezeichnen.

Zu den Einzelgängern gehört zudem der Proletarier ANDREJ PLATONOV (1899 – 1951), der in der Sowjetliteratur eine einzigartige Stellung einnimmt. In *Usomnivšijsja Makar* (Makar im Zweifel, 1929) stellt er den Traum eines einfachen Muschiks dar. Im Traum sieht Makar auf einem hohen Berg einen »wissenschaftlichen Mann«, der sich jedoch überhaupt nicht um den leidenden Makar kümmert, sondern nur an die Totalität denkt. Als Makar nach vielen Mühen den Gipfel erreicht, findet er nur einen toten Abgott. Der russische Leser muss hier zweifelsohne an Korolenkos *Makars Traum* (1885) gedacht haben, doch bei Korolenko lauscht Gott den Worten Makars und schickt ihn in den Himmel. Platonov lässt keinen Zweifel daran bestehen, dass die Macht in Sowjetrussland in den Händen »wissenschaftlicher« Köpfe, der ›Stellvertreter« des Proletariats, liegt. Fadeev hielt die Erzählung für »ideologisch doppeldeutig« und »anarchistisch«, und Stalin hielt sie für »schädlich«.

In *Epifanskie šljuzy* (Die Epiphaner Schleusen, 1927) stellt Platonov in einer Erzählung, die in der Zeit Peters des Großen spielt, in der Art Dostoevskijs die Frage nach dem Fortschritt: Ist der Fortschritt erforderlich, wenn er von Leiden begleitet wird; wie ist er zu realisieren (mit Gewalt?); was ist am wichigsten: das abstrakte Erfordernis oder das Glück des Menschen? Seine beiden wichtigsten Werke – *Čevengur* (Unterwegs nach Čevengur, Paris 1972) und *Kotlovan* (Die Baugrube, geschrieben 1930, veröffentlicht London 1969) – konnten in der Sowjetunion vor Gorbačev nicht veröffentlicht werden. *Čevengur* ist ein philosophischer Roman über die Revolution, der Gor'kij zufolge »für unsere Zensur nicht akzeptabel« war. Der Führer der Stadt, der naive Čepurnyj, verwirklicht den Kommunismus, den er als eine Bruderschaft auffasst, indem er alle »Bourgeois und halben Bourgeois« beseitigt, eine langweilige, aber notwendige Arbeit. Alle Träumer von Čevengur kommen um, der einzige, der übrig bleibt – Dvanov, der dem Glück nachjagt –, begeht Selbstmord. Die handelnde Person Kopënkin erinnert an Don Quichotte: Sein Name (abgeleitet von kop'ë) verweist auf einen Speer, eine Lanze; sein treues Pferd heißt »Die proletarische Kraft«, und seine Geliebte ist nicht Dulcinea, sondern Rosa Luxemburg; er ist demnach der Don Quichotte der Revolution. Vielleicht kann der Roman als eine Meta-Utopie gelesen werden: ein Roman, in dem die utopische Mentalität untersucht wird.

311

Die Baugrube ist als eine Fortsetzung von *Unterwegs nach Čevengur,* ungefähr zehn Jahre danach, zu betrachten; wie die Revolution fordert nun auch die Kollektivierung ihre Opfer. In all diesen Werken lässt sich Platọnov – Mitglied der literarischen Gruppe *Perevạl* – von unantastbarer Aufrichtigkeit leiten. Er schreibt eine ganz und gar eigene Sprache, die gegen die Grammatik verstößt; damit will er wahrscheinlich die Illusion zerstören, dass die Welt rational sei. Dies geschieht bewusst. Diese verfremdende Sprache ist ein wesentlicher Bestandteil der Weltanschauung Platọnovs, die stark an den eigenständigen russischen Philosophen Nikolạj Fëdorov (1828 – 1903) erinnert. Für den, der diese Beziehung zu Fëdorov nicht herstellt, verliert Platọnovs Werk jede Bedeutung. In *Filosọfija ọbščego dẹla* (Philosophie der allgemeinen Sache) behauptet Fëdorov, das Lebensziel sei das Glück aller Menschen; dazu müßten Hunger, Krankheiten, Alter und sogar der Tod aufgehoben, bezwungen werden. Erst wenn dieses Ziel erreicht sei, gäbe es keinen Nährboden mehr für das Böse und für Feindschaft zwischen den Menschen. Platọnovs Helden sind darum stets auf der Suche nach dem Glück (vgl. Michạil Gẹller, *Andrẹj Platọnov v pọiskach sčạst'ja,* Andrej Platonov auf der Suche nach dem Glück, Paris 1984), sie sind ständig unterwegs, in Bewegung, auf Reise, in der Natur. Seine Frühwerke waren noch ornamental, später wurden sie dichter. Mit seiner Sprache und seinem Inhalt hat Platọnov großen Einfluss auf die Generation seiner Zeitgenossen gehabt, die ihn jedoch erst nach 1956 entdeckte. In der Ždạnov-Periode war Platọnov zum Schweigen verurteilt; aus der Literatur verbannt, fristete er ein armseliges Dasein als Hausmeister. Er starb 1951 an Tuberkulose; sein sterbend aus einem Lager entlassener Sohn hatte ihn infiziert. Im Jahre 1991 wurde ein Fragment aus einem unbekannten Roman veröffentlicht: *Sčastlịvaja Moskvạ* (Glückliche Moskva), in dem die Heldin Moskvạ, das Pendant zu dem von der offiziellen Propaganda geforderten, rationalen neuen Menschen, in dieser Gesellschaft nicht das Glück finden kann. Zu Zeiten der Glasnost' wurde Platọnov entdeckt und als einer der großen und originellsten russischen Schriftsteller des 20. Jahrhunderts gewürdigt. In den KGB-Archiven entdeckte Vitạlij Šentalịnskij einen unveröffentlichten Roman Platọnovs: *Technịčeskij romạn* (Technischer Roman, 1933 konfisziert) über die zwanziger Jahre, als die Revolution in der Sowjetunion die Elektrifizierung auf den Weg zu bringen versuchte. Dieser für Platọnov typische philosophische Roman endet mit der Frage: »Aber wo ist die Freiheit?«; die Antwort lautet: »Die Freiheit liegt in der Zukunft – hinter Bergen von Arbeit, hinter neuen Gräbern mit Toten.«

9.2.4. Klassiker des sozialistischen Realismus

Einer der frühesten Klassiker des sozialistischen Realismus ist *Cemẹnt* (Zement) des proletarischen Schriftstellers FËDOR GLADKQV (1883 – 1958). Der Roman erschien 1925. Gladkọv hatte eine armselige Jugend, die er später in der Tetralogie *Pọvest' o dẹtstve* (Erzählung von der Kindheit, 1949), *Vọl'nica* (Die Tagelöhner, 1950), *Lichạja godịna* (Böse Zeit, 1954) und *Mjatẹžnaja jụnost'* (Aufrührerische Jugend, unvollendet) beschreiben sollte. Nach verschiedenen Berufen wurde er schließlich Dorfschullehrer in Noworossijsk am Schwarzen Meer. Von 1906 bis 1909 war er wegen seiner Aktivitäten in der RSDAP nach Sibirien verbannt. Gladkọv fing im Jahre 1900 an zu publizieren und stand unter dem Einfluss Gọr'kijs. Er kämpfte im Bürgerkrieg, wurde 1920 Parteimitglied und veröffentlichte 1922 *Ọgnennyj kon'* (Das feurige Pferd), eine in ein billiges, modernistisches Gewand gehüllte Darstellung der Revolution bei den Kuban-Kosaken. 1923 wurde Gladkọv Mitglied der *Kụznica*, und 1925 veröffentlichte er den einzigen Roman, der ihn auch im Ausland berühmt machte: *Cemẹnt*. Sein Fünfjahresplanroman *Ėnẹrgija* (Energie, 1933) über den Bau eines Wasserkraftwerks am Dnjepr ist viel weniger gelungen.

In *Zement* stellt Gladkọv zwei echte Proletarier dar: Gleb und Dạša Čumạlov. Gleb hat während des gesamten Bürgerkriegs auf der Seite der Roten gekämpft und kehrt jetzt nach Noworossijsk zurück. Die Stadt ist verwüstet, es herrscht Hungersnot, die Menschen sind mutlos. Glebs Frau Dạša ist von Grund auf verändert: Während seiner Abwesenheit hat die Partei sie zu einer »neuen« Frau umerzogen. Dạša will Freiheit, auch sexuelle, und will nicht Glebs Sklavin sein. Gleb ist eifersüchtig, muss sich aber letztendlich mit der »neuen Moral« abfinden. Glebs zweite wichtige Aufgabe ist der Wiederaufbau seiner Zementfabrik. Er muss Rücksicht nehmen auf hungrige, erschöpfte Genossen, die apathisch sind; es fehlt an Baumaterial, die Konterrevolutionäre greifen an, und auch die Bürokratie widersetzt sich; doch allen Widerständen zum Trotz bleibt Gleb zu guter Letzt siegreich: Die Wiedereröffnung der Fabrik läutet den Beginn einer neuen Ära ein. Der Roman ist in dem für jene Zeit typischen ornamentalen Stil verfasst, er ist oberflächlich impressionistisch und enthält eine ganze Reihe zweifelhafter Passagen. Gleb und Dạša sind ordinäre Proleten, die kaum überzeugen können. Vor allem Dạša fehlt es an Individualität. Gladkọvs überholter Realismus enthält viele naturalistische Elemente, und er unternimmt den Versuch, der Beschreibung einen modernistischen Anstrich zu verleihen. In den Dialogen stehen Dialekt, vulgäre Sprache und sowjetischer Bombast nebeneinander. Gladkọv hat den Roman immer wieder überarbeitet und den Forderungen der damals geltenden Kanons des sozialistischen Realismus angepasst. Die Sowjetschüler lernten diesen »ersten Sowjetroman der Arbeiterklasse« in einer zensierten Fassung kennen. Seine Bedeutung liegt ausschließlich in der Behandlung des sozialen Themas und in der »Parteilichkeit«. Er war für die später so häufig vorkommenden »Aufbau«-Romane bahnbrechend. Obwohl *Zement* literarisch ein Fehlschlag ist, war das Buch doch sehr beliebt. Das ist nicht erstaunlich. Erstens wurde hier der »neue Held« dargestellt, der Arbeiter, der wirklich etwas tut, statt sich wie ein Intellektueller über das vergossene Blut der Revolution usw. den Kopf zu zerbrechen. Zweitens war eines der zentralen Themen des Romans – die sexuelle Moral – damals äußerst aktuell. Drittens war es ein Roman, in dem der Mensch triumphiert, der optimistisch arbeitende Mensch. Dies steht in scharfem Kontrast zum tragischen Ende des Privatlebens von Gleb und Dạša: Ihre Ehe erleidet Schiffbruch, weil sie ihr persönliches Leben der gesellschaftlich nützlichen Arbeit unterordnen, weil sie in erster Linie Kommunisten sein wollen. Sie gehen so in der Parteiarbeit (Dạša) und der Aufbautätigkeit (Gleb) auf, dass ihr einziges Kind in einem Kinderhort vor Hunger stirbt. Dieser Konflikt zwischen Privatleben und Einsatz für die Gesellschaft steht zentral. Man könnte *Zement* denn auch als ein Ehedrama lesen. Viertens machte der Roman deutlich, dass der Wiederaufbau den Beginn eines normalen, neuen Lebens einläutete. Dieses neue Leben war offensichtlich prosaisch und um einiges weniger heroisch als die Revolution und der Bürgerkrieg; Gladkọv hat seinen Helden Gleb daher auch deutlich romantisiert.

In den dreißiger Jahren war der stark autobiografische Roman *Kak zakaljạlas' stal'* (Wie der Stahl gehärtet wurde, 1932 – 1934) von NIKOLẠJ OSTRỌVSKIJ (1904 – 1936) sehr populär. Ostrọvskij, der Sohn eines ukrainischen Bahnarbeiters, hatte im Bürgerkrieg schwere Verwundungen erlitten, die zu seiner allmählichen Erblindung führten. Nach 1930 diktierte er, nun auch gelähmt ans Krankenbett gefesselt, diesen kommunistischen Entwicklungsroman: *Wie der Stahl gehärtet wurde* wurde zu einem Klassiker der Sowjetliteratur und Ostrọvskijs Wohnung in Sotschi zu einem Wallfahrtsort für begeisterte Komsomolmitglieder und proletarische Schriftsteller. Sein zweiter, unvollendeter Roman *Roždẹnnye bụrej* (Die Sturmgeborenen, 1936) über den Polen-Feldzug der Bolschewiken im Jahre 1920 ist schlichtweg schlecht.

Obwohl der Roman *Wie der Stahl gehärtet wurde* eine mangelhafte Komposition sowie sprachliche und stilistische Holprigkeiten aufweist (Mischung aus Naturalismus und Romantik), lohnt es doch die Mühe, sich länger bei diesem typischen Beispiel von sozialistischem Realismus aufzuhalten, um so mehr, als sich in den dreißiger Jahren Millionen von Menschen mit der Hauptperson Pạvel Korčạgin, dem Ideal der neuen Generation, identifizierten. Der Roman erzählt chronologisch von dem ukrainischen Arbeitersohn Pạvka, der sich unter dem Einfluss der Ereignisse zu einem echten Bolschewiken entwickelt, einem aktiven, begeisterungsfähigen Komsomolmitglied, der trotz seiner Invalidität einen Beitrag zum Aufbau des Landes leistet und mit seinem Roman, den er wie Ostrọvskij nur diktieren kann, der Jugend ein Beispiel geben will. Als ein Verlag das Manuskript annimmt, ist sein »lange gehegter Traum, ins Leben zurückzukehren in den Reihen der Erbauer des

314

neuen Lebens«, Wirklichkeit geworden. Wie in einer Hagiografie werden viele positive Eigenschaften aufgezählt: Korčagin ist jung, lebensfroh, verliert niemals den Mut und sprüht vor Energie. Er zitiert die Worte »des Führers«, dass »es keine Festungen gibt, die die Bolschewiken nicht einnehmen könnten«. Er ist ein unermüdlicher Arbeiter, verabscheut das Kartenspielen und hegt einen tödlichen Hass auf die alte Welt. Er widersetzt sich dem Gedanken an Selbstmord: Dieser Verzweiflungstat stellt er ein gesellschaftlich nützliches Leben gegenüber. Er heiratet zwar, will seine Frau aber nicht an sein Krankenbett fesseln, und lässt ihr volle Freiheit, um aktive Parteiarbeit zu verrichten: »Ich bin für jenen Typ des Revolutionärs, dem das Private nichts bedeutet im Vergleich mit dem Allgemeinen.« Und die nachfolgenden »unsterblichen« Worte Pavel Korčagins kannte jedes sowjetische Schulkind auswendig: »Das Teuerste, was ein Mensch hat, ist das Leben. Es wird ihm nur einmal gegeben, und er muss es so leben, dass er sich wegen der Jahre, die er ohne Ziel verlebt hat, nicht schrecklich quält, dass er sich nicht so schämen muss für seine gemeine und kleinkarierte Vergangenheit und dass er auf dem Sterbelager sagen kann: Mein ganzes Leben und meine ganze Kraft habe ich dem Schönsten auf Erden gegeben – dem Kampf für die Befreiung der Menschheit.« In einem Gespräch mit seiner Mutter sagt Pavel, es sei nicht sein Lebensziel, hinter den Mädchen herzurennen, sondern gegen das Bürgertum zu kämpfen und, wenn es sein müsse, es bis nach Amerika zu verfolgen. Um das volkstümliche und proletarische Vorleben des »neuen« Helden hervorzuheben und die Entwicklung des Helden glaubwürdig zu machen, werden auch negative Aspekte beleuchtet: So erweist sich Pavel Korčagin als »Rowdy«, »professioneller Raufbold«, »wilder, aufrührerischer Kerl«, der furchtbar vulgär flucht. Alle anderen handelnden Personen – sein Bruder Artëm, der Arbeiter Fëdor Žuchraj, der Pavel auf einer einzigen Seite »alles« über die Partei erzählt, und seine Frau Taja – sind nicht ausgearbeitet und wirken schematisch, sie werden nur als Genossen, Parteimitglieder, Kämpfer für die gute Sache gezeichnet. Typisch für den sozialistischen Realismus ist die Art, in der die Nicht-Bolschewiken dargestellt werden. Die Sozialrevolutionäre werden als »gehässige Feinde der Arbeiter« bezeichnet; Gegner des neuen Regimes sind »Banditen, Abenteurer, Messerhelden«, die Soldaten Petljuras »Plünderer«; die Unabhängigkeitsbestrebungen in der Ukraine heißen »separatistischer Chauvinismus«; Petljura hält vor seiner Truppe »eine nicht überzeugende Rede«; die polnische Legion besteht nicht aus Polen, sondern aus »weißen Polacken«; die polnischen Soldaten, die gegen die junge Sowjetrepublik kämpfen, sind »von den Parasiten in der ganzen Welt gegen uns aufgehetzte, betrogene Soldaten«. Während eines Pogroms betet ein Jude zu »dem allmächtigen Jehova« »mit der ganzen Leidenschaft eines überzeugten Fanatikers«. In Teil II sind ganze Seiten »dem Kampf gegen die Trotzkisten« (= Schismatiker) gewidmet; ein Mitglied der Opposition wird als »Dummkopf« und »Schwätzer« bezeichnet. Der Titel des Romans wird im Buch zweimal genannt; der Ausdruck »wie der Stahl gehärtet wurde« bezieht sich beim

315

ersten Mal auf Komsomolmitglieder, unter denen sich Korčagin befindet, die unter schrecklichen Bedingungen eine Eisenbahnverbindung anlegen müssen (mitten im Winter, sie schlafen in Baracken, bekommen kaum Essen und werden von antibolschewistischen Banditen bedroht, die sie erschießen werden, wenn sie weiterhin für die Kommunisten arbeiten). Der Autorenkommentar lautet kurz: »Das ist dort, wo der Stahl gehärtet wird.« Das andere Mal kommt der Titel in einem rein politisch-ideologischen Kontext vor, und zwar im Kampf gegen die Opposition: »Im Kampf gegen die kleinbürgerlichen Strömungen wurden die bolschewistische Partei und der Komsomol gehärtet.«

Vergleichbare »totalitäre Bildungsromane« gab es auch in der Literatur des Nationalsozialismus; ein Beispiel ist *Der Hitlerjunge Quex* (1932) von Karl Aloys Schenzinger über einen 15jährigen Arbeitersohn, der den Weg zu Hitlers Jugendbewegung findet. Dieser Roman wurde im nationalsozialistischen Deutschland der dreißiger Jahre immer wieder zur Hand genommen und diente als Vorbild.

Der bolschewistische Superheld Pavel Korčagin hatte Nachfolger gefunden: nicht nur in der Kriegserzählung *Povest' o nastojaščem čeloveke* (Der wahre Mensch, 1946) von BORIS POLEVOJ, sondern auch in dem jungen Pionier Timur in *Timur i ego komanda* (Timur und sein Trupp, 1940), ebenfalls eine Kriegserzählung des beliebten Kinderbuchautors ARKADIJ GAJDAR (1904 – 1941). Timur ist der legendäre Pionier, der in den winterlichen Kriegsmonaten 1940/1941 den Familienangehörigen von Frontsoldaten illegal Hilfe leistet. Dies führte während des Zweiten Weltkrieges und danach zu der sogenannten Timur-Bewegung (Timurovskoe dviženie) altruistisch eingestellter sowjetischer Pfadfinder; diese Bewegung wurde nach dem Krieg auch in den osteuropäischen »Volksdemokratien« ausgebaut. Bereits in *Škola* (Die Schule, 1930) hatte Gajdar aus marxistischer Sicht die Entwicklung eines Kindes während des Ersten Weltkriegs, der Revolution und des Bürgerkriegs zum Bolschewiken geschildert. Innere Monologe legen die Psyche des Jungen offen und zeigen, dass Kinder – genau wie ihre Eltern – in jenen Jahren vor äußerst schweren Entscheidungen standen. Analoge Themen wurden auch von Boris Gorbatov (*Moë pokolenie*, Meine Generation, 1933), Valentin Kataev (*Es blinkt ein einsam Segel*, 1936) und Leonid Panteleev (*Respublika Škid*, Škid – die Republik der Strolche, 1927, gemeinsam mit Grigorij Belych) behandelt; (»Škid« steht für »škola social'no-individual'nogo vospitanija im. Dostoevskogo«, Dostoevskij-Schule für sozial-individuelle Erziehung). Auf alle diese Bücher treffen Gorbatovs Worte zu: »Meine Biografie und die meiner Freunde fielen immer zusammen mit der Biografie unseres Landes.« Im Jahre 1991 wurde Panteleevs autobiografisches *Ja veruju* (Ich glaube) veröffentlicht, in dem er die Geschichte der verwahrlosten Kinder einmal aus einer anderen Perspektive, nämlich aus der der Opfer des Bürgerkriegs, zeichnet.

Ein berühmtes Beispiel eines kommunistischen Entwicklungsromans ist *Pedagogičeskaja poėma* (Der Weg ins Leben. Ein pädagogisches Poem, 1933 – 1936) des Sowjetpädagogen ANTON MAKARENKO (1888 – 1939). Ab 1920 hatte sich Makarenko der Erziehung jugendlicher Straftäter gewidmet. In den Jahren 1920 – 1928 war er als Pädagoge in der berühmten Gor'kij-Kolonie bei Poltawa tätig, die obdachlose Kinder (besprizornye) aufnahm, und 1927 – 1935 in der Dzeržinskij-Kommune bei Charkow. Makarenko versuchte, aus Gesetzesbrechern und Waisen bewusste, integrierte Bürger der Sowjetgesellschaft zu machen, d.h. sie auf ein Leben in einer sozialistischen und kollektivistischen Gesellschaft vorzubereiten. Sein pädagogischer Grundsatz lautet: Kollektive Erziehung führt zu kollektivem Handeln. Dieses später zu einem Standardwerk der kommunistischen Pädagogik erhobene »Poem« war in der Sowjetunion und im Westen sehr beliebt. Es ist durchdrungen von romantischem Pathos (der Autor begann 1925 mit der Nieder-schrift) und aufrichtigem Optimismus des Erziehers, und es beschreibt, dass der Mensch verändert, umerzogen werden kann.

Des weiteren sind noch einige zweit- und drittrangige Schriftsteller zu nennen, die unter Stalin Literatur im Stil des sozialistischen Realismus verfassten. NIKOLAJ VIRTA (1906 – 1976) schrieb mit *Odinočestvo* (Einsamkeit, 1935) einen Roman über den bekannten Aufstand von A. Antonov 1920/1921 im Gouvernement Tambow. Der Bauernaufstand bereitete den bolschewistischen Führern viel Kopf-zerbrechen und wurde von Michail Tuchačevskij niedergeschlagen. 1937 wurde der Roman zu einem Theaterstück umgearbeitet (*Zemlja*, Erde). *Zakonomęrnost'* (Ge-setzmäßigkeit, 1937) thematisiert den Kampf gegen die trotzkistische Opposition, und das Nachkriegsdrama *Chleb naš nasuščnyj* (Unser tägliches Brot, 1947) idea-lisiert das Leben in eines Kolchos und wurde mit dem Stalinpreis ausgezeichnet.

Bekannt ist auch der Roman *Tanker ›Derbent‹* (Tanker »Derbent«, 1938) von JURIJ KRYMOV (1908 – 1941). Es ist die erste Darstellung eines Stachanov-Arbei-ters in der Literatur. In dieser lesbaren literarischen Behandlung des »sozialistischen Wettbewerbs« beschreibt Krymov die Annäherung einer Gruppe von Menschen an das Kollektiv. Der Schriftsteller fiel bereits in der Anfangsphase des Krieges. Erst im Jahre 1961 konnte sein *Podvig* (Opfermut) erscheinen: Diese povest' über den Selbstmord eines schwerverwundeten Piloten hätte in den Jahren 1930 – 1940 bestimmt nicht veröffentlicht werden können (vgl. Polevoj).

Ein Erfolg war der umfangreiche Roman *Naši znakomye* (Unsere Bekannten, 1936) von JURIJ GERMAN (1910 – 1967). Der Roman handelt vom täglichen Leben von Durchschnittsmenschen, insbesondere von der Entwicklung einer unansehnli-chen jungen Sowjetfrau. Den Sinn des Lebens findet sie in sozialer Tätigkeit, und sie heiratet einen OGPU-Mann.

Einen spannenden Abenteuerroman über die Sozialisierung der mittelasiatischen Sowjetrepublik Tadschikistan schrieb der polnische Kommunist BRUNO JASIEŃSKI (russische Schreibweise: Jasenskij, 1901 – 1940). Der futuristische Dichter ging 1925 ins Pariser Exil, wo er den utopischen Revolutionsroman *Palę Paryż (Je brûle Paris, Ich zünde Paris an, russische Fassung: Ja žgu Pariž, 1928)* veröffentlichte.

Im Jahre 1929 wurde er wegen kommunistischer Aktivitäten ausgewiesen. Über Belgien kam er nach Moskau, wo er 1930 Parteimitglied und Redakteur der »internationalistischen« Zeitschrift *Literatura mirovoj revoljucii* (Die Literatur der Weltrevolution, Moskau – Leningrad, 1930 – 1933) wurde, die ab 1933 unter dem Namen *Internacional'naja literatura* (Internationale Literatur) erschien. Die Zeitschrift veröffentlichte Werke progressiver Schriftsteller aus der ganzen Welt und wurde in Russisch, Französisch, Englisch und Deutsch herausgegeben. Im Jahre 1931 schrieb Jasenskij *Bal manekenov* (Der Ball der Mannequins), ein satirisches, gegen die westlichen Sozialdemokraten gerichtetes Bühnenstück. Sein bekanntestes Werk ist *Čelovek menjaet kožu* (Der Mensch wechselt die Haut, 1932), ein Roman, der das Ergebnis zweier Reisen nach Zentralasien ist. Ein junger amerikanischer Ingenieur lernt Tadschikistan kennen, wo der Aufbau des Sozialismus Eindruck auf ihn macht. Er wird zu einem Freund der Sowjets. Spannend ist die Schilderung des Kampfes gegen die Rückständigkeit und den Aberglauben in dem noch halbfeudalen Land, der Unwissenheit und des Widerstandes der Mollas, der Intrigen der basmači (»konterrevolutionären Banditen«) und der Weißgardisten.

Schließlich sei noch Pëtr Pavlenko (1899 – 1951) erwähnt, der in *Na Vostoke* (Im Osten, 1936/1937) über die friedliche Aufbauarbeit in Sibirien und die von Japan ausgehende Kriegsgefahr schrieb. In Teil IV lässt Pavlenko den Krieg zwischen der Sowjetunion und Japan ausbrechen und sein Land gewinnen. Die Folge davon ist, dass in Japan eine Revolution ausbricht. Bekannt ist sein mit dem Stalinpreis ausgezeichneter Roman *Sčast'e* (Das Glück) aus dem Jahre 1947. Das höchste Glück findet die Hauptperson in einer persönlichen Begegnung mit Stalin.

Beliebt in den dreißiger Jahren waren die Bühnendichter Pogodin und Afinogenov, obwohl ihnen die psychologischen Stücke Leonid Leonovs mit ihren komplexen Charakteren und starken Dialogen überlegen waren. Der größte Erfolg von Nikolaj Pogodin (1900 – 1962) war *Aristokraty* (Aristokraten, 1934), eine Komödie in vier Akten über die Umerziehung »asozialer Elemente« beim Bau des Weißmeer-Ostsee-Kanals. In einigen locker zusammengefügten Szenen wird gezeigt, wie die Gefangenen (»specy«, Banditen, Diebe, Prostituierte, Saboteure, Kulaken) für die gute Sache gewonnen werden. Die Umerziehung durch (Zwangs-)Arbeit (= perekovka) war in der Stalinzeit ein beliebtes Thema. Die Hauptpersonen (u.a. drei Tschekisten) sind unglaubwürdig, doch die mit Ausdrücken aus der Gaunersprache durchsetzten Dialoge gelungen und humoristisch. Die Bekehrung des unverbesserlichen Gangsters Kostja zu einem überzeugten Stachanovisten macht aus dem Stück ein modernes Mirakelspiel. Pogodin nannte seine Theaterstücke »dokumentarische Dramaturgie«.

Eines der ersten Stücke über einen »Enthusiasten« war *Čudak* (Der Sonderling, 1928) von Aleksandr Afinogenov (1904 – 1941). Es enthält ziemlich viel Kritik an Bürokratie, Antisemitismus und Günstlingswirtschaft. Ein aktuelles Problem wird auch beschrieben in *Strach* (Die Angst, 1931), dessen erste Fassung verboten, dessen zweite aber ein großer Erfolg wurde. Das Stück thematisiert »den Klassen-kampf in der Wissenschaft«: Der alte Intellektuelle, Professor Borodin, muss in das neue System eingegliedert werden. Wie das später erschienene Theaterstück *Lož'* (Die Lüge, 1933) enthält *Die Angst* Zeitkritik: »Wir leben in der Epoche der großen Angst.«

Satirische Zeitkritik kam außerdem von NIKOLAJ ĖRDMAN (1902 – 1970), einem russifizierten Balten. Mitte der zwanziger Jahre war seine groteske Komödie *Mandat* (Das Mandat, 1924, Uraufführung 1925) ein Kassenerfolg. In *Samoubijca* (Der Selbstmörder, 1928), das in der Sowjetunion nie zur Aufführung kam, will der Protagonist seinem Leben ein Ende setzen, weil eine Existenz in der Sowjet-union für ihn aussichtslos ist. Verschiedene Parteien versuchen, den Selbstmord zu ihrem Vorteil auszubeuten.

Wegen ihrer großen Beliebtheit sind auch einige Lyriker erwähnenswert. Ihre Poesie war einfach, realistisch und sollte für die große Masse leicht verständlich sein. ALEKSANDR PROKOF'EV (1900 – 1971) dichtete in seinen ersten Bänden in einer häufig ungeschliffenen Sprache noch bombastische Lobgesänge auf die prole-tarische Revolution. Später verfasste er melodiöse Verse über seine Heimat (Lado-gasee) und über die Liebe. Für das umfangreiche Gedicht *Rossija* (Russland, 1944) erhielt er den Stalinpreis. Er skizziert hier ergreifende Bilder von der Schönheit der russischen Natur, vergleicht die fünf Brüder Šumov mit den Helden mittelalterli-cher Heldensagen und stimmt ein Loblied auf die wohlklingende russische Sprache an. Prokof'evs zentrale Motive – Liebe zur Landschaft Nordrusslands, Stolz auf Russlands Größe und revolutionäre Geschichte – finden wir auch in dem Sammel-band *Priglašenie k putešestviju* (Einladung zur Reise, 1960, Leninpreis).

Ein schwacher Dichter ist der pathetische STEPAN ŠČIPAČĖV (1899 – 1980), der zweimal den Stalinpreis erhielt. Im Jahre 1950 wurden seine Verse *Pavlik Morozov* über den gleichnamigen Sowjetjungen ausgezeichnet, der seinen Vater bei der Geheimpolizei denunzierte und zum Nationalhelden erklärt wurde. Ščipačëvs Gedichte haben keinen Tiefgang, sind häufig banal und nicht sehr melodiös. Am besten ist seine Liebeslyrik.

Sehr populär waren die drei folgenden Dichter, deren Lieder vertont wurden. EVGENIJ DOLMATOVSKIJ (1915 – 1994) schrieb einfache Gedichte über aktuelle Themen im Dienste der Partei (z.B. über den Bürgerkrieg in Spanien, den Krieg gegen Finnland, den Aufstand in Ungarn, Vietnam, der DDR). Nach 1956 wider-setzte er sich den Antistalinisten (»Es gab in jener Zeit nicht nur Henker und Opfer«), die er »Kleinbürger« nannte. Er ist vor allem bekannt als Autor von Liedern für die breite Masse wie *Leninskie gory* (Die Leninberge), *Ljubimyj gorod* (Die geliebte Stadt) und *Moja ljubimaja* (Meine Liebste).

VASILIJ LEBEDEV-KUMAČ (1898 – 1949) schrieb zahlreiche politische Lieder, die durch Medien, Schule und Komsomol (Jugendbewegung) Verbreitung fanden. Das bekannteste ist *Pesnja o Rodine* (Das Lied von der Heimat, 1935), eine einzige

319

patriotische Lüge über ein Land im eisernen Griff der Diktatur (»Ich kenne kein anderes Land, in dem der Mensch so frei atmet«). Große Bekanntheit genossen außerdem das »Kampflied« *Marš vesëlych rebjat* (Marsch der fröhlichen Burschen, 1934) und *Moskva majskaja* (Moskau im Mai, 1937).

Schließlich ist da noch MICHAIL ISAKOVSKIJ (1900 – 1973), der mit dem patriotisch inspirierten Liebeslied *Katjuša* (1938) einen der im In- und Ausland beliebtesten Sowjetschlager schrieb. Er verfasste außerdem Soldaten- und Kriegslieder.

9.2.5. Poesie nach 1917

Die russische Poesie des 20. Jahrhunderts hatte ihren Höhepunkt bereits erreicht, als 1917 die Revolution ausbrach. Nach der Revolution wurde sie sogar zum Teil verdrängt und hatte keine herausragende Bedeutung mehr inne. Viele Dichter der prärevolutionären Generation verstummten (beispielsweise Sologub, Kuzmin) oder gingen ins Exil (Vjačeslav Ivanov, Cvetaeva, Chodasevič). Andrej Belyj kehrte in die Sowjetunion zurück, schrieb aber nur noch Prosa. Brjusov wandte sich sozialistischen Themen zu, Chlebnikov und Esenin starben 1922 bzw. 1925. Zwei große Namen erreichten ihren Höhepunkt nach 1917: Pasternak und Achmatova. Diese beiden Größen der modernen russischen Literatur verdienen es, gesondert behandelt zu werden. Von der »alten« Garde sind es lediglich die Futuristen Majakovskij, Pasternak und Aseev, die nach der Revolution noch lange Zeit eine Rolle spielten. Aus dem Futurismus gingen in den zwanziger Jahren *LEF* (Linke Front) und *Novyj LEF* (Neue Linke Front) hervor, doch diese Bewegung fiel 1929 auseinander. Erwähnenswert sind hier Kirsanov, Aseev und Tret'jakov.

Der begabteste Schüler Majakovskijs war NIKOLAJ ASEEV (1889 – 1963), der 1922 Mitglied des *LEF* wurde und mit Majakovskij zusammenarbeitete. Er verfasste eine Hymne auf Budënnyj, einen Bürgerkriegshelden, und den sehr beliebten *Marš Budënnogo* (Budënnyj-Marsch). Mit *Poêma o dvadcati šesti bakinskich komissarach* (Verserzählung von den 26 Kommissaren aus Baku, 1925, vgl. Esenin) schrieb er Agitationslyrik à la Majakovskij. Später verfasste er auch Gedankenlyrik; er experimentierte intensiv, womit er sich den Vorwurf einhandelte, ein Formalist zu sein. Auch die Lyrik von SEMËN KIRSANOV (1906 – 1972) hielt man am Ende der dreißiger Jahre für zu formalistisch. Neben politischen Gedichten im Stile Majakovskijs (*Pjatiletka*, Der Fünfjahresplan) schrieb er auch Liebesgedichte. Sein *Zoluška* (Aschenputtel, 1935) ist eine in formaler Hinsicht ingeniöse Bearbeitung des Märchens mit einem sozialen Anliegen. Während des »Tauwetters« veröffentlichte er eine ironische Verserzählung (*Sem' dnej nedeli*, Die sieben Tage der Woche, 1956), eine Satire auf die Bürokraten mit den »steinernen Herzen«. SERGEJ TRET'JAKOV (1892 – 1939) wirkte in Wladiwostok mit Aseev, Burljuk und Čužak an der futuristischen Zeitschrift *Tvorčestvo* (Das Schaffen) mit. Er war für *LEF* und das Theater von Proletkul't tätig und trat für die »faktografische Literatur« ein. Kontakte zu Bertolt Brecht resultierten in drei russischen Übersetzungen Brecht'scher Stücke, die er »épičeskaja drama« (episches Drama) nannte. Für Tret'jakov war der Schriftsteller »ein kommunistischer Wortfunktionär«. Er regte Literaturateliers an, die von »Formulierern« geleitet und von Experten bewacht werden sollten. 1937 wurde er verhaftet und verschwand.

Die literarischen Debütanten waren von bedeutend niedrigerem Niveau als ihre prärevolutionären Vorgänger. Der begrenzte ideologische Spielraum trug dazu sicherlich seinen Teil bei. Eine literarische Strömung, die einige interessante Namen hervorbrachte, ist der Konstruktivismus (1924 – 1930). Er entstand 1924 und ging zurück auf den Futurismus; sein Theoretiker war Kornelij Zelinskij. In ihrem Programm traten die Konstruktivisten für funktionale und durchkonstruierte literarische Werke ein, in denen das Thema der Form, der Struktur und der Wortwahl übergeordnet ist. Ihr Ideal nannten sie »lokale Semantik«, d.h. dass Bilder, Reime, Metaphern usw. dem Hauptthema unterstellt sein sollten. In ihrer Bewunderung der modernen Technik zeigten sie eine Vorliebe für die sachliche Sprache, Zitate aus Dokumenten, den faktischen Tatbestand, Zahlen. Im Gegensatz zu den Futuristen lehnten sie die Kunst der Vergangenheit nicht ab.

Der konsequenteste Repräsentant des Konstruktivismus war IL'JA SEL'VINSKIJ (1899 – 1968), der mit neuen Formen und funktionalen Reimworten (»lokaler Reim«) experimentierte. Sein bekanntestes Werk ist *Uljalaevščina* (Das Uljalaev-Abenteuer, 1924, ^{2}1956), ein Versepos über Partisanen in den östlichen Steppen mit viel Lokalkolorit. Der Versroman *Puštorg* (Der Pelzhandel, 1927) handelt von der Tragik des romantischen Intellektuellen unter der Diktatur des Proletariats. Er wurde angegriffen, weil die Hauptfigur Selbstmord verübt. Ebenfalls in Versform verfasst ist das beinahe absurdistische Drama *Pao-Pao* (1931) über einen Orang-Utan, der unter kommunistischem Einfluss seine animalischen Instinkte und seine Bürgerlichkeit besiegt und zum Menschen wird.

Einer der wichtigsten Debütanten war der russische Jude ÈDUARD BAGRICKIJ (1895 – 1934), der sich als Idealist der Roten Armee anschloss und Agitationsverse verfasste. Die Gedichte der Jahre 1925 – 1927 bringen seine Enttäuschung über die NÖP zum Ausdruck. 1926 war er Mitglied von *Pereval*, danach gehörte er zum Kreis der Konstruktivisten. Sein erster Gedichtband, *Jugo-Zapad* (Südwest, 1928), enthält romantische Gedichte über den Bürgerkrieg, *Til' Ulenspigel'* (Till Eulenspiegel, 1921/1922) lyrische Monologe, in denen Bagrickij sich gerne mit diesem »flämischen Revolutionär« vergleicht. 1930 schloss er sich der *RAPP* an und schrieb in der zweiten Sammlung, *Pobediteli* (Die Sieger, 1932), über den Fünfjahresplan. Als Vorbilder bezeichnete er die englischen Romantiker, die er übersetzte (Robert Burns, Walter Scott, Poe, Coleridge, Kipling), sowie den Russen Grin. Er bevorzugte die Ballade, in der er als romantischer Dichter ein idealisiertes Bild der

Vergangenheit entwarf. Bagrickijs bekanntestes Werk ist *Duma pro Opanasa* (Das Lied von Opanas, 1926), eine Verserzählung, verfasst in der Tradition des ukrainischen Epos (Taras Ševčenko, dessen *Gajdamaki*, Die Haidamaken, Bagrickij zitiert). Außer dem Einfluss der konstruktivistischen »lokalen Semantik« ist vor allem die folkloristische Tradition deutlich fühlbar (unterschiedliches Metrum wie in den ukrainischen Volksliedern). In dieser »duma« (= ukrainisches episch-lyrisches Volkslied) erzählt Bagrickij vom tragischen Schicksal eines einfachen Bauern, der im Bürgerkrieg zu der »grünen« Bande Machnos überläuft.

Neben den sich auch als Lyriker betätigenden Kinderbuchautoren Kornej Čukovskij und Samuil Maršak seien noch einige weniger bedeutende Namen erwähnt. Der »Komsomoldichter« BORIS KORNILOV (1907 – 1938), mit OL'GA BERGGOL'C verheiratet, wurde offiziell anerkannt, im Jahre 1936 jedoch aus dem Schriftstellerverband ausgeschlossen und verhaftet. Er schrieb u.a. das beliebte politische *Pesnja o vstrečnom* (Lied der Begegnung, 1932), das von Dmitrij Šostakovič vertont wurde.

Ein anderer geschätzter Komsomoldichter war Michail Svetlov (1903 – 1964). Vladimir Lugovskoj (1901 – 1957) war von 1926 bis 1930 Mitglied der Konstruktivisten und wechselte dann zur *RAPP*. Er war vor allem während des »Tauwetters« schöpferisch sehr aktiv, fand aber erst nach seinem Tode Anerkennung.

Der westlich orientierte Dichter PAVEL ANTOKOL'SKIJ (1896 – 1978) widmete seinem gefallenen Sohn eine Verserzählung (*Syn*, Mein Sohn, 1943), deren Sprache und Metaphern altmodisch und dennoch rührend sind. 1934 verfasste er ein Gedicht über François Villon (*Fransua Vijon*).

Abschließend sei noch auf VSEVOLOD ROŽDESTVENSKIJ (1895 – 1977), der Mitglied der akmeistischen *Lyrikergilde* war, und auf ARSENIJ TARKOVSKIJ (1907 – 1989), der philosophische Lyrik in der Tradition Tjutčevs und Fets verfasste, hingewiesen.

9.2.6. Kriegsliteratur

In der zweiten Hälfte der dreißiger Jahre standen der Faschismus und die von Deutschland ausgehende Gefahr im Mittelpunkt der Sowjetpresse. Dem »Drang nach Osten« und der Suche Nazi-Deutschlands nach »Lebensraum« in Osteuropa, die von Hitler in *Mein Kampf* so offen propagiert wurden, wurde in der Sowjetunion Patriotismus, die Verherrlichung von Russlands heroischer Vergangenheit, gegenübergestellt. Deutschland und der Faschismus waren der Hauptfeind (der genauere Begriff »Nazismus« wurde weniger oft verwendet, und der Begriff »Nationalsozialismus« wurde ängstlich gemieden). Als die Sowjetunion und Deutschland am 1. August 1939 den Nichtangriffspakt schlossen, war nicht nur die ganze Welt, sondern auch die sowjetische Bevölkerung selbst verblüfft.

Als Deutschland am 22. Juni 1941 die Sowjetunion überfiel, wurde die Literatur sofort als Bestandteil der gigantischen Kriegsmaschinerie in Anspruch genommen. Viele Schriftsteller gingen freiwillig als Soldat oder als Berichterstatter an die Front; Hunderte von ihnen sind gefallen (u.a Jurij Krymov, Arkadij Gajdar, Aleksandr Afinogenov). Wer zu Hause blieb, wurde vom Wehrdienst befreit, hatte aber seine Feder ganz in den Dienst des Krieges zu stellen. Zahlreiche Schriftsteller, Künstler und Gelehrte wurden nach Zentralasien evakuiert, damit sie ihre erzieherische Tätigkeit von dort aus ungehindert fortsetzen konnten (unter ihnen befand sich Anna Achmatova). Fünf Jahre lang wurde ausschließlich Kriegsliteratur produziert. Das einzige Ziel der Literatur war der Sieg über den Feind. Die Forderung war nicht misszuverstehen: »Wir brauchen keine militärische (= Kriegs-), sondern militante Literatur.« Die Bedeutung dieser Literatur liegt eher in ihrem dokumentarischen als in ihrem literarischen Wert. Während anfangs naturalistische Reportagen dominierten (Skizzen, Tagebücher, Erzählungen), wechselte man bald zum psychologischen Realismus und versuchte, Einblicke in die Ereignisse zu gewähren. Anders als in den pomphaften propagandistischen Kriegswerken klang bei vielen Sowjetschriftstellern die Sorge um den einfachen Menschen (»das Rädchen«, von dem Stalin nach dem Krieg sprach) an. Dies war möglich, weil die Zensur während des Krieges weniger streng war. Wie in der allerersten Zeit nach 1917 erlebte die Poesie nun eine große Blüte; auch Lyrik konnte veröffentlicht werden. Konfrontiert mit enormem Leid, räumte der Dichter der russischen Natur und Geschichte viel Platz ein. Der russische Patriotismus wurde zu einem Kult aufgebauscht, der von oben auf raffinierte Weise gefördert wurde; auch nach dem Krieg ist er eine feste Größe im geistigen Leben der Sowjetunion geblieben. In der berühmten Rundfunkansprache vom 3. Juli 1941 bezeichnete Stalin Dmitrij Donskoj, Aleksandr Nevskij, Minin und Požarskij, Suvorov und Kutuzov als Nationalhelden. Statt sich mit dem für Kommunisten üblichen »Kameraden« an das Sowjetvolk zu wenden, sprach er es mit dem altrussischen »Brüder und Schwestern« an. In diesem nationalistischen Geist schrieben Aleksej Tolstoj und Il'ja Erenburg. Außerdem erschienen zahlreiche historische Romane und Dramen. Im Jahre 1943 wurde die Komintern, das Sowjetorgan für kommunistische Propaganda und kommunistische Aktivitäten außerhalb der Sowjetunion, aufgelöst und die friedlichen Beziehungen zwischen dem Staat und der Russischen Orthodoxen Kirche wieder aufgenommen; darüber hinaus ersetzte man die *Internationale* durch eine neue sowjetische Nationalhymne mit ausgesprochen patriotischen Klängen. Im Sommer 1941 wurde in Moskau das Panslawische Komitee gegründet; es stand unter der Leitung des Historikers Grekov und des Literaten Aleksej Tolstoj. Anstelle der Weltrevolution verkündete es die Zusammengehörigkeit der »slawischen Brüder«. Diese Verschiebungen führten sowohl in der Sowjetunion als auch im Westen (u.a. unter den russischen Emigranten) zu großen Erwartungen an das Nachkriegsrussland. Man war davon überzeugt, dass sich die Sowjetunion nach dem Krieg liberaler entwickeln würde.

323

Hier liegen die Keime der »Vozvraščęnie na rǫdinu«-Bewegung: Emigranten, die in ihr Vaterland zurückkehren wollten.

Auf militärischem und politisch-ideologischem Gebiet verlief der inzwischen zum »Großen Vaterländischen Krieg« (Velikaja otečestvennaja vojnǫ) ausgerufene Kampf gegen die Deutschen nicht ohne Schwierigkeiten. Die Rote Armee war – trotz zahlreicher Warnungen von Geheimagenten – schlecht auf den Krieg vorbereitet, so dass deutsche Truppen ein riesiges Gebiet der Sowjetunion einfach so einnehmen konnten (siehe die Studie *1941 22 ijunija*, 22. Juni 1941, von Aleksandr Nękrič, die bald nach ihrer Veröffentlichung 1965 wieder aus dem Verkehr gezogen wurde). Darüber hinaus hatte Stalin die Sowjetbevölkerung dermaßen geschunden, dass Millionen von Menschen die Deutschen mit offenen Armen (als Befreier) begrüßten. Die Krimtataren und die Tschetschenen kollaborierten unverhohlen. Der ehemalige Verteidiger und Held Moskaus, General Andrej Vlasov, geriet in Kriegsgefangenschaft und stellte dort mit deutscher Hilfe eine Armee auf die Beine (die anfangs fast eine Million Angehörige zählte), die später gegen die Rote Armee kämpfen sollte. Diese Themen waren während des Krieges und nach dessen Ende in der Sowjetpresse und -literatur alle tabu. Desertion und passive Zusammenarbeit mit dem Besatzer durften nur als Einzelfall und nicht als Massenphänomen behandelt werden. Dasselbe galt für den Molotov-Ribbentrop-Pakt von 1939 und seine Folgen, u.a. die neue Aufteilung Polens, die Zusammenarbeit zwischen Nazis und Sowjets; bestenfalls wurde schwarzweiß gemalt. Erst der Glasnost war es zu verdanken, dass dieses heikle Problem (»die unbewältigte Vergangenheit«) angesprochen werden konnte: Im Jahre 1991 begannen vlasovcy (Angehörige der Vlasov-Armee) sich zu vereinigen.

Die Kriegsliteratur in der Sowjetunion ist unübersichtlich. Während der gesamten Sowjetperiode war der Zweite Weltkrieg, den die Sowjets unter riesigen Opfern gewannen, ein »dankbares Thema« für den Sowjetschriftsteller. Große Ausmaße haben die Publikationen über die Widerstandskämpfer (partizany) angenommen, eine Gattung, deren historische Zuverlässigkeit sich kaum noch überprüfen lässt. Nachdem zwischen 1954 und 1964 (der Periode des »Tauwetters«) allerlei wunde Stellen des Krieges in Literatur und Publizistik angesprochen werden konnten (Chaos in der Anfangsphase, sinnlose Menschenopfer, Atmosphäre des Misstrauens, Kriegsgefangene u.ä.), wurde versucht, die simplifizierende Auffassung durchzusetzen, das Sowjetvolk habe geschlossen hinter der Partei gestanden, um den »faschistischen Aggressor« zu besiegen.

In der Kriegsliteratur lassen sich neben Hurrapatriotismus noch Interesse für den einfachen Menschen und sogar intime Lyrik unterscheiden. Ein berühmtes Beispiel der ersten Richtung ist *Povest' o nastojaščem čelovęke* (Der wahre Mensch, 1946) von BORIS POLEVOJ (1908 – 1981). Es wurde mit dem Stalinpreis ausgezeichnet und 1948 zu einer Oper umgearbeitet. Die Geschichte von dem Piloten, dessen Beine nach einer Notlandung amputiert werden, beruht auf einer wahren Begebenheit. Nach übermenschlichen Anstrengungen gelingt es ihm, wieder zu fliegen. Dieses Bild eines idealen Sowjethelden ist tendenziös und hat keinerlei literarischen Wert.

Berühmt ist auch *Molodaja gvardija* (Die junge Garde, 1945, Stalinpreis) von ALEKSANDR FADEEV (1901 – 1956). Fadeev zeichnet hier ein idealisiertes Porträt einer aus Komsomolmitgliedern bestehenden Widerstandsgruppe im Donetsk-Becken. Das Werk wurde anfangs positiv aufgenommen, im Jahre 1947 aber kritisiert, weil darin die Rolle der Partei nicht ausreichend zum Ausdruck komme. Der gehorsame Stalinist Fadeev schrieb seinen Roman um (Neufassung 1951). Dieses Schicksal wurde auch Valentin Kataev und seinem *Za vlast' Sovetov* (Für die Macht der Sowjets, 1951) zuteil.

Eine der ersten Kriegserzählungen war *Narod bessmerten* (Das Volk ist unsterblich, 1942) von VASILIJ GROSSMAN (1905 – 1964). Der Berichterstatter der *Krasnaja zvezda* (Der rote Stern) verherrlicht hier den kleinen Mann, der sich ohne viele große Worte für sein Vaterland aufopfert. Mit *Za pravoe delo* (Für die gerechte Sache, 1952) legte Grossman einen breit angelegten Roman über die historische Schlacht um Stalingrad vor, doch das Werk musste umgearbeitet werden: Dogmatiker hielten seine Helden für zu passiv und die Betrachtungsweise für zu psychologisch und zu idealistisch und fanden, dass die Rolle der Partei nicht genügend betont werde (Neufassung 1954). Der zweite Teil konnte in der Sowjetunion nicht veröffentlicht werden und erschien im Westen unter dem Titel *Žizn' i sud'ba* (Leben und Schicksal, 1975). Erst zu Zeiten der Glasnost konnte es auch in der Sowjetunion publiziert werden (1988): Der Sowjetleser bekam damals eine bittere Wahrheit mitgeteilt – dass die Grausamkeiten des Nazi-Regimes denen Stalins in nichts nachstanden. Vor allem die Parallelen zwischen dem Nationalsozialismus und dem Stalinismus hatten den KGB auf die Palme gebracht. Im Jahre 1970 veröffentlichte der Possev-Verlag (Frankfurt/Main) den Roman *Vsë tečët* (Alles fließt), eine einzige große Anklage gegen das kommunistische System. Der Roman wirft die Schuldfrage auf: Wer trägt die Verantwortung für die Unfreiheit in der Sowjetunion?

Auf diese Frage, die in Russland bis auf den heutigen Tag noch immer nicht beantwortet ist, wird im Roman folgendermaßen geantwortet: »Und dennoch, warum muss gerade jetzt geklärt werden, wer an den Verbrechen der Stalinzeit Schuld hat? Das ist dasselbe, als wenn man auf den Mond umzieht und dann wegen eines Grundstücks auf der Erde prozessiert.« Der Lageraufenthalt hat Grossman hinsichtlich der sogenannten freien Welt und der Lebensfähigkeit des Menschen pessimistisch gestimmt (»Es wird Zeit, dass die Entschlüssler Russlands begreifen, dass die Mystik der russischen Seele durch tausend Jahre Sklaverei und durch nichts anderes hervorgebracht worden ist«). Der zweite Teil dieses kurzen Romans über die Tragik des Heimkehrers, der sich nur schwer der Welt außerhalb des Lagers anpassen kann, ist aufgrund zahlreicher und sehr ausführlicher publizistischer Abschweifungen über das Schicksal Russlands und »das Jahrhundert der Staatsgewalt« schwächer.

Die Weisheit, die im Titel enthalten ist und die auf den griechischen Philosophen Heraklit verweist (panta rhei), wird auf die Welt des sowjetischen Gulag bezogen: »Ja, alles fließt, alles verändert sich, du kannst nicht zweimal in denselben Transportzug steigen.«

Einer der populärsten Kriegslyriker war ALEKSEJ SURKOV (1899 – 1983), der in ungekünstelten und virilen Versen über Hass, Zorn, Schmerz und Heimweh schrieb. Seine patriotischen Rachelieder besingen das »Schwert der Vergeltung«. Er schrieb Kriegslieder, die sich bei der Roten Armee großer Beliebtheit erfreuten. Der Sammelband *Dekabr' pod Moskvoj* (Dezember bei Moskau, 1942) wird vom Hass gegen den Feind getragen. Sprache und Versbau sind traditionell. Nach dem Krieg verstummte er als Dichter, war aber als Literaturfunktionär aktiv. Er war außerdem Chefredakteur der neunbändigen *Kratkaja literaturnaja enciklopedija* (Kleine Literaturenzyklopädie, 1962 – 1978), die oft lückenhaft und einseitig ist.

In *Volokolamskoe šosse* (Die Volokolamskoer Chaussee, 1943/1944) stellt ALEKSANDR BEK (1903 – 1972) die Sowjetunion als eine unverbrüchliche »Völkerfamilie« dar, die einträchtig gegen Deutschland kämpft. In diesem Ich-Roman werden die militärischen Ereignisse – im vorliegenden Fall der Einsatz der zentralasiatischen Division unter General Panfilov, die im Winter 1941 vor den Toren Moskaus die Deutschen hinhielt – aus der Sicht der historischen Figur geschildert.

Einer der bekanntesten Kriegsschriftsteller in der UdSSR war KONSTANTIN SIMONOV (1915 – 1979), der Berichterstatter von *Der rote Stern* war. Seine Erstveröffentlichung war das chrestomatische Liebesgedicht *Ždi menja* (Wart auf mich, 1941), in dem der Soldat die Geliebte beschwört, auf seine Rückkehr zu warten und sich so seines Opfers würdig zu erweisen. Symptomatisch für die damals erlaubte Betonung des russischen Nationalismus ist das Gedicht *Ty pomniš', Alëša, dorogi Smolenščiny* (Weißt du noch, Alëša, die Straßen um Smolensk, 1941, Surkov gewidmet). Simonov ist Träger von sechs Stalinpreisen, u.a. für das Drama *Russkie ljudi* (Russische Menschen, 1942) über den Mut und die Todesverachtung des russischen Soldaten, während des Krieges eines der populärsten Stücke. Einer der berühmtesten Kriegsromane ist sein *Dni i noči* (Tage und Nächte, 1943/1944) über das tägliche Leben von Durchschnittsmenschen an der Front. Der Heroismus des einfachen Soldaten ist ohne Pathos, eine selbstverständliche Tat. Simonov zeigt das Unbarmherzige und Schreckliche des Krieges und idealisiert seine Helden; die handelnden Personen verhalten sich nahezu ausnahmslos heroisch, tapfer, kameradschaftlich; von Konflikten in den zwischenmenschlichen Beziehungen ist keine Rede. Dadurch ist sein Werk unglaubwürdig und oberflächliche Propaganda. In den Jahren 1946 – 1954 war Simonov stellvertretender Generalsekretär des Schriftstellerverbandes und ein beflissener Diener Stalins. Darüber berichtet er auf ziemlich naive Weise in den erst 1988 veröffentlichten *Glazami čeloveka moego pokolenija* (Mit den Augen eines Menschen meiner Generation), das ein interessantes Licht auf die Literaturpolitik und die Kriterien für die Verleihung von Literaturpreisen wirft. In dem Roman Živye i mërtvye (Die Lebenden und die Toten) aus dem Jahre 1959 (Leninpreis 1974) beschreibt er die Niederlagen der Sowjetarmee 1941 und unterzieht außerdem Stalins Politik einer Kritik. Den Personenkult um Stalin und die Atmosphäre des Misstrauens und der Angst, die die Geheimpolizei auch an der Front schuf, kritisierte er in Soldatami ne roždajutsja (Man wird nicht als Soldat geboren, 1964). Dass Simonov ein politisches Chamäleon war, beweist die Tatsache, dass er diese Kritik in Poslednee lęto (Der letzte Sommer, 1970/1971) unterlassen hat. Seine Lyrik, die Liebe, Freundschaft, Heimweh nach dem Vaterland und dem Zuhause zum Thema hat, sprach den Durchschnittsmenschen an. Simonov diktierte diese Romane seinem Sekretär, der sie dann fertigstellen musste.

Die Probleme, mit denen sich gewöhnliche Menschen während des Krieges konfrontiert sahen, werden von zahlreichen Schriftstellern thematisiert. Der jüdisch-russische Schriftsteller ĖMMANUIL KAZAKEVIČ (1913 – 1962) war in den dreißiger Jahren als Kulturfunktionär in dem jüdischen autonomen Gebiet Birobidshan tätig; er schrieb in Jiddisch und übersetzte aus dem Russischen. Bekanntheit erlangte er mit der Novelle Zvezda (Der Stern, 1947) über den unvermeidlichen Untergang einer Aufklärergruppe. Während Vesna na Odere (Frühling an der Oder, 1949) den Parteistandpunkt illustriert, vermeidet er in Der Stern eine Heroisierung. In Dvoe v stepi (Zwei in der Steppe, 1948) wird ein Offizier zum Tode verurteilt. Dadurch erheben sich Fragen nach dem Problem der Schuld; das Misstrauen der Stalinzeit wird nicht verhehlt. Dogmatiker verurteilten das Werk.

Psychische Probleme werden in den Kriegsdramen von LEONID LEONOV behandelt: Našestvie (Die Invasion, 1942) und Lënuška (1943) erhielten beide den Stalinpreis. Im ersten Stück lässt Leonov einen Verbrecher zum Verteidiger des Vaterlands werden. Erst in der Fassung von 1964 wurde klar, was Leonovs ursprüngliche Absicht gewesen war: nämlich einen politischen Gefangenen auftreten zu lassen. Sein zweites Kriegsdrama nannte er eine »narodnaja tragedija« (= nationale Tragödie). Vzjatie Velikošumska (Die Eroberung von Velikošumsk, 1944) thematisiert die große Schlacht bei Kiew vom Dezember 1944.

Ein Klassiker der Schlacht um Stalingrad ist außerdem V okopach Stalingrada (In den Schützengräben von Stalingrad, 1946) von VIKTOR NEKRASOV (1911 – 1987), das mit dem Stalinpreis ausgezeichnet wurde. Ein Sowjetkritiker bemerkte: »Das Blickfeld der Helden Nekrasovs beschränkt sich auf 600 m Frontlinie und 1,5 km Wolgaufer, so dass sie gezwungen werden, mit den Angelegenheiten und Sorgen des Bataillons zu leben.« Der niederländische Slawist Lathouwers bemerkt zu Recht, dass Nekrasov eher »von der Tragik des individuellen Menschen und dessen Reaktion auf das Phänomen Krieg als von den ›kriegsstrategischen‹ Aspekten der beschriebenen Ereignisse« gefesselt sei.

Eine wichtige Rolle in der Sowjetliteratur spielte ALEKSANDR TVARDOVSKIJ (1910 – 1971), der mit Vasilij Tërkin. Kniga pro bojca (Vasilij Tërkin. Buch über einen Soldaten, 1941 – 1945, Stalinpreis) eines der populärsten Sowjetwerke über

327

den Zweiten Weltkrieg schrieb. Er skizziert humoristisch Freud und Leid des einfachen Soldaten im Krieg; die 30 einzelnen Kapitel werden durch den zentralen Helden und das zentrale Thema des Krieges zusammengehalten. Der Zyklus ist »ein Buch ohne Anfang und ohne Ende«, das Tërkin in den einzelnen Kapiteln in einer jeweils anderen Situation beschreibt. Dieses Epos ist nicht nur eine Darstellung des Krieges mit den Augen eines einfachen Soldaten gesehen, sondern ist auch in leicht verständlichen Versen (vierfüßige Trochäen) voller folkloristischer Elemente geschrieben.

Vasilij Tërkin ist schon einmal mit dem tschechischen »braven Soldaten« Švejk (von Jaroslav Hašek) verglichen worden; beide Helden verstehen es in der Tat, sich allerlei unmöglichen Situationen anzupassen, doch damit hört ihre Verwandtschaft auch schon auf. Tvardovskijs Epos ist keine Satire (gegen den Krieg), denn sein Held ist eine sehr beliebte, apolitische Gestalt: Er erzählt unanständige Witze, kann singen, ist vergnügt und naiv, hat aber einen gesunden Menschenverstand. Tërkin wurde zum Symbol für den Durchschnittsmenschen, der den Wahnsinn des Krieges zu überleben versteht. Er ist tapfer und gewissenhaft: Der Krieg muss mit vollem Einsatz geführt werden. Tvardovskijs Werk ist durchtränkt vom Geist der russischen Volkspoesie (Sprache, Versmaß, Bildersprache) und deutlich von Nikolaj Nekrasovs Schaffen geprägt, vor allem von dessen Versepos *Wer lebt glücklich in Russland?*. Bereits 1941 war Tvardovskij für das 1936 veröffentlichte *Strana Muravija* (Wunderland Muravija, abgeleitet von murava = junges, duftendes Gras), eine moderne Gralssuche nach dem (kollektiven) Glück in einer Sowjetkolchose, mit dem Stalinpreis ausgezeichnet worden. Nikita Morgunok verlässt Dorf und Familie, um sich auf die Suche nach dem Bauernparadies zu begeben. Er gelangt zu der Schlussfolgerung, dass von einem glücklichen Bauernleben nur im Kolchos die Rede sein kann. 1963 veröffentlichte Tvardovskij eine Fortsetzung des ersten Tërkins, *Tërkin na tom svete* (Tërkin im Jenseits), das von den Erlebnissen Vasilij Tërkins im Jenseits handelt; dieses Werk ist eine bissige antistalinistische Satire.

Mit der Kriegspoesie bleiben die Namen von drei talentierten Lyrikerinnen verbunden: Inber, Berggol'c und Aliger. VERA INBER (1890 – 1972) hatte in den zwanziger Jahren den Konstruktivisten angehört (daher ihre kurzen Verse) und war von 1924 – 1926 in Paris, Brüssel und Berlin als Journalistin tätig gewesen. Sie machte die ganzen 900 Tage der Leningrader Blockade mit, was sich in *Pulkovskij meridian* (Der Meridian von Pulkovo, 1942), einer Verserzählung über den Alltag in der belagerten Stadt (816 Verszeilen in 136 Stanzen von je 6 Zeilen) niederschlug. In *Počti tri goda. Leningradskij dnevnik* (Fast drei Jahre. Leningrader Tagebuch, 1946) zeichnet sie ein realistisches Bild des beinahe drei Jahre dauernden Alptraums. Ebenso wie OL'GA BERGGOL'C (1910 – 1975) schrieb Inber reflektierende Lyrik. Der erste Mann von Ol'ga Berggol'c war der Dichter Boris Kornilov; er »verschwand« bei den »Säuberungen« von 1938. Ihr zweiter Mann war eines der 600.000 Opfer, die während der Blockade vor Hunger starben. In *Fevral'skij dnevnik* (Februartagebuch) und *Leningradskaja poẹma* (Leningrader Epos) aus dem Jahre 1942 schreibt sie in einem männlichen Pathos über das Leben, den Hunger, die Kälte und den Überlebenswillen. Ihre Verse sprechen ihr direkt aus dem Herzen, sind aber strenger und klassischer als die romantischeren, emotionelleren und spontaneren Gedichte von MARGARITA ALIGẸR (1915 – 1992). In dem Gedicht *Moja pobẹda* (Mein Sieg) behandelt sie vor dem allgemeinen Hintergrund des Krieges das Schicksal der Frau. Sie erlangte Bekanntheit durch ihr Versepos *Zọja* (1942) über das Komsomolmädchen Zoja Kosmodem'janskaja, das als Partisanin in deutsche Hände fiel, gefoltert und gehängt wurde. 1953 veröffentlichte Aligẹr einen Gedichtzyklus über den Bau des stalinistischen »Zuckerturms«, die Moskauer Universität (*Lẹninskie gọry*, Die Leninberge). ·

9.2.7. Die Ždạnov-Ära (1946 – 1953)

Sehr schnell nach dem Krieg stellte sich heraus, dass die geringfügigen Konzessionen, die Stạlin dem Sowjetvolk eingeräumt hatte, ein taktischer Zug gewesen waren, um das Volk für den Krieg zu mobilisieren. Viele der zahlreichen »Heimkehrer« aus der Emigration (vozvraščency) kamen in Lagerhaft. Die in Kriegsgefangenschaft geratenen Soldaten der Roten Armee mussten häufig unter Anwendung von brutaler Gewalt seitens der Alliierten den Sowjets übergeben, d.h. repatriiert werden; sie waren offensichtlich die einzigen, denen damals bereits bewusst war, dass Stạlins Abrechnung gnadenlos sein würde (siehe Nikolai Tolstoy, *Die Verratenen von Jalta. Englands Schuld vor der Geschichte*, 1987). Das Bündnis zwischen der Sowjetunion und den Vereinigten Staaten von Amerika war mit einem Schlag auseinandergebrochen. In ihrem eigenen Selbstverständnis war die Sowjetunion der große Sieger des Zweiten Weltkriegs, und in einer Rede vom 9. Februar 1946 schrieb Stạlin der Überlegenheit des Sowjetsystems den Sieg zu. Damit war der Ton angeschlagen, der die gesamte Nachkriegsperiode beherrschen sollte. Der »Kalte Krieg« im eigenen Land begann am 14. August 1946 mit dem Erlass des Zentralkomitees O *žurnạlach* ›*Zvezdạ*‹ i ›*Leningrạd*‹ (Über die Zeitschriften *Zvezda* und *Leningrad*), der die Handschrift des Leningrader Parteisekretärs Andrẹj Ždạnov trug (siehe Andrẹj Ždạnov, *Über Literatur, Philosophie und Musik*). Zum Opfer der Hexenjagd wurden zwei beliebte Schriftsteller bestimmt: Michạil Zọščenko und Ạnna Achmạtova. Der erste hatte eine humoristische und unschuldige Erzählung über einen Affen veröffentlicht, der aus dem Zoo ausbricht und aus lauter Elend der freien Welt den Rücken zukehrt (*Priključẹnija obez'jạny*, Die Abenteuer eines Affen, 1946). Außerdem wurde ihm angekreidet, dass er während des Krieges *Perẹd voschọdom sọlnca* (Vor Sonnenaufgang,1943) veröffentlicht hatte, eine Erzählung, in der er die Theorien Freuds und Pạvlovs heranzog, um die Ursachen seiner Melancholie zu erforschen. Man hielt das Werk für »volksfeindlich«: Der Schriftsteller hatte es gewagt, sein Innenleben aufzuwühlen, statt heroische Kriegserzählungen zu schreiben. Der Inquisitor Ždanov erinnerte sich außerdem bestimmt noch daran, dass Zoščenko in den zwanziger Jahren den *Serapionsbrüdern* angehört hatte. Während Zoščenko in breiten Kreisen populär war, stand Achmatova bei den Intellektuellen in hohem Ansehen. Im Erlass wurden beide Zeitschriften beschuldigt, Achmatovas Werk verbreitet zu haben, und das, obwohl ihre Poesie »leer und ideenlos«, »von Pessimismus durchdrungen«, »unserem Volk wesensfremd«, »dekadent« und »schädlich für unsere Jugend« sei. Die Dichterin bekam zu hören, dass sie in den »reaktionären literarischen Sumpf« geraten und »halb Nonne, halb Dirne« sei. Achmatova schrieb: »Ich spreche unter Trümmerhaufen hervor! Ich schreie unter Lawinen heraus!«

Der Erlass hatte katastrophale Folgen für die gesamte Sowjetliteratur und -kultur bis zu Stalins Tod (außer Kraft gesetzt wurde er erst 1988). Die beiden gerügten Schriftsteller wurden für vogelfrei erklärt, und der orthodoxe Stalinist Fadeev wurde Generalsekretär des Schriftstellerverbandes. Konkret bedeutete der Erlass, dass jetzt fremde Einflüsse und »die Kriecherei (nizkopoklonstvo) vor der westlichen bürgerlichen Kultur« bekämpft werden mussten. Der Krieg habe schließlich unter Beweis gestellt, dass der Sozialismus überlegen sei – und das müsse nun in der Literatur herausgestellt werden. Ždanov sprach sich für ein »aggressives bolschewistisches Partisanentum« aus. Er nahm den Kampf gegen Formalismus und Ästhetizismus (»feindlich«, »destruktiv«), gegen den »wurzellosen Kosmopolitismus« (bezrodnyj kosmopolitizm), gegen Objektivismus in der Historiografie und gegen die Freiheit in der Wissenschaft (»bürgerliches Vorurteil«) auf. Dies bedeutete also eine ideologische Kriegserklärung an die Adresse des Westens und an jeden, der in der Sowjetunion die westliche Kultur bewunderte. Der erste Schritt war die Kampagne gegen den berühmten Komparatisten aus dem 19. Jahrhundert, Aleksandr Veselovskij, und dessen Schüler in der Sowjetunion. Der Kampf gegen alle möglichen -ismen wurde so heftig geführt, dass 1949 folgender Witz in Moskau die Runde machte: »Die Regierung hat eine neue Verordnung über den Zoo erlassen, derzufolge aus dem Zoo zu entfernen sind: die Giraffe wegen ihrer luftigen Tricks, das Nashorn wegen seines ›brutalen Naturalismus‹ und das Zebra, weil es öffentlich die abstrakte Kunst propagiert.« Die Kampagne fügte der in den dreißiger Jahren ohnehin heimgesuchten *Formalen Schule* einen weiteren schweren Schlag zu. Dieser sogenannte Antikosmopolitismus war im Grunde häufig nicht mehr als ein Deckmantel für Antisemitismus. In der Presse wurden zahlreiche russische Pseudonyme jüdischer Schriftsteller bloßgelegt (so das des später ausgewanderten Dichters Naum Koržavin, der eigentlich Naum Moiseevič Mandel' hieß). 1952 wurden zahlreiche jüdische Schriftsteller verhaftet, gefoltert und hingerichtet. Aber auch die nationalen Minderheiten hatten viel zu leiden. Wer Nationalhelden über den grünen Klee lobte, setzte sich dem Vorwurf des »bürgerlichen Nationalismus« aus.

Über das geistige Leben unter Stalin in der Sowjetunion und vor allem in den frischgebackenen »Volksdemokratien« Osteuropas (und zwar in erster Linie Polen) hat der polnische Nobelpreisträger CZESŁAW MIŁOSZ bereits 1953 ein erhellendes Buch geschrieben (*Zniewolony umysł*, Verführtes Denken). Die Kampagne führte dazu, dass das geistige Leben in der Sowjetunion in völlige Isolation von der Außenwelt geriet. Die Folgen für die russische Kultur und Literatur waren verhängnisvoll, und dies wurde den politisch Verantwortlichen im Laufe der Zeit immer deutlicher. Die sowjetischen Errungenschaften (dostiženija) wurden himmelhoch aufgebauscht. Der westlichen Zivilisation wurde ein brutaler und primitiver Chauvinismus entgegengesetzt. Die Überlegenheit alles Russischen wurde bis zum Überdruss hervorgehoben (die Amerikaner bezeichnen dies als »Popovismus«). Jede Suche nach neuen Inhalten oder Formen wurde ausgeschlossen. Die Repression war hart: Die Beschuldigten bekannten sich öffentlich zu ihren Sünden, widerriefen ihre Verfehlungen, übten »Selbstkritik« (siehe beispielsweise Jurij Trifonovs *Das Haus an der Uferstraße*). Nach Stalins Tod wurden über 600 zu seinen Lebzeiten in Ungnade gefallene Schriftsteller »rehabilitiert«, von denen die Hälfte die Lager nicht überlebt hatten. Den Höhepunkt philosophischen Kretinismus erreichte Stalin mit *Marksizm i voprosy jazykoznanija* (Der Marxismus und die Probleme der Sprachwissenschaft, 1950), in dem er die linguistische Theorie von Nikolaj Marr (1864 – 1934) widerlegt, dass die Sprache der Überbau der ökonomischen Basis sei. Stalin behauptete, dass die Sprache ein universelles Phänomen sei, nicht das Produkt einer einzelnen Klasse (die der Unterdrücker), sondern des ganzen Volkes, und somit nicht das direkte Produkt der ökonomischen Verhältnisse. Diese philosophischen Zaubertricks verfolgten offensichtlich alle das Ziel, die Herrschaft des Russischen zu festigen; das Russische als Sprache der Arbeiterklasse, des Sozialismus, des Fortschritts und folglich als Pflichtsprache für die ganze kommunistische Welt.

Die gesamte Literatur zwischen 1946 und 1953, der Periode, die nach dem Leningrader Inquisitor als Ždanov-Ära (ždanovščina) in die Geschichte eingegangen ist, stand im Zeichen der Kampagne gegen den Westen und gegen die USA, den früheren Verbündeten. Simonov unterstützte sie in allen Gattungen: im Drama *Russkij vopros* (Die russische Frage, 1946), im Roman *Dym otečestva* (Der Rauch des Vaterlandes, 1947) und sogar im Lyrikband *Druz'ja i vragi* (Freunde und Feinde, 1948). Auch der Verehrer der westlichen Kultur, Érenburg, trug mit *Der Sturm* und *Die neunte Woge* sein Scherflein bei. Boris Lavrenёv reihte sich ein mit *Golos Ameriki* (Die Stimme Amerikas, 1949). *Ja choču domoj* (Ich will nach Hause, 1949) von Sergej Michalkov war antienglisch, *Jugoslavskaja tragedija* (Die jugoslawische Tragödie, 1951) von Orest Mal'cev war gegen »den Verräter« Tito gerichtet. Die Kehrseite der Medaille war, dass der Sowjetmensch und die Sowjetrealität idealisiert wurden; als Beispiel lassen sich Polevojs *Der wahre Mensch* und Michalkovs *Il'ja Golovin* anführen. Diese Idealisierung sollte später als »lakirovka dejstvitel'nosti« (= Schönfärberei, Ausschmücken der Realität) bezeichnet werden. Ein gutes Beispiel ist der Roman *Kavaler zolotoj zvezdy* (Der Ritter des Goldenen Sterns,

1947/1948) von Semën Babaevskij. Das Buch wurde unter Stalin als Paradebeispiel des erfolgreichen sozialistischen Entwicklungsromans gepriesen. Ebenso primitiv ist der stalinistische Familienroman *Žurbiny* (Die Žurbins, 1952) von Vsevolod Kočetov.

Ein typischer Produktionsroman im Stile des sozialistischen Realismus ist *Daleko ot Moskvy* (Fern von Moskau, 1948) von Vasilij Ažaev. Das Werk war in der Sowjetunion außergewöhnlich populär und wurde verfilmt. Diese Idealisierung bedeutete auch, dass eine Abweichung vom Marxismus-Leninismus-Stalinismus (d.h. von der zu jenem Zeitpunkt gültigen Parteilinie) nicht geduldet wurde. Grossman und Fadeev wurden angegriffen. Schließlich musste die Geschichte der Sowjetunion, und vor allem Stalins Rolle im Zweiten Weltkrieg, in der Revolution und im Bürgerkrieg, umgeschrieben werden. Stalin wurden Tausende von Gedichten in mehreren Dutzend Sprachen gewidmet. Er wurde »die große Koryphäe der Wissenschaften«, »das Genie«, »der weise Lehrer«, »der Steuermann«, »der Vater der Völker« genannt, und Kleinkinder gaben auf die Frage, wen sie am liebsten hätten, Papa oder Mama, regelmäßig zur Antwort: »Stalin«. Von dieser trivialen Verherrlichung und Vergötterung des Führers (voždizm) hat sich die sowjetische Gesellschaft erst in der Glasnost-Periode freimachen können. Das Nachkriegsniveau des sowjetischen Theaters war erbärmlich niedrig. Es wurde mit stinklangweiligen Stücken »ohne Konflikt« überschwemmt, weil der Dramaturg davor zurückschreckte, Konflikte und Spannungen, Missstände oder negative Charaktere auf die Bühne zu bringen. Dies alles hatte zur Folge, dass die russische Literatur in den Jahren 1946 – 1953 ein extrem ödes und monotones Bild abgab. Die damals produzierten Werke haben noch nicht einmal die fünfziger Jahre überlebt. Große Talente schrieben für die Schublade (v jaščik) oder wurden Literaturübersetzer (z.B. Pasternak). Manche tauchten in der Kinderliteratur unter. Erwähnt werden sollte in diesem Zusammenhang der Bühnenautor EVGENIJ ŠVARC (1896 – 1958), der Märchen zu allegorischen Theaterstücken umarbeitete, beispielsweise *Golyj korol'* (Der nackte König, 1934) und das antitotalitäre Stück *Drakon* (Der Drache, 1943/1944). Letzteres kann als Parabel und als didaktisches Theaterstück über das Verhältnis zwischen Diktator und Volk aufgefasst werden. Es konnte erst nach dem Tod Stalins aufgeführt werden.

10. Die Emigration (1917 – 1956)

10.1. Hintergrund

Die Niederlage der Truppen von General Denikin im Frühjahr 1920 stellte das Ende des »Epos der Weißen« dar. Im November 1920 musste auch Vrangel's Armee im Kampf gegen die Bolschewiken den Kürzeren ziehen. Mehrere hunderttausend Russen, bewusste antikommunistische Kämpfer, flohen ins Ausland. Einen Teil verschlug es in slawische Städte (Prag, Sofia, Belgrad, Warschau) oder ins Baltikum (Litauen, Lettland, Estland), einen anderen Teil in den Fernen Osten (Harbin in der Mandschurei, Schanghai), von wo aus viele nach Nord- und Südamerika gingen. Sogar in Belgien lebten in den Zwischenkriegsjahren über 30.000 russische Emigranten. Als Hauptzentren der russischen Emigration jedoch bildeten sich Paris und Berlin heraus. In Paris, das sich zum politischen Zentrum der Emigration (zarubež'e) entwickelte, versammelten sich die meisten der vor 1917 politisch einflussreichen Persönlichkeiten. Zu den zwei wichtigsten Tageszeitungen entwickelten sich *Poslednie Novosti* (Letzte Nachrichten, 1920 – 1940) von Pavel Miljukov und *Vozroždenie* (Wiedergeburt, 1925 – 1940) von Pëtr Struve. In allen genannten Zufluchtsorten schossen Zeitungen wie Pilze aus dem Boden. In den Vereinigten Staaten wurde die älteste Zeitung der Emigration, *Novoe Russkoe Slovo* (Das neue russische Wort, existierte seit 1910) weitergeführt.

Zur literarischen Hauptstadt der Emigration entwickelte sich Berlin, während Prag (mit seinem »Russkij Institut«) dank der Unterstützung der tschechoslowakischen Regierung – dem Schutze des ersten Präsidenten der Republik, Tomaš Masaryk – zur wichtigsten Universitätsstadt der Emigration wurde. Das Leben in der Weimarer Republik war billig, und es gab viele Kontakte zu Sowjetrussland. In Berlin entstand denn auch eine enorm große russische Kolonie. Wie in Petrograd gab es ein Haus der Künste, wo Emigranten und Sowjetschriftsteller sich öffentlich treffen konnten. Gor'kij gründete hier die Zeitschrift *Beseda* (Gespräch), die für die Sowjetunion bestimmt war, aber nicht importiert werden durfte.

Bis etwa 1924 machten russische Schriftsteller kaum einen Unterschied zwischen Sowjetliteratur und Exilliteratur. Die wichtigste biografische und bibliografische Zeitschrift, *Novaja Russkaja Kniga* (Das neue russische Buch, Berlin, 1921 – 1923, Red. Aleksandr Jaščenko) verhielt sich apolitisch und nahm alle russischen Schriftsteller auf, sowohl die aus der Sowjetunion und die der Emigration als auch die Unentschiedenen. Die Emigration brauchte ein paar Jahre, um ihren Standpunkt gegenüber den Ereignissen in der Sowjetunion deutlich zu bestimmen. Die ersten versöhnlichen Töne wurden in dem Sammelband *Smena Vech* (Wechsel der Wegzeichen, Prag 1921) und in der gleichnamigen Wochenzeitschrift (1921/1922) angeschlagen, die von Jurij Ključnikov und Nikolaj Ustrjalov geleitet wurde. Die Losung dieser »reumütigen« Emigranten lautete: »Nach Canossa!« Sie akzeptierten die Sowjetmacht, die in ihren Augen den Weg des Thermidors eingeschlagen hatte, und wollten zurückkehren, in der Hoffnung, den Bolschewismus »zu überwinden« (preodolęt'). Diese Wochenschrift fand einen Nachfolger in *Nakanųne* (Am Vorabend, 1922 – 1924), die eine Brücke zwischen der Emigration und Sowjetrussland darstellte (u.a. für Aleksęj Tolstǫj).

Von Bedeutung war außerdem die Bewegung der »Eurasier« mit ihrem Sammelband *Ischǫd k Vostǫku* (Exodus nach Osten, Sofia 1921). Sie akzeptierten die Revolution als »Urkatastrophe«, riefen aber nicht zu einem Gang nach Canossa auf. Als Stützpfeiler des künftigen Russlands sahen sie die Kirche. Als bekannten Namen aus ihrer Mitte nennen wir den Historiker Geǫrgij Vernądskij.

Die beste Zeitschrift der russischen Emigration war *Sovremęnnye Zapįski* (Zeitgenössische Annalen, 1920 – 1940) des »rechten« Sozialrevolutionärs Mark Višnjąk. Sie setzte die Tradition des »tǫlstyj žurnąl« (dicke Zeitschrift) aus dem 19. Jahrhundert fort, nämlich die des *Sovremęnnik* und der *Otęčestvennye zapįski*. Nicht nur alle Größen der russischen Emigration haben darin veröffentlicht, sondern auch die jüngere Generation, die Generation, die erst im Exil zu schreiben begann (die sogenannte nezamęčennoe pokolęnie, die »unbemerkte Generation«, siehe das gleichnamige Buch von Vladįmir Varšąvskij, New York 1956). Die 70 dicken Bände der Zeitschrift stellen daher eine unschätzbare Informationsquelle zur russischen Kultur in den Jahren zwischen den Weltkriegen dar. Die Kulturzeitschrift *Rųsskaja Mysl'* (Der russische Gedanke, 1921 – 1924) von Pëtr Strųve veröffentlichte viele Memoiren, die hauptsächlich die jüngste Vergangenheit thematisieren. Das Parteiblatt des linken Flügels der Sozialrevolutionäre war die politische und literarische Zeitschrift *Vǫlja Rossįi* (Der Wille Russlands, Prag 1922 – 1932), deren Literaturteil von Mark Slǫnim redigiert wurde. Das Blatt bekundete großes Interesse für die slawischen Länder, verfolgte die Sowjetliteratur aufmerksam und legte gegenüber der (rechten) Emigration öffentlich Verachtung an den Tag. Es unterstützte die »jüngere« Exilliteratur.

Einige Blätter erschienen nur für kurze Zeit, darunter: *Blagonamęrennyj* (Der Wohlgesinnte, 1926, 2 Bände) kam in Brüssel heraus und wurde von Fürst Dmįtrij Šachovskǫj redigiert, einem Studenten der Universität von Leuven, der selbst ein junger Dichter war und später Mönch wurde. In Paris gab der berühmte Kritiker Dmįtrij Svjatopǫlk-Mįrskij *Vërsty* (Wersten, 1926 – 1928, 3 Bände) heraus; das Blatt hob die Einheit der russischen Literatur innerhalb und außerhalb Russlands hervor. Der extravagante Mirskij, Autor der ausgezeichneten *History of Russian Literature*, wurde später Mitglied der britischen Kommunistischen Partei und kehrte 1932 in die Sowjetunion zurück. Er »verschwand« gegen Ende der dreißiger Jahre. Außerdem erschienen verschiedene literarische und künstlerische Blätter der leichteren Art und literarische Almanache mit häufig hervorragenden Beiträgen.

Ihre größte Blüte erlebte die Exilliteratur Ende der zwanziger und Anfang der dreißiger Jahre. Literarische Gruppierungen aller Art bildeten sich in Paris, Prag, Berlin, Warschau, Belgrad, Tallin und sogar im Fernen Osten heraus. Die Merežkovskijs veranstalteten in ihrer Pariser Wohnung unvergleichliche literarische Sonntage »In der grünen Lampe« (Zelënaja Lampa), in der die »sonntäglichen Verschwörer« allerlei Pläne schmiedeten. Nur ein einziges Mal – 1928 – hielt die Emigration einen Schriftstellerkongress ab. Er fand in Belgrad statt und wurde von König Alexander finanziell unterstützt. Der Kongress führte lediglich zur Gründung von *Russkaja Biblioteka* (Die russische Bibliothek), in der vor allem die alte Garde veröffentlichte, und von *Detskaja Biblioteka* (Die Kinderbibliothek), die dazu bestimmt war, die Nöte der sich immer mehr von ihrer russischen Kultur entfremdenden Emigrantenkinder zu lindern. In den dreißiger Jahren war die Zahl der Verlage stark zurückgegangen. In Berlin konnte sich nur »Petropolis« halten, in Paris der Verlag der *Sovremennye Zapiski*, die ab 1932 die einzige solide literarisch-politische Zeitschrift der Emigration war, »YMCA-Press« und »Vozroždenie« (Wiedergeburt). Eine Spur Snobismus legte die aufwendig illustrierte Zeitschrift *Čisla* (Daten, 1930–1934, 10 Bände) an den Tag, die keine politischen Aufsätze annahm und u.a. aus diesem Grund die jüngere Generation anzog. Sie hatte auch Interesse an westlicher Literatur (u.a. Proust und Joyce). Sie veröffentlichte den damals aufsehenerregenden *Roman s kokainom* (Roman mit Kokain) des total unbekannten M. AGEEV (um 1900–1936) über einen Gymnasiasten, der in die Kokainabhängkeit gerät. Die Novelle spielt sich vor einem kaum angedeuteten Hintergrund (Krieg, Antisemitismus, Revolution) ab und konzentriert sich dafür auf die Hauptperson: einen absolut illusionslosen Schuft mit gespaltener Persönlichkeit, der zwischen Gut und Böse hin und her gerissen ist. 1984 wurde dieser Kurzroman im Westen entdeckt, übersetzt und begeistert aufgenommen. Nikita Struve vertrat damals die These, es könne sich um ein Frühwerk Vladimir Nabokovs handeln, was aber von dessen Sohn Dmitrij empört zurückgewiesen wurde.

In den dreißiger Jahren bildeten sich unter dem Einfluss der Ereignisse in der Sowjetunion und in Deutschland neue politische Gruppierungen, in denen die jüngere Generation eine große Rolle spielte. Der Generationskonflikt entlud sich heftig; die Jugend war über die Haltung der Älteren gegenüber dem Bolschewismus enttäuscht und suchte nach neuen Lösungen. Wichtig in diesem Zusammenhang waren: 1) die »Mladorossy« (= Jungrussen), ein Versuch, Kommunismus und Royalismus (ein roter Monarch) zu versöhnen; 2) die »nacmal'čiki« (= Nationalisten) oder »Solidaristen« des späteren NTS (Nacional'no-trudovoj sojuz rossijskich solidaristov, Nationaler Arbeitsbund russischer Solidaristen); 3) die sogenannte postrevolutionäre Strömung und die Zeitschrift *Utverždenija* (Behauptungen, 1931/1932) um ihren geistigen Vater Nikolaj Berdjaev. Die Bewegung hegte Sympathie für den Faschismus und lehnte die formelle Demokratie des Westens ab. Berdjaev gab außerdem die religiös-philosophische Zeitschrift *Put'* (Der Weg,

1925 – 1940) heraus; 4) die Zeitschrift *Novyj Grad* (Die neue Stadt, 1931 – 1939, 14 Bände) mit Fëdor Stepun und Georgij Fedotov. Die Zeitschrift war weder für den Kommunismus noch für den Faschismus, sondern sah in einem »christlichen Sozialismus« das Ideal. Kritiker warfen ihr mangelnden Respekt vor den großen Errungenschaften des westlichen Gesellschaftssystems – Freiheit, Demokratie, Rechtsstaat – vor. Alle hier genannten Gruppierungen fühlten sich, wie viele andere gesellschaftliche und politische Bewegungen im Westen zu jener Zeit, von dem, was sich in Deutschland oder in Italien tat, angezogen.

Am Vorabend des Zweiten Weltkriegs war die russische Emigration in zwei Lager gespalten. Die »Verteidiger« (oboroncy) wollten um jeden Preis ihr Vaterland gegen Deutschland verteidigen, auch wenn dieses Russland kommunistisch war; die »Defätisten« (poražency) sahen im Krieg eine Chance, das bolschewistische Regime zu stürzen. Die erste Strömung führte zur Gründung von »Rückkehrervereinigungen« (Sojuzy vozvraščencev); Sowjetrepräsentanten riefen die in Frankreich und in anderen Ländern lebenden Emigranten dazu auf, in die Sowjetunion zurückzukehren.

Nachdem die russische Exilliteratur ein paar Jahre lang Zeit, zu Atem zu kommen, gehabt und etwa 1924 begriffen hatte, dass der Bruch zwischen russischer und sowjetischer Literatur Wirklichkeit geworden war, nahm sie die Suche nach einer eigenen Identität auf.

Es ist kein Zufall, dass ebenfalls zu dieser Zeit (ca. 1926) eine Diskussion über das Wesen der Exilliteratur in Gang kam. Die Frage war, ob Literatur im Exil überhaupt möglich sei – losgelöst von ihrem Vaterland, ihren Themen und ihrer Sprache. Wer sollte die alte Garde ablösen? Würde die Exilliteratur nicht aussterben, wenn es die alte Garde nicht mehr gäbe? Worüber musste sie schreiben? Gibt es so etwas wie eine spezifische Emigrantenthematik? Andere Diskussionen galten dem Problem der »Väter« und der »Söhne«, der »Hauptstadt« (Paris) und der »Provinz« der Exilliteratur. Manche behaupteten, die Literatur der Emigranten sei eine »kranke« Literatur; es wurde aber darauf hingewiesen, dass es auch innerhalb der Sowjetunion eine Emigration gebe, die sogenannte »innere« (vnutrennjaja èmigracija), und dass diese es unendlich viel schwerer habe als die echte Exilliteratur. Manche setzten ihre Hoffnungen auf diese sogenannten molčal'niki (= Schweiger) – nicht zu Unrecht, wie die Geschichte gezeigt hat: Nach Stalins Tod sind viele ausgezeichnete Werke aufgetaucht. Die Exilschriftsteller wurden außerdem von materiellen Problemen gequält. Nur Schriftsteller, die übersetzt wurden (und natürlich auch der Nobelpreisträger des Jahres 1933, Bunin), konnten von den Früchten ihrer Feder leben. In bestimmten Kreisen im Westen wurden ihre Werke mit Häme aufgenommen, Produkte der Sowjetliteratur hingegen mit großem Interesse erwartet. Bei vielen herrschte die Meinung vor, dass ein russischer Schriftsteller außerhalb Russlands für den westlichen Leser nicht von Bedeutung sei. Dessen ungeachtet konnten auch Exilschriftsteller in großer Zahl publizieren.

Als die Deutschen 1940 Paris besetzten, mussten die wenigen Tageszeitungen und Wochenschriften, die es noch gab, sofort ihr Erscheinen einstellen. Viele Redakteure und Schriftsteller verließen Frankreich, manche von ihnen gingen in die Vereinigten Staaten (u.a. Aldąnov und Nabǫkov). Wieder andere blieben und schlossen sich der Widerstandsbewegung an; manche waren prodeutsch (u.a. Merežkǫvskij und Šmelëv – eine beträchtliche Zahl von Emigranten war bereit, die Bolschewiken zu bekämpfen, »selbst wenn es an der Seite des Teufels persönlich wäre«). Die Deutschen gaben die russischsprachige Zeitung *Parižskij Vęstnik* (Der Pariser Bote) heraus. Gegen Kriegsende erschienen in Paris prosowjetische Zeitungen (*Sovętskij Patriǫt*, Der Sowjetpatriot, und *Rųsskie Nǫvosti*, Russische Nachrichten); dies lässt sich mit den großen Erfolgen der Roten Armee gegen die Deutschen und der Welle des Patriotismus unter den Russen erklären. In den USA gründete Mark Cętlin die Zeitschrift *Nǫvyj Žurnąl* (Neue Zeitschrift, 1942). Sie war antisowjetisch und wurde zur wichtigsten Zeitschrift der russischen Emigration. Als die Sowjetarmee Osteuropa befreite bzw. besetzte, sahen sich viele Emigranten Unterdrückung und Repatriierung ausgesetzt. Das besonders wertvolle »Russische Historische Archiv« in Prag wurde von den Sowjets beschlagnahmt und als Kriegsbeute in die Sowjetunion verschleppt. Während des Zweiten Weltkrieges und unmittelbar nach dessen Ende kamen mehrere Millionen Sowjetbürger freiwillig oder als Zwangsarbeiter im Westen. Sie bildeten die sogenannte Zweite Welle (vtoraja volną) der russischen Emigration. Anfangs wurden sie in Lagern für Displaced Persons untergebracht; von dort fanden sie ihren Weg in den Westen und in die Vereinigten Staaten. Amerika nahm ihre Erfahrungen mit der kommunistischen Welt gern an und nutzte ihre Kenntnisse von Sprache und Land; die Emigranten waren u.a. für Rundfunksender wie »The Voice of America« tätig, der Programme nach Osteuropa ausstrahlte. Der »Čechov-Verlag« in New York brachte eine Menge interessanter Bücher auf den Markt: Memoiren, Belletristik, Anthologien, Essays usw. Die neuen Emigranten wirkten außerdem an der ebenfalls in New York erscheinenden Zeitung *Nǫvoe Rųsskoe Slǫvo* (Das neue russische Wort) mit. Diese Zeitung zog viele Schriftsteller und Kritiker an, strotzte aber vor amerikanisiertem Russisch. Es ist beachtenswert, dass sich unter den neuen Emigranten keine großen Sowjetschriftsteller befanden (der bekannteste war das *Perevąl*-Mitglied Gleb Glįnka). Dafür aber rekrutierten sich aus ihren Reihen neue Schriftsteller, die eine positive Aufnahme fanden, beispielsweise die Dichter Ivąn Elągin und Vladįmir Mąrkov sowie die Prosaisten Sergęj Maksįmov und Leonįd Ržęvskij; bekannte Publizisten und Literaturhistoriker sind Michaįl Korjakǫv, Vladįmir Mąrkov und Borįs Filįppov.

10.2. Die Literatur der Emigration

Innerhalb der Literatur der russischen Emigration unterscheiden wir zwei Generationen. Die alte Garde hatte sich schon vor 1917 einen Namen gemacht und setzte ihre literarische Tätigkeit im Exil fort. Die Galionsfigur dieser Gruppe war der spätere Nobelpreisträger Ivan Bunin. Von ihren Autoren sind bereits vorgestellt worden: Bunin, Kuprin, Remizov, Merežkovskij, Gippius, Bal'mont und Chodasevič. Diese Gruppe wurde von der jüngeren Generation, die erst im Exil zu schreiben begonnen hatte, komplettiert, verdrängt und manchmal angegriffen. Der große Name unter diesen Debütanten war Vladimir Nabokov, der bis 1940 auf Russisch schrieb. Als Aleksej Remizov 1921 Russland verließ, hegte er die Hoffnung, bald zurückkehren zu können, da in seinen Augen »ein russischer Schriftsteller ohne Russland nicht leben kann«. Diese oft gehörte und von den Sowjets gern wiederholte These wird durch das Œuvre, das Remizov selbst in der Emigration verfasst hat, und durch die umfangreiche Geschichte der russischen Exilliteratur widerlegt. Aber auch die westliche Literatur bietet genug Gegenbeispiele: Im Exil verfasste Voltaire *Candide*, Heine *Deutschland. Ein Wintermärchen*, Hugo *Les Misérables*, Mickiewicz *Pan Tadeusz* (Herr Tadeusz). Und in der Periode vor 1917 ist eine ganze Reihe von Werken aus der russischen Literatur außerhalb Russlands entstanden; das bekannteste Beispiel hierfür ist Aleksandr Gercens *Erlebtes und Gedachtes*. Dass die russische Diaspora weniger Talente hervorgebracht hat als die Sowjetliteratur, liegt auf der Hand: Die Emigration umfasste höchstens zwei Millionen Menschen. Ein großes Problem für den russischen Schriftsteller im Exil war das begrenzte Lesepublikum. Das Mutterland war für ihn hermetisch abgeschottet. Bereits entwickelten Talenten hat der Bruch mit dem Vaterland nicht geschadet; Bunin hat gerade im Exil einige seiner besten Werke verfasst (*Mitjas Liebe* und *Das Leben Arsen'evs*).

10.2.1. Die alte Garde

IVAN ŠMELËV (1873 – 1950) genoss bereits vor 1917 wegen seiner gründlichen Kenntnisse des Stadtlebens und der Umgangssprache und wegen seiner Verwendung des *skaz* Bekanntheit. Sehr bekannt war sein *Čelovek iz restorana* (Der Kellner, 1911), eine Milieustudie über einen einfachen Mann, den Kellner Skorochodov, mit einem in der Tradition Dostoevskijs stehenden Interesse an den »Erniedrigten« und »Beleidigten«. 1923 erregte er die Aufmerksamkeit der westlichen Leser mit seinem *Solnce mërtvych* (Die Sonne der Toten) über die Greueltaten der bolschewistischen Revolution, die er auf der Krim miterlebt hatte. 1919 erschien *Neupivaemaja čaša* (Der nie geleerte Kelch), eine erfolgreiche Novelle über einen leibeigenen Ikonenmaler, der sich in seine Herrin verliebt. Nach seinem Tod gehen von der Ikone wundertätige Kräfte aus. Auffällig an dieser mystischen

Erzählung des ehemaligen *Znanie*-Mitglieds ist das Fehlen einer sozialen Thematik. Der Erzählband *Pro odnu staruchu* (Über eine Alte, 1927) erzählt von den Abenteuern einer hamsternden alten Frau während der Revolution. Šmelëv entstammt einer altgläubigen Moskauer Familie, und gerade dieses Milieu der Kaufleute mit seinem von der Orthodoxie getragenen Alltagsleben im vorrevolutionären Moskau hat er im Roman *Leto Gospodne* (Das Jahr des Herrn, 1933) sowie in *Bogomol'e* (Pilgerfahrt, 1935) ausgezeichnet, wenn auch in idealisierter Form, wieder zum Leben erweckt. Darum wurde dieser »počvennik« von vielen als der russischste der Exilschriftsteller betrachtet. Als ein Meister der *skaz*-Technik (Leskovs Einfluss) erweist er sich in *Njanja iz Moskvy* (Die Kinderfrau aus Moskau, 1936) über eine typisch russische alte njanja, die in der Emigration landet.

Neben Šmelëv einer der meistgelesenen Emigranten war BORIS ZAJCEV (1881 – 1972). Zajcev schrieb viel über europäische (Karl V., Raffael, Don Juan) und religiöse Themen (*Aleksij, Božij čelovek*, Aleksij, ein Mann Gottes, 1925; zwei Bücher über Wallfahrten zu den heiligen Stätten). Er übersetzte die *Divina Commedia* ins Russische. Im Roman *Zolotoj uzor* (Das goldene Muster, 1923 – 1925) verwebt er das Maria-Magdalena-Motiv mit dem Schicksal des Adels in der Revolution. Als eine untreu gewordene Frau letztendlich in die Emigration (Italien) geht, wird dieses Arkadien vom Verlust des alten Russlands überschattet. Das impressionistische *Dom v Passi* (Das Haus in Passy, 1935) ist einer der wenigen von einem Vertreter der alten Garde geschriebenen Romane, der den Emigrantenalltag beschreibt. Dieses Haus ist die ganze russische Emigration in Frankreich in einer Nussschale. Es gibt keinen Erzähler und keine Hauptperson, so dass die Erzählperspektive ständig wechselt. In der Tetralogie *Putešestvie Gleba* (Glebs Reise, 1937 – 1953), die die Teile *Zarja* (Dämmerung), *Tišina* (Stille), *Junost'* (Meine Jugend) und *Drevo žizni* (Der Baum des Lebens) umfasst, beschreibt Zajcev seine Jugend vor der Revolution und sein Leben im französischen Exil.

Vom einfachen Lesepublikum der Emigration in den zwanziger und dreißiger Jahren wurde NADEŽDA TĚFFI (1872 – 1952), die Chronistin des russischen Paris, sehr viel gelesen. In *Gorodok* (Das Städtchen, 1927) schrieb sie vernichtend über die Enklave der russischen Emigranten in der französischen Hauptstadt (ein Staat im Staat). In ihrem Sammelband *Vsë o ljubvi* (Alles über die Liebe, 1930) stellt sie einige Sonderlinge, bei denen es mit der Liebe einfach nicht hinhauen will, in den verrücktesten Situationen anschaulich dar. Es ist ein faszinierendes Buch über gescheiterte, durchtriebene, exaltierte oder überdrehte Russen. In ihren Miniaturen beschreibt diese Feuilletonschriftstellerin der russischen Diaspora das ziemlich banale Alltagsleben, die kleinen Tragödien (manchmal auch Freuden), die Nadelstiche des Lebens. Ihre kurzen Erzählungen und Feuilletons, die sie ausschließlich in Zeitungen veröffentlichte, heben sich positiv von dem primitiven und derben Humor des ARKADIJ AVERČENKO (1881 – 1925) ab, der einer der wichtigsten Satiriker des in den letzten Zügen liegenden zaristischen

Russlands gewesen war. Bekanntheit genießt sein Erzählband *Djužina nožej v spinu revoljucii* (Ein Dutzend Messer in den Rücken der Revolution, Paris 1921). Lenin hielt es für ein von Talent zeugendes Buch, dessen Verfasser jedoch sei »ein Weißgardist, der so erzürnt ist, dass er darüber beinahe den Verstand verloren hat«. Einmal in die Emigration verschlagen, begann Averčenko damit, russische Sitten und Gewohnheiten, die er vor der Revolution in seinen satirischen Blättern angeprangert hatte, zu preisen.

MARK ALDANOV (1889 – 1957), den Verfasser historischer Romane, könnte man den russischen Anatole France nennen. An der Geschichte interessierten ihn mehr die Menschen als die Ereignisse. Abenteuer braucht er, um historische Figuren und Szenen aller Art skizzieren zu können. Seine Themen sind die Revolution und die Ironie des Schicksals. Seine historiosophischen Romane *Svjataja Elena, malen'kij ostrov* (St. Helena, eine kleine Insel, 1921), *Devjatoe Termidora* (Der neunte Thermidor, 1923) und das »philosophische Märchen« *Desjataja simfonija* (Die zehnte Symphonie, 1931) sind in hohem Maße psychologisch, enthalten aber auch genügend Plot, um den Leser nach wie vor in ihren Bann zu ziehen. In den Romanen *Ključ* (Der Schlüssel, 1928/1929) und *Begstvo* (Die Flucht, 1930/1931), die die russische Revolution behandeln, sind alle handelnden Personen fiktiv. In *Ul'mskaja noč'* (Die Nacht in Ulm, 1953), einer »Philosophie des Zufalls«, kommentiert der Autor seine eigenen Romane. Aldanovs Auffassung von den historischen Ereignissen, die offenbar von der Erfahrung der russischen Revolution beeinflusst worden ist, sprach den westlichen Leser in hohem Maße an. In einer vergleichenden Studie über die Französische und die russische Revolution (*Deux révolutions*) schrieb er: »La France des lettres, de l'art, de la science n'a pas émigré [1789]. Aujourd'hui c'est tout différent. Toute la culture russe est à présent en Europe.«

Bekanntheit im Westen genoss auch MICHAIL OSORGIN (1878 – 1942), der in seinem Debütroman *Sivcev Vražek* (Die Moskauer Straße Sivcev Vražek, 1926 – 1928) ein ungeschminktes Bild von der russischen Revolution zeichnet. In *Svidetel' istorii* (Zeuge der Geschichte, 1932) lässt er »einen Popen ohne Parochie« als »Zeuge der Geschichte« Russland durchqueren. *Vol'nyj kamenščik* (Der Freimaurer, 1937) spielt sich in der Emigration ab. Ein einfacher Emigrant, der ehemalige Postbeamte Tetëchin, wird Mitglied einer Loge.

Eines der meistgelesenen Bücher der sogenannten »belaja biblioteka« (Die Bibliothek der Weißen) war die Trilogie *Ot Dvuglavogo Orla k krasnomu znameni* (Vom doppelköpfigen Adler zur roten Fahne, 1921/1922) von PËTR KRASNOV (1869 – 1947). Krasnov verfolgte ein ehrgeiziges Ziel: Er wollte ein Panorama des Lebens in Russland von der Regierungszeit Nikolaus' II. bis einschließlich der Revolution entwerfen. Es ist ein literarisch schwaches Zeitdokument geworden.

Ein wenig bekanntes Werk Krasnovs ist die Utopie über das postbolschewistische Russland mit dem Titel *Za čertopolochom. Fantastičeskij roman* (Hinter der Distel. Ein Zukunftsroman, 1920), eine idyllische Vision von dem von den Kommunisten befreiten Russland. In diesem Zukunftsroman lässt Krasnov das alte, zaristische Russland in seiner ganzen Pracht wiederauferstehen.

Krasnov kämpfte im Zweiten Weltkrieg an der Seite der Deutschen gegen die Sowjets, die ihn 1947 zum Tode verurteilten und hängten.

Schließlich ist noch der ehemalige Tolstoj-Anhänger IVAN NAŽIVIN (1874 – 1940) zu nennen, der nach Belgien emigrierte und ein Buch über ein im Westen (noch immer) beliebtes Thema veröffentlichte: *Rasputin* (1923). Dieser Emigrant, der sehr gerne in die Sowjetunion zurückkehren wollte, hat einige Zukunftserzählungen geschrieben, die sich durch ihren Antikommunismus auszeichnen (den Band *Vo mgle grjaduščego*, Im Nebel der Zukunft, 1921). In der povest' *Krugi vremën* (Der Kreis der Zeiten, veröffentlicht im Jahre 1921) wird ganz Europa und Russland von Asiaten überrannt und zerstört. Über die Beringsee sollen die Barbaren selbst bis nach Amerika vorgestoßen sein. In dieser apokalyptischen Erzählung lesen wir, dass »nach dem zweiten großen europäischen Krieg« Nagasaki, von der amerikanischen Flotte bombardiert, in Feuer und Flamme steht.

Von der nicht übersetzten alten Garde ist auf das ehemalige *Znanie*-Mitglied EVGENIJ ČIRIKOV (1864 – 1932) hinzuweisen. In *Zver' iz bezdny* (Das Tier aus dem Abgrund, 1926) beschrieb er künstlerisch schwach den moralischen Verfall der Weißen im Süden Russlands. Die Emigranten betrachteten dieses Buch als Lästerung.

Der Bibliograf Sergej Minclov erzählt in *Za mërtvymi dušami* (Den toten Seelen hinterher, 1921), wie er als Bibliophiler auf der Suche nach seltenen Büchern durch die russische Provinz reiste.

10.2.2. Cvetaeva

Zwischen der älteren und der jüngeren Generation stand MARINA IVANOVNA CVETAEVA (1892 – 1941), die zu den größten Lyrikern der russischen Literatur gezählt wird. Als Gymnasiastin unternahm sie mehrere Reisen nach Italien, Deutschland, Frankreich und in die Schweiz. Französisch und Deutsch beherrschte sie perfekt, und vor allem in der deutschen Literatur (Goethe, die Romantik) kannte sie sich sehr gut aus. Beim Ausbruch der Revolution hatte sie bereits einige Gedichtbände veröffentlicht (*Večernij al'bom*, Abendalbum, 1910; *Volšebnyj fonar'*, Laterna magica, 1912), doch den ersten Höhepunkt ihres Schaffens erreichte sie erst mit dem Band *Remeslo* (Handwerk), den sie 1923 in Berlin veröffentlichte. 1922 hatte sie die Sowjetunion verlassen, um sich in Prag ihrem Ehemann, Sergej Èfron, der während des Bürgerkriegs an der Seite der Weißen gekämpft hatte, anzuschließen. Èfron spielte in ihrem Leben eine verhängnisvolle Rolle. Nach drei Prager Jahren ging sie nach Paris, wo sie 1928 *Posle Rossii* (Nach Russland) veröffentlichte. Die Emigration stand ihr feindlich gegenüber: Viele hielten ihre Poesie für zu manieriert, sie nahmen Anstoß an ihren Lobpreisungen eines Dichters wie Majakovskij; schließlich wurde ihr Mann in dunkle Geschäfte verwickelt, so dass er 1937 in die Sowjetunion fliehen musste. Auch ihre Tochter Ariadna ging zurück. Mit ihren Kräften am Ende und von Einsamkeit, Armut und Heimweh gequält, entschied sich Marina Cvetaeva nach langem Drängen ihres Sohnes 1939 zur Rückkehr. Dass sie dazu bereit war, hatte sie bereits 1932 in *Stichi k synu* (Strophen an den Sohn) explizit in Worte gefasst. Doch Cvetaeva verstand ihre Lage nur allzu gut, als sie schrieb: »Hier [Frankreich] braucht mich niemand, dort [Sowjetunion] bin ich unmöglich.« Kurz nach ihrer Rückkehr wurde ihr Mann hingerichtet, und ihre Tochter verschwand in einem Lager (bis 1956). Alle Dichterkollegen, auch Pasternak, ließen sie im Stich. Eigene Arbeiten zu publizieren war unmöglich; sie musste von Übersetzungen leben. 1941 verübte sie Selbstmord. Erst nach 1956 wurde ihr Œuvre in der Sowjetunion veröffentlicht, nachdem sich Il'ja Èrenburg, Vladimir Orlov (Kritiker) und ihre Schwester Anastasija (siehe ihre *Vospominanija*, Erinnerungen) für sie verwendet hatten.

Ihre Beliebtheit hat Cvetaeva ihrer Exilpoesie zu verdanken. Die Dichterin war eine einsame Größe, gehörte keiner Schule an, war »ganz sie selbst: ohne Zeitgenossen oder Vorläufer« (Struve). Ihre Poesie ist bündig, reich an Bildern und verbindet Umgangs- und Schriftsprache mit altrussischen sowie biblischen Elementen. Außer Persönlichem verarbeitet Marina Cvetaeva Elemente aus der griechischen Mythologie und aus der Welt der russischen Märchen (*Car'-devica*, Die Königsbraut, 1922). Ihre Poesie ist zudem romantisch und national inspiriert. In den politischen Gedichten *Lebedinyj stan* (Das Schwanengehege, geschrieben 1917 – 1921, aber erst 1957 – in München – veröffentlicht) verlieh die innerlich zerrissene Cvetaeva ihrer Bewunderung für die russische Revolution Ausdruck. In ihr sah sie die ausgebrochene russische Urkraft, die Rückkehr in die präpetrinische Ära. Gleichzeitig aber besang sie die Konterrevolution, verfluchte Peter I., der den Beginn des Unheils für Russland eingeläutet habe, und stimmte leidenschaftliche Gebete für den Zaren an. Nach der Euphorie sah sie nur noch Chaos, Elend und Tod. Die Einheit dieser Gedichte liegt in Rhythmus und Form und in dem überwiegend barocken Stil (dem »hohen« = erhabenen Stil eines Deržavin). Ihre Prosa umfasst impressionistische Erinnerungen und Gedanken über Zeitgenossen, u.a. Pasternak und Vološin. Sie ist sehr konkret, elliptisch, enthält viele Wortspiele, wobei sie sich manchmal von Worten treiben lässt. Ihre Prosa ist die Prosa einer Lyrikerin. Nabokov hielt sie für eine »geniale Schriftstellerin« und ihre Prosa für »eine Konzentration unglaublicher Kraft«.

10.2.3. Nabokov

Der große Name unter den jüngeren Emigranten war VLADIMIR NABOKOV (1899 – 1977). Sein Œuvre stellte ohne Zweifel den originellsten Beitrag der russischen Emigration zur russischen Literatur und zur Weltliteratur dar. Eine Zeitgenossin – Nina Berberova – schrieb nach der Lektüre von *Lužins Verteidigung* über Nabokov:

»Ich hatte einen fantastischen, reifen, komplexen, modernen Schriftsteller vor mir, ein gewaltiger russischer Schriftsteller erstand wie Phönix aus dem Feuer und der Asche der Revolution und der Verbannung. Unsere Existenz hatte von diesem Zeitpunkt an einen Sinn. Meiner ganzen Generation war eine Daseinsberechtigung verliehen worden.« Bunin drückte es noch lakonischer aus: »Dieser junge Hüpfer hat eine Pistole genommen und uns alte Männer, mich inbegriffen, mit einem Schuss niedergestreckt ...«

Nabokovs Vater war Abgeordneter der ersten Duma gewesen und im Jahre 1919 ins Ausland emigriert. Bis 1922 studierte Vladimir in Cambridge Zoologie und französische Literatur. Bis 1937 wohnte er in Berlin. Da er mit einer Jüdin verheiratet war, verließ er Deutschland und ließ sich in Frankreich nieder. 1940 konnte er nach Amerika entkommen, wo er russische und europäische Literatur lehrte. 1958 übersiedelte er nach Montreux. Nabokov schrieb nicht nur Gedichte und Prosa, sondern auch eine fesselnde Studie über Gogol' (1944) und eine faszinierende Autobiografie auf Englisch (*Conclusive Evidence*, 1951; russische Ausgabe *Drugie berega*, Andere Ufer, 1954; neue englische Ausgabe *Speak, Memory*, deutscher Titel: Sprich, Erinnerung, sprich, 1966); er übersetzte (in reimlosen Jamben) und kommentierte ausführlich Puškins *Evgenij Onegin* (*Eugen Onegin*, 1964, 4 Bände) und legte außerdem Übersetzungen von Werken Chodasevičs vor, den er für den bedeutendsten russischen Dichter des 20. Jahrhunderts hielt. Seine russische Periode wurde 1940 abgeschlossen, als Nabokov sich als amerikanischen Schriftsteller zu betrachten begann (eine Parallele finden wir in der Person Iosif Brodskijs, der von Nabokov sehr geschätzt wurde). Dieser »König ohne Königreich« (den Worten Zinaida Šachovskajas zufolge) oder solus rex war seinen literarischen Zeitgenossen, auch Pasternak und Solženicyn, gegenüber besonders ungnädig.

Nabokov wurde schon in seiner Kindheit zweisprachig (russisch und englisch) erzogen; daher übersetzte er seine eigenen russischen Werke ins Englische und umgekehrt. Die Titel seiner russischen Romane lauten: *Mašen'ka* (Mašen'ka, 1926), *Korol', dama i valet* (King queen knave, König, Dame, Bube, 1928), *Zaščita Lužina* (The Defense, Lužins Verteidigung, 1930), *Sogljadataj* (The eye, Der Späher, 1930), *Podvig* (The Exploit, Die Mutprobe, 1932), *Kamera obskura* (Laughter in the Dark, Kamera obscura, 1932), *Otčajanie* (Despair, Verzweiflung, 1936), *Priglašenie na kazn'* (Invitation to a Beheading, Einladung zur Enthauptung, 1938), *Dar* (The Gift, Die Gabe, 1937/1938). Die russische Emigration brauchte Jahre, ehe sie Nabokov akzeptierte; als russischer Schriftsteller publizierte er unter dem Pseudonym Sirin (dem Namen des Paradiesvogels in der mittelalterlichen Mythologie). Aber auch die westliche Kritik wachte erst auf, nachdem »Olympia Press« – ein Pariser Verlag, der Werke veröffentlichte, die von der angloamerikanischen Zensur verboten worden waren – *Lolita* herausgegeben hatte.

Auch in westlichen Übersetzungen erregten seine russischen Romane wenig Aufmerksamkeit. Die meisten Emigranten waren sich in einer Beziehung einig: dass

Nabọkovs Werk »unrussisch«, nicht in der russischen Literaturtradition verwurzelt sei. Dies hängt mit Nabọkovs Abneigung gegen jedwedes Anliegen und mit seiner deutlichen Kritik an allgemein anerkannten Größen wie Dostoẹvskij oder Balzac zusammen. Auffällig ist außerdem, dass man bei Nabọkov nicht auf Sympathie für den Menschen oder Interesse an ihm stößt; der Schriftsteller bleibt immer unbewegt, gleichgültig, wenn es um die Darstellung seiner Charaktere geht. Nabọkov selbst räumte eine Ausnahme ein: »Of all my Russian books [nur seiner russischen?], *The Defense* contains and diffuses the greatest ›warmth‹.« Seine Charaktere sind nahezu ohne Ausnahme negativ. Manche seiner Romane spielen in einem russischen Milieu oder haben russische dramatis personae. In dem großartigen Roman *Pnin* beschreibt er einen weltfremden russischen Professor an einem amerikanischen College, in *The Gift* (Die Gabe) einen russischen Dichter im Deutschland der dreißiger Jahre. Diese beiden sind Nabọkovs »russischste« Bücher. In den dreißiger Jahren fasste Zinaịda Gịppius eine damals allgemeingültige Meinung über Nabọkov in Worte: Sịrin sei ein großes Talent, aber »ein Talent, das nichts zu sagen hat«! Ein hartes Urteil einer Literatur, die zu viel mit dem Was und viel zu wenig mit dem Wie beschäftigt war.

Im Vorwort zu *The Eye* (1965) schrieb Nabọkov über seine »Gleichgültigkeit gegenüber dem gesellschaftlichen Leben und den Störungen der Geschichte« und darüber, dass »mich soziale Probleme noch nie interessiert haben«: »Es ist allgemein bekannt [...], dass meine Bücher [...] mit einem vollständigen Mangel an gesellschaftlicher Bedeutung gesegnet sind.« An anderer Stelle schrieb er: »Ich schreibe zum Vergnügen und um Schwierigkeiten zu überwinden. Dabei verfolge ich keine sozialen Ziele, erteile ich keine moralischen Lektionen ... Ich liebe es einfach, Rätsel zu erfinden und ihnen ingeniöse Lösungen an die Seite zu stellen.« Was Nabọkov vor allem interessierte, war die Sprache, das Spiel mit der Sprache; dies erklärt seine Vorliebe für den Sprachvirtuosen Gọgol'.

Nabọkov hat bis zur Perestroika warten müssen, um in der Sowjetunion veröffentlicht zu werden.

10.2.4. Jüngere Prosaiker

Ein großes Talent unter den jüngeren Emigranten, das erst in den achtziger Jahren entdeckt wurde, ist NỊNA BERBẸROVA (1901 – 1993). Ihre Novelle *Lakẹj i dẹvka* (Der Lakei und die Hure, 1949) ist eine in klassischem Sinn knappe Erzählung über eine Emigrantin, die, wie viele andere der zahlreichen erbärmlichen Russen, in der Emigration kein Glück findet und jeden, mit dem das Schicksal es etwas besser meint, wie die Pest hasst. Als ihr schließlich doch ein ganz kleines Glück zuteil wird – in Gestalt eines älteren, langweiligen Mannes, der sie liebt –, beschließt sie, ihn zu ermorden. Es endet aber ganz anders. In *Akkompanjatọrša* (Die Begleiterin, 1949) wird ein hässliches, unansehnliches Geschöpf von Hass auf ihre schöne, charmante, erfolgreiche Wohltäterin erfasst, die sie bei ihren Konzerten auf dem Piano begleitet. Über deren einflussreichen Mann erhalten sie gefälschte Papiere und gehen nach Paris. Da entdeckt die Begleiterin, dass ihre Wohltäterin eine außereheliche Beziehung unterhält, und sie beschließt, deren Mann zu ermorden. Aber ihr Plan misslingt: Der Mann begeht Selbstmord. Berberova hat dermaßen wenig Erbarmen mit den (Mit-)Menschen, dass es einem kalt über den Rücken läuft. Sie schreibt klassische Erzählungen, mit bestechender Präzision und von größter Knappheit.

1921 zeichnete der Nachwuchsschriftsteller ROMAN GUL' (1896 – 1986) in *Ledjanoj pochod* (Der Feldzug im Eis) ein aufrichtiges Bild von den Greueln des Bürgerkriegs. Das Buch, das 1923 auch in Moskau herausgegeben wurde, wurde als »Verrat« empfunden. Seine »defätistische« Haltung gegenüber dem bolschewistischen Umsturz brachte Gul' in seinem ersten belletristischen Werk, der Novelle *V rassejan'i suščie* (In der Diaspora, 1923) über einen Emigranten, der die Unumgänglichkeit der Revolution einsieht, zum Ausdruck. Außerdem schrieb er historische Romane über den Anarchisten Bakunin, literarische Biografien (Dzeržinskij, der erste Chef der Geheimpolizei in der Sowjetunion, Marschall Tuchačevskij) und den autobiografischen Roman *Kon' ryžij* (Das fuchsfarbene Pferd, 1946 – 1948). Gul' hat sich darüber hinaus in seinen dreibändigen Memoiren *Ja unës Rossiju* (Ich trug Russland mit mir fort, 1981 – 1989) mit der Geschichte und den Menschen der russischen Emigration befasst.

In *Portativnoe bessmertie* (Tragbare Unsterblichkeit, 1939) schreibt VASILIJ JANOVSKIJ in einem derben Naturalismus über die unteren Bevölkerungsschichten von Paris, wo auch russische Emigranten unter ärmlichsten Bedingungen ein sorgenvolles Dasein fristen.

Einen Einfluss Prousts (obwohl er ihn erst später kennenlernte) glaubt man bei GAJTO GAZDANOV (1903 – 1971, *Večer u Klér*, Ein Abend mit Claire, 1930) und bei Jurij Fel'zen (Bewusstseinsstrom, innerer Monolog, Aufwühlen der eigenen Seele) zu erkennen.

Sergej Šaršun bezeichnete sich als »magischen Realisten«, was auch von Georgij Peskov gesagt werden kann.

Allgemein lässt sich feststellen, dass bei den meisten Pariser Nachwuchsschriftstellern die Themen Einsamkeit, Verrat und Isolation von der Welt dominieren; der Einfluss Dostoevskijs war groß. Im Kontrast hierzu steht Leonid Zurov, der in Estland, in unmittelbarer Nähe zur russischen Grenze, wohnte und in dessen Werk Russland im Mittelpunkt steht.

Eine Sonderstellung nimmt ALJA RACHMANOVA (1898 – 1991) ein, eine Russin, die 1921 den österreichischen Kriegsgefangenen Arnulf von Hoyer heiratete und 1925 gemeinsam mit ihm die Sowjetunion verlassen musste. In Österreich und später in der Schweiz gehörte sie zu den meistgelesenen Exilschriftstellern. Kein einziges ihrer Bücher ist auf Russisch veröffentlicht worden, ihre Manuskripte wurden von ihrem Mann übersetzt. Am bekanntesten ist ihre autobiografische Trilogie *Studenten, Liebe, Tscheka und Tod* (1931), *Ehen im roten Sturm* (1932) und *Milchfrau im Ottakring* (1933). Ihr Roman *Fabrik des neuen Menschen* (1935) wurde damals als »bester antibolschewistischer Roman der Gegenwart« preisgekrönt. Der Durchschnittsleser der Zwischenkriegsjahre fühlte sich von ihrer reißerischen Darstellung des Lebens während der Revolution und des Bürgerkriegs sowie der Schwierigkeiten eines Neuanfangs in der Fremde und von dem religiösen Grundton, der aus ihrem Werk spricht, stark ergriffen. Außerdem verfasste sie fesselnde Biografien (Tolstoj, Dostoevskij – *Das Leben eines großen Sünders*, 1947 –, Turgenev, Puškin – *Im Schatten des Zarenhofes*, 1957 –, Čechov, Čajkovskij u.a.).

10.2.5. Poesie und Memoiren

Viele Emigranten litten unter Armut, die vor allem für die Dichter des russischen Montparnasse eine echte Geißel war. Eine Konstante in ihren Werken ist die Atmosphäre des Zerfalls. Unter den jüngeren Dichtern der Emigration herrschte außerdem eine Abneigung gegen politische oder soziale Verse vor. Es war *in* – sichtlich unter dem Einfluss Georgij Ivanovs –, das Thema Russland nihilistisch zu behandeln. So schrieb der Dichter Vladimir Smolenskij: »Es ist gut, dass Russland nicht da ist.« In der Emigration wurde mehr Poesie als Prosa verfasst. Die Blütezeit fällt in die zweite Hälfte der zwanziger Jahre und in den Beginn der dreißiger Jahre. Zum einen gab es die prärevolutionären Dichter Bal'mont, Gippius, Cvetaeva und Vjačeslav Ivanov; Chodasevič verstummte als Dichter nahezu ganz (ein einziger Gedichtband, *Evropejskaja noč'*, Europäische Nacht, 1927) und widmete sich der Literaturkritik.

Zur Gruppe der Literaten, die in ihrer Lebensmitte standen, gehörten drei Lyriker, die in der Emigration ihren Akmeismus aufgegeben hatten: Georgij Adamovič (der Mentor der Nachwuchsdichter), Georgij Ivanov und Ocup. GEORGIJ ADAMOVIČ (1892 – 1972, Gedichtband *Odinočestvo i svoboda*, Einsamkeit und Freiheit, 1955) war sehr sparsam mit Worten, was in Kontrast zur Wortflut in seinen Literaturkritiken steht, in die er sich mit der Zeit »zurückzog«.

GEORGIJ IVANOV (1894 – 1958) wurde nach dem Zweiten Weltkrieg häufig als »der beste Dichter der Emigration« bezeichnet. Im Exil predigte er keinen Neoklassizismus, sondern einen (Neo-)Romantizismus, und seine Themen waren Tod, Verdammnis, Hoffnungslosigkeit und Verzweiflung (der schmale Gedichtband *Rozy*, Rosen, 1931). Später wird seine Poesie rein nihilistisch, Poesie, die sich selbst verneint; Gul' nannte sie »existenzialistisch«. NIKOLAJ OCUP (1894 – 1958) schrieb religiös gefärbte Poesie und legte ein für die Emigration ungewöhnliches Interesse an den »großen« Formen (lyrische Versepen) an den Tag. Das *Dnevnik v stichach* (Tagebuch in Versen, 1950) enthält über 12.000 Zeilen mit Tagebuchaufzeichnungen und Betrachtungen aller Art. Der Roman *Beatriče v adu* (Beatrice in der Hölle,

1939) beschreibt das Leben der russischen Bohème in Paris. Er gab die Zeitschrift *Čisla* (Daten, 1930 – 1934) heraus, in der er den Akmeismus und den Pariser Avantgardismus miteinander zu kombinieren versuchte. Religiöse Lyrik verfasste auch Mat' Marija (Mutter Marija). In *Stichi* (Gedichte, 1937) entwickelt sie das Hiob-Thema.

Merkwürdig ist der Werdegang des ehemaligen Mitgliedes der *Serapionsbrüder*, VLADIMIR POZNER (1905 – 1991), der sich nach *Stichi na slučaj* (Gedichte für den Fall, 1928) von der Emigration distanzierte und französischer Journalist wurde. 1932 trat er der Kommunistischen Partei Frankreichs bei, und in der französischen Presse schrieb er prosowjetisch und antiamerikanisch. Neben Romanen, von denen einige in der Sowjetunion ins Russische übersetzt wurden, schrieb er noch *Tolstoï est mort* (1935) und *Souvenirs sur Gorki* (1957).

Die Generation der jüngeren Dichter, die erst im Exil zu schreiben begannen, war in Paris konzentriert. Das soll nicht heißen, dass von einer echten »Pariser Schule« die Rede sein kann, eher von einer allgemeinen Atmosphäre. Es lassen sich drei Fraktionen unterscheiden: Die erste orientierte sich an Chodasevič und dessen Losung: »Schreib gute Gedichte!« Die Gruppe *Perekrëstok* (Kreuzung, 1926 gegründet) forderte strenge Formen. Die zweite stand unter dem Einfluss Adamovičs und seiner Forderung nach »Schlichtheit und Menschlichkeit«. Die dritte Fraktion hegte Interesse an Cvetaevas und Pasternaks Lyrik, also an formalen Experimenten, weswegen ihre Mitglieder zuweilen als »Formisten« bezeichnet wurden. An der Spitze dieser Gruppe (*Kočev'e*, Nomaden) stand Mark Slonim. BORIS POPLAVSKIJ (1903 – 1935) wurde als »der erste und letzte russische Surrealist« bezeichnet. Er stand unter dem Einfluss sowohl von James Joyce als auch der französischen Surrealisten. Eine Überdosis Heroin beendete sein Leben. ANTONIJ LADINSKIJ (1896 – 1961) war vom Untergang Europas und der Kultur überzeugt und beschrieb daher Krisenzeiten in der Geschichte (*Stichi o Evrope*, Gedichte über Europa, 1937). Nach dem Zweiten Weltkrieg kehrte er in die Sowjetunion zurück. DOVID KNUT (1900 – 1955), ein russischer Jude aus Kischinew, verfasste biblische Poesie und kämpfte in der Résistance. Nach dem Zweiten Weltkrieg ließ er sich in Israel nieder und begann in Iwrith zu schreiben. Jurij Mandel'štam kam 1943 in ein deutsches Konzentrationslager (sein sowjetischer Namensvetter Osip war wenige Jahre zuvor in einem stalinistischen Lager umgekommen). JURIJ TERAPIANO (1892 – 1980) brachte in *Stichi o granice* (Gedichte über die Grenze, 193?) seine Hassliebe zum Vaterland zum Ausdruck. Sein Buch *Vstreči* (Begegnungen, 1953) enthält literarische Erinnerungen an das russische Paris in den Zwischenkriegsjahren; es wird durch das postum erschienene *Literaturnaja žizn' russkogo Pariža za polveka* (Das literarische Leben im russischen Paris während eines halben Jahrhunderts, 1987) ergänzt. Nikolaj Turoverov behandelt das Thema von »Urgroßvaters Land« in Gedichten über das Kosakentum und den Bürgerkrieg am Don und auf der Krim. In seinen Gedichten ist keine Spur von Hass zu finden.

Nach Paris war Prag das wichtigste Zentrum der Emigrantenpoesie. Die Prager Gruppe *Skit Poẹtov* (Lyrikerklause), deren führender Kopf Al'frẹd Bem war, war eher mit den Pariser »Formisten« verwandt; außerdem verfolgte sie aufmerksam die Sowjetliteratur, während manche Emigranten sich rundweg weigerten, diese zu lesen.

In Berlin kam das literarische Leben nach der Machtübernahme der Nazis vollkommen zum Erliegen. Gegen Ende der dreißiger Jahre übersiedelten die russischen Schriftsteller nach Paris.

Russische Gedichte erschienen außerdem in Warschau, Belgrad, den baltischen Staaten, Finnland (der Kreis *Sodrụžestvo poẹtov*, Dichtergemeinschaft), Belgien (Zinaịda Šachovskaja verfasste hier typische Pariser Poesie), den USA (wo sich vor dem Zweiten Weltkrieg wenig Dichter aufhielten), und im Fernen Osten. Das größte Talent des Fernen Osten war VALẹRIJ PERELẸŠIN (1913 - 1992), der Dichter der »drei Vaterländer« (Russland, China, Brasilien), wie er sich selbst in dem gleichnamigen Gedicht (*Tri rọdiny*, 1975) nennt. Perelẹšin wohnte in den Zwischenkriegsjahren in Harbin, einer strategisch gelegenen Stadt in der Mandschurei, in der das kulturelle Leben von den russischen Emigranten beherrscht wurde. In seinem wichtigsten Gedichtband, *Poẹma bez predmẹta* (Poem ohne Gegenstand, 1989), der über 8.000 Zeilen lang ist, berichtet er über sein Leben als Russe in China. Perelẹšin war homosexuell und bekannte sich dazu: »Den alten Leutchen widerstreben / Wird meine Chronik sicherlich; / Im Streit schon fast mein ganzes Leben: / Die Nachwuchs Zeugenden – und ich.« Der niederländische Slawist Jan Paul Hinrichs hat diesen verdienstvollen russischen Emigranten der Vergessenheit entrissen und dessen Memoiren veröffentlicht (*Rụsskij poẹt v gostjạch u Kitạja*, Ein russischer Dichter zu Gast in China, 1989).

In den siebziger und achtziger Jahren ist eine ganze Reihe interessanter Zeugnisse aus der Feder von Emigranten erschienen. In *Na beregạch Sẹny* (An den Ufern der Seine, 1983) zeichnet IRịNA ODQEVCEVA (1901 - 1990) ein charmantes Porträt von vielen Dichtern aus der Emigration (sie war mit dem Dichter und Kritiker Geọrgij Ivạnov verheiratet). 1988 kehrte Odọevceva nach Leningrad zurück, wo sie 1990 starb. Im Jahre 1967 hatte sie ihre historisch wertvollen Erinnerungen an das literarische Leben in Petersburg in den Jahren 1918 - 1922 zu Papier gebracht (*Na beregạch Nevy*, An den Ufern der Neva). Lesenswert sind die Erinnerungen Nina Berbẹrovas: In dem umfangreichen *Kursịv moj* (Hervorhebung von mir, 1972) entwirft sie ein nüchternes, häufig kritisches Bild von »der armseligen, dummen, stinkenden, unbedeutenden, unglücklichen, niederträchtigen, heruntergekommenen, erschöpften, hungrigen russischen Emigration [...] in ihrer ganzen Pracht, Armseligkeit und kindlichen Einfalt«.

Aufmerksamkeit verdient außerdem der zweisprachige Emigrant VLADịMIR LINDENBERG (eig. Čelịščev, *1902), der in der Autobiografie *Tri dọma* (Drei Zuhause, geschrieben 1920, veröffentlicht 1985) ein nostalgisches Bild von seiner Jugend am Vorabend und während der großen Katastrophe (1912 - 1918) heraufbeschwört. Er ist sich der Metamorphose bewusst, die sich aus der Entfernung und dem Prisma der fremden Kultur ergibt: »Unser ganzes früheres Leben – das voller Schmerz, Kummer, verzweifelter Schwermut war – verändert sich hier, in der Fremde, plötzlich in ein buntes Märchen.« In mehreren Dutzend auf Deutsch geschriebenen Büchern (u.a. *Marionetten in Gottes Hand*, 1961) verbindet Lindenberg tiefe Religiösität mit Liebe zum alten Russland und den eigenen Vorfahren, dem eindrucksvollen Geschlecht der Čeliščevs.

Obwohl die Sowjets die Existenz der Exilliteratur nicht leugneten (siehe z.B. die *Kratkaja literaturnaja ènciklopedija*, Kleine Literaturenzyklopädie), wurde sie vor der Glasnost nicht erforscht. Lediglich die alte Garde hatte die Möglichkeit, in der Sowjetunion veröffentlicht zu werden, u.a. deswegen, weil es unmöglich war, große Talente (wie einen Bunin) auf Dauer zu negieren. Die anderen Emigranten wurden kaum oder gar nicht veröffentlicht oder neu aufgelegt. Publiziert werden konnten nur die Werke ehemaliger Emigranten, die Zeugnisse gegen den Westen und gegen die Emigration enthielten (beispielsweise Lev Ljubimov, *Na čužbine*, In der Fremde, Moskau 1963), oder Werke, die von Vaterlandsliebe, Heimweh nach Russland u.ä. durchdrungen waren (beispielsweise Cvetaeva). Und selbst in diesen Fällen galten eine strenge Zensur und Auswahl. Werke mit religiösem oder mystischem Unterton, Erinnerungen an russische Schriftsteller, mit denen die Sowjets ihre Probleme hatten, Werke, aus denen Individualismus oder Pessimismus sprach, die (zuviel) Sex zum Thema hatten, surrealistische und absurdistische Werke u.ä., waren in der Sowjetunion alle tabu und durften nicht eingeführt werden (es sei beiläufig erwähnt, dass z.B. ausländische Literatur in russischer Übersetzung auch diesen Beschränkungen unterlag). Dank der Glasnost wurden die russischen Emigranten veröffentlicht und Schritt für Schritt entdeckt. Im Jahre 1990 wurde mit der Herausgabe einer Anthologie der *Literatura russkogo zarubež'ja* (Literatur der russischen Emigration) in sechs Bänden begonnen, die nicht nur für schöngeistige Literatur, sondern auch für Philosophie (Berdjaev, Losskij, Frank) und für Publizistik (Mark Višnjak, Ustrjalov, Kuskova) Platz bietet.

Mit dem Buch *Verbannte Muse. Zehn Essays über russische Lyriker der Emigration* (München 1992) hat der Leidener Slawist Jan Paul Hinrichs eine fesselnde Einführung in die auch hierzulande kaum bekannte und erforschte Literatur der russischen Emigration vorgelegt, die ohne Zweifel ein beispielloses Phänomen in der modernen Literaturgeschichte ist.

Gold wert ist die ausführliche Untersuchung *Die russische Schriftsteller-Emigration im 20. Jahrhundert* (München 1996) von Professor Wolfgang Kasack. Die Literatur der russischen Emigration hat diesem tatkräftigen Slawisten viel zu verdanken. Professor Kasack war während des »Kalten Krieges« beinahe der einzige westliche Slawist von Format, der konsequent die Einheit der russischen Literatur verteidigte, ungeachtet des Ortes ihrer Entstehung – in der »Metropole« (Russland) oder in der »Peripherie« (Emigration).

11. Die Periode 1953 – 1985

11.1. Hintergrund

Stalins Tod am 5. März 1953 läutete eine neue Periode in der Geschichte der Sowjetunion ein.

»Die gesamte fortschrittliche Welt« trauerte (Fadeevs Worten zufolge) um »den größten Humanisten, den die Welt je gekannt hat«, doch diese Trauer hielt nicht lange an. Schon bald sollte sich herausstellen, dass auf höheren Befehl versucht wurde, sich vom Stalinismus zu befreien. Die neue Politik stand bei zwei Kongressen auf der Tagesordnung: beim 2. Schriftstellerkongress vom Dezember 1954 und beim 20. Parteikongress vom Februar 1956. Seit 20 Jahren hatte es keinen Schriftstellerkongress mehr gegeben; während des Kongresses von 1954 machten die Schriftsteller ihrer Unzufriedenheit Luft. Einstimmig wurden die bürokratischen Methoden des Literaturbetriebs verurteilt (»Lasst uns mehr schreiben und weniger Sitzungen abhalten!«). Es wurde behauptet, die moderne Sowjetliteratur sei unaufrichtig und mitleiderregend (Simonov sprach von »Zuckertorten«). Lugovskoj trat für die Rückkehr zu den großen, »ewigen« Dingen anstelle der »Stumpfsinnigkeiten jeder Art« ein. Man wollte außerdem mehr Spielraum bei der Themenwahl. Die Partei versprach, mehr Verständnis für die Schriftsteller aufzubringen, keine Verhaftungen zu veranlassen usw.; der Literat durfte nun auch Konflikte darstellen. Šolochov griff Aleksandr Fadeev, der unter Stalin den Schriftstellerverband im Stile eines Diktators geleitet hatte, frontal an: »Weder als Generalsekretär noch als Schriftsteller hat Fadeev in den letzten 15 Jahren auch nur das Geringste geleistet.« Gerüchte machten die Runde, Fadeev sei es gewesen, der Schriftsteller (u.a. Babel', Kiršon) denunziert habe; er konnte nicht mehr schreiben und war alkoholabhängig. Kurz bevor Stalins Verbrechen der Weltöffentlichkeit bekannt gemacht werden sollten, beging Fadeev Selbstmord (13. Mai 1956). Während des 20. Parteikongresses im Jahre 1956 hielt Chruščëv unter Ausschluss der Öffentlichkeit eine Rede, O kul'te ličnosti i ego poslědstvijach (Über den Personenkult und seine Folgen), und am 30. Juni folgte der Parteierlass O preodolenii kul'ta ličnosti i ego poslědstvij (Über die Überwindung des Personenkultes und seiner Folgen). Auf sehr vorsichtige Weise gab der neue Sowjetführer hier zu, dass infolge von »Exzessen« (welch Euphemismus!) viele unschuldige Bürger das Opfer von Stalins ungerechtem Terror geworden waren. Vitalij Šentalinskij zufolge (siehe Das auferstandene Wort. Verfolgte russische Schriftsteller in ihren letzten Briefen, Gedichten und Aufzeichnungen. Aus den Archiven sowjetischer Geheimdienste, Bergisch-Gladbach 1996; russische Ausgabe Raby svobody v literaturnych archivach KGB, Sklaven der Freiheit in den Literaturarchiven des KGB, Moskau 1995) sind rund 2000 Schriftsteller verhaftet worden, von denen ungefähr 1500 in den Lagern umgekommen sind. Die Folgen dieser Geständnisse für das geistige Leben in der Sowjetunion waren weitreichend: Auf Stalins Befehl ermordete Schriftsteller wie Babel', Charms, Ivan Kataev, Kornilov, Vvedenskij usw. wurden rehabilitiert. Andere, wie Pasternak, Tynjanov, Bulgakov und Oleša, durften wieder erwähnt werden; Pil'njak, Mandel'štam und Gumilëv aber wurden nicht rehabilitiert (dazu sollte es erst 15 Jahre später kommen). Während der Perestroika in der Spätphase der achtziger Jahre sollte man ihre Werke als die »vozvraščënnaja literatura« (die zurückgegebene Literatur) bezeichnen. Verurteilte und noch lebende Schriftsteller wie Naum Koržavin durften aus dem Lager oder der Verbannung zurückkehren. Anna Achmatova notierte am 4. März 1956: »Die Verhafteten kehren zurück, und jetzt sehen sich zwei Russlands in die Augen: das eine, das verhaftet hat, und das andere, das verhaftet worden ist.« Werke jahrzehntelang verschwiegener Schriftsteller wurden (wieder) herausgegeben, u.a. von Achmatova, Bulgakov, Esenin. Der Emigrant Bunin wurde auf einmal als »Klassiker der russischen Literatur« akzeptiert. Nach 25 Jahren wurde Majakovskijs *Das Schwitzbad* aufgeführt. Der »dämonische« Dostoevskij wurde wieder ein Klassiker. Die unvermeidliche Folge war, dass die ganze Geschichte der zeitgenössischen russischen Literatur überarbeitet werden musste (ein Prozess, der zum gegenwärtigen Zeitpunkt noch immer nicht abgeschlossen ist).

Auch westliche Literatur wurde wieder zugelassen. Die Zeitschrift *Inostrannaja literatura* (Ausländische Literatur) veröffentlichte Werke von Hemingway, Steinbeck, G.B. Shaw, Stefan Zweig, Thomas und Heinrich Mann, Saint-Exupéry, Mauriac, Sartre, Moravia, Kafka, Camus, Brecht und selbst von Agatha Christie. Der Sowjetschriftsteller durfte sich der Darstellung des erfahrenen Leides widmen. Die Sowjetliteratur wurde im Ausland bald wieder ernst genommen. Schließlich kamen infolge dieser Freiheit einige neue Themen auf, die zwischen 1953 und 1963 vorherrschen sollten. Erstens wurde das Problem der »Heimkehrer« (vozvraščency) behandelt, der Sowjetbürger, die, bedingt durch die politische Amnestie (ab 1953) aus den Arbeitslagern in das normale Leben zurückkehrten und es schwer hatten, sich dem »freien« Gemeinleben anzupassen. Zweitens wurde Kritik an der gigantischen Bürokratie des Sowjetsystems und der Existenz einer Sowjetaristokratie (»nomenklatura«) geäußert, die die Ideale der Revolution besudelt haben sollte. Auch privat Erlebtes, wie Glück, Liebe, Scheidung u.ä., konnte nun verarbeitet werden. Widerwillig wurde der Puritanismus aufgegeben, und zwar nicht nur auf sexuellem, sondern auch auf politischem Gebiet: Alkoholismus, sexuelle Ausschweifungen und die Existenz von außerehelichen Kindern waren nun als Themen gang und gäbe. Kurz, dem Gefühlsleben, das nahezu 20 Jahre lang vernachlässigt oder stiefmütterlich behandelt worden war, wurde wieder Aufmerksamkeit gewidmet.

Dieser neue Ton war nicht nur in der Literatur, sondern auch in der Publizistik vernehmbar. Bahnbrechend waren die beiden 1953 erschienenen Artikel »O rabote pisatelja« (Über die Arbeit des Schriftstellers) von Il'ja Ėrenburg und »Ob iskrennosti v literature« (Über die Aufrichtigkeit in der Literatur) von VLADIMIR POMERANCEV

(1907 – 1971). Ėrenburg sprach zurückhaltend und nicht hetzerisch über Schriftsteller wie Hemingway, Steinbeck, Faulkner, Mauriac und Pirandello, während Pomerancev von der Literatur nur eines verlangte: Aufrichtigkeit. *Die* literarische Sensation (des Jahres 1954) jedoch war Ėrenburgs Kurzroman *Ottepel'* (Tauwetter). Der Roman lässt sich nur vom Standpunkt des Sowjetlesers anno 1954 als interessant oder sensationell bezeichnen: Nicht die Handlung ist wichtig, sondern der Grundgedanke – die Suche nach Wärme, die Vorfreude auf das Frühjahr, das die Fesseln der Kälte sprengen, gefühlskalte Herzen auftauen und den Menschen neue Impulse verleihen würde. Ėrenburgs Helden wollen sich aus der Stagnation lösen. Da das Sowjetvolk nach der eisigen Nacht des Stalinismus mit solchen Gefühlen und Hoffnungen lebte, wurde der Titel des Romans zur Metapher für die gesamte Periode (»Tauwetter«: 1953 – 1964). Treffend ist auch die Bezeichnung, mit der Veniamin Kaverin diese Periode definierte: die Zeit des »Suchens und Hoffens« (in seinem Roman *Poiski i nadeždy*, Suchen und Hoffnungen, 1956).

Das berühmteste Beispiel für diese »Anklageliteratur« ist der Roman *Ne chlębom edinym* (Der Mensch lebt nicht vom Brot allein, 1956) von VLADIMIR DUDINCEV (*1918). Literarisch ist der Roman schwach, sein Inhalt aber schlug ein wie eine Bombe. Der Autor: »Ich will in diesem Roman die Masken herunterreißen, hinter denen sich das Böse verbirgt. Solange die Vergangenheit nicht ausreichend analysiert ist, wird sie an uns kleben und uns keine Ruhe gönnen.« Der Roman ist eine Anklage gegen »die besten Repräsentanten« der Sowjetgesellschaft, ehrbare Parteimitglieder und solide Bürger, die einer nach dem anderen negativ gezeichnet werden. Der positive Held ist Lopatkin, der Individualist und Einzelgänger. Lopatkin erfindet etwas, doch die Bürokraten wollen nichts davon wissen. Als sich die Militärs dafür zu interessieren beginnen, wird er sofort des Verrats von Staatsgeheimnissen beschuldigt und in ein Lager gesteckt. Er darf nach der Amnestie zurückkehren, aber die Bürokraten kommen ungeschoren davon.

Die zweite literarische Sensation dieser Jahre war der Literaturalmanach *Literaturnaja Moskva* (Das literarische Moskau, 1956, 2 Bände). Der Almanach sah sich heftigen Angriffen ausgesetzt, wahrscheinlich, weil er nicht dem Schriftstellerverband zur Genehmigung vorgelegt worden war. Die Beiträge, die am meisten der Kritik ausgesetzt wurden, waren *Ryčagi* (Die Hebel) von ALEKSANDR JAŠIN (1913 – 1968) und ein Artikel, in dem Ėrenburg für Marina Cvetaeva eintrat. Jašins Kurzgeschichte hatte ein deutliches politisches Anliegen. Sie beschreibt eine Sitzung der »kommunistischen Zelle« eines Kolchos. Die Teilnehmer warten in einem Bauernhaus auf die Dorflehrerin, die sich verspätet hat, und besprechen die (alles andere als rosige) Lage in aller Offenheit. Die örtlichen Parteileute werden schwer unter Beschuss genommen. Doch sobald die Sitzung eröffnet worden ist, werden dieselben Menschen zu Beamten, zu »Hebeln der Partei«, die positive Berichte über das, was sie soeben noch kritisiert haben, verfassen. Nach Sitzungsende werden sie wieder zu »einfachen« Menschen. Die Lektion war deutlich: Jašin stellt das von

Lügen und Unaufrichtigkeiten geprägte System dar, das kennzeichnend für die Kommunistische Partei ist. Diese reagierte wütend. Kurz darauf sollten – bis auf Kaverin – alle, die an dem Almanach mitgewirkt hatten (Paustovskij, Kazakevič u.a.), Selbstkritik üben.

Die große Frage war, ob bessere Literatur entstehen könnte, wenn dieselben (seit 1934 verbindlichen) Grundsätze und Losungen ihre Gültigkeit behalten würden. Die Diskrepanz zwischen Liberalisierung einerseits und Beharrung auf dem sozialistischen Realismus andererseits führte zu Verwirrung, Konflikten und schließlich zum Bruch zwischen den »Vätern« und den »Söhnen«. Die sogenannte Tauwetterperiode zeichnete sich denn auch durch ab und zu zurückkehrenden Frost aus. Bereits Mitte 1956 warnte Chruščev in der Rede *Za tesnuju svjaz' literatury i iskusstva s žizn'ju naroda* (Für einen engen Zusammenhang zwischen der Literatur, der Kunst und dem Leben des Volkes) beispielsweise vor sogenannten revisionistischen Tendenzen. Der Aufstand in Ungarn vom Oktober 1956 hatte eine strengere Kontrolle in der Sowjetunion zur Folge, und die Affäre um Pasternak rechtfertigt die Frage, ob hier noch von einem »Tauwetter« die Rede sein konnte. Sowjetverlage hatten sich geweigert, seinen Roman *Doktor Živago* zu veröffentlichen, so dass Pasternak ihn in Italien herausbrachte. Als ihm kurz darauf der Nobelpreis verliehen wurde, betrieb die Partei eine Verleumdungskampagne gegen den Preisträger, die in ihrer Vulgarität der Ždanov-Ära in nichts nachstand. Pasternak aber hatte einen Präzedenzfall geschaffen: Er hatte sein in der Sowjetunion abgelehntes Werk im Ausland veröffentlicht.

Die nächste Sensation war die Veröffentlichung von ALEKSANDR SOLŽENICYNS *Ein Tag des Ivan Denisovič*, einer in ruhigem Ton erzählten Geschichte über eines der Millionen von Opfern des stalinistischen Terrors. Die Novelle konnte nur mit der persönlichen Zustimmung Chruščevs veröffentlicht werden (1962). Solženicyns Debüt passte gut in die offizielle Entstalinisierungspolitik, die Chruščev während des Parteikongresses von 1961 fortsetzte (»Wir müssen der Partei und dem Volk die Wahrheit mitteilen, damit solche Phänomene nie mehr auftreten«). Außerdem wies die Veröffentlichung von Tvardovskijs antistalinistischer Satire *Tërkin im Jenseits* auf liberalere Zeiten hin.

Vielleicht haben die Kuba-Krise (1962) und der Beginn des chinesisch-sowjetischen Konflikts zu einer rigoroseren Politik geführt. Im Februar 1964 wurde der junge Leningrader Dichter Iosif Brodskij zu fünf Jahren Verbannung verurteilt, auf internationalen Druck durfte er aber 1965 zurückkehren.

Im Oktober 1964 wurde der »Voluntarist« Chruščev selbst gestürzt. Der Führer der Palastrevolution hieß Leonid Brežnev (1964 – 1982). Die nahezu 20 Jahre seiner Regierungszeit standen im Zeichen der Reaktion und der Stagnation und waren ausgesprochen konservativ: kein Modernismus in Literatur und Kunst, keine politische Freiheit für die osteuropäischen Satellitenstaaten (Tschechoslowakei 1968 – die sogenannte Brežnev-Doktrin), hartes und unversöhnliches Vorgehen gegen die Opposition im Inland (Ein Witz aus dieser Zeit stellt die Frage: »Wie heißt die neueste Strömung in der Kunst?« – Antwort: »Neorepressionismus«). Die Person Stạlins wurde vorsichtig rehabilitiert. Im Jahre 1978 erschienen zu allem Unglück die Memoiren des Semialphabeten Brẹžnev in drei Bänden: *Mạlaja zemljạ* (Kleines Land), *Celinạ* (Neuland) und *Vozroždẹnie* (Wiedergeburt), drei fade, verlogene und von Ghostwritern verfasste dünne Werke, die in den Medien über den grünen Klee gelobt wurden. Lediglich der Tod des Parteichefs konnte verhindern, dass er in den Schriftstellerverband aufgenommen wurde.

Der erste Skandal (und sogle:ch der erste Missgriff der neuen Führungsriege) in dieser Periode war 1966 der Prozess gegen Sinjạvskij und Daniẹl', zwei junge Schriftsteller, die im Westen »ar.tisowjetische Werke« veröffentlicht hatten. Es war das erste Mal in der Geschichte der Sowjetunion, dass Schriftsteller wegen ihrer literarischen Werke verurteilt wurden. Mehrere Dutzend Schriftsteller protestierten gegen das barbarische Urteil (sieben bzw. fünf Jahre Arbeitslager), das Ausland reagierte voller Empörung, die beiden Schriftsteller aber mussten ihre Strafe voll verbüßen.

Die Periode 1965 – 1976 zeichnet sich durch den (definitiven) Bruch des Regimes mit jenen Schriftstellern aus, die den Erwartungen der Partei nicht entsprachen. Die zentrale literarisch-politische Persönlichkeit dieser Phase ist Solžẹnicyn. Er ließ seine Romane *Krebsstation* und *Der erste Kreis der Hölle* im Westen erscheinen, weil Sowjetverlage sie ablehnten. Darum wurde er 1969 aus dem Schriftstellerverband ausgeschlossen und, nachdem ihm 1970 der Nobelpreis verliehen worden war, 1974 des Landes verwiesen. Unter Brẹžnev wurde den Erwartungen, die die Liberalen in Bezug auf Erneuerung und größere Freiheiten gehegt hatten, mit harter Hand ein Ende bereitet. Ab diesem Zeitpunkt war die Aufspaltung der Literatur vollzogen: Wer das kommunistische Regime ablehnte, verbreitete sein Werk im sogenannten samizdạt. Samizdạt bedeutet »selbst herausgeben« (sam izdạt') – und das funktionierte auf sehr einfache Weise: Der Autor überließ einem Freund ein Exemplar seines Manuskripts zum Lesen, der las es und tippte es in fünf bis sechs Ausfertigungen (Durchschlägen) ab. Bestenfalls kopierte er das Werk oder fotografierte es ab (alle Kopierer in der Sowjetunion befanden sich in den Händen des Staates und wurden kontrolliert). In kürzester Zeit fand das Werk unter Hunderten von Lesern im ganzen Land Verbreitung. Dies stellte den Beginn der, wie Achmạtova es nannte, »vorgutenbergschen Periode der Sowjetliteratur« dar. Die zweite Phase beim samizdạt war das eigentliche Herausgeben: Ein Exemplar wurde ins Ausland geschmuggelt, wo es von einem Verlag auf den Markt gebracht wurde. Solche russischen Verlage waren »Ymca-Press« in Paris, der »Possev-Verlag« (Posev) in Frankfurt/Main, »Ardis« in Michigan (Amerika) und viele andere in den Niederlanden (»Alexander Herzen Foundation«), Belgien (»Žizn' s Bọgom«, Leben mit Gott), der Schweiz (»L'Age d'Homme«), Lateinamerika usw. Dieser »tamizdạt« (= dort herausgeben) hatte große Vorteile: Der in der

Sowjetunion verbotene Schriftsteller genoss nun Bekanntheit im Ausland, so dass ihn die Sowjetbehörden beispielsweise nicht mehr so einfach verhaften konnten; außerdem wurden tamizdạt-Ausgaben in die Sowjetunion zurückgeschmuggelt, wo ihr zweites Leben begann. Im samizdạt erschienen nicht nur belletristische Werke, sondern auch rein politische und publizistische Arbeiten der Aktivisten der »demokratischen Bewegung«, der illegalen Opposition, die sich seit den sechziger Jahren für die Einhaltung der Sowjetgesetze einsetzte. Diesen sogenannten pravozaščịtniki und den inakomysljaščie (»Andersdenkenden« oder »Dissidenten«) begegnete der Sowjetstaat mit Gefängnis, Lager oder Psychiatrie. Schriftsteller wurden jahrelang schikaniert (telefonische oder schriftliche Drohungen, Entlassungen, Publikationsverbot, Erpressung von Verwandten, Verbannung im Inland), und es wurden Verleumdungskampagnen im In- und Ausland gegen sie initiiert. Ab Mitte der siebziger Jahre wurden immer mehr Dissidenten des Landes verwiesen (Maksịmov, Vojnọvič, Gạlič, Aksënov, Vladịmov u.v.a.). Gemeinsam mit den Hunderttausenden von Juden, die freiwillig die Sowjetunion verließen, bildeten sie die »treṭ'ja volnạ« (dritte Welle) der russischen Emigration. Die gesamte Literatur der Opposition und der Emigration war für den sowjetischen Durchschnittsbürger so gut wie unzugänglich. Für manche russische Kritiker war der Bruch zwischen der Sowjetliteratur und der Dissidentenliteratur so fundamental, dass sie die Frage aufwarfen, ob es nicht zwei russische Literaturen gebe (vgl. Olga Matich [Hrsg.], *The third wave*, und G. Nivat [Hrsg.], *Odnạ ịli dve rụsskich literatụry?*, Eine oder zwei russische Literaturen?).

Kurz vor seiner Flucht in den Westen (1968) richtete Arkạdij Belinkọv einen ungewöhnlich offenherzigen Brief an den Schriftstellerverband: »Schrecklich ist es, um neben Ihnen leben, Ihre Bücher lesen und durch Ihre Straßen gehen zu müssen. Gott sei Dank gibt es nur ein Band zwischen Ihnen und mir, und zwar unsere Mitgliedschaft in der schamlosen Organisation, die sich Schriftstellerverband der UdSSR nennt und die gemeinsam mit Ihren Parteibischöfen, Ihrem Sicherheitsdienst [...] das arme, unglückliche, mitleiderregende, untertänige Volk vergiftet hat. Dieses Band, unser einziger gemeinsamer Berührungspunkt, ruft in mir Abkehr hervor, und ich überlasse es denn auch Ihnen, über Ihre unvergleichlichen Siege, Ihre beispiellosen Erfolge, Ihre nie dagewesenen Ernten, Ihre merkwürdigen Errungenschaften und Ihre erstaunlichen Entscheidungen in Entzücken zu geraten – ohne mich, ohne mich.«

Wie hatte sich die Sowjetliteratur bis zu diesem Zeitpunkt entwickelt? Im Jahre 1970 war die liberale Bastion *Nọvyj mir* gefallen. Bei den Schriftstellerkongressen wurden praktisch keine Spannungen mehr thematisiert (die Teilnehmer wurden ausgewählt, und ihre Reden mussten zuvor genehmigt werden). Es gab eine zweite Rehabilitationswelle: Mandel'štạm, Sologụb (als Dichter), Pil'njạk, Kljụev, Severjạnin, Vjačeslạv Ivạnov, Volọšin und Bulgạkov (*Sojkas Wohnung*) wurden (wieder) herausgegeben, in einer so niedrigen Auflage jedoch, dass sie in der Sowjetunion kaum Wirkung erzielten. Mutatis mutandis kann festgestellt werden, dass die Sowjetschriftsteller, die von literarischer Bedeutung waren, ab den siebziger Jahren apolitisch schrieben (beispielsweise Rasputin, Astaf'ev, Solouchin, Bitov, Belov).

Im Jahre 1979 unternahmen einige Autoren den Versuch einer Aussöhnung: 23 Schriftsteller schlugen dem Schriftstellerverband vor, ihren Almanach *Metropol'* (Die Metropole) ohne Zensureingriffe herauszugeben. Der Band ist nicht sozialkritisch, sondern behandelt lediglich bestimmte Themen (Religion, Sexualität) etwas freier und räumt formalen Experimenten Platz ein (darum ist der Almanach als Vorläufer der in den späten achtziger Jahren aufkommenden »neuen Prosa« zu betrachten). In der Sowjetunion konnte der Band erst 1991 erscheinen. Die Behörden reagierten auf die Gruppe von Literaten, die sich weder als offizielle Schriftsteller noch als Dissidenten betrachteten, sondern sich als »Nonkonformisten« bezeichneten, mit einer Anhäufung von Schikanen.

Typisch für diese Periode (1975 – 1985) war, dass bestimmte Schriftsteller zugleich in der Sowjetunion und im Westen veröffentlichten (die Strugackijs, Bitov, Iskander). Bei den westlichen Publikationen handelte es sich dann um ganz andere Werke oder um die vollständige, unzensierte Ausgabe. Ein interessanter Fall ist der kaum bekannte Jan Satunovskij (1913 – 1982), der in der Sowjetunion Kinderbücher veröffentlichen durfte, nicht aber seine dem Regime zu ironischen Gedichte, die im samizdat zirkulierten (*Rublenaja proza*, Hackprosa, erst 1994 veröffentlicht).

Ein wichtiger Gradmesser war die offizielle Politik bei der Vergabe von Literaturpreisen. Peinlichkeiten wechselten sich mit der Würdigung wirklicher literarischer Talente ab. So erhielt ALEKSANDR ČAKOVSKIJ 1978 den Leninpreis für sein *Blokada* (Die Blockade), in dem der Autor Stalin öffentlich rehabilitiert. 1979 wurde Parteichef Brežnev der Leninpreis für die drei dünnen Bände mit Erinnerungen verliehen, die die Geschichte schlichtweg verfälschen. Vielversprechend waren hingegen die Preise für Belov (1981), Baklanov (1982), Solouchin (1979) und Bykov (Staatspreis Weißrussland 1978). Von allen Seiten richteten sich große Erwartungen an die sogenannte Dorfprosa von Rasputin, Astaf'ev und Belov, die neben der sogenannten Großstadtprosa (über Intellektuelle in der Großstadt) die Sowjetliteratur in der Zeit unmittelbar vor der Glasnost beherrschte. Niemand wollte zum früheren »Produktionsroman« zurückkehren, aber das Problem der entfremdeten und entfremdenden Arbeit wurde nicht thematisiert. Das Hauptgewicht lag auf der Darstellung der Gegenwart (soziale und individuelle Probleme).

Der Themenkomplex Stalinismus war noch immer tabu (wenn auch eine nicht allzu offensichtliche Aufarbeitung bestimmter Aspekte des Führerkultes zulässig war).

Seit 1970 ließ sich ein zunehmendes Interesse an historischen Themen feststellen. Literarische Experimente und echte Satire wurden nicht gefördert, und der Kampf gegen den Modernismus in Literatur und Kunst ging weiter. Kennzeichnend für die poststalinistische Periode waren das erneute Aufblühen der Poesie und die zunehmende Beliebtheit der Kurzgeschichte.

357

In der Geschichte der russischen Literatur erleben wir in den sechziger Jahren die vierte Blütezeit der Poesie (nach der Ära Pụškin und Lẹrmontov, dem Symbolismus und dem ersten Jahrzehnt der Sowjetära) mit den neuen Namen Evtušẹnko, Roždẹstvenskij, Achmadụlina u.a. Für die Kurzgeschichte darf vielleicht ein Vergleich mit dem Beginn der zwanziger Jahre gezogen werden, als die *Serapionsbrüder* ebenfalls nicht genügend Distanz zu der jüngsten Vergangenheit hatten, um sich an die »große« Gattung des Romans zu wagen. Außerdem war der »große« Roman unter Stạlin in Misskredit gebracht worden. Mit Ausnahme von Kriegsromanen (Baklạnov, Sịmonov, Bykov) wurden damals keine niveauvollen Romane geschrieben. Die jüngere Generation (u.a. Jụrij Kazakọv) stürzte sich auf die Novelle. In diese Periode fällt außerdem das wieder auflebende Interesse an Sciencefiction (Ivạn Efrẹmov).

Ein wesentliches Problem, mit dem die Sowjetliteratur zu kämpfen hatte, war die Zensur. Bei der Lektüre sowjetischer Publikationen aus der Zeit vor 1985 muss sich der westliche Leser ständig unterschiedlichster Formen der Zensur bewusst sein, um das Gelesene richtig beurteilen zu können. Jedes Stückchen Papier, das bedruckt wurde – ob es nun um ein umfangreiches wissenschaftliches Werk ging oder um den Text für das Etikett einer Streichholzschachtel –, jede Zeile, die in der Sowjetunion vor Perestroika und Glasnost in Umlauf kam, musste der Zensur vorgelegt werden: Erst wenn die Druckfahnen hundertprozentig mit dem zuvor eingereichten Text übereinstimmten, erteilte der Zensor seine Genehmigung. Jahrelang war der Index des Sowjetzensors ein Buch mit sieben Siegeln, in den siebziger Jahren jedoch lüftete sich der Schleier. Der Zensor verfügte über ein Buch mit dem Titel *Verzeichnis der Informationen, deren Veröffentlichung in der Presse verboten ist*, ein umfangreiches Buch, das im Jargon der Sowjetjournalisten »der Talmud« genannt wurde. Das Verzeichnis verbotener Themen wurde im Laufe des Jahres ergänzt und regelmäßig den Zeitungen und Zeitschriften zugesandt. Was wurde in dieses Verzeichnis alles aufgenommen? Die Liste ist beeindruckend: Militär- und Staatsgeheimnisse (wie in jedem Land); eine große Zahl von Seiten bezog sich auf nicht genehmigte Sachverhalte aus Industrie, Transport, Landwirtschaft, Bau, Verwaltung, Finanzen und Religion – so durften die Zahl der Arbeiter eines Unternehmens, die absoluten Produktionsziffern, der Selbstkostenpreis eines Produkts nicht genannt werden; es war sogar verboten, bestimmte Unternehmen zu erwähnen. Ein besonderes Verbot galt Berichten über biologische Wasserfiltrierung und Radioaktivität auf dem Territorium der UdSSR. Außerdem verboten waren Informationen über Brände, Orkane, Lawinen, Erdbeben und andere Naturkatastrophen (für jeden Einzelfall war die Zustimmung des Zentralkomitees erforderlich); über Luftfahrt-, Seefahrt- und Unterwasserkatastrophen, Zugunglücke in der Sowjetunion (über Unfälle im Ausland durfte geschrieben werden!); Zahlenangaben zu den Gehältern der Nomenklatura (= Elite); Angaben zum Ertrag pro Hektar in der Landwirtschaft; Namen von KGB-Mitarbeitern; Namen von Mitarbeitern des Komitees für kulturelle Beziehungen mit dem Ausland (nur dessen Vorsitzender durfte namentlich erwähnt werden); Vergleiche zwischen dem verfügbaren Einkommen der Sowjetbürger und den Preisen in den Geschäften; Preissteigerungen (nur über Preissenkungen durfte geschrieben werden, Preissteigerungen im kapitalistischen Westen jedoch durften erwähnt werden); Luftaufnahmen von Städten; die exakten geografischen Koordinaten von Städten; statistische Angaben, wenn diese nicht vom Zentralbüro für Statistik stammten; Erhöhung des Lebensstandards in westlichen Ländern (dafür aber in Osteuropa, Nordkorea, Vietnam und einigen Entwicklungsländern); Schließung oder Öffnung von Kirchen, die Anzahl der Gemeindemitglieder oder Vergleiche der Zahl der Gläubigen mit der in vorhergegangenen Perioden; Nahrungsmangel usw. usw. Aber noch viel wichtiger als die Auswahl der Themen war die politische Interpretation (ocęnka) des zusammengestellten Materials. Es gab diesbezüglich keine festen Vorschriften, der Schriftsteller oder Journalist musste einfach über ein stark entwickeltes politisches Fingerspitzengefühl (im Russischen »njuch«) verfügen. So durfte in der Sowjetpresse durchaus über Defizite, Missstände, Fehler, Trunksucht, Vergewaltigungen, Kriminalität, Korruption u.ä. berichtet werden, die goldene Regel des Autors jedoch lautete hier: »Auf keinen Fall verallgemeinern!« (tǫl'ko ne obobščat'!). Dies bedeutete, dass die zitierten Tatsachen als Ausnahmen, Randerscheinungen, als jämmerliche Überreste aus der (kapitalistischen) Vergangenheit beschrieben werden mussten. Und doch veröffentlichte die Sowjetunion Hunderte von Zeitungen und Zeitschriften und gab politische, literarische, philosophische und wissenschaftliche Werke in gigantischen Auflagen heraus, mit deren Produktion nicht Schritt zu halten war. Die Sowjets brüsteten sich damit, dass in ihrem Land so viel gelesen werde, im besonderen schöngeistige Literatur. Mit ein Grund dafür war der Umstand, dass die Sowjetmedien die fundamentalen Probleme, mit denen das Land zu kämpfen hatte, praktisch nicht erwähnten. Darum wurde der ideologische Kampf in der Belletristik geführt. Die Literatursprache ist offensichtlich besser dazu geeignet, Standpunkte verschleiert in Worte zu fassen. Der Leser in der Sowjetunion sah sich so gezwungen, die Literatur zu verfolgen, wenn er in Tuchfühlung mit den wesentlichen Problemen seines Landes bleiben und über sie Bescheid wissen wollte. Aber auch die Literatur selbst war starker Zensur ausgesetzt. Zwischen dem Schriftsteller und dem Leser standen drei Zensoren. Erstens der Verleger, der ein literarisches Werk als Kritiker und zugleich als milder Zensor beurteilte und dem Autor empfahl, das Werk oder bestimmte Passagen (im Licht der zu diesem Zeitpunkt gültigen Parteilinie) umzuschreiben; zweitens der eigentliche Zensor (die sogenannte Glavlịt, die Hauptverwaltung für Literatur), die das Werk akzeptierte oder ablehnte; und letztlich gab es noch den Schriftsteller selbst, der sich beim Schreiben zensierte: Er wusste schließlich, was zu einem bestimmten Zeitpunkt die Zensur passieren konnte und was nicht. Der jugoslawische Schriftsteller Danilo Kiš wies noch im Jahre 1985 auf das Fatale dieser Selbstzensur hin:

»Der innere Zensor ist der vom Schriftsteller selbst eingesetzte Doppelgänger, der ihm über die Schulter blickt und sich in seinen Text einmischt. Es ist unmöglich, diesen Zensor-Doppelgänger zu besiegen. Er ist das Produkt deines eigenen Hirns, deiner eigenen Ängste, deiner eigenen Alpträume. Langfristig gelingt es dem Doppelgänger sogar, den Schriftsteller mit der edelsten Gesinnung, der einem externen Zensor nicht erlegen wäre, zu unterminieren. Der Schriftsteller, der sich weigert zuzugeben, dass es Selbstzensur gibt, erliegt den Lügen und der geistigen Verdrehung. Selbstzensur ist eine gefährliche Manipulation des Geistes und zieht schwerwiegende Folgen für die Literatur und den menschlichen Geist nach sich.«

Ein in jener Zeit häufig angewandtes Verfahren ist das der sogenannten Scheinkritik. In der Sowjetpresse unter Brežnev wurden nach offizieller Auffassung verwerfliche Ideen – von westlichen Literaten, Philosophen, Soziologen, von Dissidenten oder prärevolutionären Schriftstellern – zwar empört zurückgewiesen, zugleich aber ausführlich zitiert. Diese getarnte Kritik war eigentlich die einzige Möglichkeit, um bestimmte Ideen doch noch zu verbreiten. Darum wurde jedes nach Sowjetnormen verwerfliche Buch eines westlichen Autors in russischer Übersetzung mit schöner Regelmäßigkeit mit einem Vorwort versehen, in dem der Sowjetleser vor der verachtenswerten Weltanschauung des jeweiligen Autors gewarnt wurde.

11.2. Poesie

11.2.1. Die »angry young men«

Der beliebteste Dichter der poststalinistischen Generation war EVGENIJ EVTUŠENKO (*1933). Er fasste die Stoßseufzer seiner jungen Zeitgenossen in Worte (er nannte Dichter »die Schöpfer unterschwelliger Veränderungen«): Offenheit, jugendliche Ungeduld, Vitalität, Ehrlichkeit, Reisen, moderne Kunst (u.a. Jazz). Seinen Erfolg hatte er *Stancija Zima* (Bahnstation Zima, 1956) zu verdanken, das als Manifest seiner Generation galt. Evtušenko ist ein empfindsamer lyrischer Dichter, der autobiografisch (Liebeslyrik, Reisen durch die ganze Welt) und zugleich engagiert schreibt. Er kommt immer wieder auf die Berufung und die Verantwortlichkeit des Dichters zurück (symptomatisch ist der Titel eines seiner Gedichtbände: *Poet v Rossii – bol'še čem poet*, Ein Dichter in Russland ist mehr als nur ein Dichter, 1973). In seiner Bekenntnispoesie identifiziert er sich gerne mit dem einfachen, kleinen Mann (häufig wurde ihm vorgeworfen, dass er dies zu auffällig zur Schau trage) und mit Rebellen (beispielsweise in *Monolog Tilja Ulenspigelja*, Till Eulenspiegels Monolog, 1965, über den »Holländer« [sic] Tijl Uilenspiegel). Seine ehrgeizigste Dichtung ist das Poem *Bratskaja GĖS* (Wasserkraftwerk Bratsk, 1965), in dem er ein breites Panorama der russischen Geschichte entwirft. Es steckt voller Halbbildung und Gemeinplätze, und es wird nicht argumentiert, sondern nur behauptet. Seine schwungvollen, reißerischen Vorträge vor vollen Rängen machten ihn in Moskau, Paris, London und New York berühmt. Das Ausland sah in ihm den halbamtlichen poetischen Gesandten des poststalinistischen Russlands. Er wurde zuweilen »der Eisbrecher« genannt und sah sich als Brückenbauer zwischen Ost und West. Viel Kritik musste er wegen der mutigen Gedichte *Babij Jar* (1961) und *Naslędniki Stąlina* (Stalins Erben, 1962) einstecken. Im erstgenannten nimmt er den von den Deutschen in der gleichnamigen Schlucht in der Nähe von Kiew verübten Massenmord an mehreren zehntausend Juden zum Anlass, um über den russischen Antisemitismus herzuziehen (weil dort noch immer kein Denkmal errichtet worden sei). Das zweite Gedicht, das in der *Prąvda* erschien, passte besser in Chruščëvs Politik. Der Dichter fleht die neue Führungsriege an, die Wache vor dem Mausoleum zu verdoppeln, damit Stąlin nicht ausbrechen kann, und er wirft die Frage auf, ob sich die alte Garde an eine Zeit gewöhnen kann, in der die Lager leer und die Poesiesäle voll sind. Evtušęnko verfasste auch den Text zu dem beliebten Sowjetlied *Chotjątlirysskievojny?* (Wollen die Russen den Krieg?). Er tat dies als Bußübung, nachdem er wegen der Veröffentlichung einer Autobiografie (*Frühreife Autobiografie*) im Westen, in der er einige Missstände in der Sowjetunion zur Sprache gebracht hatte, von Chruščëv gerügt worden war. Kurz nach der Kuba-Krise geschrieben, versöhnte dieses Hohelied des Sowjetpazifismus die Partei mit dem jungen Krawallmacher. Evtušęnko ist nicht anspruchsvoll: Er lässt sich von der Inspiration des Augenblicks leiten und schreibt allgemein verständliche Verse. Er selbst betrachtet sich als Neuerer, aber eigentlich hat er keinen wirklich eigenen Stil. Typisch für ihn ist jedoch die kämpferische, herausfordernde Intonation, die zum Deklamieren ideal ist. Das Skandieren, den kraftvollen Rhythmus und die Verwendung der Umgangssprache hat er von Majakovskij gelernt. Er experimentiert mit Reim und Metrum, verwendet aber auch das klassische Metrum. Häufig spielt er zu übertrieben mit Klangeffekten. Sein Wortschatz ist eklektisch: Er flechtet Slangausdrücke, die Sprache der Straße und Fremdwörter ein. Evtušęnko wird mitunter vorgeworfen, dass er das Sprichwort »Mit den Wölfen muss man heulen« nur allzu oft in seiner eigenen turbulenten literarischen Praxis angewandt hat. Ein literarisches Beispiel hierfür ist in seinem Debütroman *Jągodnye mestą* (Beerenreiche Gegenden, 1981) zu finden, den Worten des niederländischen Slawisten und Übersetzers Charles Timmer zufolge »der skurrilste Roman, den ich in den letzten zehn Jahren gelesen habe«. Der Autor stellt hier verschiedene Themen auf interessante Weise zur Diskussion, ist mit seinen Antworten aber wenig überzeugend. Gelungen ist die von Selbstkritik zeugende Passage, in der jemand gefragt wird, was er von Evtušęnko halte; die Antwort lautet: »Diese Phase haben wir auch hinter uns.« Evtušęnko war der erste Schriftsteller, der sich öffentlich und explizit für Gorbačëvs Reformpolitik aussprach, indem er in der *Prąvda* ein Gedicht mit dem Titel *Kabyčegonevyšlisty* (Diewennesnurkeinenärgergibtisten) veröffentlichte, worin er »die Alkoholiker der Feigheit, die Pfuscher der Lüge«, »die Ritter der langen Bank« hart anfuhr. Beim Anti-Gorbačëv-Putsch im August 1991 schloss sich Evtušenko den Demokraten an.

Während Evtušenko bei einem großen Publikum beliebt war, genoss ANDREJ VOZNESENSKIJ (*1933) mit seinen Gedichten, in denen Wissenschaft und Technik viel Platz eingeräumt ist, Beliebtheit bei Intellektuellen und Wissenschaftlern. Kühne Formen in *Mozaika* (Mosaik) und *Parabola* (Parabel), beide aus dem Jahr 1960, machten ihn im In- und Ausland bekannt. In *Treugol'naja gruša* (Die dreieckige Birne, 1962) schreibt er über die Eindrücke, die er während einer Amerikareise gewonnen hat. Das Stück *Antimiry* (Antiwelten, 1964) stand jahrelang auf dem Programm des avantgardistischen Taganka-Theaters (Moskau). *Oza* (1964) zeugt von linguistischer Originalität. Der Mensch wird hier mit der Möglichkeit einer Atomkernexplosion und der Gefahr, ein Roboter, »eine programmierte Bestie«, zu werden, konfrontiert. Voznesenskij ist der Dichter der Großstadt, der Wissenschaft und der Technologie, aber er stellt auch die Frage nach dem Menschen, dessen Zukunft er von einer Atomkatastrophe und von geistigem Verfall (Herrschaft der Maschine) bedroht sieht. Für ihn gibt es keine Kluft zwischen Wissenschaft und Poesie, es sind die Wissenschaftler und die Dichter, die immer auf Erneuerung bedacht sein müssen. Das Thema der Kreativität steht im Mittelpunkt: In *Mastera* (Die Meister, 1959) teilt er die Welt in »Artisten« (die Schöpfenden) und »Barbaren« (die Zerstörenden) ein. Er fordert absolute Freiheit. In *Plač po dvum neroždënnym poėmam* (Wehklage über zwei ungeborene Gedichte, 1965) begräbt er Gedichte bereits vor ihrer Vollendung und verurteilt sich und seine Zeitgenossen, die sich mit dieser Art »Selbstzensur« abfinden. Voznesenskij wurde vorgeworfen, dass seine Poesie zu abstrakt, zu schwierig und zu unterkühlt sei. Häufig wurde er des Formalismus bezichtigt (u.a. seien die von ihm verwendeten Metaphern, in seinen Augen »der Motor der Form«, zu gesucht und würden sich zu weit vom Inhalt entfernen). Er und Majakovskij ähneln sich in mehr als einer Hinsicht; beiden ist u.a. der Wunsch eigen, zu schockieren (Voznesenskij arbeitet Slangausdrücke und Vulgarismen ein, stellt kontrastierende Bilder nebeneinander). Außerdem ist er von den Konstruktivisten der zwanziger Jahre beeinflusst. In *Paraboličeskaja ballada* (Parabolische Ballade, 1960) stellt er Gauguin als Beispiel eines nonkonformistischen Künstlers vor: »Um von Montmartre aus zum Louvre zu gelangen, macht er einen Umweg über Java, Sumatra.« Gemeinsam mit Evtušenko war Voznesenskij das Symbol des Widerstandes gegen die erstarrte Vergangenheit und der künstlerischen Avantgarde. Außerdem waren die beiden die am deutlichsten hervortretenden Exponenten der »nomadischen« Periode der Sowjetliteratur: In ihrem Werk nehmen Auslandsreisen eine zentrale Stellung ein.

Von der jüngeren Garde, die während des »Tauwetters« zu publizieren begann, seien abschließend Roždestvenskij und Achmadulina genannt: ROBERT ROŽDEST-VENSKIJ (1932 – 1994) wurde mit dem Versepos *Rekviem* (Requiem, 1961) zu

Ehren der Gefallenen des Zweiten Weltkrieges berühmt. Er verfasste publizistische, pathetische Lyrik, die sich stark an die des späten Majakọvskij anlehnt. Nach
der Liberalisierung besang er die Ideale des Kommunismus; in ironischen Versen
schrieb er über seine zahlreichen Auslandsreisen.

Apolitisch ist die Lyrik der sehr weiblichen Dichterin BẸLLA ACHMADỤLINA
(*1937), der ersten Frau Evtušẹnkos. Sie schreibt makellose Kammerpoesie über
alltägliche Themen; in ihrer Liebeslyrik überwiegt die Erfahrung enttäuschter
Liebe. In ihren Augen ist Kunst nicht dazu da, um Menschen froh zu stimmen,
sondern um sie leiden zu lassen (eine in der Sowjetunion nicht gerne gehörte
Auffassung). Zu dieser Generation gehören außerdem Rịmma Kazakọva und Jụnna
Mọric.

11.2.2. Die alte Dichtergarde

Nach ACHMẠTOVAS sechstem Gedichtband *Anno Domini MCMXXI* aus dem Jahr
1922 folgte eine offizielle Stille, die erst 1940 mit *Iz šestị knig* (Aus sechs Büchern)
durchbrochen wurde. Im Krieg wurde die Dichterin nach Taschkent evakuiert; dort
verfasste sie Kriegsgedichte, die später unter dem Titel *Vẹter vojnỵ* (Der Wind des
Krieges) zusammengefasst wurden. Als der Krieg für die Sowjets gewonnen und
vorbei war, ließen sie Achmạtova fallen. Gemeinsam mit Zọščenko wurde sie 1946
zur Zielscheibe vulgärer offizieller Kritik (»halb Nonne, halb Dirne«). Erst nach dem
20. Parteikongress wurde ihr wieder ein Platz in der Sowjetliteratur zugeteilt, doch
das religiöse Element ihrer Poesie wurde verschwiegen. 1965, kurz vor ihrem Tod,
durfte sie nach Oxford reisen, wo ihr ein Ehrendoktorat verliehen wurde. Zwischen
1935 und 1940 arbeitete Achmạtova an *Rẹkviem* (Requiem), einem Zyklus aus
zwölf Gedichten um ihren inhaftierten Sohn Lev, der in der Sowjetunion lediglich
auszugsweise veröffentlicht werden konnte. Der Zyklus ist ein literarisches Dokument für die Opfer von Stạlins Terror und ein Ehrbeweis für die Mütter, die (wie
Achmạtova) vor den Gefängnissen Schlange standen, um ihren Söhnen etwas zu
essen zu bringen. Es ist ein beeindruckendes Klagelied über persönliches Leid
(Abschied, zerstörtes Familienleben) und über die Tragödie eines Volkes.
Solžẹnịcyn hat stets betont, dass er erst nach Russland zurückkehren werde, wenn
Achmạtovas *Requiem* dort veröffentlicht worden sei. Achmạtovas Hauptwerk ist
Poẹma bez gerọja (Epos ohne Held), woran sie von 1940 bis 1962 geschrieben hat.
Es thematisiert den Untergang der alten Welt (die bei ihr im Jahre 1913 beginnt)
und die Heimsuchungen der neuen Zeit. In dieser Chronik ihrer Zeit hat die
Dichterin drei Zeitebenen verarbeitet: 1913, 1941 (Beginn des Zweiten Weltkriegs
für die Sowjetunion) und 1946 – 1956 (»die große Stille«). Der Ort der Handlung
ist St. Petersburg versus Leningrad (Evtušẹnko sagte über sie, dass sie von Leningrad
nach St. Petersburg zurückkehre), und ihr »Epos« hat keinen Helden: Der Held ist
höchstens die Zeit, das Zeitalter, in dem Achmạtova es vorzog zu leben (wie die

anderen Akmeisten ist auch sie nicht ins Exil gegangen; 1922 schrieb sie: »Ich steh'
nicht auf der Seite derer, / die Russland opferten dem Feind«, und 1961 schickte
sie die folgenden Verse ihrem *Requiem* als Widmung voraus: »Nein, nicht unter
einem fremden Himmel / Oder unter fremden Flügeln Schutz ich fand. / Ich blieb
auch damals, im Kampfgetümmel, / Dort, wo leider sich mein Volk befand.«). *Epos
ohne Held* wird denn auch zuweilen als »das Epos des Gewissens« bezeichnet. Das
Werk verfügt über so viele Ebenen und enthält so viele Anspielungen auf ihr eigenes
Leben und ihre eigene Zeit sowie auf die westliche Literatur, es ist dermaßen
allegorisch (Achmatova sagte, dass sie ihr »Poem« »mit unsichtbarer Tinte geschrieben« habe), dass es der niederländische Übersetzer Hans Boland »einen der
verblüffendsten Türme in dem gigantischen Bauwerk von zwei Jahrhunderten
russischer Literatur« genannt hat. Diese Dichtung ist ein Produkt der »zweiten«
Achmatova, der epischen Dichterin, die über ihre Zeit, über die Geschichte
schreibt – im Gegensatz zu ihrer früheren intimen Liebeslyrik. In den sechziger
Jahren wurde sie zum Symbol eines reichen, aber vergangenen Zeitalters und zur
Quelle der Inspiration für jüngere Zeitgenossen.

Hinsichtlich seines Einflusses eher isoliert ist der Akmeist OSIP ĖMIL'EVIČ
MANDEL'ŠTAM (1891 – 1938). 1922 heiratete er Nadežda Jakovlevna Chazin, die
1970 und 1972 ihre umfangreichen und beeindruckenden Erinnerungen an den
Dichter und seine Zeitgenossen veröffentlichte (*Vospominanija*, Erinnerungen, und
Vtoraja kniga, Zweites Buch). Das große Interesse an Mandel'štams literarischem
Werk haben wir diesen ausgezeichneten Memoiren zu verdanken, die tiefsinnigsten,
die über jene Zeit geschrieben wurden. Sein Prosadebüt (*Šum vremeni*, Das
Rauschen der Zeit) veröffentlichte er 1925; schon drei Jahre später begann eine
Hetze gegen ihn. 1930 konnte er eine Armenienreise unternehmen und Essays
darüber publizieren. 1934 wurde er zu drei Jahren Verbannung verurteilt, die er
u.a. in Woronesh verbrachte, wo seine Frau und er unter menschenunwürdigen
Bedingungen lebten. Anlass soll ein Epigramm auf Stalin gewesen sein (*My živëm,
pod soboju ne čuja strany*, Wir leben, ohne das Land unter uns zu fühlen). 1937
durfte er nach Moskau zurückkehren, wurde aber im darauffolgenden Jahr erneut
verhaftet. Aus den Gedichten, die Mandel'štam in den Jahren 1935 – 1937 in der
Verbannung in Woronesh geschrieben hat, sprechen die Angst und der Zweifel des
in Ungnade gefallenen Dichters, doch sie zeugen auch von dem Glauben an das
Wort, an den Sieg des Wortes gegen den Terror – oder jedenfalls an das Wort als
die einzige Waffe gegen den Terror. Die hier anklingende Einsamkeit kommt
außerdem in den Briefen, die Mandel'štam in den letzten Lebensjahren an Freunde
und Kollegen richtete, wiederholt zum Ausdruck. Diese Briefe aus den Jahren 1936
– 1938 sind aufrüttelnde, tragische Dokumente eines großen Mannes, der jetzt als
ein großer Dichter gefeiert, verlegt, erforscht und übersetzt wird, der zu Lebzeiten
jedoch von allen im Stich gelassen wurde. An Čukovskij richtete er folgende Zeilen:
»Ich werde wie ein Hund behandelt, wie ein Straßenköter [...] Ich bin ein Schatten.

Ich existiere nicht. Ich habe nur das Recht zu sterben.« Diese Verzweiflungsschreie wechseln sich mit kurzen Liebesbriefen an seine Frau Nadežda ab, die ganz allein Mandel'štams Gesamtwerk für die Nachwelt gerettet hat. Er kam in einem Konzentrationslager ums Leben und wurde erst 1956 rehabilitiert. In der Sowjetunion wurde er nur häppchenweise veröffentlicht. Sein vollständiges Werk (vier Bände) erschien in Amerika. Mandel'štam steht in dem Ruf, ein hermetischer Dichter zu sein. Seine Poesie kennzeichnen kapriziöse Metaphern und unerwartete Assoziationen. Ähnliche Eigentümlichkeiten weist seine Prosa auf. *Egipetskaja marka* (Die ägyptische Briefmarke, 1928), ein Werk, das St. Petersburg gewidmet ist, nimmt als »eines der wenigen surrealistischen Prosawerke in der russischen Literatur« (Tom Eekman) in der Sowjetperiode eine gewisse Sonderstellung ein. Zu seiner weiteren Prosa – *Das Rauschen der Zeit, Feodosija* (Feodosija, 1925) – gehören autobiografische Skizzen, die so wenig Biografisches enthalten, dass sie zuweilen als »eine Symphonie des Zeitalters« bezeichnet wurden. *Četvërtaja proza* (Vierte Prosa), zwischen 1929 und 1931 entstanden, enthält Bruchstücke von Erinnerungen und Betrachtungen. Mandel'štam gilt als einer der größten russischen Dichter des 20. Jahrhunderts.

11.2.3. Die sechziger und siebziger Jahre

Neben und im Gegensatz zu der unübersichtlichen Flut politischer Propagandaverse (über Lenin, über große Ereignisse im In- und Ausland), die meistens nicht mehr sind als in Reime gebrachte Leitartikel aus der *Pravda* und der *Izvestija*, gab es noch eine Poesie, die sich vom politischen Tagesgeschehen fernhielt und allgemeinmenschliche Probleme behandelte. BORIS SLUCKIJ (1919 – 1986) verfasste Kriegslyrik voller Schmerz und traumatischer Erlebnisse. Er schrieb über Einzelschicksale, ohne sentimental, rhetorisch oder pathetisch zu sein (der Gedichtband *Pamjat'*, Gedächtnis, 1957). Ein weiteres Thema Sluckijs war die Aufgabe des Dichters, die seiner Meinung nach eine didaktische sei. In *Izbrannoe* (Ausgewählte Gedichte, 1981), einem Auswahlband mit Gedichten aus den Jahren 1944 – 1977, schrieb er über Alter und Tod. Für ihn ist »ein Dichter kein Telefon-, sondern ein Telegrafenkabel«.

Beliebt bei Kennern ist die philosophische Lyrik von ARSENIJ TARKOVSKIJ (1907 – 1989), dem Vater des weltberühmten Filmregisseurs Andrej Tarkovskij (*Andrej Rublëv, Zerkalo*, Der Spiegel) und dem Übersetzer östlicher Poesie. In einem kompakten und bilderreichen Stil sowie in klassischen Formen schrieb er über die ewigen Themen Liebe, Tod und Kunst. Zu publizieren begann er erst in fortgeschrittenem Alter: *Pered snegom* (Vor dem Schnee, 1962), *Zemle zemnoe* (Irdisches der Erde, 1966), *Vestnik* (Bote, 1969), *Zimnij den'* (Der Wintertag, 1980). Er schrieb außerdem über Poesie und die Rolle des Dichters (den er als Brücke zwischen Vergangenheit und Zukunft betrachtete).

Ebenfalls in der Tradition Tjụtčevs steht die Gedankenlyrik von VADỊM ŠẸFNER (*1915) und EVGẸNIJ VINOKỤROV (1925 – 1993). Vinokụrov war einer der beliebtesten Sowjetdichter der siebziger und achtziger Jahre. Er fing an mit dem Verarbeiten von Kriegserfahrungen (Tod, Einsamkeit) und stellte dann den suchenden, zweifelnden Menschen dar, der hinter den scheinbar einfachen Dingen die Komplexität entdeckt. Er schrieb viel über Alltägliches, und seine Metaphern sind »erdverbunden«. Seine Poesie ist in formaler Hinsicht sehr ausgewogen. Abschließend sind noch OLẸG ČUCHỌNCEV (*1938) und dessen vielversprechendes Debüt *Iz trëch tetrạdej* (Aus drei Heften) aus dem Jahre 1976 sowie *Sluchovọe oknọ* (Das Dachfenster, 1983) zu nennen. Seinen echten Durchbruch hatte er während der Perestroika: *Vẹtrom i pẹplom* (Durch Wind und Asche) und *Stichotvorẹnija* (Gedichte), beide aus dem Jahr 1989. Er hat besonders ein offenes Ohr für das Leid des armen, verfolgten Menschen. Verdienstvoll sind außerdem die apolitischen, intellektuellen Gedichte von Jụrij Levitạnskij (1922 – 1996) und die christlich inspirierte Lyrik von Nikolạj Pạnčenko (*1924).

11.3. Prosa

11.3.1. Die Wahrheit über den Krieg

Erst nachdem Chruščëv auf dem 20. Parteikongress von 1956 die Wahrheit über Stạlins Verbrechen und Misswirtschaft während des Zweiten Weltkriegs ans Licht gebracht hatte, konnte (auch) in der Literatur an ein wahrheitsgetreueres Bild vom jüngsten Krieg gedacht werden.

Die Kriegsliteratur (voẹnnaja prọza) war in der Sowjetunion besonders umfangreich: Seit Kriegsende sind ungefähr 20.000 Bücher zum Thema erschienen, d.h. um die 500 pro Jahr oder 10 pro Woche. Diesbezüglich unterscheidet man in Russland zwischen der sogenannten Schützengrabenwahrheit und der »Leutnantsprosa«, und zwar in Abhängigkeit vom Standpunkt, von dem aus der Krieg und das Elend beschrieben werden. Die bedeutendsten Vertreter sind Nekrạsov, Baklạnov, Bọndarev und Bykov.

Einen Beitrag zur sogenannten Literatur der Schützengrabenwahrheit (okọpnaja prạvda) leistete die pọvest' *Batal'ọny prọsjat ognjạ* (Die Bataillone bitten um Feuer, 1957) von JỤRIJ BỌNDAREV (*1924). Um eine Schlacht zu gewinnen, müssen zwei Bataillone geopfert werden: Wie erleben dies die betroffenen Soldaten? In *Poslẹdnie zạlpy* (Die letzten Salven, 1959) schreibt Bọndarev u.a. über die Angst vor dem Tod. In *Bẹreg* (Das Ufer, 1975) und *Vybor* (Die Wahl, 1980) stellt er Vergangenheit und Gegenwart einander gegenüber. In *Die Wahl* begegnet ein ehemaliger Sowjetsoldat, der inzwischen in Italien wohnt, einem früheren Kameraden von der Front. Der kümmert sich darum, dass er die Sowjetunion besuchen kann; seine

Mutter jedoch weigert sich, dem verlorenen Sohn zu vergeben. Der Mann begeht Selbstmord. Große Bekanntheit genießt Bondarevs Roman *Tišina* (Die Stille, 1962) und dessen Fortsetzung *Dvoe* (Die Zwei, 1964) über das himmelschreiende Unrecht, das Stalin nach dem Krieg über sein Volk brachte, indem er dessen Heldentaten mit grausamem Terror belohnte. Es kommt eine beanstandete nächtliche Szene darin vor, in der ein Mann verhaftet wird. Zentrales Problem bei Bondarev ist der individuelle Soldat, der geopfert werden muss. Darum ist der Krieg für den einfachen Soldaten wahnsinnig und hoffnungslos. Todesangst war ein Problem, das in den stalinistischen Kriegsromanen nicht vorkam. Bondarev konzentriert seine Aufmerksamkeit auf die Wahrnehmungen des Soldaten in den Schützengräben und schränkt die Handlung in Raum und Zeit ein.

Ein anderer Kriegsschriftsteller, der den Gräuel und die Angst des Krieges ebensowenig verschleiert, ist GRIGORIJ BAKLANOV (*1923, Staatspreis 1982). In *Pjad' zemli* (Eine Fußbreit Erde, 1959) zeigt er den Sowjetsoldaten zwischen zwei Feuern: dem fremden Feind und dem eigenen Feind (dem Damoklesschwert des Sowjetgerichts: Äußerungen der Feigheit wurden bestraft). Baklanov schreibt ohne den Versuch einer Idealisierung über extreme Frontsituationen (über Schlachten, die von vornherein verloren sind); dies ermöglichte es ihm, die harte Wahrheit über den Krieg zu Papier zu bringen. Es wurde ihm denn auch übelgenommen, zu »übertrieben naturalistisch« zu schreiben.

Ebenfalls ohne jedes Pathos und mittels auf den ersten Blick unwichtig erscheinender Einzelheiten über den Frontalltag schrieb VIKTOR NEKRASOV (1911 – 1987) *V okopach Stalingrada* (In den Schützengräben von Stalingrad, 1946). Das Blickfeld seiner Helden ist auf das beschränkt, was sich vor ihren Augen abspielt. Wofür sich Nekrasov interessiert, ist nicht das Heroische, das Grandiose, sind auch nicht die strategischen Aspekte der Kriegsgeschehnisse, sondern sind die Tragik des kleinen Mannes und die Art, wie er auf den harten Kriegsalltag reagiert. Obwohl orthodoxe Kritiker Nekrasov einen Mangel an »ideologischem Inhalt« (idejnost') vorwarfen, wurde er für diese Erzählung mit einem Stalinpreis ausgezeichnet. Ebenfalls sehr kritisch über die Sowjetarmee schreibt der Weißrusse VASIL' BYKOV (*1924), der sein Werk selbst ins Russische übersetzt. Er genießt Bekanntheit wegen der schonungslos kritischen Darstellung der Angst, des sozialen Unrechts, des Egoismus und der Feigheit der militärischen Führer, während der »kleine« Soldat mutig ist und sich aufopfert. Für die Erzählung *Obelisk* (Der Obelisk, 1972) erhielt er den Staatspreis. Bykovs Werk wurde von orthodoxen Kritikern mit heftiger Kritik überschüttet.

Sowohl Bykov als auch Baklanov wurden in der Sowjetpresse des »Remarqueismus« bezichtigt (nach Erich Maria Remarque, der 1929 mit *Im Westen nichts Neues* eine schockierende Darstellung demoralisierter Frontsoldaten während des Ersten Weltkrieges vorlegte). Dieser Vorwurf bezog sich auch auf BULAT OKUDŽAVAS Erzählung *Bud' zdorov, školjar!* (Mach's gut, Schuljunge!, 1961), eine als »pazifistisch«

verstandene Erzählung über einen ganz und gar unheldenhaften Schuljungen während seines ersten Gefechts.

Eine gewisse Sonderstellung nimmt das dokumentarische Prosawerk von Oleś' Adamọvič und Daniịl Grạnin, *Blokạdnaja knịga* (Das Blockadebuch, 1977 – 1981), ein, das mehrere hundert Zeugnisse von Menschen enthält, die »das Epos von Leningrad« überlebt und ihre Alltagserfahrungen aus dieser Zeit in Tagebüchern, Briefen und Interviews festgehalten haben. Das Motiv für das Abfassen eines solchen gigantischen Dokuments liegt in der Frage begründet, ob der Mensch das Recht habe, so etwas zu vergessen. Was die Verfasser am meisten getroffen hat, ist die Tatsache, dass die Helden von Leningrad ein außergewöhnliches Beispiel für geistige Kraft, Dankbarkeit und Schönheit gegeben haben, und im besonderen das Phänomen, dass Menschen angesichts des »bezahlten faschistischen Mörders – des Hungers«, an der Grenze zum Animalischen groß und menschlich sein können. Alle Begriffe wurden in Frage gestellt, alle Beziehungen, alles wurde einer schweren Prüfung unterzogen, aber die Menschen haben es zu guter Letzt geschafft – und die Hölle von Leningrad überlebt.

11.3.2. Die Bewältigung der Vergangenheit

Das nach Stạlins Tod veränderte literarische Klima bot Schriftstellern die Möglichkeit, sich an die jüngste und die weit zurückliegende Vergangenheit zu wagen und Urteile zu fällen, die sie zuvor sicher in der »Schublade« verborgen hatten. Vermutlich sind viele literarische Werke von ihren Autoren eigenhändig vernichtet worden. Das große Thema, das auf seine literarische Aufarbeitung wartete, war die Stalinära (von einer ernst zu nehmenden und vielseitigen historischen oder soziologischen Untersuchung des Stalinismus konnte auch während des liberalen Tauwetters keine Rede sein). Nach 1956 wurde nicht allzu öffentliche Kritik vor allem an den sogenannten Auswüchsen des Stalinismus toleriert und sogar ermutigt, doch nach 1965 musste die Stalinkritik in der Untergrundliteratur ihre Zuflucht suchen.

SERGẸJ ZALỴGIN (*1913) behandelt in *Na Irtyşẹ* (Am Irtysch, 1964) die Kollektivierung in einem sibirischen Dorf im Jahre 1931. Er zeigt hier zum erstenmal die Ungerechtigkeit und Unmenschlichkeit dieser Zwangsmaßnahme. Im Roman *Solёnaja Pad'* (Die Salzschlucht, 1967) stellt er öffentlich den Typ des negativen Kommunisten zur Schau. Dem unmenschlichen und fanatischen roten Bürgerkriegskommandanten stellt er einen humanen Bauernführer gegenüber. PẠVEL NỊLIN (1908 – 1981) stellt in *Žestọkost'* (Grausamkeit, 1956) einen jungen Milizionär in den Mittelpunkt der Handlung, der für den spannenden Kampf gegen die Kriminalität in den zwanziger Jahren in Sibirien zuständig ist. Der idealistische Funktionär will die Verhöre menschlicher machen und den Kriminellen eine Chance auf Resozialisierung gewähren, scheitert aber an der Grausamkeit und Bürokratie seiner Kollegen. Er verübt Selbstmord.

BORIS BALTER (1919 – 1973) veröffentlichte in Paustovskijs Almanach *Tarusskie stranicy* (Blätter aus Tarussa, 1963) *Troe iz odnogo goroda* (Die drei aus einer Stadt), besser bekannt unter dem Titel *Do svidanija, mal'čiki!* (Auf Wiedersehen, Jungs!), über Teenager unter Stalin: 1936 sind sie gerade 18, so dass sie die erste echte Sowjetgeneration sind. Drei junge Männer machen nach dem Schulabschluss die ersten Schritte in der stalinistischen Gesellschaft.

Über die absurden und grotesken Folgen der allgemeinen Atmosphäre der Angst und des Misstrauens im Jahre 1937 schreibt JURIJ DOMBROVSKIJ (1909 – 1978) in *Chranitel' drevnostej* (Der Bewahrer von Altertümern, 1964), einer Burleske mit einem bitteren Beigeschmack. Diese Geschichte findet ihre Fortsetzung in *Fakul'tet nenužnych veščej* (Die Fakultät unnützer Dinge, 1978) über den der absoluten, sinnlosen Willkür ausgelieferten Menschen während der Stalinperiode. Mit »unnützen Dingen« meint der Autor Recht und Gesetz, die zu jener Zeit zwar in dem Potemkin'schen Dorf der Stalin-Verfassung (1936) festgeschrieben waren, im wirklichen Leben aber nicht beachtet wurden.

Wertvoll ist auch die Abrechnung mit der stalinistischen Vergangenheit im Werk des Kirgisen ČINGIZ AJTMATOV (*1928), der zweisprachig aufgewachsen ist und in beiden Sprachen – Kirgisisch und Russisch – schreibt. In seinem gesamten Werk nimmt Kirgisien eine zentrale Stellung ein (Sprache und Kultur seines Heimatlandes hat ihm seine Großmutter erschlossen: Ajtmatovs Vater verschwand 1937). Vor dem asiatischen Hintergrund steht der Mensch, der vom Schicksal auf die Probe gestellt wird, im Mittelpunkt. Dies ist der Fall in *Proščaj, Gul'sary* (Ade, Gul'sary, 1966), das von Sowjetkritikern einstimmig als bestes Prosawerk des Jahres bezeichnet und mit dem Staatspreis ausgezeichnet wurde. Der alte Hirte Tanabaj hält für sein im Sterben liegendes Pferd Gul'sary die Totenwache. In Rückblicken werden Erinnerungen an sein schweres Leben aufgefrischt: Sein hartes Schicksal ist nicht wie in vielen anderen Werken Ajtmatovs auf den Kontrast zwischen der kirgisischen Tradition und der modernen Zivilisation zurückzuführen (siehe *Džamilja*, Džamilija, 1958; *Pervyj učitel'*, Der erste Lehrer, 1962), sondern ist die Folge politischer Willkür. Das Leben von Tanabaj und Gul'sary verläuft parallel: Beide sind hartes Arbeiten gewöhnt und haben schon vieles hinnehmen müssen. Jetzt, da er Abschied von seinem treuen Gesellen nimmt, zieht Tanabaj die Bilanz aus seiner Vergangenheit und seinen Irrtümern. Die Lösung ist im Sinne des sozialistischen Realismus optimistisch (Happy-End): Die Partei berichtigt ihre Fehler, Tanabaj fängt ein neues Leben an. Das Motiv des alten Mannes und des Pferdes ruft unwillkürlich Assoziationen mit Hemingways *The old man and the sea* hervor.

Während der Perestroika erschien Ajtmatovs umfangreicher Roman *Placha* (Der Richtplatz, 1986), der neben Rasputins *Der Brand* und Astaf'evs *Der traurige Detektiv* zu den akzeptablen kritischen Werken der frühen Glasnost gehörte. Der Roman behandelt die Themen Drogensucht, Umweltverschmutzung und religiöse Erweckung in der Sowjetunion.

Über das intellektuelle Klima in den letzten Jahren von Stalins Regierungsperiode schreibt JURIJ TRIFONOV (1925 – 1981) in *Studenty* (Studenten, Stalinpreis 1950) und *Dom na naberežnoj* (Das Haus an der Uferstraße, 1976). Die viel zu lange povest' *Studenty* ist ein gutes Beispiel für die »konfliktlose« Literatur der Nachkriegszeit. Der positive Held verrät einen Jugendfreund, indem er ihn bei einer Komsomolsitzung öffentlich kritisiert. Der »entlarvte« Held will erst flüchten, kehrt dann aber, bekehrt und bereit, sein Leben zu bessern, zum »Kollektiv« zurück. Trifonov hat sich später für dieses Werk geschämt. Die wenig überzeugende Novelle nimmt die Thematik von *Das Haus an der Uferstraße* vorweg. In diesem Werk behandelt er mitreißend und psychologisch tiefgreifend das Alltagsleben eines Sowjetgelehrten, der es in den siebziger Jahren zu einem ansehnlichen Posten gebracht hat – und das auf drei Zeitebenen: die Kindheit (dreißiger Jahre), die Jugend (vierziger Jahre) und die Jahre, in denen seine Wünsche scheinbar in Erfüllung gehen, Jahre des Scheiterns, aber auch des Reifens. Faszinierende Figuren erscheinen auf der Bühne. Trifonov entwirft ein vielseitiges Bild des sanften Karrieristen Glebov, der aus Angst und Egoismus sich nicht getraut, seinen Doktorvater, Professor Gančuk, der außerdem der Vater seiner Verlobten ist, gegen unbegründete politische Beschuldigungen (die Ždanov-Periode) zu verteidigen. Es ist die Geschichte einer, mehrerer Generationen, ihrer Kämpfe und Kompromisse, ihrer Illusionen und ihres Zynismus, ihrer Reinheit und ihres Umgangs. Es ist auch ein Roman über die Dualität zwischen Glebov und dem Glücksvogel Šulepa, die die Jahrzehnte hindurch grandios offengelegt wird. Es ist ein reicher und fesselnder Roman über Russland in einer der wahnsinnigsten Perioden seiner Geschichte. Das Haus an der Uferstraße (entlang der Moskwa) wird zur Bühne und zum Mittelpunkt einer Tragödie, zum Symbol eines Zeitalters.

Erst während der Glasnost konnte Trifonovs Roman *Isčeznovenie* (Das Verschwinden, 1987) erscheinen, eine Untersuchung der Psychologie der Angst, die das sowjetische Gemeinleben unter Stalin in ihrem Griff hatte. Die Handlung wechselt zwischen 1937 und 1942 hin und her: Im Jahre 1937 ist der Vater des jungen Helden noch ein hohes Tier, im Jahre 1942 ist er bereits in Ungnade gefallen. Vielleicht wollte Trifonov mit diesem Buch seine Eltern ehren, die Stalins Säuberungen zum Opfer fielen. In Trifonovs letztem Roman, *Vremja i mesto* (Zeit und Ort, 1981) steht der Schriftsteller Saša Antipov im Mittelpunkt: Der ziemlich komplexe Roman umspannt eine Periode von 40 Jahren und enthält viele autobiografische Elemente. Der Autor ist besessen von der Zeit: Gegenüber Einsamkeit, Krankheit, Leiden und Tod ist der Mensch machtlos. Philosophische Fragen werden auch in *Oprokinutyj dom* (Das umgestürzte Haus, 1981), in dem sechs Erzählungen über Auslandsreisen zusammengefasst sind, aufgeworfen.

Das Problem des »Heimkehrers« (vozvraščenec, vgl. die Behandlung dieses Phänomens in der deutschen Literatur nach dem Zweiten Weltkrieg, beispielsweise Wolfgang Borcherts *Draußen vor der Tür*) wird von VIKTOR NEKRASOV thematisiert. In *V rodnom gorode* (In der Heimatstadt, 1954) kehrt ein junger Offizier von der Front zurück und findet seine Frau bei einem anderen Mann. Nekrasovs Erzählung mit ihren lyrischen Passagen und melancholischen Klängen, mit ihrer realistischen Darstellung der sowjetischen Durchschnittsmenschen und deren alltäglicher Probleme hob sich krass von den Heldenepen ab, die noch vor kurzem maßgeschnitten verfasst wurden. Das Problem der »lost generation« wird in der povest' *Kira Georgievna* aus dem Jahre 1961 auf fesselnde Weise entwickelt. Auch hier passt der Heimkehrer nicht mehr in das Schema des normalen Lebens, er lebt mit (und von) den Erinnerungen an das Lager, in dem er 20 Jahre lang »wegen nichts« gesessen hat. Er ist dort gereift und hat neue Einsichten gewonnen, ist aber nicht »verbittert« (ein Augenzwinkern in Richtung Behörden?). Doch die sorglose und alles vergessende bürgerliche Gesellschaft, zu der seine frühere Geliebte Kira Georgievna gehört, braucht den Krawallmacher nicht. Was die gefeierte Künstlerin Kira Georgievna schon gar nicht brauchen kann, ist seine Kritik an ihrer sozrealistischen Kunst, die er euphemistisch »kommerziellen Realismus« nennt.

Über die zaristische Vergangenheit schreibt BULAT OKUDŽAVA in *Bednyj Avrosimov* (Der arme Avrosimov, 1970). Der Autor fügt in diesen Roman über die Dekabristen allegorische Anspielungen auf die Gegenwart ein. Deutliche Aktualitätsbezüge enthält *Mersi, ili pochoždenija Šipova* (Merci oder Die Abenteuer Šipovs, 1971) über einen Polizisten, der den Schriftsteller Tolstoj observieren muss. Der unterhaltsame Roman *Putešestvie diletantov* (Die Reise der Dilettanten, 1976 – 1978) spielt im letzten, ruhmlosen Jahrzehnt von Zar Nikolaus I.: Ein Fürst entführt seine Geliebte, um sich den rigiden gesellschaftlichen Umgangsformen seiner Zeit zu entziehen; der erzürnte Zar aber beauftragt die Dritte Abteilung mit der Verfolgung: Eine solche romantische Lebensweise war ein Verstoß gegen das allmächtige System.

Großen Wirbel löste VALENTIN PIKUL'S (1928 – 1990) Roman *U poslednej čerty* (An der letzten Linie, 1979), der ein enormer Erfolg wurde, aus. Dieser Roman wurde in der Zeitschrift *Naš sovremennik* (Unser Zeitgenosse) veröffentlicht und trug ursprünglich den Titel *Der böse Geist*, der vom Redakteur abgelehnt wurde. Es ist ein umfangreiches Werk über den Zerfall der Autokratie in Russland geworden. Im Zentrum der Geschichte steht Grigorij Rasputin, der berühmte geistliche Vater von Nikolaus II., in dem Pikul' die Hauptursache für den Fall der Zarenkrone sieht. Der Roman trägt deutlich antijüdische Züge, was bei einer Zeitschrift, die aus ihrer nationalistischen und chauvinistischen Ausrichtung kein Geheimnis machte, nicht zu verwundern braucht. Pikul' wurde in der *Pravda* vorgeworfen, in den Schlafzimmergeheimnissen der Zarenfamilie zu wühlen und bizarren Anekdoten sowie oberflächlichen Abenteuern den Vorzug vor einer ernsthaften Untersuchung der vaterländischen Geschichte zu geben. Die Handlung des umfangreichen Romans *Favorit* (Der Günstling, 1984) ist im Russland Katharinas der Großen und deren beeindruckenden Günstlings Potëmkin angesiedelt. Pikul's

Auffassung von der russischen Geschichte ist stark gefärbt, häufig schlichtweg zweifelhaft, zeugt aber von einem großen Erzähltalent. Er gehört mit seinen sehr populären historischen Romanen zu den Kassenschlagern der russischen Trivialliteratur.

Eines der verständlicherweise unerschöpflichen Themen bei der Suche nach der Wahrheit über die jüngste historische Vergangenheit ist das der Revolution und des Bürgerkriegs, wobei das Lenin-Thema eine besondere Stellung einnimmt. In der Sowjetunion erschienen unzählige Arbeiten von zumeist geringer künstlerischer Bedeutung, die das propagandistische Ziel verfolgten, zu zeigen, dass die Revolution eine historische Notwendigkeit gewesen sei und dass die dabei angewandten Mittel die richtigen gewesen seien. Eine Ausnahme von dieser Regel stellt Jurij Trifonovs vorletzter Roman, *Starik* (Der Alte, 1978), dar, der wegen seiner ehrlichen Behandlung des Bürgerkriegs ziemlich viel Staub aufgewirbelt hat und von manchen höher bewertet wird als *Das Haus an der Uferstraße*. In diesen beiden Romanen spielt der Autor mit verschiedenen Zeitebenen; in *Der Alte* sind es das Jahr 1973 und die Periode des Bürgerkriegs am Don. Der »alte Mann«, der Titelheld, hat gerade einen Brief von einer Frau empfangen, die er vor über 50 Jahren geliebt hat. Der Brief beschwört Erinnerungen und Reflexionen herauf. Im Bürgerkrieg hat der Alte den roten Kosakengeneral Migulin, dem Verrat am Kommunismus vorgeworfen wurde, nicht gerettet. Hatte er überhaupt das moralische Recht, dies zu unterlassen? Trifonov stellt Fragen, die wunde Stellen berühren, statt simplifizierende Antworten zu geben. Die höchste Richtschnur ist das Gewissen des Menschen und nicht die politische Konjunktur.

In dem im Auftrag der Serie »Plamennye revoljucionery« (Feurige Revolutionäre) geschriebenen historischen Roman *Neterpenie* (Ungeduld, 1973) über die populistische Organisation »Narodnaja volja« (Der Wille des Volkes) aus dem 19. Jahrhundert stellt Trifonov sich die Frage, was Menschen wie Vera Figner und Andrej Željabov dazu bewegt hat, Terror gegen Individuen zu verüben. In deutlicher Anlehnung an Dostoevskij und dessen Roman *Die Dämonen* betrachtet er die ganze Nečaev-Affäre als Warnung für das 20. Jahrhundert.

1979 veröffentlichte ANATOLIJ RYBAKOV (*1911) den Roman *Tjažëlyj pesok* (Schwerer Sand) über die Geschichte einer jüdischen Familie in Russlands Südwesten zwischen dem Ersten Weltkrieg und 1943. Die Hauptperson ist der Sohn eines reichen emigrierten Juden, der sich nach dem Ausbruch der Revolution dazu entscheidet, in Russland zu bleiben. Der jüdischen Schuhmacherfamilie gelingt es, den tagtäglichen Terror des Stalinismus zu überleben; dann aber bricht der Zweite Weltkrieg aus: Russlands Südwesten wird von den Deutschen überrannt, und einige Jahre ist die Hölle los. Das Kriegsdrama vollzieht sich auch in der jüdischen Familie: Einige kollaborieren, andere gehen in den Widerstand. Rybakovs Familienchronik ist ein gut erzählter, chronologisch aufgebauter altmodischer Roman. Das jüdische Milieu aus der Zeit vor der Revolution wird fesselnd gezeichnet, ohne allzu viele ethnografische oder volkstümliche Einzelheiten und auch nicht im Stile Isaac B. Singers. Für den Sowjetleser anno 1979 war das Besondere an dem Roman die jüdische Thematik: Nirgendwo sonst wurde so viel vom Schicksal der Juden in der Sowjetunion erzählt.

1987 sorgte Rybak̦ov mit dem Roman *D̦eti Arbạta* (Die Kinder vom Arbat), der im Westen ein Bestseller wurde, für *die* Sensation der Glasnost-Periode. Der Roman beschreibt ausführlich die jüngere Generation zu Beginn der dreißiger Jahre. Ihre Vertreter haben eines gemeinsam: Sie leben alle im Arbat (in dem Gebiet um eine der Hauptstraßen Moskaus herum), und sie sind alle ergebene, manchmal fanatische Idealisten, die blindlings an Sțalin und den Kommunismus glauben. Nahezu kritiklos ertragen sie die Entbehrungen und die Disziplin des ersten und des zweiten Fünfjahresplans. Die zentrale Person ist Șaša Pankr̦atov, ein braver Student, der der unerträglichen Atmosphäre der Angst, des Terrors, des Misstrauens und der Unterdrückung der Sowjetbevölkerung in den dreißiger Jahren zum Opfer fällt. Das Fesselnde an dem Roman sind die zahlreichen historiosophischen Abschweifungen über die Sowjetregierung, über Sțalin und andere führende Persönlichkeiten, die in dem Buch eine aktive Rolle spielen. Es ist ein breit angelegtes Werk über die Revolution, die ihre Kinder frisst, dem jedoch der Atem fehlt, um zu einem Epos zu werden, und das in einem Übermaß an Anekdotik und manchmal recht gut gelungenen Momentaufnahmen steckenbleibt.

11.3.3. Memoiren

Nach 1956 versuchten viele führende Sowjetschriftsteller, ihre totgeschwiegenen oder zu Tode gequälten Zeitgenossen zu rehabilitieren. Das berühmteste Beispiel waren IL'J̦A ĖRENB̦URGS Memoiren *Lj̦udi, god̦y, žizn'* (Menschen, Jahre, Leben, 1960 – 1965), die für den in Unkenntnis gelassenen Sowjetbürger eine Sensation waren. Erinnerungen an Persönlichkeiten des literarischen Lebens der ersten zwei Jahrzehnte des Jahrhunderts fasst V̦IKTOR ŠKL̦OVSKIJ in *Ž̦ili-byli* (Es waren einmal, 1962) zusammen, u.a. auch an Opoj̦az und die *Serapionsbrüder*. KORN̦EJ ČUK̦OVSKIJ (1882 – 1969) zeichnet sympathische Porträts von vielgeschmähten Schriftstellern wie Z̦ošč̦enko und Achm̦atova, verschweigt jedoch diskret, dass sie verfolgt wurden. Halb fiktiv sind die Memoiren von Valențin Kațaev mit dem Titel *Trav̦a zabv̦en'ja* (Kraut des Vergessens, 1967) über seinen Lehrmeister B̦unin und über Majak̦ovskij sowie *Alm̦aznyj moj ven̦ec* (Meine Diamantkrone, 1978) über seine literarischen Zeitgenossen aus den zwanziger Jahren. MICHA̦IL SLON̦IMSKIJ (1897 – 1972) schreibt in *Kn̦iga vospomin̦anij* (Buch der Erinnerungen, 1966) vor allem über das berühmte »Haus der Künste« in Petrograd in den Jahren 1921 – 1922. Und in *Na rub̦ež̦e dvuch ėp̦och. Literațurnye vstr̦eči 1917 – 1920 god̦ov* (An der Wende zweier Epochen. Literarische Begegnungen in den Jahren 1917 – 1920, 1959) schreibt KORN̦ELIJ ZEL̦INSKIJ über die ersten Jahre der Sowjetliteratur.

Stark autobiografisch ist auch *Sentimental'nyj roman* (Sentimentaler Roman, 1958), die polemische Darstellung der zwanziger Jahre, ohne ideologischen Ballast und äußerst ironisch, von VERA PANOVA (1905 – 1973).

Neben Ėrenburg ist in der Sowjetliteratur ohne Zweifel KONSTANTIN PAU-STOVSKIJ (1892 – 1968) der wichtigste Verfasser von Memoiren. Bereits in den dreißiger Jahren erwarb er sich mit seinem Abenteuerroman *Kara-Bugaz* (Kara Bugaz, 1932) über den sozialistischen Aufbau Anerkennung. Nach 1934 speziali-sierte er sich auf (flüchtete er sich in?) Naturbeschreibungen und Künstlerporträts (u.a. Levitan und sein romantischer Kollege Grin). Nach dem Zweiten Weltkrieg nahm er die Arbeit an seinem Hauptwerk, dem autobiografischen *Povest' o žizni* (Erzählung vom Leben), auf, das sechs Bände umfasst und zwischen 1945 und 1963 herausgegeben wurde: *Dalëkie gody* (Ferne Jahre), *Bespokojnaja junost'* (Unruhige Jugend), *Načalo nevedomogo veka* (Beginn eines unbekannten Zeitalters), *Vremja bol'šich oždanij* (Die Zeit der großen Erwartungen), *Brosok na jug* (Sprung nach dem Süden) und *Kniga skitanij* (Buch der Wanderungen). In kurzen Novellen, die häufig nichts miteinander zu tun haben, erzählt Paustovskij über die Jahre vor, während und unmittelbar nach der Revolution. In vielen seiner Abenteuer sind der Süden Russlands, die Schwarzmeerhäfen, die Krim und der orientalische Kaukasus, dessen exotisches Flair er plastisch wiedergibt, der romantische Hintergrund. Die Menschen, die er gut gekannt hat, beschreibt er in geistreichen Anekdoten, an denen sich mancher Leser köstlich ergötzen wird (u.a. die Schriftsteller der »südlichen Schule« – Babel', Il'f, Bagrickij, Kataev – und Bulgakov, Majakovskij, Gor'kij). Anfang der zwanziger Jahre schrieb Paustovskij, dass er sich mit »meiner Zeit, mit dem Schicksal meines Landes, mit den Freuden, die meinem Volk so spärlich zuteil wurden, und mit dem Leiden, mit dem es so unverdientermaßen großzügig überhäuft wurde«, unverbrüchlich verbunden fühle. 1993 wurde be-kannt, dass sich die Sowjets 1965 der Verleihung des Nobelpreises an Paustovskij widersetzt haben.

Der Wert dieser Autobiografie liegt weniger in den neuen Informationen, die der Autor vermittelt, als vielmehr in der erfrischenden Sicht der Dinge und der Menschen, deren positive Seiten er sieht. Obwohl Paustovskijs Ansehen in der Sowjetunion auf seinem Streben nach Aufrichtigkeit in der Literatur beruhte, fällt seine Autobiografie dadurch auf, dass er viele heikle Aspekte seiner Zeitgenossen verschweigt; er selbst sagte diesbezüglich, dass er die guten Eigenschaften der Menschen aufzeige und dass es nicht an ihm sei, zu urteilen. In dem Buch *Zolotaja roza* (Die goldene Rose, 1955) schreibt er über seine eigenen Erkenntnisse und Erfahrungen beim Schreiben und über die Entstehungsgeschichte seiner eigenen Werke. In vielen seiner Erzählungen wird die Liebe zur russischen Natur und Sprache und zum einfachen Menschen lyrisch in Worte gefasst.

11.3.4. Die Wahrheit über die Gegenwart: vita sovietica und allgemein menschliche Probleme

Die zentrale Persönlichkeit in der Literatur, die Probleme der Gegenwart behandelt, ist JURIJ TRIFONOV, der als Autor von »Großstadtprosa« (gorodskaja proza, als Gegensatz zur »Dorfprosa« = derevenskaja proza) im Ruf stand, ein ehrlicher und unvoreingenommer Schriftsteller zu sein. Die meisten seiner Romane und Novellen handeln von Moskauer Intellektuellen, die in ihren »kleinbürgerlichen« Leidenschaften gefangen sind. Trifonov schreibt über streitsüchtige Ehepaare, über Eltern und Kinder, die sich Wortwechsel liefern, über gescheiterte Existenzen (neudačniki), die jede Hoffnung verloren haben – außer der auf »ein anderes Leben« (*Drugaja žizn'*, Das andere Leben, 1976). In *Obmen* (Der Tausch, 1969) wird das typische Sowjetproblem des Schacherns mit Wohnungen angesprochen, und in *Predvaritel'nye itogi* (Zwischenbilanz, 1970) denkt ein Übersetzer darüber nach, wie es zu der Entfremdung zwischen ihm einerseits und seiner Frau und seinem Sohn andererseits gekommen ist. Diese Kurzromane haben Trifonov populär gemacht. Sein Ansehen hat er mit den Romanen *Der Alte* und *Das Haus an der Uferstraße* noch weiter gefestigt.

Eine Persönlichkeit, die charakteristisch für die Sowjetliteratur nach 1953 ist und die in mehreren Werken mit der stalinistischen Vergangenheit abrechnet, ist VLADIMIR TENDRJAKOV (1923 – 1984). Im umfangreichen Schaffen dieses engagierten Schriftstellers stehen Gesellschaftskritik und ethische Probleme im Mittelpunkt. Er beschreibt detailliert und tiefschürfend die psychologischen Aspekte ethischer Probleme (Schuld, die zum Erreichen des Ziels eingesetzten Mittel, moralische Pflicht bzw. soziale Verpflichtung). Tendrjakov rehabilitiert den in der stalinistischen Literatur vernachlässigten Menschen, den er meistens in Konfliktsituationen darstellt. Den künstlich aufgebauschten Konflikten von einst stellt er gescheiterte Ehen (*Zatmenie*, Mondfinsternis, 1979), Zusammenstöße im Künstlermilieu (*Svidanie s Nefertiti*, Begegnung mit Nofretete, 1964) und eiserne Bürokraten (in *Uchaby*, Gruben, 1956, muss ein Mann sterben, weil ein Bürokrat ihm medizinische Hilfe verweigert) gegenüber. In der stark symbolischen Erzählung *Korotkoe zamykanie* (Kurzschluss, 1962) fällt am Sylvesterabend in einer Stadt die Elektrizität aus; schnelles Handeln ist erforderlich, doch niemand traut sich, die Verantwortung zu übernehmen. Der Direktor greift ein, aber es gibt einen Toten. Wer trägt die Schuld? Dieses Problem wird auch in *Trojka, semerka, tuz* (Drei, Sieben, As, 1960) angeschnitten, in dem ein Fall legaler Selbstverteidigung zentral steht. Die Erzählung wurde von den Orthodoxen heftig kritisiert. Häufig finden Tendrjakovs Helden einen Ausweg im Religiösen (*Črezvyčajnoe*, Ein außergewöhnlicher Vorfall, 1961; *Apostol'skaja komandirovka*, Dienstliche Abordnung als Apostel, 1969). Tendrjakov hält ein Plädoyer für Toleranz und offenherzige Diskussionen; er ist der Meinung, statt den Jugendlichen maßgerechte Klischees vorzusetzen, sollte man sie selbständigem, kritischem Denken erziehen. Er behauptet, dass materieller Wohlstand nicht das höchste Gut und dass das eigene Gewissen die höchste Richtschnur sei (*Sud*, Das Gericht, 1961). Tendrjakǫv ist ein altmodischer Traditionalist. Er ist zu oft viel zu explizit bei der Ausformulierung seines Anliegens. Er lehnt optimistische Lösungen (das obligate Happy-End im sozrealistischen Roman) ab und stellt die angesprochene Problematik vielseitig dar.

Zu den beliebtesten Schriftstellerinnen in den vierziger und fünfziger Jahren gehörte VERA PANǪVA (1905 – 1973), die 1953 eines der in den darauffolgenden Jahren meistkritisierten Werke der Sowjetliteratur verfasste: *Vremena goda* (Jahreszeiten). Die sich in nur einem Kalenderjahr abspielende Chronik zweier Familien zeigt ein ungeschminktes Bild vom Leben der kommunistischen High Society (nomenklatura) zu Beginn der fünfziger Jahre. Panǫva beschreibt offen, aber ohne zu urteilen, die Korruption dieses Milieus (der Protagonist ist dermaßen in dunkle Geschäfte verstrickt, dass er Selbstmord begehen muss, um den Konsequenzen seines Fehlverhaltens zu entgehen). Der Roman widerlegt außerdem implizit die »Milieutheorie«: Der Sohn der vorbildlichen Parteifunktionärin wird zum Verbrecher. Neben dem Familienkonflikt (der »verlorene Sohn«) wird auch der soziale Konflikt (der Traum von Geld und Prestige) angesprochen. Bezaubernd ist außerdem Panǫvas Erzählung *Serëža* (Serëža, 1955) über einen kleinen Jungen, der sich selbst sowie die Menschen und die Welt um sich herum entdeckt.

Der prominenteste unter den modernen russischen Nationalisten war der Dichter und Prosaiker VLADIMIR SOLOǪCHIN (1924–1997). Er erregte mit *Vladimirskie prosëlki* (Pfade bei Vladimir, 1957) und mit dem autobiografischen Roman *Mat'-mačecha* (Mutter-Stiefmutter, bedeutet außerdem Huflattich, 1964) Aufmerksamkeit. Der Roman beschreibt einen Bauernburschen, der in den letzten Stalinjahren zum Studium nach Moskau geht und in dieser komplizierten Welt lernen muss, dass Russland nicht nur »Mütterchen«, sondern auch Stiefmutter sein kann. In der starke Beachtung findenden »lyrischen Reportage« *Pisma iz Russkogo muzeja* (Briefe aus dem Russischen Museum, 1966), in *Čërnye doski* (Schwarze Ikonen, 1969) und in *Vremja sobirat' kamni* (Zeit zum Steinesammeln, 1980) beschuldigte der Neoslawophile Soloǫchin die Sowjetbehörden, das kulturelle und geistige Erbe der Vergangenheit (Ikonen, Kirchen, Erinnerungsstätten) zu vernachlässigen und zu zerstören. In der Buchausgabe seiner Briefe (1967) wurden schwerwiegende Zensureingriffe vorgenommen.

Bekannt wurde die Erzählung *Nedelja kak nedelja* (Woche um Woche, 1969) von NATAL'JA BARANSKAJA (*1909) über die materiellen Alltagssorgen. Die Autorin erzählt einfach und ohne Gefühlsregung von den Sorgen, die einer verheirateten jungen Frau das Leben sauer und auf die Dauer unmöglich machen (Stress am Arbeitsplatz, täglich stundenlange Fahrten mit Bus und Metro, endloses Schlangestehen vor den Geschäften, vor allem aber die Hausarbeit). Der Unterton ist ausgesprochen traurig und manchmal gar melancholisch. Die Frau in Baranskajas

Erzählung wird durch die »typischen Frauenarbeiten« dermaßen hin- und herge-
hetzt, dass sie darüber den Kopf zu verlieren droht. Ihre Gestalten rebellieren
jedoch nicht, »brechen nicht aus«, die Erzählung bricht an der Stelle ab, als der Frau
das Aussichtslose ihrer Situation bewusst wird. Zwischen den Zeilen entdeckt der
Leser das politische Anliegen, dass die Frau in der Sowjetunion zwar ökonomisch
emanzipiert ist, dass jedoch dieselbe Sowjetfrau vom Mann sozial unterdrückt wird.

In dem damals erfolgreichen *Prodolženie legendy* (Fortsetzung einer Legende,
1957) konfrontiert ANATOLIJ KUZNECOV (1929 – 1979) einen jungen Arbeiter mit
Spannungen am Arbeitsplatz, die Lösung jedoch ist sozrealistisch. *Babij Jar* (Babij
Jar, 1966) ist ein »dokumentarischer Roman« (roman-dokument) über den Juden-
mord in der gleichnamigen Schlucht bei Kiew (über diese Gräueltat der Deutschen
schrieb auch Evtušenko). Kuznecov veröffentlichte die vollständige, unzensierte
Fassung dieses Werks im Westen unter dem Pseudonym A. Anatolij.

VITALIJ SËMIN (1927 – 1978) schreibt in *Semero v odnom dome* (Sieben in einem
Haus, 1965) über Menschen, die Not leiden und dahinvegetieren und nicht das
geringste Interesse an der Ideologie haben.

Ein »Produktionsroman« über Wissenschaftler ist *Iskateli* (Die Suchenden,
1954) von DANIIL GRANIN (*1919). Seine Parabel über den hypokritischen Sowjet-
technokraten mit dem Titel *Sobstvennoe mnenie* (Die eigene Meinung, 1956) wurde
angegriffen.

Die Welt der sogenannten technischen Intelligenzija wurde auch in den (häufig
datierten) Erzählungen von IRINA GREKOVA (*1907) dargestellt (*Damskij master*,
Der Damenfriseur, 1963). Ein unprätentiöses kleines Werk ist *Vdovij parochod*
(Der Witwendampfer, 1981) über den Handel und Wandel von vier Frauen in einer
Kommunalwohnung. Ohne übertriebene Exaltation oder Nörgelei wird das Leben
einer Frau beschrieben, die sich als alleinstehende Mutter kaputtarbeitet, um ihrem
Sohn alles geben zu können. Gerade das Porträt dieses Jungen ist am besten
gelungen: Vadim ist ein Nichtsnutz, vielleicht ein im 20. Jahrhundert geborener
Nachfahre des überflüssigen Menschen (dann aber ein proletarischer) und ein
Zyniker. In der Novelle *Malen'kij Garusov* (Der kleine Garusov, 1970) stellt
Grekova einen Tölpel dar, der – wie Oskar in *Die Blechtrommel* von Günter Grass
– als Kind aufgehört hat zu wachsen. Der Junge ist daher den Sticheleien seiner
Umgebung ausgesetzt und wird von seinen Mitmenschen ausgebeutet; vor allem
Valja, ein egoistisches Weibsbild, entwickelt diesbezüglich große Geschicktheit.

Mit leisem Humor, feinsinniger Ironie und in einem brillanten Russisch schreibt
der Abchasier FAZIL' ISKANDER (*1929). In *Sozvezdie kozlotura* (Das Sternbild des
Ziegentur, 1966) spottet er über allerlei »Kampagnen« in der Landwirtschaft, in
concreto über den Versuch, eine Kreuzung zwischen einer Ziege und einem
Steinbock zustande zu bringen (und damit die genetischen Theorien Mičurins
anzuwenden). Das ganze Land ist scharf auf die in Aussicht gestellte Vorteile der
Kreuzung, aber wie in Gogol's Welt des Betrugs kommt die Ernüchterung wie ein

Donnerschlag. *Sạndro iz Čegemạ* (Sandro von Čegem, 1973) ist ein moderner Schelmenroman, der in locker zusammengefügten Novellen von einer Gestalt aus der abchasischen Folklore erzählt. Die nichtzensierte Fassung erschien zuerst in Amerika, in der Sowjetunion erst 1988.

Kennzeichnend für diese Periode ist die große Popularität der kurzen Gattung: der Erzählung (rasskạz, short story) und der pọvest' (lange Novelle, Kurzroman). Das stalinistische Erbe hatte den Roman in Diskredit gebracht: Dieser war zur Plattform für Parteistandpunkte verkommen. Die Erzählung hatte den Vorteil, dass Episoden, locker zusammengefügte Szenen dargeboten werden konnten, ohne dass der Autor seine Sicht auf die gesamte Gesellschaft darzulegen brauchte. Der Schriftsteller verzichtete außerdem auf eine Moral: Das wurde jetzt als nicht mehr zeitgemäß betrachtet und konnte dem Autor Kritik einbringen. Obwohl auch jüngere Schriftsteller (wie Aksënov, Vojnọvič und Gladịlin) Partei bezogen (im Geiste und gemäß den Vorschrifften des sozialistischen Realismus), taten sie dies möglichst unauffällig. Sie versuchten, ihre eigene Sicht (Stimme) zu verschleiern, indem sie in der ersten Person schrieben oder viele innere Monologe in der dritten Person einfügten; manchmal nahmen sie den Standpunkt eines Augenzeugen ein oder führten einen Erzähler ein, der ihrem eigenen Standpunkt sehr nahe kam. Manchmal verwendeten sie bei ihren Erzählungen den *skaz*, jetzt aber in anderer Form als in den zwanziger Jahren: Die Auffassung des Autors war der des Erzählers sehr nahe. Ihre Inspirationsquelle war Čechov, aber auch Dos Passos, Hemingway und Böll. Die von ihnen behandelten Themen waren sehr vielgestaltig (vor allem persönlich-psychologische und allgemein menschliche Probleme) und durchbrachen den enggefassten sozialen Konflikt, der in der Stalinzeit obligatorisch war.

Über einfache Menschen in der Natur und über komplexe Liebesbeziehungen schrieb JỤRIJ NAGỊBIN (1920 – 1994). Als Hauptthema des eigenen Werkes bezeichnet er »das Erwachen des Menschen«, des Menschen, der Verständnis für seinen Mitmenschen zu entwickeln beginnt (Glaube an das Gute im Menschen) und somit sich selbst besser kennenlernt. Er schrieb vor allem über den Krieg, die Natur, die Liebe und die Kinder.

Vorsichtige Kritik am Zeitgeschehen äußerte SERGẸJ ANTỌNOV (1915 – 1995). Sein *Doždị* (Regen, 1951) wird als das erste Beispiel einer Lösung von der idealisierenden Literatur betrachtet. Die von ihm dargestellten Helden sind eher sympathisch, und ihre Probleme lassen sich durchaus lösen. Antọnov gehörte zu einer der ersten Gruppen von Sowjettouristen, die nach Stạlins Tod den Westen besuchen durften; über seine Reise in die Niederlande schrieb er das etwas blasse *V stranẹ pọl'derov i tjul'pạnov* (Im Land der Polder und Tulpen, 1957).

Einer der interessantesten Verfasser von Kurzgeschichten in den fünfziger und sechziger Jahren war JỤRIJ KAZAKỌV (1927 – 1982). Er verzichtet ganz auf die Beschreibung aktueller Probleme und auf Gesellschaftskritik und beschwört dafür Stimmungsbilder der Landschaft und der Menschen aus Russlands Norden herauf

(*Sẹvernyj dnevnịk*, Nordisches Tagebuch, 1973), einfacher Menschen und Fischer, die er häufig in Isolation von der Natur darstellt. Er hat einige schöne Tiergeschichten verfasst, die ihn bekannt gemacht haben: *Tẹddi* (Teddy, 1957) und *Arktụr – gončij pës* (Arktur, der Jagdhund, 1957). Wofür sich Kazakọv interessiert, ist die Psyche des Menschen, den er in seiner Beziehung zur Natur darstellt. Die Natur ermöglicht dem Menschen oft ein (kurzfristiges) Glück. Typisch für Kazakọv ist der isolierte Mensch, der keine Verbindung zu seinem sozialen Umfeld hat und einsam und desillusioniert ist. Häufig stellt er die erotische Spannung zwischen Mann und Frau (*Nekrasịvaja*, Die Hässliche, 1956) und damit implizit die Frage nach dem Glück in den Mittelpunkt. Kazakọvs musikalische, lyrische Prosa ist knapp und plastisch, in ihr kommt Sympathie für den unglücklichen Menschen zum Ausdruck. Ihm wurde häufig »Pessimismus« und »krankhaftes Interesse an schwachen, passiven Gestalten« vorgeworfen. Seine gefühlvolle und melancholische Prosa ist der Beweis dafür, dass die auf Turgẹnev, Čẹchov und Bụnin zurückgehende Tradition dank der Naturbeschreibungen Paustọvskijs und Prịšvins nicht verloren gegangen ist.

Ein besonders talentierter Erzähler war VASỊLIJ ŠUKŠỊN (1929 – 1974), der in der Sowjetunion als Verfassser von Kurzgeschichten, Filmregisseur und Schauspieler große Beliebtheit genoss. Für die Verfilmung seines selbstverfassten Drehbuchs *Živët takọj paren'* (Da lebt so ein Bursche, 1964) wurde er auf dem Filmfestival von Venedig mit dem »Goldenen Löwen« ausgezeichnet. 1976 wurde ihm für sein filmisches Schaffen postum der Leninpreis verliehen (u.a. *Kalịna Krạsnaja*, Rote Mehlbeere, 1973, über einen freigelassenen Strafgefangenen, der versucht, sich dem normalen Leben anzupassen). Er hat außerdem zwei historische Romane verfasst (*Ljubạviny*, Die Ljubavins, 1965, über den Bürgerkrieg, und *Ja prišël dat' vam vọlju*, Ich kam, euch die Freiheit zu bringen, 1968, über den Aufstand Stẹn'ka Rạzins im 17. Jahrhundert). Seinen Ruf als Schriftsteller hat er jedoch den über 100 Kurzgeschichten über allgemeinmenschliche, existentielle Probleme zu verdanken, in denen der soziale Aspekt in den Hintergrund rückt. Eine zentrale Stellung in diesen Erzählungen nimmt der Bauer, der Dorfbewohner ein, der in die Stadt zieht und die städtische Zivilisation als etwas Entfremdendes erlebt. Der Mensch, der Muschik, bei Šukšịn ist auf der Suche nach der »vọlja«, der Freiheit, aber nicht nach der politischen Freiheit (svobọda), sondern der Freiheit, dem Raum, sich selbst zu sein, sich in einer halben Traumwelt aus Fantasie, Märchen und Poesie gehen zu lassen. Seine Helden sind alle ein wenig sonderbar (strạnnyj), sie suchen nach etwas Nichtgreifbarem, und weil sie es nicht finden, sind sie frustriert, einsam und melancholisch (toskạ). Šukšịns Held kennt keine materielle Not; wenn er »alles« hat, wird sein Innerstes von etwas Unerklärlichem aufgezehrt (dušạ bolịt), er fühlt sich leer. Wodka ist deshalb auch ein unentbehrliches Beiwerk in diesen Erzählungen: Er lindert den Schmerz, verleiht einem das Gefühl, Mensch zu sein, und schenkt einem die Illusion, die »vọlja« gefunden zu haben. Das größte Hindernis auf dem Weg zum Glück ist die Frau, die Frau als Gattin. Darüber hinaus quälten Šukšins Held Fragen nach dem Sinn des Lebens und des Todes, und er denkt häufig über Gott nach. In seinem Todesjahr erschien der repräsentative Band *Besędy pri jasnoj lunę* (Gespräche bei hellem Mond). Šukšin beginnt in medias res, schreibt in einem sparsamen Stil mit vielen lebendigen Dialogen (manchmal beinahe ausschließlich Dialoge) und in einer stark gefärbten Umgangssprache.

Anfang der sechziger Jahre stand in den Werken jüngerer Schriftsteller der Generationskonflikt im Mittelpunkt. Dieses Problem zeichnete sich nicht nur durch universelle, sondern auch durch ideologische Aspekte aus: Der Aufstand gegen die Eltern bedeutete gleichzeitig, dass man sich vom Stalinismus distanzierte (Anatolij Gladilin zufolge bedeutet Stalinismus »Trägheit des Denkens, Angst vor individuellem Denken, Streben nach Ruhe und Abneigung gegen das Neue«). Die »Söhne« nahmen nicht hin, dass die »Väter« jahrelang geschwiegen und/oder gelogen hatten. Manche verlegten sich auf die psychologischen Aspekte der Erziehung. So beschreibt ANDREJ BITOV (*1937) die Gefühle des Menschen, der in einer psychologischen (oder moralischen) Krise verkehrt; soziale Themen werden nicht angeschnitten. Mit *Puškinskij dom* (Das Puškinhaus, 1978) schrieb er einen der komplexesten Romane der jüngeren russischen Literatur. Das Buch lässt sich lesen als ein Bildungsroman (u.a. Generationskonflikt) über Karriere und Liebe eines Literaturwissenschaftlers, es könnte aber auch als ein Literaturmuseum (von dem im Titel die Rede ist) gemeint gewesen sein, das voll expliziter und versteckter Intertextualität steckt und durch den ständig eingreifenden Kommentar des Autors/Erzählers zu einem großen Irrgarten wird. Vielleicht ist es ein Buch über die Genese von Bitovs Roman. Aufgrund dieses komplizierten intellektualistischen Spiels geriet Bitov in der Endphase der Brežnev-Periode ein wenig in die Außenseiterrolle. Der Roman konnte nur in Amerika erscheinen. In Frankreich wurde er als bester ausländischer Roman in französischer Übersetzung ausgezeichnet.

Die meisten der Werke von Bitovs Zeitgenossen waren satirisch geladen; sie widmeten der Sprache der jüngeren Generation (Slang, Jargon) viel Aufmerksamkeit und trieben ihren Spott mit der Sprache der Medien. Die wichtigsten Namen in dieser Hinsicht sind Vojnovič und Aksënov. VASILIJ AKSËNOV (*1932) genoss vor allem wegen des heftiger Kritik ausgesetzten Teenagerromans *Zvëzdnyj bilęt* (Fahrkarte zu den Sternen, 1961) Bekanntheit, der von sowjetischen »angry young men« handelt, die sich gegen ihre Eltern und die Gesellschaft, die ihnen Disziplin auferlegen wollen, erheben. Nicht nur in thematischer, sondern auch in formaler Beziehung ist Aksënov bedeutungsvoll und repräsentativ für die sechziger Jahre: Er ändert immer wieder die Perspektive, führt stilistische Spielereien aller Art ein (mit dem Ziel, die Medien, die Schule, das Kollektiv zu parodieren) und verfasst gepfefferte Dialoge. Dass er den vulgären Jargon von der Straße (mit einer großen Zahl von Amerikanismen und Ausdrücken aus der Gaunersprache) verwendete, wurde ihm übelgenommen. Diesem Roman verdankt Aksënov den Ruf, »der russische Salinger« (der amerikanische Autor von *The Catcher in the Rye*) zu sein. Sowohl in inhaltlicher als auch in formaler Hinsicht wurde auch *Apel'siny iz Marokko* (Apfelsinen aus Marokko, 1963) aufs Korn genommen. Später begann Aksënov damit, groteske, absurde und fantastische Elemente einzuführen (*Zatovarennaja bočkotara*, Gehortetes Fassleergut, 1968, in dem er das Diogenes-Motiv auf interessante Weise verarbeitet). Dies führte mit der Zeit zum Bruch mit der Sowjetliteratur.

Vergleichen mit Aksënov lässt sich ANATOLIJ GLADILIN (*1935), der ebenfalls über die Jugend schreibt und die folgenden Fragen aufwirft: »Wie soll es nun weitergehen? Was müssen wir tun, um die Fehler unserer Väter zu vermeiden?« In seiner besten Erzählung *Pervyj den' Novogo goda* (Der erste Tag im Neuen Jahr, 1963) ist das große Hindernis, das der Überbrückung des Generationskonflikts zwischen Vater und Sohn – die einander lieben – im Wege steht, die vom Stalinismus geprägte Mentalität.

In den achtziger Jahren machten einige »Vierziger« (sorokaletnie) auf sich aufmerksam: Im Werk von Ruslan Kireev (*1941), Vladimir Krupin (*1941) und Vladimir Makanin (*1937) überwiegt das psychologische Porträt des Lebens in der Großstadt, die von ambivalenten, zweifelnden Helden bewohnt wird, die passiv sind und keinen moralischen Standpunkt vertreten.

Zur Literatur, die die Gegenwart kritisch reflektiert, ist auch die Sciencefiction zu zählen. Der wichtigste SF-Autor unter Stalin war ALEKSANDR BELJAEV (1884 – 1942). Zwischen 1941 und 1956 wurde sein Werk nicht gedruckt, danach wurde er aber als Begründer der sowjetrussischen Sciencefiction gewürdigt. Beljaev steht in der Tradition Jules Vernes und behandelt Zukunftsprobleme wie die Eroberung des Weltalls, Raketen, interplanetarische Kontakte, Atomenergie fesselnd und für ein breites Publikum in abenteuerlichen SF-Romanen, von denen *Ostrov pogibšich korablej* (Die Insel der untergegangenen Schiffe, 1927) und *Čelovek-amfibija* (Der Amphibienmensch, 1928) die bekanntesten sind. In den Jahren 1935 – 1955 beschränkte sich die Sciencefiction auf die Verherrlichung und Propagierung der neuesten Entwicklungen auf technischem Gebiet, manchmal fantastisch verbrämt. SF galt damals als eskapistisch, sie soll den Sowjetleser von aktuellen Problemen abgelenkt haben. Die bedeutendsten Vertreter dieser Periode sind ALEKSANDR KAZANCEV (*1906) und VLADIMIR NEMCOV (*1907). In *Arktičeskij most* (Die arktische Brücke, 1946) wird ein 4000 km langer schwebender Tunnel zwischen Murmansk und Alaska gebaut. Mit raketengetriebenen Hochgeschwindigkeitszügen kann man in nur zwei Stunden von dem einen Kontinent zum anderen gelangen.

Das populärste Buch im SF-Genre nach Stalin war *Tumannost' Andromedy* (Der Andromedanebel, 1957) von IVAN EFREMOV (1907 – 1972). Der Autor entwirft hier ein parteigetreues Bild von der Welt in 2850 Jahren: Die Ideale des Kommunismus sind in ihr verwirklicht, und es bestehen friedliebende Kontakte mit anderen Planeten. Der Roman verschaffte der SF wieder neue Beachtung. Seit dem Beginn der sechziger Jahre wurde die Gattung in der Sowjetunion intensiv gepflegt; die sozial und/oder philosophisch inspirierte SF dominierte (Gennạdij Gor, 1907 – 1981). Die meistgelesenen und -übersetzten Autoren waren die Brüder ARKẠDIJ (1925 – 1992) und BORỊS (*1933) STRUGẠCKIJ. Ihr Schaffen hat eine Entwicklung durchlaufen – von eher geradlinigem Optimismus (flotten, spannenden SF-Abenteuern) über ausgewogene Fragestellungen bis hin zu satirischen und kritischen Werken. Es enthält allegorische (anti-)utopische und märchenhafte Elemente. In *Ponedẹl'nik načinạetsja v subbọtu* (Montag beginnt am Samstag, 1965) machen sich die Brüder über das materialistische Denken lustig. *Chịščnye vẹšči vẹka* (Die gierigen Sachen des Jahrhunderts, 1965) enthält philosophisches Gequassel à la soviétique über einen »Ort der Stupidität, Unwissenheit und Pornokratie« im 21. Jahrhundert irgendwo im Mittelmeerraum. Ein Sowjetagent muss diese oberflächliche Zivilisation auskundschaften. Einer undurchschaubaren Bürokratie in einem totalitären System ausgeliefert ist der Mensch in *Ulịtka na sklọne* (Die Schnecke am Hang, 1966), das in der Sowjetunion nicht in Buchform erscheinen konnte. 1972 wurde in Frankfurt *Gạdkie lẹbedi* (Die hässlichen Schwäne) veröffentlicht, eine manchmal surrealistische Antiutopie, die so viel Satire auf die von Slogans durchsetzte Sprache, den Führerkult (vožḍizm) und die ihr Volk belügende Regierung enthält, dass das Buch in der Sowjetunion verboten wurde. Der Roman zeigt ein Reservat, in dem Menschen eingesperrt werden, die eine unabhängige Haltung einnehmen (die »Bebrillten«); gemeinsam mit unzufriedenen Jugendlichen revoltieren sie. Der zweite Teil, *Chromạja sud'bạ* (Das lahme Schicksal, 1986) konnte in der Sowjetunion erscheinen.

11.3.5. Die Dorfprosa

Obwohl das Thema des Dorfes (derẹvnja) schon immer in der Sowjetliteratur behandelt wurde (Leọnov, Platọnov, Tvardọvskij, Šọlochov), geriet es doch erst nach Stạlins Tod in den Mittelpunkt der Aufmerksamkeit und wurde gleichsam zu einer eigenen Gattung. Unter Stạlin hatte die Dorfprosa (derevẹnskaja prọza) nahezu ausschließlich das glückliche, überreiche Leben des Bauern im Sozialismus zum Thema. Unmittelbar nach dem Ende des Zweiten Weltkrieges rief die Dorfprosa zur Begeisterung beim Wiederaufbau des Landes auf und zeichnete zugleich ein rosiges Bild vom problemlosen Leben in einem Kolchos (beispielsweise Semën Babaẹvskij in *Kavalẹr zolotọj zvezdy*, Der Ritter des Goldenen Sterns, 1947/1948). Nach 1953 konnte an eine realistische Darstellung der Bauernproblematik gedacht werden. Während der Bauer früher immer als ein zurückgebliebenes Wesen, das erzogen werden musste, beschrieben wurde, wurde er in der Prosa des Tauwetters sogar zu einem »positiven« Helden. Der neue Parteichef Chruščëv war entschlossen, sich an die Lösung des gigantischen Agrarproblems zu machen, und ermutigte Schriftsteller (z.B. Ovẹčkin), die wirkliche Lage ehrlich zu beschreiben.

Das Interesse am Problem des Landlebens und die Nachgiebigkeit in der Literatur lässt sich mit den folgenden Faktoren erklären. Die große Armut des Bauernstandes hatte mehrere Dutzend Millionen von Bauern in die Stadt getrieben (Landflucht). Die Kollektivierung der Landwirtschaft in den zwanziger und dreißiger Jahren war vielleicht die größte demografische, agrarische und kulturelle Katastrophe gewesen, die Russland hatte treffen können: Die russischen Traditionen wurden systematisch ausgerottet (indem der Glaube verboten, Kirchen geschlossen und zerstört, die jahrhundertealte Volkskultur vernichtet wurden); diese Volkskultur wollten die Bolschewiken durch eine supranationale, proletarische, atheistische und materialistische Kultur ersetzen – vergeblich. Das Dorf stagnierte in kultureller Hinsicht, behielt aber seine alten Werte bei, die vor allem von der älteren Generation gepflegt wurden. Die Kluft zwischen Stadt und Dorf sollte denn auch ein fruchtbares Thema in der Literatur werden (beispielsweise in Erzählungen von Kazakọv und Šukšịn). Die Lage in der Provinz war (und ist) dermaßen katastrophal, dass dringend auf sie aufmerksam gemacht werden mußte (durfte). Wie so häufig in der Sowjetunion, wurde die diesbezügliche Diskussion in der Literatur und der Literaturkritik geführt. Die gesamte Dorfprosa dreht sich um zwei Themenkomplexe: die soziale, wirtschaftliche und politische Realität des russischen Dorfes und die Suche nach den Wurzeln der russischen Dorfzivilisation. Anfangs wurde dieses Problem in ọčerki (Skizzen) angegangen, die überwiegend Reportagen mit Fiktion kombinierten. Das Alltagsleben wurde in der Regel nicht romantisiert, und der Schriftsteller nahm zumeist eine sympathisierende Haltung gegenüber seinem Thema ein. Die Bearbeitung des zweiten Themenkomplexes brachte viele Dorfschriftsteller (derevẹnščiki) zu der Einsicht, dass die Volkstraditionen bewahrt werden müßten; wenn nicht, drohe der Nationalcharakter (die Eigentümlichkeit) Russlands verloren zu gehen. Diese Einsicht hatte bei vielen Slawophilie (Solọuchin) und häufig eine (implizite) Ablehnung der Oktoberrevolution zur Folge. Viele Werke dieses Genres und dieser Geisteshaltung wurden in den Zeitschriften *Naš sovremẹnnik* (Unser Zeitgenosse) und *Molodạja gvạrdija* (Die junge Garde) veröffentlicht. Die Welt, wie sie in diesen Zeitschriften präsentiert wurde, muss unser Erstaunen hervorrufen: In ihr gibt es praktisch keine Ideologie, die Partei und ihre Funktionäre spielen in ihr keine (führende) Rolle (obwohl sie ihnen gemäß der damaligen Verfassung zustehen würde); die Helden leben dort nicht mit der Partei und deren Gedankengut. Die Belange dieser Helden sind nicht die Belange der Sowjetgesellschaft, sondern die Russlands, die des russischen Volkes. Nichtrussen gibt es in dieser Welt nicht (zumindest nicht als Hauptpersonen), die in ihr lebenden Russen interessieren sich für Nichtrussen ebensowenig, wie sie sich für Vorgänge außerhalb der Sowjetunion interessieren. Außerdem fällt auf, dass ihre soziale Aufmerksamkeit auf die Landwirtschaft (das Dorf) und die Streitkräfte konzentriert ist; der Arbeiter, genauer gesagt der Fabrikarbeiter, kommt bei ihnen nicht vor. Die Welt der Industrie, der Wissenschaft und der Technik hassen sie wie die Pest. Diese Welt ist für sie der

Feind; sie ist schließlich genau jene Welt, die die Natur und damit das Dorf auflöst und zerstört – obwohl doch gerade das Dorf die Grundlage des russischen Lebens darstellt. Mit der Welt der Industrialisierung, Modernisierung, Kollektivierung und des kontinuierlichen technischen Fortschritts lag diese »neue russische Literatur« (wie sie zuweilen genannt wurde) in ständigem Konflikt, mehr noch, sie stand mit ihr auf Kriegsfuß. Aufgrund all dieser Umstände war diese Literatur außerdem antimarxistisch, denn gemäß dieser Lehre ist die Fabrik, die Arbeiterklasse der Mittelpunkt des gesellschaftlichen Lebens. Als ideologische Waffe setzte die neue Strömung die Ökologie ein, die der Stadt den Krieg erklärte. Die Stadt – das ist für sie das Symbol für moralischen Verfall, Denationalisierung, für den Einfluss des Westens, der dafür verantwortlich sei, dass Russland der wissenschaftlich-technischen Revolution zum Opfer gefallen sei. Darum war diese Literatur ausgesprochen antiwestlich, sie wollte sich sowohl vom westlichen Kapitalismus als auch vom westlichen Sozialismus absetzen, d.h. von der gesamten westlichen Ausrichtung auf Industrialisierung und technologische Revolution. Es sei schließlich diese Revolution, die die russische demografische Basis untergrabe, die Natur zerstöre und das Dorf von der Landkarte fege. Außerdem habe die Sowjetperiode der russischen Geschichte gezeigt, dass das industrielle Gemeinleben, das die russischen Marxisten ihrem Land aufgezwungen haben, das Dorf nicht mächtig und reich gemacht, sondern im Gegenteil an den Rand des Abgrunds gedrängt habe. Diese Literatur war darüber hinaus gegen die Emanzipation der Frau, weil sie dazu beitrage, dass die Familie zerbreche. Alles weist darauf hin, dass diese Richtung mehr gewesen ist als ein Modetrend.

Bis ungefähr Mitte der sechziger Jahre wurde die Dorfprosa von der Partei gefördert, um anschließend eine Zeit lang abgelehnt zu werden. In den siebziger und achziger Jahren wurde sie wieder zugelassen. Dafür gibt es zwei Erklärungen: Zum einen waren die meisten Dorfschriftsteller vernünftig genug, ihre Kritik an der Agrarpolitik in Erzählungen über die stalinistische Vergangenheit einzuhüllen, und zum anderen muss die sowjetische Führung eingesehen haben, dass die Dorfschriftsteller die einzigen waren, die sie gegen die immer zahlreicher werdenden Sowjetliteraten ausspielen konnte, die »absprangen« und in den Westen emigrierten. Schließlich ist noch darauf hinzuweisen, dass die Dorfprosa keine Kritik an den Grundlagen des sozialistischen Systems äußerte. Dies war eine unabdingbare Voraussetzung, um in der Sowjetunion veröffentlicht zu werden.

Das erste kritische Werk über das Dorf war *Rajonnye budni* (Alltag im Kreis, 1952) von VALENTIN OVEČKIN (1904 – 1968). Dieses Werk und später erscheinende Sammelbände mit Dorfskizzen haben auch andere Schriftsteller angeregt. Der erste Dorfschriftsteller, der Satiren verfasste, war GAVRIIL TROEPOL'SKIJ (*1905). Sein humoristisches *Iz zapisok agronoma* (Aus den Aufzeichnungen eines Agronomen, 1953) macht sich über Betrug, Rückständigkeit und bürokratische Formalitäten lustig, zeigt aber auch die Güte der Bauern. Etwa 15 Jahre lang gab

EFIM DOROŠ (1908 – 1972) das *Derevenskij dnevnik* (Dorftagebuch) über eine kleine Bauerngemeinde in Zentralrussland heraus, die er Rajgorod nennt. Doroš ist mit dem Dorfleben vertraut, hat aber auch ein Auge für den historischen Hintergrund und die traditionellen Eigenschaften des Bauern. Er ist der Meinung, dass der Bauer auch ein wenig Privatbesitz (Grund und Boden) haben müsse. Die »Agrostädte« hält er für inakzeptabel, und der Bauer habe keinen Bedarf an Zentralismus. Die Segnungen der Stadt dürften auch dem Dorf nicht vorenthalten werden. Außer *Die Hebel* schrieb Aleksandr Jašin noch *Vologodskaja svad'ba* (Vologdaer Hochzeit, 1962), ein sehr kritisches und düsteres Werk, in dem er den Sittenverfall in einem Dorf beschreibt.

Die Dorfprosa kennt drei große Namen: Belov, Rasputin und Astaf'ev. Sie können alle drei zu den wichtigsten sowjetrussischen Schriftstellern der siebziger Jahre gezählt werden. Die beiden letztgenannten werden auch im Westen sehr geschätzt. Größere Bekanntheit in der Sowjetunion als bei uns genossen Abramov und Možaev. 1954 attackierte FËDOR ABRAMOV (1920 – 1983) in *Novyj mir* in scharfen Worten die »rosa gefärbte« Verfälschung des Dorflebens in der Literatur. 1963 erschien mit »Vokrug da okolo« (Um den heißen Brei) ein mutiger Essay von seiner Hand, in dem er die Missstände in einem Kolchos schildert: Alkoholismus, Absentismus, Faulheit, Desinteresse. Er schlägt vor, den Bauern am Ertrag der kollektiven Arbeit teilhaben zu lassen. Außerdem prangert er die Diskriminierung der Dorfbevölkerung an, die infolge des Passsystems an den Kolchos gebunden ist. Das umstrittene Werk hatte eine Pressekampagne »empörter« Bauern zur Folge. Zwischen 1958 und 1978 erschien Abramovs Tetralogie über das Bauernleben in Russlands Norden: Die vier Romane *Brat'ja i sëstry* (Brüder und Schwestern, 1958), *Dve zimy i tri lëta* (Zwei Winter und drei Sommer, 1968), *Puti-pereput'ja* (Wege und Kreuzwege, 1974) und *Dom* (Das Haus, 1978) wurden zusammen unter dem Titel *Brat'ja i sëstry* bekannt. Abramov erweist sich hier als hervorragender Literat, der weiß, worüber er schreibt: Er ist selbst im Norden Russlands (in den Wäldern von Archangelsk) geboren und aufgewachsen und verwendet den dort gesprochenen Dialekt in den Dialogen. Die vier Romane behandeln eine Bauerngemeinschaft mit dem hart geprüften Michail Prjaslin als zentraler Figur. Im Alter von 14 Jahren verliert er seinen Vater im Krieg und muss von nun an für die ganze Familie sorgen. Auch nach Kriegsende wird die Lage im Dorf nicht besser: Es herrscht nichts als Armut, und die Regierung beutet die Bauern gnadenlos aus. Der Junge legt übermenschlichen Heldenmut und beispiellose Selbstaufopferung an den Tag, weil er dies als seine moralische Pflicht empfindet.

Eine Lobpreisung des russischen Bauern, der geduldig und gelassen sein Schicksal trägt, finden wir auch in BORIS MOŽAEVS (1923 – 1996) Roman *Iz žizni Fëdora Kuz'kina* (Aus Fëdor Kuz'kins Leben), der zwar 1966 in *Novyj mir* publiziert, aber erst 1973 zur Veröffentlichung in Buchform freigegeben wurde (unter dem Titel *Živoj*, Der Lebende, im Sammelband *Lesnaja doroga*, Der Waldweg). Možaev

schreibt hier über einen einfachen Bauern, der das Opfer eines Fehlers der Bürokratie wird und der sich nicht mit den brutalen Führungskräften des Kolchos
abfindet. Der Quälereien müde, muss er die Gemeinde verlassen und irgendwo
anders sein Glück suchen. In *Mužiki i baby* (Bauern und Bäuerinnen, 1976, zweiter
Band erst 1987 während der Glasnost) schreibt er voll Sympathie über ein Sowjet-
dorf in den späten zwanziger Jahren, womit er implizit Kritik an der Kollektivierung
äußert. Während in Šolochovs *Neuland unterm Pflug* der Prozess der Kollektivierung vom Standpunkt derjenigen aus beschrieben wird, die die Kulaken vertrieben
und kollektive Bauernhöfe errichtet haben – d.h. vom Standpunkt der Sieger aus
–, beschreibt Možaev die Opfer. Dasselbe gilt für den Zyklus *Kanuny* (Vorabende,
1972 – 1987) von VASILIJ BELOV (*1932). Der Autor nennt sein Werk über die
Unverwechselbarkeit des russischen Dorfes vor der Kollektivierung eine »Chronik
der zwanziger Jahre«. Erst im Jahre 1991 erschienen die letzten Kapitel dieser
Chronik über den tragischen Niedergang des russischen Dorfes infolge der Kollektivierung der Landwirtschaft unter dem Titel *God velikogo pereloma* (Das Jahr des
großen Umbruchs). Belov wird zu den »ethischen« Dorfschriftstellern gezählt, weil
er vor allem die moralischen Aspekte des Dorflebens thematisiert. In der povest'
Privyčnoe delo (Eine alltägliche Geschichte, 1966) stellt er zwar das harte, ungerechte Schicksal des russischen Bauern dar, der dieses mit Würde trägt, dessen
ungeachtet geht es ihm nicht um die Konflikte oder den Plot, sondern vielmehr um
die Atmosphäre, die in dem Dorf herrscht. Der Bauer Ivan Afrikanovič und seine
Frau Katerina haben neun Kinder, die sie nicht ernähren können. Er lässt sich dazu
überreden, in der Stadt Arbeit zu suchen. Katerina grämt sich zu Tode. Ivan kehrt
zurück, trägt sich mit Selbstmordabsichten, beschließt aber, nachdem er von
Ängsten gequält im Wald umhergeirrt ist, die Herausforderung des Lebens auf sich
zu nehmen – ohne jegliche Perspektive, dass dieses erträglicher werde. In *Plotnickie
rasskazy* (Zimmermannsgeschichten, 1968) hat ein junger Mann sein Heimatdorf
verlassen, weil ihm die Bürokratie dort das Leben unmöglich gemacht hat. Jahre
später besucht er das Dorf wieder, u.a. weil er die Ruhe und Schlichtheit sucht, die
er in der Stadt nicht findet. In den Geschichten zweier alter Dorfbewohner lebt
die ganze Geschichte des Dorfes wieder auf. Belov widmet dem Nationalcharakter,
wie dieser sich im Lauf vieler Generationen und unter den spezifisch russischen
Bedingungen herausgebildet hat, viel Aufmerksamkeit. Sein Hauptthema ist die
Kontinuität, das Leben, das weitergehen muss, die Bedeutung der Tradition und
der Arbeit auf dem Land. Belov stammt – ebenso wie Prišvin und Jašin – aus dem
Norden Russlands, dem Wologdagebiet, und ausgerechnet diese Region Russlands
blieb vom Zugriff der zentralen Politik am längsten verschont. Vor der Revolution
gab es in diesem Gebiet keine Leibeigenschaft, weil es für eventuelle Gutsbesitzer
zu weit abgelegen war: Es wurde zu einem der größten Siedlungszentren der
Altgläubigen, die vor den zaristischen Behörden auf der Flucht waren. Die mündlich
überlieferte Volksliteratur stand hier in großer Blüte. Auch in der Sowjetära sorgte

die geografische Lage dafür, dass viele Bauernhöfe länger als anderswo der Kollektivierung entgingen. So wurde dieses Gebiet zur Wiege der Dorfliteratur. In *Lad. Očerki o narǫdnoj ėstętike* (Eintracht. Skizzen aus der Volksästhetik, 1979 – 1981) zeichnet Belǫv ein sympathisches, eine Spur zu melancholisches Bild von der Naturverbundenheit und Homogenität des Bauernlebens.

In einem anderen Gebiet Russlands – Sibirien – spielen VALENTĮN RASPUTINS (*1937) Romane. Rasputin stellt den russischen Dorfbewohner dar, der von der modernen Zivilisation weitgehend unberührt geblieben ist, mit dessen Traditionsbewusstsein und enger Naturverbundenheit. Die Betonung liegt auf dem psychologischen Porträt. Er erwarb sich Ansehen als einer der besten Erzähler der jüngeren Generation mit der pǫvest' *Poslędnij srok* (Die letzte Frist, 1970). Eine alte Mutter will auf ihrem Sterbelager Abschied von ihren Kindern nehmen, die den Sinn ihres Lebens darstellen. Ihre Kinder aber sind einander so fremd geworden (u.a. infolge des Gegensatzes zwischen Dorf und Stadt), dass sie weder für einander noch für ihre Mutter Verständnis aufbringen können. Nur die Greisin ist dem Tod wirklich gewachsen: Der Tod ist für sie der Höhepunkt, die Vollendung ihres Lebens – und vielleicht bringt er Trost. Aus dem Wiedersehen mit ihren Kindern schöpft sie die Kraft, noch ein paar Tage am Leben zu bleiben. Sobald die Kinder wieder weg sind, stirbt die Greisin. Ihre Familie gibt es nicht mehr. Tragisch ist die Erzählung *Živį i pǫmni* (Lebe und erinnere dich, 1974) über einen Soldaten, der während des letzten Kriegswinters fahnenflüchtig wird, in sein Heimatdorf zurückkehrt und sich dort heimlich mit seiner Frau trifft. Als Nastëna schwanger wird und die Schande (Untreue ihrerseits? Landesverrat seinerseits?) ans Licht zu kommen droht, begeht sie Selbstmord. Das Doppelleben am Vorabend der Freude über das Kriegsende zerstört das Leben der beiden. Die Gemeinde verstößt die Frau, der Mann verroht beinahe in seinem unhaltbaren Versteck. Das Kollektiv bleibt siegreich über das Wohlbefinden des Individuums (Andrej und Nastëna hatten einen telepathischen Traum von einem von beiden gewollten Nachkommen). In *Proščąnie s Matëroj* (Abschied von Matëra, 1976) muss ein kleines Dorf auf der gleichnamigen Insel vom Erdboden verschwinden, um einem Staudamm Platz zu machen. Die Behörden stellen stattdessen eine städtische Siedlung in der Nähe zur Verfügung. Die zentrale Gestalt in dieser Erzählung ist die Greisin Dąr'ja, deren gesamtes Leben mit diesem Dorf verbunden ist und die den Sinn des Lebens darin sieht, die Tradition der Eltern zu pflegen und weiterzugeben. Sie ist machtlos gegen den »Fortschritt« und gegen ihren Enkel Andrej, der sich am Abbruch Matëras beteiligen soll. In den prächtigen Gestalten Dar'jas und des heidnischen Bogodųls zeigt Rasputin, dass die materialistische Weltanschauung versagt hat. Rasputins großes episches Talent war die wichtigste Entdeckung der russischen Literatur in den siebziger Jahren. Im Jahre 1977 wurde er mit dem Staatspreis ausgezeichnet. Ebenfalls preisgekrönt wurde seine Novelle *Požąr* (Der Brand, 1985), in der der Brand als eine einzige Metapher für eine Vielzahl von Missständen verwendet wird, die es verdient hätten, in

Flammen aufzugehen. Doch das Sinnbild ist nicht überzeugend. Ganz und gar misslungen ist sein Essay »Sibir' bez romantiki« (Sibirien ohne Romantik), ein typisches Produkt beschränkter russischer Historiografie über die eigene Vergangenheit, in diesem Falle die Entdeckung und Kolonisierung Sibiriens vom Ende des 16. Jahrhunderts an. In der Glasnost-Periode verfasste Rasputin keine narrativen Werke mehr, sondern ausschließlich Publizistisches zu Umweltthemen. Er stand im Verdacht, mit der äußerst rechten Pamjat'-Bewegung zu sympathisieren.

Mit dem Staatspreis für das Jahr 1978 wurde VIKTOR ASTAF'EV (*1924) ausgezeichnet, der – Sohn eines sibirischen Bauern – nun in Wologda wohnt. Dieser Dorfschriftsteller behandelt unauffällige Menschen, deren hartes Leben und zwischenmenschliche Beziehungen, die häufig auf die Probe gestellt werden. Astaf'evs Prosa ist autobiografisch. In *Kraža* (Der Diebstahl, 1960) schreibt er über seine Jahre in einem Waisenhaus am Ende der dreißiger Jahre. *Car'-ryba* (Der Fischzar, 1976) enthält zwölf selbständige Erzählungen; sie werden zusammengehalten durch die Figur des Erzählers, den Ort der Handlung und das Hauptthema: der Mensch in seinem Verhältnis zur Natur. Deutliche Anklänge an Hemingways *The old man and the sea* enthält die Titelerzählung über einen Mann, der einen riesigen Stör an der Angel hat und von seiner Beute ins Wasser gezogen wird. Die Natur rächt sich am Menschen (das Motiv der Rache kehrt bei Astaf'ev häufig wieder). Die Natur ist ganz und gar kein exotischer Hintergrund, sondern die Kraft, die den Menschen segnet (ihm Weisheit schenkt) oder sich ihm gegenüber feindlich verhält. Der Mensch muss zusehen, wie er überlebt. Astaf'ev gibt sich empört über unbesonnene Menschen, die diese Natur vernichten wollen, versteht es zum Glück aber, seine eher publizistischen Moralpredigten in Grenzen zu halten. Die 15 Erzählungen aus *Poslednij poklon* (Letzter Gruß, 1957 – 1978) beschwören Episoden aus der Kindheit (1932/1933) des Jungen Vitja (= Viktor) in seinem Heimatdorf Owsjanka am Jenisej in Westsibirien herauf. Der mächtige Strom bestimmt und dominiert das Leben der Dorfbewohner, Bauern und Fischer. Vitja wird im Alter von acht Jahren Waise (seine Mutter ertrinkt) und anschließend von seiner Großmutter erzogen. Diese traditionelle babuška ist prachtvoll gezeichnet. Sie vermittelt ihrem Enkel die großen Werte, die vor der Sowjetära das russische Bauernleben bestimmten. Von diesen geistigen und moralischen Werten lässt sie sich vollkommen leiten: Sie bringt Vitja Liebe für die Natur und Hochachtung vor dem Mitmenschen bei. Es ist eine harte Welt, in der das Gesetz des Dschungels gilt (leben = überleben). Der Dorfmensch ist nicht nur einfach und gut, sondern zuweilen auch sehr grausam und dumm. Während Astaf'ev die im Verschwinden begriffene Lebensweise gelungen beschreibt, vernachlässigt er den sozialen und politischen Hintergrund – und das ist in Bezug auf die entscheidenden Jahre 1932/1933 nicht gerade das Naheliegendste. Vielleicht ist das Schweigen über das große Elend, das auf dem russischen Dorf zu jener Zeit lastete, der Preis, den die Dorfschriftsteller bezahlen mussten, um ihre im übrigen ausgezeichneten Bücher veröffentlichen zu können.

In dem während der Perestroika veröffentlichten Roman *Pečal'nyj detektiv* (Der traurige Detektiv, 1986) zeichnet Astaf'ev ein düsteres Bild von der moralischen Verrohung der Sowjetgesellschaft.

11.4. Theater

In der poststalinistischen Periode hat das Theater in großem Maße dazu beigetragen, die Vergangenheit aufzuarbeiten und die aktuelle Lage der Sowjetgesellschaft offenzulegen. Einer der besten Bühnendichter ist VIKTOR ROZOV (*1913), der über 20 Theaterstücke verfasst hat und neben Arbuzov, Leonov und Švarc zu den meistgespielten Autoren gehört. In seinen Dramen nimmt das Problem der Jugend eine zentrale Stellung ein. Seine Gestalten sind keine Komsomolhelden, die schablonenhaft reden, sondern zweifelnde, noch unsichere junge Menschen (*V dobryj čas*, Guter Start, 1954). Sein Drehbuch *A, B, V, G, D ...* (A, B, C, D, E ..., 1961) wurde nicht verfilmt, weil es die negativen Aspekte der Jugend zu sehr hervorhob. *Pered užinom* (Vor dem Abendbrot, 1961) und *Zatejnik* (Der Kulturleiter, 1966) thematisieren das stalinistische Erbe. Im letztgenannten Stück behandelt Rozov den Einfluss der Willkür und der Angst unter Stalin auf das Leben der Menschen (jemand macht seinem Studienfreund die Geliebte abspenstig). Der Film *Letjat žuravli* (Die Kraniche ziehen), der auf Rozovs Drehbuch (1956) basiert, wurde in Cannes (1958) ausgezeichnet; es war der erste Sowjetfilm der Nachkriegszeit, der im Westen Anerkennung fand. Manche Stücke Rozovs waren Kassenschlager: Er schreibt realistisch, gegenwartsbezogen, in knappen Dialogen, die der Individualität der handelnden Personen gerecht werden, mit offenem Ende und ohne ein Urteil aufzudrängen.

Über die Probleme der Jugend schrieben außerdem NIKOLAJ POGODIN (1900 – 1962; das Drama *Sonet Petrarki*, Das Sonett Petrarcas, 1955, verteidigt das Recht auf persönliches Glück) und ALEKSANDR VOLODIN (*1919). In *Fabričnaja devčonka* (Das Mädchen aus der Fabrik, 1956) muss eine junge Arbeiterin sich mit den Lügen auseinandersetzen, die an ihrem Arbeitsplatz erzählt werden. Der Komsomolsekretär macht ihr Schwierigkeiten und entlässt sie. Volodin zeigt Sympathie für sie, was ihm von der Kritik übelgenommen wurde. Mit der Filmkomödie *Osennij marafon* (Herbstmarathon, 1979) legte er eine amüsante Liebeskomödie über die amourösen Eskapaden eines Literaturwissenschaftlers vor. Auch Volodin weigert sich, Klischees oder Slogans für seine Behandlung zwischenmenschlicher Probleme heranzuziehen.

Typisch für die poststalinistische Literatur ist die Verknüpfung sozialer und persönlicher Probleme. Dies ist der Fall in dem Theaterstück *Irkutskaja istorija* (Irkutsker Geschichte, 1959) von ALEKSEJ ARBUZOV (1908 – 1986, Staatspreis 1980). Es war eines der zu jener Zeit meistgespielten Stücke. Eine Frau muss sich zwischen zwei Männern und zwei Haltungen gegenüber Leben und Arbeit entscheiden. Eine Art antiker Chor tritt auf als Repräsentant der öffentlichen Meinung (vox populi sovietici): Er erzählt und kommentiert (manchmal ziemlich sentimental) das Verhalten der dramatis personae.

Kurze Komödien über ethische Probleme schrieb ALEKSANDR VAMPILOV (1937 – 1972): *Utinaja ochota* (Entenjagd, 1970) behandelt einen unaufrichtigen Schwächling, *Provincial'nye anekdoty* (Komische Vorfälle aus der Provinz, 1971) bietet satirische Szenen. Vampilovs Stücke handeln von Betrug, Käuflichkeit sowie Ehrlichkeit und legen Schritt für Schritt die Charaktere in überwiegend komischen Situationen bloß.

In der Periode vor der Perestroika nicht so häufig aufgeführt und in geringerem Maße akzeptiert war LJUDMILA PETRUŠEVSKAJA (*1938), die der Frage nachgeht, wie Menschen sich in alltäglichen Situationen gegenüberstehen: Vor allem die Frauen in ihren Stücken müssen von den gemeinen, herzlosen Männern einiges hinnehmen; die Menschen verstehen einander nicht und wohnen auf engstem Raum aufeinander. Der Einakter *Ljubov'* (Liebe, 1974, Erstaufführung 1981) handelt von einer Ehe ohne Liebe, *Stakan vody* (Ein Glas Wasser, 1983) von einsamen Frauen und *Činzano* (Cinzano, 1973 – 1977) vom tristen Alltag. Alltagsprobleme werden auch in ihrer Prosa thematisiert.

11.5. Die Nobelpreisträger

Die Geschichte der russischen Nobelpreise für Literatur ist ein für die Sowjets peinliches Kapitel: Vier der fünf Preise, mit denen russische Schriftsteller ausgezeichnet worden waren, wurden von den Machthabern angefochten. Nur Šolochov hatte aus offizieller Sicht den Preis verdient, doch dessen Urheberschaft an *Der stille Don* wurde von manchen in Zweifel gezogen. 1943 wurde Varlam Šalamov zu zehn Jahren Lagerhaft verurteilt, weil er behauptet hatte, dass der Nobelpreisträger des Jahres 1933, Bunin, »ein Klassiker der russischen Literatur« sei. Aleksandr Solženicyn und Boris Pasternak wurden von der Presse, ihren Kollegen und vom KGB schikaniert und auf schändliche Weise behandelt. 1993 wurde bekannt, dass sich die Sowjets 1965 der Verleihung des Nobelpreises an Paustovskij widersetzt hatten. Als Brodskij 1987 – die Perestroika stand in ihrem Zenit – mit dem höchsten Literaturpreis ausgezeichnet wurde, schwieg Russland. Während andere Länder stolz auf diesen Preis sind, schien sich die Sowjetunion zu schämen. Dieses Schweigen und diese Scham sagen viel über die Bedeutung der Literatur in Russland aus.

390

11.5.1. Bunin

Der erste russische Literaturnobelpreisträger war der wichtigste Vertreter der Neorealisten: IVAN ALEKSEEVIČ BUNIN (1870 – 1953), zugleich der am meisten traditionsverhaftete der neuen Schriftsteller. 1895 schloss er sich der *Znanie*-Gruppe an, obwohl er wenig mit ihr gemein hatte und mit Sicherheit ihre radikalen Auffassungen nicht teilte. 1909 wurde er dank seiner Poesie zum Mitglied der Kaiserlichen Akademie gewählt. 1910 veröffentlichte er *Derevnja* (Das Dorf) und zwei Jahre später *Suchodol* (Trockenes Tal), in denen er die Rückständigkeit des russischen Dorfes und den Verfall des Adels beschreibt. »Im Laufe eines halben Jahrhunderts ist möglicherweise der gesamte Adelsstand vom Erdboden verschwunden, viele von uns sind degeneriert, schwachsinnig geworden, haben Selbstmord verübt, sind dem Alkohol verfallen oder heruntergekommen oder schlichtweg spurlos verschwunden!« Bunins Dorf ist ein Alptraum, weil hier von Čechovs Melancholie oder von Gor'kijs Zukunftsoptimismus keine Rede ist. Die Kritik akzeptierte Bunins schonungslose Darstellung des Dorfes nicht: Sie sei zu »übertrieben«, zu »reaktionär«, der Schriftsteller liebe sein Land nicht (außerdem lässt er eine seiner handelnden Personen sagen: »Ganz Russland ist ein Dorf, schreib dir das hinter die Ohren!«). Doch die künstlerischen Qualitäten konnten auch seine Gegner nicht ignorieren. Dieses düstere Bild von Schmutz, Alkoholismus, Grausamkeit, Bestialität und Faulheit, das dieses Dorf kennzeichnet, findet seine stilistische Fortsetzung in *Suchodol*; Gor'kij nannte es »eines der schrecklichsten russischen Bücher, die es gibt« und dessen Autor »den zur Zeit besten Stilisten«. Marxistische Kritiker sahen in Bunin den aristokratischen Dichter, den lyrischen Prosaiker, der die Desintegration der Adelsnester (Suchodol) beschreibe und seine Zuflucht in formaler Perfektion suche, weil er seinen Platz im Leben nicht finde. Wohl aber erkannten sie an, dass er ein glänzender Stilist, der brillanteste Repräsentant der Turgenev'schen und Čechov'schen Schule in der modernen russischen Literatur war. Mit dieser sozialen Tendenz brach Bunin noch vor dem Jahr 1917. Das Bild, das wir aus der Zeit vor der Revolution von ihm haben, ist das des Ästheten und Realisten, dem eine ausgesprochen pessimistische Sicht der Menschen und Dinge eigen ist. Eine seiner bekanntesten Erzählungen ist *Gospodin iz San-Francisko* (Der Herr aus San Francisco, 1916) über einen reichen Amerikaner, der während einer Luxuskreuzfahrt auf Capri stirbt und in einem Sarg an Bord nach Amerika zurückgebracht wird. Das Thema des Todes und der Vergänglichkeit des Glücks sollte in Bunins Werk eine zentrale Stellung einnehmen.

Als ausgesprochener Gegner der Sowjets verließ er 1920 die Sowjetunion (siehe sein Tagebuch *Okajannye dni*, Die verfluchten Tage, Paris 1925, über seine letzten Monate auf russischem Boden in Odessa, ein erschütterndes Zeugnis »unseres Untergangs«) und ließ sich in Paris nieder. Die wichtigsten Werke des Emigranten Bunin sind *Mitina ljubov'* (Mitjas Liebe, 1925) und *Žizn' Arsen'eva* (Arsen'evs

Leben, 1930). In dieser Periode wird sein Schaffen nostalgisch; Bunin wird zum Verfasser von Erinnerungen an vergangene Tage. Neben Tod und Verfall wird Liebe eines seiner Hauptthemen; alle Liebesgeschichten sind traurig und enden tragisch. So in *Mitjas Liebe* über den Adoleszenten, der fühlt, dass er sich sexuell entwickelt und der dem Gegensatz zwischen platonischer und körperlicher Liebe (Glückseligkeit bzw. Leiden) durch seinen Selbstmord ein Ende setzt. Der fiktive Erzähler Aleksej Arsen'ev beschwört seine Jugend im prärevolutionären Russland herauf und erzählt, wie der Künstler in ihm geboren wird. Im Novellenzyklus *Tëmnye allei* (Dunkle Alleen, 1943) ergänzt Bunin eine Enzyklopädie mit Liebesgeschichten über ein kurzes, inniges Glück, von denen »gemeine Seelen« (Bunin) behauptet haben sollen, sie seien erotisch.

Die in dem Band *Grammatika ljubvi* (Grammatik der Liebe, Belgrad 1929) enthaltenen Erzählungen haben alle die Liebe zum Thema – nicht die »große«, »ewige« Liebe, sondern die kurze, flüchtige Begegnung. Bunins Helden werden von sehr intensiven erotischen oder sexuellen Gefühlen ergriffen, die sie nicht mehr loslassen. Manchmal genießen seine handelnden Personen jahrelang die sexuellen Kontakte, die ihnen wie zufällig begegneten, oder leiden unter der Erinnerung an ephemere Liebschaften, die Jahre zurückliegen. Aus dieser Prosa spricht tiefe Melancholie, ein Gefühl der Rebellion gegen die Vergänglichkeit des Glück, dem häufig ein tragisches Ende folgt, und gegen die Sinnlosigkeit des Lebens nach diesem Glückserlebnis. Dieses Lebensgefühl wird in einer tragischen lyrischen Prosa in Worte gefasst, die in sehr intensiver Weise die Welt der Sensualität festhält. Bunin ist der Schriftsteller der visuellen Details, der Formen, Linien, Farben sowie der Gerüche, Klänge und Empfindungen, der Dichter des Irdischen, des Körperlichen, des Konkreten von Mensch und Natur (vgl. Lev Tolstoj), der Landschaftsmaler, der Genremaler. Seine Bücher sind statisch, beschreiben keine Entwicklung, die Menschen handeln nicht, sie schauen, hören zu, träumen, denken nach. Sie lassen sich eher mit einer Reihe von Fotos als mit einem Film vergleichen. Bunins Werk ist kühl, es hat keine Wärme, für ihn ist das Universum prachtvoll, der Mensch und seine Ideale (Politik, Wissen usw.) aber sind unbedeutend. Im Jahre 1933 wurde Bunin als erster russischer Schriftsteller mit dem Nobelpreis ausgezeichnet. Die *Literaturnaja gazeta* äußerte sich am 29. November 1933 giftig über die Vergabe des Nobelpreises: »Als Gegengewicht zu Gor'kijs Kandidatur, der noch nie genannt worden ist, was unter den bürgerlichen Bedingungen auch nicht möglich war, hat der weißgardistische Olymp die Kandidatur des abgefeimten Wolfes der Konterrevolution vorgeschlagen und hartnäckig verteidigt. Sein Schaffen ist – vor allem in letzter Zeit – vor der Hintergrund der katastrophalen Weltkrise durchdrungen von Motiven des Todes, des Verfalls und der Verdammnis – und das hat offensichtlich den Geschmack der schwedischen Akademikergreise besser getroffen.«

In *Vospominanija* (Memoiren, 1950) lancierte Bunin Angriffe gegen Gor'kij, Blok, Brjusov, A. N. Tolstoj. Als der Stolz der russischen Literatur und als lebender

Klassiker war er in seinem Pariser Exil von Einsamkeit umgeben. War Bunin während der Stalinära aufgrund seiner konsequent antisowjetischen Haltung noch heftigen Kritiken ausgesetzt, so wurde er nach 1956 in der Sowjetunion als einer der Großen, als ein Klassiker der russischen Literatur herausgegeben und »akzeptiert«. 1995 wurde ihm zu Ehren in seiner Heimatstadt Woronesh ein Standbild errichtet.

11.5.2. Pasternak

BORIS LEONIDOVIČ PASTERNAK (1890 – 1960) wuchs in einem Künstlermilieu auf: Seine jüdischen Eltern waren der Porträtmaler Leonid Pasternak und die Pianistin Rosa Kaufmann. Von 1903 bis 1909 studierte er Musik am Konservatorium, zuvor aber hatte er ein Jurastudium aufgenommen. Als Skrjabin ihm davon abriet, widmete er sich der Musik, gab aber auch dieses Studium auf, als er entdeckte, dass er kein absolutes Gehör hatte. In Moskau und Marburg studierte er Philosophie, die er letzten Endes für die Poesie aufgeben sollte. Im Jahre 1913 schloss er sich der skandalerregenden Gruppe *Centrifuga* der gemäßigten Futuristen an. Später hat er seine Gedichte aus der Zeit vor 1917 (*Bliznec v tučach*, Zwilling in Wolken, 1914) als zu unreif bedauert. Er lernte Majakovskij kennen und wirkte eine Zeit lang an *LEF* mit, doch Majakovskijs Agitationspoesie fand nicht seine Anerkennung: »Ich bin unempfindlich gegenüber all diesen stümperhaft gereimten Schreibbeispielen, der aufgedröselten Leere, all diesen künstlich, verwirrt und geistlos aufgeworfenen Gemeinplätzen und abgedroschenen Wahrheiten.« 1920 brach er mit Majakovskij. Nach einem Besuch bei seinen nach Berlin emigrierten Eltern veröffentlichte er im Jahre 1922 *Sestra moja žizn'* (Meine Schwester das Leben). In den zwanziger Jahren folgten der Lyrikband *Temy i variacii* (Themen und Variationen, 1923), die langen epischen Gedichte *Devjat'sot pjatyj god* (Das Jahr 1905, 1926) und *Lejtenant Šmidt* (Leutnant Schmidt, 1926/1927) sowie das Prosawerk *Rasskazy* (Erzählungen, 1925, enthält u.a. *Detstvo Ljuvers*, Lüvers Kindheit; *Il tratto di Apelle*; *Pis'ma iz Tuly*, Briefe aus Tula; *Vozdušnye puti*, Luftwege). Diese Werke festigten Pasternaks Ruf als einer der größten Schriftsteller der modernen russischen Literatur. Im Abstand von über einem Vierteljahrhundert erschienen zwei Autobiografien des Dichters: *Ochrannaja gramota* (Geleitbrief, 1929) und *Avtobiografičeskij očerk* (Autobiografisches Essay, 1956). *Geleitbrief* ist dem Andenken Rainer Maria Rilkes gewidmet und skizziert Pasternaks Entwicklung als Künstler: Es enthält zahlreiche Porträts von Majakovskij, Esenin, Aseev, Tichonov, Chlebnikov, Blok, Belyj u.a. Pasternak ist bis zu seinem Tod dem hierin beschriebenen Kunstverständnis treu geblieben. Mit seiner zweiten Frau Zinaida Nejgaus (Neuhaus) floh er nach Georgien, das für ihn eine Entdeckung wurde. Pasternak sollte seine Liebe zu diesem Land und dessen Literatur (Paolo Jašvili und Titsian Tabidze) nie aufgeben. 1932 erschien der Band *Vtoroe roždenie* (Die zweite Geburt), dem sich eine lange Periode des Schweigens anschloss. 1935 nahm er – gegen seinen erklärten Willen – am »Internationalen Schriftstellerkongress zur Verteidigung der Kultur« in Paris teil (gemeinsam mit Babel' und Ėrenburg). Von 1936 an arbeitete Pasternak in aller Stille an dem Roman, der ihn weltberühmt machen sollte: *Doktor Živago* (Doktor Živago). In den schwersten Jahren der Stalinära »flüchtete« er sich in Übersetzungen: die Tragödien Shakespeares, Verlaine, Goethes *Faust*, Schiller; außerdem übersetzte er georgische Dichter, was Stalins Geschmack traf und vielleicht der Grund dafür ist, dass er ihn verschont hat (einer – möglicherweise – apokryphen Anekdote zufolge soll Stalin über Pasternak gesagt haben: »Lasst diesen Bewohner der Himmel in Ruhe!«). Während des Krieges erschienen *Na rannich poezdach* (In den Frühzügen, 1943) und *Zemnoj prostor* (Irdische Weite, 1945), ein Ehrbeweis für ein Volk im Krieg. 1946 lernte er Ol'ga Ivinskaja kennen, die seine Geliebte wurde und seinetwegen 1948 verhaftet werden sollte. 1977 erschien in Paris ihr Buch *V plenu vremeni. Gody s Borisom Pasternakom* (Gefangene der Zeit. Meine Jahre mit Boris Pasternak; deutsche Fassung: *Lara. Meine Zeit mit Pasternak*, Hamburg 1978). 1954 wurden zehn Gedichte aus *Doktor Živago* veröffentlicht, und der Roman, der 1956 fertiggestellt werden sollte, wurde angekündigt. Nach den Ereignissen in Polen und Ungarn schickte *Novyj mir* dem Autor das »historisch nicht objektive« Buch wieder zurück. Inzwischen waren die Rechte an der Übersetzung jedoch bereits dem italienischen kommunistischen Verlag »Feltrinelli« überlassen worden. 1957 erschien die italienische Übersetzung, 1958 folgten die englische, deutsche, französische und niederländische. Der Roman war im Westen eine Sensation: Zum erstenmal äußerte ein renommierter Sowjetschriftsteller Kritik am Marxismus und an der Revolution.

Doktor Živago war das erste Werk des tamizdat. 1958 wurde Pasternak mit dem Nobelpreis ausgezeichnet, hauptsächlich »aufgrund seines bedeutenden Beitrags zur zeitgenössischen Poesie [...] sowie zur Kunst des Erzählens, in den Spuren seiner großen russischen Vorläufer«. Die Sowjetbehörden nannten den Preis »einen politischen Akt gegen den Sowjetstaat«, den Autor »einen inneren Emigranten« und »einen Todesängste ausstehenden Bourgeois, der sich gekränkt und verängstigt fühlt, weil die Geschichte nicht jene krummen Wege eingeschlagen hat, die er ihr vorschreiben wollte«. Eingeschüchtert durch eine vulgäre Hetze seitens seiner Kollegen im Schriftstellerverband (Galič sollte später schreiben: »Wir werden uns an den Namen jedes einzelnen erinnern, der die Hand gehoben hat«), verzichtete Pasternak »freiwillig« auf den Nobelpreis. Er flehte Chruščëv an, ihn nicht des Landes zu verweisen: »Die Ausreise aus meinem Vaterland ist für mich gleichbedeutend mit dem Tod. Ich bin durch meine Geburt, mein Leben und mein Werk an Russland gebunden. Ich kann mir ein Schicksal außerhalb Russlands und von ihm getrennt nicht vorstellen.« Infolge der Verleumdungskampagne gegen ihn vermutlich sehr angegriffen, starb Pasternak im Mai 1960. Seine gesammelten Werke erschienen erst 1989 – 1992 in Russland (5 Bände).

Pasternaks berühmtester, aber auch schwierigster Lyrikband ist *Meine Schwester das Leben* aus dem Jahre 1922, ein Zyklus von rund 50 Gedichten, die die verschiedenen Episoden einer Liebe beschreiben (Begegnungen, Trennung, Erinnerungen). Der Band wurde von Pasternaks Zeitgenossen begeistert aufgenommen. Der Titel enhält das existentielle und poetische Credo des Dichters: das Leben genießen und in seiner Fülle erfassen, irdische, vitalistische Poesie, sinnlich wahrgenommene Natur (die selbst beseelt ist), Cvetaeva zufolge ein »Lichtregen« (svetovoj liven'). Es hat den Anschein, als habe Pasternak die Dinge zum erstenmal entdeckt und als habe er sie zu einem großen Irrgarten aus Details verarbeitet. In diesem Zusammenhang sagte Ėrenburg über Pasternak: »Er verfügt über die Ekstase der Verwunderung, eine Akkumulation neuer Gefühle, die Kraft der Urwüchsigkeit, kurz: die Welt nach der Sintflut oder die Welt nach einer Woche, verbracht in einem Luftschutzkeller.« Das Kernstück seiner Poesie ist die Metapher, die auf einer flüchtigen Assoziation beruht. Seine reimenden und musikalischen Verse wurden in seiner zweiten Schaffensperiode (nach *Die zweite Geburt*, 1932) transparenter und einfacher. Das Problem der Kunst nimmt eine zentrale Stellung ein. In der Stalinära wurde Pasternak als ein »dekadenter Formalist, der, seinem Volk entfremdet, keine Fühlung mit seiner Zeit« habe, hingestellt. In *Das Jahr 1905* und *Leutnant Schmidt* sucht er Anschluss an Russlands revolutionäre Vergangenheit: die Unruhe nach dem »Blutsonntag« bzw. dem Matrosenaufstand in Sewastopol im November 1905. Doch auch hier finden sich keine reellen, objektiven Ereignisse, sondern deren Reflexion im menschlichen Bewusstsein. Pasternaks Prosa ist Literatur, die vom Leser nur schrittweise erschlossen werden kann. Wie in seinen Gedichten sind nicht die Ereignisse, sondern die Gefühle von Bedeutung. Pasternaks Welt wird in hohem Maße vom Zufall beherrscht (ein bewusst angewandtes Verfahren), und ein immer wieder auftauchendes Motiv ist das, was in Bezug auf Heinrich Böll »ferrovianischer Symbolismus« genannt wird. Die beiden Autobiografien Pasternaks enthalten literarische Erinnerungen (in denen Politisches außen vor gelassen wird) an Persönlichkeiten in einer turbulenten Zeit sowie Gedanken über die Kunst. Sie lassen sich kaum als Autobiografie bezeichnen, da sie nicht über die Ereignisse berichten (das überließ Pasternak »meinem Antipoden« Ėrenburg). *Lüvers Kindheit* beschreibt, wie die Titelheldin, die 13jährige Ženja, sich im Laufe eines Jahres körperlich und geistig zur Frau entwickelt. Auch hier liegt der Nachdruck darauf, wie die Hauptperson die Welt und die Vorkommnisse darin erlebt. In *Briefe aus Tula* polemisiert der Autor mit Majakovskij und dessen Auffassung über die Kunst und den Künstler. Die kurze Novelle ist als Programmschrift zu betrachten, Majakovskij aber wird nicht namentlich erwähnt.

Als *Doktor Živago* im Westen erschien, wurde das Buch sofort ein Bestseller. Als Kassenerfolg erwies sich außerdem die amerikanische Verfilmung des Romans von David Lean (1966), die sich auf die eigentliche Handlung beschränkt. Das Werk ist von klassischem Format: Es spielt an verschiedenen Orten in Russland, ist figurenreich und umfasst einen Zeitabschnitt von mehr als einem Vierteljahrhundert (1903 – 1929). Pasternak erzählt die Erlebnisse Jurij Živagos, der mit seiner Familie vor der Revolution flüchtet und im Ural auf eine frühere Bekannte, Lara, stößt, mit der er ein Verhältnis beginnt. Infolge der Bürgerkriegswirren wird er von seiner Familie und der Geliebten getrennt und kehrt am Ende zurück nach Moskau, wo er, verarmt und vereinsamt, stirbt. Das Werk enthält keine durchgängige Handlung, sondern lediglich Fragmente, einzelne Szenen. Letzteres wurde dem Autor von Kritikern als Schwachpunkt angekreidet; das Werk sei kein »Roman«, da zu »fragmentarisch« und »impressionistisch«. Als wenn es Pasternak um eine episch zusammenhängende Geschichte über eine rationell erklärbare Welt gegangen wäre! Der niederländische Slawist Willem Weststeijn bemerkt zu Recht: »Pasternak schreibt einen Roman, ein Monumentalwerk, das entgegen allen üblichen Regeln in erster Linie kein epischer, sondern ein lyrischer Text ist. Das soll heißen, dass das Hauptthema in *Doktor Živago* nicht die Geschichte Russlands im 20. Jahrhundert oder die Erzählung von einer leidenschaftlichen Liebe ist, sondern der Dichter, der sich an die Welt wendet. Es geht in *Doktor Živago* primär nicht um die Beschreibung der Realität, sondern um die Wiedergabe der inneren Empfindung, der Art und Weise, in der das Individuum externe Eindrücke verarbeitet, mit seinen persönlichen Auffassungen und Denkbildern in Einklang bringt und an diesen prüft.« Auch die schematische psychologische Darstellung der handelnden Personen wurde ihm schwer angekreidet, ebenso die Tatsache, dass der Zufall im »Roman« eine so große Rolle spielt (der Zufall, dessen Inkarnation Jurijs Halbbruder Evgraf ist). Die 24 Gedichte, die den Roman beschließen, sind kein Anhang, sondern Bestandteil des Romans, zu dessen Interpretation sie den Schlüssel enthalten. Der Name Živago (die alte Genetivform von *živoj* = der Lebende) ruft Assoziationen mit der Bibel hervor (Lukas 24, 5), die in dem Živago-Zyklus so nachdrücklich anwesend ist. Pasternaks Roman steckt voller Metaphern und Symbole, und Jurij Živagos Lebensweg reich an religiöser Symbolik (sein Leben ist der Kreuzweg, den er freiwillig auf sich nimmt, sein Tod ist die Auferstehung). Der Roman ist eine Fortsetzung von Pasternaks Lyrik, wobei das Seelenleben der handelnden Personen gezeigt wird. Jurij Živago ist ein typischer Repräsentant der prärevolutionären kulturellen Elite, der nach der Revolution seine Unabhängigkeit bewahren will, und so ist der Roman als die lyrische Chronik (bzw. der lyrische Monolog) der Intelligenzija zu sehen, der in den dreißiger Jahren ein trauriges Schicksal zuteil werden sollte (Pasternak lässt Živago gerade noch rechtzeitig sterben!). Dies heißt nicht, dass *Doktor Živago* ein pessimistisches Buch ist. Es ist bedeutsam für dieses Loblied auf das Leben, in dem die Natur, die Liebe und die Schönheit alles andere überragen, dass das Leitmotiv das Licht ist (beispielsweise die brennende Kerze in dem Gedicht *Zimnjaja noč'*, Winternacht). Pasternaks Buch ist kein politischer, sondern ein philosophischer Roman; Živago rebelliert nicht gegen den Sowjetstaat, er ist im Gegenteil bereit, seinen Leidensweg bis zum Ende zu gehen, doch er erhebt sich im Namen eines mit

Füßen getretenen Ideals: des einzelnen Menschen. Die Polemik des Romans wird auf der moralischen und nicht auf der politischen Ebene geführt (»Ich kann nicht mehr in Ekstase geraten über die Ideen einer allgemeinen Vervollkommnung, wie diese seit der Oktoberrevolution ausgetragen werden«; »Ich verzweifle, wenn ich etwas über eine Neuschöpfung des Lebens höre« und »Das Gute muss mit dem Guten erreicht werden«). In den Augen des Personalisten, wie Živago einer ist, war die Revolution kein Fort–, sondern ein Rückschritt.

Pasternak ließ mit diesem Werk im Jahre 1956 – in einer Zeit, in der Dudincevs *Nicht vom Brot allein* als Höhepunkt der »liberalen« Literatur galt – eine mutige Stimme erklingen, er legte ein geistiges Testament auf hohem Niveau vor, das für die sowjetischen Jugendlichen eine nie dagewesene, explosive Kraft besaß. Der Roman war denn auch ein historisches Ereignis ersten Ranges. Den irrelevanten, formalen Vorwürfen westlicher Kritiker kann Pasternaks Auffassung gegenübergestellt werden, der zufolge sein gesamtes lyrisches Schaffen nur eine »Vorstufe des Romans« darstellt. Pasternak nannte *Doktor Živago* »mein wichtigstes und wesentlichstes Werk«, »das einzige, für das ich mich nicht schäme und mutig jede Verantwortung übernehme«.

11.5.3. Šolochov

Ein Sowjetklassiker mit Talent ist der weltberühmte Nobelpreisträger MICHAIL ALEKSANDROVIČ ŠOLOCHOV (1905 – 1984). Er wurde im Gebiet der Donkosaken geboren, wo er beinahe sein Leben lang gewohnt hat und wovon nahezu ausnahmslos all seine Werke handeln. Das Gymnasium hat er nicht abgeschlossen. In den Jahren 1918 – 1920 stand seine Heimatregion unter der Verwaltung der Weißen. 1923/1924 war er in Moskau als Gelegenheitsarbeiter tätig; 1926 kehrte er in sein Heimatdorf zurück, in dem er bis zu seinem Tod wohnen sollte. Im selben Jahr erschienen die ersten Erzählbände *Donskie rasskazy* (Erzählungen vom Don) und *Lazorevaja step'* (Flimmernde Steppe). Er trat 1932 der Partei bei und wurde 1934 Mitglied des Präsidiums des Schriftstellerverbandes. In den Jahren 1928 – 1940 erschien sein vierbändiges Epos *Tichij Don* (Der stille Don), das mit einem der ersten Stalinpreise ausgezeichnet wurde und eines der meistgedruckten Werke in der Sowjetunion war. Bereits in den zwanziger Jahren machten jedoch Gerüchte die Runde, dass der eigentliche Autor ein gewisser Fëdor Krjukov sei, ein Kosakenoffizier der Weißen, der 1920 gestorben sei und dem Šolochov das Manuskript entwendet habe. 1974 wurde dieser Behauptung von Solženicyn Nachdruck verliehen (siehe D., *Stremja ›Tichogo Dona‹. Zagadki romana*, Die Stromschnelle von *Der stille Don*. Rätsel um einen Roman, Paris 1974). Inzwischen haben linguistische Computeranalysen in Skandinavien ergeben, dass von einem echten Diebstahl keine Rede sein kann. 1932 veröffentlichte Šolochov den ersten Band des Werkes *Podnjataja celina* (Neuland unterm Pflug), das erst 1959 abgeschlossen und 1960 mit dem Leninpreis ausgezeichnet wurde. Während des Krieges soll das unveröffentlichte Manuskript des zweiten Bandes in Flammen aufgegangen sein. Für diesen Roman über die Kollektivierung der Bauern unterbrach der Autor die Arbeit an *Der stille Don*. Während des Krieges war er Berichterstatter der *Pravda*. Kriegserfahrungen und -eindrücke fanden ihren Niederschlag in *Nauka nenavisti* (Schule des Hasses, 1942), *Sud'ba čeloveka* (Ein Menschenschicksal, 1957) und dem unvollendet gebliebenen *Oni sražalis' za Rodinu* (Sie kämpften für die Heimat, 1959). In den letzten Jahren der Regierungszeit Stalins schrieb Šolochov *Der stille Don* um, vor allem die Passagen über die Autonomiebestrebungen der Kosaken; außerdem hob er die Bedeutung der kommunistischen Gestalten mehr hervor und wählte einen nüchterneren Stil. 1965 wurde ihm der Nobelpreis verliehen (die Sowjets widersetzten sich der Kandidatur Paustovskijs). Šolochov war der einzige Sowjetschriftsteller, der den Preis in Stockholm in Empfang nehmen durfte. Es heißt, dass die schwedische Akademie mit dieser Auszeichnung die Sowjetbehörden nach dem Skandal um die Vergabe des Preises an Pasternak im Jahre 1958 beschwichtigen wollte.

1966 wurden zwei oppositionelle Schriftsteller – Sinjavskij und Daniėl' – zu sieben bzw. fünf Jahren Arbeitslager verurteilt. Während des 23. Parteikongresses (1966) beschimpfte Šolochov sie als »Verräter« und bezeichnete die Urteile als »mild« – in den zwanziger Jahren wären sie seines Erachtens an die Wand gestellt worden. Lidija Čukovskaja schrieb damals in ihrem »Offenen Brief« an Šolochov: »Ideen muss man Ideen entgegensetzen, nicht Lager und Gefängnisse.« Diese Angelegenheit hat dem Ansehen des Nobelpreisträgers im In- und Ausland sehr geschadet. Šolochov war eines der Paradepferde des Sowjetregimes; nach Aleksej Nikolaevič Tolstojs Tod war er der Stolz des kommunistischen Regimes. 1936 wurde er Abgeordneter des Obersten Sowjets, er wurde zweimal mit dem Leninpreis ausgezeichnet (1939 und 1965), war Mitglied der Akademie der Wissenschaften und gern gesehener Gast im Kreml (1959 begleitete er Chruščëv auf dessen Amerikareise). Šolochov war ein parteigetreuer Schriftsteller, doch zugleich aufrichtig: »Wir schreiben, was unser Herz uns eingibt, unser Herz aber gehört der Partei.« Während des 20. Parteikongresses (1956) nannte er die russische Literatur der Stalinära »eine Literatur voller toter Seelen« und fügte hinzu, dass in diesen 20 Jahren »tausend Schriftsteller zusammengenommen noch keine zehn guten Bücher geschrieben haben«. Dieser und anderen vergleichbaren Äußerungen hat er seinen Ruf zu verdanken, ein unabhängiger Schriftsteller zu sein. Ihm wurde die Ehrendoktorwürde der Universitäten von Rostow und Saint Andrew (Amerika) verliehen. Seine besten Werke wurden verfilmt (*Ein Menschenschicksal*, *Der stille Don* und *Neuland unterm Pflug*).

Šolochovs ursprüngliche Absicht war es gewesen, jene Donkosaken darzustellen, die an den konterrevolutionären Aktivitäten der Weißen teilnahmen. Der Roman hätte mit dem Kornilov-Putsch des Jahres 1917 beginnen und *Donščina* (Das

Dongebiet) heißen sollen. Später hat der Autor dieses Konzept zu einem viel breiter konzipierten Roman erweitert, den er 1912 beginnen lässt. Als Šolochov der Zeitschrift *Oktjabr'* den ersten Teil schickte, bat die zweifelnde Redaktion den Kosakenschriftsteller Serafimovič um Rat; der Roman wurde sofort publiziert. In vier dicken Bänden erzählt Šolochov die Geschichte der Donkosaken in den dem Ausbruch des Ersten Weltkrieges unmittelbar vorangehenden Jahren (was es ihm ermöglicht, das soziale Leben der Kosaken in Friedenszeiten darzustellen), während der Revolution und des Bürgerkrieges. Es ist die Geschichte eines Volkes und eines Gebietes, das unweigerlich in Konflikt mit den neuen Machthabern geraten musste. Obwohl den Kosaken gegen Ende des 18. Jahrhunderts definitiv Unabhängigkeit und Einfluss genommen worden waren, fühlte sich das Kosakentum (kazačestvo) noch immer stark vom Drang nach Freiheit und Autonomie (gegenüber dem Zentrum Moskau) angesprochen, der für diese große Bevölkerungsgruppe kennzeichnend war. Dem von den Romantikern deutlich idealisierten Kosakentum wird mit der bolschewistischen Machtübernahme ein Ende gesetzt. Šolochov flechtet in diesem Geschichtsepos einen Familienroman in die Geschichte eines Krieges ein. Grigorij Melechov liebt eine verheiratete Frau, Aksin'ja, doch sein Vater verheiratet ihn mit Natal'ja. Weil er seine Frau nicht liebt, flüchtet Grigorij mit Aksin'ja, kehrt aber nach dem Militärdienst während des Ersten Weltkrieges zu Natal'ja zurück, weil Aksin'ja ihm untreu geworden ist. In Teil II bricht die Oktoberrevolution aus. Die Frage, wie die Kosaken reagieren, steht zentral. Grigorij Melechov entscheidet sich instinktiv für die Roten, innerlich aber ist er zerrissen. Er bemerkt bald, dass alles, was die Bolschewiken bringen – Revolution, Rote Armee, Partei – den Interessen seines Volkes widerspricht. Der Autor widmet den Autonomisten viel Aufmerksamkeit, den Kosaken also, die einen »eigenen« Weg, unabhängig von den Weißen und von den Roten, anstreben. Im dritten Teil schließt sich Melechov im Bürgerkrieg, der auch das Dongebiet erheblich spaltet, den Roten an. Ihre Grausamkeiten aber erwecken in ihm Zweifel, und Gewissensgründe zwingen ihn zum Bruch mit ihnen. Als Vorkämpfer der Autonomiebestrebungen landet er schließlich bei den Weißen. In Teil IV wird er wiederum von der Gewissensfrage gequält, ob er die richtige Wahl getroffen hat. Aksin'ja kehrt zurück, und Natal'ja will sein Kind nicht länger austragen; bei der Abtreibung verliert sie jedoch das Leben. Inzwischen sind die Armeen der weißen Generäle Denjkin und Vrangel' auf der Krim in die Enge getrieben worden: Über eine Million Russen müssen Russland verlassen. Grigorij Melechov aber entscheidet sich dafür, hier zu bleiben, und schließt sich, um auf diese Weise für seine Schuld vor der Revolution zu büßen, Budënnyj an, der nach Polen vorrückt. Wegen seiner Verdacht erregenden Vergangenheit wird er entlassen; auch in seinem Heimatdorf wird er verstoßen. Da er keinen anderen Ausweg mehr sieht, schließt er sich einer Partisanenbande an, die gegen die Bolschewiken kämpft. Schließlich will Melechov gemeinsam mit Aksin'ja zum Kuban flüchten und dort ein neues Leben anfangen, aber Aksin'ja wird niedergeschossen. Das einzige, was dem total desillusionierten und kriegsmüden Melechov noch bleibt, ist sein kleiner Sohn Mišutka. Hier endet dieses Epos über sieben Jahre Krieg, Kampf, Chaos und Zerrissenheit unter den Kosaken.

Zu Recht wurde auf die zahlreichen Parallelen zwischen *Der stille Don* und Lev Tolstojs *Krieg und Frieden* hingewiesen. Beide Autoren flechten geschickt die Geschichte einer Familie in die Geschichte eines Krieges ein. Viktor Šklovskij hat Šolochovs Roman mit konzentrischen Kreisen verglichen. Im Mittelpunkt steht die Liebesgeschichte von Grigorij und Aksin'ja; der zweite Kreis enthält die Chronik der Familie Melechov; im dritten Kreis erzählt der Autor das Schicksal ihres Kosakendorfes (chutor), während im äußeren Kreis die Geschichte des gesamten Kosakentums dargestellt wird. Für beide Romane sind die breit angelegte Struktur und die ausführliche psychologische Charakterdarstellung kennzeichnend. In Letzterem jedoch ist Šolochov Tolstoj unterlegen und lässt sich eher als ein Schüler Gor'kijs bezeichnen (sachlicher Realismus, Naturalismus und einfache Psychologie). Auffällig ist außerdem, dass Šolochov dann am besten ist, wenn er die Kosaken darstellt; seine Porträts von Nichtkosaken sind deutlich schwächer. Im Gegensatz zu Tolstoj philosophiert er nicht über die Geschichte. Obwohl die Sowjets *Der stille Don* zu einem Klassiker der Sowjetliteratur ausgerufen haben, lässt sich das Werk nur schwer als ein Produkt des sozialistischen Realismus bezeichnen. Außer im vierten Teil, in dem der Autor hier und da Konzessionen an Auffassungen der Partei macht, beschreibt Šolochov auf vielseitige und objektive Weise die äußerst komplexe psychische und politische Situation des Kosakentums. Dem Autor wurde wohl aber vorgeworfen, die »Kulakenideologie« zur Schau zu tragen und nicht »parteilich« genug zu sein; erst nach langen Diskussionen wurde ihm 1941 für Teil IV der Stalinpreis verliehen. Šolochov stellt die Kosaken nicht als eine reaktionäre Bevölkerungsgruppe dar, die sich aus reinem Konservatismus den Weißen anschloss, sondern als traditionsverbundene, stolze und unabhängige Freiheitshelden. Auch für die Kosaken, die sich gegen die Roten stellen, zeigt der Autor viel Verständnis und Zuneigung – und das macht sein Epos so menschlich. Es ist nachgewiesen worden, dass der Roman eine Mischung aus Zeitdokument und Fiktion ist. Merkwürdigerweise wird Grigorij Melechov zuweilen als »der Hamlet der Steppe« hingestellt – und das, obwohl er durchaus entscheidungsfreudig und handlungsfähig ist. Die historische Bedeutung von Šolochovs Epos liegt gerade in der Tatsache begründet, dass er am Beispiel der Hauptperson das Suchen von Millionen von Sowjetbürgern dargestellt hat, das ewige russische Suchen nach sozialer Gerechtigkeit in einer chaotischen Welt. Sowjetkritikern zufolge war der Schwerpunkt des Romans das Schicksal des negativen Helden – Melechov sei zum Untergang verurteilt, weil er sich nicht für die Revolution entscheidet –, und diese Revolution sei doch eine historische Notwendigkeit gewesen. Melechov stelle sich also gegen die Geschichte. Lukács schreibt das Scheitern des Helden »der Psychologie des zweifelnden mittelgroßen Bauern« zu, und manche westliche Kritiker sehen in Šolochovs Epos einen Protest gegen die Sowjetmacht

Die handelnden Personen werden großartig gezeichnet, ihre Gewohnheiten und ihre Sprache sind in hohem Maße individualisiert, sie sprechen eine reiche, expressive Sprache, die häufig derb (ethnographischer Naturalismus), aber immer farbig ist. Zahlreiche Sprichwörter und Kosakenlieder sorgen für das erforderliche südrussische Lokalkolorit. Der Emigrant Tchorževskij nannte Šolochovs leidenschaftliche, vitalistische Betrachtungsweise des Lebens mit dessen scharfem Auge und Sinn für Humor sowie dessen Liebe zur heimatlichen Scholle »heidnischen Realismus«. Das Buch hat weltweit ein in die Millionen gehendes Lesepublikum gefunden.

Viel schwächer ist dagegen Šolochovs zweiter großer Roman *Neuland unterm Pflug*. Der erste Teil erschien 1932 und wurde ein enormer Erfolg. Das Thema – die Kollektivierung der Landwirtschaft – war aktuell, und das damit einhergehende menschliche Drama nahm gigantische Ausmaße an. Šolochov beschreibt – nicht so objektiv wie in *Der stille Don*, wohl aber naturalistisch – den »harten Klassenkampf« in der Provinz, so dass der Roman die Praxis der Kollektivierung dennoch verdeutlicht. Teil I beschreibt den mühsamen Kampf, den der Leningrader Kommunist Semën Davydov in einem am Don gelegenen Dorf als Verantwortlicher für den von der Partei auferlegten Umwandlungsprozess führen muss. Obwohl das Werk in literarischer Hinsicht schwächer ist als *Der stille Don*, ist es als Zeitdokument dennoch von Bedeutung. In Teil II, der erst 1960 herauskam, zettelt der weiße Offizier Polovcev eine Verschwörung an: Zusammen mit Kulaken, reaktionären mittelgroßen Bauern, mit Hilfe des Auslands und auch vor Mord und Sabotage nicht zurückschreckend wollen sie die Kollektivierung verhindern. Ihre Pläne kommen ans Licht, Davydov verliert dabei jedoch das Leben. Die eigentliche Bedeutung des Buches liegt in der getreuen Darstellung der »Dekulakisierung«, die in der propagandistischen Parteiliteratur gewöhnlich vertuscht wurde, und in der Charakterisierung der handelnden Personen, die mit viel Humor gezeichnet werden. Die politische Botschaft des Werkes könnte lauten, dass die theoretisch richtige Kollektivierung in der Praxis für die individualistischen Kosakenbauern ungeeignet war. Anfangs konnte der Roman nicht die Zensur passieren: Šolochov war möglicherweise gegenüber eher negativen Figuren zu mild (u.a. sind die Frauen im Roman wollüstig, drücken sich vulgär aus und sind gegen die Kolchosen). Mit Blick auf die kollektiven Bauernhöfe zieht der Autor folgenden gelungenen Vergleich heran: »Ich hab' geschuftet, bis mir der Schweiß auf der Stirn stand, und jetzt soll ich alles in den gemeinsamen Topf werfen: mein Vieh, mein Getreide, mein Federvieh und mein Haus? Das ist ungefähr dasselbe, als müsse man seine Frau einem anderen Mann überlassen und ginge selbst zu den Huren.«

11.5.4. Solženicyn

ALEKSANDR ISAEVIČ SOLŽENICYN (*1918) ist der dritte der fünf russischen Nobel-preisträger, für den diese literarische Auszeichnung mit Verschmähungen seitens der Sowjetbehörden einherging. Er wuchs in Rostow am Don auf, wo er 1936 an der örtlichen Universität ein Mathematikstudium aufnahm. Zugleich absolvierte er einen Fernkurs am Moskauer Institut für Geschichte, Philosophie und Literatur. 1941 zog er als Artillerieoffizier an die Front. Anfang 1945 wurde er in Ostpreußen verhaftet, weil er sich in Briefen an einen Schulfreund kritisch über Stalin geäußert hatte. Er wurde zu acht Jahren Arbeitslager und zu lebenslanger Verbannung in Kasachstan verurteilt. 1957 wurde er rehabilitiert und durfte in den europäischen Teil Russlands zurückkehren. In Rjasan wurde er Mathematiklehrer an einem Gymnasium und begann unter strengster Geheimhaltung mit der Niederschrift seiner Lagererfahrungen. 1961 übergab er Aleksandr Tvardovskij, dem Chefredakteur der liberalen Zeitschrift *Novyj mir*, das Manuskript von *Odin den' Ivana Denisoviča* (Ein Tag des Ivan Denisovič), einer langen Erzählung (povest') über einen Durchschnittstag des Durchschnittsgefangenen Ivan Denisovič in einem sowjetischen Straflager. Tvardovskij war sehr beeindruckt, ihm war aber klar, dass die Zensur diesem Werk die Zustimmung verweigern würde, und bat darum Chruščëv persönlich um das Imprimatur. 1962 veröffentlichte die Zeitschrift Solženicyns Debüt, es schloss sich eine Ausgabe in Buchform an. *Ein Tag des Ivan Denisovič* entwickelte sich zum größten literarischen Erfolg seit dem Zweiten Weltkrieg; auf einen Schlag war der Autor berühmt, auch im Ausland. Die Folge davon war, dass Sowjetverlage und -zeitschriften mit Werken über den Terror unter Stalin überhäuft wurden; es wurden jedoch nur ganz wenige zugelassen (siehe Michail Geller, *Koncentracionnyj mir i sovetskaja literatura*, Die Welt der Konzentrationslager und die Sowjetliteratur, London 1974). Auch Solženicyn selbst war Zensureingriffen ausgesetzt: In den folgenden Jahren konnten lediglich ein paar seiner Erzählungen offiziell erscheinen. *Novyj mir* schlug ihn für den Leninpreis 1964 vor. Doch in demselben Jahr wurde Chruščëv gestürzt, und damit setzte die Kritik an dem Werk und dessen Autor ein: *Ein Tag des Ivan Denisovič* sollte auf einmal »in ideeller und künstlerischer Hinsicht anfechtbar« sein. *Novyj mir* kündigte für das Jahr 1965 den Roman *V kruge pervom* (Im ersten Kreis) an, und 1966 äußerte sich der Schriftstellerverband positiv über *Rakovyj korpus* (Krebsstation). Daraufhin initiierte der KGB eine Verleumdungskampagne: Solženicyn sei Jude und habe während des Krieges kollaboriert sowie weitere Lügen dieser Art. Der verleumdete Schriftsteller richtete einen »Offenen Brief« an den Schriftstellerkongress von 1967, in dem er den Schriftstellerverband aufforderte, die Zensur abzuschaffen und sich für seine Mitglieder einzusetzen. Die Behörden verweigerten die Veröffentlichung der Romane, so dass sie 1968 im Ausland erschienen. 1969 wurde Solženicyn aus dem Schriftstellerverband ausgeschlossen, 1970 Tvardovskij entlassen. Als Solženicyn im selben Jahr der Nobelpreis verliehen wurde (»in Anerkennung der ethischen Kraft, mit der er die unersetzlichen Traditionen der russischen Literatur fortgesetzt hat«), brach bei der Partei Hysterie aus. Aber im Gegensatz zu Pasternak nahm der »gehärtete« Exgefangene stolz die Auszeichnung an und entwickelte sich für viele Landsleute zu einer Art »Gewissen der Nation« (er wurde nicht zu Unrecht häufig mit Lev Tolstoj verglichen). In den Jahren 1973 – 1975 erschien in Paris *Archipelag Gulag* (Archipel GULag, 3 Bände), eine umfangreiche »künstlerische Studie« über die Welt der Konzentrationslager in der Sowjetunion. Das Werk wurde im Westen ein Kassenschlager und war lange Zeit eines der gefragtesten verbotenen Bücher in der Sowjetunion. In *Pis'mo k voždjam Sovetskogo Sojuza* (Offener Brief an die Führung der Sowjetunion, 1973) hatte der Systemkritiker einen Dialog mit der Führung angestrebt. Anfang 1974 wurde er des Landes verwiesen. Im Jahre 1975 erschien *Bodalsja telënok s dubom* (Es kämpfte das Kälbchen gegen die Eiche), seine Studie über das literarische Leben in der UdSSR von 1961 bis 1974. In diesen literarischen Memoiren zieht der Autor ziemlich barsch über Tvardovskij her; auch lässt er sich geringschätzig über Pasternak aus, der so »feige« gewesen sei und den Nobelpreis abgelehnt habe. Von 1976 bis 1994 lebte Solženicyn in den USA, wo er unverzagt an *Krasnoe koleso* (Das rote Rad, 1971 – 1991) arbeitete, einem breit angelegten epischen Werk über die russische Revolution und die Periode, die dieser unmittelbar voranging. Der Besitz von Werken Solženicyns war in der Sowjetunion strafbar. Im Jahre 1994 kehrte er nach Russland zurück, wo er vor allem als Publizist das moralische Leben nach dem Fall des Kommunismus in den Griff zu bekommen versuchte.

Als Publizist und Polemiker war Solženicyn ohne Zweifel die meistdiskutierte Persönlichkeit unter den Sowjetdissidenten. Sein umstrittener Ruf beruht auf *Archipel GULag, Offener Brief an die Führung der Sowjetunion* und auf Reden und Interviews aller Art im Westen. Anfang 1973 schickte er einen Brief an die sowjetische Führung, in dem er seine Sicht der Probleme, mit denen sich das Land seiner Meinung nach konfrontiert sah, zur Sprache brachte. Als er überhaupt keine Reaktionen darauf erhielt, wurde der Brief im Westen veröffentlicht. Solženicyn unterbreitete hierin Vorschläge, um die »nationale Katastrophe, die uns bedroht« zu verhindern. Erstens sollte sich die sowjetische Führung in ihrer Außenpolitik von nationalen Interessen leiten, d.h. Osteuropa und »Befreiungsbewegungen« aller Art fallen lassen. Im Konflikt mit China sollte sie »die tote Ideologie«, den Marxismus, lieber den Chinesen überlassen. Zweitens müsse eine Umweltkatastrophe um jeden Preis verhindert werden. Als Ideal sah Solženicyn nicht die »Konvergenz« mit dem Westen (Andrej Sacharovs Ideal), sondern den Isolationismus, konkret die Entwicklung des Nordosten Russlands in nationaler und handwerklicher Hinsicht. Außerdem schlug der Schriftsteller Folgendes vor: Abschaffung der Kolchosen, Reduzierung der Verteidigung, Wiederherstellung der Orthodoxie (und Freiheit zur religiösen Erziehung), Wiedereinführung der demokratischen Freiheiten, Toleranz, politische Amnestie, Neubewertung von Bildung und Familie und schließlich Rückkehr zu einem autoritären (= paternalistischen) Regime.

Den letztgenannten Vorschlag verstand Solženicyn als Übergangslösung vom totalitären Sowjetregime zur Demokratie. Damit zog er sich aber den Zorn der russischen Dissidenten Aleksandr Janov, Efim Ėtkind und Valerij Čalidze sowie vieler westlicher Kritiker zu, die seine Kritik am Westen nicht hinnahmen. Solženicyn warf den westlichen Demokratien vor, dass es ihnen an Standhaftigkeit fehle, die Freiheit zu verteidigen, und dass sie vor der Sowjetführung kapitulieren würden. Der Westen sei dem Terrorismus, der organisierten Kriminalität und der moralischen Dekadenz gegenüber machtlos. Seit Erscheinen des *Archipel GULag* Mitte der siebziger Jahre war er sowohl im Westen als auch in der Sowjetunion Gegenstand nicht enden wollender Diskussionen. Obwohl schon vor Solženicyn zahlreiche Werke über die Lager und den Terror des Sowjetregimes erschienen waren, stellte Solženicyns drei umfangreiche Bände zählende »künstlerische Studie« das erste Werk dar, das die Geister im Westen wachrüttelte. In dieser monumentalen Untersuchung, die auf Solženicyns eigenen Erfahrungen und auf denen von 227 Lagerinsassen beruht, geht der Autor der grundsätzlichen Frage nach, wer für dieses Leid mehrerer Dutzend Millionen Sowjetbürger die Schuld trägt. In seinen Augen liegt die Verantwortung nicht bei einer einzigen Person (Stalin), sondern bei der Ideologie an sich. Gerade diese Auffassung, die der Autor so konsequent verteidigt und so »impressionistisch« formuliert, hat die Sowjetbehörden rasend gemacht. Dass sie jedoch nicht an der dokumentarischen Bedeutung des Buches zweifelten, ergibt sich aus der Tatsache, dass die Partei einen Raubdruck für hohe Parteifunktionäre in Umlauf gebracht hat. Solženicyns Auffassung von der sowjetischen Geschichte, der Stalinperiode und dem Kommunismus hat das Denken der »nouveaux philosophes« in Frankreich (mit André Glucksmann als führendem Kopf) fundamental beeinflusst.

Solženicyns literarisches Debüt, *Ein Tag des Ivan Denisovič*, wird von vielen als das Meisterwerk des damals noch unbekannten Schriftstellers betrachtet, auch in technischer Hinsicht. Er beschreibt minutiös einen Tag aus dem Lagerleben des einfachen, aber rechtschaffenen »zek« (= Gefangener) Ivan Denisovič Šuchov, dessen einzige Sorge es ist, zu überleben und dabei seine Würde nicht zu verlieren. In seinem Schicksal wird die Erfahrung einer ganzen Generation komprimiert. Solženicyn schreibt sachlich und eindringlich und klagt nicht an (darum konnte das Buch auch in der Sowjetunion veröffentlicht werden). Die Sprache des einfachen »zek«, von dessen Standpunkt aus das Geschehen betrachtet wird (innerer Monolog neben einem Erzähler in der dritten Person), ist mit volkstümlichen Redewendungen, Sprichwörtern und Lagerjargon durchsetzt. Auch *Matrënin dvor* (Matrënas Hof, 1963) machte auf den Sowjetleser starken Eindruck. Der Hof des pravednik (= rechtschaffener Mensch) Matrëna ist eine Oase der Güte in einer ungerechten

Welt; der einzige Sinn des Lebens dieser vom Schicksal schwer geprüften alten Bäuerin ist es, sich uneigennützig für andere einzusetzen.

Während *Ein Tag des Ivan Denisovič* die Erzählung über ein Lager ist, das aus der Sicht eines einfachen Mannes aus dem Volk beschrieben wird, spielt *Im ersten Kreis* sich in einem Spezialgefängnis für Gelehrte (= šaraška) ab. Der ehrgeizige junge Diplomat Volodin wird mit Hilfe eines Stimmendetektors überführt, der in solch einer šaraška von einem gewissen Rubin (in Wirklichkeit Lev Kopelev) gebaut worden ist. Die Frage ist, ob diese Wissenschaftler ihre Kenntnisse einem unmenschlichen Terrorsystem verkaufen werden (und sich damit retten können), oder ob sie in ein richtiges Lager eingeliefert werden. Es ist ein statischer Roman, ohne psychologische Entwicklung. Die Anspielung auf Dantes »Inferno« (den ersten Kreis der Hölle) bestimmt auch die Romanstruktur. Ebensowenig episch ist *Krebsstation*, das sich Anfang 1955 in einem Krankenhaus in Taschkent abspielt. Die Aufmerksamkeit konzentriert sich auf das tägliche Leben auf solch einer Station, auf die Biografien und die Charaktere der Patienten. Der allwissende Erzähler macht die Geschichte kohärent, indem er die handelnden Personen mit dem bevorstehenden Tod konfrontiert. Der Schluss ist pessimistisch: Weder im Leben der genesenen Patienten noch in der Gesellschaft, die sich aus Stalins Tyrannei befreit hat, treten Verbesserungen ein. Die Probleme, die der Autor in diesen Werken thematisiert, sind moralischer Natur, obwohl sie immer deutlich sozial bestimmt sind. Von Bedeutung ist das Problem der überall anwesenden Lüge und die Frage nach der persönlichen Verantwortung. Wie kann der Mensch inmitten eines Ozeans aus Gewalt und Terror seine Würde bewahren? Positive »Helden« sind Kostoglotov (der in *Krebsstation* dem blinden Parteifunktionär Rusanov gegenübergestellt wird) und die volkstümlichen Figuren Šuchov, Matrëna und der »zek« Spiridon (*Im ersten Kreis*). Doch der Autor idealisiert sie nicht, es sind geduldige Durchschnittsmenschen, die das Unrecht ertragen und sich nicht auflehnen. Eher enttäuschend ist der historische Roman *August Vierzehn*, der die Niederlage der russischen Armee in der Tannenberg-Offensive im Sommer 1914 behandelt. Die detaillierten Beschreibungen von Militäroperationen sind zu ausführlich und zu wenig integriert. Das Einfügen von Zeitungsberichten erinnert an John Dos Passos.

Es ist auf Parallelen zwischen Solženicyn und Lev Tolstoj hingewiesen worden: Kennzeichnend hierfür sind Solženicyns moralische Besorgnis, seine psychologische Analyse, seine in der Tolstoj'schen Tradition stehende Syntax und die sparsame, aber genaue Metaphorik sowie die zahlreichen Verweise in seinen großen Romanen auf Tolstoj als den Autor von *Die Auferstehung* und als religiösen Denker. Doch als Novellist ist Solženicyn nicht so belehrend wie Tolstoj in seiner zweiten Periode. Solženicyns gesamtes Œuvre stellte eine Herausforderung an die Adresse der Sowjetliteratur dar. Die Wahl der Themen, deren Bearbeitung, die Verspottung von Sowjetheiligen (beispielsweise Aleksej Tolstoj) und die implizite Anklage des »positiven Helden« des sozialistischen Realismus (beispielsweise Rusanov) führten dazu, dass die beiden großen Romane *Krebsstation* und *Im ersten Kreis* nicht in der Sowjetunion publiziert werden konnten (erst die Glasnost hat Solženicyn zu einem der populärsten Schriftsteller gemacht). Auch seine mächtigste Waffe – die Ironie – ist meistens tödlich für die offizielle Ideologie. In seinem »polyphonen« Roman (den Worten des Autors zufolge bedeutet dies, »dass jeder Charakter zum Hauptcharakter wird, sobald er das Handlungsfeld betritt«) setzt er die skaz-Tradition fort, mit viel Volkstümlichem und lebendiger Umgangssprache. Seine große diesbezügliche Inspirationsquelle war das *Bedeutungswörterbuch der lebenden großrussischen Sprache* von Vladimir Dal' aus dem 19. Jahrhundert, eines der Bücher, die er im Gefängnis ungestört hatte lesen können. Diesem Werk entnahm er Archaismen, Neologismen und Purismen und häufig sehr expressive Wörter (siehe Vera Carpovich, *Trudnye slova u Solženicyna / Solzhenitsyn's Peculiar Vocabulary*, New York 1976). Solženicyn hat immer seine Sorge zum Ausdruck gebracht, das Russische sei unter den Bolschewiken heruntergekommen und verarmt, aber sein Aufschrei wird wahrscheinlich der des Predigers in der Wüste bleiben, auch nachdem 1990, im Solženicyn-Jahr, nach seiner vollständigen Rehabilitierung, das von ihm zusammengestellte *Russkij slovar' jazykovogo rasširenija* (Russisches Wörterbuch der Sprachbereicherung) erschienen ist. In dieses Werk hat er nicht mehr gebräuchliche sowie landschaftlich geprägte Wörter und Ausdrücke aufgenommen, die seines Erachtens wieder in die russische Literatursprache Eingang finden sollten. In der russischen Literatur war Solženicyn ohne Zweifel der größte Unruhestifter seit Lev Tolstoj.

11.5.5. Brodskij

Der größte Dichter der Nachkriegsgeneration war der jüdisch-russische Dichter IOSIF BRODSKIJ (1940 – 1996). Die reiche Kultur, die aus seinen Versen spricht, hatte er durch Selbststudium erworben. Er zählte sich zu »der Generation von 1956«, die den Ereignissen in Ungarn machtlos gegenüberstand, seine Poesie aber ist apolitisch und sicher nicht antisowjetisch, obwohl er sich darin auch polemisch mit seiner Zeit auseinandersetzt und sich sarkastisch über das eigene Schicksal äußert (siehe *Das Ende einer schönen Epoche*). 1964 wurde er wegen »Parasitentums« (tunejadstvo) zu fünf Jahren Verbannung in den Norden Russlands verbannt. Der Protest im In- und Ausland war so groß, dass er 1965 nach Leningrad zurückkehren durfte. 1972 musste er die Sowjetunion verlassen. In einem an Brežnev gerichteten Brief schrieb er: »Ich bin in Russland geboren und aufgewachsen, und alles, was ich auf der Welt besitze, habe ich Russland zu verdanken ... Obwohl ich nun meine russische Staatsbürgerschaft verliere, höre ich nicht auf, ein russischer Dichter zu sein. Ich glaube an meine Rückkehr; Dichter kommen immer zurück, sei es persönlich oder auf dem Papier.« Er wohnte in Amerika, wo er sich in Nabokovs Fußspuren zu einem zweisprachigen Schriftsteller entwickelte (Joseph

Brodsky). In den Jahren 1972 – 1974 zirkulierte eine fünfbändige Ausgabe von Brọdskijs Gedichten, Prosawerken und Übersetzungen im Untergrund.

Als ihm 1987 der Nobelpreis verliehen wurde, ging das den Sowjetbehörden anfangs gegen den Strich; doch schon gegen Ende desselben Jahres wurden in der Sowjetunion ein paar seiner Gedichte veröffentlicht. Im Jahre 1990 erschien der Sammelband *Osẹnnij krik jạstreba* (Der Herbstschrei des Habichts). Auf seine erst danach erfolgte Rehabilitierung (1990) könnten sich seine eigenen Worte beziehen: » ... und beim Wort ›das Kommende‹ laufen aus der russischen Sprache die Mäuse heraus, und haufenweise nagen sie von dem leckeren Stück der Erinnerung, die so löchrig ist wie Käse.« In der Rede bei der Verleihung des Nobelpreises sagte Brọdskij: »Solange sich der Staat in die Literatur einmischt, solange hat die Literatur das Recht, sich in die staatlichen Angelegenheiten einzumischen.«

Brọdskij ließ seine Gedichte anfangs von anderen ins Englische übersetzen, doch in den letzten Jahren tat er dies bei den auf Russisch geschriebenen Gedichten selbst, was ihm von manchen übel genommen wurde. Seine »englischen« Gedichte seien zu archaisch und exotisch.

Brọdskijs Gedichtbände erschienen in Amerika: *Stichotvorẹnija i poẹmy* (Gedichte und Poeme, 1965), *Ostanọvka v pustyne* (Haltestelle in der Wüste, 1970); nach seiner Emigration erschienen *Konẹc prekrạsnoj ẹpọchi* (Das Ende einer schönen Epoche, 1977), *Čast' rẹči* (Redeteil, 1977; »Vom Menschen bleibt nur ein Teil einer Rede übrig. Ein Redeteil. Einfach so – Redeteil«) und *Rịmskie ẹlẹgii* (Römische Elegien, 1982). Brọdskij verlieh in klassischen Formen, in einer reichen Struktur und in reichen Bildern der Komplexität des modernen Menschen Ausdruck (siehe das schöne Beispiel für seine Metaphorik in *Glagọly*, Wörter). Er war mit der Poesie der polnischen Dichter Norwid und Gałczyński, mit der Bibel (*Isaạk i Avraạm*, Isaak und Abraham) und mit der englischen und amerikanischen Poesie vertraut. Er fühlte sich insbesondere von den englischen metaphysical poets aus dem 17. Jahrhundert angezogen, die er übersetzt hat (siehe die *Bol'šạja ẹlẹgija Džọnu Dọnnu*, Große Elegie für John Donne, 1963). Im Jahre 1965 verfasste er *Stichị na smert' T. S. Ẹliọta* (Verse auf den Tod T. S. Eliots), nach dem Vorbild von W. H. Audens *In Memory of W. B. Yeats* (1939). Das Problem des Todes inspirierte ihn zu Elegien und Klageliedern (*Šẹstvie*, Die Prozession), die religiös sind und entweder auf das Alte Testament zurückgehen oder ein Thema aus der griechischen Mythologie behandeln (*Nọvye stạnsy k Ạvguste*, Neue Stanzen an Augusta, 1983). Als metaphysischer und europäischer Dichter stand Brọdskij in der zeitgenössischen russischen Lyrik auf einsamer Höhe.

1986 erschien *Less than one* (dt. Titel: Erinnerungen an Leningrad), ein in Englisch verfasster Band mit autobiografischen Essays, Beschreibungen von Städten, historischen Betrachtungen und literarischen Kommentaren zu seinen Lieblings-dichtern (u.a. Achmạtova, Cvetạeva, Kavafis, Platọnov) sowie einem schönen Stück über seine Eltern in Leningrad mit dem Titel *In a Room and a Half*. 1989 fasste er seine Sicht Venedigs in *Watermark* in Worte (*Naberežnaja Neiscelimych* / Fundamenti degli Incurabili; dt. Titel: Ufer der Verlorenen), einer Stadt, mit der er als jemand aus dem Norden eine gewisse Verwandschaft fühlte (Petersburg wird zuweilen als »Venedig des Nordens« bezeichnet), insbesondere mit der Trostlosigkeit des Wassers.

12. Samizdạt und tamizdạt (1956 – 1985)

12.1. Die »andere Stimme« Russlands in Zeitschriften

Gegen Ende der fünfziger Jahre begannen in Moskau, Leningrad und einigen anderen großen Städten Untergrundzeitschriften zu zirkulieren. Neben rein literarischen Werken enthielten sie philosophische Essays und publizistische Beiträge. Sie existierten wegen der Repressionen von Seiten der Behörden meist nur für kurze Zeit. Einige der berühmtesten samizdạt-Zeitschriften waren *Sịntaksis* (Syntax), *Bumerạng*, *Fẹniks* (Phönix), *Kọlokol* (Die Glocke), *Sfịnksy* (Sphinxen), *Rụsskoe Slọvo* (Das russische Wort), *Sẹjatel'* (Der Sämann), *Vẹče* (= Volksversammlung im Mittelalter). In der Sowjetunion zirkulierte sogar der sogenannte seksizdạt für die auf sexuellem Gebiet ausgehungerten Sowjetbürger. Viele dieser Zeitschriften erreichten häufig gar nicht erst den Westen. Sie wurden durch Periodika ergänzt, die im Ausland (= tamizdạt) erschienen und in die Sowjetunion geschmuggelt wurden. Am längsten besteht *Vẹstnik rụsskogo christiạnskogo dvižẹnija* (Bote der russischen christlichen Bewegung, Paris), der seit 1924 erscheint und sich auf Theologie und Philosophie verlegt hat, aber auch über russische Literatur und über die Geschichte der Emigration schreibt. Im Amerika kommt seit dem Zweiten Weltkrieg *Nọvyj žurnạl* (The New Review) heraus, ein Blatt, das sich der Literatur, Geschichte und Politik widmet. Umfangreiches Tatsachenmaterial über die Sowjetunion veröffentlichte die »sozial-politische« Zeitschrift *Posẹv* (Die Saat, Frankfurt am Main), die sich hinter die Ideologie von NTS (= russische »Solidaristen«) stellte.

Dasselbe gilt für das literarische Blatt von NTS, *Grạni* (Facetten). Religiös orientiert sind *Rụsskoe vozrožḍenie* (Die russische Wiedergeburt, Paris – New York – Moskau) und *Nadẹžda* (Die Hoffnung, Moskau – Frankfurt). Literarisch und künstlerisch sind *Sịntaksis* (Paris, seit 1978, Red. Andrẹj Sinjạvskij), *Trẹt'ja volnạ* (Die dritte Welle, seit 1976, Red. Aleksạndr Glẹzer), *Ẹcho* (Echo, seit 1977, Red. Vladịmir Maramzịn), *Glagọl* (Das Wort, Literaturalmanach, Red. Ellendea und Carl Proffer, USA), *Vrẹmja i my* (Die Zeit und wir, seit 1975, Israel – Amerika, Red. V. Perel'mạn. *Dvạdcat' dva* (Zweiundzwanzig, seit 1978, Israel) ist die politische und literarische Zeitschrift der Sowjetjuden in Israel, *Vẹče* (Red. Evgẹnij Vạgin) ein Sprachrohr russischer Nationalisten. Bei weitem die wichtigste Zeitschrift für die Opposition in der Sowjetunion und ganz Osteuropa war *Kontinẹnt* (seit 1974) mit dem Chefredakteur Vladịmir Maksịmov. All diese Zeitschriften bezogen ihr Material größtenteils aus der Sowjetunion.

Einer der größten und aktivsten Fürsprecher der in der Sowjetunion nicht akzeptierten Literatur ist der deutsche Slawist Professor Wolfgang Kasack (Universität Köln), der Dutzende verbotener literarischer Werke für die Nachwelt gerettet hat. 1992 erschien sein beeindruckendes *Lexikon der russischen Literatur des 20. Jahrhunderts*, in dem die gesamte russischsprachige Literatur des 20. Jahrhunderts vereint worden ist, ungeachtet des Ortes, an dem die einzelnen Werke entstanden sind. 1996 erschien dieses unentbehrliche Nachschlagewerk auf Russisch in Russland (*Leksikon russkoj literatury XX veka*).

12.2. Vergangenheit und Gegenwart in Literatur, Publizistik und Memoiren

Die interessantesten Memoiren über die sowjetische Geschichte konnten in der UdSSR vor der Glasnost nicht erscheinen. Sogar die *Vospominanija* (Erinnerungen) des ehemaligen Parteichefs Nikita Chruščëv durften nur im Ausland veröffentlicht werden (Lenins politisches Testament – *Zaveščanie* – konnte erst in der Glasnost-Periode erscheinen). Für eine Sensation im Westen sorgten die Erinnerungen von Stalins Tochter SVETLANA ALLILUEVA in *Dvadcat' pisem k drugu* (20 Briefe an einen Freund, 1967) an ihren Vater, in denen sie das Privatleben des Diktators beschreibt. Sie versucht sich an die guten Seiten ihres Vaters zu erinnern und schiebt einen Teil der Schuld an den Verbrechen der Stalinzeit Berija, dem damaligen Chef der Geheimpolizei, in die Schuhe. 1967 flüchtete Svetlana Allilueva in den Westen, wo sie 1969 *Tol'ko odin god* (Nur ein Jahr) herausgab. Darin erzählt sie, warum sie mit dem Kommunismus gebrochen habe. Für nochmaliges weltweites Aufsehen sorgte Allilueva durch ihre Rückkehr in die Sowjetunion im Jahre 1984.

Das zentrale Thema der hier behandelten Werke ist die stalinistische Vergangenheit. Eines der beeindruckendsten Zeugnisse über die Stalin-Ära, das bereits früh im Westen bekannt wurde, ist *Krutoj maršrut* (Harte Marschroute, 1967) von EVGENIJA GINZBURG (1906 – 1977), der Mutter von Vasilij Aksënov. Die Autorin war eine überzeugte Kommunistin, die auch nach 16 Jahren Lager und Verbannung ihren Glauben an den »authentischen Kommunismus« nicht verloren hatte. Heinrich Böll nannte dieses Buch eine »Analyse und Reflexion über diesen Archipel der Absurdität in einem absurden Land«.

Von großer dokumentarischer Bedeutung ist *Moi vospominanija* (Meine Erinnerungen, 1971) von EKATERINA OLICKAJA, einem der wenigen Mitglieder der Partei der Sozialrevolutionäre, das die Massenabschlachtungen unter Lenin und Stalin überlebt hat. Im Gegensatz zu vielen anderen schreibt sie viel über die Lager der zwanziger Jahre (u.a. über Solovki). Olickaja verbrachte nahezu 30 Jahre in Lagern und Verbannung (1924 – 1953).

Das grausamste Buch über die Sowjetlager wurde von VARLAM ŠALAMOV (1907 – 1982) geschrieben, der insgesamt 17 Jahre in den Todeslagern von Kolyma verbracht hat. Bereits in den sechziger Jahren zirkulierte sein *Kolymskie rasskazy* (Geschichten aus Kolyma, 1978) im samizdat. 1943 wurde er zu zehn Jahren Lagerhaft verurteilt,

410

weil er gesagt hatte, dass Bunin »ein Klassiker der russischen Literatur« sei. Neben Solženicyns *Archipel GULag* gehören Šalamovs Geschichten über Kolymạ zu den wichtigsten Zeugnissen über diese Eiterbeule der Sowjetgesellschaft. Während Solženicyn aber hauptsächlich vom Innenleben (und der Vergangenheit) der Gefangenen erzählt, beschreibt Šalamov minutiös ihre physischen Leiden. In Kolyma erreichte er – mit Solženicyns Worten gesprochen – »den Abgrund der Verrohung und der Verzweiflung«. In *Očerki blatnogo mira* (Skizzen über die Welt der Kriminellen, samizdat, sechziger Jahre) behauptet Šalamov, dass die amoralischen, unmenschlichen und grausamen Praktiken und der Verhaltenscodex der »blatari« (= Schwerverbrecher) die gesamte Sowjetgesellschaft ergriffen hätten. Die einzige Hoffnung, der letzte Halt, der dem körperlich und geistig gebrochenen Menschen noch geblieben ist, sei die Natur. Šalamovs Zeugnis über den GULag ist »eines der ergreifendsten« (Amal'rik) und »zugleich einer der literarischen Höhepunkte der letzten Jahre« (John Updike).

In *Detstvo v tjur'me* (Kindheit im Gefängnis, 1972) beschreibt PËTR JAKIR nüchtern seine Kindheit in Kolonien für Minderjährige. Sein Vater war General im Bürgerkrieg und wurde 1937 standrechtlich erschossen (»Die Revolution entlässt ihre Kinder«, so Wolfgang Leonhard). Als »Sohn eines Volksfeindes« wurde Pëtr zu Dieben, Pflastertretern und verwahrlosten Kindern gesteckt. Ebenfalls in der Stalinzeit spielt sich *Moj papa ubil Michoėl'sa* (Mein Papa hat Michoėl's ermordet, 1978) ab, die extravagante Erzählung von VLADIMIR GUSAROV über den ideologischen Generationskonflikt zwischen dem andersdenkenden Sohn und dem Vater, der ein orthodoxer Parteikarrierist ist. In ihr wird die Atmosphäre der Scheinheiligkeit, der Lügen und des voždizm (Vergöttlichung des Führers) beschrieben.

Das Opus Herculeum über den Stalinterror ist natürlich Solženicyns *Der Archipel GULag*. Der Prototyp für Lev Rubin in seinem Roman *Im ersten Kreis* ist LEV KOPELEV (1912 – 1997), der seine Erinnerungen in *Chranit' večno* (Aufbewahren für alle Zeit, 1975) zu Papier gebracht hat. Kopelev wurde gefangengenommen, weil er gegen die Grausamkeiten der Roten Armee protestierte, die diese in den Jahren 1944/1945 in Ostpreußen beging. Er irrte sich, als er erklärte: »Die Wahrheit, die ich verkünde, ist natürlich schmerzhaft, aber ein nasser Hund hat keine Angst vor dem Regen.« Er wurde aus dem Schriftstellerverband ausgeschlossen. In *Aufbewahren für alle Zeit* und in *I sotvoril sebe kumira* (Und schuf mir einen Götzen, 1978) skizziert Kopelev die »Lehrjahre« eines Kommunisten und den inneren Kampf, dem er ausgesetzt ist, als sein früherer Götze gestürzt wird. Eine andere Figur aus *Im ersten Kreis* (Sologdin) ist DMITRIJ PANIN nachempfunden, der diese Lagerzeit in *Zapiski Sologdina* (Sologdins Aufzeichnungen, 1973, in der Sowjetunion unter dem Titel *Lubjanka-Ekibastuz. Lagernye zapiski*, Lageraufzeichnungen, 1991, neu aufgelegt) beschreibt. Als Motto für sein Buch hat der Autor ein Zitat aus einem Brief Petrus' gewählt: »An ihnen hat sich erwiesen die

411

Wahrheit des Sprichworts: ›Der Hund frisst wieder, was er gespien hat, und die Sau wälzt sich nach der Schwemme wieder im Dreck‹.« (2. Petrus 2, 22).

Eines der ersten Werke, das zu Beginn der sechziger Jahre im samizdạt zirkulierte und sich großen Erfolgs erfreute, war *Opustẹlyj dom* (Ein leeres Haus, 1965) von LỊDIJA ČUKỌVSKAJA (1907 – 1996), der Tochter des in der Sowjetunion berühmten Kinderbuchautors Kornẹj Čukọvskij. Im Jahre 1972 erschien ihr *Spusk pod vọdu* (Untertauchen). Beide Novellen behandeln die Tragödie der Frau in der Stalinzeit und verdienen besondere Aufmerksamkeit, weil sie zu jener Zeit entstanden und ohne Änderungen veröffentlicht worden sind. Hierdurch gewinnen wir Einblicke in die Denkwelt einer Intellektuellen, die in dieser Periode der kollektiven Sinnestäuschung gegen den Strom zu schwimmen wagte und eine Auffassung vertrat, die nicht durch später gewonnene Erfahrungen und Einsichten beeinflusst ist! In *Untertauchen* beschreibt die Autorin in Tagebuchform ihren Aufenthalt in einem Erholungsheim für Schriftsteller und ihren erhabenen Versuch, unter die Oberfläche des allerorts herrschenden Wahnsinns und Terrors zu tauchen. In einem offenen Brief an Šọlochov (1966) hat Čukọvskaja diesem Paradepferd der Sowjetliteratur vorgeworfen, bei der Unterdrückung andersdenkender Schriftsteller eine widerliche Rolle zu spielen. Von großer dokumentarischer Bedeutung sind ihre *Zapịski ob Ạnne Achmạtovoj* (Aufzeichnungen über Anna Achmatova, 1976).

Aber auch die Welt der poststalinistischen Lager und Gefängnisse ist in der Literatur ausführlich dokumentiert worden. Das bekannteste Beispiel hierfür ist *Moị pokazạnija* (Meine Aussagen, 1969) von ANATỌLIJ MẠRČENKO, einem Arbeiter, der im Zusammenhang mit einer Schlägerei irrtümlicherweise inhaftiert wurde. Es ist der erste, ausführliche Bericht über ein Sowjetarbeitslager in den sechziger Jahren, »ebenso schrecklich wie die Lager unter Stalin«. Das Bild, das der Autor von den »Arbeits- und Besserungslagern« zeichnet, ist so furchterregend, dass die Behörden ihn nach dessen Veröffentlichung im Westen erneut inhaftiert haben. Mạrčenko schreibt u.a. über Gefangene, die sich selbst verstümmeln oder sich auf die Stirn Losungen wie »Sklave der KPdSU«, »Sklave der UdSSR« oder »Lẹnin ist ein Leuteschinder« eintätowieren lassen.

Spannend erzählt MICHẠIL DẼMIN (1926 – 1984) in der Trilogie *Blatnọj* (Der Kriminelle, 1978), *Taëžnyj brodjạga* (Der Tajga-Landstreicher, 1978) und *Ryžij d'jạvol* (Der rote Teufel, 1987) vom Milieu der Kriminellen – und das alles wird ohne Schuldgefühle oder Hemmungen in einem mit Ausdrücken aus der Ganovensprache reichlich durchsetzten Russisch gebeichtet.

Bekanntheit genießen außerdem *Dnevnịki* (Tagebücher, 1973) und *Mordọvskij marafọn* (Mordovisches Marathon, 1979) von ẸDUẠRD KUZNECỌV. Eine Affäre um ihn sorgte für großes Aufsehen im In- und Ausland: 1970 versuchte er, ein Flugzeug zu entführen, um auf das Problem der jüdischen Emigration aus der Sowjetunion aufmerksam zu machen. Der Plan wurde vereitelt, die Entführer wurden zum Tode verurteilt, doch unter großem Druck des Auslandes zu 15 Jahren Lager begnadigt.

412

Über das schwere, aussichtslose Leben in einem kleinen sibirischen Dorf schreibt
ANDREJ AMAL'RIK (1938 – 1980) in *Neželannoe putešestvie v Sibir'* (Unfreiwillige
Reise nach Sibirien, 1970). Der junge Historiker Amal'rik hatte es gewagt, an der
Universität seine Diplomarbeit über die Normannen in der Kiewer Rus' zu schreiben – hiermit hatte er die Achillesferse der russischen Chauvinisten getroffen, und
hiermit begann sein Leidensweg als Andersdenkender. Er erlangte Weltruhm mit
dem Essay *Prosuščestvuet li Sovetskij Sojuz do 1984 goda?* (Kann die Sowjetunion
das Jahr 1984 erleben?, 1969), in dem er seine pessimistische Auffassung von der
Lebensqualität unter dem Sowjetregime in Worte fasste. 1980 veröffentlichte er
seine Memoiren unter dem Titel *Zapiski dissidenta* (Aufzeichnungen eines Dissidenten), die den Leser aufgrund ihrer Integrität und Bescheidenheit stark ansprechen. Es ist ein persönlicher Bericht über die Menschenrechtsbewegung in den
sechziger und siebziger Jahren. Schritt für Schritt folgt der Leser dem kleinen,
manchmal ängstlichen Dissidenten auf seinem Weg durch das sowjetische Laby-
rinth aus Angst, Feigheit, Denunziation, Karrierismus, aber auch aus Mut und
Tollkühnheit. Ein mitreißendes Buch voller Humor in einer Welt, in der es
eigentlich nichts zu lachen gab.

Ein weiteres ergreifendes und fesselndes Buch, das von unbeugsamer, menschlicher Würde zeugt, sind die flott, geistreich und anekdotisch geschriebenen
Jugenderinnerungen von GJUZEL' AMAL'RIK, *Vospominanija o moëm detstve* (Erinnerungen an meine Kindheit, 1976). Gjuzel' war Andrej Amal'riks Frau, die dem
Beispiel der Dekabristenfrauen folgte und Verfolgung und Verbannung mit ihrem
Mann teilte. Sie beschreibt, wie sie als junges tatarisches Mädchen in dem feindlichen Moskau aufwuchs – in einer Atmosphäre der Angst und der Willkür, des
schulischen Zwangs und des politischen Terrors.

Große und Respekt einflößende Zeugnisse, die das 20. Jahrhundert ohne Zweifel
überdauern werden, sind *Vospominanija* (Erinnerungen, dt. Titel: Das Jahrhundert
der Wölfe) und *Vtoraja kniga* (Zweites Buch, dt. Titel: Generation ohne Tränen)
von NADEŽDA MANDEL'ŠTAM, der Frau des Dichters Osip. Diese beiden Bände mit
Erinnerungen enthalten nicht nur viel Tatsachenmaterial über den Dichter und
dessen Zeitgenossen, sondern auch tiefschürfende Betrachtungen von jemandem,
der viel gelitten und viel verstanden hat. Sie betont wiederholt, dass die »Kapitulation« der Intellektuellen vor den Bolschewiken, die »Umwertung aller Werte«
bereits in den zwanziger Jahren eine vollendete Tatsache war. Sie nennt die
Sowjetunion »ein Land mit einem kranken Gedächtnis« und sagt: »In meinem Land
ist die Dichtkunst etwas Heilsames und Lebenspendendes, und die Menschen hier
haben ihre Fähigkeit nicht verloren, ihre innere Kraft zu sich durchdringen zu lassen.
Man tötet hier Menschen um Gedichte – ein Zeichen unerhörten Respekts vor
diesen Gedichten, weil man hier noch in Versen leben kann.«

Schließlich sei noch auf die zahlreichen politischen Memoiren von Dissidenten
hingewiesen. LEONID PLJUŠČ schreibt in *Na karnavale istorii* (Auf dem Karneval

der Geschichte, 1979) über die Menschenrechtsbewegung in der Ukraine. Der Vorkämpfer für die Rechte der nationalen Minderheiten, General PËTR GRIGORENKO, beschreibt sein Leben als andersdenkender Aktivist in *V podpol'e možno vstretit' tol'ko krys* (Im Untergrund stößt man nur auf Ratten, 1981). Auf erfrischende Weise erzählt VLADIMIR BUKOVSKIJ in *I vozvraščaetsja veter* (Und der Wind kehrt zurück, 1978) von den zwölf Jahren, die er in Strafanstalten verbracht hat, und davon, wie er aus diesem ungleichen Kampf als Sieger hervorgegangen ist. Es ist eine eindringliche Geschichte von unerwartetem physischen und psychischen Widerstand geworden. Unter dem eine Spur zu prätentiösen Titel *Pis'ma russkogo putešestvennika* (Briefe eines russischen Reisenden, 1983, vgl. Karamzin) schildert Bukovskij seine Eindrücke vom Westen. In *Polden'* (Mittag, 1970) beschreibt die Dichterin NATAL'JA GORBANEVSKAJA die Protestdemonstration am 25. August 1968 auf dem Roten Platz gegen den Einmarsch der Sowjettruppen in der Tschechoslowakei und deren Folgen für die Teilnehmer. ALEKSANDR GLEZER schreibt in dem »Blaubuch« *Iskusstvo pod bull'dozerom* (Kunst unter den Bulldozern, 1976) über die Abrechnung der Behörden mit nonkonformistischen Künstlern (Michail Šemjakin, Oskar Rabin u.a.). Einen minutiösen Bericht über den bürgerlichen Tod eines Gelehrten legt der international bekannte Übersetzungswissenschaftler EFIM ÈTKIND mit *Zapiski nezagovorščika* (Aufzeichnungen eines Nichtverschwörers, 1977) vor. Der Titel der französischen Übersetzung fasst die ganze Problematik des ruhigen Wissenschaftlers Ètkind prägnant zusammen: »Dissident malgré-lui«, oder wie die Sowjetunion wertvolle Menschen gehen lässt (vertreibt). Der Autor zitiert Bertolt Brecht, der in »Über die Bezeichnung Emigranten« (1937) schrieb: »Vertriebene sind wir, Verbannte. Und kein Heim, ein Exil soll das Land sein, das uns aufnahm ...«

12.3. Poesie und Lieder

Im Jahre 1961 gab der junge Dichter JURIJ GALANSKOV (1939 – 1972) die Zeitschrift *Feniks* heraus und druckte darin sein *Čelovečeskij manifest* (Menschliches Manifest) ab, rebellische politische Lyrik, die sich Gewalt und Lüge widersetzt. Im Jahre 1968 wurde er zu sieben Jahren Lager verurteilt, weil er *Feniks – 66* und das Weißbuch über den Prozess gegen Sinjavskij und Daniel' redigiert hatte. Im Alter von 33 Jahren ließ man ihn, total unterernährt, in einem Straflager krepieren.

Soziale Motive klingen auch in den gequälten Gedichten von NATAL'JA GORBANEVSKAJA (*1936) an. Hier ergreift eine verzweifelte Seele das Wort, die in traditionellen Bildern und ungekünstelten Versen »Qual statt Musik« zum Ausdruck bringt. Im Jahre 1975 ging sie ins Pariser Exil, wo sie für *Kontinent* aus dem Polnischen und Tschechischen übersetzt.

Der größte Dichter der jüngeren Generation ist der jüdisch-russische Dichter Iosif Brodskij (1940 – 1996), der in dem Kapitel über die Nobelpreisträger (11.5.5.) vorgestellt wurde.

Neben der Poesie waren Chansons in der Sowjetunion die beliebteste Gattung, in der Protest ausgiebig zum Ausdruck kommt. Einige dieser im Untergrund zirkulierenden und populären Lieder wurden im Westen auf Platten veröffentlicht. Unverblümt politische Lieder finden sich auf den LPs *Blatnye pesni* (Chants des prisonniers sibériens d'aujourd'hui, Frankreich 1975), gesungen von Dina Vierny; der authentischen Sammlung mit Lagerliedern *It's too early to die* (ohne Jahr), die von der niederländischen Sektion von Amnesty International herausgegeben wurde; *Pesni besprizornikov* (Songs of Street Orchins, verlegt von Monitor Records, ohne Jahr) und *Chansons sousterrains* eines gewissen Gleb (Disques Vendémiaire). In Jerusalem erschien der Sammelband mit Lager- und Gefängnisliedern *Blatnaja lira* (Gaunerlyra, 1981). Die meisten dieser Lieder sind sehr einfach und werden zumeist nur von einer Gitarre begleitet, stellen aber ein Zeugnis erlittenen unmenschlichen Leidens dar.

Russland kennt aber auch Chansons, die ohne jeden Zweifel zur Poesie gezählt werden dürfen, die sowohl inhaltlich als auch formal hohes Niveau erreichen. Diese Chansons wurden geschrieben und gesungen von Okudžava, Vysockij und Galič, drei äußerst repräsentativen Persönlichkeiten des öffentlichen Lebens in der Sowjetunion der sechziger und siebziger Jahre. Bulat Okudžava (1924 – 1997) haben wir bereits als Verfasser ziemlich verspielter historischer Romane kennengelernt, berühmt geworden ist er aber vor allem als Chansondichter und -sänger. Eine zentrale Stellung in seinem Œuvre nimmt der Krieg ein (siehe *Mach's gut, Schuljunge!*), der vor allem aus der Sicht des Kindes als sinnlos betrachtet wird (*Odin soldat na svete žil*, Es war einmal ein Soldat). Häufig enthalten diese Chansons auch satirische Elemente, die ein wenig von seiner ironischen Haltung kaschiert werden (z.B. *Černyj kot*, Die schwarze Katze, über Stalin). Sehr beliebt waren auch seine Romanzen über die Stadt Moskau und die alte Siedlung um den Arbat (*Och, Arbat, moj Arbat*, Ach Arbat, mein Arbat). Seine Lieder über Liebe, Tod und Einsamkeit sind rührend, wehmütig und ganz anders als die reißerischen Protestsongs von VLADIMIR VYSOCKIJ (1937 – 1980). Vysockij spielte in der Sowjetunion in über 20 Filmen und war jahrelang am avantgardistischen Taganka-Theater in Moskau (Regisseur Jurij Ljubimov) verpflichtet. Es gab keinen einzigen Dichter oder Schriftsteller in der Sowjetunion, der sich solch allgemeiner Beliebtheit hätte rühmen können wie dieser Barde, der mit alkoholschwerer, schriller und heiserer Stimme die Meinung der sowjetischen Durchschnittsbevölkerung in Worte fasste (häufig in einer Art Monolog). Obwohl die Kritik am Regime häufig nicht so explizit gefasst ist wie bei Galič, bringt doch jedes Lied die Unzufriedenheit über die aktuelle Lage (häufig auch Ergebenheit) zum Ausdruck. Alkohol ist ein wesentlicher Bestandteil von Vysockijs Leben und Werk: Im Russischen unterscheiden sich die Verben »pit'«

(trinken) und »pet'« (singen) nur durch ein Phonem. Während sich Okudžava und Galič doch eher an ein intellektuelles Publikum wandten, sang Vysockij für alle Bevölkerungsschichten. Sogar in Parteikreisen, die er in seinen Liedern lächerlich macht, war er beliebt. Seine über 350 *Pesni i stichi* (Lieder und Gedichte, 1981), von denen lediglich die hamlosesten in der Sowjetunion auf Platte aufgenommen und erst nach seinem Tod veröffentlicht wurden, behandeln alles und jeden, und das in einer allen verständlichen Sprache. In den fünfziger Jahren begann er damit, »blatnye pesni« (= Lieder über die Unterwelt, romantische Gaunerpoesie) zu singen, und dieses Thema wirkte in seinem gesamten weiteren Œuvre fort. Seine Chansons zirkulierten im sogenannten »magnitizdat« und waren in jedem Winkel Russlands bekannt. Vysockij erlag im Alter von 43 Jahren dem Alkohol und einem Herzanfall während der Olympischen Spiele in Moskau (1980). Sein Tod beendete diese Periode der russischen Barden.

Drei Jahre zuvor war ALEKSANDR GALIČ (1918 – 1977) im Pariser Exil gestorben. Der Possev-Verlag veröffentlichte eine Platte mit seinen Liedern, *A Whispered Cry*, und eine Sammlung mit Gedichten und Liedern, *Kogda ja vernus'* (Wenn ich zurückkehre, 1981). Aus diesen Protestsongs klingt Empörung darüber, dass alle untertänig schweigen (wie in dem ergreifenden *Staratel'skij val'sok*, Goldsucherwalzer), Protest gegen die Gewissenlosigkeit und Feigheit, gegen die Knechte des Regimes, aber auch Mitleid mit dem schwachen, unglücklichen kleinen Mann. Im Genre des satirischen Liedes hat er wahre Perlen verfasst: über die Trostlosigkeit des Sowjetlebens, den Betrug, die Gerissenheit, über dumme Parteitypen, Denunzianten, Beamte, Arbeiter, KGBler und Tölpel – und das alles in scharf formulierten Aphorismen und komisch-überraschenden Reimen. Auch die »pokazucha« (= die Potemkin'schen Dörfer der Sowjetpropaganda), der Stalinismus, die Lager und der Antisemitismus sind wichtige Themen in seinem Werk. 1974 wurde er von den Sowjetbehörden des Landes verwiesen.

Eine umfangreiche Anthologie der praktisch unzugänglichen Untergrundpoesie ist die neunbändige *Antologija novejšej russkoj poezii u Goluboj Laguny*/The Blue Lagoon Anthology of Modern Russian Poetry (1980 – 1986), chaotisch und laienhaft herausgegeben von Konstantin Kuz'minskij und Grigorij Kovalëv, schockierend und provozierend, aber ein echtes Zeitdokument.

12.4. Prosa

Eines der größten epischen Talente der modernen russischen Literatur, dessen Werke in der Sowjetunion nicht veröffentlicht werden konnten, ist VLADIMIR MAKSIMOV (1930 – 1995), der vier große Romane verfasst hat: *Sem' dnej tvorenija* (Die sieben Tage der Schöpfung, 1971), *Karantin* (Die Quarantäne, 1973), *Proščanie iz neotkuda* (Abschied von Nirgendwo, 1974) und *Kovčeg dlja nezvanych*

(Eine Arche für die nicht Geladenen, 1979). Im Jahre 1973 aus dem Schriftstellerverband ausgeschlossen, ging er 1974 ins französische Exil, wo er Chefredakteur der Zeitschrift *Kontinent* wurde. In dem breit angelegten *Die Quarantäne* erzählt Maksimov die Geschichte einer bunt zusammengewürfelten Gruppe von Menschen, die im Zug von Odessa nach Moskau festgehalten werden: In Odessa ist eine Choleraepidemie ausgebrochen, der Zug wird unter Quarantäne gestellt. Unter den Reisenden brechen Angst und Unruhe aus. Die Ungewissheit über das Ende wird mit dem trostbringenden Wodka, der fässerweise gesoffen wird, weggespült. Schon die Ausgangslage ist tief symbolisch. Der Wodka löst die Zungen und befreit die Gemüter, in dieser apokalyptischen Situation zeigen die Reisenden ihr wahres Gesicht. Sie erzählen einander ihre Geschichte, reden über die Welt, über Gott, über die Vergangenheit. Aus diesen vielen dramatischen Schicksalen, Erinnerungen, Träumen und Beichten, aus Visionen entfaltet sich ein breites Epos des russischen Volkes, das als grosser Leidensweg erfahren wird. Thema des Romans ist der Übergang von einem farb- und sinnlosen Dasein zu einem beseelten und bewussten Leben, die Reue über die Sünde und das Überwinden der eigenen Sündhaftigkeit. Diesem Übergang zu religiöser Welterfahrung hat Maksimov in seinem Debütroman *Die sieben Tage der Schöpfung* auf überzeugendere Weise Ausdruck zu verleihen verstanden. Es ist ein literarisches Werk von hohem Niveau, eine Ladung geistiges Dynamit. Dieser nicht umsonst biblisch anmutende Roman zeichnet vor unseren Augen das Bild des zeitgenössischen russischen Menschen, dessen Hoffnungen und Illusionen, dessen Erwartungen und Enttäuschungen. Er skizziert die Genesis des neuen russischen Menschen, wie dieser aufgrund und dank der Sowjeterfahrung gewachsen ist. Die zentrale Figur ist Pëtr Vasil'evič Laškov, Parteimitglied, treuer Kommunist und bis in sein 80. Lebensjahr hinein überzeugt davon, dass er und »sie« recht hatten, dass sein und »ihr« Lebensweg berechtigt und gesetzmässig war – kurz: Er glaubt an »die heilige Sache«. Mit dieser Familienchronik sind die Schicksale Dutzender anderer verflochten, die Laškovs Lebensweg kreuzen. Er zieht die Bilanz aus seinem Leben sowie aus 50 Jahren Sowjetherrschaft und kommt dabei zu der Schlussfolgerung, dass er sein Leben »auf der Jagd nach einem jämmerlichen und ungreifbaren Phänomen« vergeblich vergeudet hat; er sieht, »dass das Volk Scheiße fressen muss, aber nicht kotzen darf«. Allmählich nimmt Laškov eine religiöse Einstellung an; dies ist für diesen »Ritter der Revolution« kein leichter Weg. Der Roman schließt mit den Worten: »Und der siebente Tag begann – der Tag der Hoffnung und der Auferstehung.«

In *Abschied von Nirgendwo* schildert Maksimov eine Odyssee durch Russland und sein eigenes Leben zwischen den dreißiger und den fünfziger Jahren. Es ist ein endloses Panorama des Lebens in der Sowjetunion geworden. Das Werk ist unvollendet, der Absicht des Autors zufolge nur der Anfang eines großen Werkes. In dem Roman *Eine Arche für die nicht Geladenen* skizziert er vor dem Hintergrund der Kolonisierung der Kurilen kurz nach dem Zweiten Weltkrieg die Geschichte eines einfachen Bauernburschen und eines Vertreters der Nomenklatura. Zum erstenmal spielt auch Stalin in Maksimovs Werk eine große, aktive Rolle. Der Roman kann als eine Sowjetparaphrase der biblischen Leidensgeschichte gelesen werden. Mit seiner Bibelorientierung und seinen religiösen Auflösungen entspricht Maksimov einem Modetrend in der Literatur von samizdat und tamizdat. Die prophetischen Schlussworte in *Abschied von Nirgendwo* lauten: »Und wir werden wiederkommen, wir werden auf jeden Fall [in unser Land] zurückkehren, um ihm – mit der Hoffnung auf Verständnis – Rede und Antwort zu stehen. Deshalb sage ich jetzt nicht ›Leb wohl‹, sondern nur ›Auf Wiedersehen‹!« In diesen Worten lag das Credo vieler russischer Emigranten beschlossen. Mit der Glasnost und der vollständigen Rehabilitierung der Dissidenten und Emigranten haben sich Maksimovs prophetische Worte bewahrheitet.

1986 veröffentlichte Maksimov *Zagljanut' v bezdnu* (Ein Blick in den Abgrund), einen historischen Roman über Admiral Kolčak, einen der führenden Köpfe der Weißen, und über dessen Niederlage im Bürgerkrieg. Der Roman beginnt mit der Hinrichtung Kolčaks und versucht, aus der russischen Geschichte heraus eine Antwort auf die Frage zu geben, wie es so weit habe kommen können.

Ein weiteres, ohne Zweifel großes literarisches Talent ist GEORGIJ VLADIMOV (*1931), der in der Sowjetunion dank der aufsehenerregenden Novelle *Bolšaja ruda* (Das große Erz, 1961) und des Romans *Tri minuty molčanija* (Drei Minuten Schweigen, 1969) viel Beachtung fand. Letzterer behandelt das schwere Leben von Sowjetfischern, deren tägliche Beschäftigung und Probleme ehrlich beschrieben werden, ohne auch nur eine Spur propagandistischer Klischees. Die vollständige, unzensierte Textfassung erschien 1982 im Possev-Verlag. Das Werk, das ihm im Westen und in Russland definitiv Renommee eingebracht hat, ist *Vernyj Ruslan. Istorija karaul'noj sobaki* (Der treue Ruslan. Die Geschichte eines Wachhundes, 1975). Der Roman zirkulierte seit 1964 anonym im samizdat. In einer einfachen, aber äußerst poetischen Sprache beschreibt Vladimov den Streifzug eines Lagerhundes durch das poststalinistische Russland: »Sein« Konzentrationslager ist aufgelöst worden (Amnestie), und für ihn, den treuen und ergebenen Gesetzeshüter, gibt es keine Verwendung mehr. Im Kampf gegen eine Kolonne »freier« Menschen, die er – natürlich – für Gefangene hält und bewachen will, findet er den Tod. Und dies in einem Augenblick, in dem der von seinem Herrchen im Stich gelassene Hund Fragen über seinen jahrelang gerne ausgeübten Dienst zu stellen und eine kritische Haltung gegenüber der Ordnung einzunehmen beginnt. In Angesicht des Todes wird ihm bewusst, dass sein Diensteifer ein schauderhafter Irrtum gewesen ist. Was Vladimovs Roman zu einem außergewöhnlichen und originellen Beitrag zur GULag-Literatur macht, ist der Standpunkt, von dem aus alles beschrieben wird: Alles sieht der Autor mit den Augen und dem Herzen Ruslans, der sich vollkommen mit dem Strafsystem identifiziert hat. Aber der Roman ist auch eine tiefsinnige Parabel von der Ergebenheit eines dressierten Wesens unserer Zeit – eine universelle Parabel. Im eigenen Land ist dieser im Kern apolitisch konzipierte Roman den hausbackenen Stalinisten in den falschen Hals geraten. 1977 hat Vladimov dem Schriftstellerverband seinen Mitgliedsausweis mit der Begründung zurückgegeben, dass er nicht länger Mitglied einer Vereinigung sein wolle, die nicht nur ihre Mitglieder nicht verteidige, sondern sich darüber hinaus an den gegen diese gerichteten Hetzkampagnen beteilige.

Vladimovs Weg von einem Schriftsteller zu einem Kämpfer begann, als er dem 4. Schriftstellerkongress (1967) einen mutigen Brief schickte: »Ich erkühne mich, den Kongress daran zu erinnern, dass weder das Abfassen von Berichten über unsere glänzenden Siege auf schöpferischem Gebiet und das Anhören von Begrüßungsworten zu Ehren unserer ausländischen Gäste noch die Einheit mit den Völkern Afrikas und des kämpfenden Vietnams die Hauptaufgaben von Schriftstellerkongressen darstellen, sondern allem voran die Einheit mit dem eigenen Volk, allem voran die Lösung unserer eigenen brennenden Probleme, ohne die die Sowjetliteratur nicht weiterleben und sich entwickeln kann. Sie kann doch nicht existieren ohne die Freiheit, jedwede Meinung im Bereich des sozialen und sittlichen Lebens des Volkes zu äußern – mit welchen Schimpfwörtern wir diese berechtigte Forderung jedes auch nur ein klein wenig ehrlichen, denkenden Künstlers auch bedacht haben mögen. Ohne diese Freiheit ist er ein Beamter im Ministerium für schöngeistige Literatur, der die Leitartikel wiederholt, mit dieser Freiheit ist er ein Herold, ein Prophet im eigenen Land, in der Lage, geistig auf seinen Leser einzuwirken, dessen gesellschaftliches Bewusstsein zu entwickeln oder ihn vor einer Gefahr zu warnen, bevor diese zu weit fortgeschritten ist oder sich in eine nationale Tragödie verwandelt hat.« 1983 ging er in die Emigration, und von 1984 bis 1986 war er Chefredakteur der in Frankfurt/Main erscheinenden Zeitschrift *Grani*.

Selbstverständlich ist Satire in der Dissidentenliteratur reichlich vertreten. Im Jahre 1976 veröffentlichte ALEKSANDR ZINOV'EV (*1922) sein pessimistisches und antirevolutionäres Credo *Zijajuščie vysoty* (Gähnende Höhen), ein Werk, das in der zeitgenössischen Literatur nicht seinesgleichen kennt. Das Resultat von Zinov'evs Verbitterung über das Sowjetregime ist ein 561 Seiten zählendes Pamphlet gegen die Sowjetunion und gegen jedwedes autoritäre System. Die Reaktion der Behörden bestand darin, dass sie ihn von der Universität jagten, wo er Logik lehrte, und des Landes verwiesen. Der Titel ist eine Entstellung der »glänzenden Höhen« (sijajuščie vysoty), einem der zahlreichen Sowjetklischees, die sich auf die Errungenschaften des Staates beziehen. Es ist eine Aneinanderreihung von kurzen Essays, Gedichten und Liedern, in denen allegorisch anmutende Figuren (der Lügner, der Gerechte, der Soziologe, der Intellektuelle, der Literat u.a.) jeweils einen Aspekt ihres Gemeinlebens ausleuchten, so dass sich das Buch zu einer grandiosen Enzyklopädie des Sowjetlebens ausweitet. Hinter den Allegorien erkennt oder vermutet man bekannte Persönlichkeiten wie Solženicyn, Neizvestnyj, Galič, Sinjavskij. Zinov'evs Werk ist kein echter Roman, hat kein echtes Sujet, keine herausgearbeitete Story, die Fragmente können aus dem Zusammenhang heraus gelesen werden. Am besten wird der Geist, in dem dieses Buch verfasst worden ist, im Vorwort wiedergegeben: »Dieses Buch besteht aus Resten eines Manuskripts, das zufällig, das heißt ohne Einverständnis der Obrigkeit, auf einer gerade erst eröffneten und gleich darauf wieder in Vergessenheit geratenen Müllkippe gefunden wurde. An der feierlichen Eröffnung der Kippe waren zugegen: der Chef sowie seine in alphabetischer Reihenfolge angetretenen Stellvertreter. Der Chef verlas eine historische Rede, in der er verkündete, ein jahrhundertealter Menschheitstraum werde jeden Augenblick in Erfüllung gehen, denn am Horizont seien bereits die gähnenden Höhen des Sozismus [sic] in Sicht. Der Sozismus ist eine fiktive Gesellschaftsordnung, die verwirklicht werden könnte, wenn sich die Individuen einer Gesellschaft in ihrem Handeln untereinander ausschließlich von sozialen Gesetzen leiten ließen; wegen seiner irrigen Ausgangshypothesen jedoch ist er in Wirklichkeit nicht möglich. (...) Ibansk ist ein unbewohnter Ort, den es in Wirklichkeit nicht gibt. Sollte es ihn aber zufällig doch geben, wäre er reine Erfindung. Und wenn er irgendwo denkbar wäre, dann ganz gewiss nicht bei uns in Ibansk.« Dieses Werk, das vom Autor selbst als soziologischer Roman bezeichnet wird, steht in der russischen Literatur allein da. 1978 veröffentlichte Zinov'ev *Svetloe buduščee* (Lichte Zukunft), ein Kapitel aus seinem Hauptwerk. Er schrieb viel für die Emigrantenpresse. Während der Perestroika veröffentlichte er in Lausanne *Katastrojka* (1988), eine sarkastische Kritik an Gorbačëvs halbherzigen Versuchen, das lethargische Sowjetsystem zu reformieren. Im Jahre 1990 erschien in Frankreich seine Autobiografie *Les confessions d'un homme en trop* (russisch: *Ja est' gosudarstvo*, Der Staat bin ich), in der er das Porträt eines Mannes entwirft, der zu gut und zu intelligent war, um von seiner Zeit und seinen Zeitgenossen akzeptiert zu werden. In der postkommunistischen Periode entwickelte er sich in seinen publizistischen Schriften zu einem Kritikaster der Reformen im Russland unter Gorbačëv und El'cin, in denen er »Verräter« sieht.

Ein rein literarischer Satiriker und eine der charmantesten Persönlichkeiten der modernen Literatur ist VLADIMIR VOJNOVIČ (*1932). Er erlangte mit der Erzählung *Choču byt' čestnym* (Ich will ehrlich sein, 1963) große Bekanntheit als Sowjetautor. Außerdem erschienen aus seiner Feder in den sechziger Jahren *My zdes' živëm* (Wir leben hier, 1961), *Dva tovarišča* (Zwei Freunde, 1967) und *Rasstojanie v polkilometra* (In einer Entfernung von einem halben Kilometer, 1963). Er geriet in Schwierigkeiten, als er Petitionen für verurteilte Schriftsteller (Sinjavskij, Daniėl', Ginzburg, Galanskov) mit unterzeichnete. Sein Hauptwerk erschien 1975 in Paris: *Žizn' i neobyčajnye priključenija soldata Ivana Čonkina* (Das Leben und die denkwürdigen Abenteuer des Soldaten Ivan Čonkin); die Fortsetzung (Teil 2) erschien unter dem Titel *Pretendent na prestol* (Der Thronanwärter, 1979). In *Čonkin* legt Vojnovič den wahren Volksgeist offen, zeigt, wie der einfache, naive Mann aus dem Volk – Soldat Čonkin – sich inmitten einer rational aus den Fugen geratenen Welt (die Sowjetunion beim Ausbruch des Zweiten Weltkrieges) immer von seinem gesunden Menschenverstand leiten lässt. Der Einfaltspinsel Čǫnkin schafft es, der gigantischen Sowjetmacht die Stirn zu bieten, weil er alles aus eigener Anschauung heraus betrachtet und in einer Welt absurder Spielregeln und unnatürlicher Gesetze normal bleibt. Nicht nur die Handlung ist spannend und abwechslungsreich (ein absolutes Verdienst Vojnǫvičs), sondern auch die handelnden Personen und ihre Art zu denken und zu reagieren werden meisterlich gezeichnet. Der Geist des Volkes und dessen Sicht der Dinge werden ohne Übertreibung, aber auch frei von Unmut oder Hass wiedergegeben. Die unmittelbar dem Leben entnommenen Figuren sind repräsentativ für die stalinistische Sowjetgesellschaft. Čǫnkin ist nicht der gerissene Schwejk, sondern eher der Ivạnuška-duračǫk (= der tölpelhafte Ivạn) aus den russischen Volksmärchen, der Ausdruck des Glaubens des russischen Volkes daran, dass die Einfalt und die Aufrichtigkeit letztendlich die Oberhand über das Böse und die Hinterhältigkeit behalten werden. Im zweiten, weniger überzeugenden Teil dieses »anekdotischen Romans« (roman-anekdǫt) wird Čǫnkin fälschlicherweise für einen Thronanwärter gehalten. Sowohl in Russland als auch im Ausland hat man *Čǫnkin* als ein Juwel satirisch-humoristischer Literatur, eine Orchidee inmitten der muffigen und grauen Kaktusse des offiziellen sozialistischen Realismus mit offenen Armen begrüßt. Neben dem unvergleichlichen *Čǫnkin* ist *Putëm vzạimnoj perepịski* (Auf dem Wege des gegenseitigen Briefwechsels, 1973) eine zwar bescheidene Novelle, aber eine, die vor Humor sprüht und durchsetzt ist mit umgangssprachlichen Ausdrücken. Sehr geistreich ist auch *Ivan'kịạda* (Ivankiada, 1976), die davon berichtet, »wie der Schriftsteller Vojnǫvič eine neue Wohnung betrat«, eine humoristische Erzählung über die Sorgen des kleinen Mannes, den nervenzerrüttenden Kampf um die Grundbedürfnisse. Dass Vojnǫvičs satirisches und humoristisches Talent nicht unter seiner Verbannung (seit 1980) zu leiden hatte, beweist die 1985 erschienene »Gerichtskomödie in drei Akten« *Tribunạl* (Das Tribunal), die sich durch ihren absurdistischen Anfang auszeichnet. 1985 erschien der Sammelband *Antisovẹtskij Sovẹtskij Sojụz* (Die antisowjetische Sowjetunion): »In der Sowjetunion gibt es Geheimnisse aller Art, doch das größte, sorgfältig gehütete Geheimnis dieses Staates ist das reale, tägliche Leben des Sowjetmenschen. Der Enthüllung dieses Geheimnisses ist mein Buch gewidmet.« Vojnǫvič schneidet verschiedene Aspekte des Sowjetlebens an: treue Kommunisten, die die Seite wechseln, den Mythos des kostenlosen Bildungswesens und der kostenlosen medizinischen Versorgung, die Menschenrechte, Schriftsteller, die nie etwas zu Papier bringen, die Propaganda, die häufig die entgegengesetzte Wirkung zeitigt, das »dreifache Bewusstsein« des Sowjetbürgers (»er denkt das eine, sagt etwas anderes und tut noch etwas anderes«) und das gleichsam unaustilgbare Heimweh der Russen im Ausland. Von der besten Seite zeigt sich Vojnǫvič in den dem Leben entnommenen Szenen. Manche Stücke zeugen von satirischem und humoristischem Talent und vermitteln durch ihre Umkompliziertheit einen erhellenden Einblick in die für viele Menschen aus dem Westen unverständliche Großmacht, die die Sowjetunion gewesen ist.

Im Jahre 1987 erschien in Amerika Vojnovičs Zukunftsroman *Moskva 2042* (Moskau 2042), in dem er ein nicht allzu optimistisches Bild vom Russland des 21. Jahrhunderts zeichnet. Die Moskauer Republik (Moskorep) anno 2042 ist ein »echter kommunistischer« Staat, der über den lahmarschigen Kommunismus in der zweiten Hälfte des 20. Jahrhunderts die Nase rümpft. Dieser reale Kommunismus ist die Folge der Großen Kommunistischen Augustrevolution unter der Führung des Genialissimus. Die regierende Partei heißt KPSS (= Kommunistische Partei der Staatssicherheit), die alle unerwünschten und unnützen Individuen (Alkoholiker, Hooligans, Parasiten, Rentner, Kranke und Hunde) aus der Stadt verbannt, in den sogenannten Ring der Feindlichkeit. Der Personenkult wird bis an die Grenze des Absurden auf die Spitze getrieben: 184 Standbilder des »Genialen« nur in Moskau, seine »Gesammelten Werke« zählen bereits 618 Bände. Das Problem der Intellektuellen ist auf originelle Weise angeschnitten: Die Literaten sind Angestellte, die ihre Stunden (Stechuhr!) an der Tastatur eines Computers ohne Bildschirm oder Drucker herunterreißen, der an einem großen Epos arbeitet: das Leben des Führers oder »Genialissimusiana«. Im Ausland bereitet der Emigrant Sim Karnavalov seine Rückkehr nach Russland vor. Bei Unruhen wird er von den Simiten (= seinen Anhängern) im Triumphzug eingeholt. Der Kommunismus wird für vogelfrei erklärt und die Monarchie wieder eingeführt. Am witzigsten und giftigsten ist dieser Roman wohl durch die einseitige Parodie auf Aleksandr Solženicyn, der hier als unversöhnlicher Antikommunist und Monarchist, als Feind des Pluralismus und als konservativer Moralist hingestellt wird. Vojnovič verarbeitet in diesem antiutopischen Zukunftsroman eine große Dosis ansteckend wirkenden (wenn auch oft derben) Humors und beißender Satire, durchgehaltener Spannung und unerschöpflicher Kritik an Missständen in der Sowjetunion um das Jahr 1985.

Neben Amal'rik (als Absurdist) und Sokolov gehört Sinjavskij zu den Schriftstellern, die nicht nur inhaltlich, sondern auch formal mit den in der Sowjetliteratur geltenden Normen brachen. In einem aufsehenerregenden Prozess, der Anfang 1966 stattfand, wurde ANDREJ SINJAVSKIJ (1925 – 1997) und JULIJ DANIEL' (1925 – 1988) vorgeworfen, ihre Werke im Ausland veröffentlicht zu haben (unter den Pseudonymen ABRAM TERC bzw. NIKOLAJ ARŽAK). Sie wurden zu sieben bzw. fünf Jahren Arbeitslager verurteilt. Nobelpreisträger Šolochov hielt dies für eine leichte Strafe. Während es den Behörden darum gegangen war, den Intellektuellen eine Lektion zu erteilen und sie einzuschüchtern, hatte der Prozess, in dessen Verlauf sich die Verurteilten besonders mutig zeigten, den entgegengesetzten Effekt: Die bis dahin amorphe Opposition in der Sowjetunion entwickelte sich unter dem Einfluss des Prozesses und der von ihm ausgelösten Reaktionen zur Menschenrechtsbewegung.

In seinem bekanntesten Werk *Govorit Moskva* (Hier spricht Moskau, 1966) skizziert Aržak die groteske Situation, dass Radio Moskau einen bestimmten Tag zum »Tag der offenen Morde« erklärt, an dem jeder jeden ermorden darf. Die Parallele zur Stalinzeit ist überdeutlich, Aržak aber versteht es nicht, sein Thema überzeugend zu entwickeln. Viel bedeutender als der polemische Aržak ist Terc, für den politische Satire nicht das Hauptziel ist. Er ist eines der Hauptphänomene der jüngsten russischen Literatur, dessen Bedeutung von Mihajlo Mihajlov mit der Franz Kafkas verglichen wird. Tercs Devise lautet: »Wenn wir uns schon daranmachen, von einfachen Dingen zu erzählen, dann müssen sie in einer übernatürlichen Beleuchtung neu aufleben.« Seine wichtigsten fantastischen Werke sind *Sud idёt* (Der Prozess beginnt, 1956) und *Ljubimov* (Ljubimov, 1961/1962). Aus Tercs Lagerzeit stammt das außergewöhnliche Buch *Golos iz chora* (Eine Stimme im Chor, 1973), eine Sammlung mit Auszügen aus Briefen, die er aus dem Lager an seine Frau geschrieben hat. Er hat ein erhellendes Essay über die Sowjetliteratur verfasst (*Čto takoe socialističeskij realizm*, Was ist sozialistischer Realismus, 1956), in dem er eine Parallele zwischen dem sozialistischen Realismus des 20. Jahrhunderts und dem Klassizismus im 18. Jahrhundert zieht. Außerdem stammen zwei originelle Studien über Puškin und Gogol' von seiner Hand: *V teni Gogolja* (Im Schatten Gogol's, 1975) und *Progulki s Puškinym* (Promenaden mit Puškin, 1976), die viele Schulbuchansichten über diese Begründer der russischen Literatur über Bord werfen und die in manchen Emigrantenkreisen auf deutliche Ablehnung gestoßen sind. Als die Sowjetzeitschrift *Oktjabr'* im Jahre 1989 – als sich die Glasnost auf ihrem Höhepunkt befand – Fragmente aus Sinjavskijs Puškin-Buch publizierte, verlangten konservative Nationalisten einen zweiten Prozess gegen den »Verräter« Terc! 1992 erschienen die Gesammelten Werke von Sinjavskij/Terc in Russland, aber der Autor, der 1973 die Sowjetunion verlassen hatte, behielt seinen Wohnsitz in Paris bei; er dozierte russische Literatur an der Sorbonne und redigierte (gemeinsam mit seiner Frau) die Literaturzeitschrift *Sintaksis*, die von Zeit zu Zeit heilige literarische Kühe schlachtet. Terc stellt in seinen »fantastischen« Erzählungen die Welt grotesk auf den Kopf: Übernatürliche und fantastische Elemente beherrschen die Realität; Traum und Halluzination treten an die Stelle der Wirklichkeit. Das Wesen von einem anderen Planeten (in *Pchenc*, Pchenc) ist vielleicht furchterregend, doch das hier entwickelte Doppelgängermotiv kann auch als politische Allegorie verstanden werden.

Auch der utopische Roman *Ljubimov* ist eine politische Satire. Der Fahrradhändler Tichomirov hypnotisiert die Bevölkerung der Kleinstadt Ljubimov, und somit vollzieht sich dort eine friedliche Revolution. Die Kleinstadt isoliert sich von den anderen Landesteilen. Doch Tichomirov kann sein hypnotisches Charisma nicht durchhalten, und Ljubimov wird wieder in die Sowjetunion aufgenommen. Auch hier überwiegt das fantastische Element. Die Aufspaltung des naiven Träumers Tichomirov gibt Terc grafisch wider, mit Hilfe von Fußnoten. *Eine Stimme im Chor* ist zwar ein Lagerbuch, jedoch keine traditionelle Beschreibung des »Lebens« in einer Strafanstalt, kein Gemecker über die harten Bedingungen u.ä. Es sind

Gedanken über den Sinn des Lebens, die Geschichte, über Russland, Literatur, Kunst, Glauben, und es enthält außerdem Gedichte, Lagerlieder und -redensarten. In diesem polyphonen Werk überlässt Terc dem vielstimmigen Lagerchor (= den zahlreichen Gefangenen) das Wort; die »Stimme im Chor« (vgl. das gleichnamige Gedicht Bloks aus dem Jahre 1914) alterniert mit der des Autors. Dieses außergewöhnliche Buch wurde 1974 in Frankreich mit dem Preis für das beste Buch in Übersetzung ausgezeichnet.

Einer der Volltreffer der achtziger Jahre ist der autobiografische Roman *Spokojnoj noči* (Gute Nacht, 1984). Das Titelblatt dieses Buches sorgt gleich für ein technisches, d.h. bibliografisches Problem. Auf ihm werden nämlich zwei Namen genannt: Andrej Sinjavskij und Abram Terc. Und hier fängt das Spielchen an: Es geht nicht um zwei Autoren, sondern um den Autor und dessen Alter ego. Sinjavskij ist der ehemalige Sowjetbürger, »der Werwolf«, der nun an der Sorbonne russische Literatur doziert; Terc ist seine schreibende Maske. In Sinjavskijs Augen ist Terc »mein düsterer Doppelgänger« und »diese unverschämte Märchenfigur«; dem »Rüpel« Terc wird Sinjavskij gegenübergestellt, »ein ehrlicher Intellektueller, der eine Neigung zu Kompromissen, zu einem zurückgezogenen und kontemplativen Leben hat, der nur zur Kompensation Gott weiß welcher Minderwertigkeitskomplexe in seiner Seele diesen unausstehlichen Schurken, der Abram Terc genannt wird, ausgebrütet hat – diesen Zieraffen, diesen Komödianten, diesen Hochstapler auf dem Literaturmarkt«. Um den Leser halbwegs auf dieses chaotische Buch vorzubereiten, sagt Sinjavskij: »Meine Erzählung entfernt sich, wie ich merke, mit Kängurusprüngen von mir und fällt mit einem Schlag vor meinen Füßen nieder, wie ein Bumerang. Dies liegt wahrscheinlich in ihrem Charakter begründet, der auf den Bemühungen der Erinnerung beruht, die Hauptperson und den Schriftsteller zu einer bedeutungsvollen Einheit zu verschmelzen, das eine Ende mit dem anderen zu verknüpfen, so dass eine ausbalancierte Kette von Kausalitäten entsteht, in der die chronologische Reihenfolge nicht allzu zwingend ist.« Über seine Verbannung und seine schriftstellerische Tätigkeit sagt Sinjavskij: »Selbst wenn sie mich wieder zulassen [in der Sowjetunion] und mir garantieren würden, mich nicht zu töten (das stelle ich mir manchmal vor), und ich schreiben könnte, was ich will, selbst dann würde ich wahrscheinlich nicht zurückkehren. Ich ginge lieber nach Island. Nach Griechenland ... Seit dieses Kellerfenster eines Nachts von einem Stiefel eingetreten wurde, ist der Weg abgeschnitten. [...] Ist dies – die Unmöglichkeit der Rückkehr – möglicherweise der Ursprung von Memoiren?« Schon in der Stalinzeit, während »Ždanovs Entlausungsmanie« scheint er den Plan gefasst zu haben, Schriftsteller zu werden, »einen Ausweg in der schriftstellerischen Tätigkeit zu suchen«, zu fliehen, weg von »dem schnurrbärtigen Mysterium« (gemeint ist Stalin), um für sich selbst Einblick in »das Mysterium der menschlichen Vernichtung« zu gewinnen und dieses literarisch in den Griff zu bekommen. Da sich Sinjavskijs schriftstellerische Tätigkeit unter Stalin entwickelt hat, lässt ihn dieser nicht mehr los. Sehr gelungen ist die Stalin-Parabel im 4. Kapitel. »Stalin saß, wie ein Hammer, in jedem Kopf, zusammen mit der Sichel.« In dieser nicht sehr orthodoxen Erzählung besucht der gerade verstorbene Schnurrbart (= Stalin) eine Frau, der er enorm viel Leid zugefügt hat, um sie um Vergebung zu bitten. Die Frau stimmt unter der Bedingung zu, dass Stalin alle seine Opfer persönlich um Vergebung bittet. Sinjavskijs apokryphe Erzählung erinnert an das 12. Kapitel von Maksimovs Roman *Die Quarantäne*, das vom Beginn von Stalins Lebensweg handelt und den Titel »Die Metamorphose des stillen Seminaristen« trägt. Beide Erzählungen hätten einen Platz in einer literarischen Anthologie über Stalin verdient. Das 4. Kapitel dieser Biografie eines Untergetauchten ist ein sehr schwieriger, aber auch sehr interessanter Teil des Buches, voller chaotischer historischer, kulturhistorischer, literarischer und psychologisch-politischer Betrachtungen aller Art, die kreuz und quer in häufig nicht nachzuvollziehenden Assoziationen angeordnet sind. Aus diesem Grund ist Sinjavskijs autobiografischer Roman *Gute Nacht* eine besonders fesselnde intellektuelle Vergnügungsreise durch die russische und sowjetische Landschaft der letzten vierzig Jahre.

Auch der rebellischen Dissidentenszene in der Sowjetunion wurde ihre eigene reflektierende Literatur zuteil. Davon zeugt *Nikto. Disangelija ot Marii Dementnoj* (Niemand. Das Dysangelium nach Marija Dementnaja, 1971) von NIKOLAJ BOKOV (*1945). Es ist eine experimentelle Erzählung über das schreckliche Schicksal eines Sowjetintellektuellen, der sich weigert zu lügen, dadurch jeglicher Form des Unterhaltes, der Arbeit und des Daseins beraubt wird und schließlich im Milieu der Alkoholiker und Prostituierten in den düsteren Kellern des Taganka-Theaters zugrunde geht. Das Thema wird jedoch nicht überzeugend entwickelt, es ist eher ein Vorwand für vergnügliche Phantasmagorien und formale Experimente. Eine unterhaltsame Erzählung Bokovs, die wie die erstgenannte jahrelang anonym zirkulierte, ist *Smuta novejšego vremeni ili Udivitel'nye pochoždenija Vani Čmotanova* (Die gegenwärtige Zeit der Wirren oder Die wundersamen Abenteuer des Vanja Čmotanov, 1970), eine originelle Satire auf den Lenin-Kult in der Sowjetunion: Ein Dieb kommt auf die Idee, Lenins Kopf aus dem Mausoleum zu entwenden und für viel Geld ins Ausland zu verkaufen. Die Blasphemie endet für den Leninoklasten tragisch.

Im Jahre 1979 erschien in Paris der Prosaband *Bestseller*, in dem Bokov das sinnlose Dasein in einer wahnsinnigen Welt darstellt. In der Emigration hat Bokov jedoch die Literatur aufgegeben: Er hat sich zum Christentum bekehrt, und satirische Literatur hält er (nach dem Vorbild Gogol's) für nicht vereinbar mit seinem christlichen Glauben.

Ein kleines Werk, das ebenfalls in diese Kategorie gehört, ist das »Poem« *Moskva – Petuški* (Moskau – Petuški, 1973) von VENEDIKT EROFEEV (1938 – 1990). Es ist eines der Meisterwerke der jüngsten russischen Literatur. Die povest' ist sowohl im In- als auch im Ausland ein großer Erfolg geworden. Die Ausgangssituation erinnert in gewisser Hinsicht an Maksịmovs *Die Quarantäne*, hat aber mit dessen Realismus nichts gemein. Der »Held« steigt in den Zug von Moskau nach Petušḳi, eine Bahnstation auf der Strecke Moskau – Wladimir, um sich dort mit seiner Geliebten, seiner »Himmlischen Prinzessin« zu treffen. Im Rausch und in zunehmendem Maße benebelt bummelt er mit dem Zug dem unerreichbaren Ziel entgegen – dieses Glück ist ihm nicht beschieden, sein einziges Dasein liegt schließlich im Rausch. Mit den anderen Passagieren teilt er sich mehrere Sorten Wodka, und in Augenblicken hellseherischer »weißer Magie« (wie Sinjạvskij den russischen Wodka nannte) lotet er die Tiefen der russischen Wehmut aus.

Im Gegensatz zu Maksịmovs Roman haben wir es hier nicht mit einer apokalyptischen, sondern mit einer realen Wirklichkeit zu tun, auch wenn diese im Bewusstsein des Reisenden reflektiert wird. Die Wodkarezepte, die Gespräche mit den anderen Passagieren, dem Schaffner, der den Schwarzfahrern 1 cl Wodka je Kilometer und Kopf Bußgeld berechnet (der auf der Stelle konsumiert wird), die Parodie auf die bolschewistische Revolution, die grotesken England- und Frankreichbesuche (in der Wishful-thinking-Traumatmosphäre der Ich-Figur) und schließlich das Erscheinen der Rätsel aufgebenden Sphinx – dies alles wird immer surrealistischer, manchmal aber auch humoristischer, je betrunkener Erofẹev wird. Doch hinter seiner existentiellen Philosophie, die während dieser alkoholumnebelten Fahrt durch ein betrunkenes Land reichlich zum Besten gegeben wird, hinter seiner Komik und Ironie stecken auch traurige Wahrheit und großer Ernst. Alle Lebensprobleme werden gebrochen, reflektiert im Licht der weißen Magie, des allgegenwärtigen Wodkas – und dies ist für den Autor der Weg des Verzagens, die Flucht, der Weg des Protestes und der Kritik. Hinter dem Epos über die Geißel des Alkoholismus in der Sowjetunion steckt eine ganze Philosophie – die des »überflüssigen Menschen«. Erofẹevs Alkoholprosa fesselt uns nicht nur durch die tiefschürfende Philosophie und die existentielle Problematik, sondern auch durch den Exotismus und die Experimente mit literarischen Formen und Verfahren. Dieses »Poem« ist eine literarische Vergnügungsfahrt für denjenigen, der mit der russischen Geschichte und Gedankenwelt vertraut ist. Die Passagiere im alkoholumnebelten Zug trinken nicht nur, sondern suchen auch nach den Ursachen für diesen epidemischen Massenalkoholismus; im Laufe der immer tiefer im Abgrund des Rausches versinkenden und zugleich Einblicke vermittelnden Diskussion findet jemand die Erklärung: »Alle wertvollen Menschen Russlands, alle Menschen, die für Russland wichtig waren, haben gesoffen wie die Löcher. Nur die Überflüssigen, die Beschränkten haben nicht gesoffen. [...] Sie haben verzweifelt gesoffen! Alle aufrechten Menschen Russlands. Und warum haben sie so verzweifelt gesoffen? Weil sie aufrecht waren, deswegen nämlich, weil sie das schwere Schicksal ihres Volkes nicht mildern konnten.« Erofẹev hat in Anlehnung an Gogol', der seinen Roman *Die toten Seelen* als »Poem« bezeichnet hat, sein Werk ebenfalls so genannt. Bei Gogol' war die Trojka, die in der Ferne entschwand, das Symbol für Russland

– für Erofẹev ist der Zug, der alkoholumnebelte Zug auf der Fahrt durch ein betrunkenes Land, das Symbol für die Sowjetunion. Erofẹevs Tragödie ist es, dass er die Essenz der Gesellschaft, in der er lebt, verstanden hat: die Lüge. Erofẹevs kleiner Held ist der Ungläubige, der Skeptiker, der Zweifler, und das in einer Gesellschaft, in der allen zu glauben auferlegt wird, in der Zweifel an der Realität des Lebens gleichgestellt werden mit Zweifeln am Sowjetsystem, in dem Skeptizismus gesetzlich verfolgt wird. Nach der Rückkehr aus Petuškị, wo die Ich-Figur die Geliebte selbstverständlich nicht gefunden hat, wird der kleine Zweifler hinterrücks überfallen, gewürgt – unter den Mauern des Kremls, den er nebenbei bemerkt zuvor nie hatte finden können ...

Erofẹevs Theaterstück *Val'pụrgieva noč'* (Die Walpurgisnacht, 1985), das sich in der von Grobheit geprägten Atmosphäre einer psychiatrischen Klinik abspielt, ist ganz im Geiste von *Moskvạ – Petuškị* durchsetzt mit alkoholschwerem Gefasel, antiwestlichen und antisemitischen Äußerungen. In *Mojạ mạlen'kaja leniniạna* (Meine kleine Leniniana, 1988) leistet Erofẹev seinen dokumentarischen Beitrag zur satirischen Entwertung des Leninkultes in der Sowjetunion. In den späten achtziger Jahren war *Moskvạ – Petuškị* ohne Zweifel eines der sehr populären Kultbücher des im Sterben begriffenen kommunistischen Zeitalters (neben *Zwölf Stühle* von Il'f & Petrọv und *Der Meister und Margarita* von Bulgạkov) und sein Autor der letzte literarische Mythos des Sowjetzeitalters (neben dem Dichter Esẹnin und dem Liedermacher Vysọckij). Im Jahre 1995 erschien eine Werkausgabe Erofẹevs unter dem Titel *Ostạv'te mojụ dụšu v pokọe (pọčtị vsë)* (Lasst meine Seele in Ruhe. Beinahe alles).

Großen Wirbel innerhalb der russischen Emigration verursachte das Buch *Ėto ja – Ėdička* (Das bin ich, der Ėdička, 1979) des homosexuellen Antidissidenten ĖDUẠRD LIMỌNOV (*1943). Dieser Roman wurde von Emigrantenkritikern als schlüpfrig, vulgär und zu exhibitionistisch abgetan. Das Buch spielt im Milieu russischer (hauptsächlich jüdischer) Emigranten in Amerika und zeigt, wie diese die langersehnte Welt sehen und erleben, beschreibt ihre Freude und ihre Desillusionierung in der »freien Welt«. Es ist ein knallharter Bericht über einen Dichter, dem in der Fremde keine Anerkennung zuteil wird, eine Abrechnung mit dem Land, das ihm ein Dach über dem Kopf (ein schäbiges Hotel) und Asyl (Wohlfahrt) gewährt hat, aber auch mit seinem eigenen russischen Emigranten- und Dissidentenmilieu in den Vereinigten Staaten. In den Augen des »russischen Dichters« Limọnovs sind sie ein Haufen melancholischer Nichtsnutze, Träumer und Fantasten. Es ist die Beichte eines »crazy Russian«, wie ein Amerikaner ihn nennt.

Podrọstok Sạvenko (Der Halbwüchsige Savenko, 1983) skizziert in kurzen Episoden das marginale Milieu jugendlicher Krimineller in der ukrainischen Stadt Charkow, einer grauen Industriestadt, die zuweilen als »Russlands Detroit« bezeichnet wird. Im Mittelpunkt steht Ėduạrd bzw. Eddy-Baby, anfangs Bücherwurm, später Dieb und Verbrecher, der mit seinen Freunden säuft, stiehlt, einbricht und vergewaltigt. Diese Welt der Kriminellen und Strichjungen wird realistisch gezeichnet. Der kurze und knappe Stil und die Obszönitäten geben das Milieu des teilnahmslosen, amoralischen »angry young man« wieder, der nur in der Gewalt einen Ausweg aus der Eintönigkeit des Proletarierdaseins in Charkow sieht. Limonovs politische Philosophie läuft auf die faschistoide Verherrlichung der Gewalt hinaus: »Die Sowjetunion muss eine Diktatur des Lumpenpacks sein und nicht des Proletariats.«

In dem in Israel erschienenen Roman *Palač* (Der Henker, 1986) frönt ein polnischer Emigrant in New York als professioneller Sadist seinen sexuellen Trieben an reichen, unersättlichen Damen. Limonov hat viele russische und ausländische Fans mit provozierenden Artikeln in der russischen Presse geschockt, die kurz vor und nach dem Augustputsch 1991 publiziert wurden; einige dieser polemischen Artikel wurden noch im Jahre 1992 in dem Sammelband *Izčesnovęnie vąrvarov* (Das Verschwinden der Barbaren) zusammengefasst. Hierin versucht Limonov, einige widerwärtige Themen aus der Sowjetgeschichte (wie den Zweiten Weltkrieg, die Diktatur Stalins, die aggressive Außenpolitik der Sowjets) in ein in seinen Augen richtiges historisches Licht zu rücken und damit einigermaßen zu beschönigen. Die ungeschminkte Kritik in diesen Polemiken und die unverblümten Äußerungen in Interviews waren Wasser auf die Mühlen der Konservativen in Russland, die sich von der progressiven öffentlichen Meinung im Stich gelassen fühlten.

Unter dem Titel *Metro* (Metro, London 1985) erschien das Erstlingswerk des vollkommen unbekannten russischen Schriftstellers ALEKSĄNDR KALĘCKIJ (* um 1947). Der Roman ist eine spannende Geschichte über einen Moskauer Bühnenschauspieler, der letztendlich mit dem Sowjetregime bricht und als angeblicher Jude nach Amerika auswandert. Im Roman lernen wir die Fassade der majestätischen Moskauer Metro kennen, aber auch das marginale Milieu der Künstler, Alkoholiker und Bohemiens, der Schwarzhändler und KGB-Informanten, die sich in der und um die Metro herum aufhalten. Der Roman ist insofern von dokumentarischer Bedeutung, als er minutiös beschreibt, welche drei Wünsche jeder Sowjetbürger hegte: eine Wohnung und eine Aufenthaltsgenehmigung für Moskau (propiska), die Freistellung vom Wehrdienst und eine Auslandsreise. Dieser manchmal im Stile eines Märchens eingehüllte »Klassenkampf« an drei Fronten wird auf humoristische Weise herausgearbeitet. Der Autor kann sich ernst über Land, System und Ideologie äußern, aber auch scherzhaft. Der Roman steckt voller Leben und origineller Figuren, er ist erfrischend, komisch und rührend. Dies alles macht aus *Metro* einen reich ausgeschmückten Roman über unzufriedene Jugendliche in der Brežnev-Periode.

Einen faszinierenden Roman über russische Entfremdung im Exil schrieb NATASCHA WODIN (*1945), die Tochter russischer Emigranten in Deutschland. Sie gehört nur am Rande zur russischen Literatur, da sie auf Deutsch schreibt und ihr Werk nicht auf Russisch vorliegt. In ihrem Romandebüt *Die gläserne Stadt* (1983) verwendet sie eine herrliche Metapher für das Nachkriegsdeutschland: »Es war einmal eine gläserne Stadt. Da war alles aus Glas: die Häuser, die Straßen, sogar die Schuhe an den Füßen der Bewohner. Es war die sauberste Stadt der Welt. Alle liefen mit schneeweißen Tüchern herum und putzten, wischten, polierten den ganzen Tag. Kein Stäubchen, kein Hauch beschmutzten die gläserne Stadt.«

Als Tocher aus der Sowjetunion geflohener russischer »displaced persons« wuchs Natascha Wodin in Flüchtlingsbaracken, einem ihr – sowohl hinsichtlich der Mentalität als der Sprache – fremden Milieu, auf. Der Kampf mit den beiden Sprachen und Kulturen bestimmte ihr Leben. Die Katastrophe nimmt noch größere Ausmaße an, als sich Natascha Wodin in einen russischen Schriftsteller verliebt, der sich auf einer Rundreise in der Bundesrepublik befindet. Es ist Liebe auf den ersten Blick zwischen zwei Menschen, die als Übersetzer und Schriftsteller von Sprache und Literatur besessen sind. Sie zieht nach Moskau, wo sie mit einem der Privilegierten der Sowjetelite unter Brežnev eine leidenschaftliche, aber auch sehr anstrengende Liebesbeziehung unterhält. Dort findet sie nicht das Russland Konsaliks – im Gegenteil: »Ich flog in eine Utopie, in ein Land, das ich mir am wenigsten von allen Ländern vorstellen konnte, ein Land, das seit jeher als eine Fiktion in mir lebte, als die verlorene, geliebte und gehasste Heimat meiner Eltern, als Heimat aller meiner unerfüllten Sehnsüchte, als eine innere Fluchtmöglichkeit.« Der Kampf mit ihrem Geliebten und mit ihrem zweiten Vaterland ist ungleich und endet tragisch. Es ist der verzweifelte Versuch, sich einem wahnsinnig intensiven Leben mit Büchern unter einem autoritären Regime anzupassen, das die körperliche und geistige Ruhe des Menschen insofern dieser noch von Bedeutung ist, angegriffen hat. Natascha Wodin wird ständig zwischen diesem russischen Chaos und der deutschen Ordnung und ruhigen, aber etwas zu langweiligen Geborgenheit hin und her gerissen. Dieser Zwiespalt, dieses Verlangen nach einer für sie verlorengegangenen Kultur wird im Roman besonders stark heraufbeschworen, in einer sorgfältig gewählten Sprache, mit überraschenden Metaphern, ohne auch nur eine Spur vulgärer oder trivialer Ausdrucksweise.

Was passiert, wenn eine Westeuropäerin einen Russen heiratet, der ein zweihunderprozentiger homo sovieticus ist und einen krankhaften Kochfimmel an den Tag legt? Was passiert, wenn derselbe russophile Pilzfanatiker und kulinarische Faschist in England landet und vor Heimweh nach dem ungemütlichen, armseligen und »ungewaschenen« Russland vergeht? Der ohrenbetäubende Zusammenprall zweier Kulturen, der hiervon die Folge ist, wird in *Rusofobka i fungofil* (Die Russenfeindin und der Pilzfreund, 1985), einer kulinarischen Einführung in das Rätsel der »chaotischen russischen Seele« (von der BBC verfilmt), von ZINOVIJ ZINIK (*1945) in einem Wortschwall, mit dem man manchmal nicht Schritt halten kann, dafür aber auf sehr gelungene Weise beschrieben.

Das interessanteste Beispiel für die experimentelle und formalistische Richtung in der nichtoffiziellen Literatur ist *Škola dlja durakov* (Die Schule der Dummen,

1976) von SAŠA SOKOLOV (*1943). Der »Held« dieses Romans ist ein Schüler an einer Schule für Geistesgestörte, der sich nicht an den Leser richtet, sondern an sich selbst, an sein ureigenes gespaltenes Ich. Er ist traurig, leidet an Erinnerungsschwund (»selektives Gedächtnis«) und hat das Gefühl für Zeit und für die eigene Identität verloren. Das ganze Buch ist ein einziger langatmiger innerer Monolog, der aber, da er ja von einem Kranken, einem Gestörten, stammt, außerordentlich fesselnd, kapriziös und so überraschend ist, wie es für solch eine Darstellungsform typisch ist. Daher auch die effektvollen, erfrischend anmutenden Assoziationen, die Wortspiele sowie die Spielereien mit Metaphern, Zeichen und Klängen. Es ist offensichtlich, dass Joyce zu Sokolovs Lektüre gehört hat. Obwohl das Buch Politik und aktuellen Zeitbezug nicht thematisiert, enthält es dennoch sozial oder politisch inspirierte Passagen, so beispielsweise »Der Zimmermann in der Wüste«, eine vielseitige Parabel, die sich auch auf das Land des Schriftstellers beziehen könnte und bestimmt nicht als unverbindliches Experiment mit Sprache und Formen gedacht ist. Vladimir Nabokov, der das Erscheinen des Buch noch miterlebt hat, schrieb über Sokolovs Debüt, es sei ein »bezauberndes, tragisches und rührendes Buch«. Von Reife zeugt auch Sokolovs zweiter Roman, *Meždu sobakoj i volkom* (Zwischen Hund und Wolf, 1980; der Ausdruck »inter canem et lupum«/«entre chien et loup« wurde von Puškin ins Russische eingeführt). Auch hier gibt es kaum Handlung in dem von der Abenddämmerung (der Zeit »zwischen Hund und Wolf«) getragenen Mysterium.

Eine große Überraschung ist außerdem der in Amerika wohnende und publizierende VASILIJ AKSËNOV, dem wir bereits als typisches Produkt des »Tauwetters« begegnet sind. Nach dem Skandal um den Literaturalmanach *Metropol'* (1979) verließ er aus eigenem Antrieb den Schriftstellerverband und ging 1980 ins amerikanische Exil. Dort erschienen *Ožog* (Die Brandwunde, 1980) und *Ostrov Krym* (Die Insel Krim, 1981). Die Brandwunde ist eine Metapher für die Sowjetgesellschaft in den »späten sechziger und frühen siebziger Jahren« (Untertitel). Das Werk enthält enorm viele stilistische und strukturelle Elemente. Der Autor selbst hält *Die Insel Krim* für sein bestes Werk. Aksënov entwickelt hier einen brillanten Einfall: Den Bolschewiken gelingt es während des Bürgerkrieges nicht, die Krim, das Bollwerk der Weißen, zu erobern. Noch im Jahre 1980 ist sie ein demokratischer Stadtstaat (das Hongkong der UdSSR). Die Republik ist äußerst wohlhabend, ausgestattet mit allem nur denkbaren ultramodernen Komfort, es gibt Dutzende politischer Parteien, und der Einfluss der amerikanischen Kultur ist groß. Kurz: In jeder Hinsicht stellt dieses Russland der Weißen den absoluten Antipoden zur roten Sowjetunion dar. Dieser Aspekt ist ohne Zweifel das größte, inhaltliche Verdienst des Buches. Es ist nostalgisch in dem Sinn, als dass es einen Eindruck davon vermittelt, wie Russland sich ohne Kommunismus hätte entwickeln können. Manche sehen in dem Roman eine Satire, eine Karikatur auf die westliche Welt, doch diese Antiwelt ist wohl eher eine Utopie, die sich krass von der Darstellung der vorkriegshaft wirkenden Sowjetunion abhebt. Und im Licht der Ereignisse in Russland nach dem Jahr 1991 lässt sich das Buch sogar als Prophezeiung lesen. Dies alles hat Aksënov in einem vor Leben sprühenden Abenteuerroman in einer reißerischen Sprache (à la Norman Mailer) und mit vielen interessanten Betrachtungen über das Weh und Ach der Emigranten herausgearbeitet.

Sehr beliebt im samizdat waren die Werke von JUZ ALEŠKOVSKIJ (*1929), *Kenguru* (Das Känguru, 1981), *Ruka* (Die Hand, 1980) und *Nikolaj Nikolaevič* (1980), alles extrem hektische, satirisch-fantastische Erzählungen von einem absurden Land in einer vulgären Sprache, in der massenhaft »Mutterflüche« (mat) vorkommen.

1985 zog das Erzähltalent von JULIJA VOZNESENSKAJA (*1940) in ihrem Roman *Ženskij dekameron* (Das Frauendekameron) die Aufmerksamkeit auf sich. Voznesenskaja wählt einen originellen Einfall als Ausgangspunkt. »Dieses Buch erzählt die Geschichte von zehn jungen Frauen auf der Entbindungsstation eines Krankenhauses. Zu ihrem Schrecken wird ihnen mitgeteilt, dass sie wegen einer auf der Station herrschenden Infektion und der damit zusammenhängenden erforderlichen Quarantäne zehn Tage länger im Krankenhaus bleiben müssen. Eine von ihnen kommt auf den Gedanken, dasselbe zu tun wie einst ein Florentiner Schriftsteller, Boccaccio, nämlich in diesen zehn Tagen Geschichten über das Leben, über Männer, über die Liebe zu erzählen, kurz: über alles, was die moderne Frau berührt.« Dieses Sowjetdekameron ist noch kein in jeder Hinsicht fertiger literarischer Text, aber die Erzählweise, die Anekdotik und der feministische Kommentar, die häufig sehr gelungen und geistreich sind, weisen sofort auf ein vielversprechendes literarisches Talent hin. Das Buch enthält 100 Geschichten über die unterschiedlichsten Themen (die erste Liebe, verführte und im Stich gelassene Frauen, der Liebesakt in komischen Situationen, Vergewaltiger, Untreue und Eifersucht usw.), die von den unterschiedlichsten Frauen erzählt werden: einer Parteifunktionärin, einer Dissidentin, einer Künstlerin, einer Arbeiterin usw. Hinsichtlich der Anekdotik steckt wenig psychologischer Tiefgang in diesen Geschichten, aber das ist vielleicht das Wohltuende gegenüber der sonst ziemlich tiefschürfenden russischen Prosa.

Noch kein Jahr nach dem furchterregenden Störfall im Atomkraftwerk von Tschernobyl im April 1986 legte Voznesenskaja mit *Zvezda Černobyl'* (Der Stern Černobyl') ein dokumentarisches Drama über diese Apokalypse unserer Zeit vor.

In der Dissidentenliteratur der frühen achtziger Jahre hat man sich an neue Gattungen gewagt: den Kriminalroman und den Sexroman. Die Gattung des Kriminalromans war in der Sowjetunion beliebt, unterlag aber verschiedenen Beschränkungen: Zumeist handeln derartige Romane von gewieften Grenzschützern, die gewissenhaft das sozialistische Vaterland vor listigen Agenten des Imperialismus (und Zionismus) behüten, oder von der Kriminalpolizei, dann aber ganz brav und moralisierend.

Das bekannteste Beispiel in der Sowjetliteratur ist JULIAN SEMËNOV (1931 – 1993), der Abenteuererzählungen verfasst hat, die sich innerhalb und außerhalb der

Sowjetunion abspielen: *Petrovka 38* (1963), *Brillianty dlja diktatury proletariata* (Brillanten für die Diktatur des Proletariats, 1971) u.a. Sein in vielen Romanen auftauchender Held, der Doppelagent Štirlic (Stierlitz), war ein in der Sowjetunion sehr populärer Fernsehstar.

Vergleichbare Trivialliteratur im Stil des sozialistischen Realismus wurde von ALEKSANDR PROCHANOV (*1938) produziert, und zwar in dem Roman *Derevo v centre Kabula* (Ein Baum im Zentrum Kabuls, 1982), in dem die Afghanen als unterentwickelte Trottel hingestellt werden, denen die uneigennützigen Kulturträger der Sowjets ihre brüderliche internationalistische Hilfe anbieten. Noch 1988 wurde er für dieses skandalöse Buch mit einem Preis ausgezeichnet. Im Jahre 1991 stellte er sich auf die Seite der Putschisten.

Der im Jahre 1981 im Possev-Verlag erschienene Kriminalroman *Žurnalist dlja Brežneva ili smertel'nye igry* (Journalist für Brežnev oder Tödliche Spiele) von FRIDRICH NEZNANSKIJ (*1932) und ÈDVARD TOPOL' (*1938) hält sich an die Spielregeln: Geld, Morde, Frauen und Spannung bis zur letzten Seite. Die Autoren sprechen aus eigener einschlägiger Erfahrung: Neznanskij war als Richter und Rechtsanwalt 25 Jahre lang in der Justiz tätig, Topol' ist Bühnenautor und Journalist. Die nervenaufreibende und gehetzte Suche nach einem verschwundenen Journalisten führt den Ermittlungsbeamten und den Leser in den exotischen Fernen Osten der Sowjetunion, in ein Lager im Norden, in Restaurants, Züge und Flughäfen, sogar in die höchsten Machtregionen des Landes. Überall stoßen wir auf Käuflichkeit, Machtkämpfe, Doppelleben, Angst und Vetternwirtschaft, Drogenkonsum, Kriminalität. Eine explosive Story, die ein schockierendes Bild aufzeigt, nicht nur von der Welt und der Unterwelt der Verbrechen, Drogen und Prostitution, sondern auch von der »Oberwelt«: die Creme der Gesellschaft (mit ihren knochenharten Machtintrigen), psychiatrische Kliniken (in denen Dissidenten festgehalten werden), Spitzenfunktionäre, die »Voice of America« (auf Russisch) hören, um zu erfahren, was im Lande vor sich geht, bestochene Zöllner und dito Parteisekretäre in asiatischen Republiken und eine detaillierte Beschreibung der Geräte, die der Polizei und dem KGB zur Verfügung stehen. Eine willkommene Abwechslung in der zumeist schwer ideologisch aufgeladenen russischen Literatur! Schließlich sei noch auf einen Außenseiter im tamizdat unmittelbar vor der Perestroika hingewiesen: den politischen Sexroman *Mužskoj razgovor v russkoj bane* (Männergespräche in einer russischen Sauna, 1980) von ÈFRAIM SEVELA (*1928) über ein paar Parteihengste, die einander in einem luxuriösen Sanatorium zu übertrumpfen versuchen, indem sie von politischen und sexuellen Eroberungen während ihrer bewegten Karriere erzählen. Sevela hat außerdem den sehr humorvollen Band mit Erzählungen Popugaj, govorjaščij na idiš (Der Papagai, der Jiddisch konnte, 1982) verfasst, in dem die Schicksale russischer Juden in der Sowjetunion, in Berlin, Amerika und Israel beschrieben werden.

Ein hinreißendes Büchlein ist das 1976 anonym in Frankfurt erschienene *Černaja kniga. Moskovskaja legenda* (Das schwarze Buch. Eine Moskauer Legende) über ein geheimnisvolles Buch, das, so will es die Überlieferung, im Sucharev-Turm in Moskau eingemauert sein soll. Wer im Besitz dieses Buches ist, hat die ganze Welt in seiner Macht. Vor der Revolution kursierten allerlei Gerüchte, und im Jahre 1917 übernahmen die Roten die Regierung, waren aber nicht sehr von ihrer Macht überzeugt. Um uneingeschränkte Macht über das Volk und zugleich über die restliche Welt zu gewinnen, will der Große Boss das Buch in seine Hände bekommen. Die Geheimpolizei kommt dahinter, dass es sich bei einem Mönch befindet. Das fromme Moskauer Volk hindert die Geheimpolizei daran, diesem das Buch zu entwenden. Dann wird noch der Teufel ins Spiel gebracht, um sich dieses kostbaren Schatzes – der Garantie uneingeschränkter Herrschaft über das Volk! – zu bemächtigen, aber auch ihm gelingt es nicht. Die ganze Legende ist in einem archaischen Russisch verfasst, wodurch das Volkstümliche und Sakrale der Erzählung und deren Atmosphäre deutlich hervorgehoben werden. Diese Legende hat Symbolcharakter: Trotz des Einsatzes satanischer Kollaborateure gelingt es dem Großen Boss nicht, das geweihte Buch in seinen Besitz zu bekommen. Demzufolge wird es ihm auch nicht gelingen, den Geist der Moskowiten unter seine Kontrolle zu bekommen. Das Buch erschien 1991 in Russland, dieses Mal unter dem Pseudonym Gennadij Russkij.

13. Perestroika & Glasnost und das Ende der Sowjetära (1985 – 1991)

13.1. Hintergrund

Als im März 1985 der kranke und senile Parteichef Konstantịn Černẹnko starb und der »junge« Michaịl Sergẹevič Gorbačёv (*1931) sein Nachfolger wurde, ging ein Aufatmen durch das Land: Sollte die Gerontokratie, die Herrschaft der mittelmäßigen alten Männer, endlich ein Ende gefunden haben? Gorbačёv war fest entschlossen, die Sowjetunion einer grundlegenden Reform zu unterziehen. Diese Reformpolitik wurde mit dem magischen Namen »perestrọjka« (Umstrukturierung, Reorganisation) bedacht. Um die Bevölkerung für sein Reformprogramm zu gewinnen, führte der Parteichef die »glạsnost'« ein, was soviel bedeutet wie Offenheit, Öffentlichkeit, Transparenz.

In dem 1987 in vielen Sprachen erschienenen und mit großem Medienrummel angekündigten Buch *Perestrọjka i nọvoe myšlẹnie dlja nạšej strany i vsego mịra* (Perestroika und Neues Denken für unser Land und die ganze Welt) zeichnet Gorbačёv selbst ein negatives Bild seines Landes vor dem Jahr 1985: Er konstatiert, dass die ideologischen und moralischen Werte abgebröckelt seien, dass Mittelmaß, Formalismus und laute Lobgesänge in den Medien, in Kunst, Wissenschaft, Bildungswesen und Medizin fröhliche Urständ gefeiert hätten, dass alle Probleme totgeschwiegen worden seien, dass die Historiografie der Sowjetunion an allen Ecken und Enden kranke und dass überall nur halbherzige Maßnahmen ergriffen würden. Als Ausweg aus dieser Sackgasse lancierte er die Politik der Perestroika und der Glasnost.

Perestroika bedeutete, dass das Land wirtschaftlich und politisch reformiert werden sollte, um es letztendlich rentabel zu machen. Wie wollte Gorbačёv dieses Ziel erreichen? Indem er zu Eigeninitiative aufrief (individuelle Arbeit, Kooperativen), die Verantwortung für die Arbeit dem Individuum oder der Gruppe übertrug, die Unternehmen zur Einführung der chozrasčёt (= wirtschaftliche Rechnungsführung) anhielt und sie selbständig machte, unrentable Unternehmen stillegte, die Wirtschaft dezentralisierte, Joint Ventures gründete und den Regionen mehr Autonomie verlieh. Da dies alles von der Bevölkerung einen großen Kraftaufwand erforderte, versprach Gorbačёv als Gegenleistung Glasnost, offene Berichterstattung in den Medien über die Probleme, denen sich das Land in der Vergangenheit (und wenn es sein musste, auch in der Gegenwart) gegenübersah. Sinn der Sache war es, die Menschen zu motivieren, um die Perestroika wirklich in die Praxis umzusetzen.

Die Reaktion in der Öffentlichkeit blieb nicht aus. Bislang verbotene literarische Werke wurden veröffentlicht (*Dọktor Živạgo*), Filmemacher zeigten kritische Filme

(*Pokajanie*, Die Beichte, die surrealistische Abrechnung des georgischen Regisseurs Tengiz Abuladze mit dem Stalinismus in Georgien), das gesamte kulturelle Leben war in Bewegung (Pop, Rock, Videoclips, Sotheby in Moskau, Montmartre auf dem Arbat). Dissidenten wurden freigelassen (Sacharov im Dezember 1986), die »weißen Flecken« (belye pjatna = ehemalige Tabuthemen) in der Geschichte erforscht (Stalinismus, Lager) und verketzerte Politiker rehabilitiert (Trockij, Bucharin). Innerhalb von drei Jahren (1985 – 1988) war die Sowjetunion in den Augen des Auslands eine sympathische Weltmacht geworden – und das, obwohl ihre Vertreter vor Gorbačëvs Regierungsantritt als harte, unumgängliche Verhandlungspartner bekannt waren und sie selbst als konservatives Land mit einem stabilen Regime galt, in dem sich seit 20 Jahren auf sozialem, wirtschaftlichem, politischem, ideologischem und diplomatischem Gebiet nichts verändert hatte, als ein Land, in dem man beharrlich über die schwarzen Flecke in der eigenen Geschichte geschwiegen hatte und in dem man rücksichtslos gegen Dissidenten, Nationalisten, Hippies, Drogenkonsumenten und Schriftsteller vorgegangen war. Diesem Bild war nun ein Ende gesetzt worden. Die Periode der Stagnation (zastoj) war vorbei. Der überzeugte Antikommunist Ronald Reagan, Präsident der Vereinten Staaten, musste seine Erklärung, die Sowjetunion sei »das Reich des Bösen«, zurücknehmen. Zugleich aber musste Gorbačëv in seinem Buch auch zugeben, dass in seinem Land auf allen Ebenen Trägheit und Passivität herrschten und dass »wir keine politische Kultur haben«.

Bis zuletzt (August 1991) war es seine Absicht, das Land so zu reorganisieren, dass die Partei effizient die Wirtschaft verwalten und die Staatsgewalt wirksam ausüben könnte. Gorbačëv wollte mit den Reformen also innerhalb des Systems bleiben, an den Grundlagen des Systems nichts ändern. Es sollte jedoch anders kommen. Einer seiner weitreichenden Beschlüsse betraf die Veröffentlichung (1989) des Nichtangriffspaktes zwischen Deutschland und der Sowjetunion aus dem Jahre 1939, in dessen Folge Polen zwischen den Deutschen und den Sowjets aufgeteilt und die baltischen Staaten der Sowjetunion einverleibt worden waren. Als das Dokument erst einmal veröffentlicht war, gab es kein Zurück mehr: Die Balten hatten nun ein legales Dokument in den Händen, mit dem sie ihre Unabhängigkeit einfordern konnten. Dies war der Anfang vom Ende der Sowjetunion. Die größere Freiheit, in deren Genuss die Presse und die anderen Medien gekommen waren, ermöglichte außerdem, dass Probleme wie die Nationalitätenfrage, Rassismus, Diskriminierung usw. offen angeschnitten wurden. Ein Brandherd nach dem anderen tat sich auf: in Aserbaidschan, Georgien, der Ukraine (gehört die Krim zu Russland oder zur Ukraine?), den baltischen Staaten. Die letzten Zuckungen des Imperiums führten im Dezember 1991 zur Gründung der GUS (Gemeinschaft Unabhängiger Staaten/SNG = Sodružestvo nezavisimych gosudarstv).

Die Konservativen in der Partei waren der Meinung, dass die Reformen viel zu schnell gingen und dass das Land geradewegs auf seinen Untergang zusteuerte.

Gorbačëv musste ständig Kompromisse schließen, um die konservativen Kräfte nicht allzu sehr vor den Kopf zu stoßen. Im August 1991 putschten die Konservativen: Drei Tage lang traktierten sie ihr Land mit einem karnevalesken Staatsstreich, dem erst durch das entschiedene Eingreifen der Demokraten mit Borįs Ęl'cin (Jelzin) an der Spitze Einhalt geboten wurde. Ęl'cin war 1988 von Gorbačëv seines Amtes als Parteichef von Moskau enthoben worden, weil er zu populär war und die Privilegien der Parteifunktionäre allzu nachdrücklich in Frage stellte. Jetzt war für Ęl'cin der Moment der Rache angebrochen: Obwohl Präsident Gorbačëv sich während des Putsches auf seiner Datscha am Schwarzen Meer aufgehalten hatte, wurde ihm in der öffentlichen Meinung vorgeworfen oder gar verübelt, dass er durch seine halbherzigen Maßnahmen und sein Lavieren den Konservativen in die Karten gespielt habe. Der Demokrat Ęl'cin erwies sich als der große Sieger. Er demütigte Gorbačëv, stellte ihn ins Abseits und verbot sogar die Kommunistische Partei, weil diese den Putsch organisiert hatte. Die Welt war sprachlos: Nachdem die Kommunistische Partei 74 Jahre lang an der Macht gewesen war, wurde sie nun für illegal erklärt – und das auch noch von einem ehemaligen Kommunisten. Am 1. Januar 1992 wurde außerdem die Sowjetunion aufgelöst: Die UdSSR gab es von nun an nicht mehr; sie wurde durch die Russische Föderation ersetzt. Gorbačëv trat von seinem Amt als Präsident zurück; er musste seinen Platz für Borįs Nikolạevič Ęl'cin räumen, den ersten in freien Wahlen gewählten Präsidenten der Russischen Föderation. 1992 war das erste »postkommunistische« Jahr; es stand ganz im Zeichen der Auflösung des Kommunismus, der Privatisierung von Handel und Industrie, der Einführung des freien Marktes, der Zusammenarbeit mit dem Kapitalismus.

Nach der Euphorie der ersten Stunde sollte sich schon recht bald zeigen, dass Russland am Rande des Abgrundes stand: Wirtschaftliche Trägheit und Führungschaos, Umweltkatastrophen sowie eine leere Staatskasse waren der Beweis dafür. Das Land hatte unter einer galoppierenden Inflation und unter Arbeitslosigkeit zu leiden. Bei den Intellektuellen aber herrschte Feststimmung. Es gab keine Beschränkungen mehr, alles war erlaubt, mit jeglichen Tabus, die es jemals in der russischen Geschichte und Kultur gegeben haben mochte, wurde gebrochen. Doch die Medaille hatte auch eine Kehrseite: Das Recht der freien Meinungsäußerung, die Presse- und Versammlungsfreiheit brachten mit sich, dass auch Rechtsextremisten nun ungestört ihre Meinungen vertreten konnten. Im ganzen Land nahm der Antisemitismus zu und ultranationalistische, faschistische oder faschistoide Vereinigungen wie »Pạmjat'« konnten ungehindert ihre Ideen verbreiten. In diesen sieben Jahren der fieberhaften Suche nach einem Ausweg aus der Sackgasse des Jahres 1985 hatte sich so viel verändert, dass auch die Literatur von diesem Kampf nicht unberührt geblieben ist.

Der neue Wind in der Literatur setzte während des 8. Schriftstellerkongresses (Juni 1986) ein. Dort wurden literarische Werke von Literaturbürokraten (die

»sekretạrskaja prọza« von Aleksạndr Čakọvskij, Vladịmir Kạrpov u.a.) offener Kritik unterzogen. Während dieses Kongresses gaben sich die Schriftsteller als Befürworter der Perestroika zu erkennen, nachdem die Filmemacher bereits während ihres 5. Kongresses ihre Führungsriege abgesetzt und eine große Zahl ehemals verbotener Filme aus den Archivregalen geholt hatten. Ein Niederschlag dieser Debatten lässt sich in der stenografischen Mitschrift dieses Kongresses finden (*Vos'mọj s'ezd pisạtelej SSSR: stenografịčeskij otčët*, Der 8. Kongress der Schriftsteller der UdSSR: Das stenografische Protokoll, Moskau 1988). Während dieses Kongresses wurden auch Forderungen laut, bestimmte verbotene Werke, u.a. Pasternạks *Dọktor Živạgo*, nun endlich zu veröffentlichen. Außerdem wurde zum erstenmal von der »Einheit der russischen und der sowjetischen Literatur« gesprochen, was auf die Frage nach der Anerkennung der außerhalb der Sowjetunion auf Russisch veröffentlichten Literatur abzielte. Der erste Annäherungsversuch war die Begegnung zwischen offiziellen Repräsentanten der Sowjetliteratur (Baklạnov, Dụdincev, Iskandẹr) und Emigranten (Aksёnov, Sinjạvskij, Ẹtkind, Kọpelev), die im Frühjahr 1988 auf Initiative dänischer Slawisten in Dänemark stattfand.

Auch der sozialistische Realismus stand im Mittelpunkt heftiger Diskussionen. Bereits Mitte der achtziger Jahre waren in der Sowjetunion Debatten über die Frage abgehalten worden, was Vorrang haben sollte: Form oder Inhalt. Es bildeten sich zwei Lager heraus: die sogenannten poẹtịsty (in deren Augen die Betonung auf dem ästhetischen Element liegen solle) und die »soderžanịsty« (die dem Inhalt Vorrang einräumten). In der Theorie konnte sich der Begriff »Sozialistischer Realismus« noch halten, in der Praxis aber wurde ihm von den Literaturkritikern oder von Rezensenten kaum noch Beachtung geschenkt. Der Begriff war zu vage geworden, dies hatte zu einer Krise geführt, und da eine grundlegende Diskussion um das Wesen des offiziellen Kanons zu gefährlich war, wurde seine Verwendung möglichst vermieden. Während des 27. Parteikongresses (Februar – März 1986) wurde noch immer wiederholt, dass sich der sozialistische Realismus auf »partịjnost'« und »narọdnost'« stützen müsse. Auch Gorbačёvs Literaturauffassung war nicht anders oder gar neu: Sein Ziel war es, die Mentalität des Sowjetvolkes zu verändern, Fehler der Vergangenheit offenzulegen und hiermit den Weg für neue und positive Errungenschaften zu ebnen. In diesem Prozess sollte die Literatur eine wichtige Rolle spielen. Am 23. Juli 1986 schrieb Gorbačёv in der *Literatụrnaja gazẹta*: »Schriftsteller spielen eine wichtige Rolle, wenn es um Veränderungen auf psychologischem, ethischem, sozialem und wirtschaftlichem Gebiet geht … Das Klima in der Sowjetgesellschaft erfordert einen neuen und aktiven Helden – einen Führer.« Beispiele akzeptabler kritischer Literatur waren der Roman *Požạr* (Der Brand) von Valentịn Rasputin, *Pečạl'nyj detektịv* (Der traurige Detektiv) von Vịktor Astạf'ev und *Plạcha* (Der Richtplatz) von Čịngiz Ajtmạtov, Werke dreier renommierter Schriftsteller also, die die intellektuelle Freiheit genutzt hatten, um auf den erschreckend desolaten Zustand der Sowjetgesellschaft hinzuweisen.

Doch auch während der Glasnost konnte nicht alles publiziert werden. Die offizielle Politik der intellektuellen Freiheit hatte ihre Grenzen. So erklärte der Generalsekretär des Schriftstellerverbandes, Vladimir Karpov, in der Ausgabe der *Literaturnaja gazęta* vom 26. November 1986: »Früher unveröffentlichte Werke von Gumilëv, Nabǫkov und anderen erscheinen zur Zeit. Das soll aber keineswegs heißen, dass dieser Trend nun in unserer Literatur dominieren muss ... Wir können diese Tendenz, lediglich über Unzulänglichkeiten, lediglich über die negativen Aspekte unseres Lebens zu schreiben, nicht gutheißen. Am heutigen Tag ist dies nicht die ganze Wahrheit. Es ist nur die halbe Wahrheit.« Und noch am 11. Mai 1988 sagte Gorbačëv über die Grenzen der Kritik: »Wir lösen dieses Problem im Rahmen des sozialistischen Pluralismus. Wir befürworten eine breite Entwicklung von Kritik und Glasnost, aber nur, wenn dies im Interesse der Gesellschaft, des Sozialismus und der Menschen liegt ...« Er wollte offensichtlich, dass die Glasnost innerhalb der Grenzen des Sozialismus bleiben und in dessen Tradition stehen solle. Gerade die Gesellschaft, die öffentliche Meinung, das, was man damals »the civil society« nannte – die Presse, die Literaturzeitschriften, die sogenannten neformaly (= nichtoffiziellen Vereinigungen) – waren es, die immer neue Grenzen absteckten und immer wieder mit Tabus brachen.

Alles wurde veröffentlicht, aber nicht auf einmal. In den Bibliotheken öffneten sich die Türen des »specchran«, der Abteilung für verbotene Bücher: Sowohl prärevolutionäre Autoren als auch Emigranten und westliche Schriftsteller des 20. Jahrhunderts wurden zugänglich gemacht. Vor 1985 konnte diese Literatur nur mit spezieller Genehmigung benutzt werden – und selbst dann nur von einigen wenigen. Zuerst wurden bereits verstorbene Schriftsteller rehabilitiert und (neu) aufgelegt, so beispielsweise Achmạtova (*Requiem*, 1987) und die früher verbotenen Werke Bulgạkovs. Dann kamen die Werke der noch Lebenden an die Reihe, beispielsweise Gedichte des tschuwaschisch-russischen Dichters Gennạdij Ajgị (*1934, *Zdes'*, Hier, 1991, *Otmęčennaja zimạ*, Der gekennzeichnete Winter, 1982) und von Irịna Ratušịnskaja (*1954, *Stichị*, Gedichte, und *Sęryj – cvet nadęždy*, Grau ist die Farbe der Hoffnung, 1989), und schließlich die Vertreter der Emigration, und zwar sowohl die der ersten (Berberovas Memoiren) als auch die der zweiten (Ivạn Elạgins Poesie) und der dritten Welle, nämlich die der siebziger Jahre – endlich wurden nun auch die Werke der Dissidenten herausgegeben (beispielsweise Aksёnov). Darüber hinaus wurden jahrzehntelang verketzerte ausländische Schriftsteller in russischer Übersetzung publiziert (Kafka, Joyce). Verbannte Schriftsteller kehrten zurück oder erhielten ihre sowjetische Staatsangehörigkeit wieder (im Jahre 1990), so z.B. Zinọv'ev, Solženịcyn (insgesamt 23 Literaten). Letztendlich wurde auch die Vorzensur aufgehoben (1. August 1990). Nur vier Themen unterlagen nach wie vor einem Tabu: Kriegspropaganda, Staatsgeheimnisse, Volksverhetzung, Pornografie. Das Verbot pornografischer Literatur und Filme ist inzwischen aufgehoben worden. Sogar Staatsverlage geben pornografische Literatur heraus. Dies alles führte zu einem enormen kulturellen Aufschwung: Der politische Diskurs war an der Tagesordnung, die politische Publizistik dominierte (zu Lasten der schöngeistigen Literatur), Theaterstudios experimentierten mit neuen Themen und Stilmitteln. Die Toleranz der Glasnost zeichnete sich durch Unbeständigkeit aus: 1988 wurde die Veröffentlichung von *Der Archipel GULag* angekündigt, später aber wieder zurückgenommen. Im Jahre 1989 wurde das Buch dann doch noch freigegeben. In der Zwischenzeit sind sämtliche Werke Solženicyns in der Sowjetunion erschienen.

Als das Sowjetimperium ins Wanken geraten war, drohte auch das Kartenhaus der Sowjetliteratur in sich zusammenzubrechen: In der zweiten Periode der Glasnost wurden Stimmen laut, die sich für eine Auflösung des Schriftstellerverbandes aussprachen. Dieses Problem spaltete die Sowjetliteraten in zwei Lager: die Auflösungswilligen und die Linientreuen. Vor allem die alte Garde der biederen Stalinisten, die nur dank des schon lang überholten Dogmas lebten und schrieben, hatte schreckliche Angst vor der Einführung des freien Buchmarktes. Wer würde schon freiwillig und bei einem breiten Angebot ihre dicken Wälzer über vorbildliche Komsomolmitglieder, keusche Bäuerinnen und uneigennützige Parteifunktionäre lesen? Außerdem fürchteten sie sich vor der Enthüllung ihrer Rolle in der jüngsten literarischen Vergangenheit – einer Rolle, die von Verrat, Feigheit, Kriecherei und Scheinheiligkeit geprägt war. Diese Freveltaten durften auf keinen Fall ans Licht kommen. Sie erinnerten sich ohne Zweifel an die Hetzkampagne gegen den Nobelpreisträger Pasternak, der durch Zutun seiner Schriftstellerkollegen aus der Literatur verstoßen worden war – eine der größten Schandtaten in der Geschichte der russischen Literatur (erst 1987 wurde er rehabilitiert). Aber sie erinnerten sich vor allem an die Worte des Dissidenten und Liedermachers Aleksandr Galič: »Wir merken uns den Namen jedes einzelnen, der die Hand gehoben hat.« Die Auflösungswilligen hingegen wollten vollständige Freiheit und folglich Verantwortung (Risiko). In diesem Lager taten sich die populären, liberalen Schriftsteller, deren Werke sich gut verkauften, am stärksten hervor. Peinlich ist außerdem die Tatsache, dass einige renommierte Schriftsteller die Putschisten vom August 1991 offen unterstützten: In einem »Slovo k narodu« (Appel an das Volk) in der Ausgabe der *Sovetskaja Rossija* (Sowjetrussland) vom 23. Juli 1991 riefen Bondarev, Rasputin und Prochanov zur »Rettung des Vaterlandes« auf: »Das Vaterland, unser Land, der große Staat, den uns die Geschichte, die Natur und unsere ruhmreichen Vorväter anvertraut haben, geht unter, wird zerstört, versinkt in der Dunkelheit und im Nichts. Unser Haus steht bereits an allen Ecken und Enden in Brand, wir können es nicht mehr mit Wasser löschen, sondern müssen es mit unseren Tränen und unserem Blut tun.«

In dieser Polemik, die in der Sowjetunion sehr heftig geführt wurde und manchmal äußerst bösartig (weil persönlich) war, haben zwei Personen eine deutliche Position eingenommen. Die erste wurde in dem programmatischen Artikel »Literatura nikomu ničego ne dolžna« (Die Literatur ist niemandem etwas schuldig) in der Ausgabe der *Russkaja Mysl'* vom 9. Februar 1990 von dem Sowjetschrift-steller Leonịd Latynin in Worte gefasst: »Unsere soziale Literatur ist im Unterge-hen begriffen, zusammen mit den sozialen Strukturen, deren Produkt sie ist. Die Literatur der Sowjetperiode trägt die Schuld daran, die düsteren menschlichen Instinkte und Leidenschaften geweckt und gestärkt zu haben. Doch diese Schuld trifft bereits auch die russische Literatur des 19. und beginnenden 20. Jahrhun-derts. Und heute wird offensichtlich, dass das, was der russischen Literatur immer als Verdienst angerechnet worden ist, ihr großer Mangel ist. Unsere große Literatur verherrlichte immer den Landfahrer [skitạlec], während sie kein gutes Wort für den Arbeiter übrig hatte, den sie als das verachtenswerte Produkt des bürgerlichen europäischen Geistes verurteilte. Unsere Literatur hat stets den Staat, die Kirche und die Familie angegriffen und somit unterminiert (man nehme nur Lev Tolstọj). Unsere Intelligenzija litt an einem Schuldkomplex gegenüber dem Volk und hat die russische Literatur damit infiziert. Auf diese Weise wurde in der russischen Gesellschaft der Boden für eine Revolution, eine neue Lebensweise bereitet. Letztendlich hat dies dazu geführt, dass sowohl diese alte Garde als auch die gesamte Kultur verschwunden sind. Die Theoretiker des sozialistischen Realismus verkündeten, dass diese Art der Literatur die logische Fortsetzung und Vollendung des klassischen Realismus des 19. Jahrhunderts sei. Ich fürchte, dass sie damit nicht ganz falsch gelegen haben. Die russische Literatur zog keine Grenze zwischen Kunstwerk und Realität, sie gab sich nicht damit zufrieden, ein Kunstwerk zu schaffen, sondern wollte eine neue Wirklichkeit kreieren, einen neuen Menschen, womit sie sich ein Prärogativ Gottes anmaßte. In dieser Hinsicht hatten Revolutio-näre und Schriftsteller einander gefunden. Im Licht der gegenwärtigen Bedingun-gen können wir erleichtert die Literatur des sozialistischen Realismus für tot erklären. Zugleich aber sehen wir, dass man der Literatur einen neuen Auftrag verleiht: sie habe die ›Pflicht‹, die ›weißen Flecken‹ in der Geschichte auszufüllen, den Stalinismus (Marxismus, Leninismus, Totalitarismus) anzuprangern, die Wahr-heit zu sagen, Volk und Vaterland zu dienen. Von allen Seiten rufen unsere vaterländischen Fundamentalisten in den unterschiedlichsten Tonarten, die Litera-tur müsse dies, die Literatur müsse das ... Es ist allerhöchste Zeit für die Feststel-lung: Die Literatur ist niemandem etwas schuldig! Es ist zugegebenermaßen sehr erhaben, für verschiedenerlei gesellschaftliche Unzulänglichkeiten den Doktor spielen zu wollen oder sich für Volk und Vaterland zu opfern, aber der Künstler sollte sich lieber der Pflicht sich selbst gegenüber widmen. Berdjạev hat den Gedanken geäußert, dass Gott der Schöpfer dem Künstler Talent geschenkt habe und dass er von ihm einen schöpferischen Akt erwarte. Der Künstler ist dem Volk gegenüber Verantwortung für dieses Talent schuldig. Diese Verantwortung bedeu-tet nicht, dass er eine Wirklichkeit zu schaffen habe, sondern eine eigene Sprache. Dies kann die Sprache des Realismus sein, aber auch die Sprache des Surrealismus, die Sprache der Avantgarde oder die der Tradition. In der Welt der Menschen gibt es eine Vielzahl von Sprachen, wie es auch eine Vielzahl von Gottesbildern gibt. Der Künstler – und jeder Künstler auf seine eigene Weise – muss an einer möglichst neuen und möglichst vollendeten Sprache arbeiten. Liegt denn nicht gerade hierin seine Hauptaufgabe?«

Die Botschaft, die Latynin hier zum Ausdruck bringt, zeugt von dem großen Schuldgefühl, das kritischen Schriftstellern in der Sowjetunion auf der Seele gelastet hatte. Einen aggressiveren Standpunkt vertrat VIKTOR EROFEEV, Autor des Bestsellers *Moskovskaja krasavica* (Die Moskauer Schönheit). Am 4. Juli 1990 publizierte er in der *Literaturnaja gazeta*, dem damaligen offiziellen Sprachrohr des Schriftstellerverbandes, einen Artikel mit dem provozierenden Titel »Pominki po sovetskoj literature« (Letztes Geleit für die Sowjetliteratur).

Erofeev stellt einleitend fest, dass eine relativ große Zahl literarischer Talente während der Sowjetperiode ein vegetatives Dasein geführt habe. Aus der Sowjetliteratur sei schon bald das Prokrustesbett geworden, das selbst für »die Fanatiker der neuen Welt« (wie Majakovskij einer gewesen sei) zu schmal geworden sei. Seinen Worten zufolge sei es eine Illusion, zu glauben, dass die Sowjetliteratur ein kohärentes Ganzes sei. »Schriftsteller mussten sich, um zu überleben, viele Jahre lang auf Kompromisse mit ihrem Gewissen und, was nicht weniger katastrophal ist, mit ihrer Poetik einlassen. Die einen haben sich angepasst, die anderen haben sich verkauft (was weder die einen noch die anderen vor dem russischen Roulette des Terrors bewahrt hat), wieder andere haben sich erhängt, aber all diese bitteren Qualen – in holder Eintracht mit der Zensur, die ihnen die Hände band, ins Gesicht und in die Leistengegend schlug – waren nicht der zuverlässige Zement für den babylonischen Turm der Sowjetliteratur. Einen Turm, nicht aus Elfenbein, sondern aus den Knochen russischer Schriftsteller … Die Sowjetliteratur ist das Produkt des sozrealistischen Konzeptes, multipliziert mit der Schwäche des Schriftstellers als Mensch, der von einem Stück Brot, von Ruhm und einem Modus Vivendi mit den Behörden träumt.« Das Fundament des Literaturgebäudes seien die Faust der Behörden und die Schwäche der menschlichen Natur, die sozialen Komplexe der russischen Literatur (Erofeev zitiert die Worte des russischen Philosophen Vasilij Rozanov, dem zufolge die russische Literatur »die Hauptschuldige an der Revolution« sei), die ungezügelte Rüpelhaftigkeit nach der Revolution, die in der Utopie der »Kulturrevolution« zum Ausdruck gekommen sei, der politische Pragmatismus Lenins und der orientalische Manichäismus Stalins.

Dieser gigantische »barocke Turm, der vielen Unterschlupf gewährt hat«, hat einige Jahrzehnte überdauert. »Wenn man jetzt an die Zähigkeit und das Durchhaltevermögen dieser Literatur zurückdenkt, sperrt man Mund und Nase auf über die Kombination aus Realem und Irrealem. Sie war real, weil sie so wahnsinnig irreal war, und irreal aufgrund der unbeholfenen Realität. Man sollte denken, dass sie von außen leicht als ideologische Fiktion hätte entlarvt werden müssen, die man mühelos mit einer Nadel der Ironie durchbohren und somit wie einen Luftballon zum Platzen bringen könnte, aber so sehr auch gebohrt wurde, der Ballon platzte nicht, eben weil er eine Fiktion war, vor der man von außen zuweilen sogar den Hut zog oder der man sogar diente (wie Aragon). Und diese Fiktion wurde – ebenso wie das (sehr reale) Papiergeld – vom gesamten sowjetischen Staatsapparat aufrechterhalten.«

In der poststalinistischen Literatur der Sowjetunion unterscheidet Erofẹev drei Richtungen, die sich allesamt in einer Krise befinden: die offiziöse Literatur, die liberale Literatur und die Dorfliteratur. Die offiziöse Literatur unter Brẹžnev sei derselben Korruption ausgesetzt gewesen, der auch die gesamte Gesellschaft erlegen sei. »Mag der Schriftsteller unter Stạlin dem sozialistischen Realismus gedient haben, unter Brẹžnev hat der sozialistische Realismus den Interessen des Schriftstellers gedient. Nach außen hin fiel das nicht so sehr auf, nach innen hin aber unterminierte das die ursprüngliche Idee des selbstlosen Dienstes und trug wesentlich zur notwendigen Degradation des gesamten Systems bei. [...] So schuf der Breschnewismus auf seine alten Tage noch die Prämissen für die Perestroika. [...] Die gesellschaftliche Schizophrenie hat einen besonderen Schriftstellertyp hervorgebracht, der an seinem Schreibtisch zum Sprachrohr des staatlichen Denkens wurde, in seiner Datscha aber zum Bewunderer der Konsumgesellschaft. Was hat dies alles mit Literatur zu tun? Sehr wenig, außer dass die offiziöse Literatur von Hunderttausenden von Lesern verschlungen wurde, dass diese zur Herausbildung ihres Geschmacks beigetragen und ihr Bewusstsein manipuliert hat.« Diese sogenannte Sekretärsliteratur (sekretạrskaja prọza), die von einflussreichen Funktionären des Schriftstellerverbandes produziert worden sei, habe sich sogar einiger Tabuthemen annehmen können, da sie nicht der Kritik oder der Zensur unterlegen habe. Diese Probleme seien alle bewusst falsch dargestellt, in ein schiefes Licht gerückt worden. Der Leser habe sich begeistert auf diese Literatur gestürzt, weil sie die einzige gewesen sei, in der solche pikanten Probleme behandelt worden seien; der Preis, den er dafür aber habe zahlen müssen, sei ein einziges großes Chaos im Kopf gewesen. Infolge der Perestroika habe diese Literatur ihre Unantastbarkeit verloren. »Die offiziöse Literatur, das Produkt einer geschlossenen Gesellschaft, kann nur in einer hermetisch abgeschlossenen Umgebung existieren.« Sie werde von den Liberalen lächerlich gemacht und widersetze sich deshalb verbissen jeden Änderungsversuchen. Dies bedeute, dass die offiziöse Literatur jetzt die Rolle der Opposition spiele! Sie suche nun Annäherung an das nationalistische Lager, was lächerlich sei, weil sie früher immer der Fahnenträger des Internationalismus gewesen sei. »Wenn dem Reformprozess ein Ende gesetzt wird, kann man sich kaum dienstbeflissenere Henker und Ideologen der Gegenreformation vorstellen als diese Literaturfunktionäre.«

Eine andere Möglichkeit sei der Weg der Reue, zu dem sich jedoch nur wenige bereit zeigen würden. Die anderen würden sich der Selbstrechtfertigung befleißigen, indem sie ihre Teilnahme an der Treibjagd auf andersdenkende Schriftsteller

(...) damit erklären, sie hätten einen »Befehl« befolgt. Erofeev tröstet sich mit der Feststellung, die Degradation der offiziösen Literatur habe kaum eine Bedeutung für die weitere Entwicklung der Literatur, da unter den offiziösen Schriftstellern keine mit Talent seien.

Schlimmer sei jedoch die Degradation der Dorfliteratur. Anfangs hätten Werke dieser Richtung Dorfnarren und hausbackene Philosophen, Träger der Volksweisheit, porträtiert und zur Herausbildung des Nationalbewusstseins beigetragen. Die Behörden hätten versucht, sie zu ihren Zwecken auszunutzen, da deren Patriotismus ihren Geschmack getroffen habe, aber das sei nicht immer gelungen, und es habe eine Reihe von Missverständnissen gegeben. Die Dorfliteratur habe ihre eigenen religiösen und philosophischen Steckenpferde gehabt und sei für die Umwelt eingetreten. Durch die immer mehr um sich greifende Verwestlichung der Sowjetgesellschaft habe sich dies, noch vor der Perestroika, jedoch geändert. Die Dorfliteratur habe nun drei Feinde gehabt: die Frau, die Jugend und die »anderen«. Aus der Frau, die früher die Heldin, die Hüterin der überlieferten Werte, gewesen sei, sei nun die sinnliche, verdorbene Frau, »der Samen des Teufels«, geworden. Dazu trete die nahezu animalische Abscheu gegen die Jugend und ihre Subkultur, gegen Rock'n Roll (der von den Dorfschriftstellern »geistiges Aids« genannt wird) und Aerobic. Außerdem könnten sie Nichtrussen (soll heißen: Juden) absolut nicht ausstehen. Die Dorfschriftsteller würden sich wegen des jüdischen Einflusses auf die russische Geschichte Sorgen machen und einen Verantwortlichen (Sündenbock) für alle Fehler der Vergangenheit suchen. Erofeevs Urteil ist nicht mild: »Die Sprache der Dorfliteratur ist überfüllt mit Dialektausdrücken, zugleich aber ist sie äußerst pathetisch und verursacht Zahnschmerzen, sogar wenn die echten Tragödien der Revolution und der Kollektivierung beschrieben werden. Die Dorfschriftsteller lehnen die ›sowjetischen‹ Werte ab, aber ihr apokalyptischer Ton wirkt durch seinen schlechten Geschmack niederdrückend.«

Ein ernstes Problem der russischen Literatur sei schon immer ihr Hypermoralismus gewesen, der sich bereits in den Werken Tolstojs und Dostoevskijs finden lasse. Für Ausländer möge das interessant, weil mal was anderes, sein, aber es bedeute, dass sich die russische Literatur allzu häufig von ihren ästhetischen Aufgaben abgewandt und dem eindeutigen Predigen zugewandt habe. Der Wert der Literatur sei häufig an dem Maß gemessen worden, in dem sozial relevante Themen behandelt wurden.

Sowohl die Dorfliteratur als auch die liberale Literatur hätten schwer an diesem Hypermoralismus zu tragen. Die liberale Literatur, die ein Produkt von Chruščëvs Tauwetter gewesen sei, sei immer eine ehrliche Richtung gewesen und sei es auch nun noch; ihr Ziel sei die möglichst volle Wahrheit über die Gesellschaft. Doch die Zensur habe sich auf die Form dieser Literatur ausgewirkt: Infolge des ständigen Kampfes gegen die Zensur habe sich die liberale Literatur auf Doppeldeutigkeiten und das Zwischen-den-Zeilen-Lesen verlegt. Jedes Mal, wenn der Leser solch eine versteckte Anspielung gefunden habe oder der Meinung gewesen sei, der Autor habe »die Faust in der Tasche geballt«, sei er in Entzücken geraten: »Der Schriftsteller spezialisierte sich so langsam auf dieses ›Die-Faust-in-der-Tasche-Ballen‹ und verlernte das Denken …«

Die liberale Literatur habe sich sehr über die Perestroika gefreut; sie habe nun endlich den Ankläger, der nach den Gesetzen der Moral und des gesunden Menschenverstandes urteilt, spielen können, doch diese Freude habe nicht lange gewährt, denn in diesem Fass ohne Boden der modernen Freiheit seien ihre Werke, die bis vor kurzem scheinbar noch äußerst gewagt gewesen seien, ertrunken. Auch als sie in den Westen gelangt und keinen Beschränkungen seitens der Zensur mehr ausgesetzt gewesen seien, hätten sie unter »dem Überfluss an Sauerstoff« gelitten: »Es lag in der Logik der Dinge, dass die Liberalen anfangen würden, die komfortable Unfreiheit zu verherrlichen – und die Schlauesten unter ihnen haben das auch getan.« Werke, die unter Brežnev heimlich geschrieben worden seien, würden nun nicht mehr gebraucht; die Jugend wolle sie nicht mehr, und ihre Verfasser würden ausgebuht.

»Ein Dichter in Russland ist mehr als nur ein Dichter« seien die bekannten Worte eines liberalen Sowjetdichters (Evtušenko), der damit die Stellung des Dichters in Russland verherrlichen wollte, ohne sich klarzumachen, dass der Dichter in einer solchen Stellung weniger sei als ein Dichter, dass dies seine Degeneration bedeute. »In Russland musste der Literat mehrere Verpflichtungen zugleich auf sich nehmen: er musste Priester sein, Ankläger, Soziologe, Experte auf dem Gebiet von Liebe und Heirat, Ökonom und Mystiker. Er war in solchem Maße alles das, dass er häufig ausgerechnet als Literat nichts war, weil er kein Gespür für die Besonderheiten der künstlerischen Sprache und das paradoxale bildhafte Denken hatte. Er mietete einen Stil, so wie man ein Auto mietet, um wenigstens sein soziales Ziel zu erreichen.«

Dies sei der Grund, warum man in Russland so viele Probleme mit der Ironie habe, man sehe darin etwas, mit dem die edle gesellschaftliche Rolle der Literatur angegriffen werde. »Die sozial geradlinige Literatur des Widerstands, sowohl von Seiten der Liberalen als auch der Dissidenten, hat ihre gesellschaftliche Funktion erfüllt, eine Funktion, die die Literatur in jener Periode, in der wir eine geschlossene Gesellschaft waren, wohl auf sich nehmen musste. In der postutopischen Gesellschaft ist es endlich an der Zeit, wieder zur Literatur zurückzukehren.«

Zur Zeit entstehe eine »andere«, eine »alternative« Literatur, die ein Gegengewicht zur »alten« Literatur darstelle, vor allem deswegen, weil sie bereit dazu sei, den Dialog mit welcher Kultur auch immer aufzunehmen, auch wenn diese zeitlich und räumlich noch so weit entfernt sein möge, mit dem Ziel, eine polysemantische, polystilistische Struktur zu schaffen, die sich zweifellos auf die Erfahrungen der russischen Philosophie zu Beginn des 20. Jahrhunderts, die existentiellen Erfahrungen der Kunst auf der ganzen Welt, die philosophisch-anthropologischen Errungenschaften des 20. Jahrhunderts, die von der Sowjetkultur über Bord geworfen worden seien, stützen werde.

Erofeev schließt mit den folgenden Worten: »Somit handelt es sich um ein glückliches Begräbnis, das zeitlich mit dem Begräbnis des sozialpolitischen Marasmus zusammenfällt, ein Begräbnis, das die Hoffnung darauf weckt, dass in Russland, das traditionell reich an Talenten ist, eine neue Literatur entstehen wird, die nicht mehr, aber auch nicht weniger ist als Literatur.«

Diese provokativen Thesen sind für die Sowjetliteratur nicht ohne Folgen geblieben. Anfangs wurde Erofeev noch von allen Seiten angegriffen, doch mit der Zeit wurde deutlich, dass viele seiner Behauptungen begründet waren. In der zweiten Periode der Glasnost brach in der Literatur ein Bürgerkrieg aus (»graždanskaja vojna v literature«), der das intellektuelle Leben in zwei Lager spaltete. Dies hing mit den verschiedenen Phasen der Perestroika zusammen. Die erste Phase dauerte von Mitte 1986 bis Ende 1987 und stand im Zeichen der Opfer. Anfang 1987 begann man mit der Veröffentlichung von bis dahin untersagten Werken (Grossman, Rybakov, Dudincev), und es kam zu einer Auseinandersetzung um »die Hierarchie der Opfer«: Welche Verfolgungen haben bis heute die schwerwiegendsten Folgen gezeitigt – die der literarischen Avantgarde der zwanziger Jahre oder die der Bauerndichter, die der bürgerlichen Intellektuellen Anfang der zwanziger Jahre oder die der kommunistischen Revolutionäre in den dreißiger Jahren? Die Zeitschriften spalteten sich in zwei Lager: für und gegen die Reformen. Die zweite Phase begann Anfang 1988 mit der Kritik an den Tätern (Einzelpersonen und Institutionen): Wer ist verantwortlich (die ewig russische Frage »kto vinovat«)? Am 20. Oktober 1988 wurde der Parteierlass vom August 1946 gegen Zoščenko und Achmatova annulliert. Es kam zur Fraktionsbildung: auf der einen Seite die »linken« Reformkräfte (Evtušenko, Okudžava, Aleš' Adamovič, Rybakov, das Akademiemitglied Lichačëv, Sergej Averincev, Sacharov) und die Bewegung »Memorial« als prowestliche Anhänger einer pluralistischen Demokratie, die der Meinung waren, dass die Sowjetgeschichte ganz und gar bloßgelegt werden müsse; auf der anderen Seite die Nationalisten (Rasputin, Astaf'ev, Belov, Bondarev), die sich gegen alle Einflüsse aus dem Westen (Rock, Pornografie, Emanzipation der Frau) aussprachen, weil diese in ihren Augen Ausdrucksformen des kulturellen Zerfalls seien, und die zu einer Neuorientierung auf prärevolutionäre, kollektive, agrarisch-patriarchalische Strukturen aufriefen. Sie predigten Antimodernismus, Xenophobie und Antisemitismus (die Juden seien verantwortlich für die »Russophobie« und folglich für die Desintegration in den ehemaligen Sowjetrepubliken). In diesem Lager waren sowohl die ehemaligen Dorfschriftsteller als auch die Repräsentanten der sogenannten Sekretärsliteratur vertreten. Im November 1988 trafen sich einige Konservative (Proskurin, Bondarev, Rasputin) in Rjasan, um dramatische Reden über die kritische Lage im Land zu halten: Die Perestroika bezeichneten sie als »das Zeitalter des entwickelten Chaos«, den Pluralismus als »Smerdjakowismus« – und schuld daran seien die Juden. Der Sozialismus und das Vaterland seien in Gefahr. Als Reaktion hierauf gründeten 26 progressive Literaten im Februar 1989 die Vereinigung »Aprel'. Pisateli v podderžku perestrojki« (April. Schriftsteller für die Unterstützung der Perestroika), zu deren engagierten Gründungsmitgliedern Rybakov, Evtušenko, Iskander, Junna Moric, Vitalij Korotič (der Chefredakteur der perestroikafreundlichen Zeitschrift *Ogonëk*), Dudincev, Voznesenskij, Pristavkin u.a. gehörten (siehe A. Pristavkin [Hrsg.], *April. Sowjetische Autoren über die Perestrojka*, München 1989). Als Aufgaben sah »April«: Einführung demokratischer Verhältnisse in Verlagen und Zeitschriften, völlige Rehabilitierung verfolgter Schriftsteller sowie Wiederverleihung der Staatsbürgerschaft (in concreto an Solženicyn), Verteidigung von Schriftstellern anderer Länder, so beispielsweise von Salman Rushdie und des damals noch inhaftierten Vaclav Havel.

In den Zeitschriften *Naš sovremennik* (Unser Zeitgenosse), *Molodaja gvardija* (Die junge Garde), *Moskva* und *Literaturnaja Moskva* (Das literarische Moskau) herrschte ein offener militanter Rassismus; in ihnen fand man die Thesen von »Pamjat'« vor. Zielscheiben der konservativen Kritik waren Sinjavskijs *Progulki s Puškinym* (Promenaden mit Puškin) – Terc wurde ein »moderner d'Anthès« genannt – und *Vsë tečët* (Alles fließt) von Grossman (eine kritische Abrechnung mit Lenin). Beiden wurde vorgeworfen, dass sie als Juden – was Terc nicht war – das russische Volk, Puškin und Lenin durch den Schmutz gezogen hätten. Am 24. Oktober 1989 gründeten die Rechten den nationalistischen Block »Rossija«, der sich gegen »das gemeinsame Haus Europa« und gegen »nizkopoklonstvo pered Zapadom« (Kriecherei vor dem Westen, dixit Belov) richtete. In der dritten Phase (nach 1989) stand die Frage nach der Macht im Mittelpunkt. Ein Aspekt des Machtkampfes war die Diskussion um die Zugänglichkeit von Archiven. Den Konservativen zufolge sollten diese besser geschlossen bleiben. Vor allem die Funktionäre fürchteten sich vor einer Öffnung dieses Sammelbeckens aller Schandtaten in der literarischen Szene und setzten sich mit Schimpfwörtern wie »Nekrophilie« zur Wehr. Zwischen den unterschiedlichen Fraktionen ist es nicht nur bei verbalen Auseinandersetzungen geblieben: So überfielen ungefähr 30 »Pamjat'«-Mitglieder am 18. Januar 1990 eine Sitzung von »Aprel'«-Mitgliedern in Moskau.

Zwischen diesen unterschiedlichen Fraktionen wurden einige für die Zukunft der Literatur wichtige Diskussionen geführt. In diesen Debatten, die in der Presse ausgetragen wurden, standen vier Themen im Mittelpunkt: die Einstellung zum Volk, die Bedeutung der neuen Literatur, der Wert des sozialistischen Realismus und die Stellung des Schriftstellers in der Brežnev-Ära. Die Konservativen übten viel Kritik an der Rehabilitierung großer, bislang verketzerter Schriftsteller (Pasternak, Bulgakov, Mandel'štam). Proskurin sprach in der *Pravda* von »literarischer Nekrophilie«, Pasternak und Achmatova wurde vorgeworfen, ihr Volk (während des Krieges) im Stich gelassen zu haben, Bulgakov, nur die negativen Aspekte der Wirklichkeit zu beschreiben. Das Wühlen in Archiven (z.B. Čudakova über Bulgakov) wurde als kultureller Vandalismus abgelehnt. In der während der Perestroika erschienenen Literatur lassen sich deutlich zwei Richtungen unterscheiden: Einerseits waren da die Realisten, die noch ein deutliches Anliegen hatten (Rybakov, Dudincev, Astaf'ev mit *Der traurige Detektiv*, Rasputin mit *Der Brand* oder Ajtmatov mit *Der Richtplatz*). Innerhalb dieser Richtung gab es sowohl satirische Literatur mit Zeitbezug (Sergej Kaledin) als auch historische Prosa (bekannte Beispiele sind Rybakovs *Die Kinder vom Arbat*; Šatrovs »Dal'še, dal'še, dal'še …!«, »Weiter, weiter, weiter …!«, 1988; Anatolij Pristavkins *Nočevala tučka zolotaja*, Schlief ein goldenes Wölkchen, 1988, Erinnerungen an schreckliche Zustände in einem Waisenhaus in den dreißiger Jahren; Oleg Volkovs *Pogruženie vo t'mu*, In die Finsternis versenkt, 1990, über seine Jahre im Lager Solovki, über das der Dokumentarfilm *Vlast' Soloveckaja*, Die Macht von Solovki, gedreht wurde). Hierbei fällt auf, dass der Inhalt (das soziale, kritische Anliegen) weiterhin die vorherrschende Rolle spielt und dass sich der Akzent auf das Nichtfiktionale verschiebt. In dieser »Faktografie« hatte beispielsweise das Filmdebüt von Vasilij Pičul, *Malen'kaja Vera* (Kleine Vera), das 1988 in die Kinos kam, großen Erfolg, und zwar wegen der »ungeschminkten Darstellung der Realität« in einer Provinzstadt in Russland. Andererseits gab es die sogenannte andere Prosa, die postmodernistische Züge trug (ein Kritiker zog die Bezeichnung »Postsozialrealismus« vor) und deren Vertreter u.a. Venedikt Erofeev, Vasilij P'ecuch, Evgenij Popov, Valerija Narbikova und Lidija Petruševskaja waren. Aleksandr Kabakov schrieb Ende 1991: »Die Sowjetliteratur ist tot, die Antisowjetliteratur auch … Doch eine Nichtsowjetliteratur gibt es noch nicht.«

Für die Konservativen war diese Literatur ein dekadentes Importprodukt aus dem Westen und daher rundheraus schlecht. Manche Kritiker lehnten diese naturalistische Literatur ab, weil sie apolitisch und defätistisch sei. Eine Frage, die die Intelligenzija beschäftigte, war, ob die Erneuerung unter der Perestroika absolut neu oder aber die Fortsetzung des Prozesses sei, der bereits Ende der fünfziger Jahre eingeleitet worden sei? Im Mittelpunkt stand dabei die Frage nach der Verantwortung der Intellektuellen in den zahlreichen Prozessen und Kampagnen gegen Dissidenten – mit anderen Worten: Sind die Anhänger und die Gegner der Perestroika moralisch und politisch überhaupt glaubwürdig? Welche Stellung hatten sie während der Brežnev-Ära? Wer waren die »molčanniki« (Schweiger) und wer die »pervye učitelja« (Wegbereiter)? Die sogenannten Sechziger (šestidesjatniki), deren literarische Laufbahn in der Periode des Tauwetters begonnen hatte, mussten von den jungen Literaten einiges einstecken: Sie seien zu konformistisch gewesen und hätten ihre Jugendideale nicht verwirklicht. Eine ziemlich große Zahl von Reformern äußerte sich selbstkritisch, legte eine öffentliche Beichte ab. Viele rechtfertigten ihr Verhalten (aktive Teilnahme oder Schweigen) mit dem Zeitgeist: »Alle haben mitgemacht.« Früher oder später musste die Rehabilitierung zahlreicher Schriftsteller zu einer Neubewertung der Geschichte der Sowjetliteratur führen.

Anfangs bestand die Neigung, die ganze offizielle Sowjetliteratur über Bord zu werfen, da sie konformistisch und ästhetisch minderwertig gewesen sei; die verbotene Literatur hingegen sei die einzig wahre gewesen. Dabei stellte sich folgendes Problem: Wenn ehemals verbotene Werke in die Sowjetliteratur integriert werden sollten, musste das ganze Konzept des sozialistischen Realismus reformiert werden. Die einen traten für eine radikale Abschaffung dieses Konzeptes ein, die anderen für eine Erweiterung.

Es ist nicht verwunderlich, dass dieser Machtkampf innerhalb der Literatur nach dem Scheitern des Staatsstreiches vom August 1991 noch zunahm. So entstand nach dem Putsch der Verband russischer Schriftsteller (Sojuz rossijskich pisatelej), der hinter der Perestroika stand (die Neoliberalen), während der Schriftstellerverband der RSFSR (der erst 1958 gegründet worden war) aus dem Einheitsverband der UdSSR austrat. Bereits im Dezember 1989 hatten unzufriedene Frauen innerhalb des Verbandes einen Schriftstellerinnenverband gegründet. Außerdem wurde ein PEN-Zentrum eingerichtet, das erste Kontakte mit westlichen Kollegen aufnehmen sollte (der erste Vorsitzende war Daniil Granin). Verbandsintern wurde über die Frage diskutiert, ob der Verband überhaupt noch gebraucht werde oder ob er sich nicht zu einer Art Schriftstellergewerkschaft umorganisieren sollte. Auch die *Literaturnaja gazeta*, die seit ihrer Gründung im Jahre 1929 das offizielle Organ des Verbandes gewesen war, löste sich Mitte 1990 vom Schriftstellerverband und von der KPdSU; die Porträts Lenins und Gor'kijs verschwanden vom Titelblatt. Von diesem Zeitpunkt an (Nr. 38/1990) nannte sie sich *Svobodnaja tribuna pisatelej* (Freies Schriftstellerforum). 1991 war außerdem das letzte Jahr der Sowjetliteratur; die russischen Schriftsteller Astaf'ev und Okudžava waren die letzten, die mit dem Staatspreis ausgezeichnet wurden. 1992 beschloss die Regierung der Russischen Föderation, den Schriftstellerverband aufzulösen.

Die unumschränkte Freiheit, die nach 1990 in der Sowjetunion herrschte, brachte jedoch einige Probleme mit sich, die niemand hatte vorhersehen können. Weil die Öffentlichkeit Zeuge der historischen Debatten sein wollte, die im Parlament und in der Literatur ausgetragen wurden, las sie begierig die politische und literarische Presse. Die liberalen Zeitschriften erlebten zwischen 1987 und 1990 gigantische Auflagen – sie lieferten sich bezüglich der Popularität und der Zahl der Leser heroische Schlachten und lagen in einem ständigen Wettkampf miteinander, wenn es galt, aufsehenerregende literarische und andere Enthüllungen zu veröffentlichen. Bis 1990 hatten die »dicken« Zeitschriften in Russland die führende Stellung eingenommen; danach mussten sie unabhängigen Tageszeitungen und Wochenblättern vom Typ *Nezavisimaja gazeta* (Unabhängige Zeitung), *Kommersant* (Der Kaufmann), *Rossijskaja gazeta* (Russische Zeitung) oder *Kuranty* (Glockenspiel) das Feld räumen. Das Interesse an Literatur, an literarischen und politischen Diskussionen hatte in nur anderthalb Jahren so abgenommen, dass die Millionenauflage mancher Zeitschriften auf 10.000 zurückging. 1992 erschienen in der westlichen Presse dramatische Appelle, die zur Unterstützung der einst führenden und anspruchsvollen liberalen Zeitschrift *Novyj mir* aufriefen. Gleichzeitig erschienen neue Blätter, wenn auch in geringer Auflage (einige tausend Exemplare). Die Literaturkritikerin Alla Latynina leitete in der Ausgabe der *Literaturnaja gazeta* vom 24. Juli 1991 eine Diskussion über das leidige Thema ein, ob die Dissidenten überhaupt das Recht hätten, sich von ihrer komfortablen Position im Westen aus zu äußern, und ob die Bedeutung ihrer Werke nicht zu hoch eingeschätzt werde. Sie behauptete nicht ganz zu Unrecht, dass die Geschichte in Russland selbst gemacht werde. Manche Dissidenten reagierten aufgebracht. Efim Ėtkind behauptete, dass viele Emigranten nicht bereit seien, nach Russland zurückzukehren, weil der Brain-Drain im 20. Jahrhundert zu groß gewesen sei – auch wenn nun alles erlaubt sei und veröffentlicht werden könne, sei die Kluft zwischen Russland und der freien Welt zu groß!

Nach 1990 setzte der schnelle Niedergang der alten Literatur und der alten literarischen Attitüden ein. So wie man der poststalinistischen Literatur die Bezeichnung »Tauwetter« verliehen hat, so wird die Zeit nach 1985 zuweilen – nach A. ZLOBINS gleichnamigem Roman (*Demontaž*) – die Periode der »Demontage« genannt. Während bis zu diesem Zeitpunkt das letzte Wort vom Schriftsteller, vom Literaturkritiker und von der Literaturzeitschrift erwartet worden war, verschob sich die Betonung nun in Richtung Journalistik und Publizistik. Die große Literatur fand immer weniger Beachtung beim Leser, der nach Entspannung suchte: Kriminalromane waren ungeheuer beliebt. Der private Buchhandel reagierte schnell und bot dem ausgehungerten russischen Leser alles an, was ihn interessieren konnte und was es in der ersten Phase der Perestroika noch nicht gegeben hatte, und zwar »ot seksa do keksa« (wörtlich: »von Sex bis Rosinenkuchen«, gemeint sind: Bücher zur Haushaltsführung, »Alles für den Heimwerker«, Pornos, Magie, Yoga, Horoskope, religiöse Literatur, östliche Meditations- und Kampfsporttechniken). In einem Interview erklärte der ehemalige Dissident Sinjavskij: »Ein russischer Schriftsteller nimmt jetzt von den am tiefsten verwurzelten Traditionen der russischen Literatur Abschied. Er muss deren erzieherische Rolle leugnen. Weil diese Funktion im Moment von jeder x-beliebigen Zeitung viel besser erfüllt wird. In der ganzen Geschichte der klassischen russischen Literatur überschritt der engagierte Schriftsteller die Grenzen seiner eigentlichen Rolle – und hörte auf zu schreiben. Das begann meiner Meinung nach mit Gogol'. Dann kam Tolstoj, der an seinem Lebensende lieber geistiger Lehrer war. [...] Früher einmal war der Schriftsteller der einzige, der sich zu Wort meldete, seine Stimme fällte ein Urteil über die Welt. Jetzt melden sich alle zu Wort. Und das ist für die Literatur sehr gesund. Der Schriftsteller muss endlich spüren, dass er nicht mehr ist als ein Handwerker. Genau wie im Mittelalter. Ein guter Arbeiter, aber kein Gott, kein Zar und kein Held. Und auch nicht der große Boss.« Die russische Literatur hatte in zwei Jahren ihre privilegierte Stellung in der Gesellschaft verloren. In einem Interview antwortete der Literaturkritiker Lev Anninskij Ende 1991 auf die Frage, was mit der russischen Literatur geschehen sei: »Diese Literatur gibt es zur Zeit nicht. Eine Pause ist angekündigt worden. Eine Pause für Politik. Eine Pause, um Essays zu schreiben. Eine Pause, um einander in die Fresse zu schlagen. Warum hatten wir solch eine große Literatur? Weil wir sonst nichts hatten. [...] Ganz lange gab es hier keine Politik, kein Parlament, keine Justiz, keine Religion, nichts. Es gab nur Literatur – und die bedeutete uns alles. Alles lag darin beschlossen: das ganze Nationalbewusstsein, die ganze Demokratie, alle politischen Nuancen. Doch dies ist nun zu Ende: Jetzt haben wir primitive Parlamente, wir haben überreichlich Religion. Wir haben es mit einer Sturzflut an Publikationen zu allen möglichen Themen zu tun, wir versuchen nach allen Richtungen, den Westen einzuholen, in jeder Beziehung, außer in der Literatur, so wie sie dort verstanden wird. Denn dort ist gerade die Literatur diejenige, die das normale Leben ergänzt. Sie dient der Bereicherung der Seele und ist ein Mittel zum Zeitvertreib. Für diese Art von Literatur haben wir immer Abscheu empfunden, sie war nicht echt, wir hielten sie für minderwertig. Jetzt kommt gerade diese Literatur auf. Darum ist die Literatur vollkommen durcheinander und gibt es nur noch ein paar Hundert mittelmäßige Schriftsteller und kaum ein Dutzend gute.«

Ein anderes Problem bestand darin, dass die plötzliche Freiheit bedeutete, dass ein halbes Jahrhundert an Literatur – russischer und westlicher – in einigen wenigen Jahren nachgeholt werden musste! Es betraf sowohl Klassiker der Sowjetära (Platonov, Grossman, Pasternak) und der Emigration (Nabokov, Brodskij) als auch die gesamte europäische und amerikanische Literatur (Proust, Kafka, Arthur Miller, Joyce, Orwell). Diese Werke wurden alle auf den russischen Markt geworfen, völlig aus ihrem ursprünglichen historisch-kulturellen Kontext gerissen. Sowohl der Leser als auch der Kritiker hatten es sehr schwer, diese Sintflut an Büchern richtig einzuschätzen und einzuordnen. Manche Russen haben das Gefühl, das 20. Jahrhundert verpasst zu haben ... Schon 1985 traf der niederländische Übersetzer Marko Fondse mit folgenden Worten den Nagel auf den Kopf: »Die russische Revolution ist der Holocaust Osteuropas. Was bleibt nun von diesem Blutbad übrig? Ein paar Gedichte plus Generationen, die noch an ihre Großväter und Väter denken, die infolge der Revolution umgekommen oder ermordet worden sind. Welcher Schaden hiermit der Seele eines ganzen Volkes zugefügt wurde! Wie viel Talente sinnlos aufgeopfert wurden! Nehmen wir mal an, dass sich die slawische Kultur in die europäische integriert hätte – was für eine Bereicherung das gewesen wäre. Nehmen wir einmal an, dass diese Dinge alle nicht passiert wären, dass sich diese Kulturen in Freiheit entwickelt hätten. Russland hätte den Platz eingenommen, der ihm aufgrund seiner Zivilisation zustehen würde.«

Schließlich gab es auch einen Unterschied zum »Tauwetter«: In der Periode der Glasnost haben sich kaum neue Talente hervorgetan, der Platz wurde von den alten, jahrelang verbotenen Schriftstellern eingenommen, die lange Zeit die Seiten der

451

Literaturzeitschriften füllten und monopolisierten, so dass junge Talente keine oder nur wenige Möglichkeiten hatten. Die literarischen Erzeugnisse dieser jungen Talente wurden mit verschiedenen Bezeichnungen versehen: »drugaja«, »al'ternatịvnaja« oder »žẹstkaja prọza« (andere, alternative oder brutale Prosa), doch letzten Endes bürgerte sich der Begriff »nọvaja prọza« (neue Prosa) ein; zuweilen ist auch von »molodạja prọza« (junge Prosa) die Rede. Diese Prosa wird manchmal auch »die ästhetische Richtung« genannt, weil sie ausgesprochen »literarische« Literatur ist, die sich skeptisch zur Möglichkeit äußert, ein gesellschaftliches Ideal zu haben.

Diese Literatur ist durch und durch ironisch und befleißigt sich der sogenannten černụcha (= Schwarzmalerei), der Beschreibung negativer Aspekte – ein Begriff, den sich konservative Kritiker ausgedacht haben. Sie ist sicherlich keine engagierte Literatur, sie verschleiert den Standpunkt des Autors und ist häufig melancholisch. Den meisten Kritikern zufolge »verlässt sie die Hauptstraße (bol'ṣạk) der russischen Literatur«, weil sie kein Anliegen, kein Ideal, keinen Kampf verfolgt, weil der »neue« Prosaist versteht, dass weder die Predigt Dostoẹvskijs und Tolstọjs noch die Harmonie Pụškins Russland vor den tragischen Schlägen der Geschichte bewahrt haben. Die »neue« Prosa ist recht oft narzistisch und geht anders mit der Sprache um: Auch die Sprache der Kriminellen, der Soldaten, der Alkoholiker und der ausgeflippten Jugend wird verwandt. Oft ist diese sogenannte neue Prosa das Werk der Nichtformalen (neformạly) von gestern. Der erste Versuch, »andere« Prosa zu veröffentlichen, war der Almanach *Metrọpol'* (Metropole, 1979) – einige der Autoren, die jetzt *in* sind, sind übrigens in diesem Almanach vertreten (Vịktor Erofẹev, Evgẹnij Popọv).

In der Ausgabe der *Literatụrnaja gazẹta* vom 8. Februar 1989 fasst der bekannte Kritiker Sergẹj Čuprịnin einige Kennzeichen dieser »neuen« Prosa zusammen: Die Helden sind Grenzfälle, es sind zerrüttete Wesen, Massenmenschen (Durchschnittsmenschen und in diesem Sinne typisch für die Sowjetunion), »debile Idioten, Sexbesessene, Alkoholiker, Schwätzer und Betrüger«; ihre Sprache ist vulgär und bricht die noch bestehenden Tabus auf dem Gebiet der Erotik, des Todes und des Unterbewusstseins; sie sind alle antiideologisch und brechen radikal mit sämtlichen literarischen Traditionen. Diese Literatur fand ein Sprachrohr in den Almanachen *Vest'* (Botschaft) und *Zerkalạ* (Spiegel, 1989). Im Jahre 1991 erschien der Band *Lịčnoe dẹlo Nº* (Persönliche Angelegenheit Nr.) der sogenannten Konzeptualisten Dmịtrij Prịgov, Timụr Kibịrov und Lev Rubinštẹjn, die ein großes Feingefühl für die Sprache an den Tag legen und häufig auf die alltägliche, vulgäre Sprache zurückgreifen. Ein erklärter Repräsentant dieser neuen Richtung ist auch VLADỊMIR SORỌKIN (*1955) mit seiner »fäkalen« Skandalprosa. Ein originelles Experiment stellt sein Roman *Ọčered'* (Die Schlange, 1985) dar, der aus einer einzigen Aneinanderreihung von Dialogfetzen schlangestehender Menschen besteht. In einem Interview sagte Sorọkin, dass es ihm nicht um die Schlange als gesellschaftliches Phänomen gehe, sondern um die Schlange »als Trägerin einer spezifischen Sprachpraxis, als außerliterarisches polyphones Monster«. Möglicherweise kann die Schlange als Metapher für die Sowjetgesellschaft betrachtet werden: Jede Bewegung erweist sich als Scheinbewegung, die Gesellschaft tritt auf der Stelle.

Die Gegner der »novaja volna« (der neuen Welle) in der russischen Literatur nennen diese Schriften rundheraus »plochaja proza« (schlechte Prosa). So wie viele Westler von Jean Genets und Henry Millers Werken erschüttert waren, so sind viele Russen nicht bereit, die »neue« Prosa als vollwertige Erzeugnisse der postkommunistischen Gesellschaft zu akzeptieren.

13.2. Die Autoren der Perestroika

Eines der bekanntesten Werke der Periode der Perestroika, das außerhalb Russlands viel Aufmerksamkeit erregt hat, ist der Skandalroman *Russkaja krasavica* (dt. Titel: Moskauer Schönheit, 1990) von VIKTOR EROFEEV (*1947), der an dem verbotenen Almanach *Metropol'* mitgewirkt hatte, weswegen er 1979 aus dem Schriftstellerverband ausgeschlossen worden war. Der Roman spielt in Moskau und handelt von einer Schönheit, einer Femme fatale, die vor allem mit VIPs ausgeht und schläft: mit brünstigen Parteibonzen, virilen Diplomaten befreundeter Länder, mit Helden der sozialistischen Arbeit, ab und zu auch mal mit einem etwas knauserigen Dänen, einem toleranten Arzt (mit jüdischem oder baltischem Vatersnamen) oder mit der lesbischen Busenfreundin, die so in diesem postmodernistischen Chaos aufgeht, dass sie einen schlafmützigen französischen Zahnarzt heiratet. Eine Frau erzählt in einem gejagten inneren Monolog von ihren sexuellen Eroberungen, ihren Abenteuern mit hochgestellten Männern (das macht es spannender – die Angst vor der Karriere und vor der herrschsüchtigen Ehefrau), den darauffolgenden wilden Fahrten durch die Stadt oder durch ihr Appartement, den Eskapaden in teuren Restaurants und den Exzessen. Es ist die chaotische, trunkene Prosa, durchdrungen von Gedankenfetzen über Frauen, Männer, das Leben, Russland, das Glück, Liebe, Erotik und Sex, über Macht und deren Missbrauch, über Höhepunkte der Glückseligkeit und Tiefpunkte der Leere – dies alles in einem rasend schnellen Tempo, dem man kaum folgen kann, gejagt, spannungsgeladen, erregend, unruhig. Kurz: ein Buch, das man mit einem Seufzer der Erleichterung aus der Hand legt, verflucht, wieder in die Hand nimmt und dem man erst nach großen Mühen allmählich etwas abgewinnen kann. An diesem Buch gibt es alles und nichts zu verstehen. Es ist ein dekadentes Buch, das in recht häufig nicht nachvollziehbaren Rückblicken und in misslungenem Geschwafel (worin die Russen stark sind) das ausschweifende Leben mancher Auserwählter im Russland Brežnevs in den Griff zu bekommen versucht. Das Buch ist symptomatisch für das undurchsichtige Chaos, das Russland damals prägte. Viele hielten das Buch für abstoßend, weil Nekrophilie, Homophilie, Erotik und Sex darin vorkommen.

Vom selben Autor, der seinen Erfolg angeblich gigantischen Marketing- und Pressekampagnen verdankt, erschien im Jahre 1990 *Telo Anny, ili konec russkogo avangarda* (Annas Körper oder Das Ende der russischen Avantgarde), ein Sammelband mit Erzählungen, aus dem die burleske Wahnsinnserzählung »Žizn' z idiotom« (Das Leben mit einem Idioten) als Oper mit großem Erfolg in Amsterdam aufgeführt wurde (Komponist Alfred Schnittke, Dirigent Mstislav Rostropovič). Eine sehr gelungene Erzählung ist *Popugajčik* (Der Wellensittich, 1990) über einen Mann, der dem Marxismus-Leninismus trotzen will, indem er einem toten Wellensittich das Fliegen beibringt.

Geeignete Beispiele für das literarische Chaos, das zur Zeit in Russland herrscht, sind *Ravnovesie sveta dnevnych i nočnych zvëzd* (Das Gleichgewicht des Lichts der Tages- und der Nachtsterne, 1990) von VALERIJA NARBIKOVA, dem Verleger zufolge »der erste von einer Russin verfasste erotische Roman«, und *Agar-Agaryč, ili z kuba* (Agar-Agaryč oder Aus dem Kubus, 1990) von LARISA VANEEVA.

Eines der aufsehenerregenden Werke des Jahres 1989 war die Novelle *Nevozvraščenec* (Der Nichtrückkehrer) von ALEKSANDR KABAKOV. Der Autor bringt in diesem Debüt seine Auffassung darüber zum Ausdruck, was mit dem postkommunistischen Russland geschehen werde. Auch wenn die Novelle als Sciencefiction misslungen sein mag – die Auffassung des jungen Autors steckt voller Zündstoff. Ein Mann kommt in ein von Chaos und Terror zerrissenes Moskau. Er gerät in ein unentwirrbares Knäuel von Gewalt. Pluralismus, wohin man sieht: So gibt es die Christdemokraten, die Sozialfundamentalisten, die Konstitutionalisten, es gibt auch radikale Katholiken und Klerikalfaschisten. Es wird auf eine »radikale politische Rekonstruktion« (= Perestroika) angespielt, deren Gegner liquidiert werden. Aus unerfindlichen Gründen ist aus der *Washington Post* auf einmal eine kommunistische Zeitung geworden. Darüber hinaus wird das Moskau des Jahres 1992 von Afghanistan-Veteranen, antisemitischen Schwarzbärten, »Nordpersischen Revolutionären Fundamentalisten«, militanten Stalinisten (»Stalinjugend«) und Deserteuren bewohnt bzw. terrorisiert. Glücklicherweise gibt es noch die Partei für Soziale Verteilung, die gratis Suppe ausgibt. Das letztgenannte ist eine Prophezeiung: Seit kurzem ist in Russland die Heilsarmee zugelassen. Als diese Novelle 1989 in der Sowjetunion erschien, war sie in aller Munde, und jeder hielt Kabakov für einen mutigen Mann. Inzwischen sind sowohl seine Antiutopie über das postkommunistische Russland als auch das furchterregende Straßenbild, das er hier entwirft, Gegenwart geworden.

Viel besser als Kabakovs pessimistische Zukunftsvision ist der satirische Roman *Vozvraščenie Volanda ili novaja d'javoliada* (Volands Rückkehr oder Eine neue Teufelei) des unbekannten VITALIJ RUČINSKIJ (*1933), der im Jahre 1993 in Twer erschienen ist, aber noch ganz und gar im Zeichen der Perestroika-Literatur steht. Der Roman ist eine Fortsetzung von Bulgakovs *Der Meister und Margarita*, auf den explizit verwiesen wird. Der Teufel stellt das Moskau während der Blüte der Perestroika auf den Kopf und tritt für einen verkannten satirischen Schriftsteller ein. Der praktisch unbemerkt gebliebene Roman ist eine vergnügliche Satire, die Bulgakovs Thematik und Personen in das Russland unter Gorbačëv transponiert. Obwohl diese Fortsetzung nicht über den philosophischen Tiefgang von Bulgakovs Meisterwerk verfügt, ist sie – in einer Periode, die wenig Humor und Satire hervorbringt – dennoch verdienstvoll. Dem Roman ist möglicherweise aufgrund der großen Verehrung, die die Russen ihrer unantastbaren Größe Bulgakov entgegenbringen, nicht die Aufmerksamkeit zuteil geworden, die er verdient.

Einer der Schriftsteller, die vor der Perestroika nichts veröffentlichen konnten, war EVGENIJ POPOV (*1946). Er hat rund 200 Erzählungen verfasst, die alle den Alltag in der Sowjetunion der sechziger und siebziger Jahre behandeln. Es sind zwei Sammlungen von ihm erschienen: *Veselie Rusi* (Russlands Freude, 1981) und *Ždu ljubvi neverolomnoj* (Ich warte auf treue Liebe, 1989). Popov schreibt über die unterschiedlichsten Themen. Die Haltung des Autors ist von mildem Humor und einem Hauch von Kritik geprägt; er macht sich über die Unmöglichkeiten, mit denen das tägliche Leben in der Sowjetunion gesegnet war, die Absurditäten dieses Lebens, die Art, in der die Menschen darauf reagierten, und vor allem die Art, in der sie mit diesen Ungereimtheiten zu leben versuchten, lustig. Es handelt sich nicht um satirische Erzählungen oder um Gesellschaftskritik, sondern um realistische Beschreibungen einiger Situationen und Typen. Diese Erzählungen bezaubern, auch wenn einige recht unwahrscheinlich anmuten, wie die des Mannes, der im 13. Stock beim Pfannkuchenessen aus dem Fenster fällt. Oder die vulgäre Erzählung über den Kerl, der sich den Hintern mit einem gerade unterzeichneten Vertrag abwischt (weil in der Toilette kein Papier vorhanden ist). In einer Imbissstube dreht der Direktor Hunde durch den Fleischwolf – und die Gäste sind überglücklich. Oder die Erzählung über eine junge Liebe, die romantisch beginnt, aber in prosaischem Gezänk und schließlich wieder in Versöhnung endet. Jede dieser Miniaturen zeugt von einer großen Beobachtungsgabe und Sinn für Humor. Eine gewisse Ausnahme stellt die Erzählung *Zelënyj massiv* (Das grüne Massiv, 1981) dar, die die Dinge des Lebens und des Todes mit einem Anflug von Wehmut behandelt und sich krass von der grauen Realität in den anderen Erzählungen abhebt. Hier weht ein frischer Wind, und Popov ist durchaus zu jenen Schriftstellern in Russland zu zählen, die ein anderes Bild vom Leben zeichnen: keine Verherrlichung, keine Kritik oder Moralpredigt, sondern ruhige Beobachtungen. Neben diesen Erzählungen schrieb Popov auch *Duša patriota* (Die Seele des Patrioten, 1988), einen Roman in Briefen, ein veraltetes, kaum noch gepflegtes und sehr schwieriges Genre, mit dem Popov meisterhaft umzugehen weiß: Der Roman ist keine Minute langweilig, ein nicht geringes Verdienst in der Anwendung dieser Gattung. Seine Briefe decken den Zeitraum vom 25. Oktober bis zum 31. Dezember 1982 ab, sind an einen gewissen Ferfičkin gerichtet und handeln von allem Möglichen. Anfangs vor allem von seiner Familie, deren sämtliche Sprösslinge (zumeist ruhmlose) er in überwiegend verrückten Situationen, die eigentlich nicht erzählenswert sind, Revue passieren lässt. Das Charakteristische an Pop̦vs Briefen ist, dass ein unglaublicher Quasselkopf das Wort hat, der endlos über dieses und jenes räsoniert und der, wie ein Betrunkener, kein Ende findet. Es wird übrigens ziemlich viel gesoffen in diesen Briefen. Und ein trauriges Ereignis wird angesprochen: der Tod des Parteichefs Brežnev im November 1982. Die führende Persönlichkeit wird nicht namentlich erwähnt, sondern immer als »DERJENIGE, WELCHER« bezeichnet. Pop̦v fühlt, dass etwas Neues bevorsteht: »Weg mit der Faulheit, weg mit der Oblomowerei, weg mit dem Plüschsofa! Es brechen neue Zeiten an …« Der Roman endet mit einem Trinkspruch auf all seine Vorfahren, auf »DENJENIGEN, WELCHEN«, auf seine Frau und seine Freunde und auf das Vaterland. Endlich kann etwas Neues beginnen. Pop̦v ist ein Gewinn für die russische Literatur: Er schreibt so vergnüglich, mit solch leichter Hand, so angenehm humoristisch, dass er einen Lichtblick in der postkommunistischen Periode darstellt, die bisher nur chaotische Werke hervorgebracht hat. Pop̦v bezeichnet seine eigene Prosa irgendwo als »vage, unverbindlich, eigenmächtiges Geschwätz«, als »Paraliteratur«, und weist nebenbei auf ein Vorbild hin: »Schau doch zum Fenster raus – überall ist bei uns Kunst, man kann einen beliebigen Passanten anhalten, ihn ausfragen, wie er den Tag verbracht hat, und sogleich, stehenden Fußes, den Roman *Ulysses* von Joyce schreiben.« Wie schon in den Erzählungen ist Pop̦v nicht der Satiriker (»Ich stehe keiner ›Philosophie‹ nah. Und schon gar nicht der Politik«), er spricht lediglich von der »epochalen Alltäglichkeit« seiner handelnden Personen, die zu schwadronieren lieben. *Die Seele des Patrioten* ist auch eine Art literarisches Manifest: Pop̦v schreibt über sich selbst und sein Dasein als Schriftsteller in den sechziger und siebziger Jahren, als er von den Behörden und der literarischen »Mafia« nicht akzeptiert und überall ausgeschlossen wurde. Er ist deswegen nicht verbittert, das ein oder andere will er sich jedoch gerne von der Seele reden. Mit diesem Roman hat er mit dieser literarischen Kurzsichtigkeit des alten Regimes abgerechnet.

Eine neue Stimme in der modernen russischen Literatur ist ohne Zweifel TAT'JANA TOLSTAJA (*1951), die 1983 debütierte und sofort Anerkennung fand. In dem Sammelband mit Erzählungen *Na zoloțm kryl'c̦ sid̦li* (Da saßen auf der goldnen Treppe, 1987) versucht sie, nicht die Realität, sondern die Welt der Phantasie festzuhalten. Ihre »Helden« sind alle Träumer, Entrückte, Phantasten, denen jeglicher Realitätssinn abgeht. Sie sind auf der Suche nach einer anderen Welt, einem (manchmal exotischen) Paradies, einer Realität, die es nur in ihrer Phantasie geben kann. Diese alltäglichen Menschen fühlen sich im Leben nicht zu Hause, sie warten auf etwas: auf Glück, Wärme, Kontakt, auf Liebe oder auf die Familie, aber meistens ohne Erfüllung. Wenn ihnen doch noch etwas Glück zuteil wird, währt es nicht lange. Sie flüchten nicht aus dieser Welt: Ihre Träumereien sind kein Eskapismus, sie sind so. Diese Welt der Phantasie wird in langen Sätzen, häufig überraschenden Metaphern und vielen unerwarteten Wendungen ganz evokativ hervorgerufen. Das erzählende Element ist praktisch nicht vorhanden, tiefschürfende psychologische Betrachtungen gibt es nicht, wichtig sind das plastische Detail und die verbale Virtuosität. In Tolstajas Prosa zieht die Welt der Imagination und des Verlangens häufig gegen die stumpfsinnige, prosaische, wenig erhabene Alltäglichkeit den Kürzeren. Die Erzählung *Reka Okkervil'* (Der Fluss Okkervil') über einen Mann, der von seinem Traum in die Irre geführt wird, erinnert an Nabokov. Auffällig in Tolstajas Erzählungen ist das Fehlen jeglichen sozialen Anliegens: Sie enthalten keine Gesellschaftskritik, kein soziales oder politisches Engagement, keine Moralpredigten. Dieser Art zu schreiben bleibt sie in ihrem zweiten Sammelband *Somnambula v tumane* (Schlafwandler im Nebel, 1991) treu.

Interessant ist auch der Erzählband *Seti i lovuški* (Netze und Fallen, 1974) von LJUDMILA PETRUŠEVSKAJA (*1938). In den achtziger Jahren wurden einige Stücke von ihr auf russischen Bühnen gespielt, und jetzt gehört sie neben Popov und Tolstaja zu den gerne gelesenen »jungen« Talenten in Russland. In der Titelerzählung klingt gleich die Atmosphäre der ganzen Sammlung an: Es geht immer um die kleinen und großen Fallstricke, die das alltägliche, gemeine Leben für den Menschen in petto hält. Der Erzählband ist etwas unausgewogen, nicht alle Erzählungen sind gleich stark; aber alle sind sie ziemlich chaotisch. Eine Erzählung schildert die total verrückte und vor allem hektische Geschichte einer Clique von Freunden und unaufhörlich räsonierenden Sonderlingen, die pausenlos labern und tratschen; eine andere beschreibt typisch russische Verhältnisse: ein Fest nach einer Beförderung, ein ausgedehntes Saufgelage, Schimpfkanonaden. Eine dritte, konfuse Erzählung handelt von einem sorglosen Schürzenjäger.

Einer der stark satirisch inspirierten Schriftsteller der neuen Zeit ist SERGEJ KALEDIN (*1950). Er ist der Autor von *Smirennoe kladbišče* (Der demütige Friedhof, 1987), einer ungeschliffenen, brutalen Geschichte von Totengräbern in Moskau, die ihre Zeit mit Trinken und Raufereien totschlagen. Diese wenig erbauliche Prosa (in der Regel als »žestkaja i žestokaja proza«, brutale und grausame Prosa, bezeichnet), die von Verlegern lange nicht veröffentlicht werden wollte, findet in *Strojbat* (Das Baubataillon, 1991) über eine Spezialeinheit der Streitkräfte, deren Aufgabe der Bau militärischer Objekte ist, ihre Fortsetzung. In dieser marginalen Welt wird vor allem geflucht, gesoffen und gerauft.

Der Exgefangene LEONID BORODIN (*1938), der 1967 wegen seiner Mitgliedschaft in VSChSON (Allunions-Sozialchristliche Union zur Befreiung des Volkes) zu sechs Jahren Lager verurteilt worden war, beschrieb in seinen im Ausland veröffentlichten Werken dramatische Grenzsituationen: *Povest' strannogo vremeni* (Eine Geschichte aus sonderbarer Zeit, 1978) handelt von der Tragödie einer Familie, die mit den Lagern konfrontiert wird. Ein Mann wird verhaftet, seine junge Frau heiratet ein zweites Mal, und deren neuer Mann adoptiert ihren Sohn. Dieser begegnet eines Tages im Wald einem Ausbrecher und schießt ihn nieder. Viele Jahre danach stellt sich heraus, dass es sein Vater gewesen ist, der aus dem Lager geflohen war, um seinen Sohn zu sehen. Während der Perestroika rehabilitiert, publizierte

457

Borodịn eine Erzählung über die Mafia in der Sowjetunion (*Žẹnščina i mọre*, Die Frau und das Meer, 1990).

NATAL'JA MEDVẸDEVA (*1958) schrieb in *Mạma, ja žụlika ljubljụ* (Mama, ich liebe einen Gauner) über Jugendprobleme, und MARỊJA CHMẸLIK (*1961) verfasste *Mạlen'kaja Vẹra* (Kleine Vera), eine Geschichte über den Alltag in einer russischen Provinzstadt: ein trinkender und sich prügelnder Vater, eine rebellische Tochter, Schlägereien, Gewalt, Sex. Das Buch wurde in Pičuls Filmfassung ein großer Erfolg.

Eine starke Novelle ist das 1991 in Moskau veröffentlichte *Seržạnt Bertrạnd* (Sergeant Bertrand) des jungen Schriftstellers ALEKSẠNDR SKOROBOGẠTOV (*1963), eine spannende Geschichte über einen Mann, der dem Wahnsinn verfällt. Das Buch steckt voller Rätsel und Anspielungen. Der Schriftsteller scheint die Ungewissheit in Bezug auf den Täter zu kultivieren und steigert damit die Spannung. Es ist nicht klar, wovon die Novelle eigentlich handelt: von einer gescheiterten Ehe? Treulosigkeit? Eifersucht? Ist sie die Abrechnung mit bzw. die Rache an sinnlichen (sexuellen) Dreistigkeiten der Frau? Oder steht vielleicht die Spaltung der Persönlichkeit im Mittelpunkt? Oder gar ein eifersüchtiger Mann, der schizophren wird, weil Fremde seine Frau – schön, gut gebaut und sinnlich – ausziehen, nicht nur mit Blicken, sondern auch mit den Händen? Schon bei der ersten, schnellen Lektüre springt ins Auge, dass hier nicht nur ein Prosaist am Werk ist, sondern auch ein künftiger Drehbuchautor. Eine faszinierende, voyeuristische Erzählung. In der russischen Fassung wurde eine ganze Reihe gewalttätiger und erotischer Passagen gestrichen.

Ein weiterer nicht unbemerkt gebliebener Autor ist VJAČESLẠV P'ẸCUCH (*1946), dessen Roman *Nọvaja moskọvskaja filozọfija* (Die neue Moskauer Philosophie, 1989) eine sowjetische Fassung von *Schuld und Sühne* im 20. Jahrhundert ist. In einem Interview erklärte er: »Ich billige einem Künstler nicht das Recht auf eine politische Überzeugung zu, weil Politik und Kunst – und folglich auch Literatur – zwei ganz verschiedene Bereiche sind.« Dies ist in aller Kürze das künstlerische Credo des postkommunistischen Schriftstellers in Russland.

OLẸG ERMAKỌV (*1961) schreibt in dem Erzählband *Zimọj v Afganistạne* (Ein Winter in Afghanistan, 1989) über das sowjetische »Vietnam-Syndrom«: die traumatische Erfahrung der verlorenen Generation sowjetischer Jugendlicher, die einen sinnlosen und ehrlosen Kampf führen mussten, um die Fahne des Internationalismus hochzuhalten. Unter dem ironischen Titel *Blagopolụčnoe vozvrașčẹnie* (Glückliche Heimkehr, 1989) entwirft er ein fesselndes Bild von der ruhmlosen Rückkehr der Sowjetsoldaten aus Afghanistan.

Auch im Theater gab es viele Veränderungen. Das Sprechstück à la Čẹchov *Sersọ* (Cerceau) von VỊKTOR SLẠVKIN (*1935) wurde zum wichtigsten aktuellen Bühnenstück der achtziger Jahre und hatte auch im Westen Erfolg. Die neue Welle wurde von Vỉktor Slạvkin, Ljudmịla Petrušẹvskaja und Aleksạndr Vampịlov repräsentiert. Kennzeichend war das Interesse für Erscheinungen am Rande der Gesellschaft (Probleme bei der Nahrungsmittelversorgung, fehlendes Arbeitsethos, zerbrechende Familien, alleinerziehende Mütter, Schwerarbeit für Frauen, einsame alte Menschen, entwurzelte Kinder). Die Helden sind desillusionierte Menschen, die früh enttäuscht werden und keine Ermutigung erfahren, die beziehungsunfähig und infolge ihres Alkoholkonsums abgestumpft sind. Sie sind in allen Bevölkerungsschichten zu finden – kurz: der durchschnittliche *homo sovieticus*. Die Stücke der Bühnenautoren dieser Generation, die Ende der sechziger Jahre zu schreiben begannen, stießen unter Brežnev verständlicherweise nicht auf Begeisterung, wurden nur selten aufgeführt und lagen jahrelang in der Schublade, einer Inszenierung harrend. Einige Stücke wurden in dem Sammelband *Vosem' nechorošich p'es* (Acht anstößige Stücke, 1990) zusammengefasst. Aufsehenerregende Stücke waren beispielsweise Michail Šatrovs (*1932) *»Dal'še … dal'še … dal'še …«* (»Weiter, weiter, weiter!«, 1988), in dem der Autor seine Sicht der Ereignisse vom 24. Oktober 1917 und des Konfliktes zwischen Lenin und Stalin in Worte fasst. Die Botschaft des Stückes lautete, dass der Sozialismus im Geiste Lenins erneuert werden müsse. Auch das Stück *Diktatura sovesti* (Die Diktatur des Gewissens, 1986) atmet noch ganz den Geist Gorbačëvs. Es wurden auch alte Texte aufgeführt, beispielsweise Venedikt Erofeevs *Moskau - Petuški* und *Die Walpurgisnacht* (die Sowjetvariante von *Einer flog über das Kuckucksnest?*). Jahrelang war Erofeevs Alkoholepos der Inbegriff des Abweichlertums gewesen, doch im Jahre 1990 war das Anziehende einer dissidenten Haltung offensichtlich nicht mehr aktuell! Nach 1987 wurden die Bühnen (und die Kinos) mit Unterhaltungsstücken überschwemmt: Bordsteinschwalben, Drogenabhängige, Homosexuelle, Mafiosi sowie gestürzte Parteibonzen oder entwurzelte Afghanistan-Veteranen waren – in pikanten Geschichten, gewürzt mit Sex und Kriminalität – die neuen Helden der Perestroika geworden. Einer der Höhepunkte der Saison 1989/1990 war das Stück *I az vozdam. Poslednie dni Romanovych* (Ich werde es vergelten. Die letzten Tage der Romanovs) von SERGEJ KUZNECOV (aufgeführt im Malyj-Theater), ein idealisiertes Porträt der Zarenfamilie und des prärevolutionären Russlands.

Doch die Stücke der »neuen Welle« wurden und werden kaum aufgeführt, auch für die (wieder)entdeckten Stücke der Absurdisten (Oběriu) besteht nur wenig Interesse. Und von den zur Zeit auf russischen Bühnen gespielten westlichen Autoren sind es vor allem die Realisten, die auf Beifall stoßen: Arthur Miller, Friedrich Dürrenmatt; Beckett oder Ionesco dagegen kommen in den Spielplänen kaum vor. Die Bilanz: Aufgeführt werden vor allem konjunkturgebundene Stücke, außerdem Werke von Sowjetklassikern (z.B. Bulgakovs *Zojkina kvartira*, Zojkas Wohnung), Bühnenfassungen von Werken der Dorfschriftsteller Možaev, Abramov, Rasputin und Belov, Rybakovs Abrechnung mit dem Stalinismus *Deti Arbata* (Die Kinder vom Arbat); außerdem fällt das wiedererwachte Interesse an russischen Klassikern auf (Čechovs *Kirschgarten*). Doch der absolute Schlager war das Musical »Jesus Christ Superstar« …

14. Epilog: Die russische Literatur nach dem Kommunismus (1991 – 1997)

Im Jahre 1920 veröffentlichte Pëtr Krasnov, einer der führenden Köpfe der antibolschewistischen Weißen Armee, den utopischen Roman *Za čertopolochom* (Hinter der Distel), der vom Russland nach dem Kommunismus handelt: Der Zarismus ist in seiner ganzen Ehre und Pracht wiedereingeführt worden, die Menschen leben in Frieden und Eintracht, die orthodoxe Kirche sorgt für die Versöhnung unter den Menschen. Obwohl die Russen diesen naiven Zukunftsroman (wieder)entdeckt haben, hat sich Krasnovs Sicht des von den Bolschewiken befreiten Russlands nicht bewahrheitet: Die postkommunistische Gesellschaft zeichnet sich durch große Zwietracht, Chaos und Streiterei aus.

Im Dezember 1993 wurde eine neue Verfassung verabschiedet, mit der auch in formaler Hinsicht dem Sowjetzeitalter ein Ende gesetzt wurde. Doch der Übergang vom zentral geleiteten Staatskommunismus zu einer neuen Form des Arbeitens und Zusammenlebens erweist sich als schwieriger und schmerzhafter Prozess. Die alte Wirtschaft ist zusammengebrochen und/oder von Parteibossen, die ihr Mäntelchen rechtzeitig nach dem Wind gehängt haben, geplündert worden; das politische Leben ist unsicher und instabil; die alten Institutionen – sowohl soziale als auch kulturelle – lösen sich auf. Auch der Schriftstellerverband hat sich in zahllose, miteinander in Konkurrenz stehende Organisationen aufgesplittert. Die Schriftsteller sind unter sich gespalten; sogar die gewisse Einheit, die es zwischen 1985 und 1991 gegeben hatte, als man noch den Kommunismus bekämpfte, ist zerbröckelt. Die meisten Schriftstellerorganisationen entfalten nun kommerzielle Aktivitäten und führen einen verbissenen Kampf um Macht und Geld (wer hat Anspruch auf die vielen Häuser und Sanatorien des ehemaligen Schriftstellerverbandes?). Diskutiert wird fast gar nicht mehr. Die Schriftstellerorganisationen haben sich vielmehr zu einer Art Interessenverbände entwickelt.

Seit die Zensur abgeschafft worden ist (1990), sind die Verlage und Zeitschriften unabhängig geworden und somit finanziell eigenverantwortlich. Jüngere literarische Werke haben kaum eine Möglichkeit, bekannt zu werden: Komplexe Prosa oder wissenschaftliche Publikationen finden nur schwer einen Verleger. Der sozialistische Realismus wird von manchen konservativen (zumeist älteren) Schriftstellern zwar noch gepflegt, hat sich aber selbst überlebt. Viele ältere Schriftsteller können oder wollen sich thematisch, stilistisch oder sprachlich nicht mehr ändern. Viele bringen sozialistischen Realismus verkehrtherum und greifen auf frühere Werke oder Themen zurück, wobei sie nun einen kritischen Ton anschlagen (ein gutes Beispiel ist die Novelle *Iskupit krov'ju*, Mit Blut gesühnt, 1991, des Kriegsveteranen Vjačeslav Kondrat'ev, 1920 – 1993, über die schrecklichen Bedingungen, unter denen die Sowjetsoldaten im Zweiten Weltkrieg kämpfen mussten). Sie widersetzen sich mit Händen und Füßen dem sogenannten Postmodernismus in der Literatur, der in ihren Augen ihre Stellung bedroht. Sie liefern sich mit der Sensationsliteratur, die den Markt überschwemmt, eine Schlacht um den Leser: neben Erotik und Sex auch Zeugnisse aus der Welt der Kriminalität (allerlei »ispovedi chuligana/ vora v zakone« – Beichten eines Strolches / eines Schwerverbrechers) oder vom Privatleben der Großen der Sowjeterde (die Memoiren der Mätresse Stalins). Sogar etablierte Schriftsteller sehen sich gezwungen, in zweifelhaften, aber gut zahlenden Zeitschriften zu publizieren (beispielsweise Andrej Bitov im russischen *Playboy*). In kleinen Auflagen erscheint das Werk jüngerer Schriftsteller, die häufig dynamisch sind und experimentieren, aber nur ein kleines Publikum erreichen. Der Durchschnittsleser anno 1996 scheint sich wenig aus der großen Literatur zu machen. Der postmoderne Literat hat auch kein Anliegen mehr, etwas, was meistens von einem russischen Schriftsteller erwartet wurde: Er ist nicht länger mehr der weise Denker, der Philosoph, der Missionar oder Prophet.

Viele Emigranten haben sich geweigert, nach Russland zurückzukehren, obwohl es sich nicht mehr unter der Knute des Kommunismus befindet: Dort herrscht eine drückende wirtschaftliche Atmosphäre (mit dem Honorar kann man kaum auskommen), manche erleben ihr früheres Vaterland als ein fremdes Land, für sie wäre eine Rückkehr gleichbedeutend mit »einer zweiten Emigration«. Andere haben Angst vor dem neuen Antisemitismus, der Wiederherstellung des Totalitarismus oder der zügellosen Kriminalisierung und Brutalisierung der Gesellschaft. Wieder andere ziehen die Distanz vor (hatte nicht auch Gogol' das Ausland nötig, um schreiben zu können?).

In einem Interview mit der *Literaturnaja gazeta* in der Ausgabe vom 30. Oktober 1996 behauptete Semën Lipkin lakonisch: »Die heutigen Machthaber sind nicht an Literatur interessiert. Das ist gut.« Dieses Phänomen ist ganz neu für die russische Kultur und wird langfristig weitreichende Folgen haben. Manche sehen vorläufig nur die negativen Konsequenzen: Der Staat komme nicht (oder nur wenig) für die orientierungslosen Schriftsteller auf (obwohl nach 1991 staatliche Stipendien für Schriftsteller vergeben wurden – und das für Vertreter aller Richtungen). Im Jahre 1992 wurde der britische Booker Price für die russische Literatur gestiftet: die höchste und finanziell interessanteste literarische Auszeichnung für den besten Roman des Jahres. Ihn erhielten bisher Mark Charitonov, Vladimir Makanin, Bulat Okudžava und Georgij Vladimov. Die Auszeichnung ist umstritten und wird immer von heftigen Debatten begleitet. Die schwierige Wahl verdeutlicht möglicherweise, dass das postkommunistische Russland nicht über unumstritten große Talente verfügt. Sogar der Roman *Ne umiraj prežde smerti* (Stirb nicht vor deiner Zeit, 1993) des bekannten Schriftstellers Evgenij Evtušenko erntete nur geringen Beifall: Evtušenko ist einer der wenigen, die den August-Putsch des Jahres 1991 zum Thema eines umfangreichen Romans gemacht haben. Er lässt Dutzende von Personen Revue passieren, die allesamt in die tragischen Ereignisse von 1991 verwickelt waren, und zwar nicht nur politische Größen wie Gorbačëv, El'cin, Ševardnadze und einige hochrangige Militärs, sondern auch den Schriftsteller höchstpersönlich sowie selbst einen »Evtuschenkologen«, einen populären Ex-Fußballer, eine Bergsteigerin, einen Untersuchungsrichter, die bekannten Schriftsteller Brodskij und Solženicyn sowie den Cellisten Rostropovič. Der Roman umspannt die gesamte sowjetische Nachkriegsgeschichte, manchmal fängt eine der erzählten Geschichten unmittelbar nach der Revolution oder unter Stalin an. Dadurch erhält er episches Format. Außerdem ist der Roman durchsetzt mit zahlreichen Betrachtungen über Russland und über den Westen, über den Sinn der Geschichte und des Lebens. Die Frage nach der Schuld des Einzelnen wird ebenfalls angeschnitten (ist es nur das System, das schuld ist, oder haben sich die Menschen aktiv beteiligt?). Die individuelle Lebensgeschichte Evtušenkos macht einen Großteil des Romans aus: sein turbulentes Liebesleben, das zuweilen geradezu zärtlich geschildert wird, seine noch stürmischere Geschichte als einer der beliebtesten Nachkriegsdichter, der häufig mit den Behörden im Clinch lag, sein Eintreten für den reformwilligen Gorbačëv und für die Demokraten im Jahre 1991. *Stirb nicht vor deiner Zeit* ist auch die Beichte des Unruhestifters und Konformisten, der in seinem Leben viele Kompromisse eingehen musste, um zu überleben, und der darum von vielen beneidet oder angegriffen wird. Evtušenko würzt seine Selbstverteidigung mit viel Selbstkritik und stellt sie vor den Hintergrund der Zeitläufte. Insgesamt ist der Roman zu weitschweifig.

Vielen (auch russischen) Kritikern zufolge verfügt die zeitgenössische russische Literatur über keine (großen) Talente. Dennoch experimentieren viele jüngere Schriftsteller . Ein interessantes Phänomen ist, dass die Provinz literarische Talente hervorbringt. Während in der Sowjetära die Literatur Moskaus und Leningrads tonangebend war, spricht man jetzt bereits von der »Dritten Hauptstadt« (Tret'ja stolica) Jekaterinburg. In den letzten Jahren hat das literarische Werk folgender Schriftsteller für Gesprächsstoff gesorgt: Marina Palej (*1955), Andrej Matveev, Ljudmila Ulickaja (*1938), Michail Kuraev (*1939), Viktor Pelevin (*1962), Vladimir Sorokin (*1955). Die Zukunft muss zeigen, ob ihre Experimente mit Sprache und Stil das Chaos des postkommunistischen Zeitalters überleben werden.

Glossar russischer Begriffe

Bolschewiken: Machthaber in Russland nach der Revolution vom Oktober 1917
Bylina: Russisches Volksepos
Bytovik: Schriftsteller, der das alltägliche Leben (= byt) darstellt.
Čeka: siehe Tscheka
Dekabristen: Bezeichnung einer Gruppe von Offizieren, die im Dezember (= dekabr') 1825 anlässlich der Thronbesteigung von Zar Nikolaus I. einen Putschversuch unternahmen. Ihr Bestreben war es gewesen, Russland eine Verfassung zu geben.
Dritte Abteilung (Russ.: Tret'e otdelenie): Geheimpolizei unter Nikolaus I. (1825 – 1855).
Glasnost (russ.: Glasnost'): Transparenz hinsichtlich der Sowjetvergangenheit in der Perestroika-Periode (1985 – 1991).
GUS (Russ.: SNG, Sodružestvo Nezavisimych Gosudarstv): Gemeinschaft Unabhängiger Staaten; Zusammenschluss ehemaliger Sowjetrepubliken (seit 1991).
KGB (russ.: Komitet gosudarstvennoj bezopasnosti): Komitee für Staatssicherheit; Geheimpolizei in der UdSSR, früher Tscheka, GPU-OPGU, NKVD.
Komsomol (Kommunističeskij sojuz molodёži): Kommunistischer Jugendverband.
KPdSU: Kommunistische Partei der Sowjetunion (russ.: KPSS, Kommunističeskaja Partija Sovetskogo Sojuza).
Mitläufer: siehe Poputčik.
Narodnik: siehe Populist.
NÖP (russ. NEP): Neue Ökonomische Politik (1921 – 1928), von Lenin gegen Ende des Bürgerkrieges eingeführt, wodurch privater Handel teilweise wieder zugelassen wurde.
Panslawismus: Bestrebung, alle slawischen Völker unter russischem Zepter zu vereinigen.
Perestroika (russ. Perestrojka): Versuch von Parteichef Gorbačёv (1985 – 1991), die Sowjetwirtschaft wiederzubeleben.
Počvennik: Schriftsteller, der die Ideale der russischen Eigenart (počva = Boden, Grund, Erde) predigt.
Poèma: längere epische oder lyrische Versdichtung, manchmal ein Roman in Versen.
Populist (russ.: narodnik): Intellektueller, der ins Volk geht, um dieses über dessen Situation aufzuklären.
Poputčik: Ein mit der Revolution sympathisierender Schriftsteller, Mitläufer (Engl. fellow-traveller).
Povest': Ein Prosawerk zwischen einem Roman und einer Novelle.
Raznočinec: Ein nichtadliger Intellektueller.
Rote, Rotgardisten: Bolschewiken, Kommunisten.
Rote Armee: Von den Bolschewiken gegründet, um den Kampf gegen ihre antikommunistischen Gegner, die sogenannten Weißen, aufzunehmen. Wurde von Lev Trockij geführt.
RSDAP: Russische Sozialdemokratische Arbeiterpartei, 1898 gegründet, 1903 aufgespalten in Menschewiken (»Minimalisten«) und Bolschewiken (»Maximalisten«).
Samizdat: Schriften, die illegal in der Sowjetunion zirkulierten.
Skaz: Verfahren, bei dem der Autor die Geschichte einem volkstümlichen Erzähler in den Mund legt, der mit seiner blumigen Umgangssprache die Atmosphäre eines bestimmten (seines eigenen) Milieus hervorzurufen versteht. Dieses literarische Verfahren soll zu

einer Charakterisierung volkstümlicher Typen beitragen und eine gleichsam realistische Wirkung erzielen.

Slawophile (russ.: slavjanofil): Befürworter einer rein russischen Entwicklung Russlands; Gegenteil von zapadnik (siehe dort).

Tamizdat: Veröffentlichung von in der Sowjetunion verbotenen Schriften im Westen.

Tscheka (russ.: Čeka = Črezvyčajnaja komissija po bor'be s sabotažem i kontrrevoljuciej): Sonderkommission zur Bekämpfung von Sabotage und Konterrevolution; Geheimpolizei unter Lenin.

Überflüssiger Mensch (russ.: lišnij čelovek): an Weltschmerz leidender junger Adliger (erste Hälfte des 19. Jahrhunderts).

UdSSR (russ.: SSSR, Sojuz Sovetskich Socialistčeskich Respublik): Union der Sozialistischen Sowjetrepubliken, offizielle Bezeichnung des kommunistischen Russlands (1922 – 1991).

Weiße, Weißgardisten: Gegner der Roten (= Bolschewiken) im Bürgerkrieg (1917 – 1921).

Zapadnik: Westler, Anhänger und Bewunderer des Westens, Gegenteil von Slawophile (siehe dort).

Bibliografie

Biografische und bibliografische Nachschlagewerke

Alekseev, A.D., *Literatura russkogo zarubež'ja. Knigi 1917 – 1940. Materialy k bibliografii*, Sankt Peterburg, Nauka, 1993 (IRLI Puškinskij dom).
Biographical Dictionary of Dissidents in the Soviet Union, 1956 – 1975, S.P. de Boer, E.J. Driessen und H.L. Verhaar (Hrsg.), The Hague, Martinus Nijhoff, 1982.
L'Emigration russe. Revues et recueils. 1920–1980. Index général des articles, Paris, Institut d'Etudes Slaves, 1988.
Ėnciklopedija literaturnych geroev, S.V. Stachorskij, M. Agraf (Hrsg.), 1997.
Foster, L.A., *Bibliografija russkoj zarubežnoj literatury 1918 – 1968*, Boston 1970, 2 Bde.
Histoire de la littérature russe, Efim Etkind, Georges Nivat, Ilya Serman, Vittorio Strada (Hrsg.), Paris, Fayard, ab 1987 : »Des origines aux Lumières« (1992) ; »Le XXe siècle * L'Age d'Argent« (1987) ; »Le XXe siècle ** La Révolution et les années vingt« (1988) ; »Le XXe siècle *** Gels et Dégels« (1990); L'époque de Pouchkine (1996).
Kasack, Wolfgang, *Lexikon der russischen Literatur des 20. Jahrhunderts. Vom Beginn des Jahrhunderts bis zum Ende der Sowjetära*, München, Otto Sagner, 1992 (Arbeiten und Texte zur Slavistik, 52).
Kasack, Wolfgang, *Dictionary of Russian Literature Since 1917*, New York, Columbia University Press, 1988.
Kasack, Wolfgang, *Die russische Literatur 1945 – 1982 mit einem Verzeichnis der Übersetzungen ins Deutsche*, München, Otto Sagner, 1983 (Arbeiten und Texte zur Slavistik, 28).
Kasack, Wolfgang, *Russische Literatur des 20. Jahrhunderts in deutscher Sprache. [1. Band] 350 Kurzrezensionen von Übersetzungen 1976 – 1983; 2. Band. 450 Kurzrezensionen von Übersetzungen 1984 – 1990*, München, Otto Sagner 1985, 1991.
Kasack, Wolfgang, *Russische Literaturgeschichten und Lexika der russischen Literatur. Die Handbücher des 20. Jahrhunderts. Überblick – Einführung – Wegführer*, Konstanz, UVK Universitätsverlag Konstanz, 1997.
Kazak, Vol'fgang, *Leksikon russkoj literatury XX veka*, Moskva, RIK »Kul'tura«, 1996.
Kratkaja literaturnaja ėnciklopedija, A.A. Surkov (Hrsg.), Moskva, 1962 – 1978, 9 Bd.
Ledkovsky, Marina (Hrsg.), *Dictionary of Russian Women Writers*, Connecticut – London, Greenwood Press, 1994.
Lisovskij, N.M., *Bibliografija russkoj periodičeskoj pečati, 1703 – 1900 g.*, Petrograd, 1915.
Literaturnaja ėnciklopedija, Moskva, 1929 – 1937, 11 Bde.
Literaturnaja ėnciklopedija russkogo zarubež'ja (1918 – 1940). Tom 1. Pisateli russkogo zarubež'ja (1918 – 1940), Čast' I – III, Moskva, 1993 – 1995; Tom 2, Čast' I, Moskva, 1996.
Literaturnyj ėnciklopedičeskij slovar', Moskva, 1987.
Ludwig, Nadeshda (Hrsg.), *Handbuch der Sowjetliteratur (1917 – 1972)*, Leipzig, 1975.
Maslin, M.A. (Hrsg.), *Russkaja filosofija. Slovar'*, Moskva, 1995.
Mir russkoj kul'tury. Ėnciklopedičeskij spravočnik. Moskva, Veče, 1997.
Mjakovska, Ioanna, *Pisateli russkogo zarubež'ja (Tret'ja volna ėmigracii). Proza. Bibliografičeskij ukazatel'*, Bydgoszcz, 1995.

467

The Modern Encyclopedia of Russian and Soviet Literatures, Harry B. Weber (Hrsg.), USA, Academic International Press, 1977 – 1991, Bd. 1 – 10.

Moser, Charles (Hrsg.), *The Cambridge History of Russian Literature*, Cambridge University Press, 1989.

Muratova, K.A. (Hrsg.), *Istorija russkoj literatury XIX veka. Bibliografičeskij ukazatel'*, Moskva – Leningrad, AN SSSR, 1962.

Muratova, K.A. (Hrsg.), *Istorija russkoj literatury konca XIX – načala XX veka. Bibliografičeskij ukazatel'*, Moskva – Leningrad, AN SSSR, 1963.

Ossorguine-Bakounine, Tatiana, *L'émigration russe en Europe. Catalogue collectif des périodiques en langue russe 1855 – 1940*, Paris, 1976.

Pisateli russkogo zarubež'ja (1918 – 1940). Spravočnik, A.N. Nikoljukin (Hrsg.), Moskva, 1993 – 1995, 3 Bde.

Reference Guide to Russian Literature, Neil Cornwell (Hrsg.), London – Chicago, Fitzroy Dearborn Publ., 1998.

Rossijskaja evrejskaja ènciklopedija, T. 1 – 2, Biografii, Moskva, 1994.

Russkaja periodičeskaja pečat' (1702 – 1894). Spravočnik, A.G. Dement'ev, A.V. Zapadov und M.S. Čerepachov (Hrsg.), Moskva, 1959.

Russkaja periodičeskaja pečat' (1895 – 1917). Spravočnik, M.S. Čerepachov und E.M. Fingerit (Hrsg.), Moskva, 1957.

Russkie pisateli. Bibliografičeskij slovar', P.A. Nikolaev (Hrsg.), Moskva, 1990, 2 Bde.

Russkie pisateli 1800 – 1917. Biografičeskij slovar', Moskva, 1992 – 1994, Bd. 1 – 3.

Russkie sovetskie pisateli. Poèty. Bibliografičeskij ukazatel', Moskva, 1977 ff., 12 Bde.

Russkie sovetskie pisateli. Prozaiki. Bibliografičeskij ukazatel'. Leningrad, 1959 – 1972, 7 Bde.

Russkoe zarubež'e. Zolotaja kniga èmigracii. Pervaja tret' xx veka. Ènciklopedičeskij biografičeskij slovar', Moskva, Rossijskaja političeskaja ènciklopedija, 1997.

Slovar' russkich pisatelej XVIII veka, Leningrad, 1988, vyp. 1.

Štejn, Èmmanuil, *Poèzija russkogo rassejanija 1920 – 1977*, Ashford, 1978.

Stepanov, V.P., und Stennik, Ju.V., *Istorija russkoj literatury XVIII veka. Bibliografičeskij ukazatel'*, Leningrad, Nauka, 1968.

Stepanovič, B., Wertsman, V., *Free Voices in Russian Literature, 1950s – 1980s. A Bio-Bibliographical Guide*, New York, Russica Publishers, 1987.

Svodnyj katalog russkoj knigi graždanskoj pečati XVIII veka. 1725 – 1800, Moskva, 1962 – 1967, 5 Bde.

Urtminceva, Marina, *Slovar' russkoj literatury*, Nižnij Novgorod, »Tri bogatyrija« i »Brat'ja slavjane«, 1997.

Volkoff, Anne-Marie, *L'émigration russe en Europe. Catalogue collectif des périodiques en langue russe 1940 – 1970*, Paris, 1977. *1940 – 1979*. Paris, 1981, 2. Ausgabe.

Waegemans, E., Willemsen, C., *Bibliografie van Russische literatuur in Nederlandse vertaling / Bibliografija russkoj literatury v niderlandskom perevode 1789 – 1985* [Bibliographie russischer Literatur in niederländischer Übersetzung 1789 – 1985], Leuven, Universitaire Pers, 1986.

Woll, Josephine, *Soviet Dissident Literature. A critical guide*, Boston, 1983.

Wytrzens, G., *Bibliographie der russischen Autoren und anonymen Werke*, Frankfurt/Main, 1975.

Wytrzens, G., *Bibliographie der russischen Autoren und anonymen Werke 1975 – 1980*, Frankfurt/Main, 1982.

XVIII VEK. Sbornik 1 – 20, Leningrad – Sankt Peterburg, 1935 – 1996.

Handbücher und Studien

In russischer Sprache

Agurskij, M., *Ideologija nacional-bol'ševizma*, Paris, YMCA-Press, 1980.

Akimov, V.M., *Sto let russkoj literatury. Ot serebrjanogo veka do našich dnej. Posobie dlja staršeklassnikov i postupajuščich v vuzy*, Sankt Peterburg, Liki Rossii, 1995.

Berkov, P.N., *Istorija russkoj žurnalistiki XVIII veka*, Moskva – Leningrad, 1952.

Berkov, P.N., *Istorija russkoj komedii XVIII veka*, Leningrad, 1977.

Blagoj, D., *Istorija russkoj literatury XVIII veka*, Moskva, [1]1945, [2]1955, [3]1960.

Geller, Michail, *Koncentracionnyj mir i sovetskaja literatura*, London, 1974.

Gukovskij, G.A., *Russkaja literatura XVIII veka*, Moskva, 1939.

Istorija russkogo dramatičeskogo teatra v semi tomach, Moskva, Iskusstvo, 1977, 7 Bde.

Istorija russkoj literatury, Moskva – Leningrad, AN SSSR, 1941 – 1956, 10 Bde.

Istorija russkoj literatury. XX vek. Serebrjanyj vek, Ž. Niva (Hrsg.) u.a., Moskva, 1995 (Originaltitel »Histoire de la littérature russe. Le XXe siècle, L'Age d'Argent«, G. Nivat (Hrsg.) u.a., Paris, 1987).

Istorija russkoj literatury v trëch tomach, D.D. Blagoj (Hrsg.), Moskva – Leningrad, AN SSSR, 1958 – 1964, 3 Bde.

Istorija russkoj literatury v četyrëch tomach, Leningrad, Nauka, 1980 – 1983, 4 Bde.

Istorija russkoj poezii v dvuch tomach, Moskva – Leningrad, Nauka, 1968, 2 Bde.

Istorija russkogo romana (v dvuch tomach), Moskva – Leningrad, AN SSSR, 1962, 2 Bde.

Istorija russkogo sovetskogo romana, Moskva – Leningrad, 1965, 2 Bde.

Istorija russkoj sovetskoj literatury v četyrëch tomach, Moskva, 1967 – 1971, 4 Bde.

Istorija sovetskogo dramatičeskogo teatra v šesti tomach, Moskva, Nauka, 1966 – 1971, 6 Bde.

Ljaskovskij, Aleksandr, *Martirolog russkich pisatelej*, Teil I: 1700 – 1900, Teil II: 1901 – 1962, München 1956, 1963.

Mal'cev, Ju., *Vol'naja russkaja literatura 1955 – 1975*, Frankfurt/Main, Posev, 1976.

Michajlov, O.N., *Literatura russkogo zarubež'ja*, Moskva, 1995.

Mirskij, D.S., *Istorija russkoj literatury s drevnejšich vremën do 1925 goda*, London, OPI, 1992 (Originaltitel »History of Russian Literature«).

Očerki russkoj kul'tury XVIII veka, Moskva, MGU, 1985 – 1988, 3 Bde.

Osorgina, A.M., *Istorija russkoj literatury (S drevnejšich vremën do Puškina)*, Paris, YMCA-Press, 1955.

Poltorackij, N.P. (Hrsg.), *Russkaja literatura v emigracii. Sbornik statej*, Pittsburg, 1972.

Pypin, A.N., *Istorija russkoj literatury*, Slavic Printings and Reprintings, Mouton, 1968. SPl. 1898 – 1999, 4 Bde.

Revjakin, A.I., *Istorija russkoj literatury XIX veka. Pervaja polovina*, Moskva, 1977.

Russkaja literatura konca XIX – načala XX veka. 1895 – 1917, Moskva, Nauka, 1968 – 1972, 3 Bde.

Russkaja povest' XIX veka. Istorija i problematika žanra, B.S. Mejlach (Hrsg.), Leningrad, Nauka, 1973.

Russkij sovetskij rasskaz. Očerki istorii žanra, Leningrad, Nauka, 1970.

Russkij sovetskij teatr 1917 – 1921, Dokumenty i materialy, Leningrad, Iskusstvo, 1968.

Russkij sovetskij teatr 1921 – 1926, Leningrad, Iskusstvo, 1975.

Šentalinskij, V., *Raby svobody v literaturnych archivach KGB*, Moskva, Parus, 1995.

Šnejberg, L.Ja., Kondakov, I.V., *Ot Gor'kogo do Solženicyna. Posobie dlja postupajuščich v vuzy*, Moskva, Vysšaja škola, [2]1995.

Sokolov, A.G., *Sud'by russkoj literaturnoj ėmigracii 1920-ch godov*, Moskva, 1991.

Struve, Gleb, *Russkaja literatura v izgnanii. Opyt istoričeskogo obzora zarubežnoj literatury*, New York, [1]1956; Paris, YMCA-Press, [2]1984; Paris-Moskva [3]1996.

Svirskij, Grigorij, *Na lobnom meste. Literatura nravstvennogo soprotivlenija (1946 – 1976 gg.)*, London, Novaja literaturnaja biblioteka, 1979.

Tchorževskij, Ivan, *Russkaja literatura*, Paris [2]1950.

Vagemans, Ė. [Waegemans E.] (Hrsg.), *Strana Sinej pticy. Russkie v Bel'gii*. Moskva, Nauka, 1995.

Vengerov, S.A., *Russkaja literatura XX veka*, Moskva, 1914 – 1916 (Neudruck: München, Fink Verlag, 1972).

In westlichen Sprachen

Beitz, Willy (Hrsg.), *Vom ›Tauwetter‹ zur Perestroika. Russische Literatur zwischen den fünfziger und neunziger Jahren*, Bern etc., Peter Lang, 1994.

Braun, Maximilian, Russische Dichtung im neunzehnten Jahrhundert, Hannover, [1]1947, Heidelberg, [2]1953.

Broekmeyer, Marius, *Het verdriet van Rusland. Dagelijks leven op het platteland sinds 1945* [Der Kummer Rußlands. Der ländliche Alltag seit 1945], Amsterdam, Jan Mets, 1995.

Brown, E.J. (Hrsg.), *Major Soviet Writers. Essays in criticism*, London, Oxford University Press, 1973.

Brown, Deming, *Soviet Russian Literature since Stalin*, Cambridge University Press, 1978.

Brown, W.E., *A History of 18th Century Russian Literature*, Ann Arbor, Ardis, 1980.

De Madariaga, Isabel, *Russia in the Age of Catherine the Great*, New Haven – London, 1981.

Düwel, Wolf (Hrsg.), *Geschichte der klassischen russischen Literatur*, Berlin – Weimar, Aufbau-Verlag, 1965.

Eliasberg, Alexander, *Russische Literaturgeschichte in Einzelporträts*, München, 1925.

Etkind, Efim, *Russische Lyrik von der Oktoberrevolution bis zur Gegenwart. Versuch einer Darstellung*, München, Beck, 1984.

Fennell, John (Hrsg.), *Nineteenth-Century Russian Literature. Studies of ten Russian Writers*, London, 1972.

Geschichte der russischen Sowjetliteratur. Band I: 1917 – 1941, Band II: 1941 – 1967, Berlin, Akademie-Verlag, 1973, 1977.

Grasshoff, H., Lauch, A., Lehmann, U., *Humanistische Traditionen der russischen Aufklärung*, Berlin, Akademie-Verlag, 1973.

Guenther, Johannes von, Die Literatur Rußlands, Stuttgart, 1964.

Heller, Michel, *Le monde concentrationnaire et la littérature soviétique*, Lausanne, L'Age d'Homme, 1974 (Originaltitel: Geller, Michail, »Koncentracionnyj mir i sovetskaja literatura«).

Hingley, Ronald, *Russian Writers and Soviet Society 1917 – 1978*, London, Weidenfeld and Nicholson, 1979.

Hinrichs, Jan Paul, *Verbannte Muse. Zehn Essays über russische Lyriker der Emigration*, München, 1992 (Arbeiten und Texte zur Slavistik, 55).

Holthusen, Johannes, *Russische Literatur im 20. Jahrhundert*, München, Francke Verlag, 1978.

Hosking, Geoffrey, *Beyond Socialist Realism. Soviet fiction since ›Ivan Denisovich‹*, London, Granada Publishing, 1980.

Karlinsky, S., Appel, A., Jr. (Hrsg.), *The Bitter Air of Exile: Russian Writers in the West 1922 – 1972*, Berkeley, University of California Press, o.J.

Karlinsky, Simon, *Russian Drama from Its Beginnings to the Age of Pushkin*, Berkeley – Los Angeles – London, 1985.

Kasack, Wolfgang, *Die russische Literatur 1945 – 1982*, München, Otto Sagner, 1983 (Arbeiten und Texte zur Slavistik, 28).

Kasack, Wolfgang, *Russian Literature 1945 – 1988*, Ebenda, 1989.

Kasack, Wolfgang, *Russische Autoren in Einzelporträts*, Stuttgart, Reclam, 1994.

Kasack, Wolfgang, *Die russische Schriftsteller-Emigration im 20. Jahrhundert. Beiträge zur Geschichte, den Autoren und ihren Werken*, München, Otto Sagner, 1996 (Arbeiten und Texte zur Slavistik, 62).

Lettenbauer, Wilhelm, *Russische Literaturgeschichte*, Wiesbaden, 1956.

Lindemann, Gisela (Hrsg.), *Sowjetliteratur heute*, München, Verlag C.H. Beck, 1979.

Lo Gatto, Ettore, *Histoire de la littérature russe des origines à nos jours*, Bruges, 1965 (Originaltitel: »Storia della letteratura russa«).

Lo Gatto, Ettore, *Storia del teatro russo*, Firenze, Ed. Sansoni, 1993, 2 Bde.

Luther, Arthur, Geschichte der russischen Literatur, Leipzig 1924.

Malzew, Jurij, *Freie Russische Literatur 1955 – 1980*, Frankfurt/Main, Ullstein, 1981 (Originaltitel: Mal'cev, »Vol'naja russkaja literatura«).

Matich, Olga (Hrsg.), *The Third Wave: Russian Literature in Emigration. Tret'ja volna: russkaja literatura v ėmigracii*, Ann Arbor, Ardis, 1984.

Mehnert, Klaus, *Über die Russen heute. Was sie lesen, wie sie sind*, Stuttgart, Deutsche Verlags-Anstalt, 1983.

Mirsky, D.S., *History of Russian Literature*, New York, 1949.

Mirskij, D.S., Geschichte der russischen Literatur, München, Piper, 1964.

Porter, Robert, *Russia's Alternative Prose*, Oxford-Providence, Berg Publ., 1994.

Raeff, Marc, *Russia Abroad: A Cultural History of the Russian Emigration 1919 – 1939*, Oxford University Press, 1990.

Reißner, Eberhard, Das russische Drama der achtziger Jahre, München, Otto Sagner, 1992 (Arbeiten und Texte zur Slavistik, 56).

Schentalinski, Witali, *Das auferstandene Wort. Verfolgte russische Schriftsteller in ihren letzten Briefen, Gedichten und Aufzeichnungen. Aus den Archiven sowjetischer Geheimdienste*, Bergisch Gladbach, 1996 (Originaltitel: Šentalinskij, »Raby svobody«).

Schlögel, Karl (Hrsg.), *Die russische Emigration und ihre Zentren 1917 – 1941*, München, 1994.

Schlögel, Karl (Hrsg.), *Russische Emigration in Deutschland 1918 bis 1941. Leben im europäischen Bürgerkrieg*, Berlin, Akademie-Verlag, 1995.

Segel, H.B., *Twentieth-Century Russian Drama. From Gorky to the Present*, New York, 1979.

Shneidman, N.N., *Soviet literature in the 1980s: decade of transition*, University of Toronto Press, 1989.

Shneidman, N.N., *Russian Literature 1988 – 1994*, University of Toronto Press, 1995.

Slonim, Marc, *The Epic of Russian Literature. From its origins through Tolstoy*, New York, 1950.

Slonim, Marc, *Modern Russian Literature from Chekhov to the present day*, New York, 1953.

Slonim, Marc, *Soviet Russian Literature*, New York, 1964.

Slonim, Marc, *Die Sowjetliteratur*. Stuttgart, Kröner, 1972 (Originaltitel »Soviet Russian Literature«).

Steininger, Alexander, *Literatur und Politik in der Sowjetunion nach Stalins Tod*, Wiesbaden, 1965.

Stender-Petersen, Adolf, *Geschichte der russischen Literatur*, München, Verlag C.H. Beck, [5]1993 (Originaltitel »Den russiske Literaturs historie«).

Struve, Gleb, *Russian Literature under Lenin and Stalin*, 1917 – 1953, Oklahoma, 1971.

Struve, Gleb, *Geschichte der Sowjetliteratur*, München, [1958].

Struve, Gleb, *Histoire de la littérature soviétique*, Paris, 1946.

Svirski, Grigori, *A History of Post-War Soviet Writing. The Literature of Moral Opposition*, Ann Arbor, Ardis, 1981 (Originaltitel »Na lobnom meste«).

Svirski, Grigori, *Ecrivains de la liberté, La résistance littéraire en Union Soviétique depuis la guerre*, Paris, Gallimard, 1981 (Originaltitel »Na lobnom meste«).

Terras, Victor (Hrsg.), *Handbook of Russian Literature*, New Haven – London, 1985.

Waegemans, Emmanuel, *In de beste der werelden. Russen in het Westen 1600 – 1800* [In der besten aller Welten. Russen im Westen 1600 – 1800], Antwerpen – Baarn, 1990.

Waegemans, Emmanuel, *Russische literatuur van de 18e eeuw* [Russische Literatur des 18. Jahrhunderts]. Antwerpen, Benerus, 1996.

Personenregister

479

Osorgin, Michail 255, **340**
Ostrovskij, Aleksandr 104, 137, **141 – 145**
Ostrovskij, Nikolaj 210, **314 – 316**
Ovečkin, Valentin 382, **384**

P

Palej, Marina 463
Panaev, Ivan 108
Panfilov, Ivan 326
Panin, Dmitrij 411
Panin, Nikita 36, 38, 48
Panin, Pëtr 48, 68
Panova, Vera 374, 376
Pančenko, Nikolaj 366
Panteleev, Leonid 316
Parny, Evariste Désiré 72
Pasternak, Boris 234, 247, 251, 254, 267, 282, 298 f., 308, 320, 332, 342 f., 347, 352, 354, 390, **393 – 397**, 398, 403, 438, 440, 447, 451
Pasternak, Leonid 393
Paul I. 38 f., 47 f., 54 – 56, 61, 71, 73, 146, 216, 303
Paustovskij, Konstantin 239, 307, 354, 369, **374**, 379, 390, 398
Pavlenko, Pavel 264
Pavlenko, Pëtr 318
Pavlov, Ivan 329, 346, 378 f., 391
Pečerin, Vladimir 120 f.
Pečerskij *siehe* Mel'nikov
Percov, Viktor 247
P'ecuch, Vasilij 448, 458
Pelevin, Viktor 463
Perelešin, Valerij 348
Perel'man, V. 409
Pereverzev, Valer'jan 299
Peškov, Aleksej *siehe* Gor'kij
Peskov, Georgij 345
Pestel', Pavel 77
Peter I. (der Große) 17, 21, 22 – 24, 26 – 28, 30 f., 36 f., 63, 82 f., 90, 105, 120, 172, 178, 225, 300, 305 f., 311, 342
Peter II. 22
Peter III. 22, 24, 36
Petljura, Symon 315
Petrarca, Francesco 73, 192

Petraševskij, Michail 107, 145, 155
Petrov, Aleksandr 55
Petrov, Evgenij 265, **270 – 272**, 427
Petrov, Stepan *siehe* Skitalec
Petrov, Vasilij 37
Petruševskaja, Ljudmila 390, 448, **457**, 458
Picasso, Pablo 308
Pičul, Vasilij 448, 458
Piksanov, Nikolaj 75
Pikul', Valentin 371 f.
Pil'njak, Boris 223, 226, **255 – 257**, 286, 292, 299, 352, 356
Pirandello, Luigi 353
Pisarev, Dmitrij 107, 116, 121, **122**, 131, 137, 139, 163 f., 190
Pisemskij, Aleksej 104, 107, **131**, 184
Platonov, Andrej 264, 288, 306, 311, 312, 382, 407
Platonov, Sergej 193, 305, 451
Plechanov, Georgij **116**, 133, 215
Pleščeev, Aleksej 107, 134
Pljušč, Leonid 413
Požarskij, Dmitrij 323
Pobedonoscev, Konstantin 117, 157, 167, 174, 182, 225
Poe, Edgar Allan 187, 215, 306, 321
Pogodin, Michail 78, 80
Pogodin, Nikolaj **318**, 389
Pokrovskij, Michail 299
Polevoj, Boris **316**, 317, 324, 331
Polevoj, Nikolaj 103, 141
Polockij, Simeon 17 f.
Polonskaja, Elizaveta 261
Polonskij, Jakov 139
Polonskij, Vjačeslav 253, 286
Pomerancev, Vladimir 352 f.
Pomjalovskij, Nikolaj 135, **136 f.**
Poplavskij, Boris 347
Popov, Evgenij 448, 452, **455 f.**, 457
Popov, Michail 44
Pososkov, Ivan 20 f.
Potapenko, Ignatij 189
Potëmkin, Grigorij 64, 68, 70, 371
Pozner, Vladimir 261, **347**
Prigov, Dmitrij 452
Pristavkin, Anatolij 447 f.

Zeitschriftenregister

UVK
Literaturwissenschaft

Wolfgang Kasack
Russische Literaturgeschichten und Lexika der russischen Literatur
Die Handbücher des 20. Jahrhunderts – Überblick, Einführung, Wegführer
278 Seiten, br.
ISBN 3-87940-585-9

Wolfgang Kasack stellt mit diesem Buch ein bisher einmaliges Hilfsmittel zur Verfügung – einen Wegweiser durch die etwa 175 wichtigsten Handbücher zur russischen Literatur vom Ursprung bis in die Gegenwart. Erfaßt sind auch Literaturgeschichten und Lexika des 20. Jahrhunderts in deutscher, russischer, englischer, französischer, tschechischer und polnischer Sprache. Für jedes Werk wird eine kurze Charakteristik des jeweils behandelten Zeitraums, des Inhalts, der Struktur und eventuellen Zensureinschränkungen gegeben – Informationen, die aus den Titeln nicht hervorgehen. Berücksichtigt sind auch die Anteile der russischen Literatur in Nachschlagewerken der Weltliteratur. Diese übergreifenden und zahlreiche spezialisierte Darstellungen werden erstmalig durch eine Reihe hierfür erarbeiteter Register aufgeschlossen.

Wolfgang Kasacks Wegführer richtet sich sowohl an Hochschullehrer, Forscher, Bibliothekare und Studenten als auch an Praktiker in der Presse und anderen Medien.

»Der Dschungel der Bücher wächst. Und Wegweiser werden deswegen in ihm unentbehrlicher. Vor allem, wenn sie derart ausgetüftelt, informativ und knapp sind wie Wolfgang Kasacks ›Russische Literaturgeschichten und Lexika der russischen Literatur‹ … Ein Standardwerk für jeden Slawisten.«
Die Welt

UVK
Literaturwissenschaft

Reingard M. Nischik (Hg.)
Leidenschaften literarisch
304 Seiten, br.
ISBN 3-87940-604-9

Anhand ausgewählter bekannter Werke der Weltliteratur nähert sich dieser Band einer anthropologischen Grundkraft – der Leidenschaft – im Spiegel klassischer literarischer Texte verschiedener Nationalliteraturen und unterschiedlicher Epochen. Da die behandelten exemplarischen Texte von der ältesten Dichtung (Homers Ilias) bis in die Moderne reichen (Nabokovs Lolita), schreibt der Band ansatzweise eine Geschichte der Leidenschaften durch die Jahrhunderte. Die Beiträge veranschaulichen textbezogen und theoretisch kontextualisierend eine spannende Vieldimensionalität und historische Wandelbarkeit der Leidenschaften, ihrer Quellen und Ausdrucksformen, Funktionen und Konsequenzen, ihrer Polarität zwischen Exzeß und Negation, positiver wie negativer Valenz, ihrer Bedeutung für das Individuum wie für die Kulturen.

Mit Texten zu Homers *Ilias*, Shakespeares *Hamlet*, Richardsons *Pamela*, Goldonis *Locandiera*, Jean Pauls *Die Unsichtbare Loge*, J.W. v. Goethes *Die Wahlverwandtschaften*, Jane Austens *Sense and Sensibility*, Gogol's *Die Toten Seelen*, Fontanes *Effi Briest*, F. Scott Fitzgeralds *The Great Gatsby* und Nabokovs *Lolita*.

Die Titel sind in Ihrer Buchhandlung erhältlich.

Auf Wunsch senden wir Ihnen gern unser Gesamtverzeichnis und/oder unsere Fachprospekte zu:

UVK Universitätsverlag Konstanz
Postfach 102051
D-78420 Konstanz

Tel.: 07531-9053-0
Fax: 07531-9053-98
e-mail: willkommen@uvk.de
Internet: http//www.uvk.de